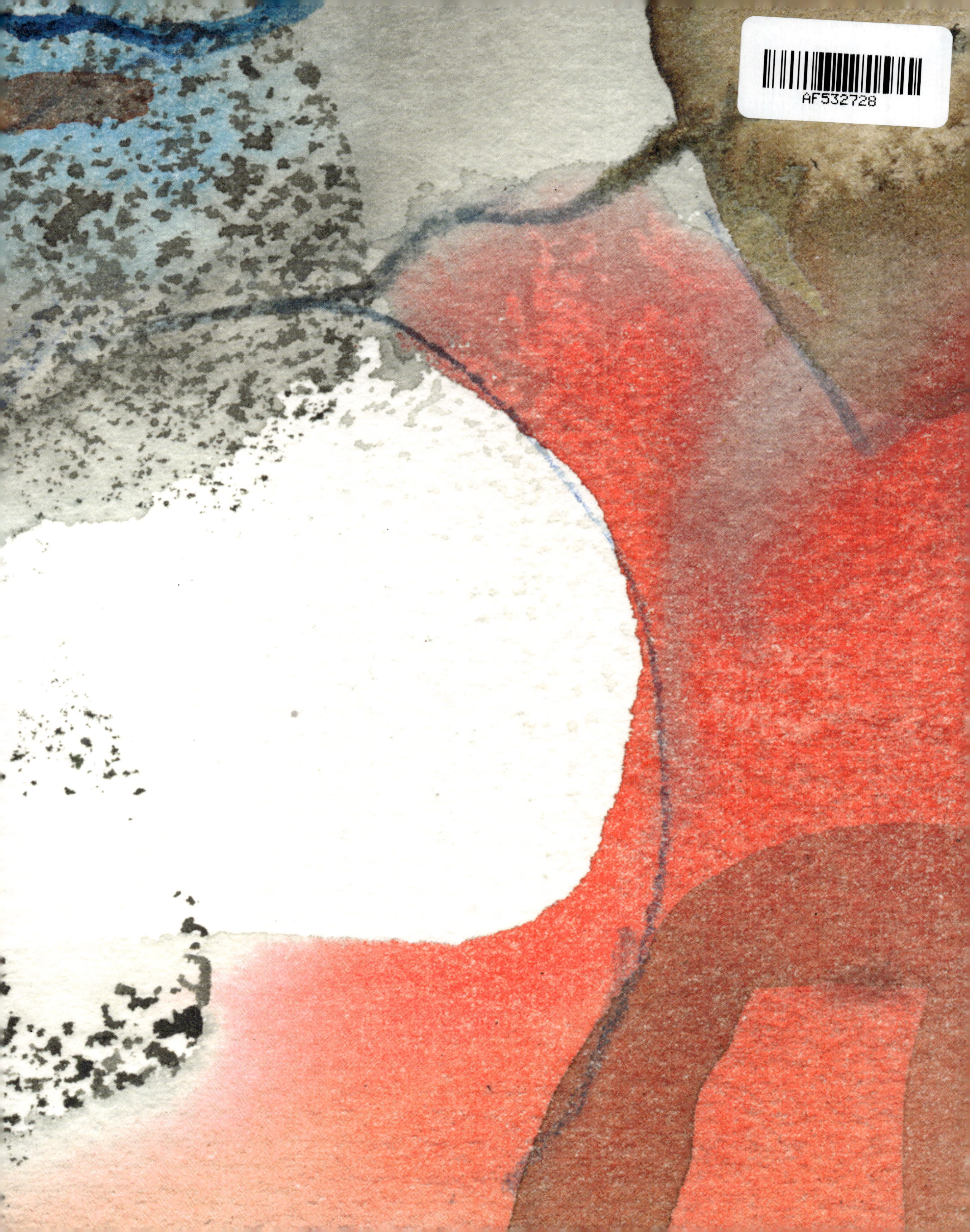

Thomas Schütte

THOMAS SCHÜTTE

Paulina Pobocha

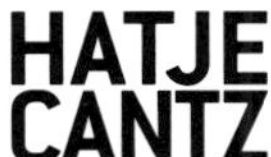

THE MUSEUM OF MODERN ART, NEW YORK

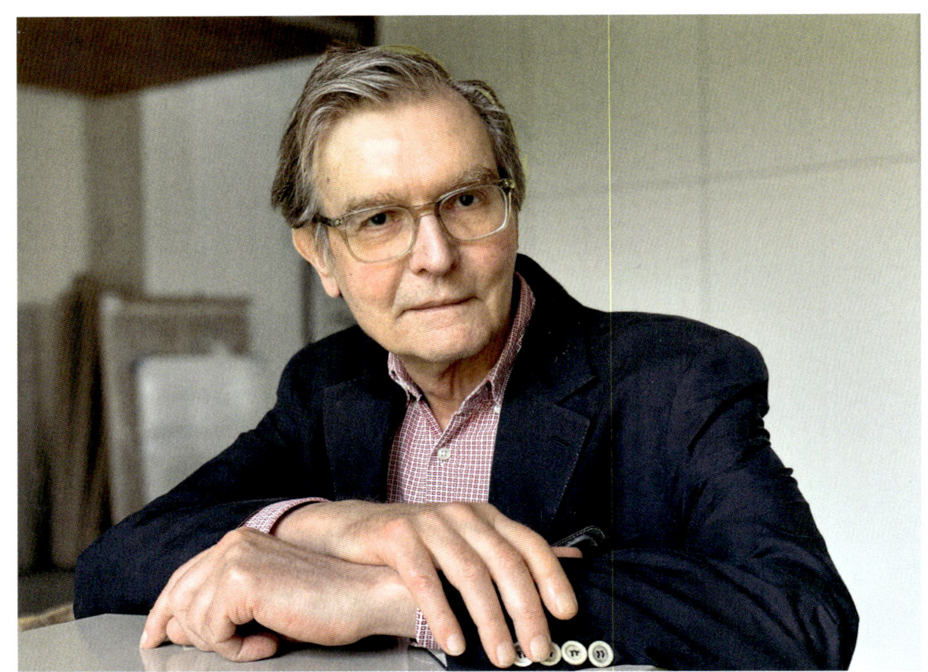

Inhalt

Vorwort

Das Museum of Modern Art hat die Ehre, *Thomas Schütte* zu präsentieren. In dieser Ausstellung, die dem Werk eines der einfallsreichsten Künstler unserer Zeit gewidmet ist, wird Schüttes umfangreiches Schaffen aus einem halben Jahrhundert in einer Vielzahl von Disziplinen gezeigt: Zeichnung, Malerei, Skulptur (von Metall über Keramik bis hin zu Glas), Installation, Druckgrafik, Fotografie, Design (von grafischen Arbeiten bis hin zu Möbeln) und Architektur. 1954 in Westdeutschland geboren, wurde Schütte, wie er sagt, in den »grauen, spießigen Siebzigern« künstlerisch erwachsen. Trotz der Prägung durch Minimalismus und Konzeptualismus wandte er sich dem Narrativen und Figurativen zu und verfolgte in seiner Kunstproduktion einen vielseitigen materiellen Ansatz, der von antiken Statuen, frühmodernen Skulpturen, postmoderner Architektur und persönlichen künstlerischen, kulturellen und politischen Erkundungen inspiriert ist.

Schütte nahm an zahlreichen Einzel- und Gruppenausstellungen in Deutschland und Europa teil, bevor sein Werk erstmals in den USA gezeigt wurde. Eine seiner ersten Ausstellungen hierzulande fand 1987 im MoMA PS1 statt (damals noch unter dem Namen Institute for Art and Urban Resources). Im Jahr 1990 erwarb das MoMA erstmals ein Werk von Schütte: eine Serie von sieben Aquarellen mit dem Titel *Sieben Felder* (1989). Wie durch ein Fernglas zeigen diese Zeichnungen ganz unterschiedliche Motive – bunte Kreise, einen bandagierten Kopf und eine schwarze Zitrone –, Verweise auf bereits geschaffene oder geplante Kunstwerke, darunter *Silberne Ringe* (1981), *Alain Colas* (1989) und *Schwarze Zitronen* (1990), die dem Museum für diese Retrospektive großzügig zur Verfügung gestellt wurden. Heute verfügt das MoMA dank engagierter Förderer über mehr als zwei Dutzend Arbeiten des Künstlers, darunter mehrere bemerkenswerte Portfolios mit Druckgrafiken und zwei bedeutende Skulpturen.

Diese ambitionierte Ausstellung und Publikation sind das Ergebnis einer produktiven, jahrelangen Zusammenarbeit zwischen dem Künstler und Paulina Pobocha, Robert Soros Senior Curator am Hammer Museum, Los Angeles, und ehemalige stellvertretende Kuratorin in der Abteilung für Malerei und Skulptur am MoMA. Wir danken ihr und Caitlin Chaisson, kuratorische Assistenz in der Abteilung für Malerei und Skulptur, sowie Lydia Mullin, Manager of Collections Galleries und ehemalige kuratorische Assistenz in der Abteilung für Malerei und Skulptur, die bei diesem Projekt eine wesentliche Rolle gespielt haben.

Ein Projekt dieser Größenordnung hätte ohne die Großzügigkeit unserer Spender nicht realisiert werden können. Diese Publikation wurde maßgeblich von Jo Carole und Ronald S. Lauder durch The International Council of The Museum of Modern Art unterstützt. Zusätzliche Mittel wurden durch den Dale S. and Norman Mills Leff Publication Fund bereitgestellt. Die Ausstellung wurde durch den MoMA-Partner Hyundai Card ermöglicht. Leitungsunterstützung kam von der Eyal and Marilyn Ofer Family Foundation, dem Xin Zhang and Shiyi Pan Endowment Fond, Eva und Glenn Dubin und The International Council of The Museum of Modern Art. Ich bedanke mich auch bei den Institutionen, Galerien und Einzelpersonen, die Werke aus ihren Sammlungen bereitgestellt haben – darunter viele hochkomplexe groß- und kleinformatige Objekte –, was die hohe Wertschätzung des Künstlers ebenso wie das Verständnis für die historische Bedeutung dieses Projekts zeigt. Wir sind für das Vertrauen sehr dankbar.

Schließlich sind wir Thomas Schütte selbst zutiefst zu Dank verpflichtet, und das nicht nur für sein wesentliches Engagement für diese Ausstellung und seine fachkundige Beratung während ihrer Entwicklung, sondern auch für die Bereitstellung einer Reihe außergewöhnlicher Werke aus seiner persönlichen Sammlung, die nie zuvor in den USA zu sehen waren. Der interdisziplinäre Einfluss, den er auf die intellektuelle und ästhetische Forschung ausgeübt hat, ist in Europa schon lange bekannt. Für uns ist es ein Privileg, seine Geschichte mit den Museumsbesucherinnen und -besuchern in New York zu teilen.

Glenn D. Lowry
The David Rockefeller Director
The Museum of Modern Art

Alles in Ordnung

PAULINA POBOCHA

Im Jahr 1978 schuf Thomas Schütte, Student an der Kunstakademie Düsseldorf, ein Werk, das ausschließlich aus Sprache besteht: »Alles in Ordnung«. Dieser Satz ist ein sprachliches Readymade und zugleich Jean-Luc Godards und Jean-Pierre Gorins Film *Tout va bien* von 1972 entlehnt, in dem es um unerfüllte Versprechen nach den linksutopischen Revolutionen vom Mai 1968 geht. Die Filmemacher verwenden den Ausdruck auf satirische Weise, frei nach dem Motto: Das Leben ist nicht toll, aber es könnte schlimmer sein.

Schüttes *Alles in Ordnung* weist in viele Richtungen. Die Worte erscheinen zum ersten Mal in gemalter Form direkt auf der Schlafzimmerwand einer Akademie-Kommilitonin (Abb. 1). Da die Studierenden keinen Zugang zu anderen Ausstellungsräumen hatten, installierten sie ihre Arbeiten oft in den Wohnungen oder Fluren von Kommilitonen. Trotz seines provisorischen Standorts war *Alles in Ordnung* jedoch keine Improvisation. Die Buchstaben schnitt Schütte aus Schablonen im Stil der Volkswagen-Typografie jenes Jahrzehnts mit dem Schriftschnitt VAG Rounded aus und malte sie an einer von ihm bestimmten Stelle in dem mit der Hand gezeichneten, exakten Grundriss von Strohscheins Wohnung schwarz auf (Abb. 2).[1] Mit dem Verweis auf Volkswagen rückte Schütte die Arbeit in den historischen Kontext des 1937 gegründeten Unternehmens, das später zu einem Symbol des Wirtschaftswunders und in den 1960er-Jahren ein Synonym für Jugend- und Hippiekultur sowie ein weltweit agierendes Unternehmen wurde. Für den Konzern, der seine nationalsozialistische Vergangenheit erfolgreich verdrängt und gegen wirtschaftlichen Erfolg auf der Basis von Erschwinglichkeit, Zuverlässigkeit und fröhlichen Werbesprüchen eingetauscht hatte, schien tatsächlich alles in

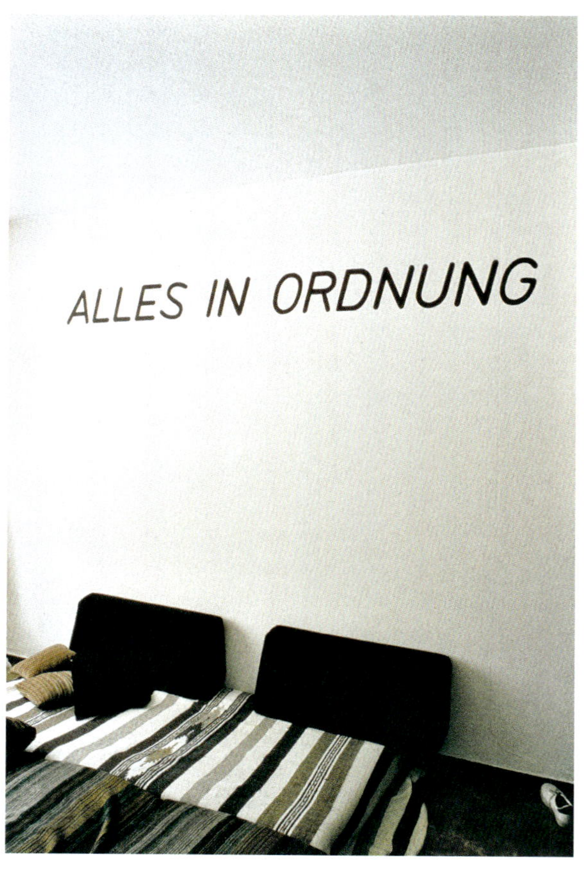

Abb. 1. Thomas Schütte. *Alles in Ordnung*. 1978. Farbe auf Wand, 20 × 280 cm. Installationsansicht, Düsseldorf, 1978

Ordnung zu sein. Und auch wenn *Alles in Ordnung* keine Werbung, sondern ein Kunstwerk im häuslichen Umfeld war, hätte man trotz gegenteiliger Anzeichen, nicht zuletzt der komplizierten Geschichte Nachkriegsdeutschlands, der anhaltenden Nachwirkungen des Deutschen Herbstes und des allgemeinen Unbehagens infolge des Kalten Krieges, meinen können, tatsächlich sei »Alles in Ordnung«, wenn man den Satz nur oft genug mantrartig wiederholte.

Schütte erkundet die Spannung zwischen dieser Formulierung, ihrer Gestalt und dem umfassenderen sozialen und politischen Kontext einige Jahre später erneut. Im Jahr 1981 beauftragte das Postkartengeschäft Walther König in Köln Schütte und Ludger Gerdes, seinen Freund und Kollegen, mit einer In-situ-Arbeit. Neben dem Trompe-l'œil-Fries auf den Wänden, schrieben sie mit Schablonen in weißer Farbe *Alles in Ordnung* auf die Zimmerdecke, die sie zuvor blau eingefärbt hatten (Abb. 3, Kat. 16). Hier erschien der Schriftzug jedoch nicht in der Volkswagen-Type, sondern in elegantem Schriftzug, der in einem Halboval über die Decke lief. Schütte und Gerdes hatten den Text so gestaltet, dass er wie eine Himmelsschrift von Kampfjets auszugehen schien.

Diese beiden Versionen von *Alles in Ordnung*, einem der seltenen textbasierten Werke in Schüttes Œuvre, bieten ein Resümee seines Akademie-Studiums – eine Zeit der entscheidenden intellektuellen und künstlerischen Reifung. Darüber hinaus bilden die darin enthaltenen Ideen, die ästhetische, soziale, ideologische und historische Aspekte umfassen, das konzeptionelle Fundament für Schüttes weitere Arbeit. Wenn Kampfjets die Botschaft übermitteln, alles sei in Ordnung, dann ist eben dies vermutlich nicht der Fall.

DOCUMENTA

Schütte begegnete der zeitgenössischen Kunst erstmals 1972 während eines Besuchs der documenta 5 in Kassel. Die 5. Ausgabe dieser nicht nur für die deutsche Nachkriegsgeschichte so wichtigen internationalen Ausstellungsreihe unter der Leitung von Harald Szeemann unterschied sich von allen vorangegangenen: Die documenta 5 bezog sich vor allem auf Aktion und soziales Engagement, wobei »programmierte Erfahrungen, ein Raum der Interaktion [und] eine zugängliche Veranstaltungsstruktur mit verschiedenen Aktionszentren« Vorrang vor der Ausstellung einzelner Kunstwerke hatten, die von der Welt und voneinander isoliert im Museum ausgestellt wurden.[2] Um Hierarchien abzubauen, bezog Szeemann Malerei, Skulptur, Film und Performance neben Objekten und Bildern aus anderen Bereichen der kulturellen Produktion ein, darunter Werbung, Architektur und Stadtplanung, Science-Fiction-Illustrationen und andere Materialien sowie »Unternehmensikonografie«. Der Kritiker Harold Rosenberg fasste dies so zusammen: »Die Kunst hat ihre Begriffsbestimmung verloren oder ist bereit, sie mit Dingen zu teilen, die nie zuvor als Kunst betrachtet wurden. […] Alle ästhetischen Standards sind verworfen worden (als Hinweise auf die Realität sind Bilder, die Qualität besitzen, und solche, denen sie fehlt, gleichermaßen bedeutsam).«[3]

Szeemanns unorthodoxer kuratorischer Ansatz frustrierte viele Künstler*innen, von denen einige ihre Teilnahme zurückzogen. Andere nutzten die Ausstellung als Plattform, um Kritik von innen zu üben. So war der einzige Beitrag des amerikanischen Künstlers Robert Smithson zur documenta 5 ein Essay mit dem Titel »Kultu-

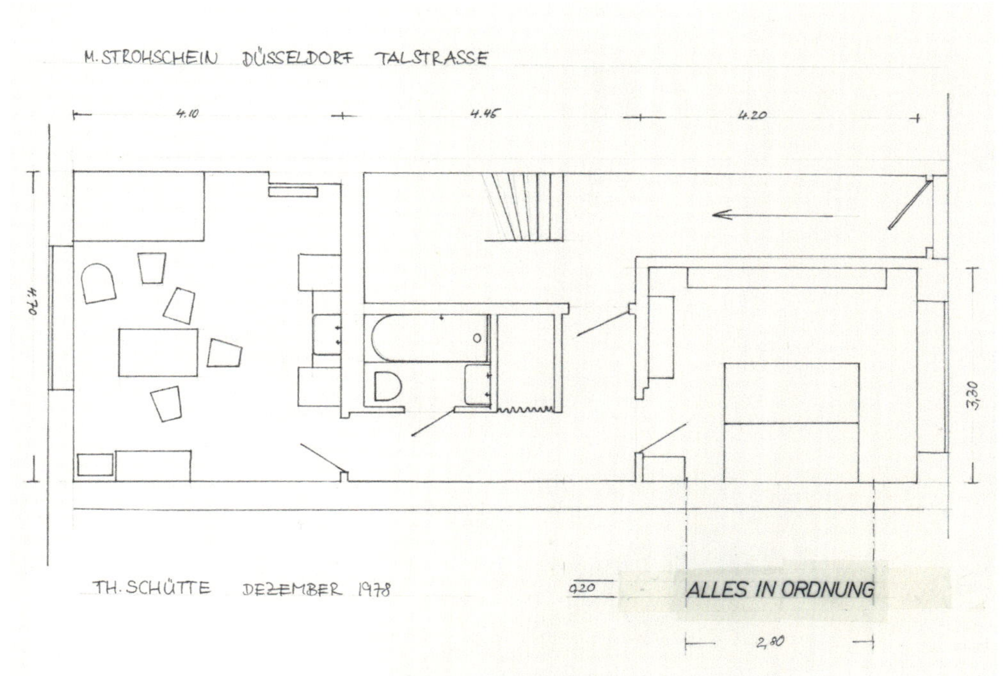

Abb. 2. Thomas Schütte. Zeichnung für *Alles in Ordnung*. 1978. Stift auf Papier, 21 × 29,7 cm. Besitz des Künstlers, Düsseldorf

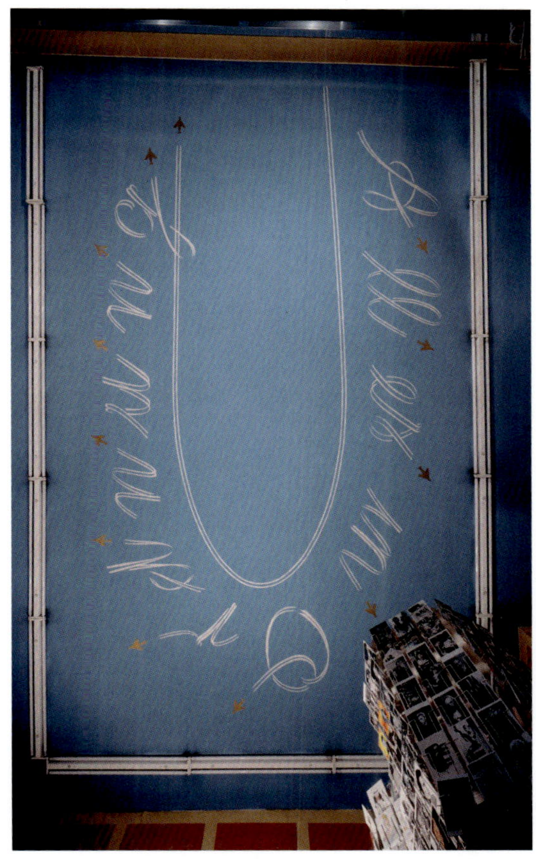

Abb. 3. Blick in den Postkartenladen von Walther König, Köln, mit *Alles in Ordnung* (1981) an der Decke, 1981

relle Gefängnisse« im Ausstellungskatalog. Darin ging er auf das Problem ein, dass die institutionelle Bürokratie ein Kunstwerk seiner »Sprengkraft« beraube, sodass es »ohne Bezug zur Außenwelt« sei – eine Klage, die sich paradoxerweise aus einer Schau ergab, die laut Szeemann eine konzeptionelle »Befragung der Realität« sein sollte. Smithsons Schlussfolgerung hingegen lautete: »Museen und Parks sind oberirdische Begräbnisstätten – erstarrte Erinnerungen aus der Vergangenheit, die sich als Realität ausgeben.«[4] Während die documenta 5 für Szeemann eine dezidierte Herausforderung der biederen Präsentation zeitgenössischer Kunst darstellte, zeugte die Geste für Smithson nur von der subjektiven Disposition ihres Kurators, dessen »erstarrte Erinnerungen an die Vergangenheit« als künstlicher Ersatz für die Welt jenseits der Mauern der beiden Ausstellungsorte – Neue Galerie und Museum Fridericianum – dienten. Oder, wie Daniel Buren es formulierte: »Die documenta 5 ist das Kunstwerk von Harald Szeemann, und wir, die Künstler, geben ihm das Material, um es zu machen.«[5]

Wie wirkte diese umstrittene Ausstellung auf einen siebzehnjährigen Künstler, der hier zum ersten Mal mit zeitgenössischer Kunst in Berührung kam? Obwohl die beiden Besuche Schüttes auf der documenta 5 fester Bestandteil seiner Biografie sind, gibt es nur wenige veröffentlichte Interviews, in denen er die Ausstellung erwähnt. Für den Kurator James Lingwood sind seine Kommentare zu diesem Thema Teil einer größeren Diskussion über die Skulpturengruppe *Die Fremden* (Kat. 40), die Schütte 1992 in Kassel schuf. »Ich kannte den Kontext gut, insbesondere von meinem Besuch der documenta 5«, erklärt Schütte, der sich vor allem an eine Performance von James Lee Byars erinnert: »Er stand in einem blauen Anzug zwischen den Musen auf dem Dach des Fridericianums, hielt ein Megafon in der Hand und rief Namen in die Menge auf dem Platz. Diese allegorischen Figuren auf dem Dach des Gebäudes sind mir im Gedächtnis geblieben.«[6] Das Werk, das Schütte gesehen hatte, war Byars' *Calling German Names* (1972; Abb. 4), in dem der Künstler den Titel mithilfe eines goldenen Megafons buchstäblich inszenierte. Die Aktion fand auf dem Platz vor dem Fridericianum statt, bevor sie auf das Dach des neoklassizistischen Gebäudes aus dem 18. Jahrhundert wanderte, wo Byars sich neben den monumentalen Statuen positionierte und seinen Appell fortsetzte. Byars' Performance thematisierte die jüngere deutsche Geschichte in Form einer Art »Musterung«, die zugleich an den eher unspektakulären Vorgang einer Anwesenheitskontrolle in der Grundschule erinnerte. Doch wie auch immer man das Werk interpretieren mag: Es löste die Unterscheidung zwischen Soldaten und Zivilisten auf. Alle waren damals involviert, schien er sagen zu wollen; wenn der schicksalhafte Appell erfolgte, war man »hier«. Die »allegorischen Figuren auf dem Dach des Gebäudes«, die Schütte in Erinnerung geblieben waren, gewannen vor dem Hintergrund von Byars' Performance an Komplexität. Als ein emblematisches Beispiel für seine Fähigkeit, selbst einfachsten Sprachfetzen verschiedene Lesarten zu entlocken, können die Figuren, die Schütte erwähnt, zu den architektonischen Skulpturen zurückführen und ebenso auf all die von Byars artikulierten deutschen Namen verweisen – eine Allegorie, möglicherweise, nicht auf die Schrecken des Krieges, sondern auf dessen alltägliche Natur.

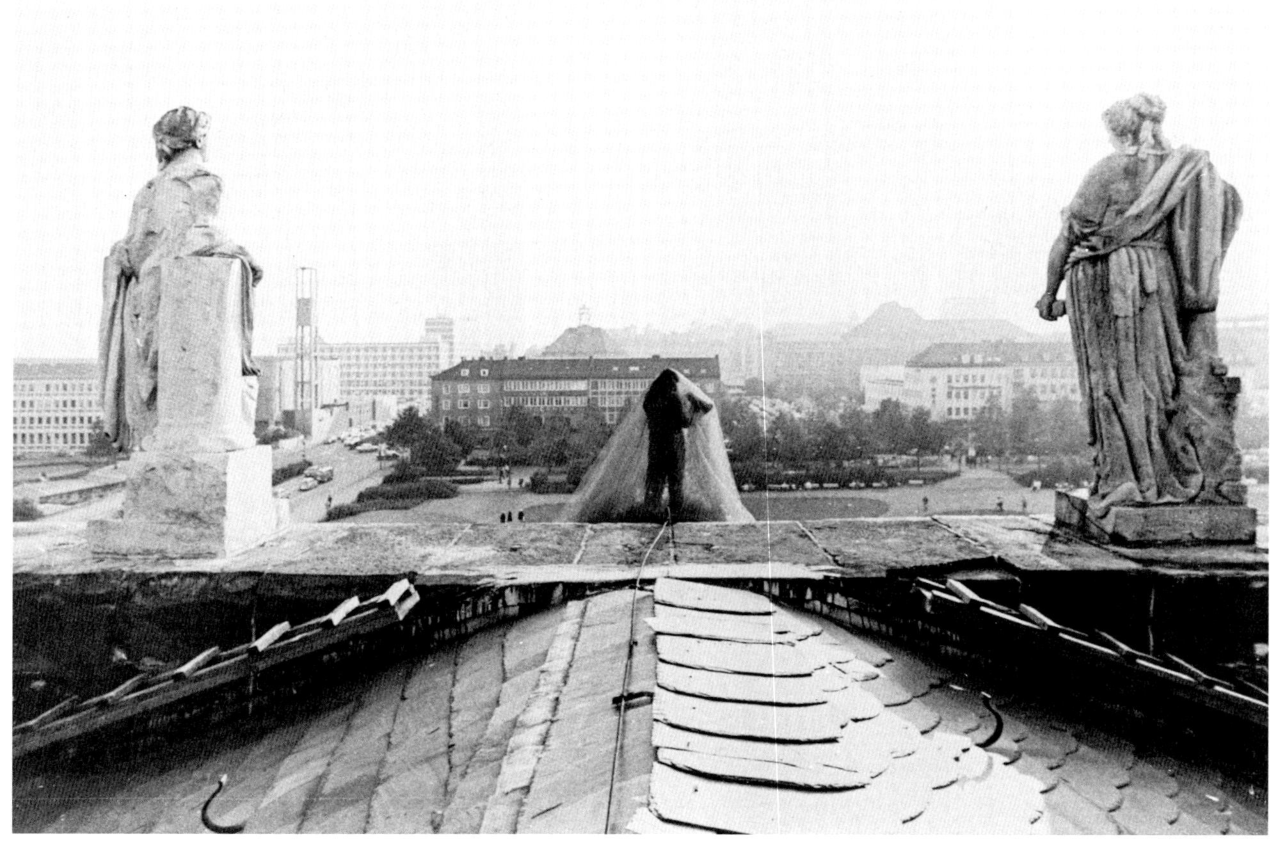

Abb. 4. James Lee Byars. *Calling German Names*. 1972. Performance-Ansicht, documenta 5, Kassel, 1972. University of California, Berkeley Art Museum und Pacific Film Archive. Nachlass von James Elliott

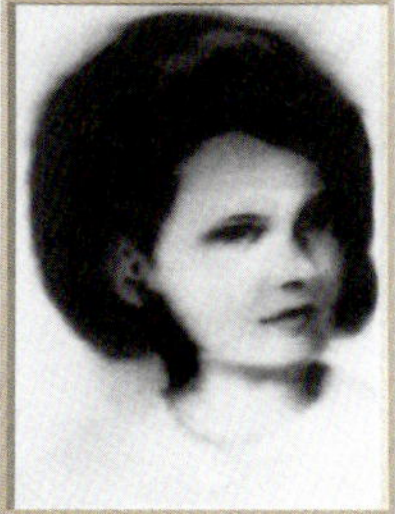 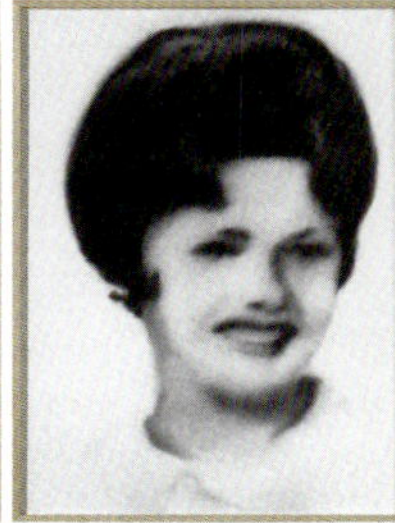 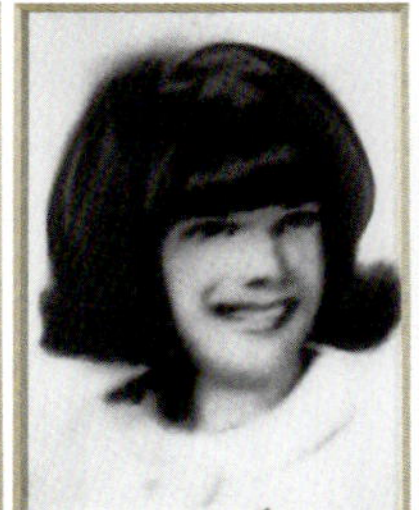 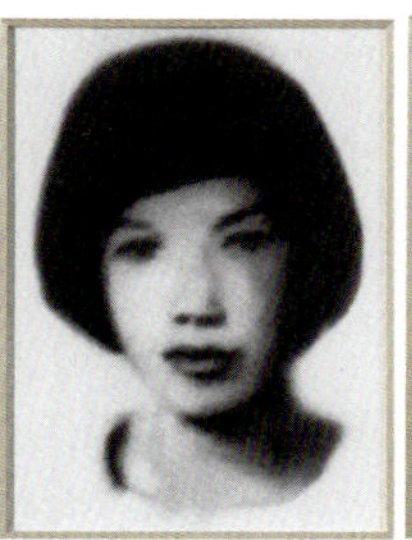 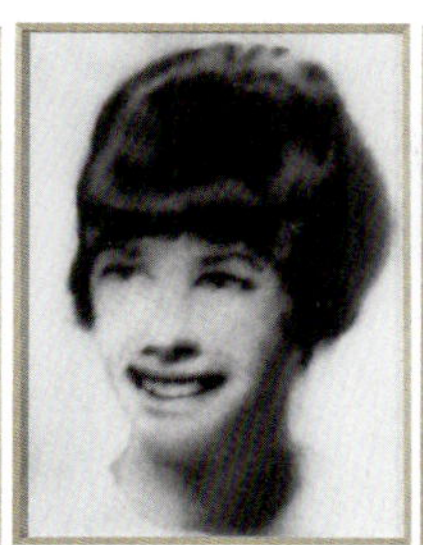 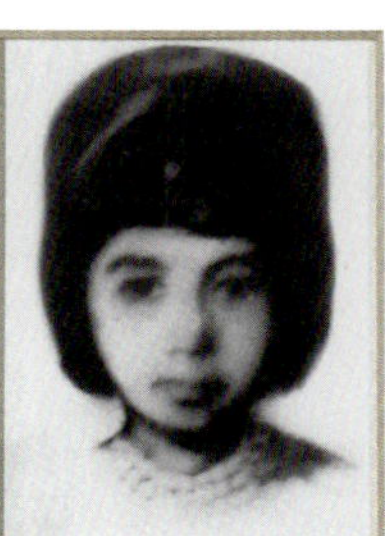 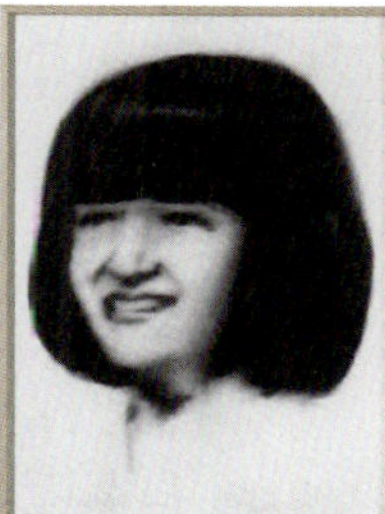 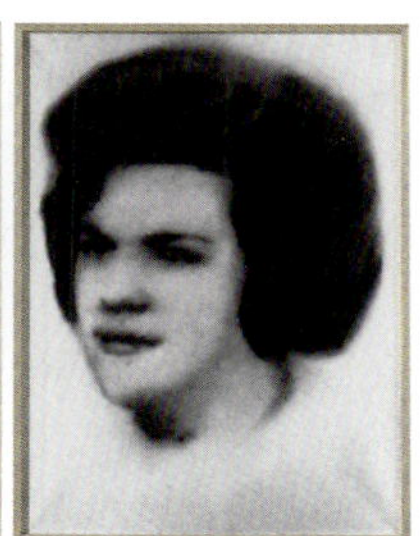

Abb. 5. Gerhard Richter. *Acht Lernschwestern*. 1966. Öl auf Leinwand, 8 Teile, je 95 × 70 cm. Kunsthaus Zürich, Vereinigung Zürcher Kunstfreunde. Geschenk von Hans B. Wyss und Brigitte Wyss-Sponagel

Die ebenso schräge wie kritische Auseinandersetzung mit der Geschichte sollte zu einem Markenzeichen der späteren Skulpturen Schüttes werden. Dass er dies beim Anblick von Byars' Performance gelernt hatte, verleiht dem Ereignis eine herausragende Bedeutung. So bot *Calling German Names* Schütte in einem entscheidenden Moment seiner intellektuellen und künstlerischen Sozialisation ein Modell für ein politisches gewissermaßen von der Seitenlinie aus erfolgendes Engagement. Die bereits erwähnten *Fremden* sind ein besonders markantes Beispiel hierfür. Auf formaler Ebene sind die architektonischen Details des Museums ausschlaggebend für das Werk, das von einem Kaufhaus neben dem Fridericianum in Auftrag gegeben wurde; dessen Gebäude schließt den erhaltenen Portikus des Roten Palais, eines Palasts aus dem frühen 19. Jahrhundert, ein. Schütte installierte *Die Fremden* 1992 parallel zur documenta 9 (S. 138–139). Ursprünglich bestand die Gruppe aus 25 einzelnen Keramikelementen, die sich durch einfache Geometrien und leuchtend farbige Oberflächen auszeichneten, darunter 10 Figuren mit niedergeschlagenen Augen, begleitet von 15 Behältern, die an Urnen, Taschen, Kistenstapel und eine Mülltonne erinnern. Das Werk wirkt nicht fröhlich, strahlt aber auch kein Pathos aus. Wie so vieles in Schüttes Œuvre ist es rätselhaft. Anstatt eine aktive ethische Position einzunehmen, stellt es Fragen und fordert das Publikum auf, dasselbe zu tun.

Schüttes früheste Studien für *Die Fremden* stammen aus dem Jahr 1991 (S. 137). In diesem Jahr trat nicht nur der deutsche Einigungsvertrag in Kraft, sondern es begannen auch die Kriege im ehemaligen Jugoslawien, die von Völkermord, ethnischen Säuberungen, Massenvergewaltigungen und zahllosen anderen Verbrechen geprägt waren. In der Folge kamen zahlreiche »Ausländer*innen« auf der Suche nach besseren wirtschaftlichen Möglichkeiten sowie Flüchtlinge und Asylbewerber, die vor Gewalt oder gar dem Tod flohen, in die ehemalige Bundesrepublik Deutschland. Einige Jahre später beschrieb Schütte die Situation folgendermaßen: »Zu einem bestimmten Zeitpunkt in Deutschland, nach der Wiedervereinigung 1989, als die Wohnungsnot und die Arbeitslosigkeit sich verschärften, wurden die Ausländer, die aus dem Osten oder aus Jugoslawien oder aus Afrika gekommen waren, zum Sündenbock gemacht. Man machte sie für alles verantwortlich.« Um die Frage anzuschließen: »Was macht einen Deutschen aus, der Pass, das Blut, das Geburtsland, die Sprache oder die Mentalität?«[7] Die Gespenster des Zweiten Weltkriegs tauchen in diesen Überlegungen auf, die auch an Byars' stillschweigende Anklage gegen eine deutsche Bevölkerung erinnern, von der viele bereitwillig zusahen, als ihre Mitbürger*innen verhaftet, interniert und systematisch vernichtet wurden.

Die documenta 5 umfasste thematische Präsentationen mit Arbeiten von ca. 170 Künstler*innen, nicht eingerechnet die anonymen oder ungenannten Schöpfer*innen von politischen Propagandaplakaten, religiöser Kunst und Artefakten, Werbedrucken sowie einer Vielzahl von Alltagsgegenständen aus der Populärkultur. Schütte fand die Heterogenität der gezeigten Kunst bemerkenswert. In einem Interview mit Marta Gnyp erinnert er sich an ihre Wirkung: »Ich sah auch den heute völlig vergessenen Fotorealismus, der damals die Hauptattraktion für das Publikum war, Art Brut, Landschaften, Objekte und so weiter. Ich war alt genug, um zu verstehen, dass schon damals alles möglich war. In dieser Ausstellung war einfach jede denkbare Position vertreten.«[8] Die fotorealistischen Werke wurden in einer Sektion mit der einfachen Bezeichnung Realismus zusammengefasst. Gemälde, die typischerweise als fotorealistisch gelten, von Künstlern wie Robert Bechtle und Richard Estes, bildeten den Kern der Präsentation. Der Verzicht auf die hochspezifische Vorsilbe *Foto* im Titel der Sektion öffnete die Tür für Jasper Johns, der seine *Flag* von 1958 ausstellte, und Gerhard Richter, der *Acht Lernschwestern* (1966; Abb. 5) und vier Tafeln von *180 Farben* (1971) zeigte. Die konzeptionell provokanteste, wenn auch visuell harmloseste Präsenz im Realismus war eine Arbeit Burens, eine Wand mit Weiß-auf-Weiß-Streifen, die den Titel *Exposition d'une exposition: Une pièce en sept tableaux* (*Ausstellung einer Ausstellung: Ein Stück in sieben Tableaus*, 1972) trug. Das Malen vertikaler weißer Streifen mit einer Breite von 8,7 Zentimetern auf einer Vielzahl von Oberflächen sowohl innerhalb als auch außerhalb konventioneller Kunstorte war seit 1967 Burens Markenzeichen. Auf der documenta 5 präsentierte er weißes Papier, das an sieben Stellen an beiden Orten mit weißen Streifen bedruckt – nicht bemalt – war. Das Papier bedeckte einige Wände von oben bis unten, und in einigen Fällen hingen Werke anderer Künstler auf Burens Arbeiten, darunter Bilder von Robert Bechtle (Abb. 6) und Jasper Johns. Indem Buren die Aufmerksamkeit auf die buchstäblichen Träger der Ausstellung, in diesem Fall die Wände, lenkte, übte er Kritik an der vermeintlichen Neutralität von Museumsräumen, ja am Status der Kunst als Ware, die durch Netzwerke des Austauschs zirkuliert, zu denen Galerien, Museen und internationale Ausstellungen wie die documenta gehören.

Und doch strahlen Burens Weiß-auf-Weiß-Streifen eine ruhige Eleganz aus – ganz anders als seine zeitgenössischen Interventionen in der Stadt. Für Uneingeweihte mag *Exposition d'une exposition* wie eine einfache, wenn auch eigenwillige Form des Tapezierens anmuten. Der Einfluss der Tapete schwingt in Schüttes Werk aus den 1970er-Jahren mit, vielleicht am deutlichsten in einer Serie von Papierbildern mit dem Titel *Tapetenmuster* (1975; Abb. 7): Sie zeigt zart gestreifte Kompositionen in verschiedenen Farben und Stärken auf etwa 45 Zentimeter großen Kraftpapierquadraten. Das Werk verortet Burens radikale Geste der Institutionskritik im Universum der dekorativen

Kunst – selbst ein gelegentliches Vehikel für Politik, das am besten durch das Werk von William Morris veranschaulicht wird, dessen verzierte Tapeten das revolutionäre sozialistische Engagement des Künstlers kodierten.[9] Schüttes kleine Quadrate können leicht als »Muster« oder »Proben« gelesen werden, die Gestalter*innen dabei helfen, sich auf ein größeres Muster festzulegen. Und in der Tat funktionierten sie ähnlich für Schütte, der dem *Tapetenmuster* die *Großen Tapeten* (1975) folgen ließ – sieben lange vertikale Streifenbilder, die jeweils etwa vier Meter lang und einen Meter breit sind. Konzeptionell auf halbem Weg zwischen Burens Streifen und der eigentlichen Tapete angesiedelt, bieten die beiden Arbeiten einen prägnanten Doppelschlag – eine Taktik, in der Schütte sich als recht geschickt erweisen sollte. Die implizite Kritik kam an: »Ein anderer [Student] sitzt und malt Streifenmuster, um sich nach der erschreckenden Entdeckung zu beruhigen: Tapeten sind Bilder und Bilder sind Tapeten.«[10]

Viele von Schüttes Arbeiten aus den späten 1970er- und frühen 1980er-Jahren hinterfragen gezielt akzeptierte und vermeintlich unvereinbare Kategorien der Kunst. Wie *Tapetenmuster* und *Große Tapeten*, *Kollektion* (1980; Kat. 12) schwanken *Schwarze Girlande* (1979) und *Rote Girlande* (1980; Kat. 14) und *Goldene Ringe* (1981; Kat. 17) zwischen Konzeptkunst und Dekoration hin und her. Vier Jahrzehnte später kehrt er in der Werkgruppe mit dem Titel *Fake Flag* (2017/18; Abb. 8; Kat. 94–95) zu dieser Strategie zurück. Jede *Fake Flag* besteht aus einer dreiteiligen Komposition, die den Flaggen vieler souveräner Staaten gemeinsam ist. Ihr Erscheinungsbild wiederum erinnert an die monochrome Malerei der Moderne, insbesondere an Alexander Rodtschenkos 1921 entstandenes Trio nebeneinander angeordneter Bilder mit den Titeln *Reine rote Farbe*, *Reine gelbe Farbe* und *Reine blaue Farbe* (Abb. 9), mit dem der bolschewistische Künstler den Tod der Malerei ankündigte. (Im Gegensatz dazu fertigte Schütte seine Monochrome aus glasierter Keramik.) Doch der offenkundigste Präzedenzfall für die Nutzbarmachung der visuellen Nähe von Nationalflaggen und modernistischen Gemälden ist Johns, der schon Jahrzehnte zuvor Flaggen als gegenständliche Bilder und als fertige Abstraktionen begriff, wie das 1958 auf der documenta 5 gezeigte Gemälde *Flag* beweist.

Im Lauf der Zeit nahm die Bedeutungspalette von *Große Tapeten* zu. Das Werk, dessen Erhaltungszustand sich deutlich verschlechtert hat, unterscheidet sich heute erheblich von seinem jüngeren Selbst. Im Verlauf von 50 Jahren ist die von Schütte verwendete Dispersionsfarbe abgeblättert, sodass große Teile des Bildträgers sichtbar sind und wie eine »Tapete« aussehen, die am besten in ein herrschaftliches Wohnzimmer passt, das schon bessere Zeiten gesehen hat. Auf seiner ersten Galerie-Ausstellung in München 1980 zeigte Schütte eine Sammlung seiner Riffs auf Dekoration und Konzeptkunst und kündigte sie mit Postkarten der rekonstruierten Barock- und Rokoko-Interieurs der Münchner Residenz an. Es ist fast so, als ob er *Große Tapeten* schuf, um diese Art der Verweigerung gegenüber der Geschichte und dem Vergehen der Zeit anzuklagen. Für einen Künstler, der die Materialität, einschließlich der Dauerhaftigkeit, als vorrangig ansieht, signalisiert der Zustand von *Große Tapeten* ein Scheitern. Trotz seines schlechten Zustands befindet sich das Werk nach wie vor im Umlauf und war bereits in mehreren Ausstellungen zu sehen. 2007 verließ es das Depot erstmals für die vom Henry Moore Institute in England organisierte Schau *Thomas Schütte – Fake/Function: Early Work* und dann noch für mehrere spätere Ausstellungen. Schütte zeigt das Werk absichtlich im hinfälligen Zustand. Das Scheitern in all seinen Erscheinungsformen durchdringt so gut wie jedes seiner Werke. Es ist vielleicht nicht unmittelbar wahrnehmbar, doch fast immer vorhanden. Dieses Scheitern ist jedoch nicht das Schüttes – er findet es in den Gattungen, in denen sein Werk angesiedelt ist, und macht uns darauf aufmerksam. In diesem Universum sind sowohl die Konzeptkunst als auch die Monumentalskulptur defizitär und zutiefst fehlerhaft.

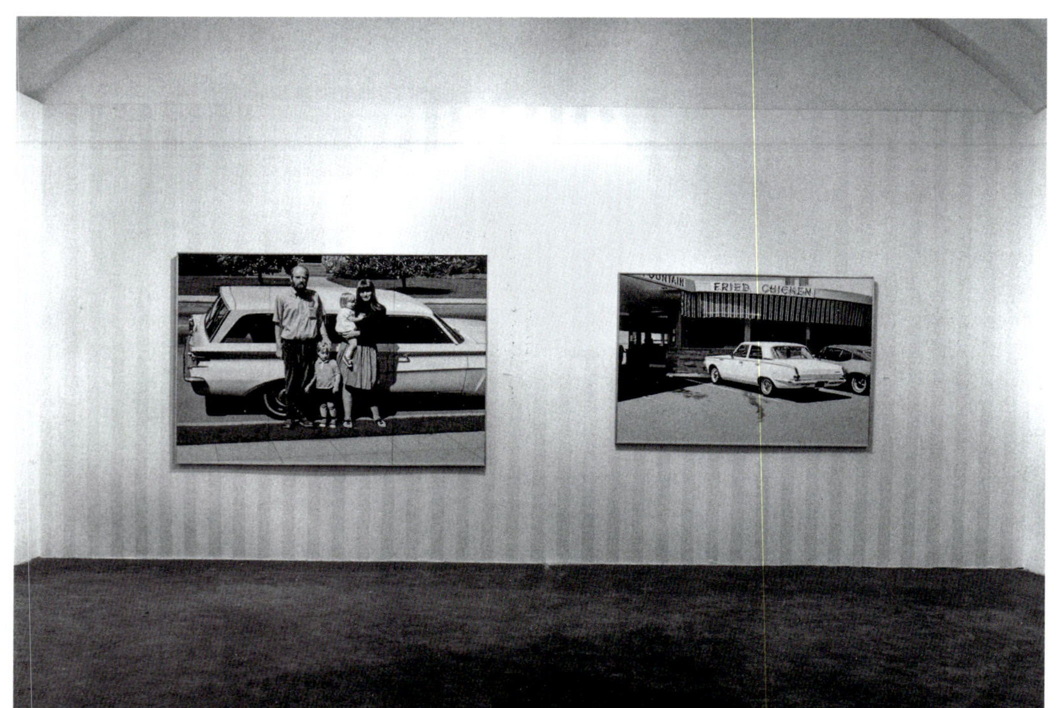

Abb. 6. Daniel Buren. *Exposition d'une exposition: Une pièce en sept tableaux* (*Ausstellung einer Ausstellung: Eine Arbeit mit sieben Gemälden*). 1972. Detailansicht (v. l. n. r.) mit *'61 Pontiac* (1968/69) und *'64 Valiant* (1971) von Robert Bechtle, documenta 5, Kassel, 28.6.–8.10.1972

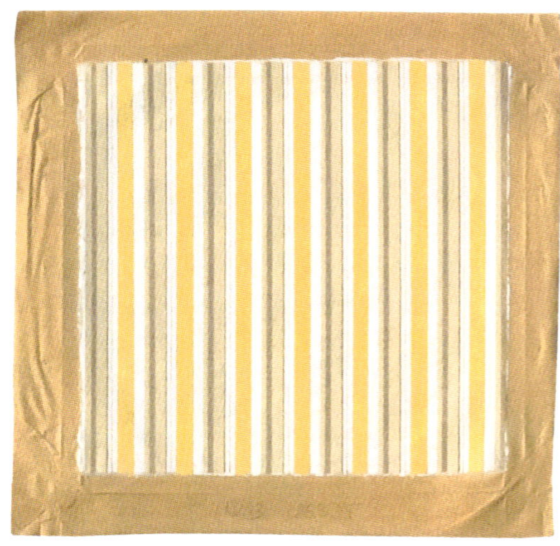

Abb. 7. Thomas Schütte. *Tapetenmuster (Wallpaper Pattern)*. 1975. Emulsionsfarbe auf Packpapier, 1 von 30 Teilen, je ca. 45,7 × 45,7 cm. Besitz des Künstlers, Düsseldorf

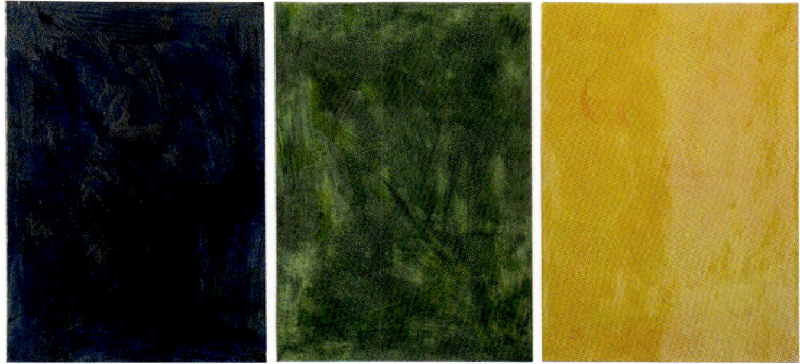

Abb. 8. Thomas Schütte. *Fake Flag A*. 2018. Glasierte Keramik, 3 Teile, insgesamt 96 × 207 × 4 cm. Privatsammlung, Schweiz

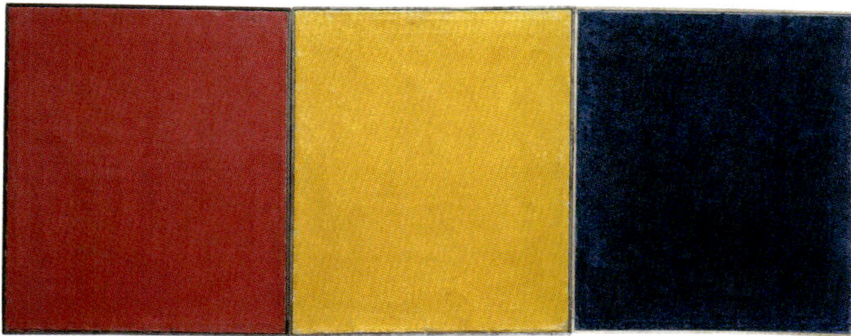

Abb. 9. Alexander Rodtschenko. *Reine rote Farbe, reine gelbe Farbe, reine blaue Farbe*. 1921. Öl auf Leinwand, 3 Teile, je 62,5 × 52,5 cm. A. Rodtschenko und V. Stepanowa Archiv, Moskau

In der 2012 entstandenen Arbeit *Krieger* (Kat. 93) stehen zwei aus Holz geschnitzte Figuren wie Wächter, fast zwei Meter hoch, behelmt und bewaffnet. Sie gehören zu einer Reihe monumentaler figurativer Skulpturen, für die Schütte bekannt ist, darunter die Bronze *Vater Staat* (2010; Kat. 91) und *Wichte* (2006; Kat. 73). Auf den ersten Blick scheinen die *Krieger* eben jene Konventionen der öffentlichen Gedenkplastik zu verkörpern, die sie in Wirklichkeit unterlaufen. Denn tatsächlich muten die sogenannten *Krieger* abscheulich und zugleich komisch deformiert an. Der eine steht auf derart dünnen Beinen, dass diese nur durch einen technischen Trick in der Lage sind, seinen vor Tapferkeit aufgeblasenen Torso zu tragen.[11] Derselben Skulptur fehlen der rechte Arm und die linke Hand. Den zweiten »Krieger« stellt Schütte auf konventionellere Weise dar, mit klar definierter Muskulatur und festem Stand. In seinen Händen hält er einen Stab oder einen Speer. Aber auch hier weicht er vom gattungstypischen Heldentum ab und reduziert den linken Arm auf einen verstümmelten Stumpf. Diese entstellten Körper handeln nicht von den Opfern des Krieges, sondern Schüttes Kronkorken als Helme tragende Krieger sind Dummköpfe, Clowns – physische Manifestationen der degenerierten Gesellschaft, die sie hervorgebracht hat, grotesk und ineffektiv bis hin zum unfreiwillig Komischen. Wie die beschädigten und degradierten Tapeten sind die Kriegerfiguren, die normalerweise als Symbole für militaristische Stärke und Tapferkeit fungieren, hässliche Darsteller in dem satirischen Slapstick, den Schütte die westliche Kultur zu nennen scheint. Irgendetwas ist in der Tat faul im Staate Dänemark, oder vielleicht war »Dänemark« ja auch schon immer im Verfall begriffen?

KUNSTAKADEMIE DÜSSELDORF

Burens *Exposition d'une exposition* war nur eine »denkbare Position« von vielen auf der documenta 5, die Schütte über Jahrzehnte beeinflussen sollte. Ebenso wirkungsvoll waren Bruce Naumans *Kassel Corridor* (1972), insbesondere als Beispiel für Architektur, die psychologischen Raum nutzt, und Claes Oldenburgs *Mouse Museum* (1965–1972). Oldenburgs Bedeutung für Schütte kann gar nicht hoch genug eingeschätzt werden. Von seinen bescheidenen skulpturalen Experimenten mit Alltagsgegenständen, die in *Mouse Museum* zu sehen sind, bis hin zu seinen zeitgleichen kolossalen Strukturen versah Oldenburg die gegenständliche Skulptur mit einer scharfen Kritikalität und gehörigen Prise Humor. So fand er einen Weg um die Minimal und Conceptual Art herum, ohne sie zu verraten. Einem im Laufe seiner Karriere so außerordentlich experimentierfreudigen Künstler wie Schütte bot die documenta 5 nicht nur eine beeindruckende Einführung in die zeitgenössische Kunst, sondern auch einen Einblick in die Fülle ihrer Möglichkeiten. Sie machte sowohl die Heterogenität möglicher Medien in der Kunst deutlich, wie auch die Vielfalt intellektueller, philosophischer und ethischer Positionen, zwischen denen sie wechseln können. Vermutlich hat diese Grenzenlosigkeit Schütte so sehr angesprochen, dass er sich 1973 mit etwa zwanzig surrealistisch inspirierten Zeichnungen an der Kunstakademie Düsseldorf bewarb und angenommen wurde.

Die ersten drei Semester, die als Orientierungsphase gelten, verbrachte Schütte im Atelier von Fritz Schwegler, einem multidisziplinären Künstler, der Gedichte schrieb und Skulpturen, Malerei, Konzept- und Performancekunst schuf und dessen Arbeiten Schütte auch auf der documenta 5 begegnet war. Schwegler hielt keine offiziellen Kurse oder Seminare ab, war aber fast täglich anwesend, um seine Studenten und Studentinnen zu beraten. Schüttes Interessen änderten sich rasant, und er nutzte diese Zeit zum Experimentieren. Aus diesem Zeitraum sind nur wenige Werke erhalten, doch die bemerkenswertesten sind *Tapetenmuster* und *Große Tapeten*, die zu den letzten unter Schweglers Betreuung entstandenen Projekten gehören, sowie eine großformatige Zeichnung mit dem Titel *Amerika* (Kat. 2) aus dem Jahr 1975.

Die 2 × 2,5 Meter große Bleistiftzeichnung entstand im Februar 1975 innerhalb von fünf Tagen (Abb. 10). Das Ergebnis ist ein großes, silbergraues Rechteck, das so auf dem Papierformat steht, dass die Blattkanten frei bleiben; an der linken oberen Ecke stehen Titel und Name des Künstlers, oben rechts die Daten der Ausführung. In kompositorischer Hinsicht ähnelt die Zeichnung einem Ausstellungsplakat oder einer Ankündigung, wenn auch in einem wesentlich größeren Format. Auch war die Arbeit eine zeitlich begrenzte performative Übung; *wie* sie gemacht ist, spielte eine zentrale Rolle bei ihrer Konzeption. Statt in seinem Atelier zu arbeiten, inszenierte Schütte die Aktion während des »Rundgangs«, der jährlichen Ausstellung der Studierenden, in der Akademie. Er pinnte das Papier für alle sichtbar in einem Flur an die Wand und dokumentierte seine Arbeitsfortschritte auf einem wesentlich kleineren Blatt mit einer »Arbeits«-Zeichnung, die in Miniaturform die mit Bleistift bearbeitete Fläche über einen bestimmten Zeitraum abbildete (S. 54–55). Darunter vermerkte er die benötigte Arbeitszeit, die bei Fertigstellung der Werkes insgesamt 31 Stunden betrug. Auf der rechten Seite verrät eine kryptische Berechnung, dass Schütte sich zusätzlich zu den auf diesem Papier dargestellten Belegen während jeder Stunde, die er mit dem

Zeichnen verbrachte, einmal selbst fotografiert hat. Als letztes Element hängte er die benutzten Bleistiftstummel (er benutzte jeden Bleistift, bis er ihn nicht mehr halten konnte), einen Beutel mit Bleistiftspänen sowie eine Tabelle auf, auf der er die Härte der Bleistifte während der Arbeit neben *Amerika* notierte. Diese Konzentration auf die begleitende Dokumentation des Arbeitsverlaufs ist von der prozessorientierten Kunst jener Zeit beeinflusst, etwa von den Arbeiten On Kawaras oder Stanley Brouwns. Und auch Sol LeWitts *Wall Drawing #84: A 12" (30 cm) square filled in by using all of the Crayola crayons in the pack of 12* (1971), ein Werk, das nur dadurch entsteht, dass die zu seiner Herstellung benötigten Materialien aufgebraucht werden, ein Stift nach dem anderen; oder Michael Ashers Grafitzeichnungen auf Karton aus den späten 1960er-Jahren, eine wenig bekannte Serie, bei der Asher Grafit aufträgt, bis das Material vollständig auf den Träger übergeht und als eigenständiges Objekt nicht mehr existiert, sind plausible Vorläufer. Selbst wenn Schütte diese spezifischen Arbeiten damals nicht kannte, war er mit Sicherheit mit den Praktiken dieser Künstler vertraut. Kawara, Brouwn und LeWitt stellten in der Konrad Fischer Galerie in Düsseldorf aus, Asher in der Galerie Heiner Friedrich in Köln.[12] Es lag etwas in der Luft, das Schütte entweder aus erster Hand oder durch die Lektüre von deutschen oder internationalen Kunstpublikationen wie *Artforum* und *Art in America* mitbekommen haben wird. So ist die visuelle Ähnlichkeit zwischen *Amerika* und den Anzeigen für die New Yorker Galerie von Leo Castelli kein Zufall. Die Anzeigen, die Castelli damals in Kunstzeitschriften veröffentlichte, waren oft schlicht und bedienten sich mitunter schablonenartiger Schriftzüge, die an die Werke von Johns, den der Galerist vertrat, erinnern (Abb. 11). Den größten Einfluss auf *Amerika* jedoch hatte Schütte zufolge Klaus Rinke, ein Professor an der Akademie. Sowohl in der Fotografie als auch in der Zeichnung beschäftigte Rinke sich in den frühen 1970er-Jahren mit Sequenzierung und seriellen Kompositionsstrategien. In einer Besprechung seiner Ausstellung in der Clocktower Gallery in New York schrieb Roberta Smith 1974: »Klaus Rinke gehört zu den Künstlern, deren Verwendung von Systemen seine Arbeit oft in Richtung der Dekorativität treibt, die solche Systeme im Allgemeinen umgehen sollen. Das liegt wahrscheinlich daran, dass die Systeme und Ideen, mit denen Rinke arbeitet, den Inhalt seines Werkes bilden; sie bestimmen nicht so sehr dessen visuelle Erscheinung, sondern werden durch sie illustriert.«[13] Smith hätte hier ebenso gut Schütte beschreiben können.

Neben den Anklängen an andere Künstler in Schüttes Zeichnung ist da auch noch das Thema. Schütte nannte das Werk *Amerika* nach der Marke der Bleistifte, die er für die Zeichnung verwendete. Es waren die billigsten, die er finden konnte, und sie waren jeweils mit einer amerikanischen Flagge versehen. Wie James Lingwood erklärt: »Die Idee war, das Werk am letzten Tag der Ausstellung fertigzustellen, es zu verkaufen und nach Amerika zu gehen. Nur das erste dieser Ziele erreichte er.«[14] Penelope Curtis geht in ihrer Deutung noch einen Schritt weiter: »Dem ganzen Projekt liegt die These zugrunde, dass Kunst Zeit und dass Zeit Geld ist. Was war Schüttes Arbeit wert, und genügte sie, um ihm eine Reise in die USA zu ermöglichen?«[15] Doch was ist mit dem eindrucksvollen grauen Rechteck, das uns die Zeichnung hinterlässt? Es füllt das Blickfeld aus, mit Papier, das durch den Druck von Schüttes Hand gekräuselt und durch die angespitzten Stiftspitzen pockennarbig ist; dadurch entsteht eine stark strukturierte Fläche, die das Umgebungslicht reflektiert, ähnlich wie eine Wasseroberfläche.[16] *Amerika* macht sich Mehrdeutigkeit zu eigen – eine typische Haltung Schüttes. Doch allein der Akt, eine abstrakte Form mit einem konkreten (wenn auch komplexen) Thema zu verbinden, stellt den eigentlichen Triumph dieses Werkes dar. Unter anderem deutet es darauf hin, dass die Kunst nicht länger in einem Spiegelkabinett existieren kann, in dem sie lediglich sich selbst betrachtet. Die Themen Zeit, Material, Maß und vor allem Arbeit sind immer spezifisch, verankert in einer Welt, die von Menschen und Dingen bewohnt wird, die von der Geschichte geprägt ist und die von einer Reihe von Ideologien beherrscht wird, die von Regierungen, sozialen Netzwerken

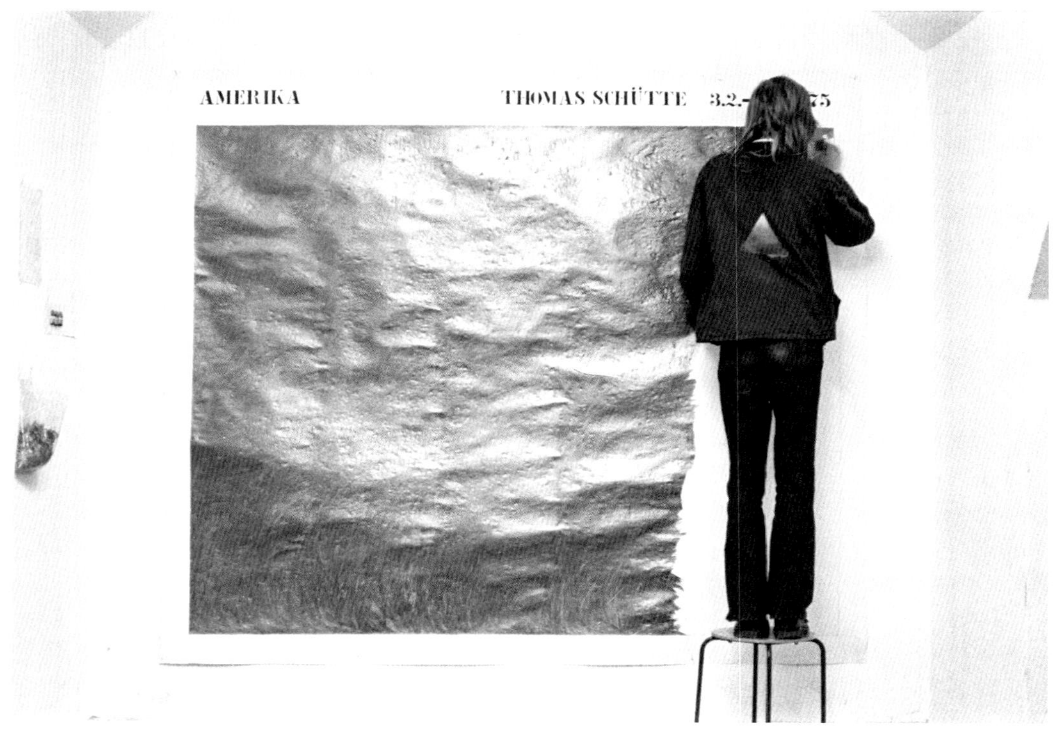

Abb. 10. Thomas Schütte arbeitet an *Amerika*, 1975

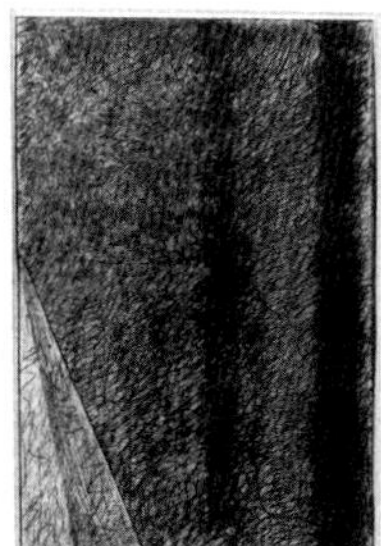

JASPER JOHNS DRAWINGS

LEO CASTELLI 4 EAST 77

Abb. 11. Anzeige zu *Jasper Johns: Drawings* in der Leo Castelli Gallery, New York, in: *Artforum* 8, Nr. 5 (Januar 1970)

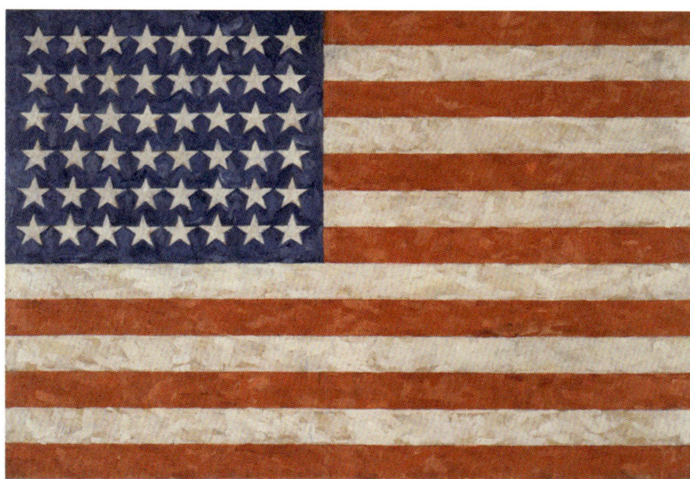

Abb. 12. Jasper Johns. *Flag*. 1958. Enkaustik auf Leinwand, 104,8 × 154,3 cm. Privatsammlung

und vielen Systemen um sie herum propagiert und verwaltet werden. Schüttes Werk verdeutlicht dies immer wieder mit der Beharrlichkeit eines Paukenschlags. Es verzichtet weitgehend auf die Auseinandersetzung mit den Rahmenbedingungen der Kunst und setzt sich stattdessen mit zeitgenössischen wie historischen Gegebenheiten auseinander. *Amerika* lädt uns ein, die Vereinigten Staaten einerseits als imposanten Monolith zu betrachten ein passendes Bild, wenn man bedenkt, wie sehr die US-Außenpolitik Deutschland in den Jahrzehnten nach dem Zweiten Weltkrieg prägte und andererseits das Unbekannte und möglicherweise Unwissbare zu imaginieren. Wenn Johns' Amerika als Flagge abbildet (Abb. 12), ist Schüttes *Amerika* vielleicht eine von schwarzem Humor geprägte Erwiderung, ohne die in Johns fast abstrakten, monochromen Zeichnungen und Druckgrafiken immerhin noch sichtbare Flagge überhaupt abzubilden.

Diese Vorgehensweise gilt für fast alle Werke, die Schütte an der Akademie geschaffen hat. Fast zwei Jahrzehnte später legt er seine Position rückblickend unverblümt dar:

> »Ich sehe nur die offizielle Denkschule, die seit hundert Jahren eine Tabula rasa ist. Immer abstrakt, immer der leere Tisch, auf dem nichts steht. Kunst als Wissenschaft, als Diskurs, als Analyse, bis auf die Knochen zerfressen. [Was mich an der Ungegenständlichkeit stört], ist, dass der Kampf gegen den Müll und das Pathos gewonnen ist, dass man mit [*sic*] der Methode der Ungegenständlichkeit inzwischen offene Türen einrennt und zu dem Schluss kommt, dass das schwarze Quadrat in seinem hundertsten Aufguss irgendwo hängt und nichts mehr bedeutet. Die Metaphysik und die Ideologie, mit denen sie verbunden sind, sind verloren. Plötzlich wird klar, wie gedankenlos diese Kunst ist. Mit dem Verlust ihres Gegenstands wird sie zur Dekoration.«[17]

Für Schütte hat diese Art von »Dekoration« wenig mit Ästhetik und viel mit Funktion zu tun. Die kargste Geste kann »dekorativ« sein, wenn sie nur den Anschein von Kritikalität annimmt; ohne Kritikalität wird Kunst, egal wie sie aussieht, akademisch. Schüttes Bedürfnis nach einer neuen Art der Auseinandersetzung mit der Form brachte in den 1970er-Jahren eine Kunst hervor, welche die »Idee« nicht aufgibt, sondern in den Kontext eintaucht und sie mit den Widersprüchen der realen Welt, die er bewohnt, vermengt. Oder, in seinen eigenen Worten: Er hat »die Geschichte wieder mit reingebracht«. Dies geschieht, indem er eine Kunst, die auf sich selbst verweist, auf ihre eigene Materialität, ihren räumlichen Determinismus und ihre Umstände, in einen erkennbaren Gegenstand verwandelt – sei es eine Tapete oder eine Wand. Diese Objekte laden dazu ein, sich auf die reale Welt zu beziehen und die von ihnen hervorgerufenen Assoziationen zu wecken; die Darstellung regiert.

Im Mai 1975 verließ Schütte Schweglers Atelier und wechselte zu Gerhard Richter, bei dem er bis zu seinem Abschluss als Meisterschüler im Jahr 1981 studierte.[18] Im selben Monat begann er mit einer Serie von Graustufenbildern, allesamt Selbstporträts, die auf einer Schwarz-Weiß-Fotografie basieren, deren Bild er mit einem einfachen Rastersystem auf die Leinwand übertrug (Kat. 3–4). Dieses Werk ist das einzige, das sich eng an Richters Gemälde anlehnt;[19] Schütte bemerkte als Erster, dass sein Professor kein besonderes Interesse zeigte, eine Generation von „Schülern" auszubilden. Schütte fertigte insgesamt zwanzig dieser Gemälde an, die jeweils etwa 60 × 45 Zentimeter groß sind. Vermutlich sind nur zwei davon erhalten, doch eine zeitgenössische Fotografie dokumentiert ein Raster der gesamten Reihe. Wie bei *Amerika* fügte Schütte seinem Prozess eine zeitliche Komponente hinzu: Er musste ein Gemälde pro Tag anfertigen und stellte das Malen jeweils am Ende des Tages ein, unabhängig vom Grad der Fertigstellung. Beim Betrachten der Gemälde fällt auf, dass der Grad der Abstraktion oder umgekehrt die Treue zum Ausgangsmaterial von Werk zu Werk sehr unterschiedlich ist. Auf einer Leinwand ist die Figur nur mit dem Bleistift angedeutet, als sei Schütte gelangweilt oder erschöpft gewesen, bevor der Pinsel die Leinwand überhaupt berühren konnte; eine andere hält sich so eng an die Fotografie, dass sie ohne Weiteres als Beispiel für Fotorealismus zu bezeichnen wäre. Abgesehen von der Schwarz-Weiß-Farbpalette, die seit den frühen 1960er-Jahren ein Markenzeichen von Richters Arbeit ist, ist auch das Kopfbild ein Format, das Schütte mit seinem Lehrer in Verbindung gebracht hätte. Auf der documenta 5 hatte Schütte *Acht Lernschwestern* gesehen, und die epischen *48 Porträts* (S. 29, Abb. 6) für den Deutschen Pavillon auf der Biennale von Venedig 1972 (von denen Richter laut Schütte zwei pro Tag malte) wurden anschließend in einem Katalog veröffentlicht. So waren sie auch dem jungen Künstler zugänglich, der die Präsentation nicht vor Ort gesehen hatte. Der Hauptunterschied zwischen Schüttes Grisaille-Selbstporträts und Richters Gemälden ist – abgesehen von der unterschiedlich souveränen Handhabung der Ölfarbe – erstens die schiere Tatsache, dass Schütte sich selbst malte, und zweitens sein Widerstand als Subjekt, seine Weigerung, etwas von sich preiszugeben. In den Werken trägt er eine Sonnenbrille und senkt den Kopf, um sich der Identifizierung zu entziehen, und damit dem Sinn und Zweck der Kopfaufnahme, der herausragenden Gattung der offiziellen Fotografie. Zweitens bewahrt Richter von einem Werk zum nächsten eine konsistente Stimmung, um jede Serie zu einem zusammenhängenden Ganzen zu machen. Im Fall von *Acht Lernschwestern* verbindet die Bilder eine Sanftheit, die von Richters Farbbehandlung und der bald zu seinem Markenzeichen werdenden Unschärfe herrührt, die den Motiven, die alle Opfer eines Serienmörders sind, eine Weichheit verleiht. Bei *48 Porträts* ist die kompositorische Strategie zwar fast identisch, doch die emotionale Ebene eine völlig andere. Sie sind kälter, klarer und geradezu klinisch und zeigen alle (mehr oder weniger) bekannte Männer mit einer Distanz, die sich typischerweise bei Passfotos und anderen bürokratischen Dokumenten findet. Im Gegensatz dazu hält eine formale Inkonsistenz Schüttes Gemäldegruppe zusammen: Jeder ist ein (statistischer) Ausreißer, was auf die immense psychologische Schwierigkeit hinweist, sich selbst als konstant und

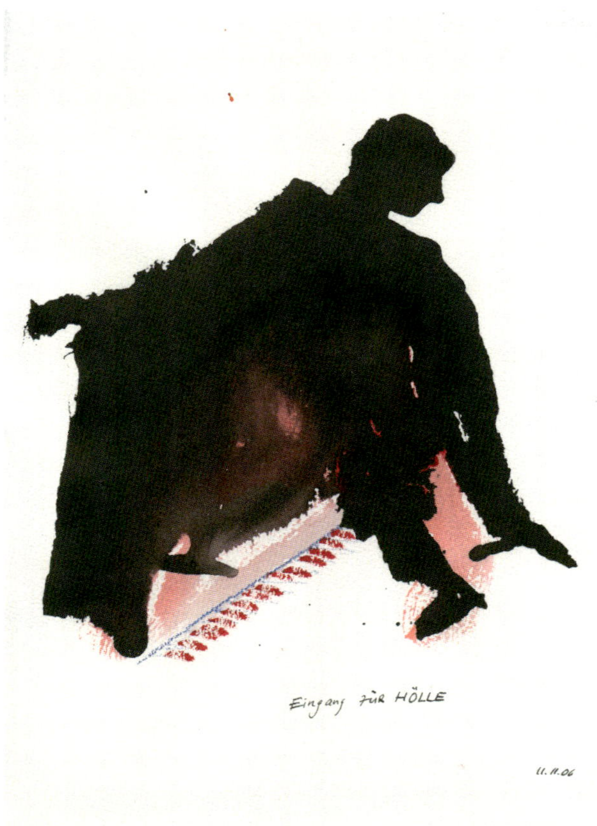

Abb. 13. Thomas Schütte. *Eingang zur Hölle*, aus: *Deprinotes*. 2006. Aquarell und Tinte auf Papier, 38 × 28 cm. Besitz des Künstlers, Düsseldorf

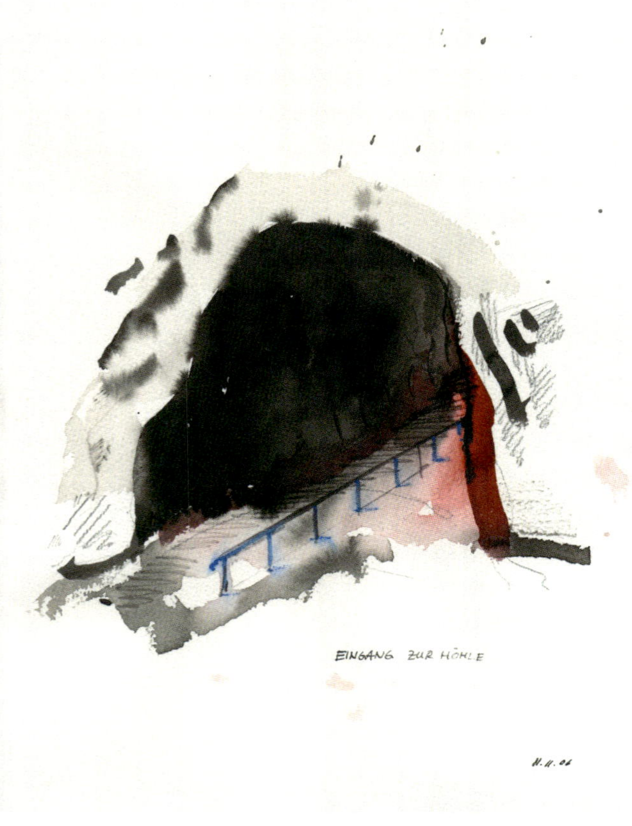

Abb. 14. Thomas Schütte. *Eingang zur Höhle*, aus: *Deprinotes*. 2006. Aquarell und Tinte auf Papier, 38 × 28 cm. Besitz des Künstlers, Düsseldorf

unveränderlich darzustellen. Auf zwei Gemälden ist sein Gesicht kaum sichtbar, was bereits auf die Dürftigkeit des Porträts hinweist. Diese Serie war Schüttes erste ernsthafte und nachhaltige Auseinandersetzung mit dem Selbstbildnis, ein Unterfangen, das er damals so ernst nahm, dass er jede Leinwand datierte und dokumentierte. Nach kurzer Zeit hielt er die Arbeiten für uninteressant und gab die traditionelle Ölmalerei vollständig auf. Die Arbeit am Selbstporträt – konnte er die Sackgasse, sich selbst abzubilden, überwinden? – sollte indes sein weiteres Künstlerleben begleiten.

Die Arbeiten, die am stärksten in dieser Thematik verwurzelt sind, sind die *Mirror Drawings* (Kat. 53–66), die Schütte zwei Jahrzehnte später, im Jahr 1998, begann und innerhalb eines Jahres vollendete. In dieser Serie stellt der Künstler sich selbst in einem runden Rasierspiegel dar, wobei er abwechselnd Aquarell, Tusche, Bleistift und Kreide verwendete, mal allein, mal in Kombination; es entstand eine sehr feinfühlige Serie von 87 individuellen Selbstporträts mit einer Größe von jeweils 38 × 28 Zentimetern. Die Zeichnungen sind das Ergebnis direkter Beobachtung. Sie sind per definitionem selbstreflexiv: Die Figur blickt direkt in den Spiegel und zu uns zurück. An jedem beliebigen Tag kann Schütte die Physiognomie des Gesichts so stark variieren, dass es zuweilen so scheint, als bilde er nicht nur eine Person, sondern mehrere ab. Darüber hinaus verändert das Gesicht nicht nur seine Form von einem Werk zum anderen, sondern auch seine Stimmung. Nachdenklich, grimmig, leidenschaftlich, in Schwermut oder Melancholie versunken oder einfach nur distanziert – Schütte versteht es, fast jeden psychologischen Zustand direkt und mit sparsamen Mitteln einzufangen; eine hochgezogene Augenbraue oder ein gespitzter Mund kann einen Ausdruck der Neugier in den des Unmuts verwandeln. (Wir sehen die Figur nie lächelnd oder auf andere Weise beschwingt.) Wie die Selbstporträts von 1975 veranschaulichen diese Zeichnungen, dass wir das Selbst nur in der Vielfalt finden können, obwohl Schütte nun in der Lage ist, diese Idee sowohl dadurch zu vermitteln, wie er die Figur malt, als auch durch die Wahl der Figur, die er malt.

Die *Mirror Drawings* zeigen, wie stark sich die Launen des Geistes in den Körper einprägen, sodass die Selbstverortung in einem einzigen Bild nicht nur unzureichend, sondern auch trügerisch ist. Jeder buchstäbliche Versuch eines Selbstporträts muss daher mehrteilig sein. Aber Porträts müssen nicht wörtlich genommen werden. In einer anderen Gruppe von Zeichnungen, die unter dem Titel *Deprinotes* zusammengefasst sind – ein Neologismus aus »Depression« oder »depressiv« und »Notizen« –, ist das Selbst erneut das Subjekt. Jedoch präsentiert sich die Selbstdarstellung jetzt ganz als ein Bild des inneren Lebens, das sich manchmal im Alltäglichen, manchmal im Fantastischen manifestiert. Zwischen 2006 und 2008 hat Schütte mindestens sechshundert *Deprinotes* angefertigt. Wie die *Mirror Drawings* sind alle Blätter dieser Serie kleinformatig, und jedes ist datiert. Obgleich sich Schütte zumindest einmal selbst abbildet, in einer unbetitelten Zeichnung aus dem Jahr 2006, zeigt die überwiegende Mehrheit der Werke Alltagsgegenstände wie eine zerbrochene Schere, Blumen, Teetassen, Zitronen; Porträts von Schüttes Kindern, seinen Freunden, seinen Geliebten; und abstrakte Bilder, rudimentäre Symbole und erfundene Szenarien, die ans Surreale grenzen. Innerhalb dieses Spektrums sind einige Zeichnungen süßlich, andere rührselig, banal, albern und einige düster, ja hoffnungslos. Eine Aquarell- und Tuschezeichnung vom 11. November 2006 wird von einem dunklen Schatten in Form einer Figur dominiert, deren Arme und Beine sich auf scheinbar winzigen Eisenbahnschienen spreizen. Die Schienen wiederum beeinflussen unser Verständnis des Schattens, der im Kontext wie der Eingang einer Höhle oder eines Tunnels wirkt. Wie viele der *Deprinotes* trägt auch dieses Werk einen handschriftlichen Vermerk, der gleichzeitig als Titel dient: *Eingang zur Hölle* (Abb. 13). Am selben Tag fertigte Schütte eine weitere Zeichnung an, die man als deren Pendant betrachten kann. Dem schwarzen Fleck in der Mitte dieser Komposition fehlen die erkennbaren Attribute, die es uns erlauben würden, ihn als Figur zu lesen; tatsächlich handelt es sich um das Bild einer Höhle, was durch den Titel *Eingang zur Höhle* bestätigt wird (Abb. 14). Ein typisches Beispiel für Schüttes Hang zum Wortspiel: Die Titel der beiden Werke unterscheiden sich nur durch einen Buchstaben – aus »Hölle« wird »Höhle«, oder umgekehrt. Alles kann sich schlagartig ändern, scheint er uns sagen zu wollen. Solche beunruhigenden Motive dominieren zwar nicht die ganze Gruppe, sind aber auch keine Ausnahme. In einer besonders verstörenden Zeichnung vom 17. Dezember 2006 zeichnet Schütte schwache Linien in die Mitte eines Papierfeldes, das ansonsten nur von Text markiert ist. Vertikal über das Blatt verlaufend, endet sie in einem Kreis, der sich zu einer Tränenform ausdehnt. Kaum sichtbar, lässt sich das Objekt nicht leicht identifizieren. In diesem Fall kommt uns der Text zur Hilfe: *Wenn alle Stricke reißen – häng ich mich auf*. Das ist Galgenhumor. Wenn die *Mirror Drawings* nahelegen, dass ein Selbstporträt als Multiple existieren muss, so befreien sich die *Deprinotes* vollständig von dem Auftrag, körperliche Ähnlichkeit darzustellen. Das Selbst existiert in dem oder der Anderen, und das Andere bewohnt das Selbst, was auch immer dieses Andere sein mag – Gegenstände, die uns umgeben, Lieder, die wir hören, Menschen, die wir besuchen, Bilder, die uns in den Sinn kommen oder entfallen.

Oft existiert das Selbstporträt in Schüttes Werk nur in einem symbolischen Register. Das offenkundigste Beispiel ist die 1982 entstandene Skulptur *Mann im Matsch* (Kat. 19). Schütte modellierte eine Figur aus Wachs und platzierte sie auf einem Podest. Da die Figur immer wieder umkippte, goss er sie in ein Plastikschälchen ein. Das war eine, wenn auch etwas plumpe Lösung eines technischen Problems, doch das Wachs um die Beine der Figur lieferte auch eine visuelle Metapher für das »Im-Schlamm-Stecken«. Das Werk wurde als Allegorie des Modernismus und seines Scheiterns interpretiert,[20] stellt aber auch die überzeugende Vision eines Künstlers dar, der gelähmt ist und nicht arbeiten kann. In den mehr als vierzig Jahren, die seit der ersten Version von *Mann im Matsch* vergangen sind, hat Schütte nicht weniger als zwanzig Variationen dieses Themas geschaffen (siehe z.B. Kat. 92), die die vom Werk eingeführte Metapher umkehren – eben dieses Symbol der Trägheit erweist sich paradoxerweise als eines der produktivsten in Schüttes Karriere.

GROSSE MAUER

Im Rückblick auf sein Frühwerk, insbesondere auf die Selbstporträts von 1975, erinnert sich Schütte daran, dass er sich nicht für die Herstellung von Dingen, sondern für die Schaffung von Räumen interessierte. Nach einem Jahr Abwesenheit von Düsseldorf, in dem er seinen Zivildienst ableistete, kehrte Schütte im Oktober 1976 an die Akademie und in Richters Klasse zurück und begann mit der Arbeit an seinem ehrgeizigen Projekt *Große Mauer* (Kat. 7), einer großen Installation aus bemalten »Ziegeln«, die im folgenden Jahr fertiggestellt und im Sommer 1977 im Flur der Akademie installiert wurde (Abb. 15).

Sein Interesse an Ziegeln wurde während seines Zivildienstjahres geweckt, als Schütte in den ersten sechs Monaten nahe der niederländischen Grenze arbeitete, einer Gegend, die von Lehmgruben durchzogen und für die Ziegelproduktion bekannt ist. Er fotografierte sowohl die Backsteine in der Ziegelei als auch die mittels verschiedener Maurertechniken errichteten Ziegelwände. Später, in Düsseldorf, wurden diese Bilder zum Ausgangsmaterial für Dutzende von Skizzen, die Ziegel in einer Vielzahl von Konfigurationen darstellten; zudem konsultierte Schütte Wörterbücher und Enzyklopädien, um sich mit dem Maurerhandwerk vertraut zu machen. Anfang 1977 erscheinen Zeichnungen, die eine Vielzahl von Verbindungsstilen und -techniken zeigen, die der Künstler mit Anmerkungen zur Unterscheidung der einzelnen Typen versah.

Natürlich war nie geplant, echte Ziegelsteine herzustellen. Stattdessen bemalte Schütte Platten, die ihnen ähneln sollten. Mithilfe der Holzwerkstatt der Akademie schnitt er etwa 1200 dünne Spanplatten von 10 × 20 Zentimeter zurecht, wobei einige nur 10 × 10 Zentimeter groß waren. Er klebte Leinwand auf die Oberflächen, zerschnitt viele der Selbstporträts von 1975 und benutzte sie als Rohmaterial; als dieser Vorrat aufgebraucht war, bat er seinen Freund und Richter-Kommilitonen Thomas Struth, seine Bilder ebenfalls für das Projekt zu spenden. Dann bemalte er die Tafeln locker in ziegelroter Farbe. Insgesamt benötigte Schütte etwas mehr als einen Monat für die Herstellung der einzelnen Bilder und ein paar Tage, um sie im Flur der Akademie anzubringen. Jede der Tafeln saß auf zwei kaum sichtbaren kopflosen Nägeln, sodass sie ganz leicht geneigt an der Wand lehnten, und sie waren in Reihen angeordnet, die die architektonischen Elemente des Raumes einrahmten. Schütte versetzte jede Reihe von Gemälden aus der Mitte der darüber und der darunter liegenden, wobei er genau zwei Zentimeter Abstand zwischen jeder Tafel ließ – ein negativer Raum, den man als Mörtel lesen konnte –, um die Illusion einer Ziegelwand zu erzeugen.

Janice Guy, eine Freundin und Kommilitonin Schüttes, die 1998 die Galerie Murray Guy in New York eröffnete, erinnert sich gut an die Installation: »Ich wusste nie, ob er vorher mit jemandem darüber gesprochen hatte, aber es fühlte sich wie ein spontaner Akt an, nicht gerade eine Rebellion, aber auf jeden Fall einer, der sich gegen die

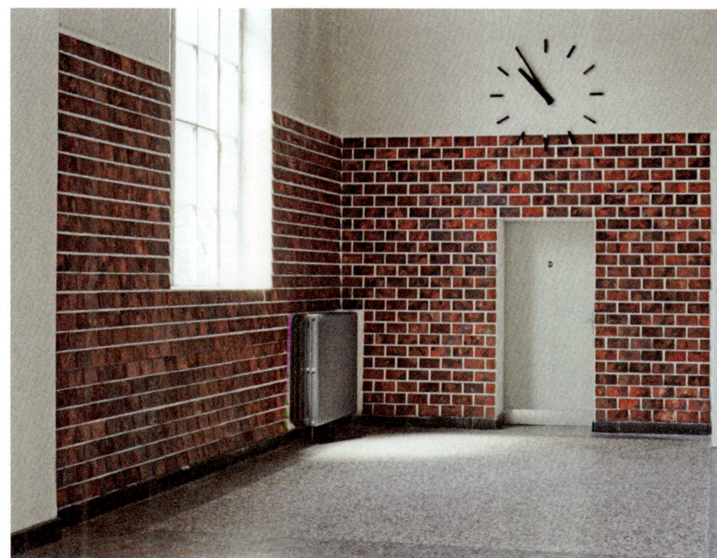

Abb. 15. Installationsansicht *Große Mauer* (1977) in einer Studentenausstellung, Kunstakademie Düsseldorf, Sommer 1977

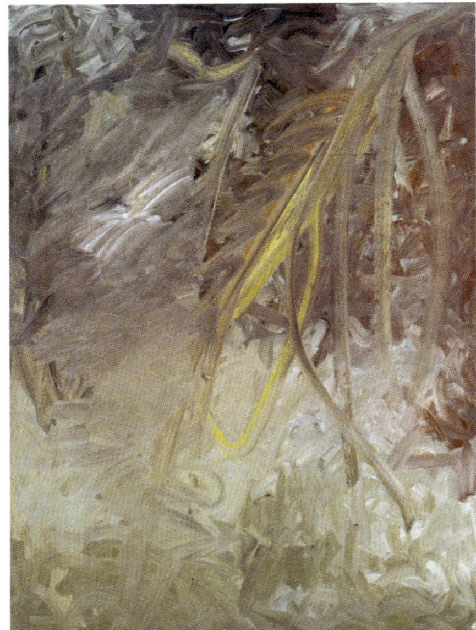

Abb. 16. Gerhard Richter. *Ohne Titel (Selbstportrait)*. 1971. Öl auf Leinwand, 175 cm × 125 cm. The Melissa and John Ceriale Family Collection, Palm Beach

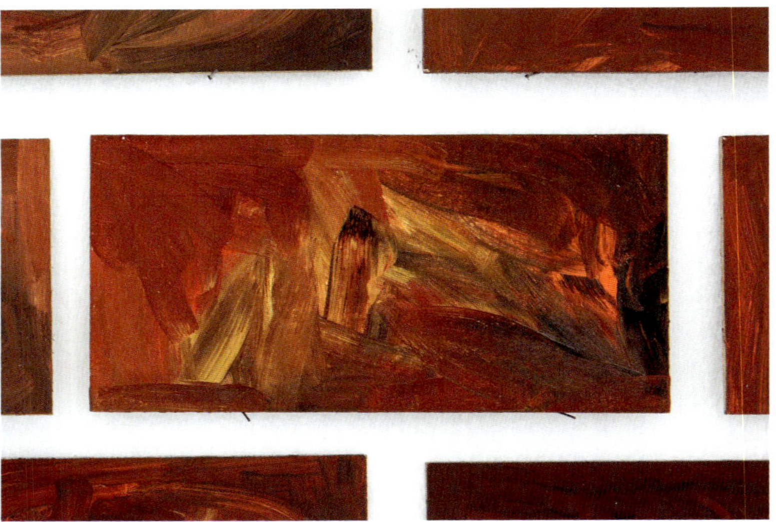

Abb. 17. Detail *Große Mauer*, 1977

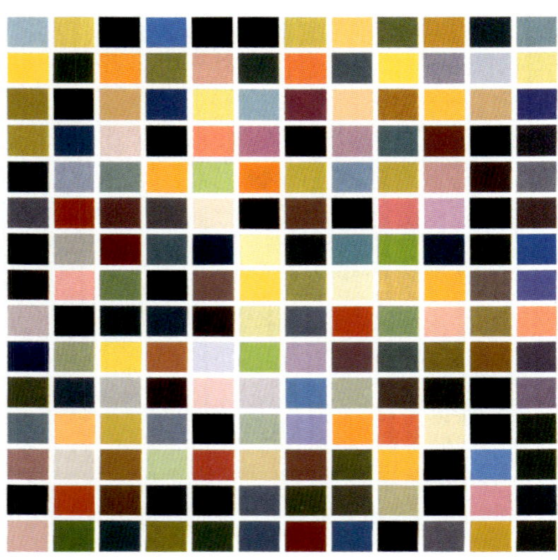

Abb. 18. Gerhard Richter. *180 Farben*. 1971. Emaillefarbe auf Leinwand, 200 × 200 cm. Philadelphia Museum of Art. Geschenk (durch Austausch) von Mrs. Herbert Cameron Morris, 1998

Autorität richtete – es war eine Art Guerilla-Aktion. Wenn ich über die Politik dieser Zeit nachdenke, gibt es einen unvermeidlichen Bezug zur Berliner Mauer, ein Symbol des Kalten Krieges […]. Abgesehen von diesem unvermeidlichen Bezug waren die einzelnen ›Ziegelsteine‹ wie Mini-Richters, die sich über die Malerei lustig machten.«[21]

Mit *Große Tapeten* hatte sich Schütte bereits auf eine Weise mit der Architektur des Ausstellungsraums auseinandergesetzt, die den ontologischen Status des Werkes – und damit den vieler Werke dieser Art – infrage stellte. Bei *Große Mauer* findet sich dies in gesteigerter Form. Wie Guy betont und Schütte einräumt, ähneln die Leinwände einzeln betrachtet den Abstraktionen Richters, vor allem der Gruppe fast monochromer, von lebhaftem Pinselstrich belebter Gemälde von 1971 (Abb. 16–17), jedoch in einem Bruchteil der Größe. Dass sie wie Ziegel anmuten, verdankt sich ausschließlich ihrer Installation. Ein exakt geradliniges Raster hätte eine Farbtafel ergeben, wie sie Richter und andere schufen (Abb. 18). Doch indem Schütte jede Leinwand an die Wand lehnte, ein wenig Platz zwischen einem Bild und dem nächsten ließ und jede Reihe um zehn Zentimeter aus der Mitte der oberen und unteren Reihe verschob, ändert sich unsere Wahrnehmung sofort. Was eine zerebrale Abstraktion hätte sein können, verwandelt sich in Schüttes Händen in eine Backsteinmauer, wenn auch eine zerbrechliche und prekäre, die auf einem Putz hängt, der eine darunter liegende Strukturwand verbirgt, und so eine Mini-mise-en-abyme bildet. Er wählte als Standort zwei im rechten Winkel zueinander stehende Wände entlang eines Flures, der durch ein Fenster, einen Heizkörper, eine Uhr und die Tür zur Damentoilette unterbrochen wird, weil dieser Ort »interessanter« war als eine flache Wand. Die bereits vorhandenen architektonischen Elemente verliehen der Installation mehr Dynamik und verstärkten den von Schütte angestrebte Trompe-l'œil-Effekt.[22] Die Entscheidung, »um eine Ecke zu biegen«, machte *Große Mauer* darüber hinaus zu einer Skulptur. Die Ziegelsteine artikulieren nicht nur die flache Ebene einer einzelnen Wand, die Domäne der Malerei, sondern grenzen auch den dreidimensionalen Raum zwischen den Wänden ab und aktivieren ihn.

Große Mauer verweist aber auch auf die Körperlichkeit der Institution, die alles andere als neutral ist, wenn man die Geschichte der renommierten, damals rund zweihundert Jahre alten Schule betrachtet. Das Gebäude, in dem die Kunstakademie untergebracht war, wurde durch alliierte Bombenangriffe zerstört (Abb. 19–20) und teilweise wiederaufgebaut. Vor diesem Hintergrund fungieren Schüttes Ziegelsteine als Mnemotechnik, die in die nicht allzu ferne Vergangenheit zurückverweist. Vielleicht blicken sie aber auch in die Zukunft, als würden sie die Architektur des 19. Jahrhunderts für die Nachwelt stützen. Sicherlich erinnerten sie Schüttes zeitgenössisches Publikum an die massiven Wiederaufbaubemühungen. Laut Struth, dessen früheste Fotografien leere Düsseldorfer Straßen in Schwarz-Weiß zeigen, war die Architektur für die in der Nachkriegszeit geborene Künstlergeneration ein Index der Geschichte – eine viel zuverlässigere und andere Art von Wahrheit als die möglicherweise fehlerhaften Erinnerungen ihrer Eltern oder die geschönte Geschichte in den Schulbüchern. Oder wie er es ausdrückt: »Die Architektur hat nicht gelogen.«[23] Der Kontext und die historischen Umstände waren für Struth, Schütte und viele andere Künstler*innen ihres Alters von größter Bedeutung. Der Kunsthistoriker und Kritiker Benjamin H. D. Buchloh bemerkte viele Jahre später: »Man braucht eine unglaubliche Konzentration, um sofort zu sagen: ›OK, hier sind wir, das ist, wer wir sind, das ist, worin wir leben.‹ Die repressive Dimension der deutschen Architektur, der Wiederaufbauarchitektur der Nachkriegszeit, hat natürlich alle diese Merkmale, die die tatsächlichen sozialen Bedingungen widerspiegeln: ›Kleine Fenster. Kein Erinnern. Kein Denken. Kein Sehen. Lasst uns einfach ein Dach über dem Kopf haben und so tun, als wäre nichts passiert.‹«[24] Oder, mit Struth zu sprechen: »Das Individuum im öffentlichen Raum und die Verantwortung – das ist die Hauptfrage der Nachkriegszeit. Als Student ging ich in Düsseldorf spazieren und informierte mich über Vorkriegsbauten, über Nachkriegsbauten, über Gebäude, die bei Luftangriffen schwer beschädigt worden waren und von denen nur noch das Erdgeschoss genutzt werden konnte. Die Gebäude aus den 1950er-Jahren waren im Vergleich zu den Gebäuden der Jahrhundertwende so fade, warum? Thomas befand sich, glaube ich, als Mensch in einer sehr ähnlichen Situation. Und er spielte mit konzeptioneller Arbeit, mit konzeptionellem Denken, aber auch mit Psychologie, Emotion und theatralischen Elementen.«[25]

Schüttes Auseinandersetzung mit dieser Art von Psychogeografie, die sich durch seine gesamte Laufbahn zieht, fand ihren ersten großen Ausdruck in den theatralisch gefärbten Reflexionen von *Große Mauer*. Im Jahr 2013 sprach Schütte mit dem Kurator Massimiliano Gioni über das Werk. »Wenn man in Deutschland eine Mauer macht, ist es natürlich nicht nur eine Mauer«, sagte Gioni und erklärte kurz darauf, dass er das Werk nicht nur als »Reflexion über Dekoration«, sondern auch als »Reflexion über die Geschichte und über Deutschland« sehe. Charakteristischerweise antwortete Schütte, indem er sich auf den Prozess konzentrierte: »Es ist eine Menge Arbeit; es ist ein modernistisches eintausend kleine Gemälde. Doch wegen dieser Ziegelsteinverschiebung war es sofort eine Geschichte. Wenn es nur ein normales Raster ist, gibt es keine Geschichte. Wegen dieser einen Verschiebung [...] war es plötzlich ein Bühnenbild, und plötzlich gab es eine Geschichte.« Darauf fragte Gioni: »Aber es war nicht die Geschichte der Berliner Mauer oder der deutschen Geschichte?« »Nein, ganz und gar nicht«, antwortete Schütte. »Man kann es im Nachhinein sehen, aber nicht zu diesem Zeitpunkt.«[26] Vielleicht findet sich unter den vorbereitenden Skizzen für die Installation im Archiv des Künstlers ein Lexikoneintrag zu »Mauer«, an dessen Ende sowohl auf die Berliner Mauer als auch auf die Chinesische Mauer hingewiesen wird.

Schüttes sich durch seine gesamte Karriere ziehende Abneigung, die Deutung seiner Arbeit durch strikte Definitionen oder Vorgaben ihrer Bedeutung zu verengen, ist auch eine Geste der Großzügigkeit. Er überlässt es den Betrachtenden, ihre eigenen Schlussfolgerungen zu ziehen. Laut Struth hat sein Freund diese Lektion von seinem Galeristen Konrad Fischer (der sich als Künstler Konrad Lueg nannte) gelernt: »Gib nicht zu viel, damit du nicht etwas verrätst. Die Leute sollen es selbst herausfinden.«[27] Auch wenn Schütte behauptet, er habe nicht die Absicht gehabt, an die Berliner Mauer zu erinnern, war diese Assoziation fast unvermeidlich. Die 1961 errichtete Mauer, die größtenteils aus Betonsegmenten und nicht aus den in Schüttes Werk dargestellten roten Tonziegeln bestand, war nicht nur ein Symbol für die Teilung Berlins und damit auch Deutschlands in Ost und West, sondern auch ein Beispiel für eine funktionale ideologische Struktur, die Menschen durch eine mehr oder weniger willkürliche Grenze voneinander trennte. Wer auf welcher Seite landete, war von wenigen Ausnahmen abgesehen weitgehend eine Frage der Umstände.

Ideologische Architektur hatte in Deutschland Jahrzehnte zuvor, während der Zeit des Nationalsozialismus, ihren Höhepunkt

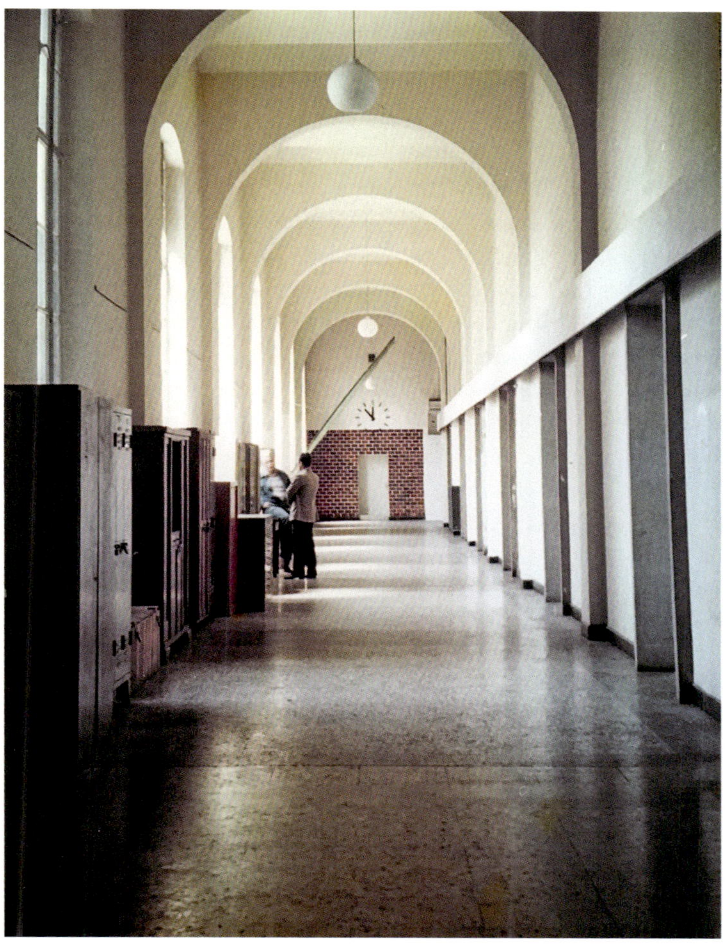

Abb. 19. Installationsansicht *Große Mauer* in einer Studentenausstellung, Kunstakademie Düsseldorf, Sommer 1977

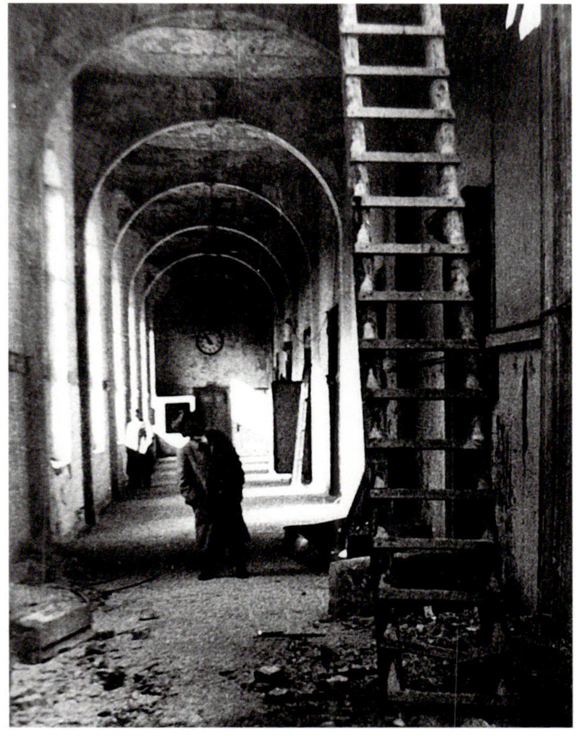

Abb. 20. Direktor Werner Heuser im Gang der Kunstakademie Düsseldorf, 31.1.1946

erreicht. Bereits 1933 begannen bescheidene Baukampagnen, die sich bis 1942 beschleunigten, als große militärische Rückschläge eine Umverteilung der Ressourcen hin zur umfassenden Unterstützung der Munitionsproduktion und der Militärwirtschaft im Allgemeinen erzwangen.[28] Unter der Leitung des Architekten Albert Speer war die nationalsozialistische Architektur neoklassizistisch und bezog sich stark auf griechische und römische Quellen. Wie der Architekturhistoriker Paul B. Jaskot erklärt, »ermöglichte diese Zusammenführung die konkurrierenden und oft widersprüchlichen Ansprüche, die die nationalsozialistischen Kulturverwalter an die Monumentalarchitektur stellten: Griechisch, um die angeblichen rassischen Verbindungen zwischen dem heutigen Deutschland und seinen arischen Vorfahren zu betonen, römisch, um die Ansprüche des nationalsozialistischen Deutschlands als neues und mächtiges Reich zu untermauern.«[29] Ebenso wichtig wie der Stil waren die Materialien, aus denen die gewaltigen Bauwerke errichtet wurden. Eisen und Zement, die bei den meisten Bauprojekten dieser Zeit unverzichtbar waren, wurden für den Bau von Fabriken, Arbeiterkasernen und ehrgeizigen Infrastrukturprojekten wie dem Ausbau der Eisenbahn und dem Bau der Autobahnen verwendet. Mit Hitlers Zustimmung wurden Stein und Ziegel somit zu Speers bevorzugten Baumaterialien – Stein wegen seiner vermeintlichen Beständigkeit und seiner Verbindung zu vergangenen Imperien, Ziegel wegen seiner Verbindung zu einer bestimmten »deutschen akademischen Tradition (vor allem der von [Karl Friedrich] Schinkel)«.[30] Die für das System der Konzentrationslager verantwortliche SS richtete Lager in der Nähe von Steinbrüchen und Tongruben ein, um die Materialbeschaffung zu beschleunigen. (Wie ein Bürokrat in einem Brief im April 1937 anordnete, sollten »die Lagerinsassen [...] mit der Herstellung von Ziegeln beschäftigt werden«.[31]) All das bedeutet, dass Schüttes Werk eine Geschichte zulässt und sogar dazu einlädt; diese Geschichte ist nicht nur für *Große Mauer* von Bedeutung – wobei Schüttes beiläufige Bemerkung über die intensive Arbeit bei seiner eigenen »Ziegel«-Produktion in diesem Zusammenhang eine zusätzliche Bedeutung erhält –, sondern auch für die Skulpturen und Architekturmodelle, die er in den folgenden Jahrzehnten anfertigen sollte und die massiv auf die lange Geschichte Deutschlands anspielen. *Große Mauer* ist vor allem deshalb so erfolgreich, weil Schüttes Sujets allgegenwärtig und banal sind, was sie einer breiten Interpretation öffnet, die über die vom Künstler beabsichtigten hinausgeht.

Während das Projekt *Große Mauer* lief, kam Buchloh im Wintersemester 1976 an die Akademie und begann, das erste von drei Seminaren über zeitgenössische Kunst mit dem Titel »Mythologische und phänomenologische Aspekte der Kunst in der Gegenwart« zu unterrichten. Die Teilnehmerzahl war gering, erinnert sich Buchloh, und überstieg selten zwanzig Studierende, darunter Isa Genzken (die ihn eingeladen hatte), Harald Klingelhöller, Ludger Gerdes, Struth und Schütte. Die Bibliografie des Kurses bot eine Kombination aus theoretischen Texten, die sich vor allem auf Semiotik und Phänomenologie konzentrierten, Schriften und Ausstellungskatalogen lebender Künstler*innen sowie zeitgenössischer Kunstkritik zu Themen wie Minimal und Conceptual Art. Während wir annehmen können, dass Buchloh die Arbeit dieser Künstler aus neomarxistischer Sicht präsentierte, die er in seinen Schriften um diese Zeit herum zu artikulieren begann, ist ebenso vorstellbar, dass die Konstruktion eines kritischen Apparats, durch den man Kunst (ungeachtet ihrer Besonderheiten) sehen kann, an sich schon einflussreich war. Rückblickend auf das Seminar bestätigt Klingelhöller genau dies: »Die Veranstaltungen von Buchloh haben sich mit dem, was wir gesehen haben, auf einer theoretischen Ebene auseinandergesetzt.«[32] Bezeichnenderweise überließ der Kunsthistoriker das (metaphorische) Rednerpult auch oft Künstlern, die auf der Durchreise waren, wie Buren, Graham, Serra, Weiner und anderen. Schütte schätzte diesen direkten Zugang zu relativ neuen Informationen aus dem Munde der Künstler selbst.[33] Vor Buchlohs Ankunft in Düsseldorf hatte Schütte bereits begonnen, eine Position in der diskursiven Landschaft abzustecken, »die Grammatik und die Semantik [und] bestimmte Tricks zu lernen«.[34] Seine frühe studentische Arbeit vertritt die Mehrdeutigkeit als kritische Position und ermöglichte es ihm, eine Reihe sich wiederholender Sackgassen zu vermeiden, in die seiner Meinung nach viele Künstler der vorherigen Generation geraten waren. Buchloh fragt rückblickend: »Aber wohin wendet er sich? Welches sind die historischen Räume, zu denen man zurückkehrt, wenn man eine radikale Position aufgibt? Man hat Buren verstanden, man hat [Niele] Toroni verstanden, man hat Lawrence Weiner verstanden. *All das, er hat alles verstanden.* Wohin wendet man sich dann?«[35]

Radikale Positionen sind weder singulär noch endgültig. Für Schütte geht es weder um eine Bejahung noch um eine Verneinung der Kunst, die seiner eigenen unmittelbar vorausging, sondern vielmehr darum, einen Ausweg aus der Binarität zu finden. »Das eigentliche Problem besteht darin, zu wissen, warum man weitermachen soll, zu versuchen, etwas Interessanteres zu finden. […] Und ich bewege mich immer wieder von einer Form zur anderen«, erklärt er. »Ich bin gegen diese Monokultur. Ich versuche, eine Sache aus fünf verschiedenen Blickwinkeln zu sehen. Und man bewegt sich immer wieder und arbeitet um einen zentralen Punkt herum, aber was das ist, wissen wir nicht. Denn sobald man es definieren kann, ist es vorbei.«[36]

VON HIER AUS[37]

Im Jahr 1981, als Schütte die Akademie verließ, fertigte er eines seiner frühesten Architekturmodelle an: ein rotes Gebilde mit Satteldach in den Maßen 63 × 53 × 25 Zentimeter und mit der Inschrift *Thomas Schütte / 16.11.1954 / 25.3.1996*, die es als Grabstein ausweist – das Zeichen der Finalität schlechthin. Er nannte das Werk *Mein Grab* (Kat. 18) und ermittelte das Todesdatum, indem er sich selbst fünfzehn Jahre Zeit gab, um es als Künstler zu »schaffen«. Inzwischen schreiben wir das Jahr 2024, und Schütte ist sehr lebendig und macht weiterhin Kunst.

In den mehr als vier Jahrzehnten seit *Mein Grab* hat Schütte Hunderte von Kunstwerken geschaffen, die eine verwirrend breite Palette von Gattungen abdecken. Es gibt weitere architektonische Modelle, einige einfach als Skulpturen wie *Mein Grab*, einige für Bauten, die errichtet werden sollen. Dazu gehört auch das Modell für die Skulpturenhalle, Schüttes Museum in Neuss, das 2016 eröffnet wurde. Es gibt Arbeiten auf Papier, die von den sehr persönlichen Aquarellen (*Mirror Drawings* und *Deprinotes*) bis zu großen und farbenfrohen Holzschnitten (*Woodcuts*, 2011) reichen; große Installationen, (z. B. *Melonely,* 1986; Kat. 24) und kleine (*Mohr's Life,* 1988–1999) sowie mindestens eine aus Papier (*Wattwanderung*, 2001). Figurative Skulpturen gibt es im Überfluss – monumentale Bronzen, die an öffentliche Statuen erinnern (*Vater Staat*, *Große Geister*, 1995–2004; Kat. 50), *United Enemies I* (2011; S. 146f.), *Mann im Wind* (2018) sowie eine Gruppe von achtzehn liegenden weiblichen Akten mit dem Titel *Frauen* (Kat.

68–71), die zwischen 1998 und 2006 entstanden sind, jede zweimal in Stahl, zweimal in Bronze und einmal in Aluminium gegossen, insgesamt neunzig Skulpturen. In jüngster Zeit hat sich Schütte auf elegante Büsten aus Keramik verlegt, von denen viele unter der Hitze des Brennofens zerborsten sind, und auf seltsame Tierskulpturen aus demselben Material, die an Hunde oder Teufel erinnern. Wenn man sich seinen Werdegang ansieht, fällt es schwer zu glauben, dass dieses vielseitige Œuvre von einer einzigen Person stammt. Doch zusammengehalten wird es durch eine bestimmte Haltung, die sich über einen entscheidenden Zeitraum von fünf Jahren entwickelt hat, der mit einer Reise zur documenta im Jahr 1972 begann und mit *Große Mauer* von 1977 ihren vollen Ausdruck fand.

Diese Geschichte gewinnt an Bedeutung über die Besonderheiten des Werdegangs eines einzelnen Künstlers hinaus. Der Blick nach links und rechts, nach oben und unten, geradeaus und von der Seite, den Schütte bei der Entscheidung darüber an den Tag legt, was als Nächstes zu tun sei, ist Ausdruck einer breiten Skepsis nicht nur gegenüber der Teleologie, sondern auch gegenüber jeder ordentlichen linearen Konstruktion von Geschichte. Wohin wendet man sich, nachdem man Buren, Toroni, Weiner und andere verstanden hat, in der Annahme, dass es irgendwo eine Abzweigung gibt – eine ferne Ziellinie für die einen, eine Sackgasse für die anderen? In seinem Essay »Über den Begriff der Geschichte« erkannte der deutsche Philosoph Walter Benjamin 1940 die Schwierigkeiten im Kampf gegen den Faschismus: »Dessen Chance besteht nicht zuletzt darin, daß die Gegner ihm im Namen des Fortschritts als einer historischen Norm begegnen.« Und er fährt fort: »Das Staunen darüber, daß die Dinge, die wir erleben, im 20. Jahrhundert ›noch‹ möglich sind, ist *kein* philosophisches. Es steht nicht am Anfang einer Erkenntnis, es sei denn der, daß die Vorstellung von Geschichte, aus der es stammt, nicht zu halten ist.«[38] Schütte hat sich in seinem Werk nie in eine Richtung bewegt. Für ihn ist der »Fortschritt«, wenn man ihn so nennen kann, multidirektional: Vergangenheit, Gegenwart, Zukunft und alles dazwischen verheddert sich wie ein Garnknäuel. Wir können versuchen, einem Faden zu folgen, doch er wird uns aus der Hand fallen oder sich verknoten. Die Rückkehr zur Repräsentation bedeutet bei Schütte, wie bei so vielen Künstler*innen seiner Generation, keinen Rückzug auf das Vertraute oder ein Eintreten für Konventionen. Schütte geht mit der figurativen Skulptur genauso um wie mit Burens Streifen und Toronis Pinselstrichen – sie ist ein fruchtbarer Boden für die Neuerfindung, eine Reinvestition von Kritik in Formen, die manchmal als dekorativ gelten. Und »Dekoration ist etwas für die Vögel«, würde er möglicherweise sagen.[39]

---

1 Zufälligerweise ähnelt die Schriftart auch der Normschrift DIN EN ISO 3098, die häufig von Architekten und Ingenieuren in technischen Zeichnungen verwendet wird.

2 Harald Szeemann, zit. in: Max Rosenberg, »Harald Szeemann and the Road Back to the Museum«, in: *Getty Research Journal,* 11, 2019, S. 114.

3 Harold Rosenberg, »The Art World. Enquiry '72: On the Edge«, in *Biennials and Beyond-Exhibitions That Made Art History 1962–2002*, London, 2013, S. 172; ursprünglich veröffentlicht in *New Yorker*, 9.9.1972.

4 Robert Smithson, »Kulturelle Gefängnisse«, in: *Documenta 5*, Ausst.-Kat., Kassel 1972; zuerst engl. »Cultural Confinement«, in: *Artforum*, 11, Nr. 2, 1972.

5 Daniel Buren, zit. in Lucia Pesapanc, »Interview with Co-Curators: Jean-Christophe Ammann, Bazon Brock, François Burkhardt, and Johannes Cladders«, in: Florence Derieux (Hg.), *Harald Szeemann: Individual Methodology*, Zürich, 2008, S. 135.

6 »James Lingwood in Conversation with Thomas Schütte«, in: Julian Heynen u. a., *Thomas Schütte*, London 1998, S. 13.

7 Ebd., S. 10 und 13.

8 Thomas Schütte, Interview von Marta Gnyp, in: *Made in Mind: Myths and Realities of the Contemporary Artist*, Stockholm 2014, S. 229.

9 Siehe Kristin Ross, *Communal Luxury: The Political Imaginary of the Paris Commune*, Brooklyn 2015.

10 *Düsseldorfer Stadtpost* (Düsseldorf), 12.6.1975; zit. nach Penelope Curtis, *Thomas Schütte: Early Work*, Leeds 2007, S. 92.

11 Die Figur verfügt über ein inneres Metallgerüst.

12 Als Haupteigentümer einer kleinen Galerie mit begrenzten Mitteln lud Konrad Fischer Künstler nach Düsseldorf ein, um vor Ort zu arbeiten, anstatt die Kosten für Kisten und Versand von dem Ort zu tragen, an dem die Werke sonst entstanden wären, d. h. mit wenigen Ausnahmen in den Vereinigten Staaten.

13 Roberta Smith, »Klaus Rinke, The Clocktower; Doug Davis, Fischbach Gallery; Elie Nadelman, Zabriskie Gallery; Hugo Robus, Forum Gallery; John McLaughlin, Emmerich Gallery; Moshe Kupferman, Rina Gallery«, in: *Artforum,* 12, Nr. 10 (Sommer 1974), S. 72.

14 James Lingwood, *Amerika*, in: *Thomas Schütte: Public/ Political*, hg. von Ulrich Loock, Köln 2012, S. 12ff., hier S. 15.

15 Curtis 2007 (wie Anm. 10), S. 88.

16 Schütte dürfte Richters Seestücke gekannt haben, die er zwischen 1968 und 1975 schuf (in den 1990er-Jahren kehrte er zu diesem Thema zurück). Ebenso dürfte er die auch 1968 entstandenen Bleistiftzeichnungen von Vija Celmins gesehen haben, die in Kunstpublikationen reproduziert wurden.

17 Alle Zitate in diesem Abschnitt stammen von Thomas Schütte, Gespräch mit der Autorin, März 2017.

18 Sowohl *Tapetenmuster* als auch *Große Tapeten* wurden erstmals vom 9. bis 16.6.1975 in Raum 43 von Richters Atelier ausgestellt.

19 Es ist erwähnenswert, dass Martin Kippenberger, Schüttes Generationsgenosse und zeitweiliger Feind, 1976 eine Serie von Grisaille-Bildern begann, die ebenfalls von Richter inspiriert war, und schließlich einhundert Werke auf der Grundlage von Zeitungsausschnitten schuf. Wie Schütte setzte auch Kippenberger dieser Arbeit Grenzen. Anstatt ein Bild pro Tag zu malen, wollte er so viele Gemälde anfertigen, dass sie übereinandergestapelt seine Körpergröße erreichten.

20 Ulrich Loock, »Thomas Schütte. Ein ziemlich ernsthaftes Spiel«, in: *Thomas Schütte*, Künstlermonografien, Friedrich Christian Flick Collection, Köln 2004, S. 24.

21 Janice Guy, E-Mails an die Autorin, 28.3. und 2.4.2020; Hervorhebung von Guy.

22 Thomas Schütte, Gespräch mit der Autorin, 16.6.2020.

23 Thomas Struth, Gespräch mit der Autorin, April 2016.

24 Benjamin H. D. Buchloh, Gespräch mit der Autorin, 6.3.2020.

25 Thomas Struth, Gespräch mit der Autorin, 3.2.2020.

26 Thomas Schütte, »Conversations | Premiere | Artist Talk with Thomas Schütte«, Interview von Massimiliano Gioni, Art Basel, 12.6.2013, https://www.youtube.com/watch?v=sF02nI6Kt7Y.

27 Thomas Struth, Gespräch mit der Autorin, 3.2.2020.

28 Vgl. Paul B. Jaskot, *The Architecture of Oppression*, New York 2000.

29 Ebd., S. 57.

30 Ebd., S. 29.

31 Zit. in ebd., S. 21.

32 »›Ich wollte eine künstlerische Position gewinnen und keine theoretische.‹ Brigitte Kölle im Gespräch mit Harald Klingelhöller«, in: dies., *Es geht voran. Kunst der 80er: Eine Düsseldorfer Perspektive*, München 2010, S. 222.

33 »›In den Achtzigern waren alle munter.‹ Brigitte Kölle im Gespräch mit Thomas Schütte« in: ebd., S. 193.

34 »James Lingwood im Gespräch mit Thomas Schütte« (wie Anm. 6), S. 17.

35 Buchloh, Gespräch mit der Autorin, 6.3.2020; Hervorhebung von Buchloh.

36 »Thomas Schütte«, Interview von Iwona Blazwick und Andrea Schlieker, in: *Possible Worlds: Sculpture from Europe*, London 1990, S. 70.

37 Der Titel dieses Abschnitts stammt von der Ausstellung *Von hier aus*, die Kasper König 1984 in Düsseldorf als Überblick über die zeitgenössische deutsche Kunst organisierte. Sie umfasste auch Arbeiten von Schütte.

38 »Zum Begriff der Geschichte«, in: Walter Benjamin, *Gesammelte Schriften,* Bd. 1,2: *Abhandlungen*, hg. von Rolf Tiedemann und Hermann Schweppenhäuser, Frankfurt am Main 1974, S. 697.

39 2007 stellte Schütte auf der vierten Plinthe des Londoner Trafalgar Square *Model for a Hotel* aus, ein Werk, das ursprünglich den Titel *Hotel for the Birds* tragen sollte.

Wie knüpft man einen Bronzeknoten?

CHARLES RAY

Ich weiß, wie man einen Bronzeknoten herstellt. Das ist ganz einfach. Man beginnt mit Ton oder Wachs und modelliert ihn mit einem Werkzeug oder mit den Händen. Man macht eine Form und gießt geschmolzenes Metall hinein, und so entsteht das Bild eines Knotens aus Bronze. Es ist nicht so schwer, einen Knoten mit einem Seil zu knüpfen oder einen Knoten mit einem weichen Material wie Ton zu formen. Doch wie knüpft man einen Knoten in Bronze? Geschieht dies im Prozess des Skulptierens? Sind Bildhauer*innen Magier*innen, die wissen, wie man hartes Metall manipuliert und es biegsam und weich macht? Oder geschieht es im Kopf der Betrachter*innen oder Bildhauer*innen? Kann ein Knoten so schön geformt sein, dass es so wirkt, als sei er geknüpft worden, nachdem das Metall, aus dem er besteht, gegossen, abgekühlt und gehärtet wurde? Was würden Metallurg*innen dazu sagen? Was würden Wahrnehmungspsycholog*innen oder gar Philosoph*innen denken?

Thomas Schüttes Skulpturen *haben* solche Knoten nicht nur, sie *sind* solche Knoten. Auch nachdem sie den Ton verlassen haben und in Bronze gegossen wurden, behalten sie ihre flüssige und formbare Anmutung. Die Bronze *Mann ohne Gesicht* (2018; Abb. 1) ist aus einem Material gefertigt, das ich als Super-Ton bezeichne. Als Bronze ist die Form biegsamer als der Ton, aus dem die Form der Skulptur modelliert wurde. Diese Fluidität bezieht sich nicht nur auf die Oberfläche der Figur, sondern ist eine Form, die zwischen dem Künstler,

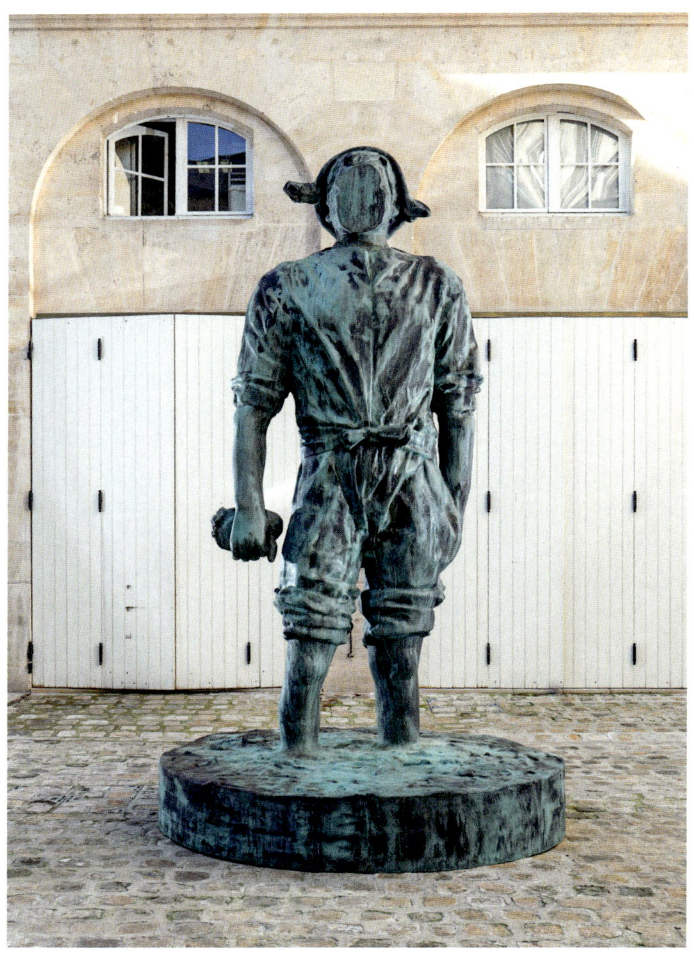

Abb. 1. Thomas Schütte. *Mann ohne Gesicht*. 2018. Patinierte Bronze, 450 × 240 × 240 cm. Thomas Schütte Stiftung, Neuss, Installationsansicht, *Thomas Schütte: Trois Actes*, Monnaie de Paris, 15.3.–16.6.2019

seiner Skulptur und der Wahrnehmung der Betrachter*innen besteht. Ich denke, die Elemente dieser Gleichung existieren in der Vergangenheit, der Gegenwart und der Zukunft. Die Oberfläche von Schüttes Skulptur ist keine Vielzahl von Details, doch wenn die Topologie des Gesichts, des Faltenwurfs, des Fußes oder der Hand seiner Figur sich in unserer Wahrnehmung der Oberfläche kräuselt, schafft sie eine Form, die nur Skulptur sein kann. Diese Modellierung der Oberfläche besteht nicht nur aus Tonbrocken, denn auch der Raum und der Ort um die Skulptur herum werden modelliert. Die Form der Figur, die Oberfläche der Skulptur und der Raum, den sie einnimmt, sind insofern Teil derselben Gleichung, als sie ein und dasselbe werden. Es scheint, als ob der Gestus der Figur durch den Nachhall der Oberfläche nach innen entsteht. Oder ist es die Geste der Figur, die nach außen schwingt und die Oberfläche der Skulptur erzeugt? Wo steht Thomas Schütte? Ich weiß, er ist der Künstler, und seine Handschrift zeigt sich in der Skulptur, doch sind seine Hände für die Betrachter*innen immer noch so offensichtlich, wie sie es für ihn gewesen sein müssen? Ist die Tatsache, dass er die Skulptur gemacht und sich ihrer Geste hingegeben hat, so wichtig, wie es das Bild der Skulptur für uns ist? Ist die Körperlichkeit des Werkes aus dem Bild hervorgegangen oder das Bild aus dem skulptierenden Künstler?

Schüttes Skulpturen sind unserer Zeit nichts schuldig. Das heißt aber nicht, dass sie nicht Teil der zeitgenössischen Welt sind. Sie gehen aus ihr hervor, doch sie wurden nicht aus dem Bedürfnis geschaffen, relevant zu sein. Auch wenn er die Geschichte als Vorbild benutzt, steht die Skulptur nicht im Schatten der Künstler*innen der Vergangenheit. Seine Werke sind in meiner Wertschätzung für Rodin nicht fest verankert, noch lassen sie sich klar Degas zuordnen, obwohl dieser ebenfalls eine Figur in einer Wanne mit Wasser geschaffen hat. Degas' *Le Tub* (*Die Wanne*, modelliert 1888/89, gegossen 1921–1931; Abb. 2) zeigt eine weibliche Person in einer Wanne mit einem Schwamm in der Hand und einer Geste, die eher der Skulptur des Künstlers als seiner Vorstellung von der Figur in der Wanne zu entspringen scheint. Diese Skulptur verknüpft die Figur, Degas und mich selbst miteinander. Wenn ich mich vorbeuge, um auf dieses Werk hinabzublicken, ist es schwer, die Aktivität des Bades, des Wassers und der Badenden voneinander zu trennen. Ich bin kein passiver Betrachter, doch mein Blick wurde geformt, denn auch ich vollführe die Geste des Sich-Vorbeugens, um mir die Skulptur anzusehen. Durch meinen gebeugten Oberkörper werde ich physisch angezogen. Diese Geste des Sich-Vorbeugens ist notwendig, um die Skulptur zu betrachten. Ich werde durch meinen gebeugten Oberkörper physisch hineingezogen. Diese Geste, die erforderlich ist, um die Skulptur zu betrachten, ist ein Stück eines Fadens, der einen Knoten mit dem Strang der in der Skulptur wahrnehmbaren Aktivität bildet. Diese Skulptur existiert in einer Matrix eines Prozesses des Herstellens und Betrachtens, der seine Zeitgenossenschaft in die Zukunft ausdehnt. Schüttes Skulptur ist nicht nur aus Ton auf Wasserbasis modelliert, sondern findet ihre Fluidität in der Feuchtigkeit des Tons und in der Feuchtigkeit unserer Körper und unseres Verstandes. Das soll nicht heißen, dass seine Werke altmodisch oder analog seien, doch das Digitale zieht sich in der Fluidität des Schauens und des Materials zurück. Wenngleich Degas Wachs benutzte, hat auch dieses eine Formbarkeit, die sich auf die Welt des Bildhauers überträgt. Degas' Bronzen wurden posthum gegossen. Die von Thomas Schütte nicht. Große figurative Bronzeskulpturen haben eine Bedeutung, die sich über die zeitlichen Qualitäten der Kultur legen lässt. Wie dehnen sich solche Werke vorwärts und rückwärts in der kulturellen oder biologischen Zeit aus? Die Modellierung in Schüttes Skulpturen ist den Kräften der Geologie nicht unähnlich. Das Geologische hat ein anderes zeitliches Register. Wie ein Berg oder eine Wüste existiert Schüttes Werk nicht nur, sondern weist auch Spuren der Vergangenheit und der Gegenwart sowie Projektionen in die Zukunft auf. In der Fluidität von Schüttes Skulpturen gibt es eine Schnelligkeit und Lockerheit, doch wie bei der Geologie eines Berges, eines Strandes oder eines Ozeans könnte es gar nicht anders sein.

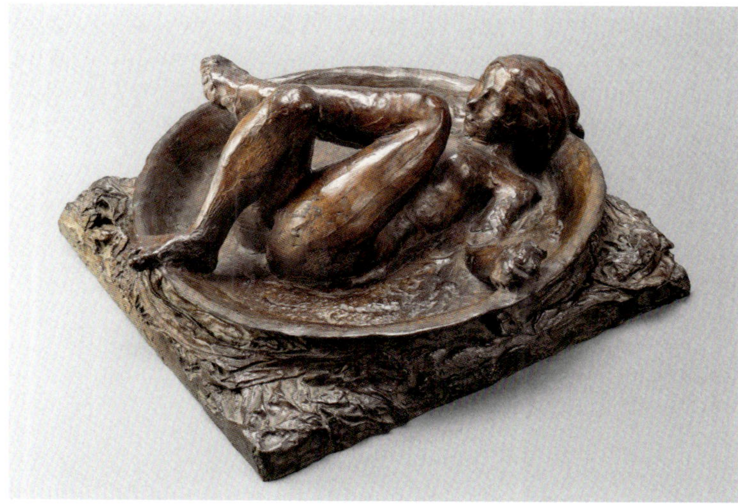

Abb. 2. Edgar Degas. *Le Tub* (*Die Wanne*). Entwurf 1888/89, Abguss von 1921–1931. Patinierte Bronze, 22,5 x 43,8 x 45,8 cm. Musée d'Orsay, Paris. Gestiftet durch die Erben des Künstlers und die Hébrards, 1931

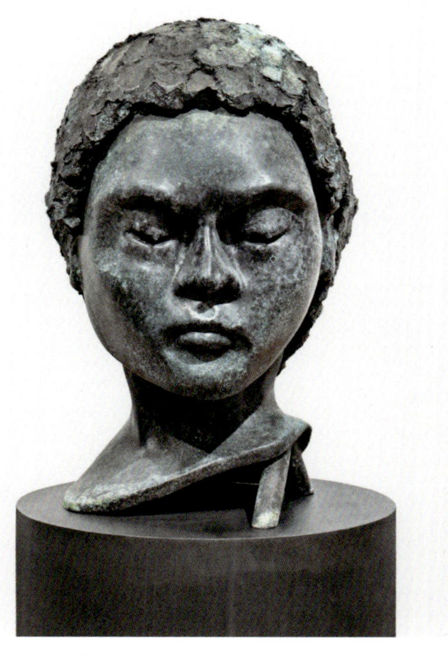

Abb. 3. Thomas Schütte. *Walser's Wife*. 2006. Patinierte Bronze auf Stahlsockel, Bronze: 65 × 38 × 54 cm. Sockel: 120,3 × 45 × 45 cm. Sammlung Anne Dias Griffin

Vielleicht liegt ein Teil der Kunstfertigkeit dieser Werke in einer anderen Art von Knoten, einer, die Leichtigkeit und Exaktheit miteinander verknüpft. In Schüttes Porträtköpfen sind die Augen wie Bauchnabel, Überbleibsel von Nabelschnüren. In seinen skulptierten Köpfen sinken einige dieser Bauchnabel nach innen, während andere nach außen ragen (Abb. 3). Gemeinsam ist den Innen- und Außenaugen jedoch, dass sie das Bild der Büste durchbrechen. Das ist nicht nur physisch; die Augen wölben sich nicht heraus oder öffnen sich gegenüber einem großen, hohlen, dunklen Inneren. Vielmehr sind sowohl die eingesunkenen als auch die nach außen gestülpten Augen wie Durchgänge zu einer wahrgenommenen Seele des Porträts; nicht dass man an Gott oder eine Seele glauben müsste, um durch die Augen dieser Büsten hindurchzugehen, doch ihre Herstellung in Ton, übersetzt in die Super-Tonqualität seiner Bronze, überlagert durch diesen Durchgang die inneren Qualitäten unseres Geistes in die Körperlichkeit der Porträtbüste. Die metallischen Eigenschaften der Bronze, die psychologische Geologie der Modellierung gehen aus den Augen der Skulptur in den Geist der Betrachter*innen über. Es gibt eine Animation zwischen unseren Augen und den Augen der Skulptur. Die Augen sind nur ein Katalysator für diesen Prozess, da die gesamte Oberfläche der Skulptur in einem Dialog mit den Betrachter*innen Informationen austauscht. Durch Form und Oberfläche und die Fluidität des Materials lösen Schüttes Skulpturen eine Grenze zwischen Innen und Außen auf. Wenn die Oberfläche aus der Form oder die Form aus der Oberfläche hervorgeht, gehen wir aus der Skulptur hervor, während die Skulptur aus uns hervorgeht. Es gibt kein Innen, nur weil das Außen das Innen ist. Die Betrachter*innen und die Skulptur existieren in der gleichen oder einer identischen materiellen Welt. Die räumliche Realität, in der seine Kunst existiert, ist die gleiche räumliche Realität, die wir für unsere eigene Existenz schaffen.

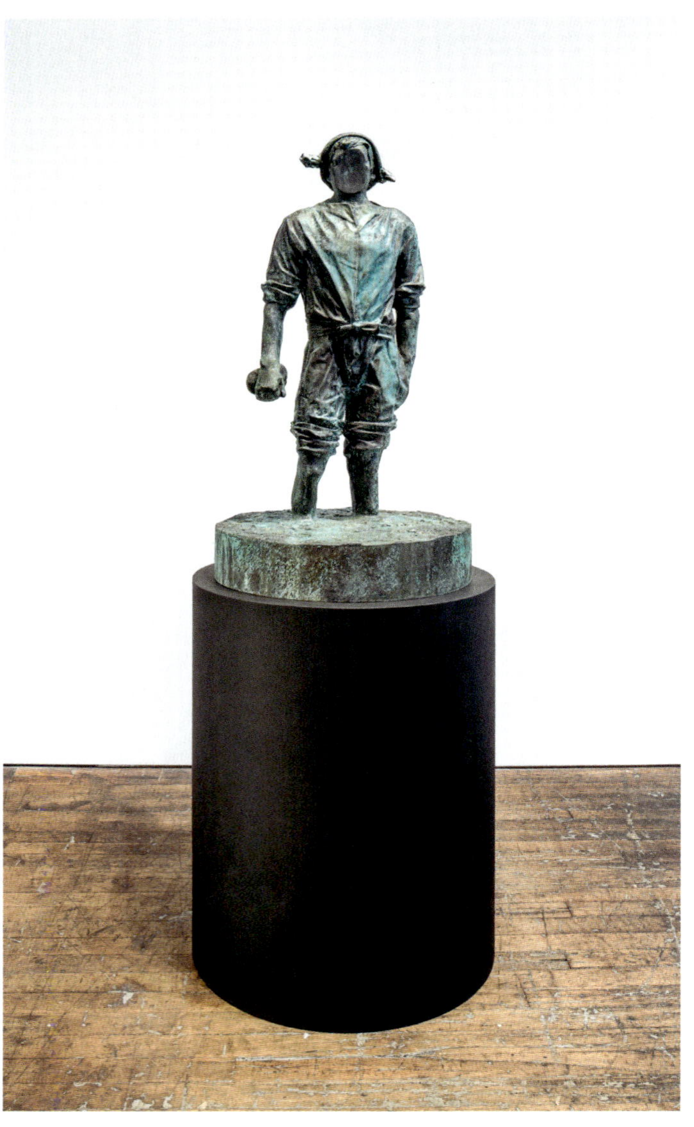

Abb. 4. Thomas Schütte. *Mann ohne Gesicht (Modell 1:5)*. 2018. Patinierte Bronze auf Stahlsockel, Figur: 123 × 67,5 × 67,5 cm, Sockel: 100 × 80 × 80 cm. Sammlung Pinault

Kürzlich unterhielt ich mich mit einer jungen Künstlerin, die nur wenig Geld hatte und nach Arbeitsmöglichkeiten suchte, obwohl sie sich kein Atelier leisten kann. Ich riet ihr, sich Schüttes Köpfe, seine Porträtbüsten anzusehen: Sie sind monumental und passen doch auf einen Küchentisch. Es ist so, als habe das Sprichwort »Es ist nicht alles Gold, was glänzt« eine bildhauerische Entsprechung in »Nicht alles, was groß ist, ist auch monumental« gefunden. Ich messe eine Skulptur wie den Mann mit seinem Gesicht in der Hand nicht mit einem physischen oder gar psychologischen Maßstab. Sie existiert einfach in einem Maßstab, der weder groß noch klein ist. Das Modell von *Mann ohne Gesicht* (2018; Abb. 4) ist keine kleine Version der großen Version. Für mich ist es auch keine Studie der größeren Version. In gewisser Weise könnte die größere Version eine Studie der kleineren Version sein. Vielleicht ist der Maßstab eine Idee von Innen und Außen, in die sich die beiden Skulpturen einordnen lassen. Bezieht sich die eine Skulptur auf die einzelnen Betrachter*innen und die andere auf das größere Publikum, das in einem öffentlichen Raum herumläuft, in dem das Werk aufgestellt ist? Vielleicht fügt sich die größere der beiden Skulpturen nicht nur in einen öffentlichen Raum, sondern auch in das Publikum selbst ein. Die Skulptur braucht die Menschenmenge, denn sie ist Teil der Menschenmenge, selbst wenn der Platz leer ist. Die kleinere Skulptur hingegen ist still in die Geschichte der Bildhauerei eingebettet und hat doch eine besondere Beziehung zum Individuum im gegenwärtigen Moment. Hier – und ich spreche hier nur für mich – finde ich es schön, dass die Skulpturen, sowohl das Modell als auch die Skulptur draußen, zwei völlig unterschiedliche Skulpturen sind und nicht zwei Versionen ein und derselben. Das Große und das Kleine, das Modell und das Reale lösen sich auf oder verlieren an Bedeutung, wenn man sie in den Innen- und Außenraum stellt. Diese Einbettung ist etwas, worüber Thomas Schütte möglicherweise nicht unbedingt nachdenkt, doch die Mühelosigkeit der Wahrnehmung seiner Arbeit bringt sie hervor.

Aber was ist mit dem Bild selbst? Welche Bedeutung hat das Bild eines Mannes, der mit dem Gesicht in der Hand im Schlamm oder im Wasser steht, für die Wahrnehmung der Skulptur? Wurde das Bild der Skulptur erdacht und dann angefertigt? War das Bild des Mannes mit dem Gesicht in der Hand zunächst eine Idee, die Schütte in die Tat umsetzte? Ich will damit nicht sagen, dass er das Bild nicht zuerst in seinem Kopf gesehen und sich dann ans Skulptieren gemacht hat, um es hervorzubringen, doch irgendwie ist dieses Bild am Ende ein kompositorischer Teil der größeren Struktur dieses Projekts. Wie konnte er diese Skulptur gestalten? Wie hat er die Skulptur gestaltet? Wie konnte das Gesicht der Figur in der

Hand der Figur liegen und der Kopf der Figur dennoch vollständig und vollkommen sein? Die verbleibende Facette, in der das Gesicht fehlt, funktioniert nicht als Meta-Gesicht. Sie erzeugt ein Gesicht eines anderen Teils von uns selbst. Es ist, als ob ich mich selbst als eine Art Zentaur oder ein anderes Geschöpf betrachte. Aber dieses Bild des Mannes mit dem Gesicht in der Hand schafft kein surrealistisches Fenster, bei dem ich auf der einen Seite stehe und das Bild sich auf der anderen befindet. Es ist nicht traumartig, obwohl ich mir vorstellen kann, dass es einem im Traum erscheinen könnte. Die Skulptur selbst ist aktiv. Sie ist nicht stabil genug, um zu einem Bild auf der anderen Seite der Grenze zwischen Realität und Irrealität zu werden. Das heißt, die Skulptur ist in Bild und Körperlichkeit vollständig und völlig real. Ihre Körperlichkeit und ihre Gemachtheit verleihen dem Objekt eine Realität, mit der man umgehen und über die man nachdenken muss, wenn man die Skulptur nicht als Fotografie, sondern als Objekt vor sich sehen will.

Als ich das Modell des Mannes mit dem Gesicht in der Hand zum ersten Mal sah, befand es sich in der Sammlung von François Pinault in der Bourse de Commerce in Paris. Es stand in einer Ecke des Raumes, doch das machte nichts. Ich erinnere mich, dass mir der Sockel gefiel, aber auch das spielte vielleicht keine Rolle. Ich sah zuerst die Fläche, die das fehlende Gesicht hinterließ. In der Hand der Figur sah ich kein Gesicht, sondern einen Schwamm. Vielleicht weil die Figur im Schlamm oder im Wasser stand. Wenn ich in der Hand einen Schwamm sah, sah ich ihn einen Sekundenbruchteil später als Gesicht, das Gesicht der Figur. Die Magie dieser Skulptur besteht darin, dass das Gesicht nie zu fehlen scheint. Es wurde in einer so starken Beziehung zur Skulptur als Ganzer geformt, dass es in diesem Kontext fast so wirkt, als sei es in seiner korrekten anatomischen Position belassen worden. Die Figur, die sich im Wasser in einer Art Fass oder Wanne ohne Seitenwände befindet, hat vielleicht den ersten Eindruck des Gesichts als Schwamm hervorgerufen. Es ist ein Eindruck, den ich nicht korrigieren muss, auch wenn ich das Gesicht mit der Identität der Person in Verbindung bringe. Die Oberfläche der Flüssigkeit, in der der Mann steht, ist nicht wie eine raue See oder gar Wind auf dem Wasser modelliert, sondern eher wie ein Moor. Aber das Morastige ist eine Art Meta-Flüssigkeit, das Wasser oder der Wind, in dem wir existieren. Meine Wahrnehmung des Gesichts als Lappen oder Schwamm der Figur, die in der bronzenen, wasserähnlichen Flüssigkeit steht, hat mich bei der ersten Betrachtung zu Degas' *Le Tub* geführt. Ich sehe dies als eine Beziehung zwischen den beiden Künstlern, als eine zeitliche Vibration zwischen Vergangenheit, Gegenwart und Zukunft. Wie konnte Degas' Skulptur des Badenden im Jetzt auftauchen, so präsent und kraftvoll? Schüttes Verhältnis zur Geschichte ist nicht anachronistisch, auch wenn die Kleidung und die Faltenwürfe seiner Skulpturen so wirken mögen. Sein Verhältnis zur Geschichte entspringt einer figurativen Tradition, als könnten wir von einem Sprungbrett in die Zukunft springen. Ich denke, unsere Erfahrung mit der Skulptur ist die Bedeutung des Werkes. Ich kann darüber schreiben und meine Gedanken zu Papier bringen, doch die Erfahrung ihrer Einbettung in den Raum und die Zeit der Kultur entspringt einer Sprache, die nicht aus Worten, sondern aus Form, Oberfläche und Material besteht. Man könnte mir erwidern, dass alles in die Welt eingebettet ist, und das würde auch stimmen. Ein Auto, eine Raumfähre, ein Apfel, ein Baum oder ein Schuh – sie alle sind Artefakte des Bienenstocks. Aber Schüttes Werk und seine Einbettung sind anders, denn die Einbettung ist nicht eine Funktion des Objekts, sondern steht im Mittelpunkt der Erfahrung des Objekts. In gewisser Weise ist es die Erfahrung selbst und nicht das Objekt allein, die eine Einbettung in Raum und Zeit findet. Man fährt Schüttes Skulptur nicht auf einer Besorgungstour durch die Stadt. Man pflückt keinen hybriden Apfel von ihren Zweigen. Nein, die Skulptur wirkt auf andere Weise auf die Betrachter*innen. Sie ist ein Kunstwerk. Man sehe sich die Figur genau an, das Bild der Figur, und was die Figur tut, die Erzählung der Figur. Wie verständlich sie auch sein mag, wie meisterhaft sie auch dargestellt ist, sie existiert in einem Fluidum. Die Fluidität von Kultur, Raum und Zeit spielt keine Rolle. Was für mich zählt, ist, dass die Figur und die Natur des Fließens irgendwie ganz und gar dasselbe sind. Diese figurative Skulptur, mit dem Gesicht in der Hand, ist eingebettet oder steht im Schlamm. Sie ist ein Bild oder eine Gegenüberstellung einer inneren skulpturalen Struktur, die sich mit unserer menschlichen Verfassung überlagert. Mit anderen Worten, sie ist eine Metapher. Aber wenn diese Figur in den Schlamm ihrer imaginären Umgebung eingebettet ist, dann ist die größere Idee der Skulptur selbst in den kulturellen Schlamm eingebettet, der überall um uns herum existiert. Das heißt, die Skulptur dieser eingebetteten Figur ist in eine größere Matrix unseres Zustands eingebettet. Wenn man einen Raum betritt und sich fragt: »Wer hat das hier hingestellt? Wie lange wird das noch hier stehen?«; oder auf einem städtischen Platz, wo eine Skulptur durch eine andere ersetzt werden kann; oder wenn sich Menschenmassen gegen alte Heroen auflehnen und sein bronzenes Bauwerk infolge seiner wie auch immer gearteten Sünden der Vergangenheit umstürzen. Wenn dies sowohl vor, nach und während des Betrachtens geschieht, ist das Spiel vorbei. Die Kunst ist zusammengebrochen. Aber wenn eine Skulptur vollständig ist, steht sie nie im Weg. Die Komplexität der Kunstfertigkeit einer Skulptur, die in Raum und Zeit eingebettet ist, ist sowohl physisch als auch kulturell. Schüttes Skulptur eines Mannes kann geologischen und kulturellen Störungen standhalten oder erweckt zumindest den Anschein, dass sie Störungen aushält. Das Gewicht des Bodens der Skulptur ist sowohl physischer als auch mentaler Art. Die plane Fläche, die von einem verschobenen Gesicht übriggeblieben ist, ist ein und dieselbe wie die plane, unsichtbare Fläche unter dem Wasservolumen, das runde Rad der Flüssigkeit, dessen Flachheit und Gewicht die Skulptur stabilisiert. Sie wird in der physischen und populären Kultur der menschlichen Aktivität nicht durch die Schwerkraft umkippen.

Ich möchte mit diesem Gedanken über Knoten schließen. Der Knoten, der die Enden des Hemdes von Schüttes Bronzeskulptur *Mann ohne Gesicht* miteinander verknüpft, sieht für mich aus wie die sich windenden Enden des Sehens, Denkens und Machens. Mathematiker*innen würden Ihnen Folgendes sagen: Wenn Sie den Raum entfernen, in dem ein Knoten existiert, wird sich jede Art von Knoten, bei der der Raum entfernt wurde, zu einem neuen dimensionalen Bereich hin öffnen. Vielleicht ist es genau das, was passiert, wenn man den Knoten betrachtet, den Schüttes Skulptur knüpft.

Permanente Vorläufigkeit: Bemerkungen zu Schüttes Figuren

ANDRÉ ROTTMANN

Seit Thomas Schütte Mitte der 1970er-Jahre als Student an der renommierten Kunstakademie Düsseldorf seine künstlerische Tätigkeit aufnahm, ist sein Werk auf eine merkwürdige Weise »postkonzeptuell«. Die Konzeptkunst, so wie sie dem aufstrebenden Künstler zuerst begegnete – beispielsweise in den Arbeiten von Sol LeWitt, Blinky Palermo und Daniel Buren während zweier im Sommer 1972 unternommener Reisen von seiner Heimatstadt Oldenburg zur documenta 5 nach Kassel[1] –, vermittelte und bestimmte zu dieser Zeit zweifellos die vorherrschenden Begriffe und Methoden in der Kunst. In Düsseldorf (wo Schütte bis heute lebt und arbeitet) hatte die Galerie Konrad Fischer bereits 1967 damit begonnen, amerikanische Künstler wie Carl Andre, Bruce Nauman und Lawrence Weiner zu präsentieren. Vielleicht noch wichtiger für Schütte waren seine Studien im Atelier des Malers Gerhard Richter ab 1975 sowie der Besuch von Vorlesungen bei dem Kunsthistoriker Benjamin H. D. Buchloh, die sich beide (wenn auch in unterschiedlichem Ausmaß und auf verschiedene Weise) mit den Folgen wie auch den Sackgassen des konzeptualistischen Angriffs auf eine Reihe ästhetischer Grundsätze (wie Medium, Genre, Objekt, Autorschaft, Originalität und Wert, Kontemplation und Kontext) beschäftigten. Der Konzeptualismus war Mitte der 1960er-Jahre als Folge und Reaktion auf die skulpturalen Arbeiten des Minimalismus mit seiner abstrakten und phänomenologischen Betonung von Raum und Zeit (in den Kunstwerken und Schriften unter anderem von Carl Andre, Donald Judd und Robert Morris) entstanden. Er lehnte die modernistischen Behauptungen einer Spezifität des künstlerischen Mediums radikal ab und verkehrte sie in ihr Gegenteil, ebenso wie die damit einhergehenden Ideale der Selbstreflexivität, mit denen sich die Kunst vermeintlich von Konsum und bloßem Kitsch abzusetzen versuchte.[2] Damit unterzog er den Gegenstand der Kunst einer radikalen Neubestimmung in Form von linguistischen Aussagen und bewusst

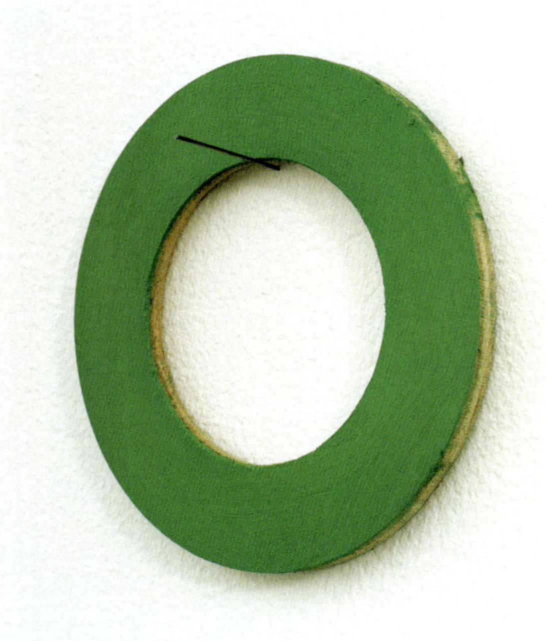

Abb. 1. Thomas Schütte. *Ringe* (Detail). 1977. Farbe auf Holz, 500 Teile, Dm je 10,5 cm. Installationsmaße variabel. Museo d'Arte della Svizzera Italiana, Lugano, Schweiz. Sammlung Cantone Ticino. Schenkung von Panza di Biumo

prosaisch gestalteten Schwarz-Weiß-Fotografien mit dokumentarischem Charakter, Diagrammen, Notationen und Partituren, permutativen Systemen, bürokratischen Mappen und Ordnern oder geschäftlichen Papieren und Verträgen. Durch die Anwendung dieser Methoden und Mittel strebte er eine entschiedene Vereinfachung der ästhetischen Praxis an. Ziel war es, die unterschiedlichen Weisen der Hinwendung zum Betrachter zu verändern und die Kunstwerke den Domänen des Geschmacks und der Kennerschaft und den etablierten Kunstmärkten und Verteilungskanälen zu entreißen (insbesondere indem man Kunstwerke in Zeitschriften und Büchern, jenseits der Räume der Museen und Galerien, zirkulieren ließ).[3] Wie der Kunsthistoriker David Joselit festgestellt hat, bewirkte die »Gleichsetzung von Kunst mit Information«, derzufolge »Objekte in einer Transaktionsbeziehung zu Texten existieren«, eine »tiefgreifende ontologische Infragestellung des Kunstwerks«.[4] Vor diesem Hintergrund konnte Peter Osborne im Rückblick behaupten, es gebe eine »einzige und ganz einfache spekulative These: *zeitgenössische Kunst ist postkonzeptuelle Kunst*«.[5] Aber selbst wenn Schüttes Œuvre im Großen und Ganzen (und gegenwärtig zunehmend) in der logischen Form »verteilter Einheiten« organisiert ist, wie es der britische Philosoph für die zeitgenössische Kunst insgesamt festgestellt hat – also in Werkgruppen, die wiederholt neu betrachtet werden –, vermittelte es immer wieder zwischen den einzelnen Werken und der Universalität der »Kunst« mittels des Prinzips der Serie.[6] Dennoch war die Reaktion des jungen Künstlers auf die Anrufungen und Implikationen des Konzeptuellen weitaus komplexer, als es eine solche ganz allgemein gehaltene Aussage vermuten lässt.

Konträr zu den an der Kunstakademie und andernorts vorherrschenden Lehrmeinungen entwickelte Schütte seine frühesten Arbeiten, die sich vorrangig in konfrontativer Weise mit der Malerei auseinandersetzten, trotzig aus einer Dialektik von Dekoration und Demarkation. Durch die Verwendung kaum beachteter architektonischer Materialien und Elemente wie Tapeten und Friese steckte er die Grenzen alltäglicher öffentlicher oder privater Räume neu ab. In diesen ebenso sarkastischen wie unaufdringlichen Installationen werden die Pole von Abstraktion und Ornamentalität in unerwarteter Weise zusammengeführt. Für die Arbeit *Tapetenmuster* (S. 50) – erstmals 1975 in einem Raum seiner Kunstakademie installiert – brachte Schütte Streifen von Tapeten-Musterstücken, die der Künstler selbst gestaltet hatte, direkt auf die Wände an und arrangierte sie mit kleinen Metallstiften an der Wand so, dass sie ein großes Raster bildeten.[7] Dadurch verwischte er die Unterscheidungen zwischen Werk und Träger, Supplement und Aufstellungsort, malerischem Idiom und Designobjekt. Die Bilder erscheinen als Tapetenbögen und umgekehrt.[8] Die Kunsthistorikerin Christine Mehring hat den Ansatz des Künstlers in dieser Schaffensphase überzeugend so charakterisiert: »Wenn Schütte den Raum zwischen Weltgeschichte und Banalität besetzt, zwischen Idealismus und Resignation, zwischen Öffentlichem und Privatem, dann nimmt dieser Rückgriff auf eine entwaffnende Bescheidenheit zumeist die Form einer hoch ambivalenten Verwendung von Designgegenständen an: irgendwie funktional und irgendwie unsinnig, irgendwie engagiert und irgendwie flüchtig, irgendwie gemeinschaftsorientiert und irgendwie intim.«[9] Gleichzeitig überstiegen Schüttes Ambitionen die Bescheidenheit seiner Mittel, schließlich waren seine demonstrativ »kleinen« Arbeiten gleichermaßen ein Kommentar auf die großen Verpflichtungen und Überzeugungen des (Post-)Konzeptualismus.

Burens Beitrag zur documenta 5 könnte dem ehrgeizigen Studenten als kritische Vorlage gedient haben. Für seine Arbeit *Exposition d'une exposition: Une pièce en sept tableaux* (*Ausstellung einer Ausstellung: Ein Stück in sieben Tableaus*, 1972) hatte der französische Künstler die Wände der Ausstellungsräume, die der Konzeptkunst gewidmet

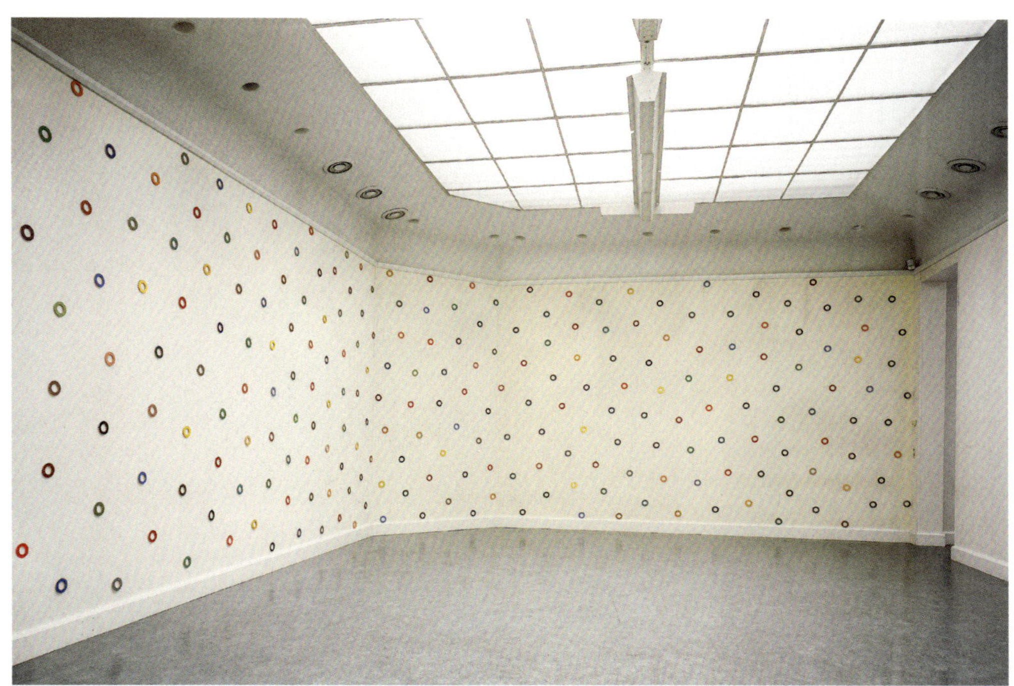

Abb. 2. Thomas Schütte. *Ringe*. 1977. Installationsansicht, *Sieben Felder*, Van Abbemuseum, Eindhoven, 20.10.1990–2.12.1991

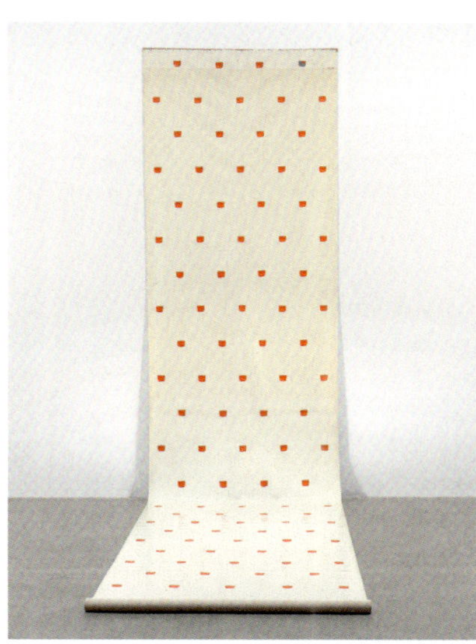

Abb. 3. Niele Toroni. *Empreintes de pinceau n° 50 répétées à intervalles réguliers de 30 cm (Abdrucke eines Pinsels Nr. 50 wiederholt in regelmäßigen Abständen von 30 cm)*. 1969. Alkyd auf Vinyl-imprägniertem Stoff, 1011 × 140 cm. Das Museum of Modern Art, New York. Anteilig gestiftet durch die Daled Collection und anteilig erworben mit Unterstützung von Maja Oeri und Hans Bodenmann, Sue und Edgar Wachenheim III, Agnes Gund, Marlene Hess und James D. Zirin, Marie-Josée und Henry R. Kravis sowie Jerry I. Speyer und Katherine G. Farley

waren (Sektion »Idee + Idee/Licht«), mit abwechselnd weißen und farbigen 8,7 Zentimeter breiten Streifen beklebt, um so die Ausstellung als Schauplatz kuratorischer Kontrolle und institutioneller Macht infrage zu stellen.[10] In Schüttes Ansatz werden nun die vorgeblich kritischen oder sogar transgressiven Bestrebungen der zeitgenössischen Kunst durch die Banalität belanglosen, kleinbürgerlichen Designs programmatisch unterlaufen.[11]

Für *Ringe* (Abb. 1–2, Kat. 17), eine Arbeit, die Schütte seit 1977 immer wieder neu schuf, wurden die Wände des White Cube mit Ringen aus Holz oder Vinyl übersät, mit einem Durchmesser von etwa 10 Zentimetern und in verschiedenen Farben. Sie greifen das sparsam Wiederholende der als Medium von »Institutionskritik« konzipierten Malerei auf – abgesehen von Burens Streifen denkt man an Niele Toronis *empreintes*, Abdrücke eines Pinsels der Größe Nr. 50 in immer gleichen Abständen von 30 Zentimetern (Abb. 3) –, und zwar mit einer ironischen Überbetonung der Umkehrung analytischer Markierungen zu Wandverschönerungen, des Umkippens der Abstraktion in Dekoration.[12] Schütte vermeidet dabei jedoch, wie es typisch für ihn ist, die strikte Systematik eines Buren oder Toroni und verteilt die Elemente seiner protoskulpturalen Wandinstallation stattdessen auf eine Weise, die auf den ersten Blick regelmäßig und geordnet scheint, sich bei näherer Betrachtung aber als improvisiert oder sogar erratisch erweist.

Das raumfüllende Werk *Melonely* (1986; Abb. 4, Kat. 24) stammt zwar aus der deutlich späteren Zeit seines Schaffens, als Schütte vor allem an der Erforschung von Maßstab und Monumentalität von Skulpturen interessiert war, spielt aber in ganz ähnlicher Weise mit den unscharfen Grenzen zwischen Kunst und Design, Ästhetik und Kitsch, Skulptur und Ware, Mediatisierung und Buchstäblichkeit, während es sich zugleich retrospektiv mit der Syntax des historischen Minimalismus und der Serialität der Pop-Art auseinandersetzt.[13] Bestehend aus elf bemalten Holzteilen, von denen jedes über zwei Meter lang ist (und begleitet von vierzehn kleinen Aquarellen desselben Motivs), umzingelt die Arbeit die Betrachter*innen mit gigantischen Melonenschnitzen, die auf dem Boden des Ausstellungsraums arrangiert sind, paarweise zusammen oder auf der Seite liegend zu einem Kreis zusammengeschoben, als einzelne Stücke oder in einer Ecke an die Wand gelehnt. Sie erinnern sowohl an Morris' berühmte Ausstellung von Polyedern aus bemaltem Sperrholz in der New Yorker Green Gallery von 1964/65 als auch an Andy Warhols Druckgrafiken-Portfolio *Space Fruit: Still Lifes* von 1979, das ebenfalls Melonen zeigt. So setzt Schüttes Installation erneut auf die Macht der Banalität, um humoristisch die hehren Bestrebungen der Kunst auszuloten und zu unterlaufen. Darin ist Schütte mit Sicherheit auch geprägt von der skulpturalen Ontologie des Konsums, die Claes Oldenburg in den frühen 1960er-Jahren zu entwickeln begann; die Lebensmittel-Stücke aus bemaltem Pappmaché und Leinwand in seiner Arbeit *The Store* (1961–1964; Abb. 5) hatten zum Beispiel nicht einfach die Warenform durch einen Schauplatz kommerzieller Transaktionen nachgemacht, sondern präsentierten ebenso (Teil-)Objekte der Verausgabung, die menschliche Triebe und psychosexuelle Impulse verkörperten und vermittelten.[14] Das Wort-

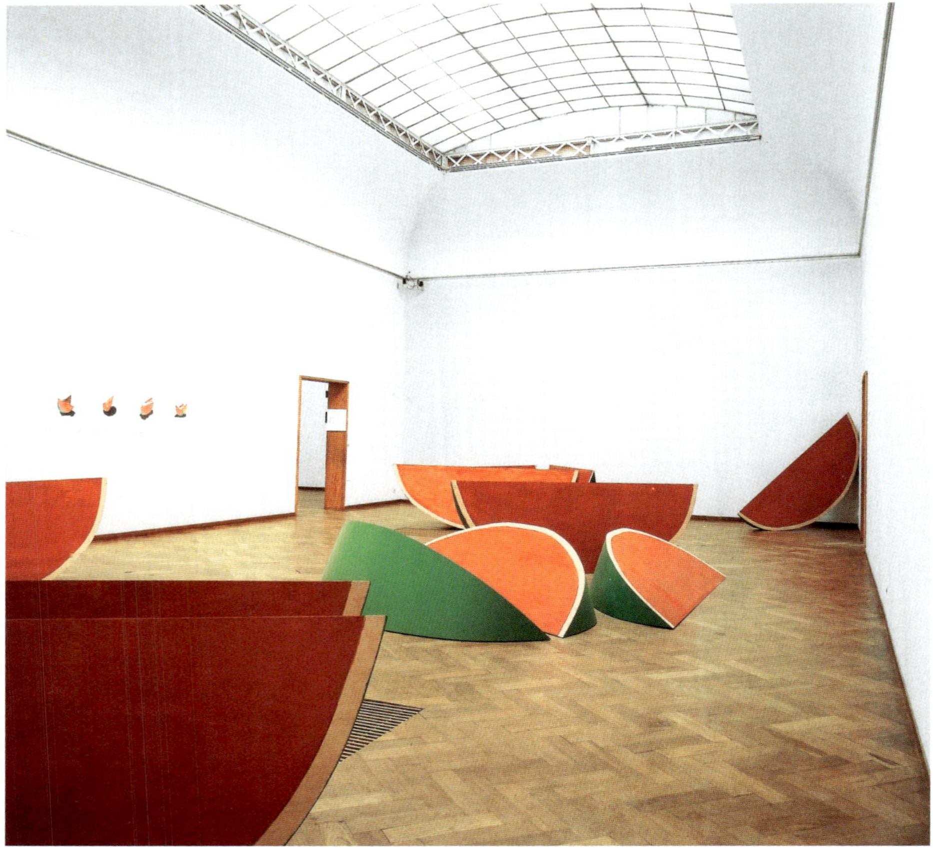

Abb. 4. Thomas Schütte. *Melonely*. 1986. Bemaltes Holz, 11 Teile, Gouache und Aquarell auf Papier, 14 Blätter; Holzteile: je 100 × 50 × 230 cm, Blätter: je 65 × 50 cm. Installationsmaße variabel. Privatsammlung. Installationsansicht, *Correspondentie Europa*, Stedelijk Museum, Amsterdam, 20.9.–2.11.1986

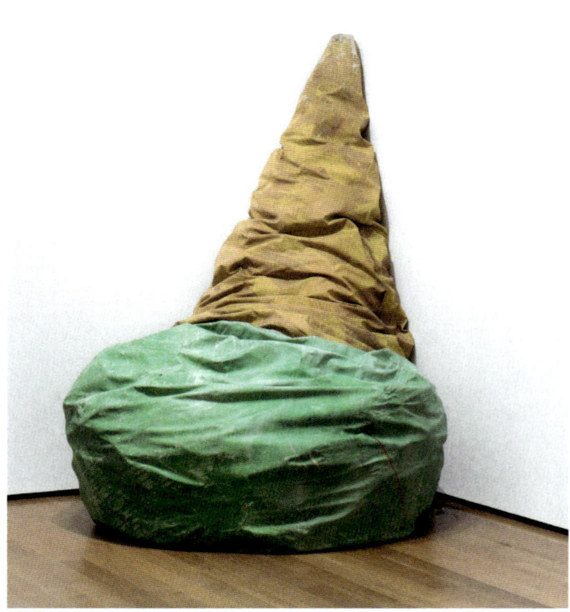

Abb. 5. Claes Oldenburg. *Floor Cone*. 1962. Synthetische Polymerfarbe auf Leinwand, gestopft mit Schaumgummi und Kartons, 136,5 × 345,4 × 142 cm. The Museum of Modern Art, New York. Geschenk von Philip Johnson

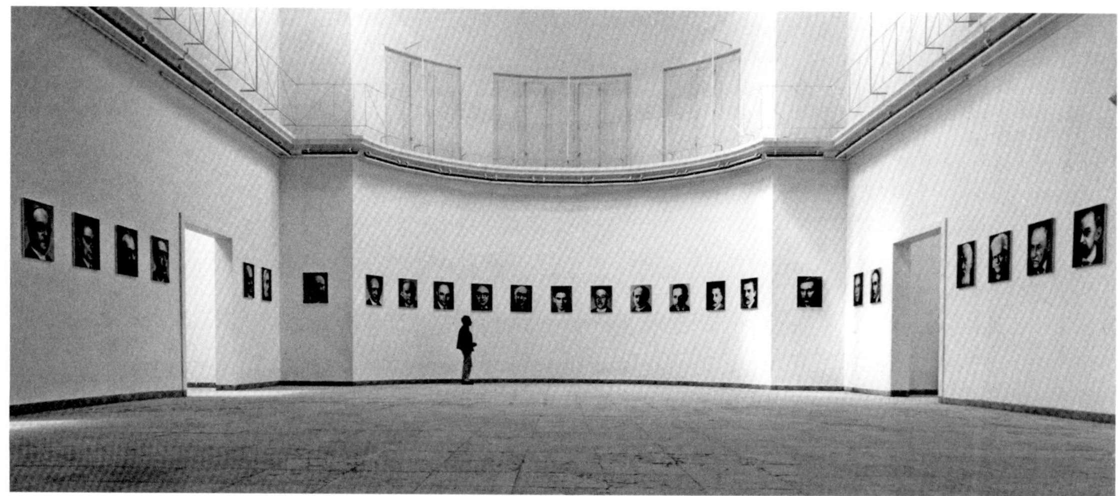

Abb. 6. Gerhard Richter. *48 Portraits*. 1971/72. Öl auf Leinwand, 48 Gemälde, je 70 × 55 cm. Museum Ludwig, Köln. Installationsansicht, Deutscher Pavillon, 36. Biennale Venedig, 11.6.–1.10.1972

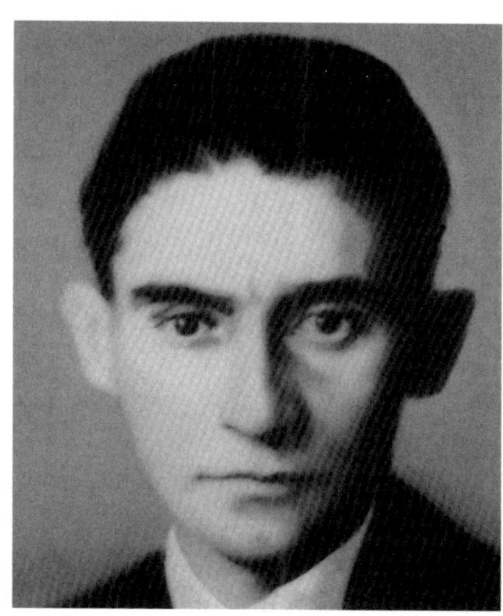

Abb. 7. Gerhard Richter. *Franz Kafka* aus: *48 Portraits*. 1971/72. Öl auf Leinwand, 70 × 55 cm. Museum Ludwig, Köln

spiel des Titels, das den Namen der Frucht mit dem Gefühl der anhaltenden Bindung an ein verloren gegangenes Objekt der Begierde verknüpft, den ein allein gelassenes Subjekt empfindet, ist ebenso anrührend wie passend im Hinblick auf diese Genealogie der Skulptur nach der Moderne.

Schütte war in seiner persönlichen Entwicklung als Künstler konfrontiert mit einem antiästhetischen Diktat, hinter das man nicht zurückfallen durfte – und das der von Buchloh formulierten Kritik am Konzeptualismus zufolge gleichermaßen auf der »Austreibung [...] geistiger und körperlicher Erfahrung, physischer Substanz und dem Raum der Erinnerung« beruhte wie auf der Ausradierung »aller Überreste von Repräsentation und Stil, von Individualität und Könnerschaft«.[15] Seine facettenreiche Praxis scheint sich dem Primat einer Kunst der Abwesenheiten ganz unverhohlen zu widersetzen. Angefangen mit seinen ersten öffentlichen Installationen wie *Große Tapeten* (Kat. 1) und *Große Mauer* (Kat. 7), beide zuerst 1975 beziehungsweise 1977 als Teil der halbjährlichen Ausstellung der Studierenden der Kunstakademie gezeigt,[16] hat sein vielfältiges Œuvre in provokativer, lakonischer Weise die vom Konzeptualismus behauptete »Entmaterialisierung der Kunst« zurückgewiesen.[17] Trotz anhaltender Anzeichen von Zweifeln und Widerständen hat er nahezu geschwelgt in der Ästhetik und Körperlichkeit von Malereien und Zeichnungen, Aquarellen und Stichen, Architekturmodellen und Keramiken, Bronzen, Stahlskulpturen und Fotografien. Wie er dem Kurator Massimiliano Gioni in einem Gespräch auf der Art Basel 2013 erzählte, liefen für ihn die Anforderungen und Entleerungen der Konzeptkunst auf ein »Endspiel« hinaus, vor dem er fliehen musste.[18]

Im Gegensatz zur Vermeidung oder gar Negation der Bildlichkeit, die einer »Kunst als Idee als Idee« (wie sie am deutlichsten im Werk von Joseph Kosuth propagiert wird) angemessen wäre, präsentiert sein Œuvre, das ein halbes Jahrhundert umspannt, menschliche Körper und Gesichter, Tiere und Früchte, Blumen und Monumente, Gebäude und ornamentale Muster in offenkundig materiellen Formen, die vor Masse, Volumen, Texturen und Oberflächen strotzen und ernsthaft mit Fragen von Maßstab und Größe spielen. Passend zu dieser verblüffenden Wiederbelebung traditioneller Motive hat Schütte nicht bloß in einer hoch individuellen Weise die Einflüsse und Kräfte von Farben und Gesten, Narrativen und Spiel wieder in ihr Recht gesetzt; er hat zugleich die Ideen von Handwerk, Könnerschaft und künstlerischen Techniken neu vermessen. Nachdem die Konzeptkunst das Ästhetische durch das Informationelle ersetzt hatte, reagierte Schütte darauf mit einer Rückkehr zur Figur als dem vorrangigen Sujet und mit einer anhaltenden Aufmerksamkeit für alles Figurative als den Leitsätzen seiner Praxis.[19]

In seinem Aufsatz über Konzeptkunst kommt Schüttes ehemaliger Hochschullehrer Buchloh zu dem Schluss, dass das Zusammenlaufen der kritischen Errungenschaften der Bewegung mit einer Vernichtung »des Bildes und des Handwerks, des Gedächtnisses und der Vision« zwei mögliche Folgen haben konnte. Entweder würde sie zu einer Dialektik führen, die diese Auslöschung sowohl als unwiederbringlichen Verlust wie auch als selbst auferlegtes Schwinden ästhetischer Kriterien hinsichtlich der institutionellen und ideologischen Orte der Kunst spürbar machen würde, oder aber sie würde zu einer »gespenstischen Wiederkehr [...] verdrängter malerischer und skulpturaler Paradigmen der Vergangenheit«, in deren Folge »das Regime, das die Konzeptkunst gestürzt zu haben behauptete [...], mit frischer Kraft an die Macht käme«.[20] Schüttes umfangreiches Werk, insbesondere aber seine Rückkehr zur Figur, ist zwischen diesen Alternativen der aufklärerischen Kritik und der Politik des Retrospektiven angesiedelt. Seine Figuren sind melancholisch und unbeholfen, dekonstruktiv und spöttisch, zurückhaltend und unheimlich, virtuos und beschädigt – alles zugleich.

Sie stellen keine idealen Formen oder selbstgenügsame geschlossene Gebilde dar, sondern beschreiben durch ihre konkrete Dynamik und ihre Tendenz zur Deformation stets die Position des Subjekts der Darstellung gegenüber dem angespannten, aber reagierenden Umfeld, in dem es auftaucht oder erst entsteht. Es gibt, wie Gilles Deleuze argumentieren würde, keine Figur, die vollständig abstrahiert oder von der sie umgebenden »materiellen Struktur« isoliert werden könnte.[21] Schüttes frühes *Selbstportrait 30/31.5.75* (Kat. 3), ein flüchtig ausgeführtes fotorealistisches Ölbild in Grautönen (nach einer Schwarz-Weiß-Fotografie), ist in dieser Hinsicht bezeichnend, vielleicht sogar programmatisch. Wir sehen den jungen Künstler mit gesenktem Blick, teilweise hinter der Sonnenbrille verborgen, langem welligem Haar und bekleidet mit einem weißen, offenen Hemd und einer schwarzen Jacke. Er hebt sich von einem hellgrauen Hintergrund ab, wobei im Bereich, in dem seine Haare an den unbestimmten Raum um ihn herum grenzen (besonders in der linken Bildmitte), kleine weiße Flecken zu sehen sind, die den Eindruck der Trennung und zugleich der Anziehung von Hintergrund und Figur bewirken. Mit Deleuze, dessen Beschreibung des Figurativen in Schüttes Ansatz einen starken Widerhall findet, ist die Bewegung »nicht mehr die der materiellen Struktur, die sich um die Figur zusammenrollt«, sondern vielmehr »die Bewegung der Figur, die zur Struktur hinstrebt und sich äußerstenfalls in den Farbflächen aufzulösen versucht«.[22]

In seinem Buch *Francis Bacon: Die Logik der Sensation* (1981), in dem er den ehrwürdigen kunsthistorischen Begriff der »Figur« im Hinblick auf die Beziehung zwischen Körper, Bild und Kontext einer Revision unterzieht, argumentiert Deleuze, dass eine solche Figur, die gleichzeitig Formen auflöst und abgrenzt, aus einer »intensiven Bewegung durchlaufen [wird]. Einer unförmig unförmigen Bewegung, die in jedem Augenblick das reale Bild auf den Körper überträgt, um die Figur zu bilden«.[23] Die Figur wird zur Schnittstelle des Ringens zwischen den äußeren und inneren Motivationen, die sie formen und ermöglichen. Die Poetik von Schüttes Werk ist in dieser Anordnung sowohl geringschätzig als auch kühn, mit großer Souveränität und ironischer Knappheit

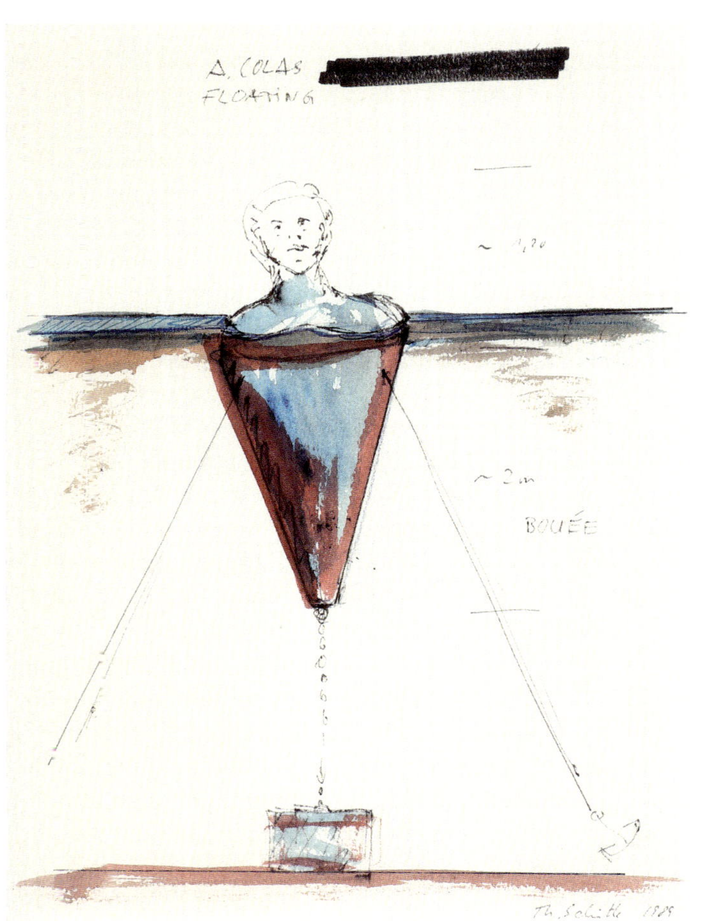

Abb. 8. Thomas Schütte. *A. Colas Floating* from *Étude pour la commune de Clamecy (Studie für die Stadt von Clamecy)*. 1989. Tusche und Aquarell auf Pergamentpapier, 32 × 23,5 cm. Centre National des Arts Plastiques, Paris

vorgetragen, und prüft die Belastbarkeit der (von Buchloh beschriebenen) Polarität zwischen kritischer Selbstbefragung der Kunst einerseits und einer kurzsichtigen und ahistorischen Rückbesinnung auf die Tradition andererseits. Es kann daher kaum überraschen, dass Schüttes *Selbstportrait 30/31.5.75* an die Serie *48 Portraits* (Abb. 6–7) seines Lehrers Gerhard Richter von 1971/72 anknüpft, in der Richter ein melancholisches Mausoleum der Moderne geschaffen hatte – gleichformatige, auf Porträtfotografien basierende Darstellungen der Köpfe berühmter Männer, die zwischen Wiedererkennbarkeit und malerischer Verfremdung, zwischen der Wiederkehr eines klassischen Genres und seiner gleichzeitigen Dekonstruktion durch Abfolge und Serialität oszillieren.[24] Mit kluger Ironie malt Schütte sich selbst, um in dieses Pantheon einer womöglich verlorenen Vergangenheit einzugehen, und macht gleichzeitig deutlich, dass er das Problem erbt und hinterfragt, wie man dessen ästhetische Kontinuität als Quelle des Weltbezugs aufrechterhalten kann. Schüttes zwei erhaltene *Selbstportrait*-Bilder (Kat. 3–4) gehören zu einer Serie von zwanzig Versionen, die der Künstler auf der Grundlage desselben Bildes im Mai und Juni 1975 anfertigte und größtenteils später zerstörte, um die Leinwand wiederverwenden zu können (S. 60–61).[25] Sie eröffnen ein breites visuelles Spektrum der Auslöschung der Figur, indem sie wahlweise wegradiert, verwischt, verschmiert, ausgehöhlt und fragmentiert wird.

In einer Zeit, da Referenz und Repräsentation unter Beschuss stehen, besteht die Konsistenz der neueren Figurendarstellungen des Künstlers, die oft der Geschichte der modernen Bildhauerei und ihrem Repertoire an Formen, Gattungen und Techniken entrungen sind, nur noch in der ihnen innewohnenden Ambivalenz.[26] Auf merkwürdige Weise »postkonzeptuell« ist Schüttes Kunst gerade weil die für ihn charakteristische Wiederentdeckung und Prüfung der zeitgenössischen Bedingungen des Figürlichen und seiner Materialität an der »Dialektik des Deskilling und Reskilling« mitwirken, die die konzeptuelle Negativität mit ihren Auflagen und Provokationen hervorgebracht hat.[27] Was Schüttes Arbeit so einzigartig und einflussreich macht, ist, dass er von Anfang an erkannte, dass die Demontage des Werts kultureller Repräsentation und handwerklicher Fähigkeiten angesichts der »Ausbreitung einer Ästhetik des universellen Deskillings« in der neu verfügbaren Freizeit und »Fülle des Konsums von Objekten« der liberalen westlichen Gesellschaften unhaltbar wurde.[28] Wie man an seinen ersten Projekten sehen kann, scheint er intuitiv erkannt zu haben, dass man, sofern man den Mehrwert und die (wie weit auch immer geschrumpften) kritischen, mnemotechnischen, kognitiven und epistemischen Potenziale der Kunst bewahren will, die konstitutive und unausschöpfbare Alterität des ästhetischen Objekts und die Reflexivität, die es durch die »instabile Allianz von Materie und Bild« bewirken kann, nicht weiter untergraben darf,[29] die Wiedereinführung traditioneller Virtuosität durch ein rückschrittliches *Retour à l'ordre* aber nicht die Alternative sein kann.

In der schier unendlichen Fülle von Formen und Details, von Vervielfältigungen und Übersättigungen, aus denen sich dieses Œuvre so lebendig zusammensetzt, wirken die Figuren absurd, grotesk, unbeholfen, gesichtslos, austauschbar, fragmentiert, verzerrt oder gebrochen – aber auch detailreich, heiter, humorvoll, raffiniert, gelassen, anziehend, verführerisch oder zurückgezogen. Schüttes Figuren stellen nicht die Rückkehr des integralen individualistischen Subjekts des Humanismus und Anthropozentrismus dar; wie einige der einprägsamsten und berühmtesten Titel von Werken von ihm andeuten, sind sie Gespenster (*Große Geister*, 1995–2004; Kat. 50) oder Feinde (*United Enemies*, 1993/94; Kat. 43–48), oder einfach luftleer (*Frauenkopf (implodiert)*; Kat. 100). Nach der allgegenwärtigen Absage an Verkörperung, Gedächtnis und Gegenständlichkeit zugunsten der Währung von Information und Kommunikation können sie vielleicht noch, mit den Worten des Medientheoretikers Friedrich A. Kittler, dazu dienen, dass wir an ihnen »historische Figuren des Unbekannten namens Körper« ablesen.[30]

Den ersten vollständigen, wenn auch dezidiert unvollendeten (und nicht realisierten) Entwurf für eine skulpturale Figur fertigte Schütte 1989 im Kontext der Pläne der französischen Regierung für ein Denkmal zur Erinnerung an den verschollenen Segler Alain Colas in Clamecy. Colas, der als erster Mensch in einem Mehrrumpfboot die Welt umsegelt hatte, war 1978 in der Nähe der Azoren verschollen, seine Leiche aber nie gefunden worden (was zu Gerüchten führte, dass er jetzt auf einer einsamen Insel lebe).[31] Das zentrale Element von Schüttes Entwurf war ein Modell, mit dem der Künstler den verwundeten Abenteurer buchstäblich wieder auftauchen ließ, als schwimmende Boje im Fluss seiner Heimatstadt (Abb. 8).[32] Seine Schultern bestanden aus weißen Polystyrenblöcken, die Schütte in einer Ziegelei gefunden und mit bräunlichem Schaum zusammengeklebt hatte, und trugen einen aus fünfzig Kilogramm Ton modellierten Kopf.[33]

Die ungerührten Gesichtszüge des Seglers, nach der Vorlage einer Fotografie, sind umrahmt von einer weißen Bandage und einem roten Halstuch. Weitere Farbflecken deuten Wunden an, zugleich aber auch Durchhaltevermögen in der widrigen Situation. Nachdem der Vorschlag abgelehnt worden war, machte Schütte aus dem Modell eine Skulptur mit dem Titel *Alain Colas* (1989; Kat. 34), indem er die spielerische, überdimensionale Büste mit Drähten auf zwei Holzpaletten befestigte. Die Skulptur verbleibt dabei bewusst im Stadium eines Entwurfs; ihre improvisierte Präsentation betont gezielt ihre permanente Vorläufigkeit, beispielhaft für Schüttes Konzept von Figuren insgesamt.

Bei *Alain Colas* taucht die Figur überraschend (und allegorisch) aus einer unergründlichen Vergangenheit auf, wenn auch beschädigt, dürftig zusammengefügt und wenig ruhmvoll. In seinem Buch *Realism after Modernism* argumentiert Devin Fore, dass die durch Mechanisierung und Urbanisierung gekennzeichnete Zwischenkriegszeit (nach der radikalen Hinwendung der historischen Avantgarde zu Abstraktion und Montage) die Wiederentdeckung der menschlichen Figur mit sich brachte – allerdings nicht im Sinne des Wiederzusammensetzens einer fragmentierten Ganzheit und der Wiederkehr traditioneller Repräsentation. »Dieser Gegenbewegung« wohne vielmehr »ein eklatantes Paradox inne, denn obwohl der menschliche Körper, sowohl als Gegenstand als auch als technische Voraussetzung, als Garant für die Güte des mimetischen Realismus diente, war die Wiedereinführung der menschlichen Figur [...] ein zutiefst widersprüchliches Projekt, da der scheinbar natürliche Körper [...] zu einer zutiefst rätselhaften Konstruktion geworden war«.[34]

Schüttes skulpturale Manöver wie *Alain Colas* bringen ebenso rätselhafte Konstruktionen hervor, wobei Wirklichkeitsnähe und Ähnlichkeit in dieser paradoxen Modalität der Mimesis höchstens noch stark verzerrt angestrebt werden. Mit einem parallaktischen Blick lassen sich Schüttes Figuren am besten als postmoderne Neukalibrierung der Reste des Figürlichen nach dem Konzeptualismus verstehen, der selbst seine Komplizenschaft mit den »Gesetzen der positivistischen Instrumentalität und der Logik der Verwaltung« der Nachkriegszeit verkannt hatte.[35] Im Laufe der Zeit büßte dieser Modus der Umgestaltung und Neuzusammensetzung von Formen und Teilen zu figuralen Gebilden seinen Widerspruchsgeist ein und oszillierte zunehmend zwischen den Polen der Ambivalenz und des Trotzes, des Ernstes und der Satire, des Sinnlichen und Grotesken, des Melancholischen und Monumentalen.

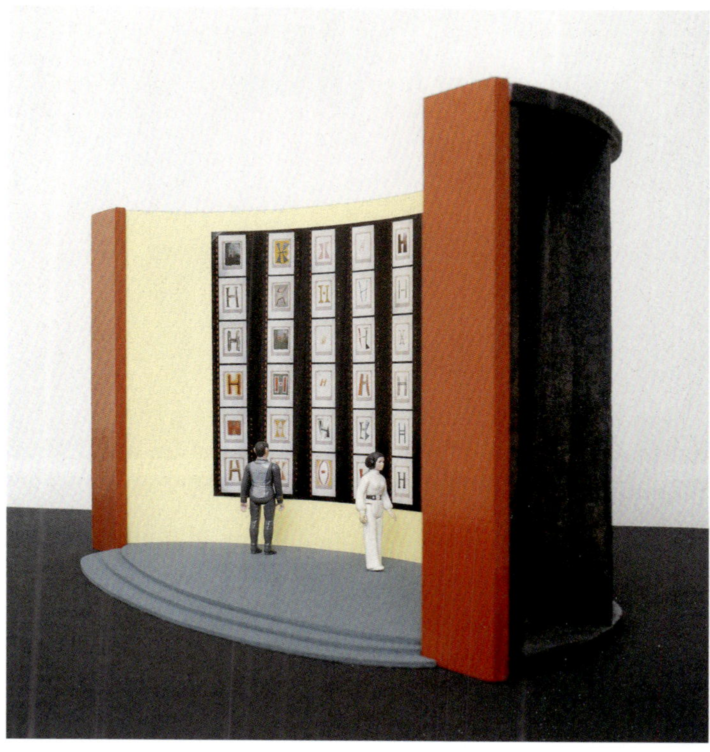

Abb. 9. Thomas Schütte. *Bühne (Modell 1:20)*. 1980. Holz, Farbe und Fotografien mit Plastikfiguren, 35 × 50 × 25 cm. Privatsammlung

Die Kuratorin der aktuellen Ausstellung, Paulina Pobocha, hat beobachtet, dass die widersprüchliche und komplexe Wiederkehr der Figur in Schüttes Werk so eng mit dem Architekturmodell als neuer Matrix der Skulptur verbunden war, dass beide Formen zusammen »eine Einheit« bildeten. Das Modell für die Konstruktion *Mann im Matsch (I. Version)* (1982/2014; Kat. 19) – das Schütte über Jahre hinweg als Quell der Kreativität dienen sollte, was sich in zwanzig verschiedenen Bearbeitungen des Motivs niederschlug – verkörpert diese komplexe Verbindung am eindrücklichsten.[36]

Man sieht eine einzelne kleine Wachsfigur auf einer Plattform stehen, über einer Konstruktion aus vier übereinandergelegten, sich überschneidenden Aluminiumringen, als handele es sich hier um ein Gegendenkmal zur Grandiosität und Totalität modernistischer Visionen. Trotz oder gerade wegen seiner gewaltigen Ambitionen wird der Mensch so dargestellt, als stecke er im Matsch einer Moderne fest, die offenbar so schwierig zu durchdringen ist, dass Ideologie als Erklärung nicht ausreicht.[37] Zwei Jahre vor *Mann im Matsch* hatten Schüttes berühmte drei *Westkunst Modelle* den Weg bereitet für diese allegorische Erkundung einer Figur, die nicht weiterkommt. Als die Kuratoren Kasper König und Laszlo Glozer ihn 1980 einluden, an der großen Ausstellung *Westkunst. Zeitgenössische Kunst seit 1939*

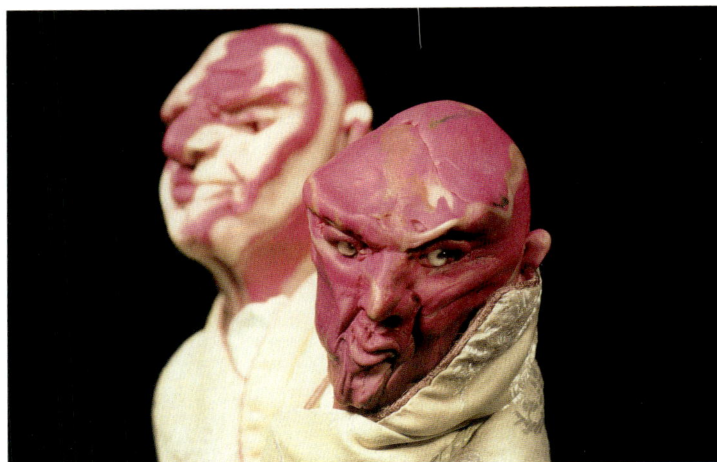

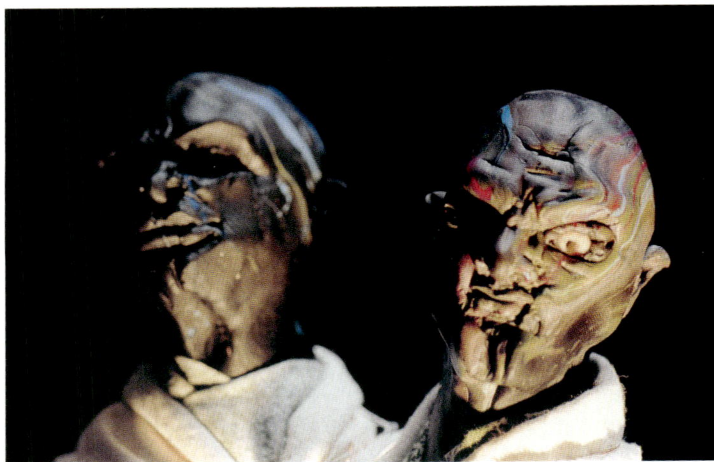

Abb. 10–11. Thomas Schütte. *United Enemies, A Play in Ten Scenes*. 1994. Farboffsetdruck, 2 von 10 Blättern, je 68,8 × 98,4 cm. The Museum of Modern Art, New York. Committee on Prints and Illustrated Books Fund

in den Kölner Messehallen im folgenden Jahr teilzunehmen, schuf Schütte eine Reihe von bemalten Holzmodellen für szenografische Vorrichtungen oder Situationen. Eine der Arbeiten, *Bühne (Modell 1:20)* (1980; Abb. 9), von Candida Höfer, einer Kommilitonin an der Kunstakademie Düsseldorf, zeigte – wie fotografisch dokumentiert ist – eine ovale Miniaturbühne, leicht erhöht, auf auf drei breiten, grauen Stufen und mit einer geschwungenen, goldgelben Wand mit roten Pilastern zu beiden Seiten und einer schwarzen Rückseite. Im Maßstab 1:20 zeigt die Wand kleinformatige, lackierte Bilder, auf denen immer der Buchstabe *H* dargestellt ist, in verschiedenen Farbtönen und Schriften – eine Idee, mit der Schütte bereits in seiner mehrteiligen Arbeit *Hysterie* (1979; Kat. 10) gearbeitet hatte. In dem offenen Ausstellungspavillon sind zudem zwei kleine Spielzeugfiguren installiert – ein Mann und eine Frau, allerdings nicht irgendwelche: Es handelt sich um die berühmten Science-Fiction-Figuren Prinzessin Leia (aus *Star Wars*) und Spock (aus *Star Trek;* beide S. 78 oben), eine komische Paarung, die den Zukunftscharakter des Modells mit dem Fiktiven und dem Sinnlosen verbindet. Dabei kommt es zu einem verwirrenden und ironischen Spiegeleffekt: Sie spielen auf ihrer kleinen Bühne Museumsbesucher für uns lebensgroße Museumsbesucher.[38] Bereits in diesen frühen Arbeiten mit Figuren beschäftigen sich Schüttes Skulpturen mit Szenarien und Strukturen der permanenten Vorläufigkeit, die dem Auftritt der neuen Kreaturen und Kolosse, Physiognomien und Personen in dieses immer überraschende Œuvre den Weg bereiten.

Zweifellos gehört Schüttes Serie *United Enemies* (1993/94; Kat. 43–48) nicht nur zu den bekanntesten, sondern auch zu den ausdrucksstärksten Auseinandersetzungen des Künstlers mit dem, was Deleuze treffend als »beißende Komik« bezeichnet hat, die kennzeichnend ist für die Dynamik der Figur, die im Konflikt mit sich selbst und ihrer Umgebung steht.[39] Angeregt durch seine Studien der Gesichter, Köpfe und Hälse älterer Männer, von denen es seiner Beobachtung nach in Rom, wo er sich ab Sommer 1992 für ein Jahr in der Villa Massimo aufhielt, besonders viele gab, schuf Schütte eine umfangreiche Serie von Skulpturenpaaren, die jeweils aus zwei kleinen Figuren bestehen, die sich vor allem durch die detaillierte und doch schematische Darstellung ihrer Gesichtszüge und Mimik unterscheiden.[40]

Die ausnahmslos kahlen (und hohlen) Köpfe mit ihren faltigen und verzerrten Gesichtern und leeren oder tiefliegenden Augen formte Schütte in akribischer Feinarbeit in der offenen Handfläche mit Streifen und Schlieren aus verschiedenfarbiger Modelliermasse und brannte sie dann im Backofen, im Stile eines Hobbybastlers; sie scheinen zu grimassieren und zu starren, zu leiden, herablassend zu blicken, zu trauern und in sich zu gehen. Alle zusammen stellen ein großes Spektrum ungeschönter und schwieriger Seiten menschlicher Stimmungen, Impulse und Affekte dar. Während die Physiognomie dieser Figuren, die gleichzeitig vielfältig und stereotyp scheint, mit großer Akribie gearbeitet ist – und darin an die Pseudowissenschaft der »Physiognomik« erinnert, wie sie insbesondere von Johann Lavater im 18. Jahrhundert betrieben wurde und in der Kunst großen Widerhall fand, von Messerschmidt bis zu Hogarth und Daumier[41] –, sind ihre Gliedmaßen und Körper lediglich in Stoffe gehüllt, die Schütte in der Deutschen Akademie Rom und im eigenen Kleiderschrank gefunden hatte. Wie Handpuppen sind sie auf Holzstangen gesteckt, was eine Prekarität und Kargheit suggeriert, die im Kontrast steht zu ihren vergleichsweise massiven Gesichtern und den zuweilen leicht deformierten Schädeln (Abb. 10–11).[42] Es handelt sich bei den Figuren ganz offensichtlich nicht um traditionelle Darstellungen des menschlichen Körpers als integral und souverän. Wie der Titel der Serie andeutet, wird zwischen den männlichen Figuren durch fest verknotete Schnüre eine offenbar unerwünschte Nähe hergestellt. Diese Notlage mag dazu beitragen, die Gefühle in den Gesichtern wie Reue, Niedergeschlagenheit, Bedauern, Verärgerung oder Abscheu zu erklären. Es scheint das Schicksal dieser mürrischen Gestalten mit voneinander abgekehrten Gesichtern, deren Blicke sich nie treffen, zu sein, dass sie entgegen ihren individuellen Wünschen zusammenleben müssen. Seit 1994 präsentiert Schütte diese unfreiwilligen Paare unter einer Glasglocke, was den Eindruck einer skulpturalen Taxonomie von Gemütszuständen weiter verstärkt.[43] Ihre vielen Ähnlichkeiten (in Größe und Form, Gesichtsausdruck und Körperlichkeit, Materialität und Ausführung) scheinen jedoch darauf hinzudeuten, dass sie nicht nur räumlich, sondern auch in Bezug auf ihre Identität zusammengehöriger sind, als es ihre Antipathie vermuten lässt; man könnte sie sogar als Schnittbilder desselben verkörperten Subjekts betrachten. Stillstand und Dynamik fallen in ein und derselben Gestalt zusammen. Für das Œuvre Schüttes sind diese theatralischen und entschieden antiheroischen Doppelgänger, die es ablehnen, vereinigt zu werden und daher wenig überraschend zunächst als Allegorien der deutschen Wiedervereinigung und das Unbehagen in ihr gelesen wurden, zentral. Mit den Worten von Deleuze: »Wenn es eine Anstrengung, eine

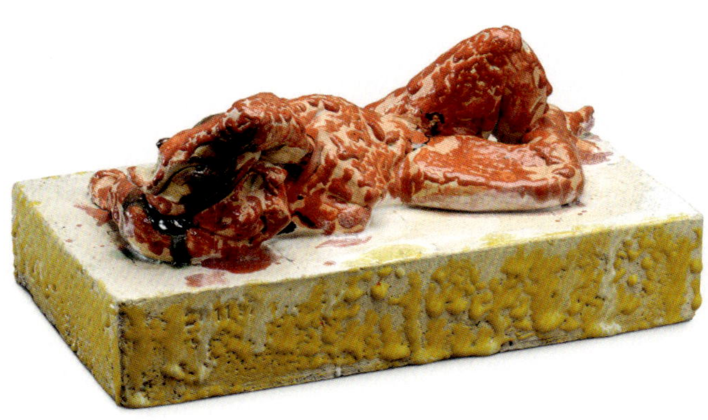

Abb. 12. Thomas Schütte. *Untitled (Ceramic Sketch)*. 1997. Glasierte Keramik, ca. 25 × 33 × 20 cm. Kunstsammlung Nordrhein-Westfalen, Düsseldorf

intensive Kraftanstrengung gibt, so ist dies keineswegs eine außerordentliche Anstrengung, als ob es um ein Vorhaben ginge, das die Kräfte des Körpers übersteigt und sich auf einen deutlichen Gegenstand bezieht. Der Körper müht sich oder wartet eben darauf, dass er entkommt. Nicht ich versuche, meinem Körper zu entkommen, vielmehr versucht der Körper, [sich] selbst zu entkommen.«[44]

Seit Anfang bis Mitte der 1990er-Jahre imaginiert und präsentiert Thomas Schütte in seinen skulpturalen Arbeiten die menschliche Figur als einen Körper, der offenkundig, aber ohne Pathos versucht, »sich selbst zu entkommen«. Seine berühmte Gruppe *Große Geister* konfrontiert den Betrachter mit einer regelrechten Hauntologie des Figürlichen und seiner überkommenen Logik des Gedenkens. Diese Gespenster erscheinen als hoch aufragende (obwohl sie sich größtenteils verbiegen und beugen), geschlechtlich unbestimmte körperliche Emanationen, die ihre bauchigen Formen und gleichmäßigen kreisförmigen Konturen in dem langwierigen Prozess ihrer Herstellung der Umwicklung einer Wachsfigur mit Schnur verdanken, die Schütte anschließend vergrößerte und in Aluminium, Bronze oder Stahl goss. Besonders die glänzenden, fast flüssig wirkenden polierten Aluminiumfiguren (z.B. Kat. 50) vereinen in sich die widerstrebenden Kräfte morphologischer Wandelbarkeit und materieller Beständigkeit, wodurch sie Monumentalität gleichzeitig negieren und ins Werk setzen. Trotz ihrer sorgfältigen handwerklichen und industriellen Fertigung erscheinen sie aus heutiger Sicht durchaus hellsichtig im Einsatz der damals neuen Möglichkeiten digitaler Technologie, um Formen zu reproduzieren und zu modifizieren.[45] Erneut lässt sich über Schüttes Figuren sagen, dass sie ihren ambivalenten Status als anachronistische Wiedergänger in der ästhetischen Gegenwart gleichzeitig allegorisch evozieren und ihm spielerisch trotzen.

Doch erst mit seinen deformierten *Frauen* (1998–2006; Kat. 68–71) – Schüttes herausforderndster und provokantester Darstellung der Vorstellung einer Figur, die versucht, sich selbst zu entkommen – sollte der Künstler die Deleuze'sche »Athletik« seiner Figuren, verursacht durch die einzigartigen Bedingungen ihrer Herstellung und Formung, vollständig realisieren. (»Die Quelle der Bewegung«, schreibt Deleuze, liege nicht in der Figur; zur Figur werde die Figur nur durch die Bewegung, »in der sie sich einschließt und durch die sie eingeschlossen wird«.[46]) In Anbetracht von Schüttes Rückkehr zum anachronistischen Genre des weiblichen Aktes und dem damit einhergehenden Rückgriff auf die skulpturale Tradition von Aristide Maillol, Henri Matisse, Pablo Picasso und Henry Moore in der

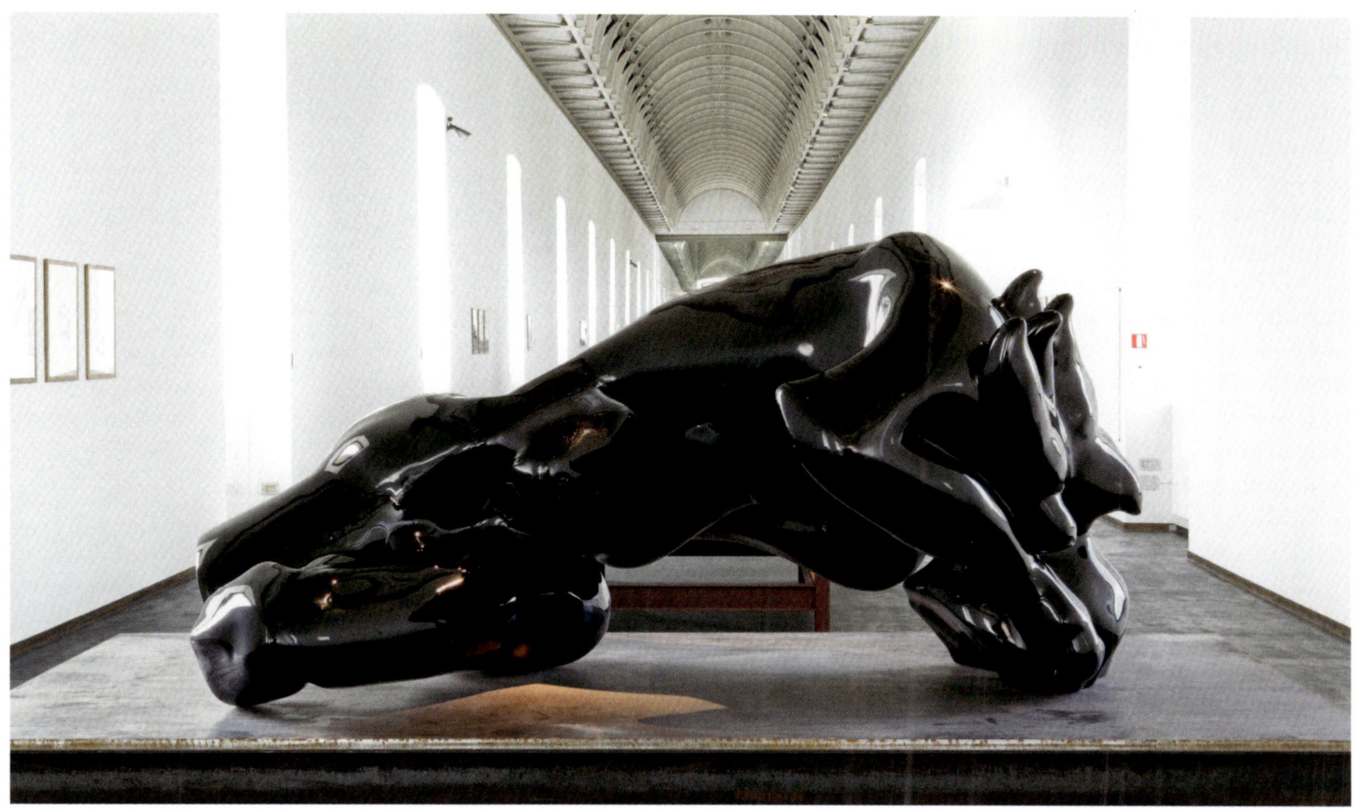

Abb. 13. Thomas Schütte. *Aluminiumfrau Nr. 6*. 2001. Aluminium und Lack auf Stahltisch, 163 × 250 × 125 cm. Thomas Schütte Stiftung, Neuss. Installationsansicht, *Thomas Schütte: Frauen*, Castello di Rivoli, Rivoli/Turin, 22.5.–23.11.2012

Zwischenkriegszeit[47] wirft die Konzeption der *Frauen* – die in Stahl, Aluminium oder Bronze in überlebensgroßem Maßstab gegossen und auf halbhohen Stahltischen ausgestellt wurden – zwangsläufig Fragen der Geschlechterpolitik in der Kunst und darüber hinaus auf. Scheinbar unberührt von der feministischen Kritik in den vorangegangenen Jahrzehnten nimmt der männliche Künstler (wieder) die alte prometheische Position ein, aus der heraus er in seinem Atelier weibliche Subjekte (oder ihre Darstellung) nach seinem Willen und seinem Wunsch erschafft. Auch könnte die »Athletik« der dabei entstandenen Figuren, die gleichzeitig kurvige Körper zeigen und gegen die Konventionen des Naturalismus verstoßen, sogar als Frauenfeindlichkeit (miss)verstanden werden. Diese Skulpturen liegender, sitzender oder kniender Frauenkörper wirken nicht nur sinnlich und lebendig, sondern auch fragmentiert, abstrahiert, verstümmelt, verzerrt oder gestaucht und haben formelhafte (oder gar keine) Gesichter mit geschlossenen Augen oder gesenktem Blick. Oft fehlt es ihnen an anatomischer Kohärenz und (im Gegensatz zu den Figuren von *United Enemies*) Individualität, was durch ihre Reproduktion in verschiedenen Materialien noch verstärkt wird.

Dieser erste Eindruck mag jedoch irreführend sein. Lynne Cooke hat davor gewarnt, vorschnelle Urteile über die Verfahren und Poetik von Schüttes monumentalen Frauen zu fällen; sie versteht sie vielmehr als festen Bestandteil einer »Erkundung der Art und Weise, wie herkömmliche oder normative Modi gegen sich selbst verwendet werden können, so dass sie sich eher als revisionistisch denn als reaktionär erweisen.«[48] Alle Skulpturen der Serie – der umfangreichsten des Künstlers, für die jede der achtzehn Figuren fünfmal gegossen wurde – gehen auf Schüttes großes Repertoire an *Ceramic Sketches* (1997–1999; Abb. 12, Kat. 67) und dessen Spektrum an Haltungen und Posen des weiblichen Aktes zurück. Bei der Herstellung dieser Modelle hielt sich der Künstler streng an die Auflage, sich für die manuelle Formung der Figuren aus gleichgroßen Tonblöcken jeweils nur eine Stunde zu nehmen, was zur Produktion von etwa einhundertzwanzig Modellen über einen Zeitraum von neun Monaten führte. Die Arbeiten wurden von Schütte in einem Durchgang glasiert, bevor sie gebrannt wurden, wobei die Glasur unregelmäßige Flecken und Klumpen sowie kleine Krater auf der Oberfläche hervorrief, die als »Produktionsfehler« sichtbar blieben.[49] Anstatt von Einfall und Erfindung sind die Modelle bewusst durch ihre Unbeholfenheit und Unvollkommenheit gekennzeichnet. Der Prozess der Herstellung von *Frauen* mit seinen selbstauferlegten Beschränkungen machte die Fehler und Zufälle also von Anfang an zum Programm.[50] Die eigenwillige Materialität und aufwendige Herstellungsweise der Serie bestimmen damit die vom Künstler entworfenen Formen und Gestalten, die so zu einem Zeugnis des ständigen Konflikts im Atelier (und später in der Gießerei) zwischen seiner Fähigkeit, plastische figurale Gebilde zu erschaffen, und den Widerständen, denen sie durch das Material und die Herstellungsverfahren begegnen, werden. Die Körper von Schüttes *Frauen* sind also keineswegs das Ergebnis eines einseitigen Angriffs auf die letztlich unbeherrschbare Materie (wie es die Legende vom Künstler als alleinigen, allmächtigem demiurgischen Schöpfer will), sondern äußeren Kräften unterworfen – so sehr er auch versucht, sich selbst zu entkommen (Abb. 13). So wird zum Beispiel *Stahlfrau Nr. 1* (1998; Kat. 68) in einem intensiven Moment der Bewegung dargestellt, in dem die Spannung zwischen dieser Bewegung und der Materialität der Figur zwar enthalten (aber nie aufgehoben) wird, während ihr Kopf, dessen Gesicht durch den Abdruck einer runden Scheibe ersetzt scheint, von angedeuteten Haarlocken gerahmt und vor allem gehalten und gestützt wird von ihren ausgestreckten Armen, die wirken, als versuchten sie ihren gesamten Körper aus seiner Not zu befreien.

In dieser ambivalenten Konfiguration ist die liegende Figur zugleich residual und widerstandsfähig. Die Form von Schüttes *Aluminiumfrau Nr. 6* (2001; Kat. 69) treibt diese Ambiguität auf die Spitze: Der Umgang mit körperlichen Signifikanten führt hier zu einer fast gewaltsam entstellten und verzerrten Repräsentation des Weiblichen. Während der untere Teil des Körpers eher naturalistisch dargestellt und damit lesbar ist, ist der obere Teil so stark verformt, dass die damit kontrastierenden Bereiche des Rückens und des Halses von Wucherungen und Auswüchsen bedeckt sind. Diese Stacheln und Zacken wirken wie eine apotropäische Panzerung gegen genau jene Kräfte, die sie hervorgebracht haben. Widersprüchlich und selbstbewusst zugleich, verkörpern und beschließen Schüttes *Frauen* seine postkonzeptuelle Rückkehr zur Figur in ihrer permanenten Vorläufigkeit: »Die Deformation geschieht an Ort und Stelle. Ebenso wie sich die Anstrengung des Körpers auf ihn selbst wendet, ist die Deformation statisch.«[51]

---

1 Lynne Cooke, »Turning the Tables«, in: *Thomas Schütte: Hindsight*, hg. von ders., Ausst.-Kat. Museo Nacional Centro de Arte Reina Sofía, Madrid, München u. a. 2010, S. 12–31, hier S. 13.

2 In gewissem Ausmaß waren diese Züge noch leitend für die Theorie und Praxis des Minimalismus gewesen. Siehe Hal Foster, »The Crux of Minimalism« (1986), in: ders., *The Return of the Real: The Avant-Garde at the Turn of the Century*, Cambridge 1996, S. 5–70.

3 Zu den Genealogien, Paradigmen und Trugschlüssen des Konzeptualismus siehe den einflussreichen Aufsatz von Benjamin H. D. Buchloh, »Conceptual Art 1962–1969: From the Aesthetic of Administration to the Critique of Institutions«, in: *October*, 55, 1990, S. 105–43.

4 David Joselit, »Conceptual Art of the Press Release, or Art History without Art«, in: *October*, 158, 2016, S. 167.

5 Peter Osborne, *Anywhere or Not At All: Philosophy of Contemporary Art*, New York 2013, S. 3; Hervorhebung im Original.

6 Ebd., S. 86.

7 Siehe die ausgezeichnete Dokumentation in *Thomas Schütte: Early Work*, hg. von Penelope Curtis, Ausst.-Kat. Henry Moore Foundation, Leeds/Kunstmuseum Liechtenstein, Leeds 2007, S. 92.

8 Christine Mehring, »Modest Abstraction: Thomas Schütte's Early Work«, in: *Thomas Schütte: Hindsight*, Madrid 2010, S. 37. Mehring bezieht Schüttes Ambivalenz und seinen Skeptizismus gegenüber den vom Minimalismus angemeldeten höchsten Reflexivitätsansprüchen, die sich in seiner Verwendung des Tapetenmaterials zeigen, auf Richters Rückgriff auf kommerzielle Farbtafeln als einer Matrix für seine (zunehmend aleatorische) Malerei; ebd., S. 39. Zu Richters Farbtafeln und seinen Gebrauch von Rastern siehe auch meinen Beitrag »Randomizing Painting: Notes on Richter's Abstractions«, in: *Gerhard Richter: Painting After All*, hg. von Benjamin H. D. Buchloh u. a., Ausst.-Kat. Metropolitan Museum of Art, New York 2020, S. 82–93.

9 Mehring 2010 (wie Anm. 2), S. 34.

10 Die Abteilung der documenta 5, in der Buren sein Projekt installierte, trug den Titel »Politische Propaganda«, siehe Beatrice von Bismarck, »'The Master of the Works': History of the Present: Daniel Buren's Contribution to *documenta* 5, Kassel, 1972«, in: »Documenta: Curating the History of the Present«, hg. von Nanne Buurmann u. a., Sonderheft von *On Curating* 33 (Juni 2017), S. 54–60.

11 Im Sinne des von Deleuze und Guattari geprägten Begriffs des »Minoritären« nimmt Schüttes Frühwerk sicherlich eine »minoritäre« oder »kleine« Position ein; siehe Gilles Deleuze und Félix Guattari, *Kafka: für eine kleine Literatur*, Frankfurt am Main

1976. Diese Position bezieht sich nicht auf die historische Bedeutung, sondern sie entsteht vielmehr, wie es der Kunsthistoriker Branden W. Joseph formuliert hat, »aufgrund ihrer Beziehung der Nähe zu den Bewegungen und Kategorien, die von der majoritären Geschichte hervorgebracht wurden, und aufgrund des nicht nachlassenden Drucks, den diese auf sie ausüben«. Branden W. Joseph, *Beyond the Dream Syndicate: Tony Conrad and the Arts after Cage – A Minor History*, New York 2008, S. 51.

12 Zu *Ringe* (und zu der konzeptionell verwandten Arbeit *Punkte* von 1977) siehe Ausst.-Kat. Leeds/Liechtenstein 2007 (wie Anm. 7), S. 94. Für eine Diskussion über eine Ausweitung der Dialektik von Demarkation und Dekoration in den avanciertesten Praktiken zeitgenössischer Bildhauerei siehe meinen Beitrag »Nairy Baghramian: The Matrix of Sculpture«, übers. von Gerrit Jackson, in: *Nairy Baghramian: Déformation Professionelle*, hg. von Vincenzo de Bellis und Martin Germann, Ausst.-Kat. Stedelijk Museum voor Actuele Kunst, Ghent/Walker Art Center, Minneapolis, München u. a. 2018, S. 99–103.

13 In seinem Überblick zur Skulptur der 1960er- und 1970er-Jahre weist Simon Baier Donald Judds »spezifischen Objekten« und Andy Warhols *White Brillo Boxes* (1964) den gleichen Ort eines historischen Kreuzungspunktes zu; beide, so seine Argumentation, »können es auch nicht vermeiden, von etwas zu sprechen, das [ihre] ökonomische Ermöglichungsbedingung ist: die industrielle Produktion und Standardisierung wie auch die Lust nach dem Fetisch, die diese Konfiguration der Ware als das Idol der Gleichheit [...] auf ihrer Oberfläche trägt.« Simon Baier, »Ohne Zunge sprechen«, in: *Sculpture on the Move: 1946–2016*, Ausst.-Kat. Kunstmuseum Basel, Ostfildern 2016, S. 42–49, hier S. 45.

14 Siehe Claes Oldenburg und Emmett Williams (Hg.), *Store Days: Documents from »The Store« (1961) und »Ray Gun Theater« (1962)*, mit Fotografien von Robert R. McElroy, New York 1967. Ein Jahr nachdem *Melonely* zuerst im Stedelijk Museum in Amsterdam gezeigt worden war, sollte Schütte 1987 seine berühmte *Kirschensäule* auf dem Harsewinkelplatz errichten, als Teil der zweiten Ausgabe der Skulptur Projekte Münster. Das Werk ist seitdem dauerhaft in der Stadt installiert. Sie ist eine offensichtliche Verneigung vor den Skulpturen von Oldenburg ist und stellt in dieser Form unter Rückgriff auf Pop-Art und postmoderne Architektur auch einen Kommentar auf das Dilemma öffentlicher Denkmäler dar, die den wirtschaftlichen Interessen und dem Stadtmarketing als Symbole genügen müssen.

15 Buchloh 1990 (wie Anm. 3), S. 143.

16 Siehe Cooke 2010 (wie Anm. 1), S. 13; Mehring 2010 (wie Anm. 2), S. 37.

17 Lucy R. Lippard und John Chandler, »The Dematerialization of Art« (1968), in: Alexander Albertro und Blake Stimson (Hg.), *Conceptual Art: A Critical Anthology*, Cambridge 1999, S. 46–50.

18 »Conversations | Premiere | Artist Talk with Thomas Schütte«, Art Basel, 12.6.2013, https://www.youtube.com/watch?v=sF02nI6Kt7Y&t=3475s (23.5.2024).

19 Es überrascht vielleicht nicht, dass zwei große Ausstellungen von Schütte in der Vergangenheit den Begriff programmatisch in ihren jeweiligen Titeln trugen: *Thomas Schütte (Figur)*, Hamburger Kunsthalle und Württembergischer Kunstverein Stuttgart, 1994; und *Thomas Schütte. Figur*, Fondation Beyeler, Riehen/Basel, 2013/14.

20 Buchloh 1990 (wie Anm. 3), S. 143. Buchloh bezieht sich zum einen auf die kritische Melancholie des belgischen Künstlers Marcel Broodthaers als Vertreter der Institutionskritik, zum anderen auf die Rückkehr der Repräsentation in der europäischen Malerei (etwa bei Markus Lüpertz, Georg Baselitz und Anselm Kiefer). Dazu auch Benjamin H. D. Buchloh, »Figures of Authority, Ciphers of Regression: Notes on the Return of Representation in European Painting« (1981), in: ders., *Formalism and Historicity: Models and Methods in Twentieth-Century Art*, Cambridge 2015, S. 115–172.

21 Gilles Deleuze, *Francis Bacon – Logik der Sensation*, München 1995, S. 18. Umgekehrt muss für Deleuze »die Malerei die Figur dem Figurativen entreißen«, ebd., S. 13.

22 Ebd.

23 Ebd., S. 19. Dementsprechend übernimmt »die Kontur [...] also eine neue Funktion, da sie nicht mehr flach ist, sondern einen Hohlraum entwirft und einen Fluchtpunkt enthält.«, ebd., S. 17. Der Kunsthistoriker Alex Kitnick hat dieses auch für Schüttes Hinwendung zur Skulptur zutreffende Konzept, so zusammengefasst: »Grob vereinfacht: Körper plus Bild gleich Figur«. Alex Kitnick, »The Brutalism in Art and Life«, in: *October*, 136, Frühjahr 2011, S. 63–86, 85.

24 Im Gespräch mit Richter hat Schütte auch auf die vielen fotorealistischen Arbeiten auf der documenta 5 hingewiesen, gleichzeitig mit Richters Ausstellung *48 Porträts* im deutschen Pavillon der Biennale von Venedig. Siehe Theodora Vischer, »Gerhard Richter und Thomas Schütte: Ein Gespräch«, in: *Thomas Schütte: Figur*, hg. von ders., Ausst.-Kat. Fondation Beyeler, Riehen/Basel, Köln 2013, S. 170–175, hier S. 173.

25 Ebd., S. 12–14.

26 Besonders in dieser Hinsicht hat Schütte Richters Einfluss betont, als einem Meister der Ambivalenz. Vgl. dazu die Gespräche von Matthias Winzen, »Ein Gespräch mit Thomas Schütte«, in: *Das Kunst-Bulletin*, 10, 1994, S. 14–23, und Heinz-Norbert Jocks, »Man kann auch schattenboxen oder weiterstochern im Nebel«, in: *Kunstforum International*, 128, S. 224–261.

27 Buchloh 2015 (wie Anm. 20), S. xv–xli, hier S. xxiii.

28 Ebd., S. xxiv.

29 David Joselit, *Art's Properties*, Princeton 2023, S. 12. Joselit argumentiert: »Die Geschichte der Kunst speist sich aus [...] sozial eingebetteten performativen Akten von Alterität [...] Die Zeitlichkeit dieser Effekte unterscheidet sich von den Rhythmen der herkömmlichen Politik. Das Woanders oder Anderssein der Alterität findet nicht im allein menschlichen Bereich des Staates oder der Zivilgesellschaft statt. Die besondere Fähigkeit der Kunst besteht darin, mehrere Erfahrungsbereiche (den spirituellen, den irdischen, den abstrakten und den materiellen) zu gestalten und nicht den ephemeren Konflikten der Tagespolitik verhaftet zu bleiben. Ihre Macht liegt in ihrer *Fähigkeit, Alteritäten zu aktivieren*.«, ebd., S. 3. Zweifellos artikuliert und bekräftigt auch Schüttes Zugang zum Figurativen diese grundlegende und wichtige Alterität des Ästhetischen.

30 Friedrich A. Kittler, *Grammophon, Film, Typewriter*, Berlin 1986, S. 5.

31 Siehe Ausst.-Kat. Basel 2013 (wie Anm. 24), S. 27.

32 Der Vorschlag umfasste auch eine begleitende Installation mit einer großen Zeichnung, die Colas' Kopf auf einer Säule unter Wasser zeigt, einer Figur aus Knetmasse und gedruckten Artikeln (Kat. 33 und 35). Siehe Cooke 2010 (wie Anm. 1), S. 26.

33 Siehe Ausst.-Kat. Basel 2013 (wie Anm. 24), S. 27.

34 Devin Fore, *Realism after Modernism: The Rehumanization of Art and Literature*, Cambridge 2015, S. 3–4.

35 Buchloh 1990 (wie Anm. 3), S. 143.

36 Paulina Pobocha, »Inhabitance«, in: *Thomas Schütte: Three Acts*, hg. von Camille Morineau, Ausst.-Kat. Musée 11 Conti – Monnaie de Paris, Gand 2019, S. 47. Eine Version von *Mann im Matsch* wurde 2009 als große Bronzeskulptur vor der Landessparkasse zu Oldenburg installiert; siehe S. 38.

37 Zu dieser Zeit war Schütte lose mit der Gruppierung »Düsseldorfer Modellbauer« verbunden, die Modelle »wegen der erkenntnistheoretischen Wirkungen, die von Miniaturisierung und dem Spiel mit Skalierung ausgehen, ihrer Beziehung zur Architektur als Signifikant des sozialen und öffentlichen Raumes und ihrer Assoziation mit dem Privaten, der Erinnerung, dem Innenleben und dem Geist« schätzten. Siehe Stefan Vervoort, *Models Beyond Sculpture: Architectural Objects in the Visual Arts in New York and Düsseldorf, 1966–1984*, Gent 2020, S. 92. Zu den »Modellbauern« gehörten Künstlerinnen und Künstler wie Ludger Gerdes, Harald Klingelhöller und Reinhard Mucha sowie – zumindest im Umfeld – Katharina Fritsch, Tony Cragg, Hubert Kiecol, Hermann Pitz und Martin Kippenberger. Die Künstlerin Isa Genzken, die von 1973 bis 1977 an der Kunstakademie Düsseldorf studiert hatte und schon früh begann, architektonische Modelle zu entwerfen, um ihre eigene postminimalistische skulpturale Syntax zu entwickeln, wurde wohl von Schüttes Arbeit beeinflusst. Siehe mein Buch *Isa Genzken: Fuck the Bauhaus*, Cambridge 2024, S. 37–39.

38 In einer anderen Version (mit demselben Titel und aus demselben Jahr) ist die Bühne leer, bis auf einen großen blauen Vorhang, der über die Wand geworfen wurde und sie teils verdeckt.

39 Deleuze 1995 (wie Anm. 21), S. 16.

40 Siehe Ausst.-Kat. Basel 2013 (wie Anm. 24), S. 50–53.

41 Neben diesen eher offensichtlichen kunsthistorischen Bezügen aus der Geschichte der Karikatur hat Schütte auf den Eindruck verwiesen, den die damalige Berichterstattung im italienischen Fernsehen über (ausschließlich männliche) Politiker, denen Korruption vorgeworfen wurde, auf ihn machte; vgl. ebd., S. 53.

42 Pobocha hat auf die Nähe von *United Enemies* zum *theatrum mundi* ais Schüttes Serie *Mohr's Life* (1988–1999; Kat. 36–38) hingewiesen, das mit architektonisch wirkenden Elementen, Leuchtkörpern, verpackten oder aufgehängten Kleidungsstücken wie Jacken und Socken und kleinformatigen Figuren von den Kämpfen eines Künstlerlebens zu erzählen scheint. Siehe Pobocha 2019 (wie Anm. 36), S. 48.

43 2012 schuf Schütte zwei monumentale Bronzeversionen von *United Enemies*, von denen eine erstmals im Kensington Garden neben den Serpentine Galleries in London im Rahmen der Ausstellung *Thomas Schütte: Faces and Figures* zu sehen war. Ein Jahr später wurde die andere vom Public Art Fund im Central Park in New York ausgestellt.

44 Deleuze 1995 (wie Anm. 21), S. 16.

45 Siehe auch Ausst.-Kat. Basel 2013 (wie Anm. 24), S. 78.

46 Deleuze 1995 (wie Anm. 21), S. 16.

47 Für eine Darstellung der Vorläufer Schüttes im Bereich der Skulptur siehe Penelope Curtis, »Reclining Sculpture«, in: Ausst.-Kat. Madrid 2010 (wie Anm. 8), S. 53–64.

48 Cooke 2010 (wie Anm. 1), S. 29. Schüttes *Frauen* wurden erstmals dokumentiert in: *Thomas Schütte: Scenewright – Gloria in Memoria – In Medias Res*, hg. von Lynne Cooke und Karen Kelly, Ausst.-Kat. Dia Art Foundation, New York, Düsseldorf 2002.

49 Ausst.-Kat. Basel 2013 (wie Anm. 24), S. 78.

50 Linda Walter, *Schwebezustände: »Frauen« von Thomas Schütte*, Berlin 2020, S. 28–30.

51 Deleuze 1995 (wie Anm. 21), S. 18.

Der Zug am Ende des Tunnels

MARLENE DUMAS

Kunst braucht Zeit. Endloses Hin- und Herwandern durch Gebäude, Bungalows, Keller, Hotels, Häuser, Wohnungen und Friedhöfe, buchstäblich und psychisch. Im Gefängnis sitzen die Menschen Zeit ab. Auf der Suche nach Fluchtwegen oder Aufenthaltsorten.

Thomas Schütte und ich sind (biologisch gesehen) fast gleich alt. Die gleiche Generation, sozusagen. In den 1990er-Jahren wurden wir oft eingeladen, an denselben (thematischen) Gruppenausstellungen teilzunehmen. Es bedurfte einiger Reisen durch die Jahre, bis ich seine Kunst zu schätzen lernte. Im Oktober 1987 sah ich sein Werk zum ersten Mal persönlich, im Museum Overholland in Amsterdam. Eine Einzelausstellung: *Aquarellen*. Ich wusste nicht, was ich damit anfangen sollte. Da war ein junger, ernsthafter deutscher Künstler, der süße, bunte Bilder von Früchten machte. Die schwarze Zitrone war etwas, das ich verstehen konnte, aber pläsierliche Scheiben von Wassermelonen und Kartoffeln? Nein.

Die Kenntnis der figurativen Zeichnungen der Italiener der Transavanguardia, wie Clemente (1980 im Stedelijk Museum in Amsterdam ausgestellt), half mir nicht, Schüttes Aquarelle besser zu verstehen, sondern brachte mich auf eine falsche Fährte. Die Italiener wollten den Betrachter offensichtlich mit ihrer Eleganz und ihrem Charme verführen. Thomas tat das nicht. Oder doch? Vielleicht war er wie ein Kind, das ein gelbes Gänseblümchen auseinanderpflückt, Blütenblatt für Blütenblatt, und sagt: »Liebt mich, liebt mich nicht.«

Im Jahr 1990 hatte er eine Ausstellung mit dem Titel *Jokes*. Aber Thomas will nicht, dass man zu laut lacht.

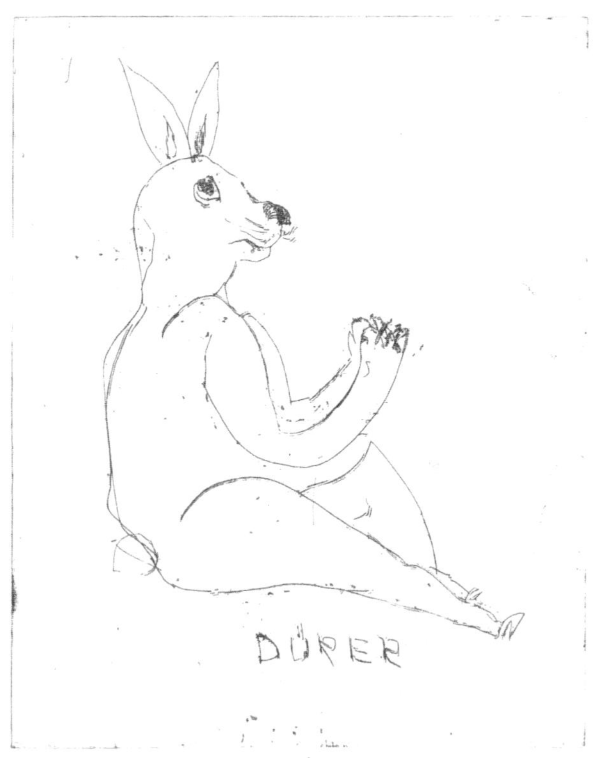

Abb. 1. Einladung zur Ausstellung *Thomas Schütte: Dürer*, Galerie Nelson, Paris, 21. 9.–8.11.2002. Abbildung: *Quengelware Nr. 40* aus: *Quengelware*. 2002. Radierung auf Papier, 1 von 104 Blättern, je 58,4 × 43,2 cm

Wenn ich jetzt, so viele Jahre später, die Einladungskarte für seine *Dürer*-Ausstellung (2002 in der Galerie Nelson in Paris) betrachte, muss ich lächeln. Zart geätzte Linien, die einen aufrecht sitzenden Hasen formen, darunter das Wort *Dürer* (Abb. 1). Das Bild ist so einfach in seiner Linearität, und doch weckt es eine Fülle von Assoziationen, in denen man sich verlieren kann. Da sind die Erinnerungen an Joseph Beuys' *Wie man dem toten Hasen die Bilder erklärt* (1965). Da ist Dürers *Hase* (1502), dessen Haltung mich an die Drucke von Dürers Zeichnung *Betende Hände* (1508) erinnert, die in dem Südafrika, wo ich aufgewachsen bin, an all den Orten mit den falschen politischen Ansichten – und der Macht – zu finden waren. Da ist Thomas Schütte selbst, durchdrungen von Geschichte aller Art.

Im Dezember 1987 nahmen wir beide an einer Gruppenausstellung mit dem Titel *Nachtvuur* (Nachtfeuer) in De Appel, Amsterdam, teil. Thomas zeigte drei Zeichnungen mit dem Titel *Weinende Frauen.*

Das erste Mal traf ich Thomas Schütte 1991 in Kassel. Der Belgier Jan Hoet hatte ein Treffen mit einer Gruppe von Künstler*innen arrangiert, um über ihre Teilnahme an der documenta 9 zu sprechen, deren Leiter er war. Im Rückblick auf diese Gespräche sagte Hoet, Thomas sei der schwierigste der Anwesenden gewesen. Thomas begann seinen Beitrag nicht mit dem Konzept der Ausstellung und auch nicht mit der Auswahl der Künstler*innen, sondern mit dem Gebäude und sagte zu Hoet: »Du musst verstehen, dass die documenta ein Gebäude ist. Was ist das Wichtigste an einem Gebäude? Die Eingangstür. Wenn man nicht weiß, was man mit dem Eingang machen will, sollte man die documenta nicht machen wollen!«[1]

Hoet verstand Schütte und schätzte ihn sehr. Er war der Meinung, dass Schütte, wie die meisten seiner Lieblingskünstler*innen in der Ausstellung, von seiner eigenen Pathologie ausging und von dort aus die Melancholie des gesamten Universums einfing. Und wie alle gute Kunst ist auch sein Werk mehr als nur ein Gefühl. Es ist eine komplexe Verkörperung von Widersprüchen.

Thomas hatte seine Zweifel und Kritik an den Abläufen dieser viel zu großen Kunstausstellungen, aber er nahm daran teil. 1992, auf der documenta 9, installierte er seine inzwischen berühmte, verloren wirkende Gruppe knallbunter Keramikfiguren *Die Fremden* (S. 138–139) über dem Eingang des neoklassizistischen Gebäudes am Friedrichsplatz. Sie gab den Ton für die gesamte Ausstellung an.

1996 trafen Thomas und ich uns wieder, diesmal in den Vereinigten Staaten anlässlich einer Gruppenausstellung mit dem Titel *Distemper: Dissonant Themes in the Art of the 1990s* im Hirshhorn Museum in Washington. Die damalige amerikanische Tagespolitik war sehr präsent. Mike Kelley und Thomas ließen sich schließlich auf ein lebhaftes nächtliches Bargespräch über Skulpturen im öffentlichen Raum ein. Kelley meinte, das könnte oder sollte man nicht mehr machen; Schütte war anderer Meinung. Leider erinnere ich mich infolge gar zu intensiven Alkoholkonsums nicht mehr daran, wie der Streit endete, doch ich glaube, er blieb ungelöst.

Allerdings ist erwähnenswert, dass Kelley im Jahr vor seinem Tod *Mobile Homestead* schuf, eine fast exakte Nachbildung des Hauses seiner Kindheit in Detroit, das sein erstes, letztes und einziges öffentliches Kunstprojekt war.

Zurück nach Washington, wo Thomas tagsüber einige Fragen zu seinen Zeichnungen von Rudolf Evenhuis beantwortete:

Thomas: »Wenn ich zeichne, dann zeichne ich viel traditioneller. Nicht nach Fotos. Ich habe es mit echten Menschen versucht, was sehr schwierig ist.«

Frage: »Marlene hat mir einmal erzählt, dass ihr euch über die Arbeit mit Wasserfarben, Aquarell, unterhalten habt, dass das so schön und einfach ist.«

Thomas: »Ja, wir haben früher so gearbeitet, wir haben 20, 30 Zeichnungen am Tag gemacht, wie ein Fotokopierer. Aber ich habe damit aufgehört. Sobald es erfolgreich wird, muss man aufhören.

Ich habe dieses Jahr gemalt, ich habe eine Frau gezeichnet, und ich habe sie so sehr gezeichnet, dass ich emotionale Probleme bekam. Wir kamen uns zu nahe, und dann mussten wir aufhören.«

Frage: »War sie ein Modell?«

Thomas: »Nein, sie war eine Künstlerin, und ich habe sie als Modell benutzt. Ich habe sie gezeichnet [Pause] … und wenn man etwas sorgfältig zeichnet, verliebt man sich, und dann wird man unglücklich, weil man mit jemand anderem verheiratet ist [lacht].«

Frage: »Ist das der Grund, warum Marlene nie Modelle benutzt?«

Thomas: »Ja, nur Fotos, um sich zu schützen.«

Frage: »Kannst du das verstehen?«

Thomas: »Ja, jemanden mit einem Stift zu berühren, nur um das Gefühl zu haben, dass man auf dem richtigen Weg ist, das ist wirklich sehr interessant. Und ich muss einen neuen Weg finden. Letztes Jahr habe ich es mit Blumen versucht. Sehr interessant. Sehr kitschig.«[2]

Wie könnte ich die Arbeit eines Künstlers nicht mögen, der sich über sich selbst lustig machen kann, was auch bedeutet, dass er in der Lage ist, das Scheitern zu akzeptieren? Ein Künstler, der konzeptionell wach ist, sich aber auch in der Arbeit mit seinen Händen und im Auf-sein-Material-Hören verlieren kann?

Thomas ist nicht der einzige nicht-heroische männliche figurative Künstler. Um nur die ersten zu nennen, die mir in den Sinn kommen, wie der provokante und doch verletzliche Mike Kelley, der sehr schön über Paul Thek geschrieben hat, den wir in diesem Zusammenhang auch nicht vergessen dürfen, und Juan Muñoz … und ja, Maurizio Cattelan, der ebenfalls diesen tragikomischen Fokus aufweist, indem er auf Kindheitserinnerungen und fiktive Figuren zurückgreift. Man beachte auch, dass Thomas Werke schuf, die von einem von ihm bewunderten Schweizer Schriftsteller inspiriert waren, von dem er sagte: »Die Leute erforschen nie das Scheitern – außer Robert Walser, der das so wunderbar gemacht hat.«[3] Er schuf eine Skulptur namens *Walser's Wife* (2011; S. 23, Abb. 3), die eine Ehefrau darstellt, die der Autor nie hatte.

Dass es Thomas in der heutigen Zeit gelingt, selbst in einer schweren Bronzeskulptur Zärtlichkeit zu bewahren und gleichzeitig traurige, alberne Zeichnungen anzufertigen, muss bedeuten, dass er noch etwas anderes besitzt, das die meisten von uns verloren haben: Unschuld. Und vergessen Sie nie den Humor.

Thomas: »Ich sehe kein Licht am Ende des Tunnels. Nun, ich sehe etwas Licht, aber es könnte auch ein entgegenkommender Zug sein.« Er lacht.[4]

---

1 Interview mit Jan Hoet von Hans den Hartog Jager in seiner Monografie *Jan Hoet*, Veurnes, Belgien, 2013, S. 87–89.

2 Rudolf Evenhuis, »Thomas Schütte on Drawing, Photographs and Models«, Videoaufnahme im Hirshhorn Museum and Sculpture Garden, Washington, DC, 1996. Mit freundlicher Genehmigung von Studio Dumas.

3 Jackie Wullschlager, »Thomas Schütte: Gesichter und Figuren, Serpentine Gallery, London«, in: *Financial Times*, 16.10.2012.

4 Adrian Searle interviewte Thomas Schütte über *Model for a Hotel* (2007), seine Glasskulptur am Trafalgar Square in London: »It Is Like a Jewel«, in: *The Guardian*, 8.11.2007.

Kunst ist ein Großbuchstabe

JENNIFER L. ALLEN

Ab 1982 schuf Thomas Schütte eine Serie kleiner Figuren, die jeweils bis zu den Knien in einer großen Pfütze aus einer Substanz stehen, deren Beschaffenheit der Fortbewegung offensichtlich nicht zuträglich ist. Die Arbeiten der Werkgruppe *Mann im Matsch* rücken die Erfahrung des Feststeckens, des Nicht-Vorankommens ins Zentrum, ein Motiv, das sich für einfache Deutungen anbietet, da solche Hindernisse von den meisten Menschen als etwas Negatives erfahren werden.

Die künstlerische Darstellung von Hindernissen als Kritik zu deuten, scheint für das Westdeutschland der 1980er-Jahre auch in der Tat eine sinnvolle Lesart. Die Wirtschaft litt unter den Folgen der Ölpreiskrise, die Gesellschaft unter den Nachwirkungen ihrer Erfahrung mit dem Terrorismus. Die Umweltbewegung rückte die Zerstörung der Natur ins öffentliche Bewusstsein, während gleichzeitig ein neuer Konservatismus unter Helmut Kohl die Möglichkeiten für Diversität zu ersticken schien. Nachdem sich die großen Hoffnungen der 1960er-Jahre zerschlagen hatten, war

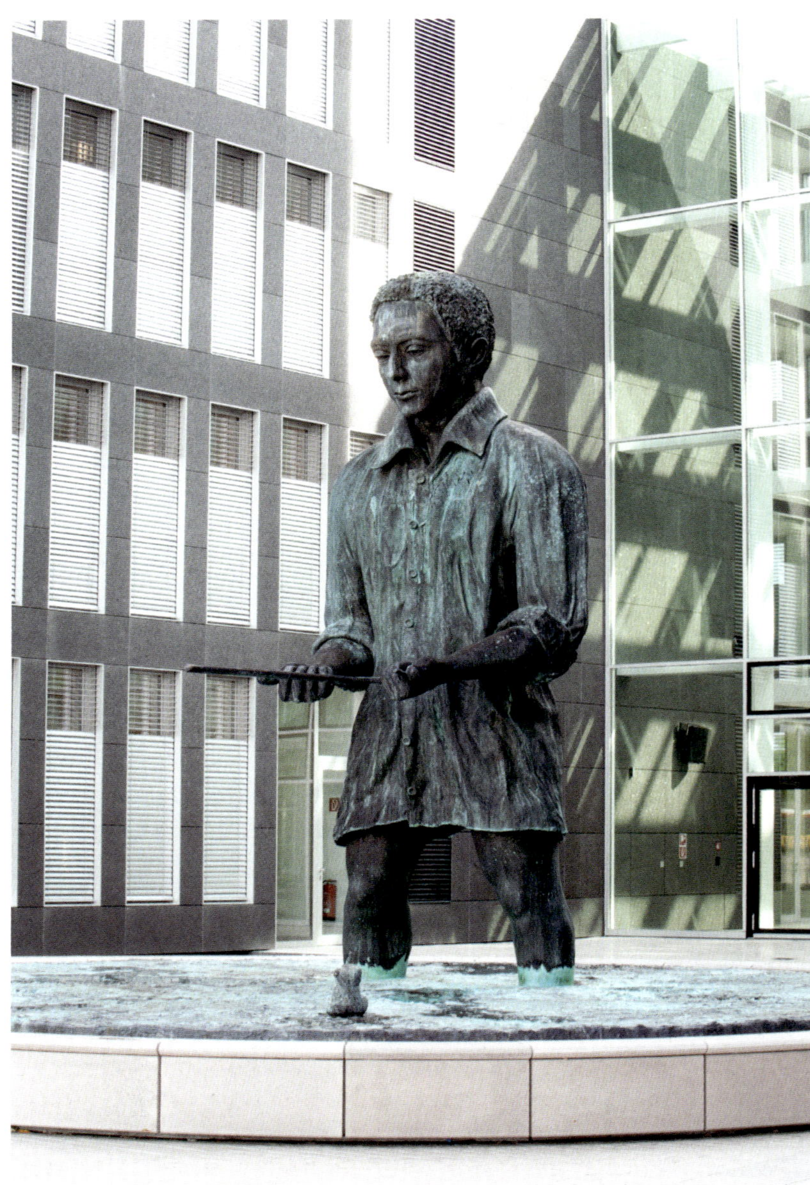

Abb. 1. Thomas Schütte. *Mann im Matsch – Der Suchende*. 2009. Patinierte Bronze, 560 × 850 × 850 cm. Landessparkasse zu Oldenburg

es in den 1970er- und 1980er-Jahre noch nicht gelungen, überzeugende Alternativen zu formulieren. Man mag also sehr wohl den Eindruck gehabt haben, die Bundesrepublik stecke fest.

Schüttes Arbeit verlangt jedoch ein komplexeres Verständnis. Wie Generationen deutscher Philosophen aufgezeigt haben, können Hindernisse eine eigene Art der Befreiung mit sich bringen. Wir verstehen den Hammer erst wirklich, wenn er kaputt ist und nicht mehr so funktioniert, wie er eigentlich sollte, argumentierte Martin Heidegger 1927. Und es sind nicht die Sieger, die Geschichte schreiben, so Reinhart Koselleck, sondern die Besiegten, die im Angesicht der Niederlage ihre Selbsterzählung neu entwerfen müssen.[1] Auch Schütte fordert dazu auf, die vielen, manchmal sogar widersprüchlichen Bedeutungen des Feststeckens zu erkennen. Es stellt nicht einfach eine Sackgasse dar, sondern auch einen Zustand der Möglichkeiten, des Auf-dem-Weg-Seins, losgelöst vom Blick allein auf das Ziel.

2009 hat Schütte diese produktive Spannung in einer Arbeit zum Ausdruck gebracht, die den Mann im Matsch monumentalisierte, verewigte und sogar feierte (Abb. 1). Auch hier, auf dem Platz vor einer Oldenburger Bank, steht ein Mann knietief im Matsch. Alle anderen Eigenschaften des Werkes widersetzen sich jedoch einer pessimistischen Lesart. Die kräftigen Arme und breiten Schultern der fast sechs Meter hohen Bronzestatue legen nahe, dass er der Aufgabe, sich vorwärts zu bewegen, gewachsen sein wird. Der gesenkte Blick und friedliche Gesichtsausdruck deuten auf Konzentration hin, nicht auf Verzweiflung oder Scheitern. Dass er eine Wünschelrute in der Hand hält, verweist auf den Optimismus eines Suchenden. Das gilt auch für den Titel: *Mann im Matsch – Der Suchende*. Ob er finden wird, was er sucht, ist unerheblich. Er fordert vielmehr dazu auf, Schüttes Kunst mit Neugier, Kreativität, Skepsis und der Geduld zu begegnen, sie nicht als Punkt am Ende eines Satzes, sondern als Großbuchstaben am Anfang des Satzes zu betrachten. Schüttes Gespür für eine Kunst, die mehr Aufruf denn Verkündigung ist, hat ein Werk hervorgebracht, das einen eindrücklichen Kommentar zu den politischen, sozialen, kulturellen und wirtschaftlichen Entwicklungen der letzten fünf Jahrzehnte darstellt.

1: ZWISCHENRÄUME
Skizzen zum Projekt Großes Theater (1980) / *Alles in Ordnung* (1978)

Alles ist gut, alles okay. *Alles in Ordnung*. Diese beiläufige Redewendung soll beruhigend, als eine Art deklaratives Ausatmen wirken. Oberflächlich betrachtet, scheint sie gut in den Kontext der Nachkriegszeit in Westdeutschland zu passen, in dem Thomas Schütte sozialisiert wurde. Das Deutschland Schüttes, der 1954 in Oldenburg geboren wurde, war ein blühendes Land. Das NS-Regime war Vergangenheit, die Wirtschaft erfreute sich des »Wirtschaftswunders« infolge des Marshall-Plans und des Siegeszugs der amerikanischen Konsumkultur. Es herrschte Kalter Krieg, aber scheinbar unbeschwert tranken die Westdeutschen Coca-Cola, rauchten Marlboros und hörten Elvis. Selbst als junge Aktivist*innen in den 1960er-Jahren auf die Straße gingen, um gegen fast alles im Land zu protestieren, waren ihre Demonstrationen von einem optimistischen Zukunftsgefühl getragen. Aus einem bestimmten Blickwinkel ließ sich leicht sagen: *Alles in Ordnung*.

In den späten 1970er-Jahren, als Schütte den Ausdruck in seinen Arbeiten verwendete, hatte er jedoch an Überzeugungskraft eingebüßt. Die westdeutsche Wirtschaft war nach den Ölpreiskrisen von 1973 und 1979 am Boden. Darüber hinaus hatte die Entspannungspolitik zwar dazu geführt, dass die manichäische internationale Diplomatie des Kalten Krieges überwunden wurde, im Land ein Klima des Misstrauens aufgrund der wachsenden Angst vor innenpolitischem Radikalismus jedoch zunahm. Es war also eine Situation, in der man bestenfalls mit einem Augenzwinkern und einem Schuss Ironie behaupten konnte, alles sei *in Ordnung*. Erst in dieser Unsicherheit, in der *alles in Ordnung* von einer Verkündung zu einer Frage wurde, konnte Schüttes Werk entstehen.

Wenngleich er die deutsche Teilung nie direkt und den Kalten Krieg nur implizit in seinem Werk thematisierte, war es vielleicht die Erfahrung einer binär geordneten Welt, die Schütte stattdessen nach unscharfen Linien suchen ließ. Vielleicht war es aber auch seine Zugehörigkeit zu einer Art Grenzgeneration, über die Schütte sagte: »Unsere Generation fiel genau in das Loch zwischen den Hippies und den Punks. Wir waren nicht naiv genug, die Welt zu verbessern, und nicht destruktiv genug, den ganzen Laden in Schutt und Asche zu legen.«[2] Vielleicht hat ihn das generationenbedingte Dazwischen-Sein auch anderswo nach Zwischenräumen suchen lassen. Schüttes Arbeiten haben fast immer in irgendeiner Weise mit Spannungen zwischen Polen gespielt: vorsichtig verwendete nostalgische Zitate und hoffnungsvolle Zukunftsorientierung; die Skepsis gegenüber politischer Kritik und die Unfähigkeit, ihr zu entkommen; ein Sinn für die Schwere der deutschen Vergangenheit und Humor; der Rückgriff auf etablierte Kunstformen und die Suche nach neuen Ausdrucksformen.

Die Auslotung der Grenzen der Behauptung, dass »alles in Ordnung« sei – die Momente, in denen sie zutraf, und die, in denen dies nicht der Fall war –, wurde zu einem zentralen Motiv in Schüttes frühen Arbeiten. 1977 erreichte der Terror der RAF mit dem »Deutschen Herbst« seinen Höhepunkt. Nur wenig später malte Schütte 1978 den Satz *Alles in Ordnung* an die Schlafzimmerwand einer Freundin, wie einen Wunsch für süße Träume (S. 8). Aber wichtig ist der Kontext des Satzes. Nachdem der Staat auf den Terror der RAF mit aller Härte reagiert hatte, schwand die Komplexität der Formel, die jetzt nur noch eine wörtliche Lesart zuließ.
Als Schütte den Satz einige Jahre später auch für ein Bild der Fotoserie *Skizzen zum Projekt Großes Theater* (1980; Kat. 13) aufgriff, legte er im Werk selbst einen Anlass, ihn nuanciert zu lesen. Die anderen Bilder umgaben den Satz zwar mit optimistischen Begriffen wie *Freiheit*, *Zukunft*, *Hoffnung* und *Frieden*, doch das erste Bild spricht eine dringende Warnung aus: *Achtung*. Auf einem anderen Bild macht Schütte deutlich, warum wir auf der Hut sein sollten: *Etwas fehlt*. Die Annahme, dass alles in Ordnung sein könnte, war zumindest eine Ablenkung, vielleicht sogar eine Fata Morgana. Die Aufgabe der Betrachtenden war vielmehr, nach Fehlendem Ausschau zu halten.

Ein Jahr später verewigte Schütte diese Skepsis in seiner ersten dauerhaften Arbeit im öffentlichen Raum. 1981 schrieb er an die Decke des Postkartenladens von Walther König in Köln erneut den Satz *Alles in Ordnung* (Kat. 16). Die geschwungene weiße Schrift auf blauem Grund verströmt heitere Leichtigkeit; diese wird bei genauerem Hinsehen jedoch gedämpft, da es Kampfjets sind, die mit Kondensstreifen den Schriftzug hinterlassen, dessen Existenz damit allenfalls flüchtig sein kann. Doch was genau ist hier flüchtig?

Der Anblick von Kampfjets, die auf Gewalt und Krieg verweisen, beraubt uns jeder Sicherheit, die von der Behauptung ausgehen könnte, dass alles in Ordnung sei. Aber können nicht die Gründe für diesen Zynismus genauso vergänglich sein? Der Amtsantritt von Reagan, Thatcher und wenig später Kohl deutete – zumindest für einige – auch einen zurückhaltenden Optimismus an, wie er von neuen politischen Strömungen ausgeht. Für diejenigen, die mit dieser neuen konservativen Wende unzufrieden waren, war zumindest der Vietnamkrieg beendet, als Schütte *Alles in Ordnung* schuf.

Ihre Kraft beziehen Schüttes Experimente mit der Redewendung *Alles in Ordnung* genau aus solchen Zweideutigkeiten. In Anlehnung an den Film *Tout va bien* von 1972, in dem Jean-Luc Godard und Jean-Pierre Gorin den Zustand der Welt nach den Unruhen von 1968 untersuchen, testete Schütte mit seinen Arbeiten ein Jahrzehnt später das Potenzial dieser Formulierung.[3] Geprägt von der nationalsozialistischen Vergangenheit, aber auch von den Träumen und dem Scheitern der 68er, herrschte in Schüttes Generation ein postutopischer Pragmatismus.[4] Der war jedoch keineswegs verzweifelt oder auch nur resigniert, sondern in Schüttes Fall von großer Spielfreude geprägt. Er beschrieb seine Arbeiten einmal als eine Form von Mimikry, als die Schaffung von Simulakren. Sie sollten »nicht schockieren, sondern eine Idee von Dauerhaftigkeit und ein Streben nach einem besseren Leben ausdrücken. Auch Schönheit war ein Thema.« Damit setzte sich Schütte bewusst von seinen künstlerischen Vorgängern ab. »Ich denke ironischer als die ältere Generation«, erklärte er. »Die konnten noch wirklich an sich selbst glauben.« Schüttes Position in einem generationellen Zwischenraum brachte ihn aber nicht dazu, Hoffnung grundsätzlich auszuschließen: »Ich denke nicht an die Geschichte«, betonte er, »ich denke über die Zukunft nach.« Für Schüttes Generation war diese Zukunft allerdings nicht mehr von hochfliegenden Plänen geprägt. »Die Utopie meint ein Ziel, und in unseren Zeiten«, erläuterte er, »ist der Weg das Ziel.«[5]

Kunst zu machen, bedeutete für Schütte die Möglichkeit, zu experimentieren, neue Ideen auszuprobieren oder eine neue Ethik zu verfolgen. Selbst das fertige Kunstwerk sollte noch offen bleiben für neue Möglichkeiten. Der Dialog, die Debatte oder die Uneinigkeit, die es mit seinem Publikum auslöste, machen das Kunstobjekt zu etwas wesentlich Dynamischem. Dieser fortwährende Zustand des Werdens bedeutet, dass das Werk, das im Museum hängt oder auf einem öffentlichen Platz steht – was der Kunsthistoriker James Meyer als den »buchstäblichen«, physischen Ort des Kunstwerks bezeichnet hat –, nicht so wichtig ist wie der fortwährende Prozess der diskursiven Herstellung der Bedeutung eines Werkes.[6] Schütte sieht in der Kunst sogar »den einzigen Ort, an dem man auf diese Weise arbeiten kann«.[7]

2: MODELLE
Ringe (1977) / *Modell für ein Museum* (1982)

Der Wandel Deutschlands nach dem Zweiten Weltkrieg vom Feind zum Freund vollzog sich mit bemerkenswerter Geschwindigkeit. Bereits drei Monate vor dem Ende des Krieges hatten die Alliierten damit begonnen, die Besatzung Deutschlands zu planen. Als die Zweiteilung der internationalen Geopolitik bald darauf zur Entscheidung für eine Seite zwang, wurden die Besatzungszonen zu Blaupausen für Staaten. Im Mai 1949 wurde die Bundesrepublik Deutschland gegründet, die Deutsche Demokratische Republik (DDR) im Oktober. Der Aufbau der Bundesrepublik war ein eigentümliches Projekt, da es zum einen die komplexe deutsche Geschichte berücksichtigen, zum anderen aber einen völlig neuen Staat von Grund auf aufbauen musste. Um eine Zukunft zu gewährleisten, die das Land weg vom Totalitarismus und hin zu einer liberalen Demokratie und dem Kapitalismus führte, galt es, die BRD möglichst schnell in den Westen zu integrieren. Es folgte der Beitritt zu einer regelrechten Buchstabensuppe westlicher Bündnisse, bereits 1949 zur OEEC, 1951 zur EGKS, 1955 zur NATO und 1957 zur EWG.[8]

Schüttes persönlicher künstlerischer Werdegang spiegelt diese Integration in den Westen in vielerlei Hinsicht wider: Seine Arbeiten wurden im Laufe seines Schaffens unter anderem in Chicago, New York, Venedig, London, Madrid, Antwerpen und Turin gezeigt. Im letzten Viertel des 20. Jahrhunderts, das mit dem Beginn von Schüttes künstlerischer Karriere zusammenfiel, war die Bundesrepublik endgültig kein provisorischer Staat mehr und gehörte wieder in den Kreis der kontinentalen und später globalen demokratischen Mächte. Das Land war zu dem geworden, was viele als das »Modell Deutschland« bezeichneten.[9] Doch »Modell« für was? Ein Modell lässt sich als Ausstellungsobjekt beschreiben oder als eine Vorlage für eine Kopie. Schütte, für den der Begriff des Modells zu seiner Muse wurde, verstand das Modell jedoch als etwas Drittes – als einen Vorschlag, mit dem man experimentieren und den man verändern kann. Schütte greift auf Modelle nicht zurück, um sie als festgelegte Vorgaben zu verwenden, sondern weil sie Offenheit erfordern; sie zeigen einen möglichen Weg auf, lassen aber Raum für neue Umwege.

Das Experimentieren erfordert Flexibilität, und die wurde zu einer wesentlichen Eigenschaft vieler früher Arbeiten Schüttes (wenn auch oft, wie er einmal eingestand, aufgrund von Ungeduld oder Langeweile und nicht als bewusste ästhetische Entscheidung). In seiner Installation *Ringe* (1977; S. 26–27, Abb. 1–2) hingen Hunderte von hölzernen Ringen – mit 10,5 Zentimetern Durchmesser und in verschiedenen Farben – an winzigen Nägeln an den Wänden. Die Abstände zwischen ihnen wirkten auf den ersten Blick vollkommen regelmäßig, waren tatsächlich aber leicht unregelmäßig. Das Kunstwerk gab keine autoritären Vorgaben für seine Präsentation und konnte an unterschiedlichen Wänden und in immer neuen Zusammenstellungen gezeigt werden, wie zum Beispiel 1990 im Van Abbemuseum in Eindhoven. Ebenso konnte es mit anderen Materialien neu erschaffen werden, wie 1981 (und erneut 2007 und 2022), als Schütte für *Goldene Ringe* (Kat. 17) Ringe aus dünner Klebefolie an den Wänden anbrachte, wobei ihre Wirkung jeweils von den Lichtquellen der Räume abhing, in denen sie zu sehen waren; oder auch 2004, als Schütte am Balkon des RWE-Pavillons der Philharmonie Essen Ringe aus Keramik und Platin installierte.

Schütte schuf *Ringe* zu einer Zeit, als in der Kunst die grundsätzliche Frage neu verhandelt wurde, in welche Räume Kunst gehört und was sie dort bewirken kann. Ein Aspekt dieser Debatte, die den jungen Künstler damals interessierte, war das Wesen der abstrakten Kunst und ihr Verhältnis zu alltäglicheren Formen von Design und Gestaltung. Was war *Ringe* anderes als eine Art Tapete? Die Tapete – als Massenprodukt hergestellte Kunst als Ersatz in unseren alltäglichen, oft intimen Räumen – diente auch als Ordnungsprinzip in anderen frühen Arbeiten Schüttes, wie *Rote Girlande* (1979; S. 82), *Schwarze Girlande* (1980; Kat. 14) und *Sortiment* (1978). Bei den drei Werken handelt es sich um einfache monochrome Friese, die leicht herzustellen, tragbar und flexibel genug waren, um sie an den verschiedensten öffentlichen und privaten Orten zu installieren. Tatsächlich nutzte Schütte diese Flexibilität, als er *Sortiment* in *Lager* (1980; Kat. 9) umarbeitete, indem er einzelne Paneele gegen die Wand lehnte, statt sie daran zu befestigen.

Schüttes Offenheit, seine Kunst in alltäglichen, persönlichen und anderen ungewöhnlichen Räumen zu zeigen, wie an der Schlafzimmerwand einer Freundin und der Decke eines Postkartenladens, fiel in eine Zeit, in der das Museum und die Galerie als Ausstellungsräume in die Kritik geraten waren. Künstler*innen wandten sich gegen autoritäre Anforderungen von Räumen, die Brian O'Doherty 1976 als »White Cube« beschrieb und kritisierte. Museen und Galerien schaffen ästhetische Sterilität. Sie regeln streng, wer oder was mit ihren Räumen in Kontakt kommen darf: Objekte, Besucher, sogar Licht und Ton. Der einzige Kontext des Museums ist es selbst.[10] Schütte beteiligte sich an dieser Institutionskritik mit seinem *Modell für ein Museum* (Kat. 20) von 1982. Schornsteine und große, rotglühende Öfen – die zwangsläufig Assoziationen an die Vernichtungslager hervorriefen – sollten verdeutlichen, dass das Museum ein Ort ist, an dem Kunst stirbt. Vielleicht beabsichtigte er aber auch die Assoziation mit Fabriken, an deren Fließbändern massenhaft identische Produkte hergestellt werden. Nach dieser Lesart wäre das Museum ein Ort, der ästhetische Standardisierung verstärkt, anstatt Innovation zu fördern, und somit Originalität erstickt.

Wenn Schütte Modelle lediglich als ein Angebot für eine mögliche Lösung eines Problems verstand, das weiteren zukünftigen den Weg ebnete, dann sollte man *Modell für ein Museum* auch nicht als richtungsweisend für eine endgültige Lösung missverstehen. (Dass der Vorschlag endgültiger Lösungen vor dem Hintergrund der nationalsozialistischen »Endlösung« für deutsche Künstler der Nachkriegszeit ohnehin problematisch gewesen wäre, versteht sich von selbst; in Schüttes Œuvre war ein solcher Impuls immer undenkbar.) Eindeutiger scheinen die Implikationen eines anderen Modells. 1987 ließ sich Schütte von der Frustration über die geringe Zahl an zugelassenen Essensständen auf der documenta in Kassel inspirieren: »Alle waren sich zu fein für die Versorgung von einer halben Million Menschen«, so Schütte. »Die Wurstbuden haben nur gestört.«[11] Wenn das Essen dem Museum im Weg steht und das Museum der Kunst, dann konnte die Lösung nur darin bestehen, dass die Kunst selbst Essen anbieten muss. Der temporäre Pavillon *Eis* (1987; Abb. 2–3) auf der Karlsaue vor der Orangerie kam dieser Schlussfolgerung insofern nach, als dort Eis und Kaffee verkauft wurden und sich das Kunstwerk außerhalb der Museumsräume auch weitgehend deren Vorgaben entzog. Mit *Eis* änderte sich Schüttes Nutzung des Modells qualitativ. Es war nicht länger ein Experiment im Miniaturformat, ein Stück, das als Reihe von Skizzen und Modellen begann – wobei das erste ein umgedrehter Farbeimer war. Vielmehr wurde nun eine Fantasie in eine reale Struktur verwandelt, die ganz bedeutende Funktionen in der Welt erfüllte. *Eis* griff sowohl die Kritik am Museum als auch die am Kunstwerk auf, ohne sich selbst zu ernst zu nehmen. In einem nüchternen und ernsten Land, in dem Kunst machen kaum je einfach Kunst machen sein darf, rücken Schüttes Modelle oft den Nutzen von zumindest ein wenig Leichtigkeit in den Vordergrund.

3: VERANTWORTUNG
Wo ist Hitlers Grab? (1991) / *Die Fremden* (1992)

Auch wenn sich Schütte als Teil einer Generation empfand, die sich über einen schwierigen Grenz- und Zwischenraum definierte, wurde er doch Zeuge einer der bedeutendsten Umwälzungen des deutschen

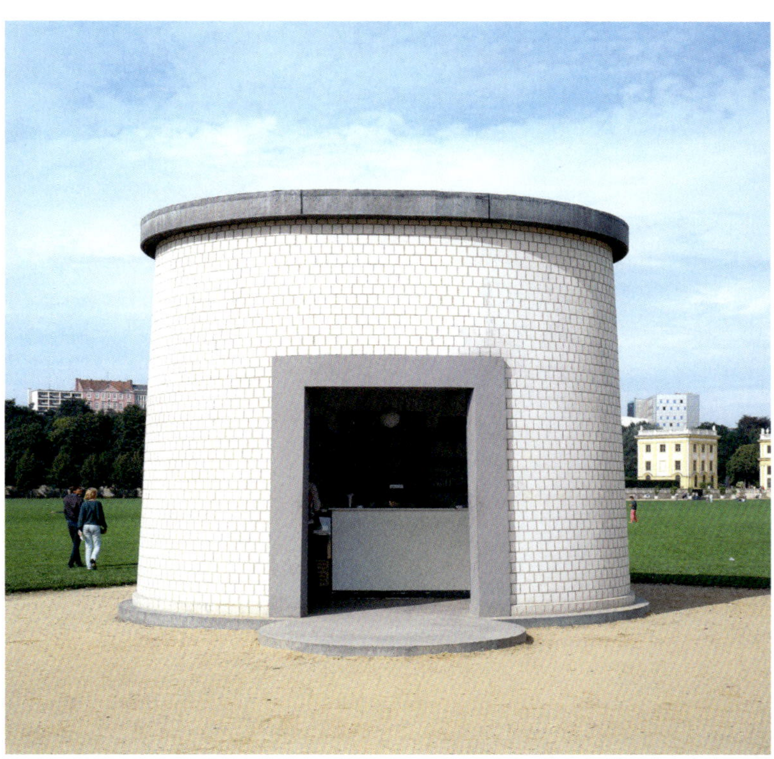

Abb. 2. Thomas Schütte. *Eis*. 1987. Ziegelstein, Mörtel und Zement, 370 × 500 × 660 cm. Außenansicht, documenta 8, Kassel, 12.6.–20.9.1987

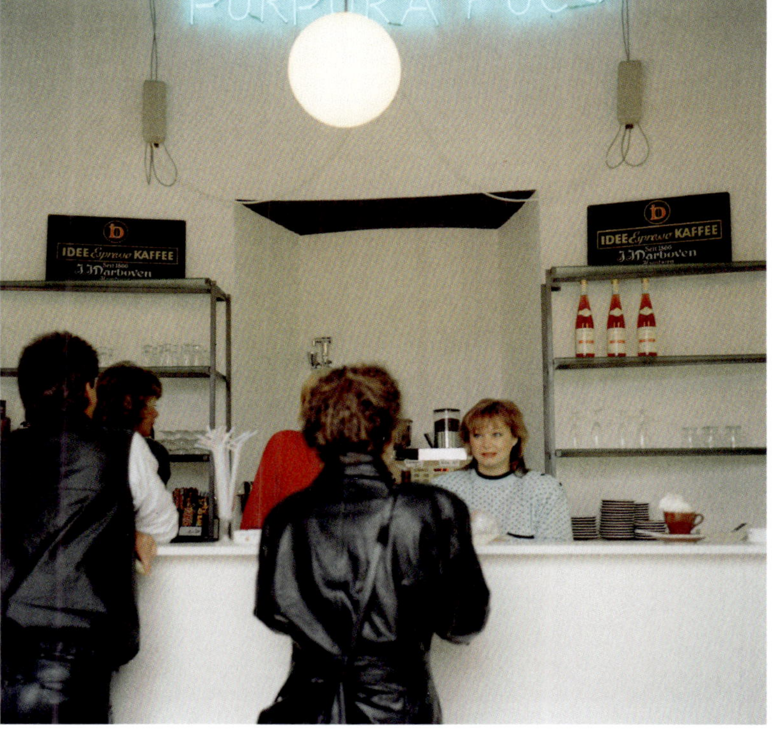

Abb. 3. Innenansicht von *Eis*

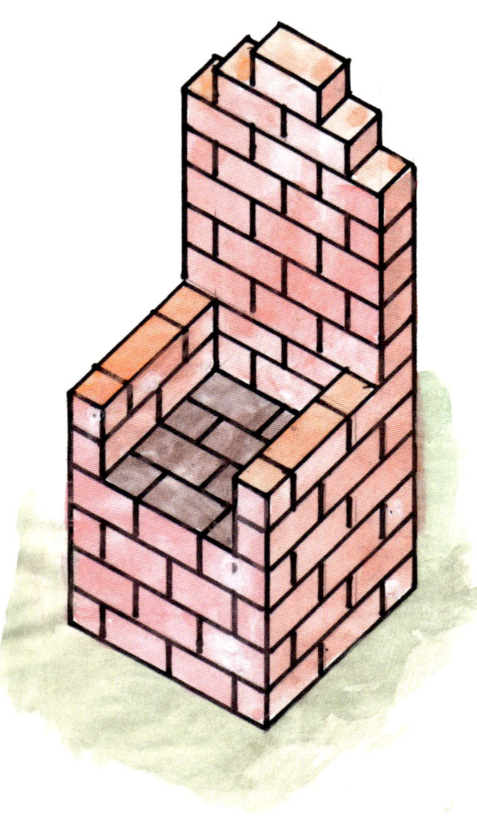

Abb. 4. Thomas Schütte. Zeichnung zu *Tisch*. 1984. Aquarell, Filz- und Bleistift auf Papier, 29,7 × 21 cm. Besitz des Künstlers, Düsseldorf

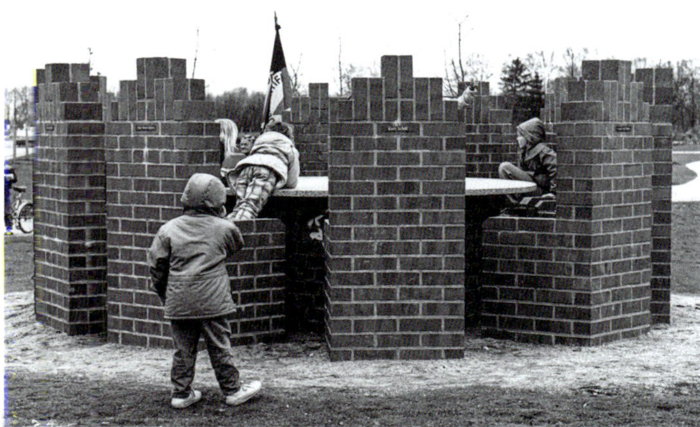

Abb. 5. Thomas Schütte. *Tisch*. 1985. Ziegelstein, Marmor und Bronze, 160 × 500 × 700 cm. Auftrag der Kulturbehörde Hamburg, Dauerinstallation in Niendorf-Nord, Hamburg. Installationsansicht, ca. 1987

Staates in seiner neueren Geschichte: Im November 1989 erlebte er die Öffnung der Berliner Mauer, im Oktober 1990 die deutsche Wiedervereinigung. Man hätte erwarten können, dass die Mehrdeutigkeit der dazwischen liegenden zehn Monate eigentlich sehr attraktiv gewesen sein müsste für einen Künstler mit einer Vorliebe fürs Unbestimmte. Bezüge zu diesem Ereignis ließen sich auch durch Schüttes langjähriges Interesse an Mauern herstellen, das bis in seine Studienzeit an der Kunstakademie Düsseldorf zurückreicht. *Große Mauer* (1977; Kat. 7) und *Grüne Kacheln* (1980) zum Beispiel bestanden aus kleinen, einzeln bemalten Täfelchen auf Nägeln an der Wand, die so angeordnet waren, dass sie einer Backsteinmauer ähnelten. Die Illusion der Mauer als Kunstwerk verwies auf die Vergänglichkeit von Mauern als physischen Objekten. Dennoch spielten die einschneidenden Ereignisse der Jahre 1989/90 in Schüttes Werk nur eine relativ geringe Rolle, wie bei vielen anderen Künstler*innen und Intellektuellen seiner Generation auch. Eine Werkgruppe schien sogar ausdrücklich das Unbehagen dieses Moments zu thematisieren: *United Enemies* (1993/94; Kat. 43–48) zeigt unter Glasglocken Mixed-Media-Figurenpaare, aneinandergebunden und mit angestrengten Gesichtsausdrücken. Die Assoziation, dass die Paare für die erzwungene Wiedervereinigung von Ost und West stehen könnten, liegt auf der Hand. Schütte selbst wies diesen Gedanken – ob ernst gemeint oder als Provokation – von sich. »Mir hat jemand gesagt, dass es dabei um die deutsche Wiedervereinigung geht«, bemerkte er einige Jahre später, »aber ich konnte das nicht wirklich nachvollziehen.«[12]

Sein politisches Interesse galt damals einer anderen politischen Debatte. Der Künstler gehörte zu jenen Deutschen, denen nach Kohls Ausspruch von 1984 die »Gnade der späten Geburt« zuteilwurde: Wenngleich ihr Leben zutiefst von der NS-Zeit geprägt war, waren sie zu jung, um direkte Verantwortung für die Verbrechen jener Zeit zu tragen. Obwohl die Regierung Kohl beträchtliche Anstrengungen unternahm, um eine »geistig-moralische Wende« in der Gesellschaft herbeizuführen, mit der konservative Werte gestärkt und eine neue, postnazistische deutsche Identität geschaffen werden sollte, waren viele Deutsche nicht gewillt, das schwierige Erbe des Faschismus einfach so hinter sich zu lassen. Der Druck, die nationalsozialistischen Gewaltverbrechen angemessen zu sühnen und »Vergangenheitsbewältigung« zu betreiben, wurde zu einem Imperativ und einer Parole. So erklärt sich auch der empörte Aufschrei, als US-Präsident Reagan 1985 einen Soldatenfriedhof in Bitburg besuchte, auf dem auch Mitglieder der Waffen-SS beigesetzt waren. Und er bildete ebenso die Grundlage für den »Historikerstreit«, bei dem es um die Frage ging, ob Deutschlands Vergangenheit – womit nicht nur der Nationalsozialismus als Gegenstand der Geschichtsforschung gemeint war, sondern auch Deutschlands fortwährende Selbstkasteiung für diese moralische Katastrophe – tatsächlich »eine Vergangenheit, die nicht vergehen will«, war.[13]

Von den 1980er-Jahren bis zur Jahrtausendwende kam es in der BRD zu einem »Erinnerungsboom«, wie der Historiker Jay Winter es nannte. Künstler und Wissenschaftler suchten vermehrt Antworten auf die Frage, welche Formen eine wirksamere Erinnerung an die NS-Vergangenheit annehmen könnte.[14] Sie experimentierten damit, Spuren sichtbar zu machen, Leerstellen zu würdigen und traditionellen Formen des Gedenkens mit »Gegendenkmälern« etwas entgegenzusetzen.[15] Schütte stand den meisten dieser Bemühungen eher skeptisch gegenüber. Anlässlich der Einladung zur Mitgestaltung einer Gedenkveranstaltung zum fünfzigsten Jahrestag des Endes des Zweiten Weltkriegs auf dem Gelände des ehemaligen Konzentrationslagers Neuengamme äußerte er sich verächtlich über die »Leute, die die letzten fünfzig Jahre nichts getan haben und jetzt auf einmal was tun wollen«.[16]

Zu den Experimenten mit neuen Formen des Gedenkens hatte Schütte Mitte der 1980er-Jahre die Dauerinstallation *Tisch* (1985; Abb. 4–5) beigesteuert: zwölf aus rotem Klinker gemauerte Stühle rund um einen Granittisch in einem Hamburger Wohngebiet. Dem Auftrag der Stadtverwaltung entsprechend sind an den Rücklehnen von elf Stühlen Namensschilder angebracht, die auf ermordete Widerstandskämpferinnen und -kämpfer verweisen. Der zwölfte Stuhl bleibt frei als Aufforderung, dort selbst Platz zu nehmen und der vielen namenlosen Widerstandskämpfer*innen zu gedenken – also die zu ehren, an die nicht erinnert wird –, aber auch um sich selbst als Teil dieser Geschichte vorzustellen. Entgegen den Konventionen herkömmlicher Gedenkstätten lud *Tisch* die Besucher*innen damit ein, über Geschichte nicht einfach aus der Distanz nachzudenken, sondern sich mit ihr an den Tisch zu setzen.

In den folgenden Jahren, als sich die Auseinandersetzung mit dem Nationalsozialismus und der Gedenkkultur in Deutschland weiter intensivierte, wuchs Schüttes Frustration: über den Druck, die Verantwortung für das Erinnern zu übernehmen, aber auch über das Schweigen derer, die dieses Erbe hinterlassen hatten. 1991 verlieh er diesem Gefühl mit einer Frage Ausdruck, die niemand zu stellen wagte: Wo ist Hitlers Grab? In der Arbeit gleichen Titels diente Schütte diese Frage als Ausgangspunkt, um die Möglichkeiten und Grenzen der Gedenkkultur zu erkunden. Das fehlende Grab beraubte Neonazis einer Gedenk- und Versammlungsstätte, ermöglichte aber gleichzeitig ein nie endendes Gedenken, die ewige Heimsuchung durch die nicht zur Ruhe kommenden Geister des Nationalsozialismus. Das Motiv der Heimsuchung sollte später auch ein zentrales Motiv in Schüttes Serie *Große Geister* (1995–2004; Kat. 50) werden.

Wo ist Hitlers Grab? (Abb. 6) setzt sich sowohl mit dem unbegreiflichen Ausmaß der nationalsozialistischen Gewalt als auch mit den praktischen Grenzen des Gedenkens ihrer Opfer auseinander. Schütte wollte in der Arbeit anfangs alle Toten des Zweiten Weltkriegs dokumentieren – Opfer und Täter, der Alliierten und der Achsenmächte. Das schier unendliche Ausmaß dieser Aufgabe reduzierte den Künstler jedoch auf einen Tabellierer; sie forderte von ihm eine unbequeme Haltung, die dem nationalsozialistischer Schreibtischmörder nicht unähnlich war. Schütte rechnete aus, wie viele Menschen in jeder Stunde des Krieges starben, und hinterließ für jeden einen Abdruck mit einem kleinen Kreuzstempel (Abb. 7) auf einem von sechs Tischen. Ihm war bewusst, dass er zum Scheitern verurteilt war, da er dafür insgesamt etwa hunderttausend Tische benötigt hätte. Was ihn jedoch als Künstler seiner Generation auswies, war, dass diese Aussichtslosigkeit für ihn nicht bedeutete, dass der Versuch darum nutzlos gewesen wäre.

Doch auch ohne Hitlers Grabstätte fanden Rechtsradikale Möglichkeiten, sich zu versammeln. In den ersten Jahren nach der Wiedervereinigung kam es in Deutschland zu einer dramatischen Zunahme von Hetze und Gewalt durch eine wieder erstarkende extreme Rechte. Als die BRD im Zuge des Golfkriegs (1990/91) einen großen Zustrom von Asylbewerber*innen erlebte, reagierten viele Rechtsextreme auf deren Anwesenheit – die augenfällige Anwesenheit des Anderen – mit Gewalt. In vielen Städten kam es zu Angriffen auf Ausländer*innen und Brandanschlägen auf deren Wohnräume, so in Hoyerswerda (1991), Rostock (1991), Mannheim

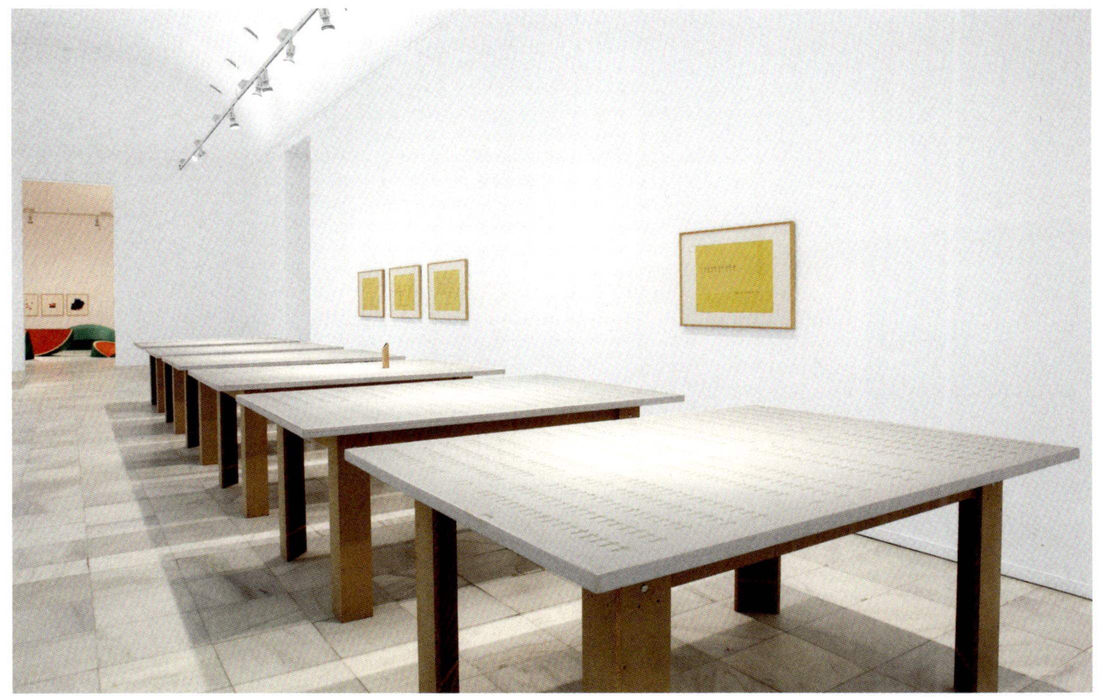

Abb. 6. Thomas Schütte. *Wo ist Hitler's Grab?*. 1991. Farbe auf Holz, 6 Teile, und Tinte auf Papier, 4 Blätter; Tisch: je 150 × 200 × 100 cm, Blatt: je 50 × 70 cm. Sprengel Museum, Hannover. Sammlung Niedersächsische Sparkassenstiftung. Installationsansicht, *Thomas Schütte: Hindsight*, Museo Nacional Centro de Arte Reina Sofía, Madrid, 17.2.–17.5.2010

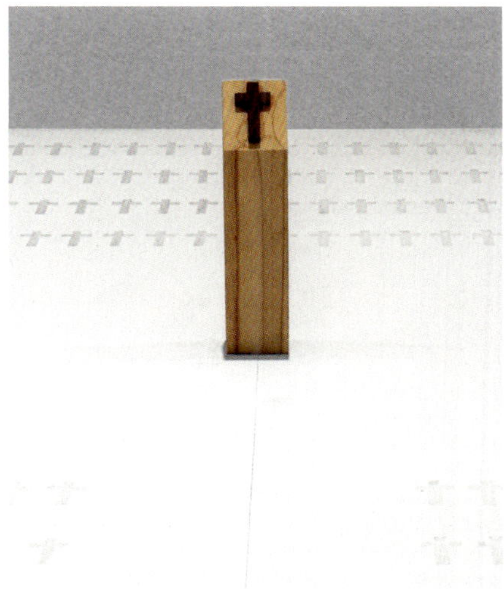

Abb. 7. Detail von *Wo ist Hitlers Grab?*

(1992), Mölln (1992) und Solingen (1993). Die Ideologie und Praxis der Neonazis sah der Ideologie und Praxis der Nazis erschreckend ähnlich, und die Häufigkeit der Anschläge deutete darauf hin, dass es sich nicht um Einzeltaten handelte, sondern um eine Ideologie, die Boden gefasst hatte. In dieser Situation reichte es nicht aus, lediglich die Schrecken der Vergangenheit zum Vorschein zu bringen und zu erinnern. Das Gebot, die Geschichte des Landes niemals zu vergessen, implizierte für Schütte auch das Gebot, den Rassismus und die Fremdenfeindlichkeit der Gegenwart zu beleuchten.

Schüttes öffentliche Auseinandersetzung mit dieser Gewalt fand 1992 in Kassel statt. Die bunten, stilisierten, lebensgroßen Keramikfiguren, die er auf dem Vordach eines Kaufhauses platzierte, stellten eindeutig Menschen auf der Flucht dar (S. 138–139). Wie die Geflüchteten und Asylbewerber*innen, die sich auf den Weg nach Westdeutschland gemacht hatten, werfen die Figuren, von denen drei bis heute an ihrem Platz stehen, beim Gegenüber Fragen auf: Kommen sie, um zu bleiben, oder sind sie nur auf der Durchreise? Was ist in ihrem Gepäck? Bringen sie etwas mit oder nehmen sie etwas mit? Sind sie wie wir oder sind sie anders? Von dem Vordach aus überblicken sie den Platz vor dem Fridericianum, einem der geschichtsträchtigsten Museen Deutschlands, wo sie Tausende von documenta Besucher*innen sehen, die aus der Ferne über Antworten auf diese Fragen nachdenken. Schütte hat jedoch betont, dass es eigentlich die Medien waren, die der Arbeit diese Bedeutung und sogar ihren Namen zuwiesen.

Über *Die Fremden* gab es viele Presseberichte, die das Werk als aktuellen Kommentar zur Migrationspolitik deuteten.[17] Die Rede von einem neuen Deutschland nach der Wiedervereinigung bedeutete damit auch die Verantwortung, sich mit den spezifisch deutschen Ausdrucksformen von Alterität und Ausgrenzung auseinanderzusetzen.

4: SCHUTZRÄUME

Schutzraum (1986) / *Ferienhaus für Terroristen* (2009)

Im Laufe seines künstlerischen Schaffens hat Schütte Dutzende von Architekturmodellen für ganz verschiedene Arten von Gebäuden angefertigt. Seine ersten Modelle 1980 – die Serie *Westkunst Modelle* (S. 31) – waren eigentlich als Vorlagen für Bauten im Maßstab 1:1 gedacht. Da die Umsetzung jedoch an der Finanzierung scheiterte, entschied er sich, kleinere Modelle zu schaffen. Daraus wurde in den folgenden Jahren eine künstlerische Praxis Schüttes: Immer wieder schuf er Modelle, die als eigenständige Objekte gedacht waren und nicht mehr als Vorbild für reale Bauten. Nachdem sich Schütte in der internationalen Kunstwelt einen Namen gemacht hatte, wuchs auch seine Entscheidungsfreiheit, Modelle nicht nur in Tischgröße, sondern jetzt auch maßstabsgetreu oder sogar als funktionale Bauten herzustellen. Charakteristisch für alle diese Arbeiten ist, dass Schütte auf eine Architektur mit verschiedenen, oft mehrdeutigen Nutzungen abzielte.

Zu den frühesten und am besten lesbaren dieser maßstabsgetreuen Modelle gehört die Arbeit *Schutzraum* (1986; Kat. 29), die das Bedürfnis nach Zufluchtsorten in Deutschland zur Zeit des Kalten Krieges thematisiert. Neben den Geistern der Vergangenheit und dem neuen Rechtsextremismus hielt das späte 20. Jahrhundert noch andere Bedrohungen bereit, insbesondere die Katastrophen, die sich durch die neuen umwelt- und geopolitischen Konstellationen der Nachkriegszeit abzeichneten. Durch die Gründung der Partei Die Grünen im Jahr 1980 entstand ein neues Sprachrohr für solche Anliegen. Die neue Partei wurde nicht nur zu einer Plattform für den Kampf gegen die Folgen des »Sauren Regens«, sondern auch für den Widerstand gegen den Bau von Kernkraftwerken auf deutschem Boden. Eine noch existenziellere Bedrohung stellte das nukleare Wettrüsten

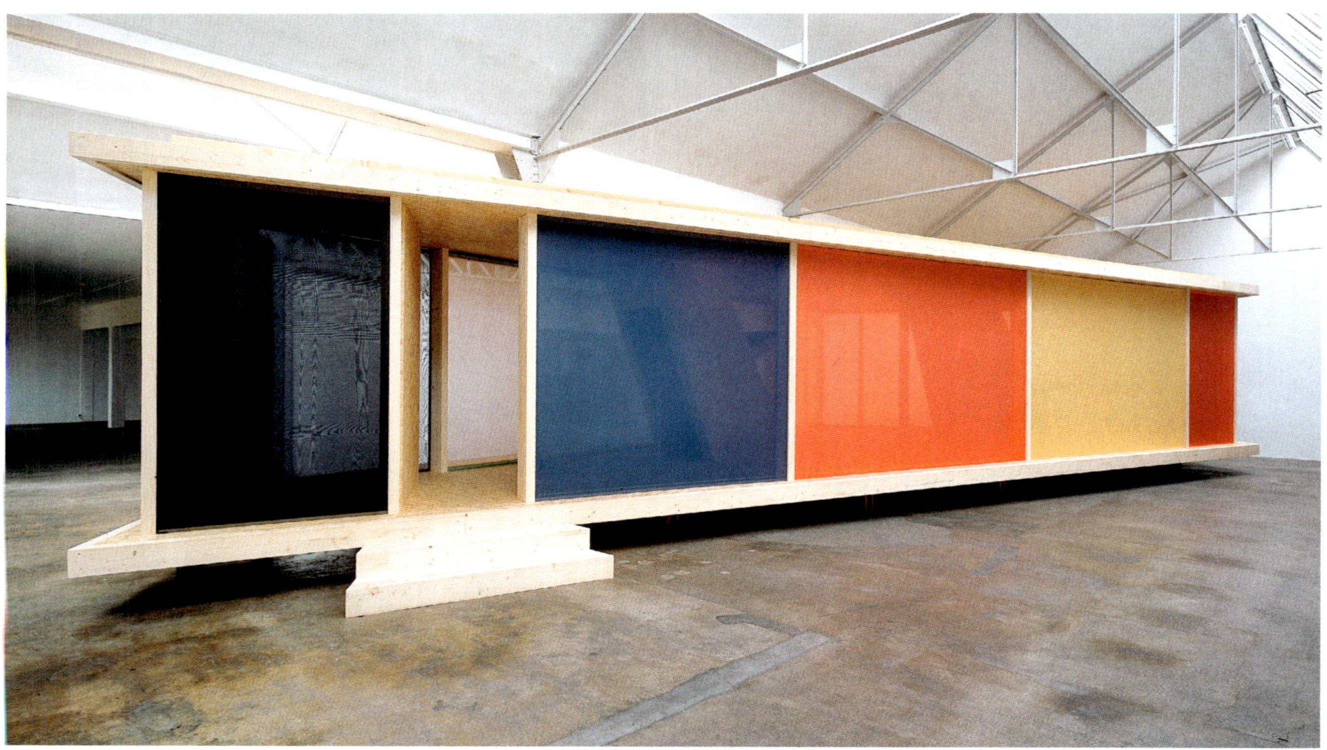

Abb. 8. Thomas Schütte. *Ferienhaus für Terroristen I (Modell 1:1)*, Außenansicht. 2009. Holz und Stoff, ca. 350 × 1800 × 800 cm

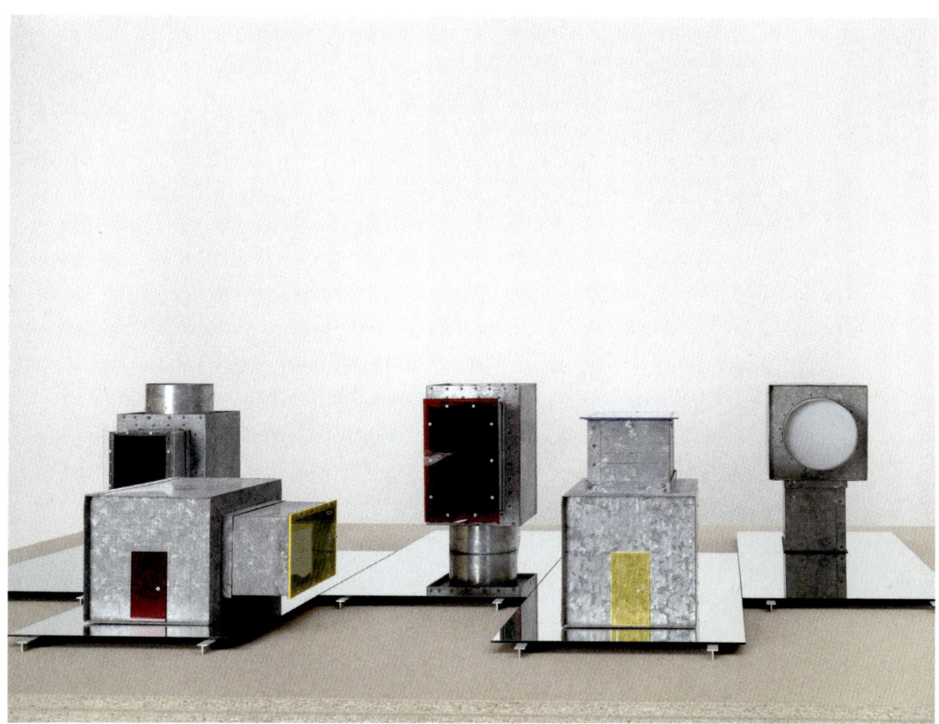

Abb. 9. Thomas Schütte. *One Man Houses*. 2003. Metall, verspiegeltes Glas und Acrylglas auf Sockel aus Hartfaser. 142 × 170 × 220 cm. Besitz des Künstlers, Düsseldorf

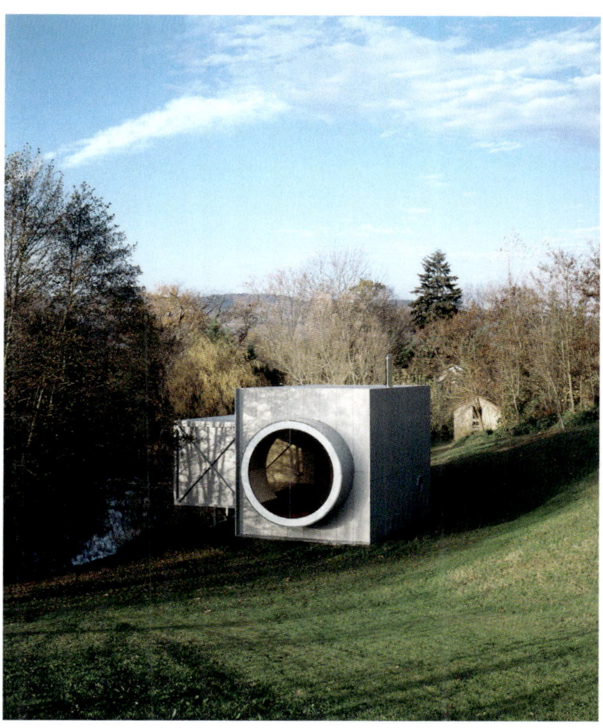

Abb. 10. Thomas Schütte. *One Man House II*. Außenansicht. 2007–2009. Stahl, Holz, Glas und Farbe, 500 × 800 × 800 cm. Sammlung Marc und Anne Marie Robelin. Roanne

dar. Zwar schien die Politik der Entspannung zwischen dem Westen und der Sowjetunion in den 1970er-Jahren der Eskalation bis zum Atomkrieg Einhalt zu gebieten, doch mit dem NATO-Doppelbeschluss von 1979 konnte von Beruhigung keine Rede mehr sein. In der BRD kam es zu heftigen Protesten. Doch auch diejenigen, die sich weder Demonstrationen noch neuen politischen Parteien anschließen wollten, konnten die möglichen Folgen der Kernphysik kaum ignorieren, insbesondere wenn es zu Unfällen kam. Als sich 1979 im Kernkraftwerk Three Mile Island in Pennsylvania eine partielle Kernschmelze ereignete, versetzte dies die Welt in Unruhe. Die Nuklearkatastrophe von Tschernobyl im Jahr 1986 rückte die Krise geografisch näher und noch stärker ins Bewusstsein der Deutschen.

Diese Ängste vor der drohenden nuklearen Zerstörung – sei es durch einen wissenschaftlichen Fehler oder als Mittel der Kriegsführung – werden in mehreren Arbeiten Schüttes aus den 1980er-Jahren thematisiert. Von 1981 bis 1987 schuf er eine Serie kleiner, grober Gipsmodelle von Bunkern. Sie stellen Höhlen und Erdwerke dar oder nehmen die Form einfacher Bauten an, möglichst frei von wiedererkennbaren architektonischen Formen. Die Suche nach Schutz vor den Auswirkungen menschlicher Eingriffe in die Welt ließ es notwendig erscheinen, sich von deren Formen loszusagen. Indem er für *Schutzraum* die Form des Modells aufgab, konnte Schütte jetzt im Maßstab 1:1 arbeiten. (Die maßstäbliche Vergrößerung fand ihre Entsprechung in der wachsenden Wahrscheinlichkeit einer nuklearen Katastrophe, wobei unklar bleibt, ob diese Korrelation auf Zufall, Absicht oder profanere Faktoren wie finanzielle Mittel zurückzuführen ist.) *Schutzraum* ermöglichte es Schütte auch, mit dem Konzept eines solchen Raumes und seinen Grenzen zu spielen. Versteckt in einem Wäldchen im Park Sonsbeek in Arnheim steht ein kühler grauer Zylinder aus Beton und Stahl, der seinen Namen zu verdienen scheint. Er ist groß und massiv genug, um mindestens ein paar Menschen als Atomschutzbunker dienen zu können. Doch der Schein trügt: Die Tür von *Schutzraum* war zugeschweißt, der Titel der Arbeit bleibt nur ein leeres Versprechen: So oder so wird es keinen Schutz geben. Unterstrichen wird dieser Aspekt auch durch eine Vorskizze (S. 114, oben), auf der der Schutzraum nicht die Form eines Zylinders hat, sondern die des Zeichens Omega, dem letzten Buchstaben des griechischen Alphabets – womit das Gebäude selbst ein Ende angezeigt hätte, einschließlich aller apokalyptischer Implikationen.

Auch in den folgenden Jahrzehnten tauchte das Thema des Schutzraums immer wieder in Schüttes Werk auf. Neben Werken, die sich mit Räumen für Menschen auf der Flucht vor Katastrophen befassen, schuf er auch Arbeiten über die Zufluchtsorte derer, die für Katastrophen verantwortlich sind – und auch über die Beziehung zwischen beiden. Für *Ferienhaus für Terroristen I, II* und *III* von 2002 bediente sich der Künstler erneut der Form des Modells, hergestellt aus Holz und klaren, bunten Acrylglasplatten. Ein Jahr zuvor war die Welt von den Terroranschlägen des 11. September erschüttert worden, und so warf das Werk eine ganze Reihe von Fragen auf. Machen Terroristen Urlaub? Wenn ja, wohin reisen sie? Wo schlafen sie? Wie leben sie (mit sich selbst)? Sieben Jahre später, als mehrere Mitglieder der RAF aus dem Gefängnis entlassen wurden, um Jahrzehnte nach ihrem Guerillakampf und der Haft normale Leben zu führen, schuf Schütte eine maßstabsgetreue Version von *Ferienhaus für Terroristen* (2009, Abb. 8) – worauf der Kunsthändler Rafael Jablonka eine vollständig funktionsfähige Version dieses Modells für den eigenen Gebrauch in den österreichischen Alpen in Auftrag gab. Das am Rande eines Skigebiets gelegene und tatsächlich als Ferienhaus genutzte Gebäude führte zu weiteren Fragen bezüglich des Verhältnisses zwischen

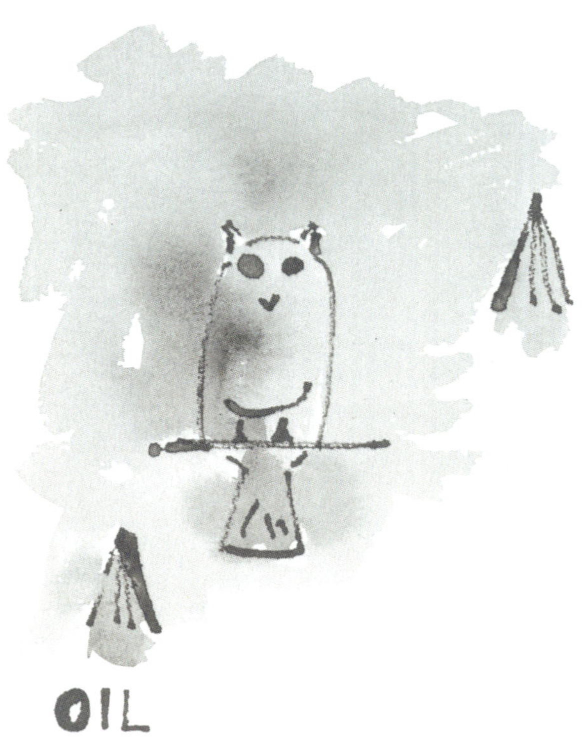

Abb. 11. Thomas Schütte. *Aufzeichnungen aus der 2. Reihe Nr. 55*. 1991. Tusche und Aquarell auf Papier, 27 × 20 cm. Droege Kunstsammlung

Reichtum, Macht und Gewalt. Wer gilt als Terrorist? Welche Faktoren entscheiden darüber, wer die Macht hat, die Grenzen zwischen Verbrechern und Unschuldigen, Gut und Böse festzulegen? Was als eine allgemeine Untersuchung des eher abstrakten Konzepts von Schutzräumen begonnen hatte, wurde so zu einer nuancierteren Erkundung von Macht und den Bedingungen, die sie sichern und schützen.

Nicht alle Arbeiten von Schütte über die Bedeutung von Zufluchtsorten münden in derart ernüchternde Einsichten. Parallel zu seinen Untersuchungen über die Zuflucht für Kriminelle entwickelte er zum Beispiel auch eine Serie, die mit der Vorstellung spielt, was ein Zuhause kennzeichnet. Unter dem Titel *One Man Houses* (2003–2005) schuf er zunächst kleinformatige Modelle aus Metall und Acrylglas (Abb. 9). Einige Jahre später ermöglichte ihm ein privater Auftrag die Anfertigung des *One Man House II* (2007–2009; Abb. 10) in Originalgröße mit Blick auf ein idyllisches Anwesen in Frankreich. Mit dieser recht unverfänglichen Arbeit und mehr noch mit *Ferienhaus für Terroristen* und *Schutzraum* scheint Schütte sein Publikum zum Nachdenken aufzufordern, was es bedeutet, sich in einer Welt »zu Hause« zu fühlen, wenn militärische, wirtschaftliche, ökologische, religiöse und politische Praktiken dem oft entgegenstehen.

5: HELDENTATEN

Aufzeichnungen aus der 2. Reihe (1991) / *Wattwanderung* (2001)

Ab Ende der 1970er-Jahre leitete der Historiker Martin Broszat ein monumentales Forschungsprojekt im Mikromaßstab: Er untersuchte das Alltagsleben eines bayerischen Bergbaudorfes während der NS-

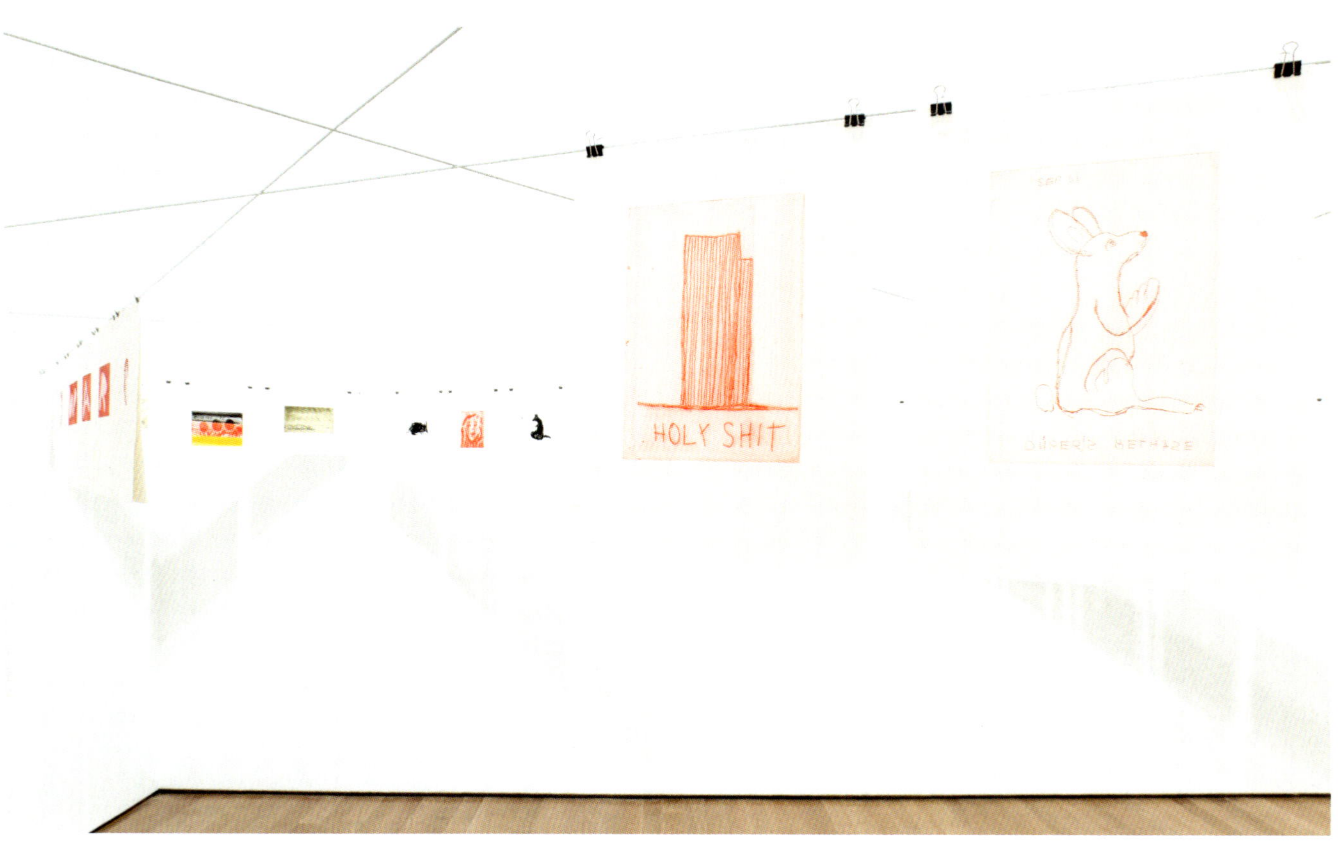

Abb. 12. Thomas Schütte. *Wattwanderung*. 2001. Radierung auf Papier, 139 Blätter, je ca. 32,2 × 44,7 cm oder 44,7 × 32,2 cm. The Museum of Modern Art, New York. Sue and Edgar Wachenheim III Fund und Schenkung vom Contemporary Arts Council of The Museum of Modern Art. Installationsansicht, *Print/Out*, The Museum of Modern Art, New York, 19.2.–14.5.2012

Zeit. In sechs Bänden versuchte Broszat die vielen alltäglichen Momente der Solidarität, Spontaneität, des Konflikts, der Kritik und des Kompromisses zu einem umfassenden Bild zusammenzufügen. Anstelle der Geschichte großer Männer, militärischer Strategien, abstrakter sozialer Phänomene oder massiver demografischer Veränderungen verfolgte er einen Ansatz der Geschichtsschreibung, der sich dann in den 1980er-Jahren als »Alltagsgeschichte« großer Beliebtheit erfreute. Dieses Interesse am Gewöhnlichen und Alltäglichen beschränkte sich jedoch keineswegs auf den Elfenbeinturm der wissenschaftlichen Forschung. Dem Vorbild ähnlicher Bewegungen in England und Schweden folgend, wurden auch in Deutschland lokale »Geschichtswerkstätten« gegründet, die Geschichte »von unten« betrieben und nicht mehr als etwas verstanden, das sich in der Ferne abspielte und anderen Menschen passierte; sie betraf den eigenen Ort, die eigene Familie, das eigene Leben. Unter dem Motto »Grabe, wo du stehst« wurde jeder zu einem Dokumentaristen. Auch Schütte. Und zu dokumentieren gab es viel.

Wer in der BRD die beiden großen öffentlich-rechtlichen Fernsehsender einschaltete, bekam einen privilegierten Zugang zum Zeitgeschehen versprochen: »Bei ARD und ZDF«, so der Slogan, »sitzen Sie in der ersten Reihe«. Während des Golfkriegs wurde Schütte die Macht des Fernsehens bei der Vermittlung aktueller Ereignisse bewusst, wobei er auch die Begrenztheit einer ordentlichen, vorgefertigten Darstellung begriff. »Man kann ja nur beschränkt wahrnehmen, was aus dem Fernsehen oder aus dem Internet auf einen zukommt«, erklärte er. »Das läuft durch die Person hindurch.«[18] *Aufzeichnungen aus der 2. Reihe* (1991) entstand aus Schüttes Unbehagen über die Passivität, die das Fernsehen seinen Zuschauern zugestand. In Anlehnung an den Werbeslogan gab der Künstler seinen Platz in der ersten Reihe zugunsten einer umfassenderen Perspektive auf. Er fertigte täglich eine kleine Zeichnung an, die einen Bezug zu den Nachrichten – insbesondere Kriegsmeldungen – hatte, oft versehen mit einem Wort oder einem Satz. Es ging Schütte dabei aber nicht in erster Linie um Deutung: »Ich habe schon seit einiger Zeit immer wieder gesagt, dass ich nur der Seismograf bin«, erklärte er. Die meisten Zeichnungen belegen diese Haltung, manche behandeln ihre Themen expliziter. Die Worte *No*, *Rache* und *Ekel* verdeutlichen so seine ablehnende Haltung gegenüber Bombardierungen; ebenso deutlich sind einige skatologische Motive, zum Beispiel zwei Anusse (*A Holes*) oder ein Mensch auf einer Toilette (*Teilnehmer*). Die meisten sind jedoch von einer Mehrdeutigkeit, die ihre Interpretation nicht mitliefert, sondern diese den Betrachtenden abverlangt. Die Zeichnung einer Eule – vielleicht die Weisheit? – hockt über dem englischen Wort *oil*, einem Beinahe-Homonym von *Eule* (Abb. 11). Nur ein Wortspiel? Verfügt das Öl über Weisheit? Haben wir die Verheißung des Öls missverstanden? In einem anderen Bild schweben vier Musiknoten über dem Wort *Nöte*. Sind es einfach nur Noten? Verweisen sie auf die Gleichzeitigkeit von Schönheit und Schmerz? Liegt Leid in der Musik oder umgekehrt? Schütte vergleicht sich mit einem Seismografen, der »einfach mitschreibt und umformuliert, in Diagramme zerlegt« und Nachrichten »genießbar macht«.[19] Diesen Ansatz hatte er mit einem großen Milieu von Künstler*innen, Intellektuellen und anderen Deutschen gemeinsam, denen daran gelegen war, den Wert des Alltäglichen anzuerkennen und letztgültige Interpretationen zu vermeiden.

Ein Jahrzehnt später nahm Schütte in *Wattwanderung* (2001) dieses Projekt wieder auf. In 139 Radierungen zeichnete er als Seismograf die Erschütterungen des Jahres auf, während sich die globalen Gezeiten in den Rhythmus seines Alltags hinein- und herausbewegten: fünf Skizzen in einer Gruppe mit dem Titel *Ebbe*; eine Serie von Blumenskizzen; mehrere Zeichnungen einer Maus, die auf einem Bild zwischen den Buchstaben des Wortes *Ich* hockt; eine Serie von Selbstporträts. Unter den Bildern findet sich auch eine grobe Skizze von zwei hochkantigen roten Rechtecken, unter denen in Großbuchstaben *Holy Shit* steht (Abb. 12). Die Schlichtheit von Schüttes Reaktion auf die Anschläge gegen das World Trade Center erinnert uns an die Doppelbedeutung des Profanen: das Obszöne und das Nicht-Heilige. Die alltäglichen dokumentarischen Impulse von *Wattwanderung* unterstreichen Schüttes Engagement für Macht und Grenzen des Künstlers. »Es gibt aber keine Ambition, sich aus der Schwäche der Kunst heraus an der Tagespolitik zu orientieren«, sagte Schütte, oder »die Macht der Massenmedien aufzugreifen, um sich selber aufzuwerten«.[20] Der Künstler ist für Schütte, wie er 1998 in einem Interview pointiert erklärte, keine »heroische Figur«.[21]

---

1 Siehe Martin Heidegger, *Sein und Zeit*, Halle 1967, S. 69 f.; Reinhart Koselleck: »Erfahrungswandel und Methodenwechsel. Eine historisch-anthropologische Skizze« (1988), in: Ders., *Zeitschichten. Studien zur Historik*, Frankfurt am Main 2000, S. 27–77.

2 »Ulrich Loock im Gespräch mit Thomas Schütte«, in: *Thomas Schütte: Public/Political*, hg. von Ulrich Loock, Köln 2012, S. 206.

3 Hans Rudolf Reust, *Alles in Ordnung (mit Ludger Gerdes)*, in: ebd., S. 25.

4 Jennifer L. Allen, *Sustainable Utopias: The Art and Politics of Hope in Germany*, Cambridge 2022.

5 Thomas Schütte, »›Man kann auch schattenboxen oder stochern weiter im Nebel‹. Ein Gespräch mit Heinz-Norbert Jocks«, in: *Kunstforum International* 128, Oktober – Dezember 1994, S. 244–261, hier S. 249. Siehe auch Christine Mehring, »Bescheidene Abstraktion: Thomas Schüttes Frühwerk«, in: *Thomas Schütte: Hindsight*, hg. von Lynne Cooke, Ausst.-Kat. Museo Nacional Centro de Arte Reina Sofía, Madrid, München u. a. 2010, S. 32–51, hier S. 51.

6 James Meyer, »The Functional Site; or, The Transformation of Site-Specifcity«, in: Erika Suderburg (Hg.), *Space, Site, Intervention: Situating Installation Art*, Minneapolis 2000, S. 23–37.

7 James Lingwood und Thomas Schütte, »Interview«, in: *Thomas Schütte*, hg. von Julian Heynen u. a., London 1998, S. 20–21, hier S. 24.

8 Siehe Kiran Klaus Patel, *Project Europe: A History*, Cambridge 2020; Axel Schildt, »Fünf Möglichkeiten, die Geschichte der Bundesrepublik zu erzählen«, in: *Blätter für deutsche und internationale Politik* 44, 1999, S. 1234–1244.

9 Siehe Andreas Wirsching, *Abschied vom Provisorium: Geschichte der Bundesrepublik Deutschland 1982–1990*, Stuttgart 2006; Thomas Hertfelder und Andreas Rödder (Hg.), *Modell Deutschland: Erfolgsgeschichte oder Illusion?*, Göttingen 2007.

10 Brian O'Doherty, *Inside the White Cube: The Ideology of the Gallery Space*, San Francisco 1976.

11 Loock/Schütte 2012 (wie Anm. 2), S. 202.

12 Lingwood/Schütte 1998 (wie Anm. 7), S. 28.

13 Ernst Nolte, »Vergangenheit, die nicht vergehen will. Eine Rede, die geschrieben, aber nicht gehalten werden konnte«, in: *Frankfurter Allgemeine Zeitung*, 6.6.1986.

14 Jay Winter, »The Memory Boom in Contemporary Historical Studies«, in: *Raritan* 21, 1, 2001, S. 52–66.

15 Siehe Rudy Koshar, *From Monuments to Traces: Artifacts of German Memory, 1870–1990*, Berkeley 2000; Andreas Huyssen, »The Voids of Berlin«, in: *Critical Inquiry* 24, 1, 1997, S. 57–81; James E. Young, »The Counter-Monument: Memory against Itself in Germany Today«, in: *Critical Inquiry* 18, 2, 1992, S. 267–296.

16 Lingwood/Schütte 1998 (wie Anm. 7), S. 8.

17 Ebd., S. 13.

18 Loock/Schütte 2012 (wie Anm. 2), S. 196.

19 Ebd., S. 197.

20 Ebd.

21 Lingwood/Schütte 1998 (wie Anm. 7), S. 36.

Katalog

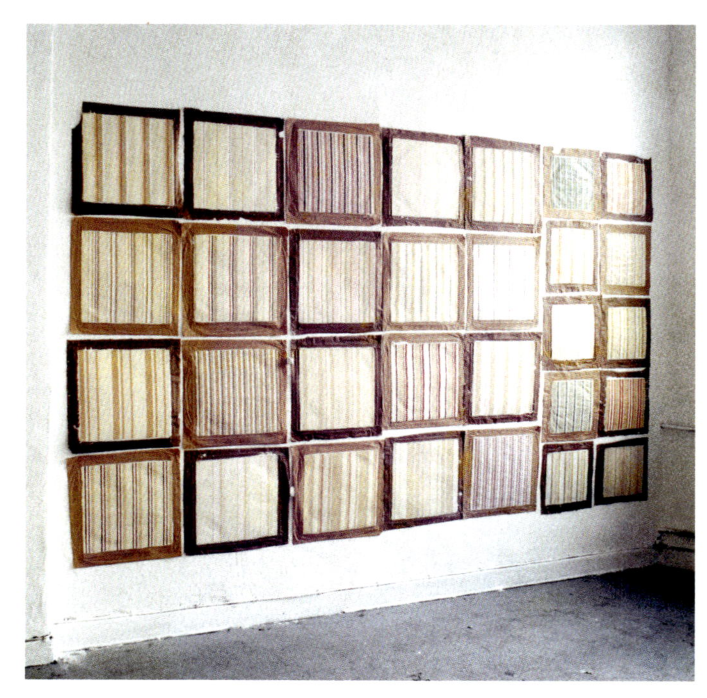

1
Große Tapeten. 1975. Emulsionsfarbe auf Packpapier, 7 Teile, je 385 × 94 cm. Installationsansicht, *Thomas Schütte: Early Works*, Kunstmuseum Liechtenstein, Vaduz, 1.2.–20.4.2008

Oben:
Detail *Große Tapeten*

Rechts:
Thomas Schütte. *Tapetenmuster*. 1975. Emulsionsfarbe auf Packpapier, 30 Teile, je ca. 45,7 × 45,7 cm. Besitz des Künstlers, Düsseldorf

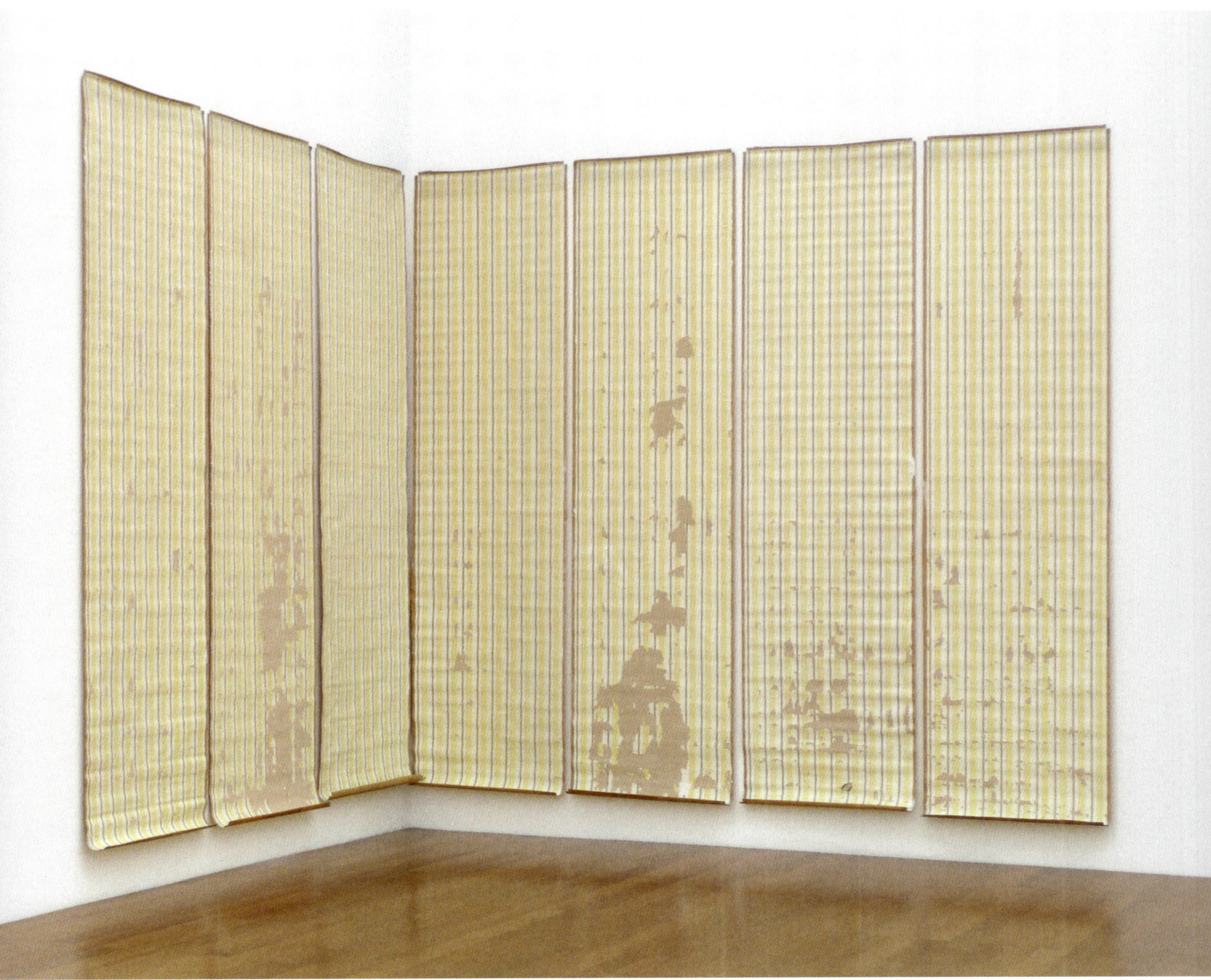

1

2
Amerika. 1975. Bleistift auf Papier, 210 × 240 cm

Unten:
Thomas Schütte vor dem teilweise vollendeten Werk *Amerika, 1975*

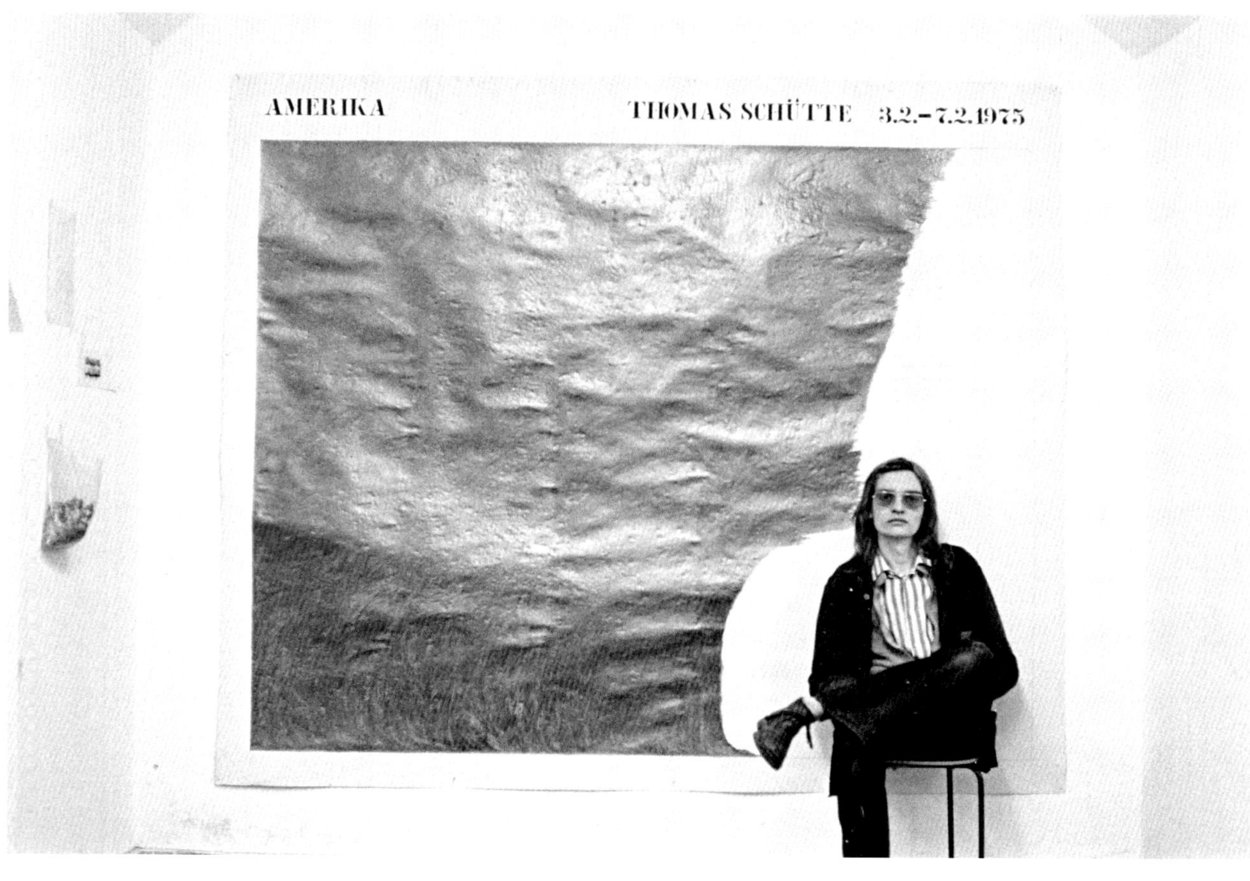

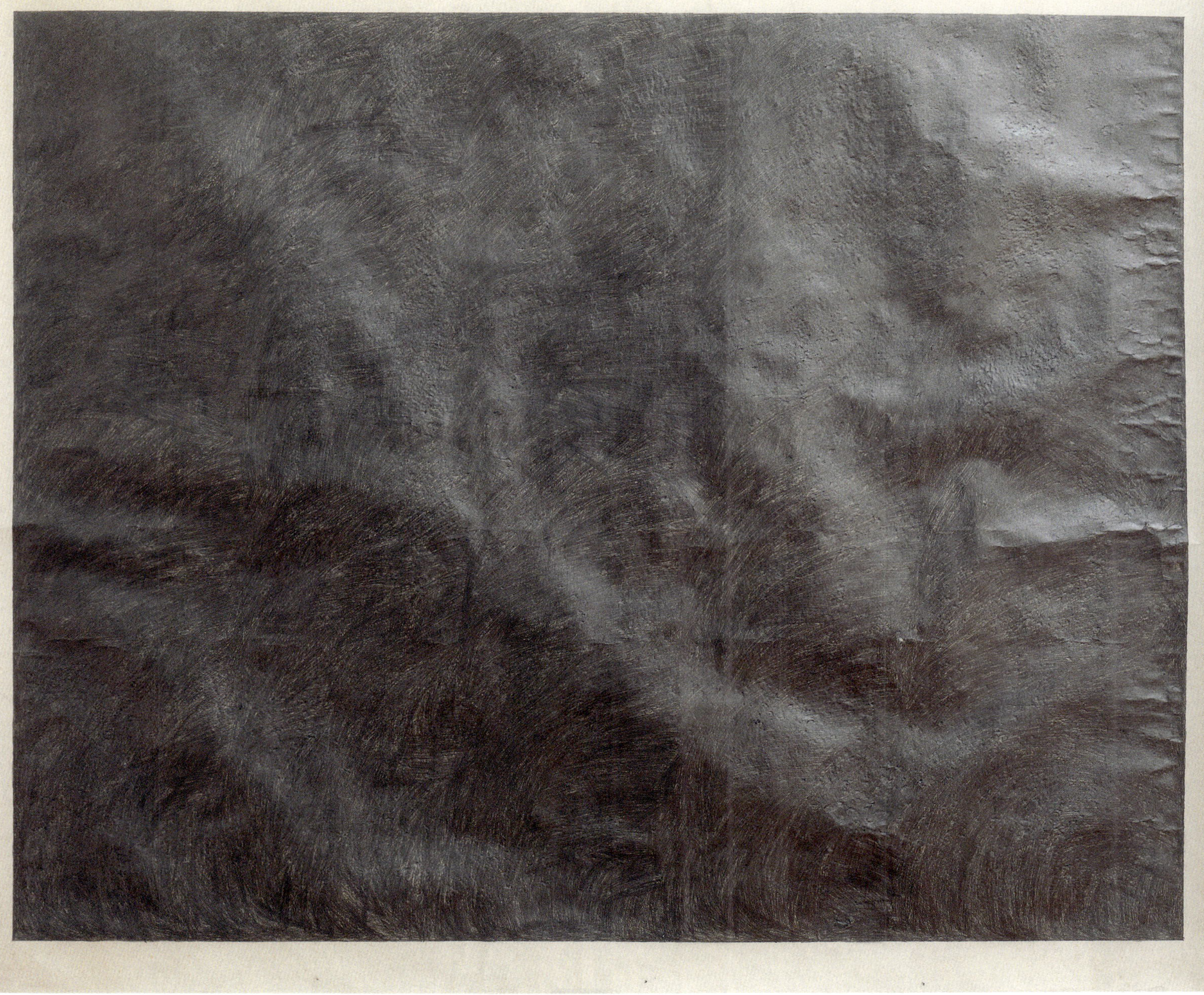

2

Skizze für Amerika. 1975.
Mit der Schreibmaschine geschriebener
Text auf Papier mit Fotografie, 29,7 × 21 cm.
Besitz des Künstlers, Düsseldorf

AMERIKA THOMAS SCHÜTTE 3.2.-7.2.75

3.2. 1o.oo - 13.3o
14.oo - 16.oo
17.oo - 19.3o
4.2. 1o.oo - 13.3o
14.oo - 16.oo
17.15 - 19.15
5.2. 1o.oo - 13.3o
14.oo - 16.3o
6.2. 1o.oo - 13.3o
14.oo - 16.3o
7.2. 1o.oo - 13.3o
14.oo - 14.3o

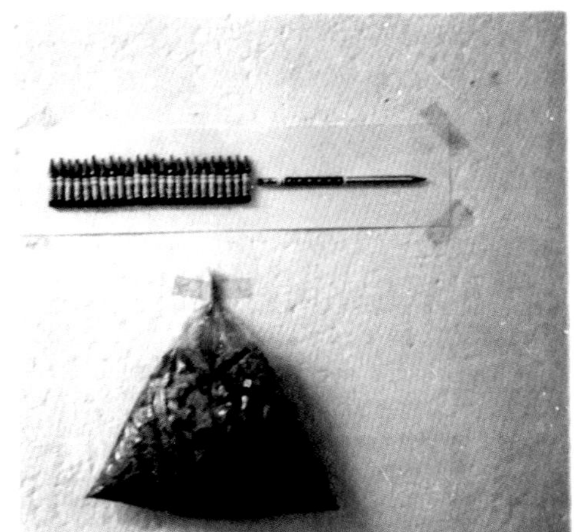

Größe: 2x2,5m
Tage: 5
Stunden: 31
Verbrauch: 25 Bleistifte
Photos: stündlich

AMERIKA - ein Reizwort,Irritation,eine absichtlich geschaffene Unklarheit,um Fragen zu provozieren!

AMERIKA neu entdecken.
ALLES muß neu entdeckt werden:das MALEN,die "KUNST",
SICH SELBST allererst!
Zu einer Maschine werden,um den Kopf freizumachen.
Keine Bilder malen WOLLEN,sondern nur MALEN!
Bilder entstehen immer.
Keine KUNSTFERTIGKEITEN,die verschleiern nur alles.
Von ganz vorn anfangen: NEUGIERIG UND STUMPFSINNIG HARTNÄCKIG!
Alte Bilder zerstören,besonders die im KOPF.
Die Grenzen erforschen und überschreiten.
Das entdecken,aufdecken,erfahren ein Selbstzweck.
Nach der Entdeckung die Traurigkeit,weil alles immer wieder neu entdeckt werden muß!

Als ästhetisches Phänomen ist uns das Dasein immer noch erträglich,und durch die Kunst ist uns Auge und Hand und vor allem das gute Gewissen dazu gegeben,aus uns selber ein solches Phänomen machen zu können. Nietzsche

Skizze für Amerika. 1975. Mit der Schreibmaschine geschriebener Text und Bleistift auf Papier, 29,7 × 21 cm. Besitz des Künstlers, Düsseldorf

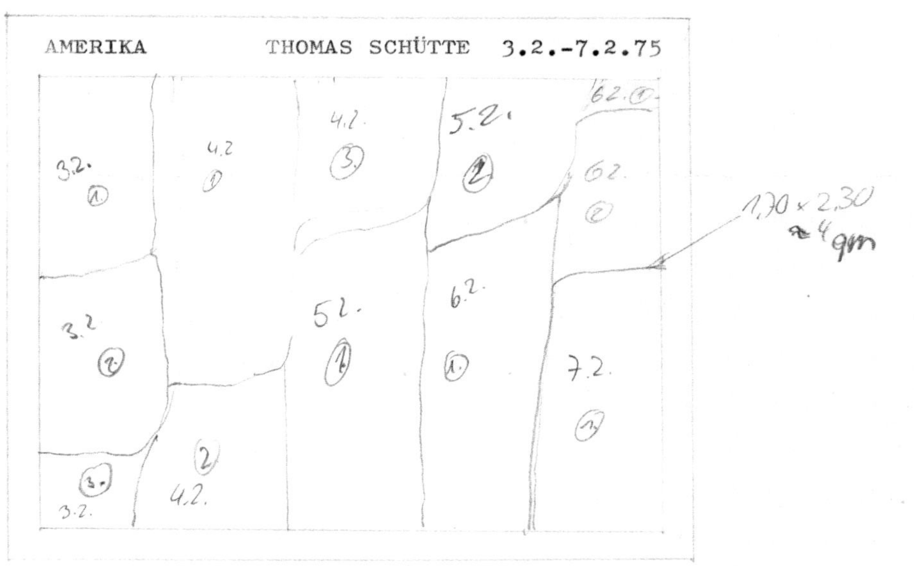

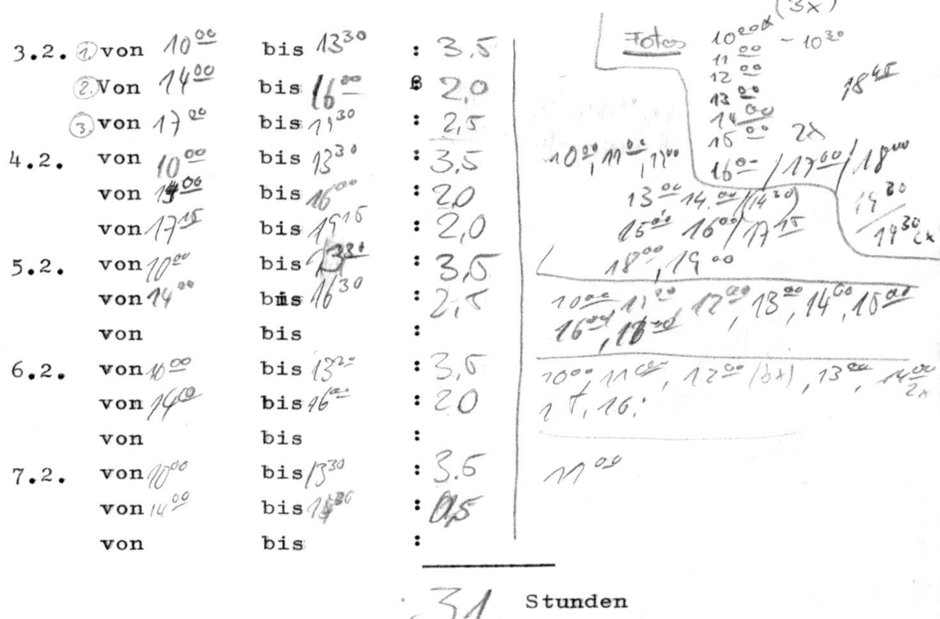

3.2.	① von 10^{00}	bis 13^{30}	:	3,5
	② von 14^{00}	bis 16^{00}	:	2,0
	③ von 17^{00}	bis 19^{30}	:	2,5
4.2.	von 10^{00}	bis 13^{30}	:	3,5
	von 14^{00}	bis 16^{00}	:	2,0
	von 17^{15}	bis 19^{15}	:	2,0
5.2.	von 10^{00}	bis 13^{30}	:	3,5
	von 14^{00}	bis 16^{30}	:	2,5
	von	bis	:	
6.2.	von 10^{00}	bis 13^{30}	:	3,5
	von 14^{00}	bis 16^{00}	:	2,0
	von	bis	:	
7.2.	von 10^{00}	bis 13^{30}	:	3,5
	von 14^{00}	bis 14^{30}	:	0,5
	von	bis	:	
				31 Stunden

3
Selbstportrait. 30/31.5.75. 1975.
Öl auf Nesselstoff, 60 × 45 cm

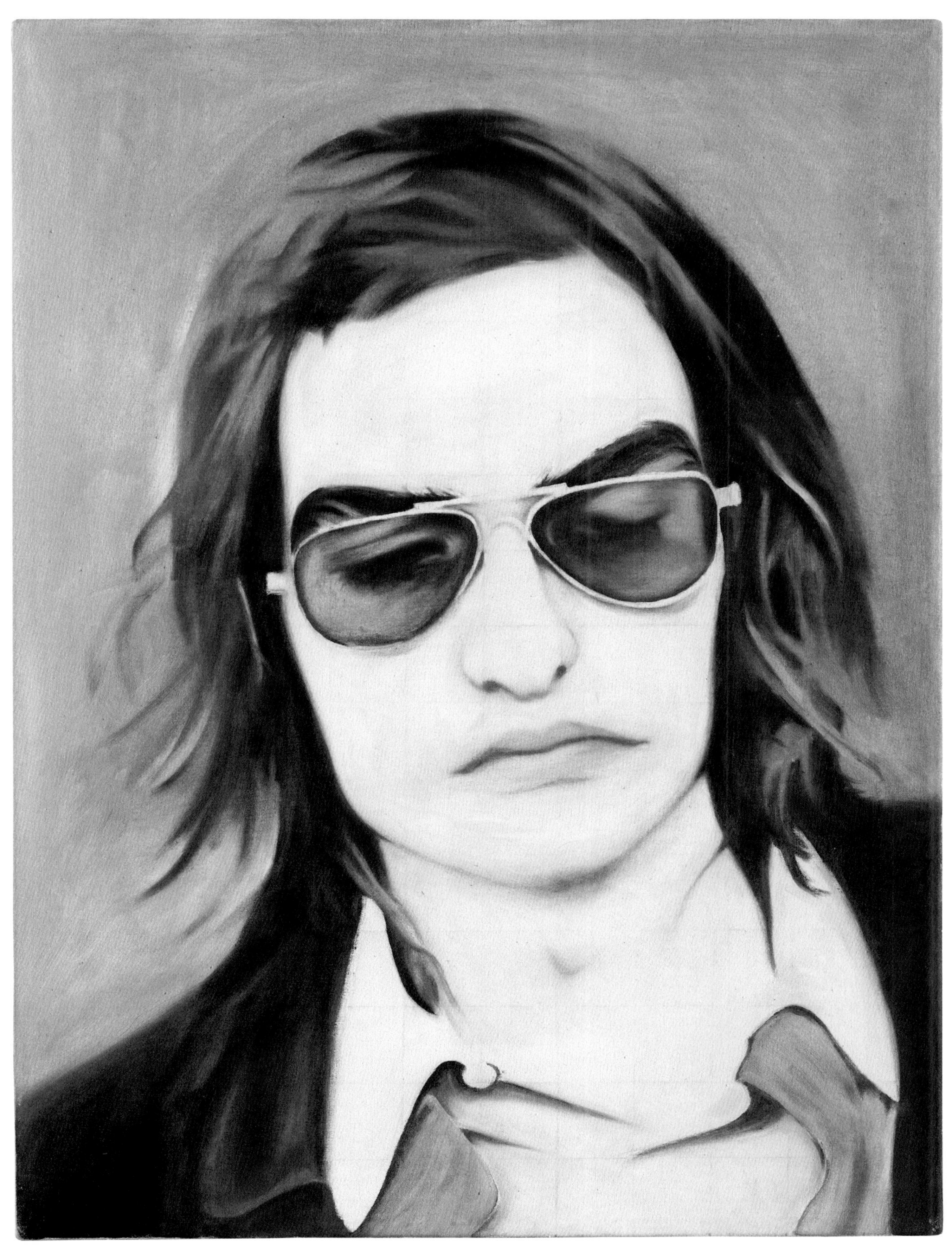

4
Selbstportrait. 29.5.75. 1975. Öl auf Nesselstoff, 60 × 45 cm

Unten:
Thomas Schütte auf einer Fotografie von Joachim Tiffert mit einem Raster, das als Vorlage für die Serie *Selbstportrait*, 1974, diente

Nächste Doppelseite
18 *Selbstportraits* (zerstört). 1975

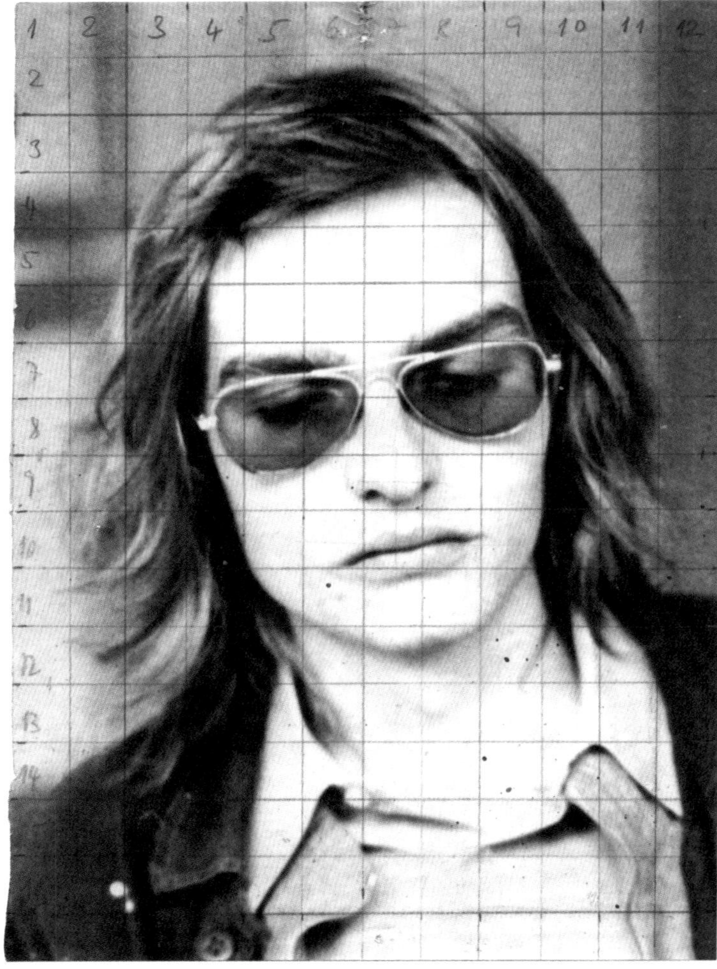

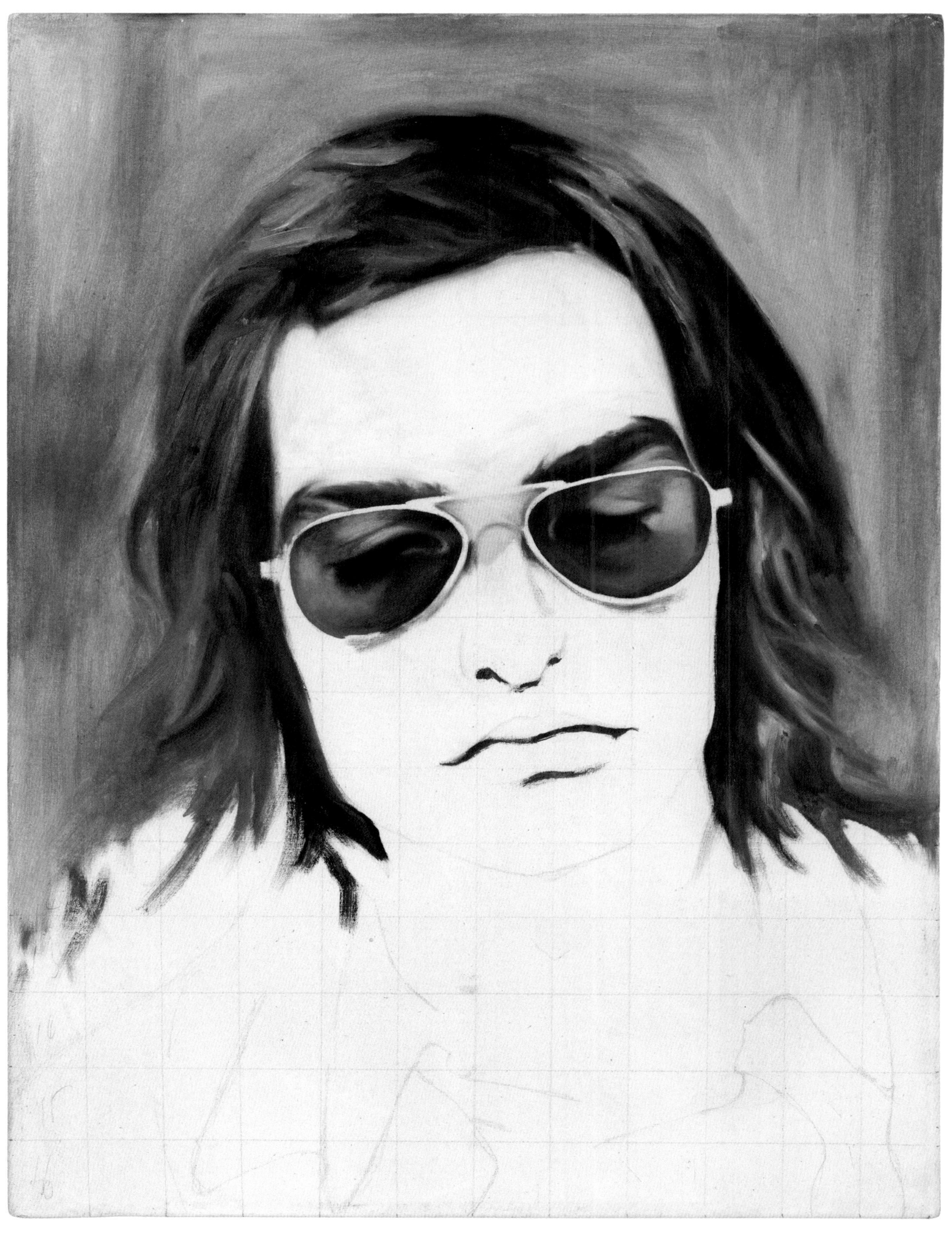

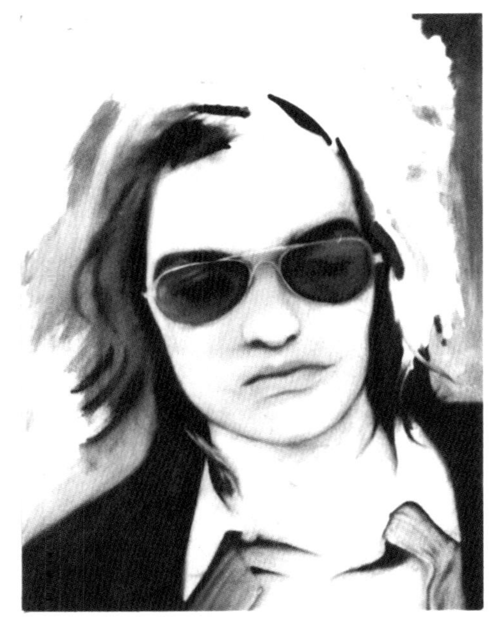
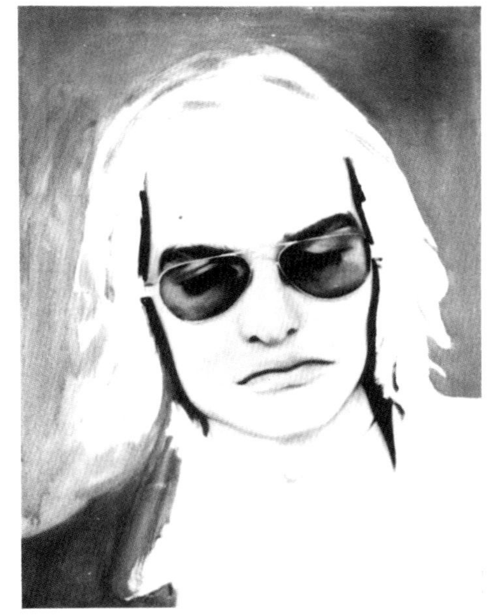
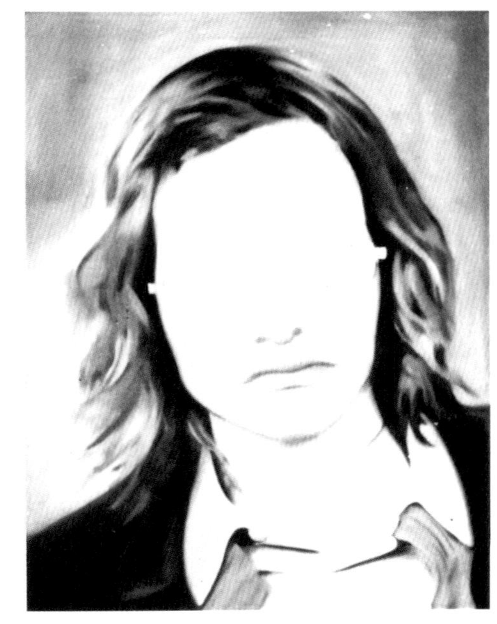
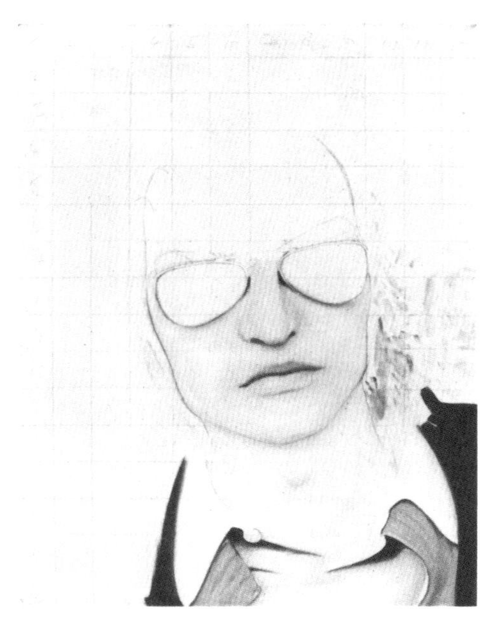
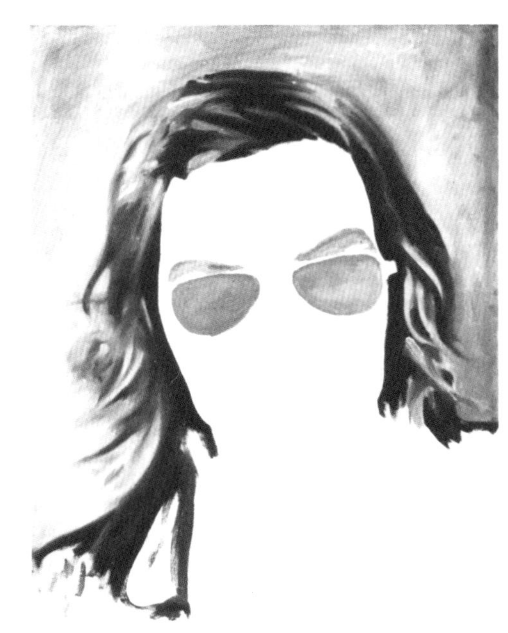
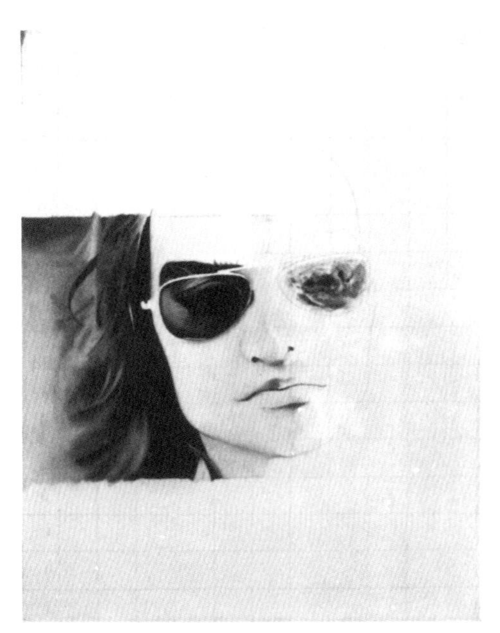
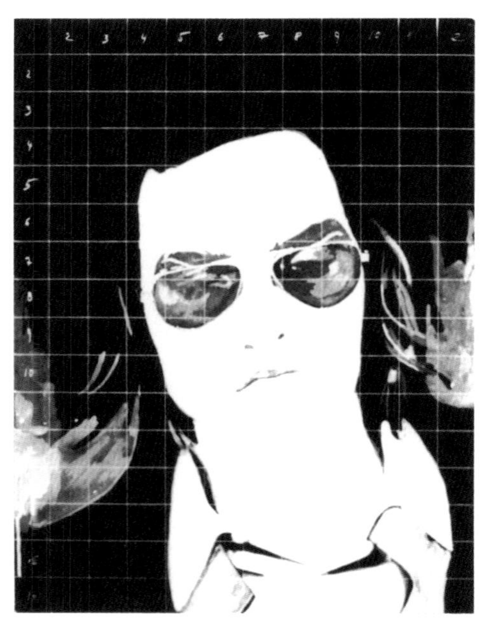

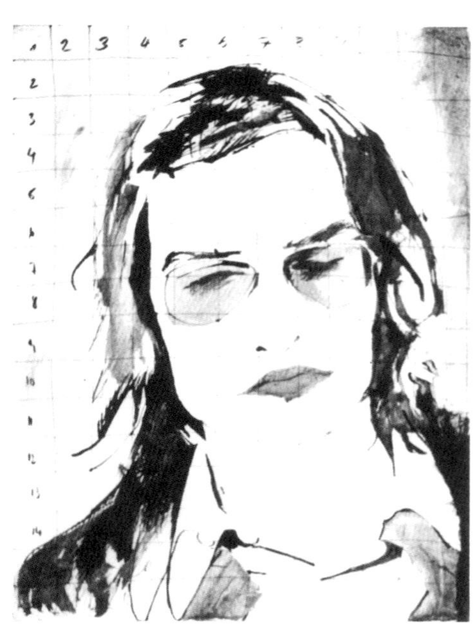

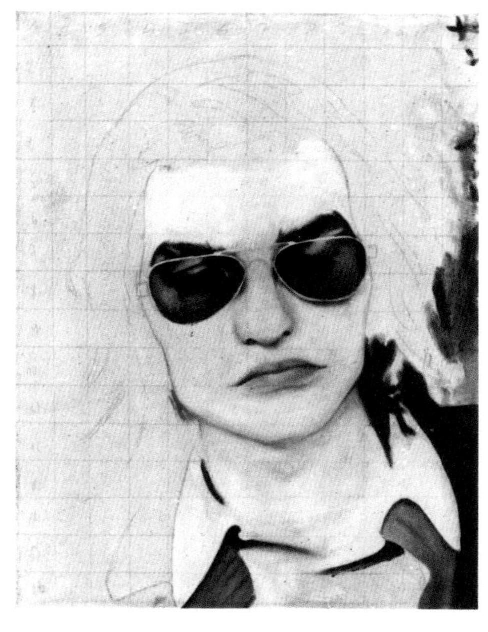
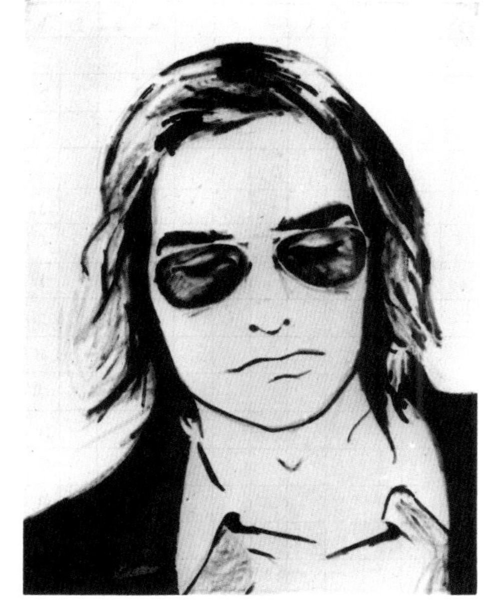
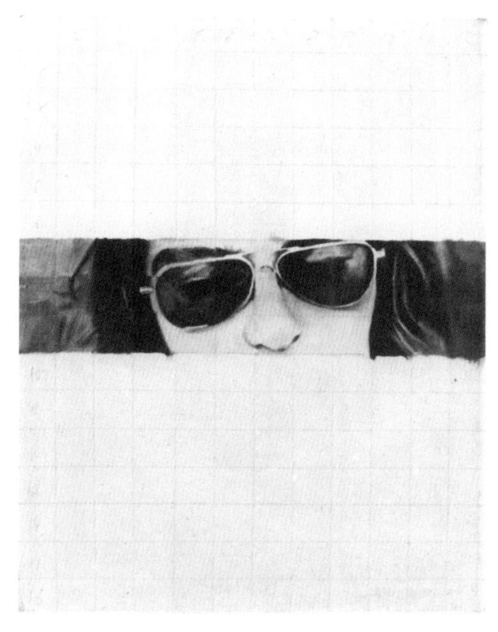
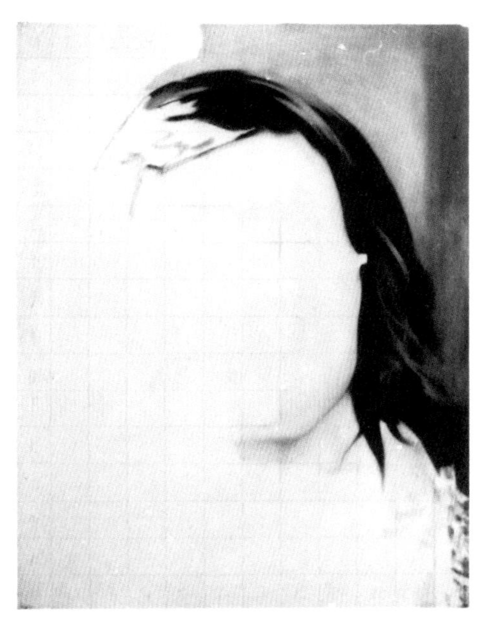
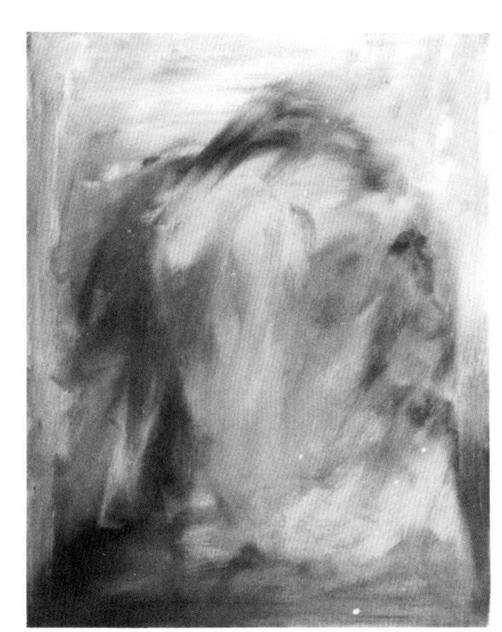
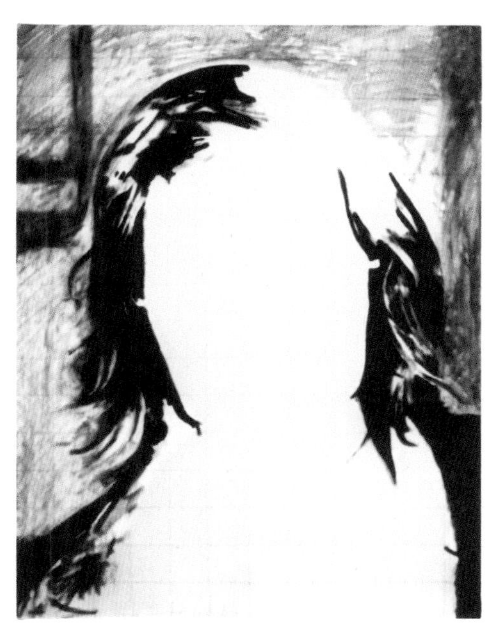
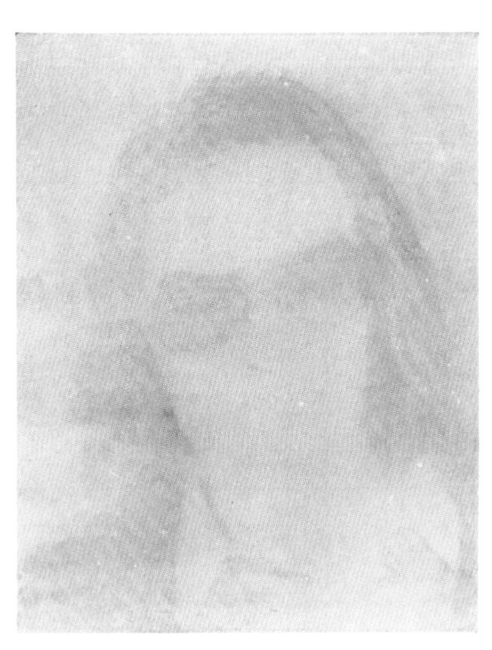
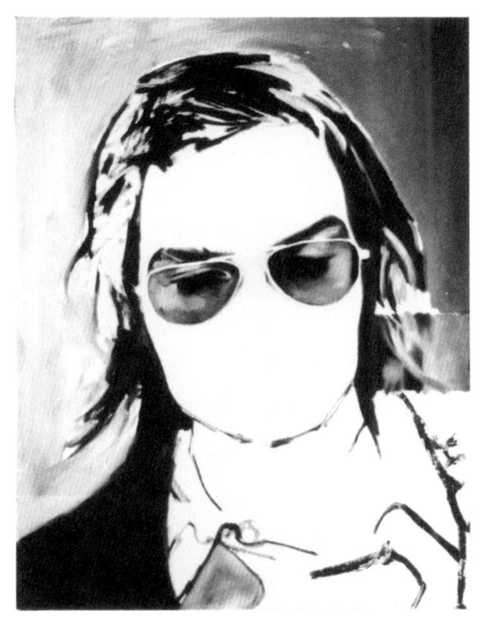
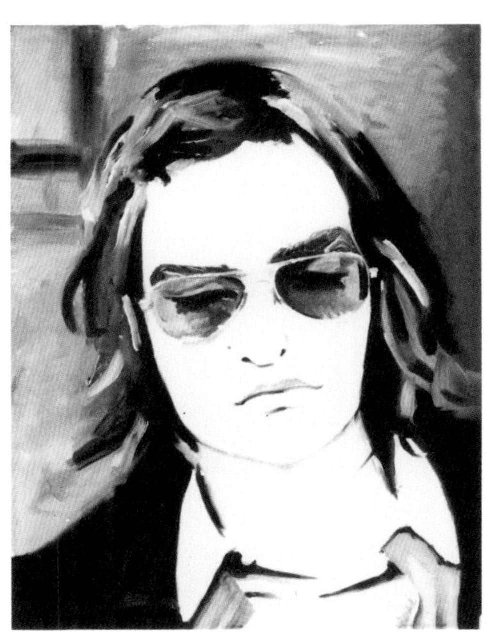

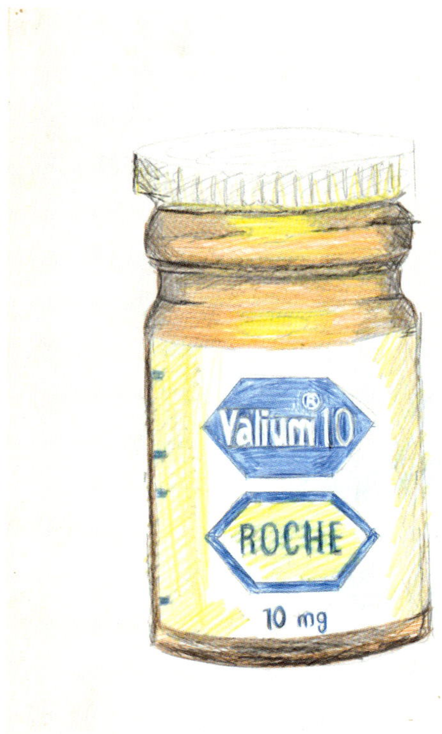

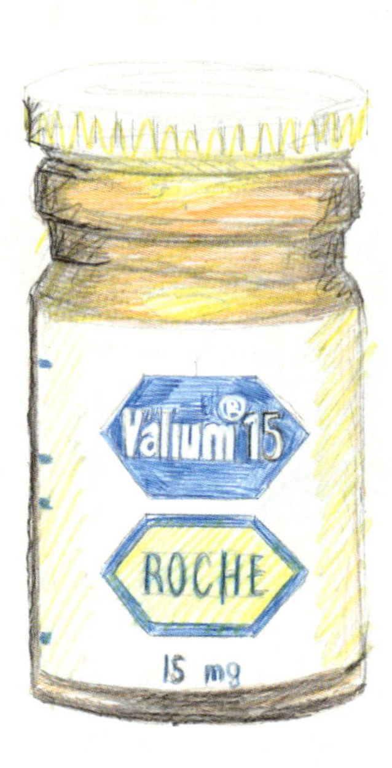

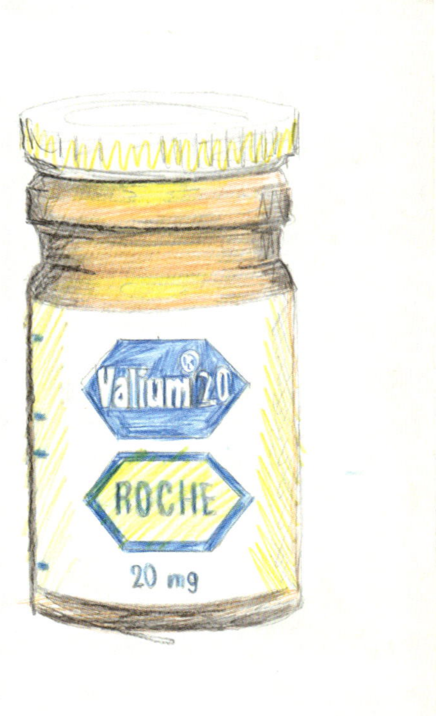

5

5
Valium. 1975. Farbstift auf Papier,
30 × 60 cm

6
Valium. 1975. Aquarell und Bleistift auf Papier,
58 × 40 cm

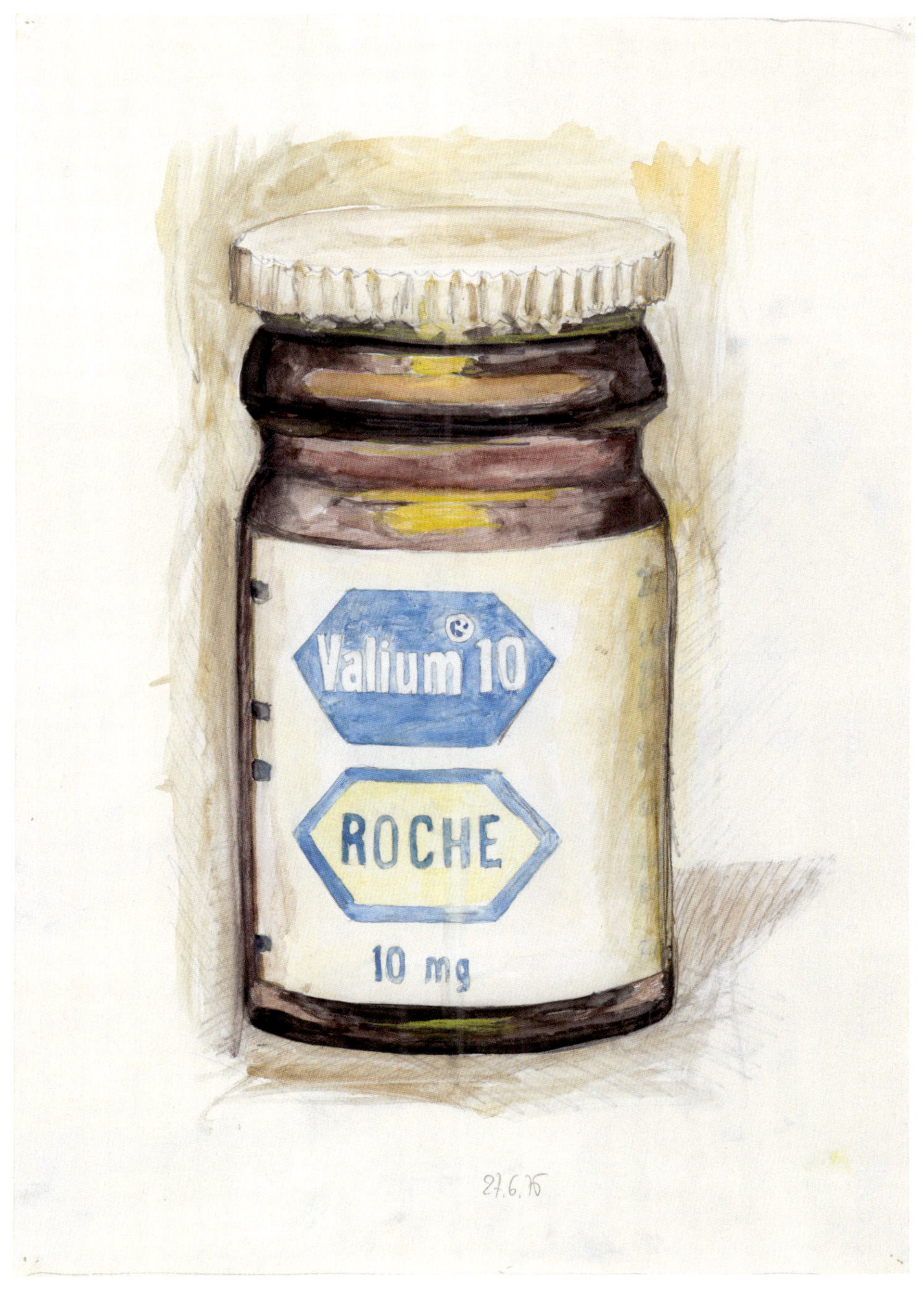

6

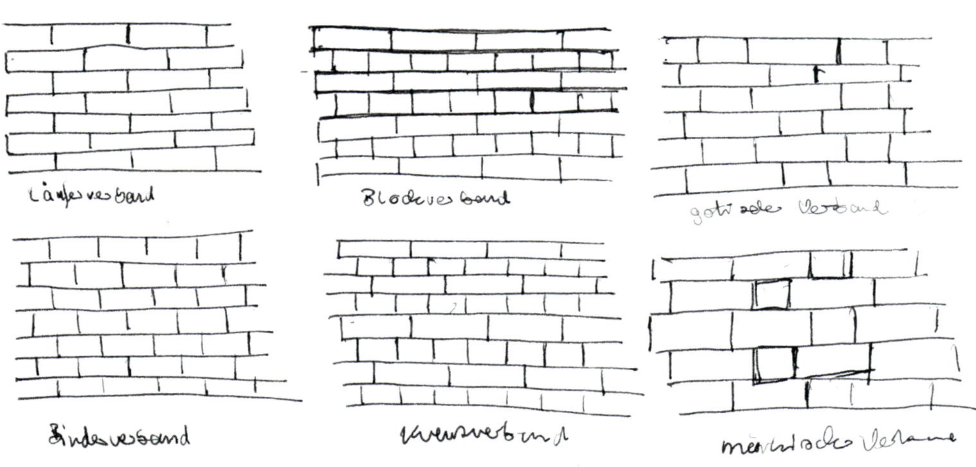
Läuferverband
Blockverband
gotischer Verband
Binderverband
Kreuzverband
märkischer Verband

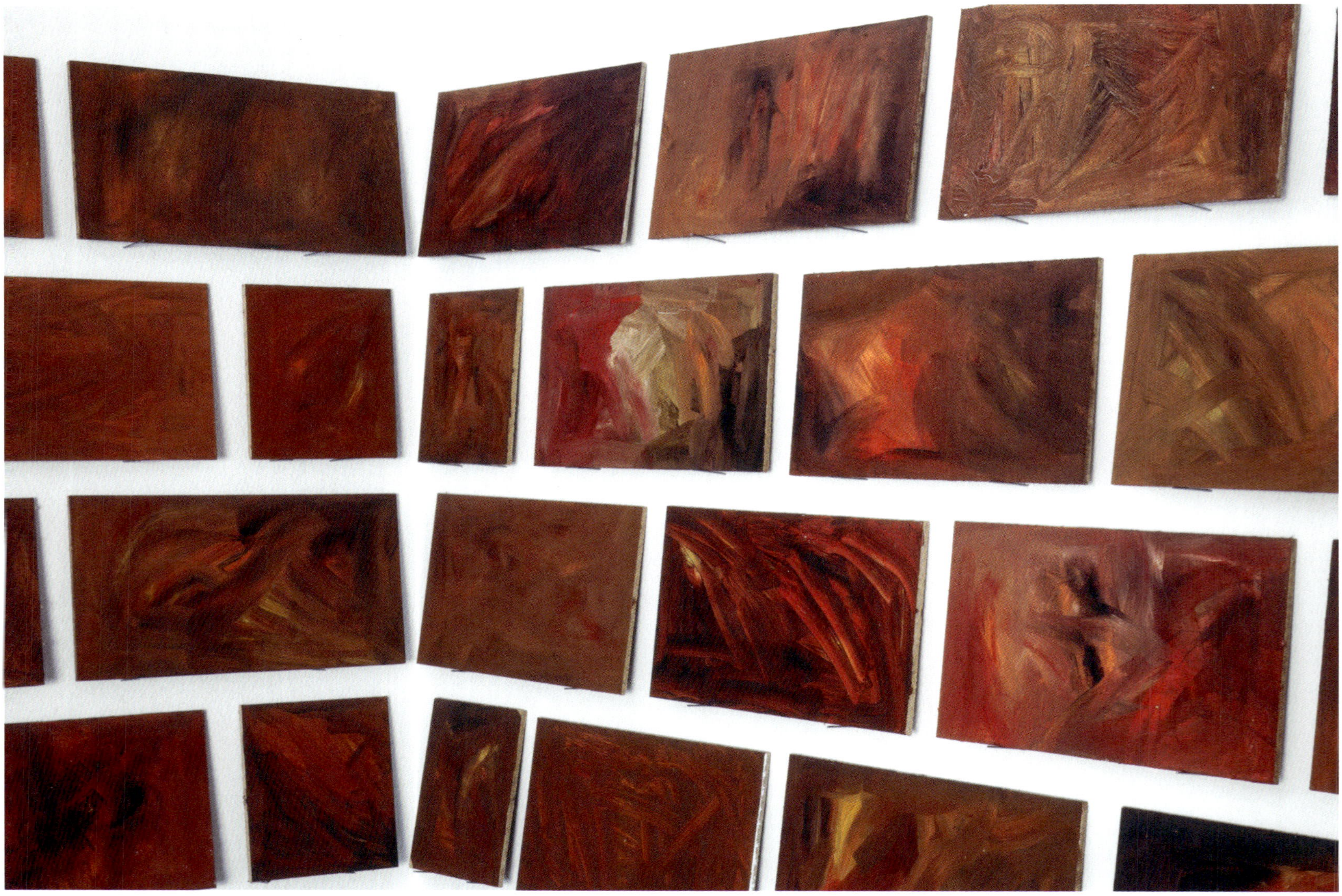

7
Große Mauer. 1977. Öl auf Hartfaser, 1200 Teile, je 10 × 20 cm. Installationsmaße variabel. Installationsansicht, *Wände / Walls*, Kunstmuseum Stuttgart, 26.9.2020–30.5.2021

Links oben:
Thomas Schütte. Zeichnung zu *Große Mauer* (Detail). 1977. Stift und Bleistift auf Papier, 29,7 × 21 cm. Besitz des Künstlers, Düsseldorf

Links unten:
Detail von *Große Mauer*

7

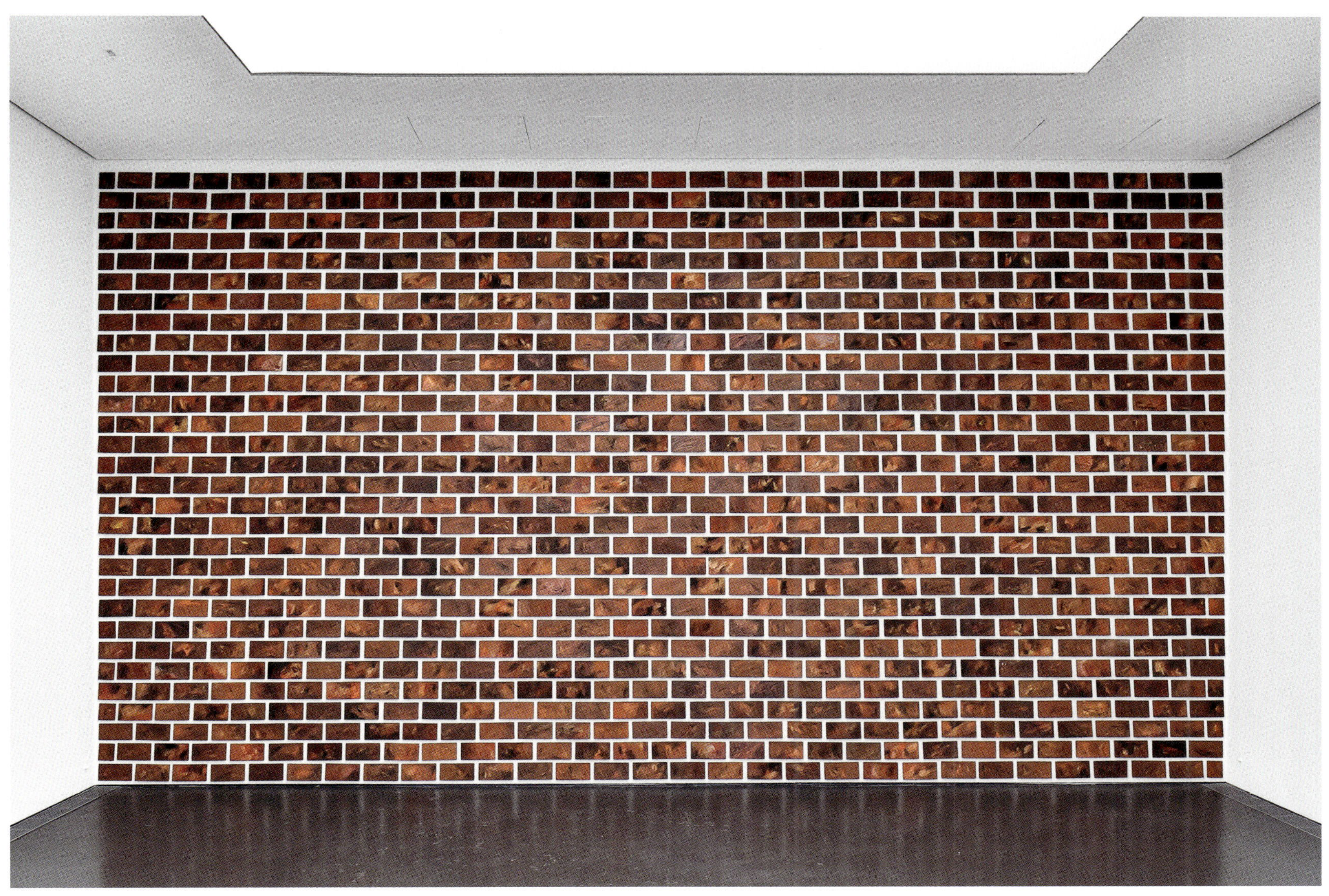

8
Schwäbisch Hall. 1980. Lack auf Plastik, 4 Teile,
je 10 × 20 cm, insgesamt 34 × 42 cm

Unten:
Logo von Schwäbisch Hall, einer der größten deutschen Bausparkassen

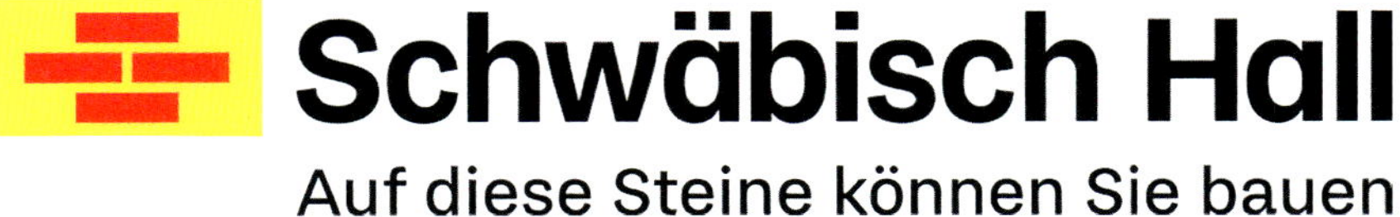

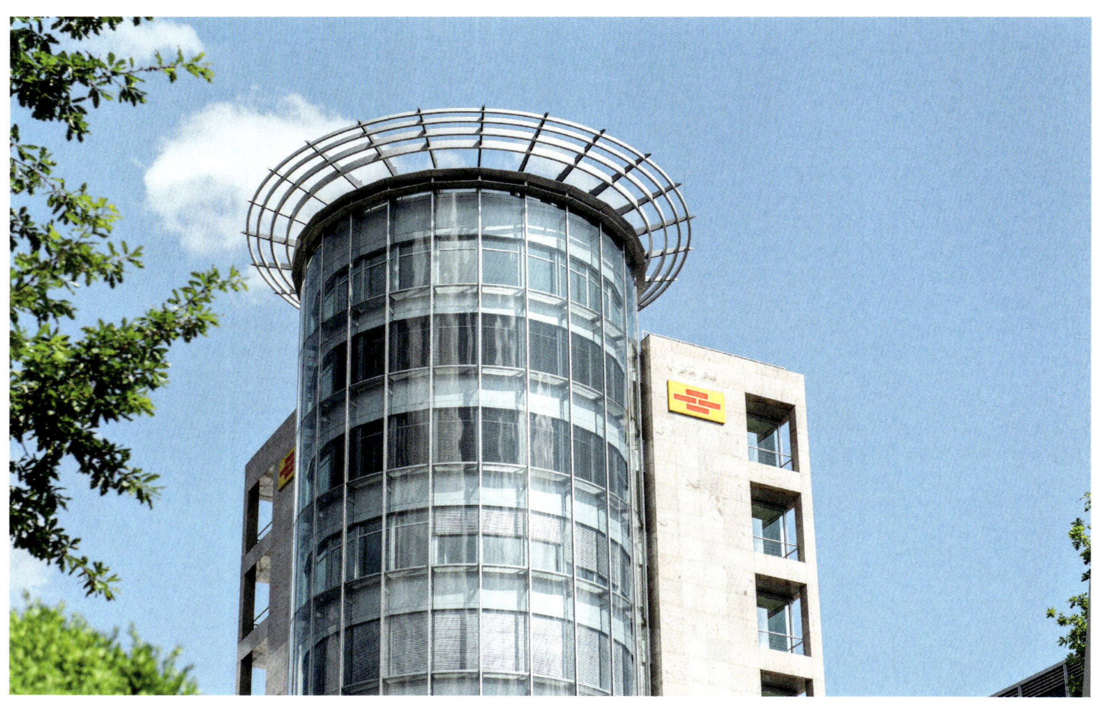

8 >

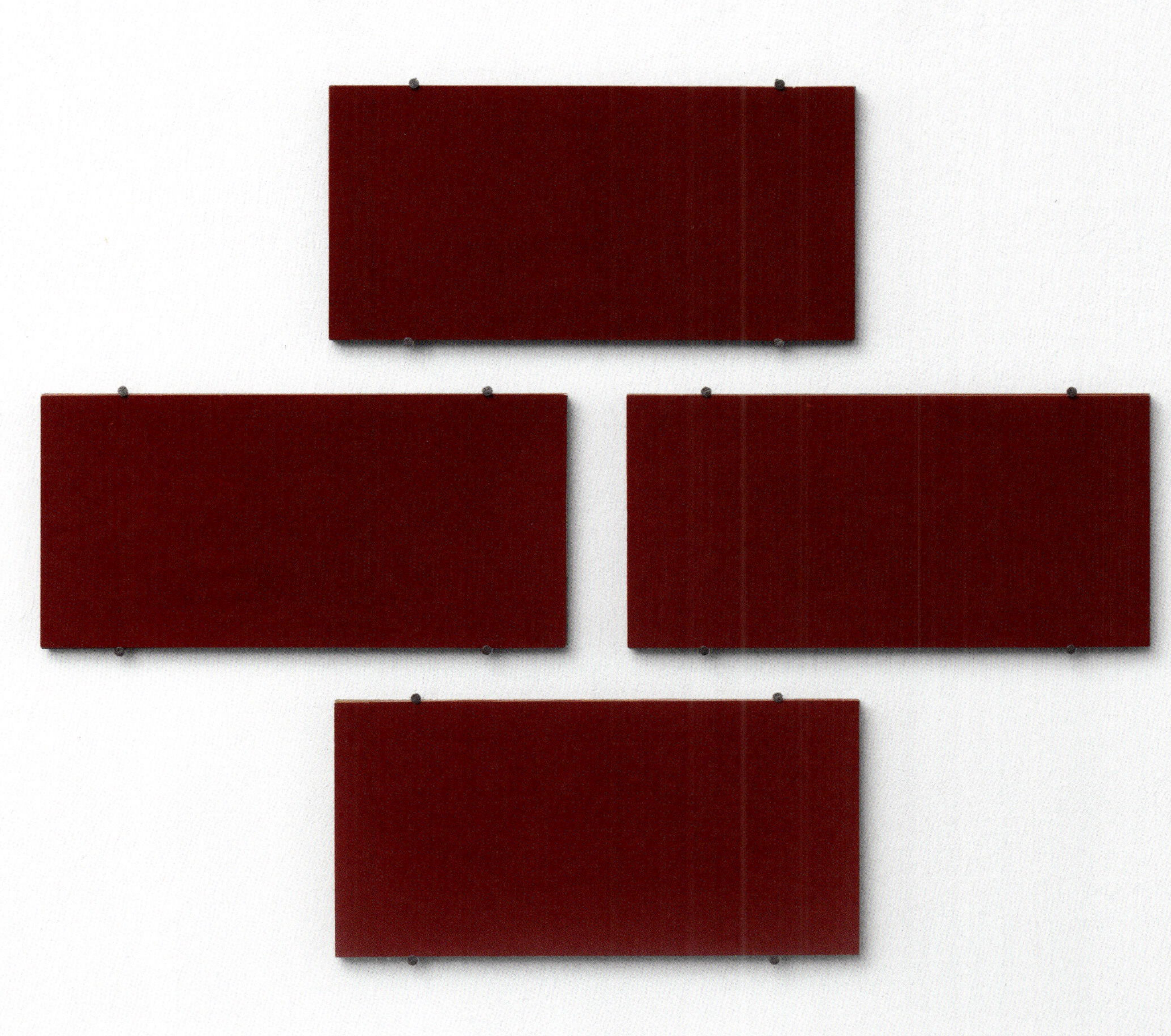

9
Lager. 1978. Farbe und Lack auf Holz, 144 Teile, unterschiedliche Maße, 30 × 17,5 cm – 137 × 67,7 cm, Installationsmaße variabel. Installationsansicht, *Thomas Schütte: Hindsight*, Museo Nacional Centro de Arte Reina Sofía, Madrid, 17.2.–17.5.2010

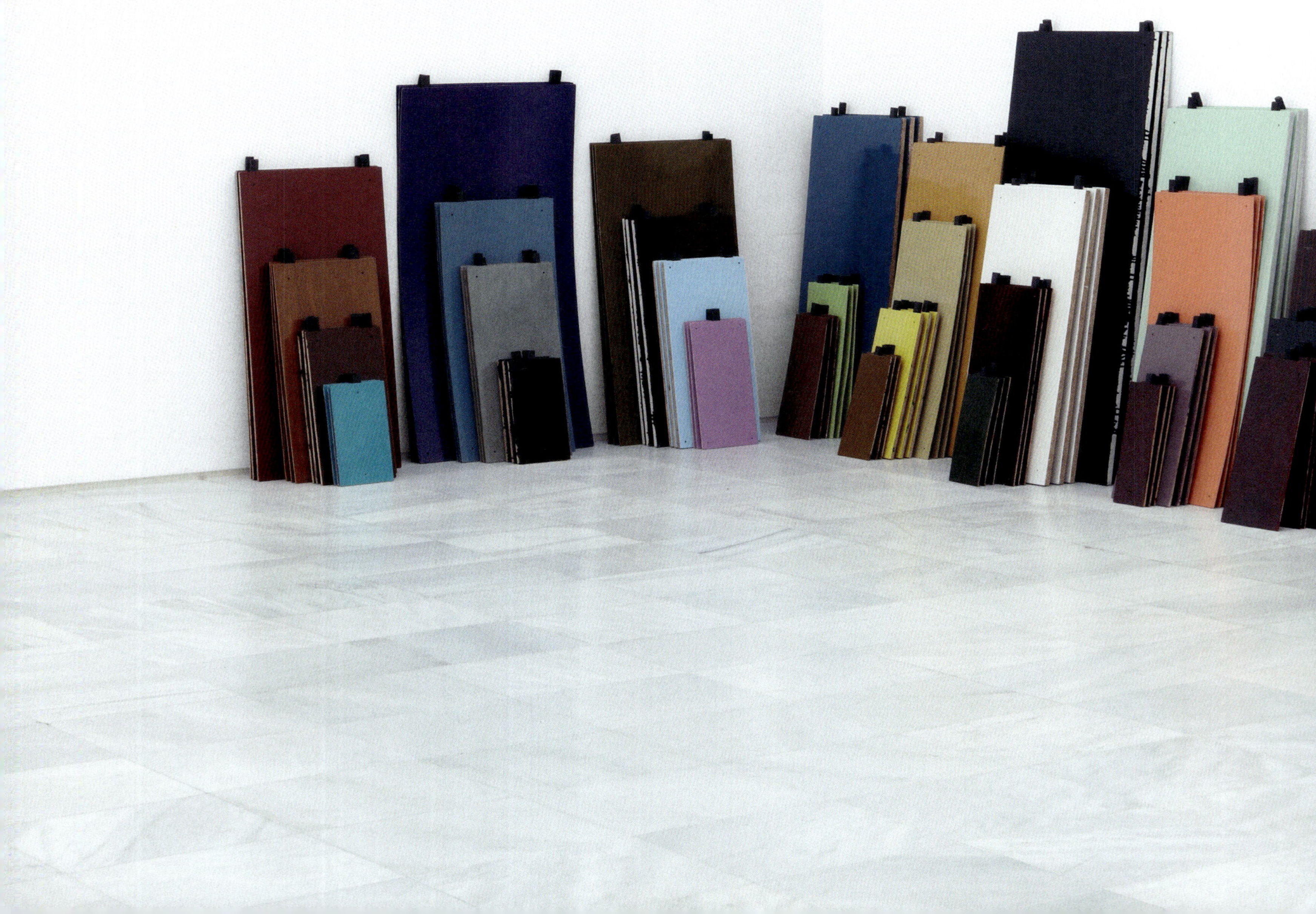

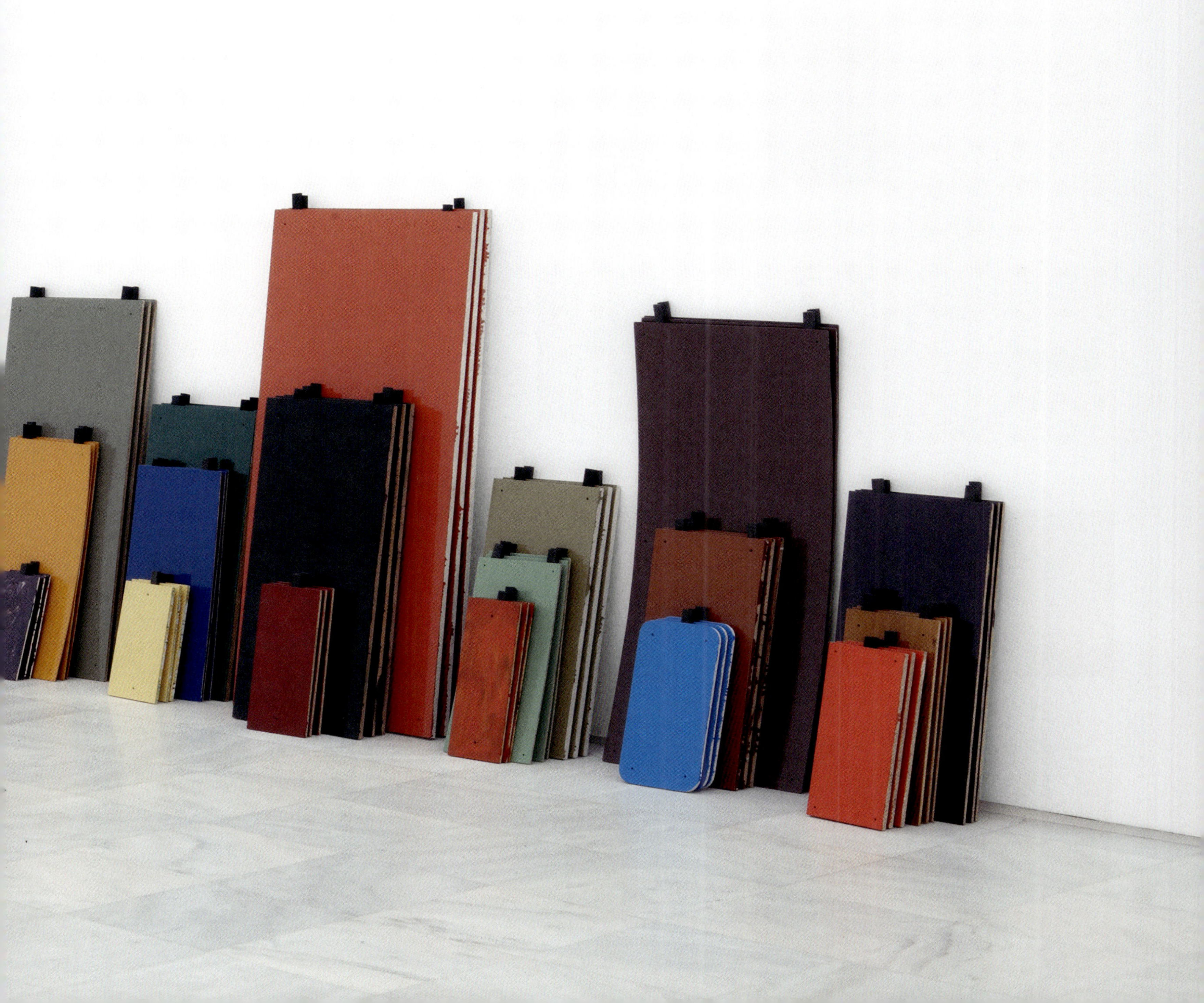

Diese und nächste Doppelseite:

10
Hysterie. 1979. Lack auf Papier, 100 von 105 Blättern, je 71 × 51 cm

Rechts:
Installationsansicht, *Skulpturen,* Skulpturenhalle, Neuss, 13.1.–30.7.2023

10

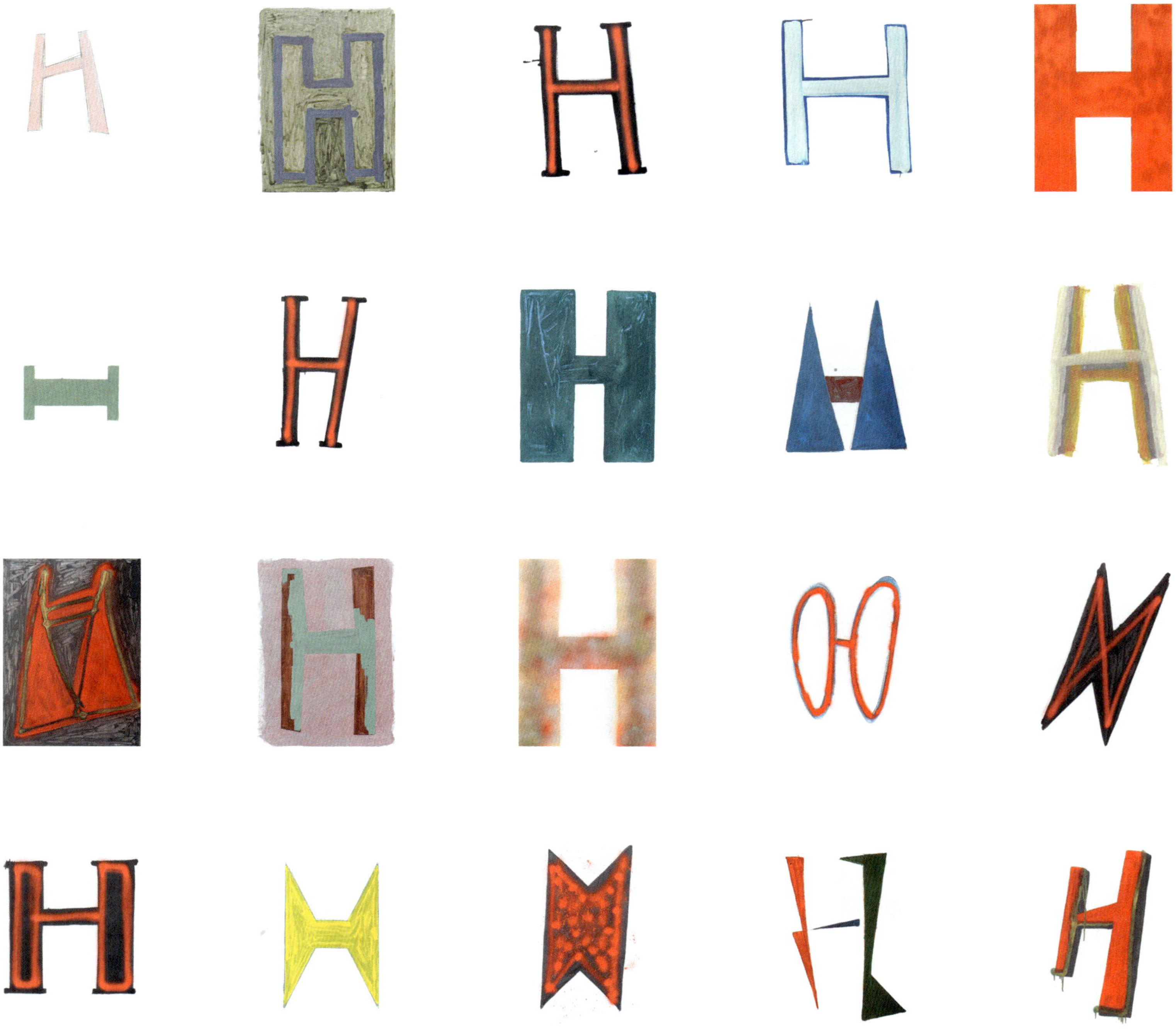

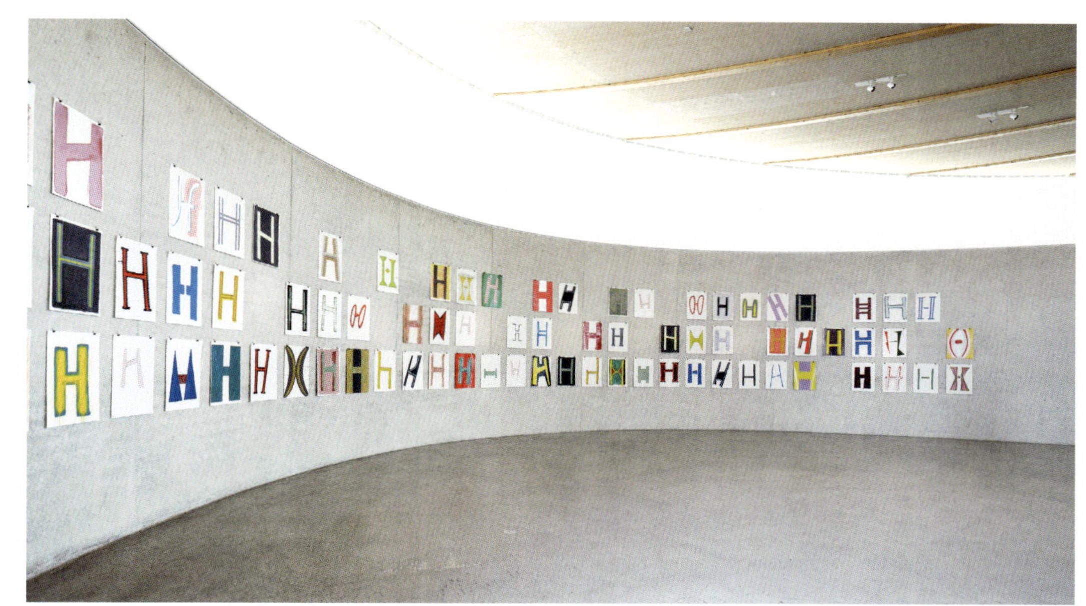

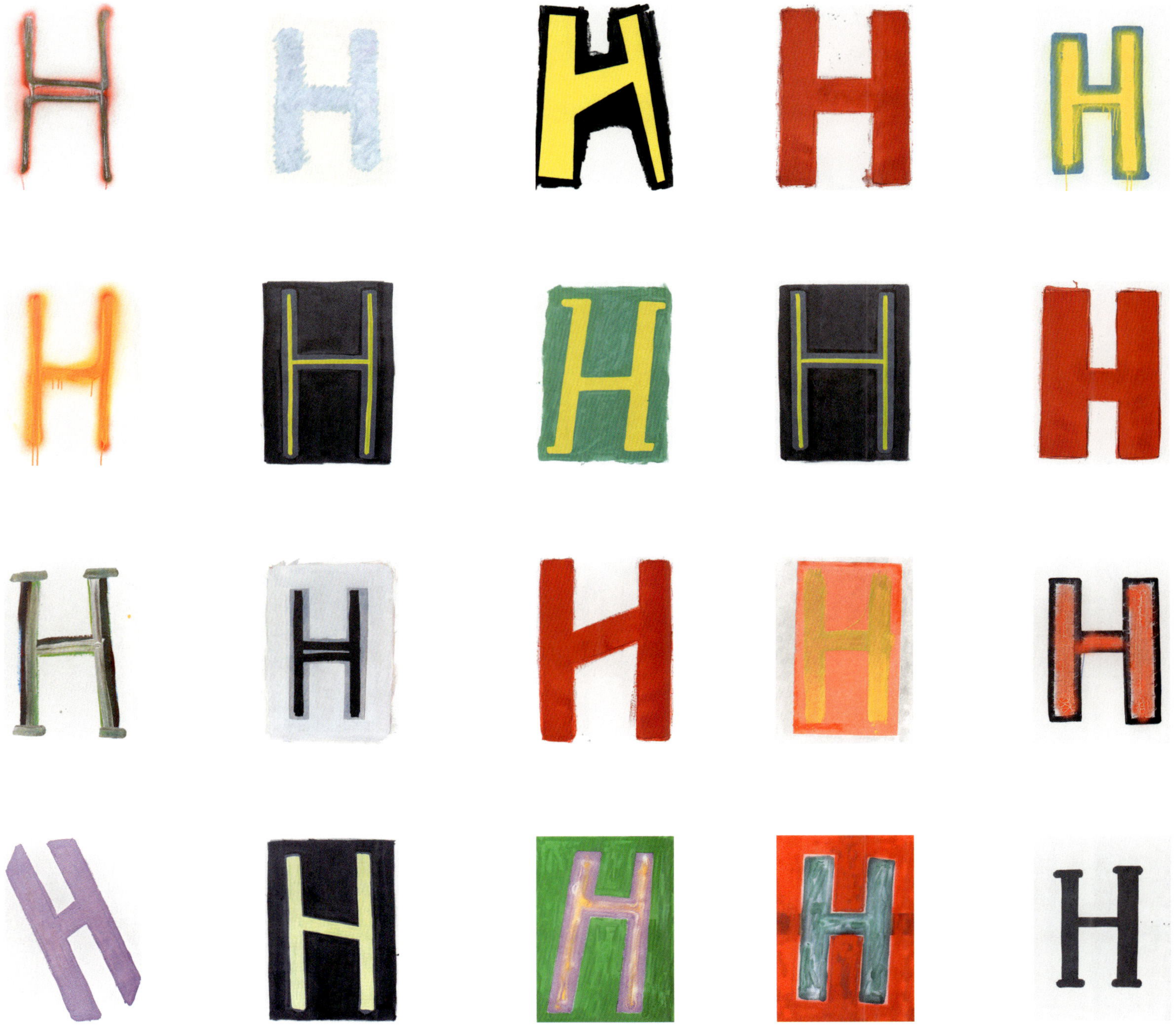

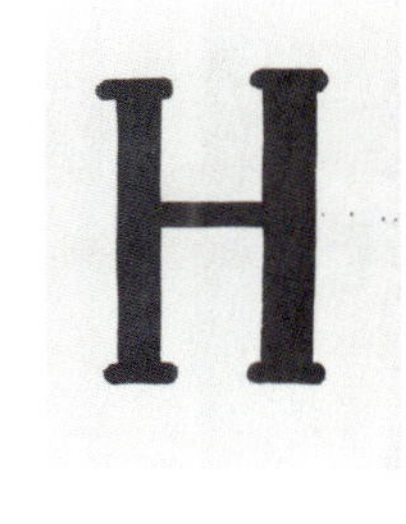

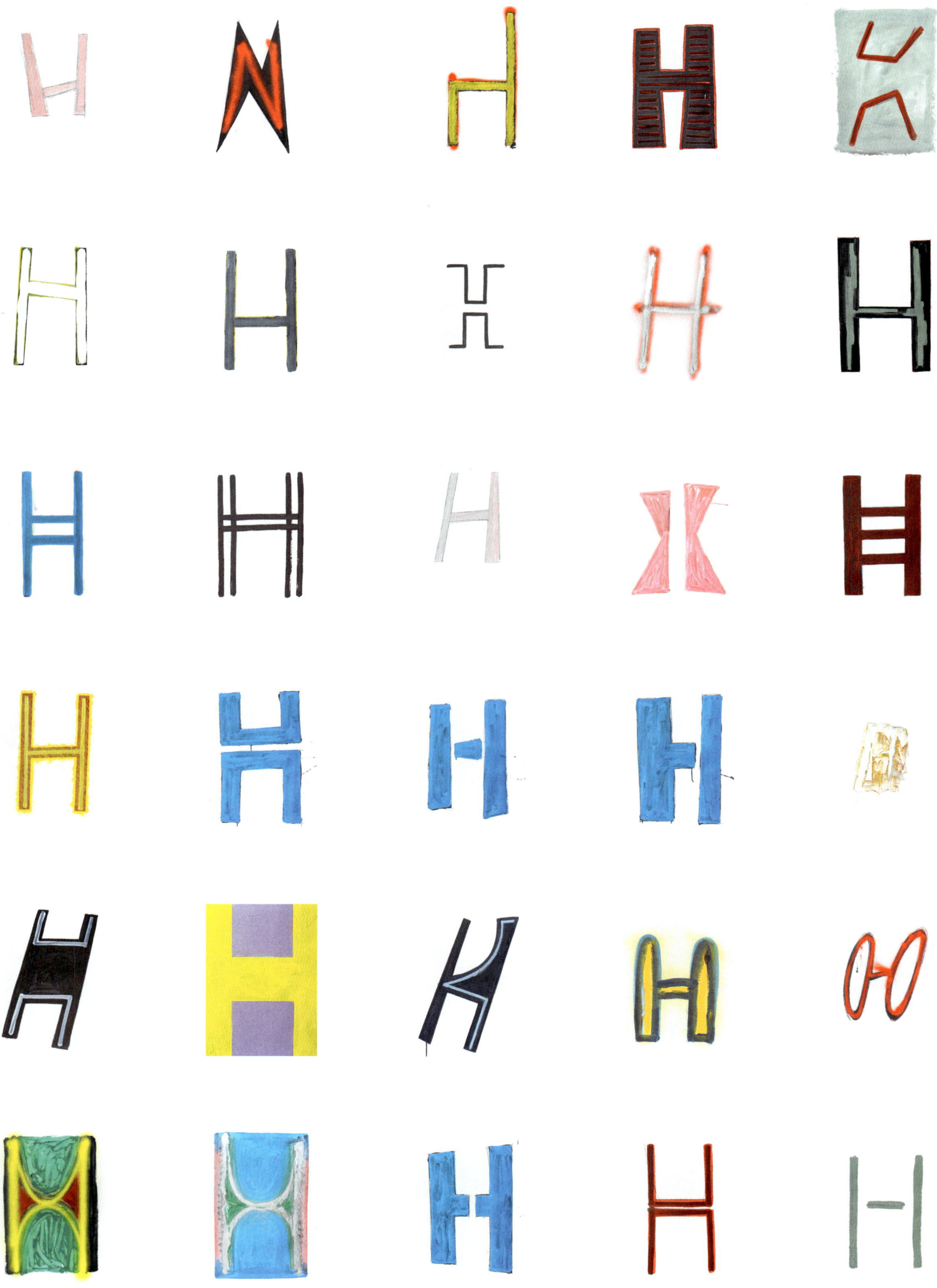

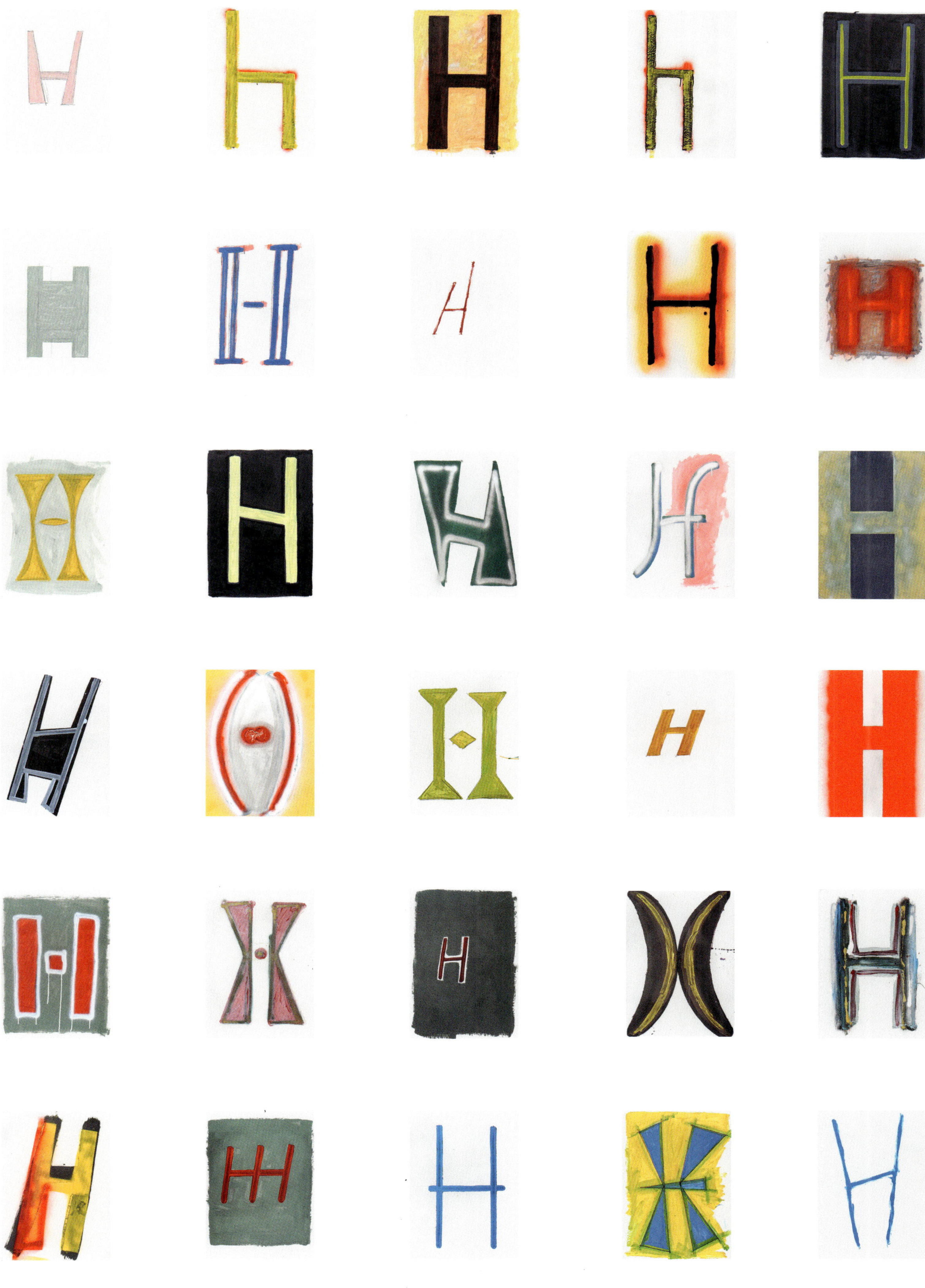

11
In Arbeit seit Juli 74. 1980. Bleistift und Grundierung auf Nesselstoff, 60 × 60 cm

IN ARBEIT SEIT JULI 74

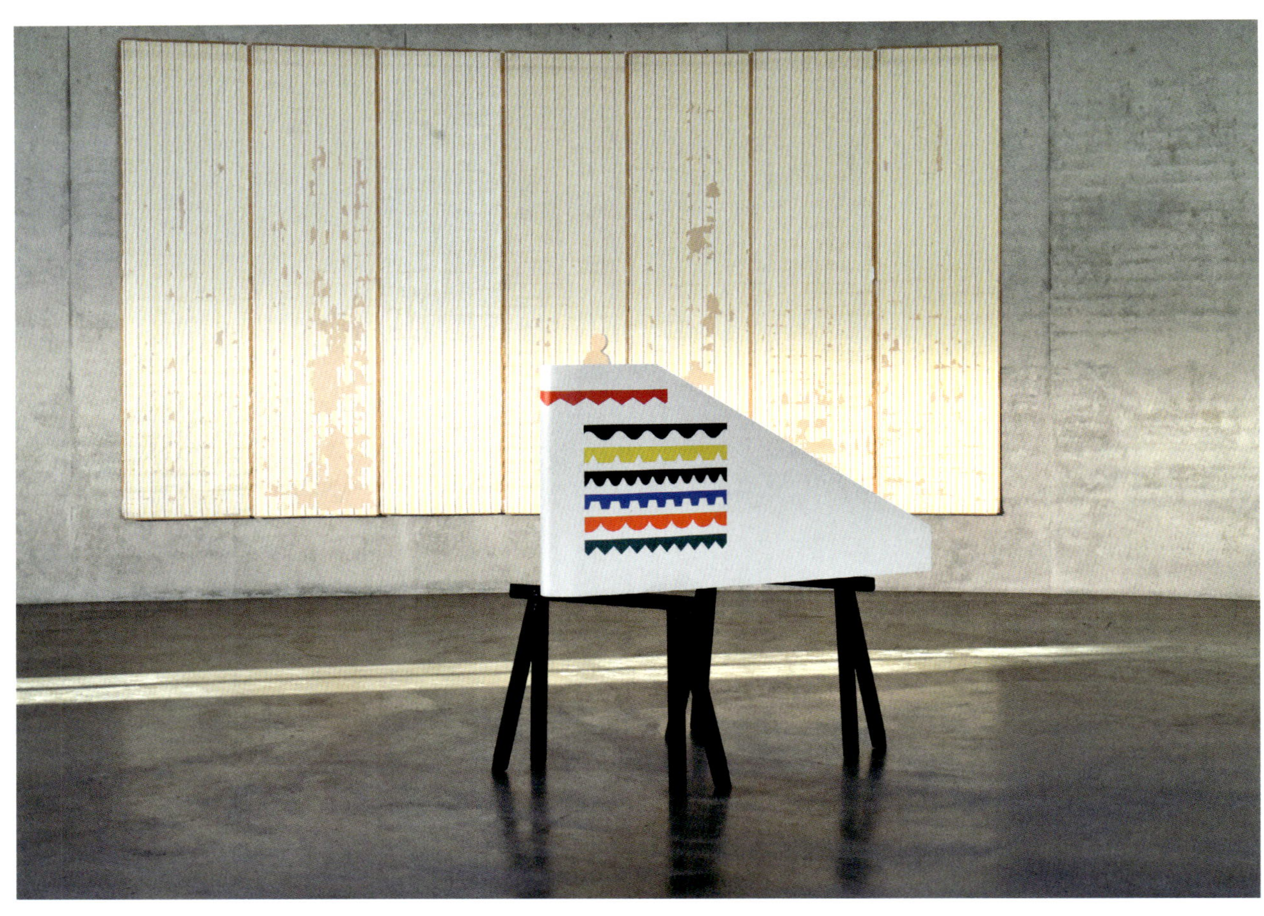

12
Kollektion. 1980. Stoff, 8 Teile, verschiedene Längen, 211–323,5 cm, insgesamt 315 × 324 cm

Oben:
Miniaturversion von *Kollektion* an der Seite von Schiff *(Modell 1:5)*. 1980. Holz, Farbe und Klebefolie auf Holzböcken, 93 × 198 × 100 cm. Kunstsammlung Nordrhein-Westfalen, Düsseldorf. Geschenk von Dorothee und Konrad Fischer, 2015. Installationsansicht, *Thomas Schütte: Arbeiten 1975–1981*, Skulpturenhalle, Neuss, 14.1.–13.3.2022. Im Hintergrund: *Große Tapeten*. 1975

12>

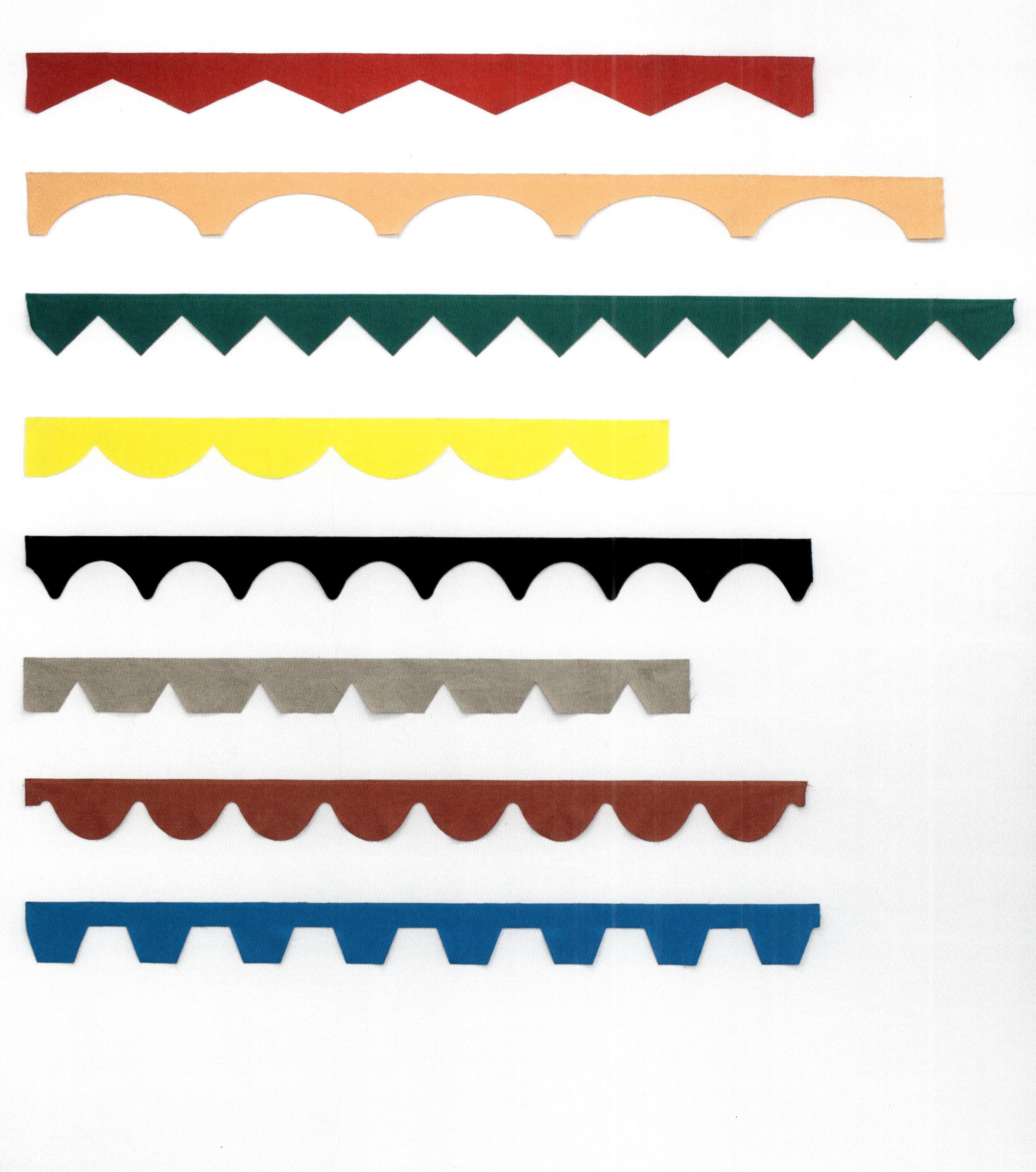

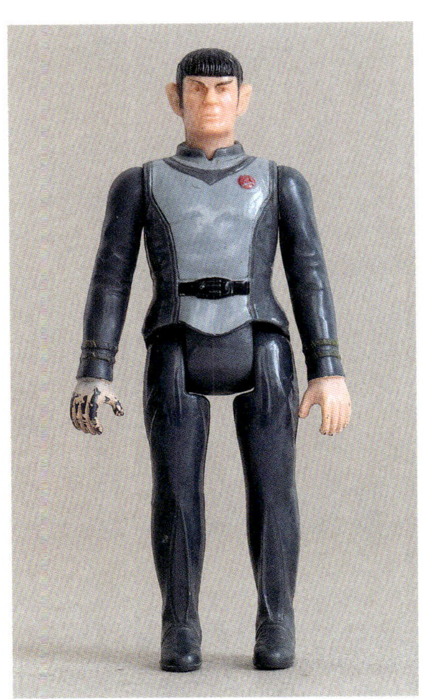

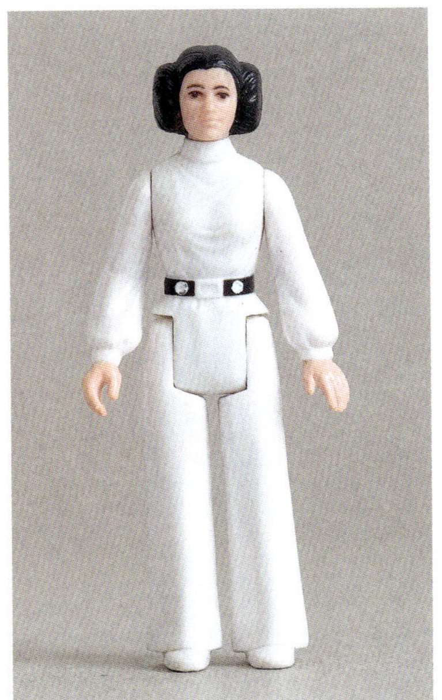

13

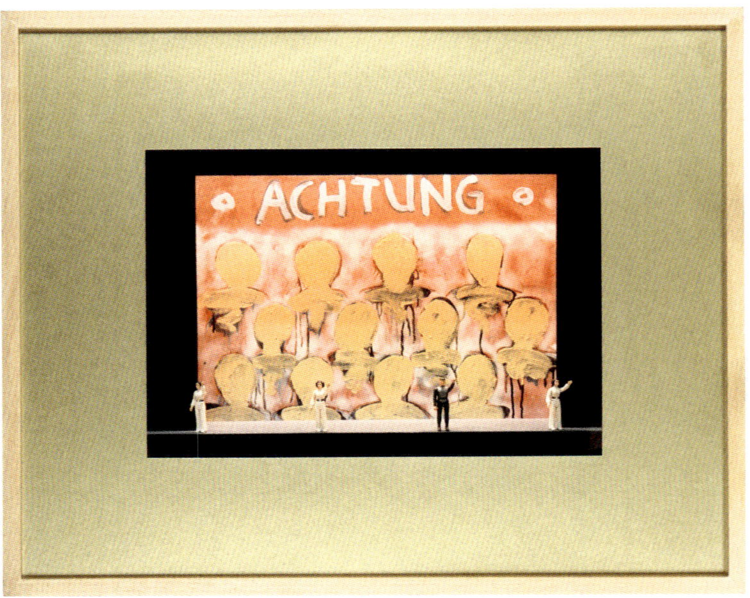

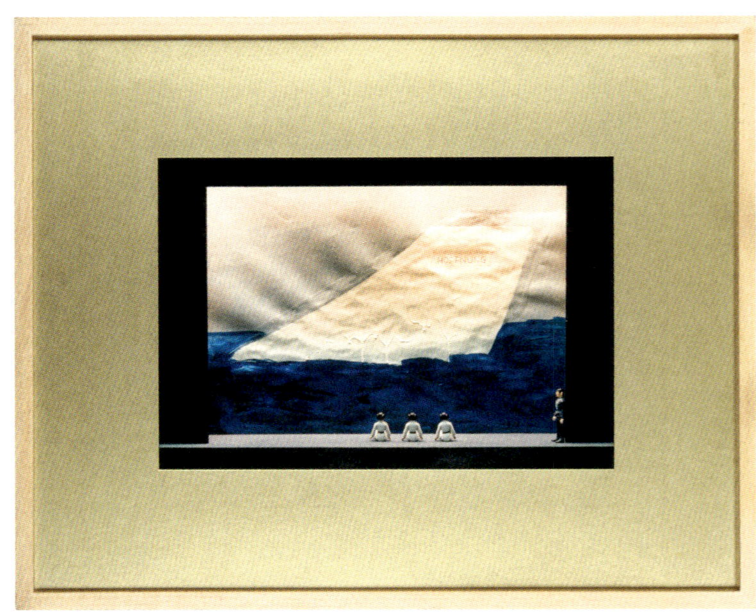

Diese und nächste Seite:

13
Skizzen zum Projekt Großes Theater. 1980.
Chromogene Farbdrucke, 14 Blatt, je 40 × 50 cm

Links:
Spock- und Prinzessin-Leia-Figurinen aus:
Skizzen zum Projekt Großes Theater. 1980

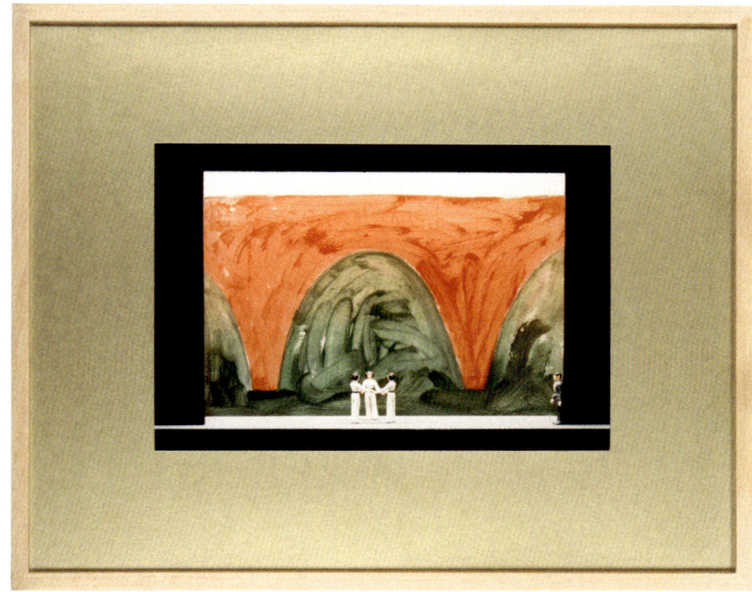

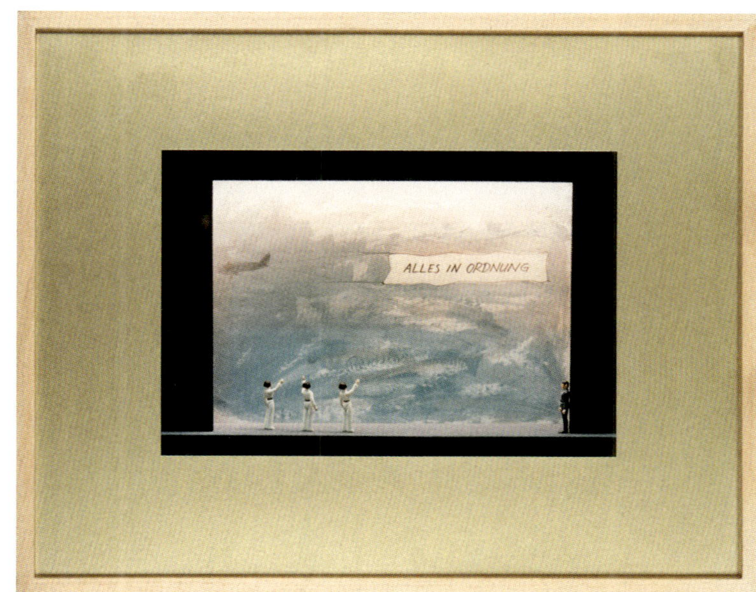

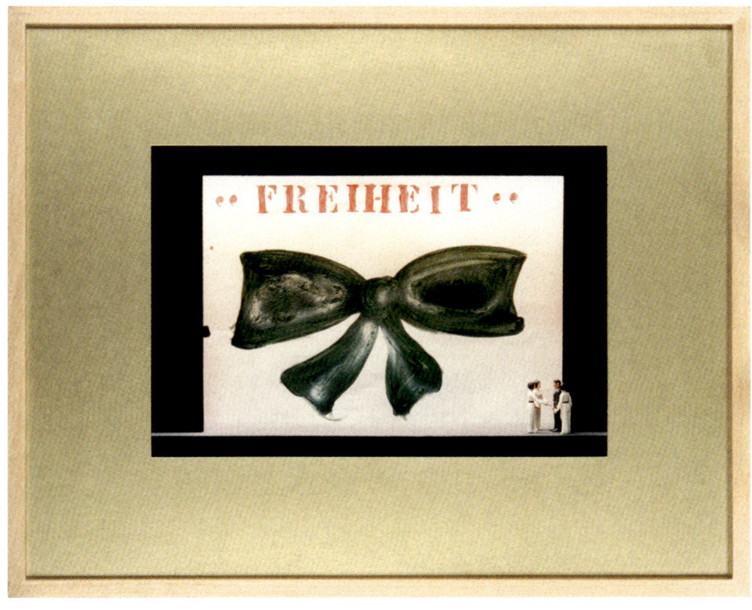

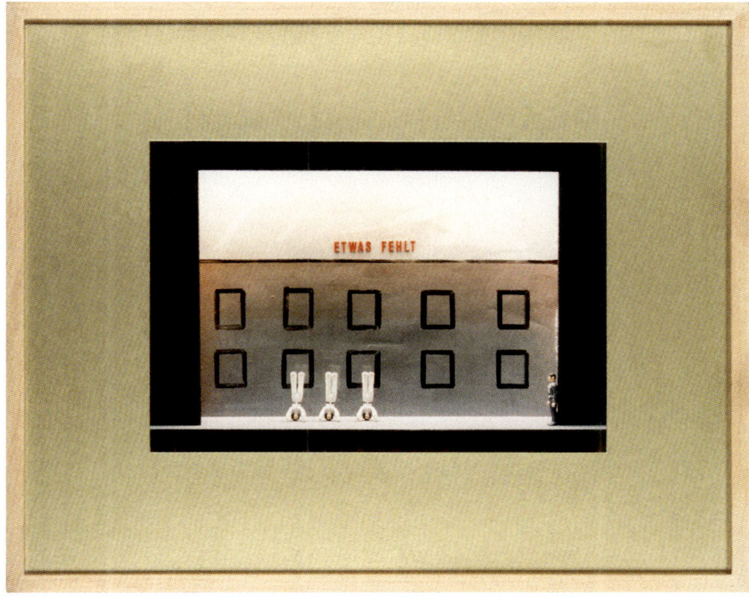

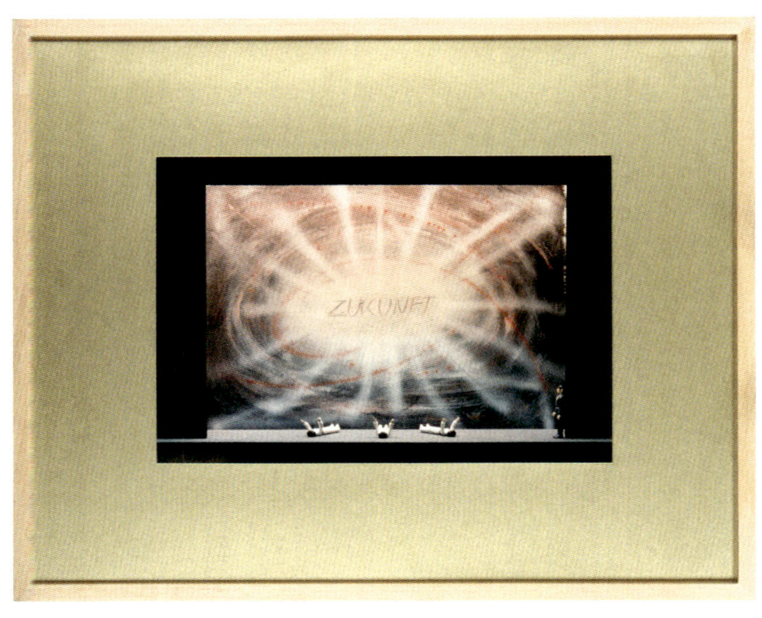
ZUKUNFT

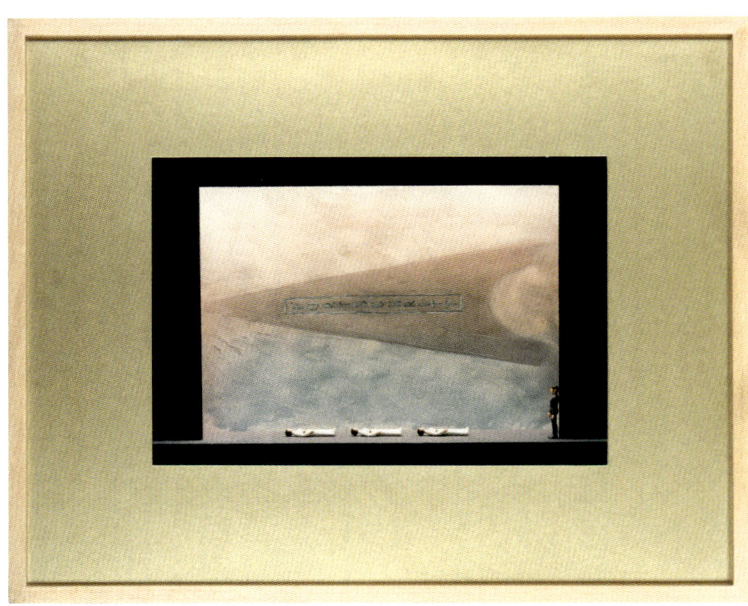

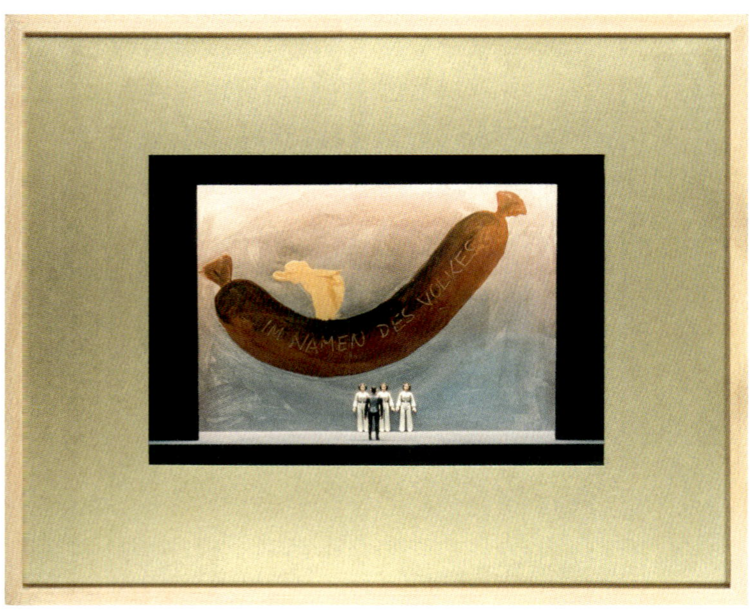
IM NAMEN DES VOLKES

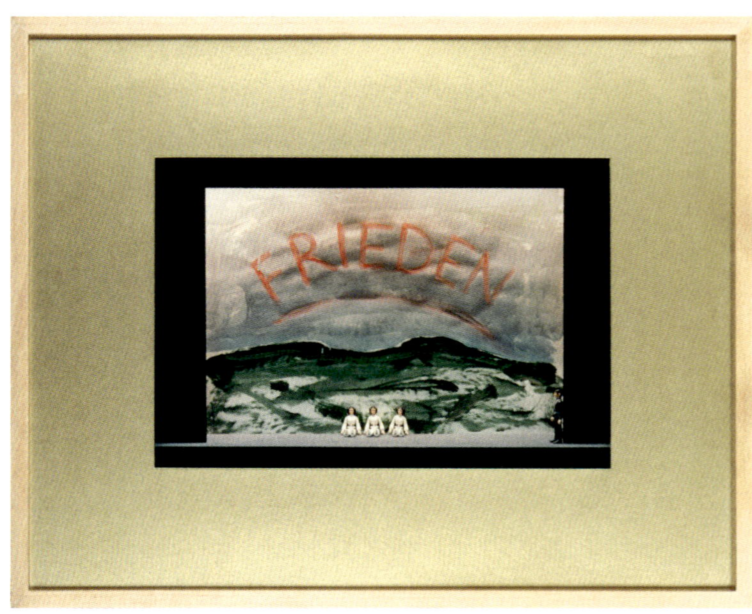
FRIEDEN

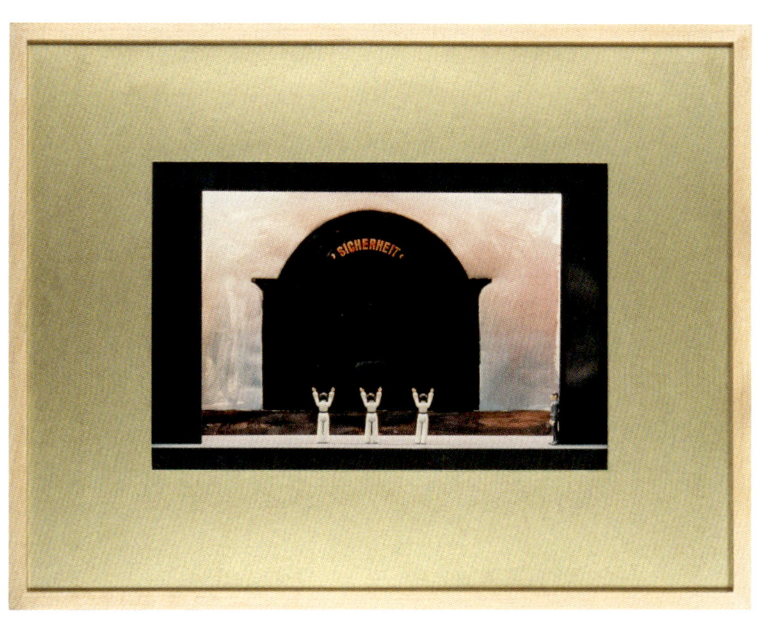
SICHERHEIT

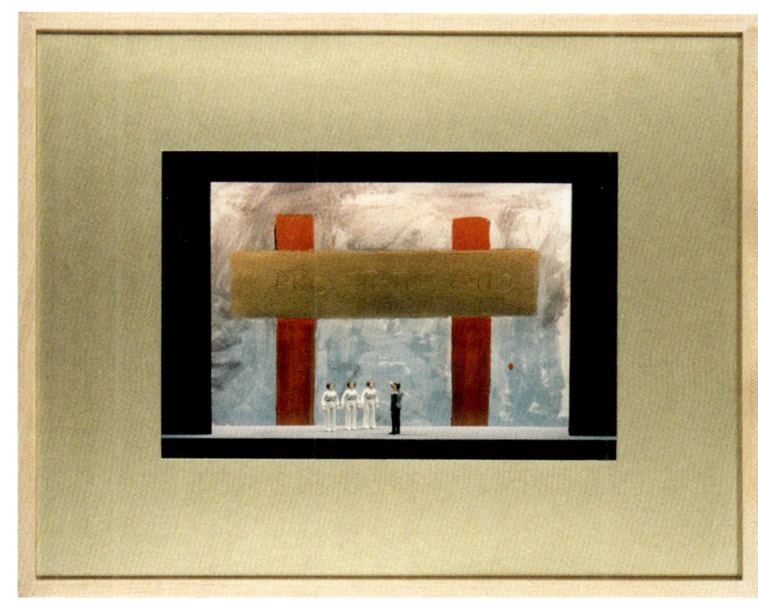

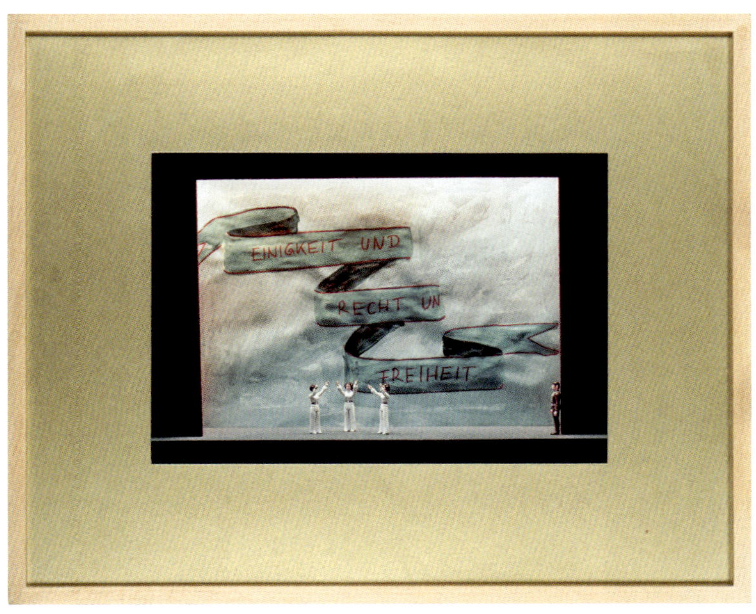
EINIGKEIT UND
RECHT UN
FREIHEIT

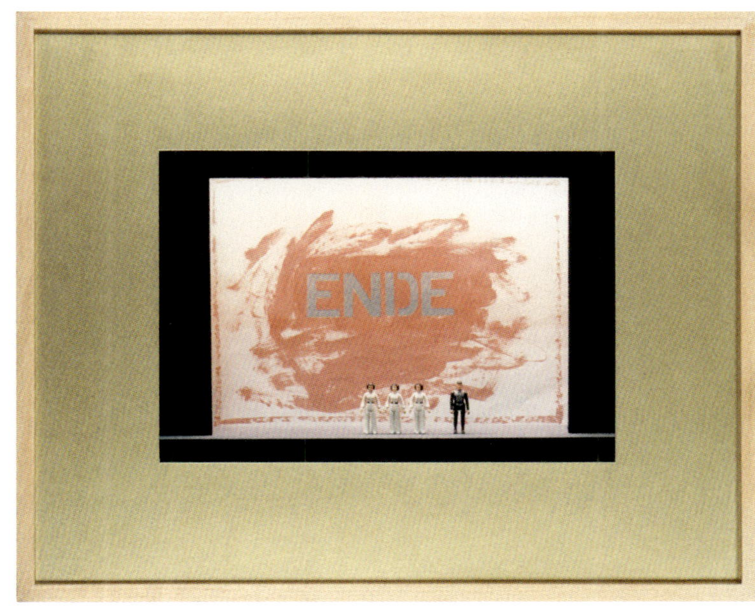
ENDE

14
Schwarze Girlande. 1980. Stoff, 7 Teile, unterschiedliche Längen, 360–405 cm. Installationsmaße variabel. Installationsansicht, *Ruhe vor dem Sturm: Postminimalistische Kunst aus dem Rheinland*, Museum Morsbroich, Leverkusen, 13.9.2015–10.1.2016

Diese Seite:
Zwei Ansichten von *Rote Girlande*. 1979. Stoff, 5 Teile, unterschiedliche Längen, 380–1091 cm. Sammlung Kasper König. Installationsansicht, Kuratorenbüro *Westkunst. Zeitgenössische Kunst seit 1939*, Köln, um 1979. Im Bild: Kasper König

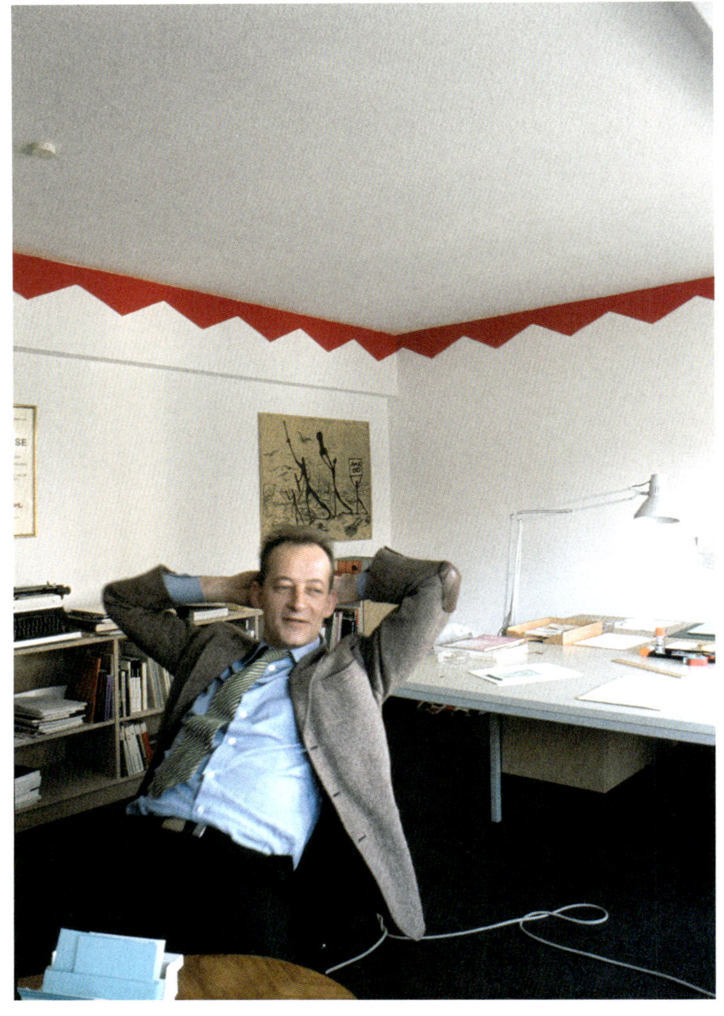

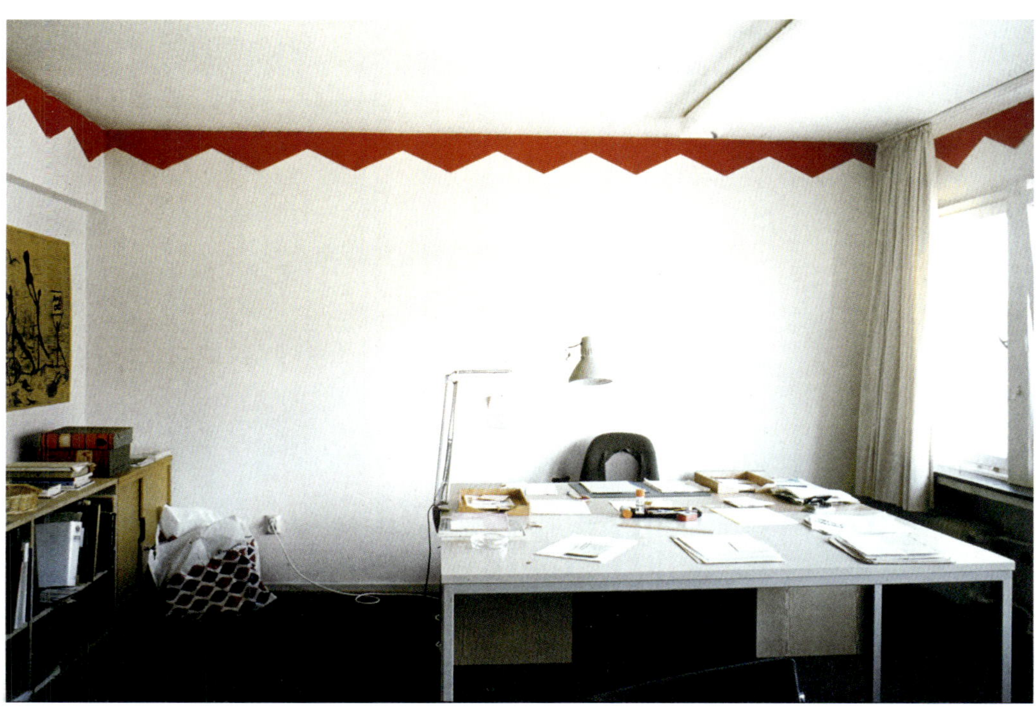

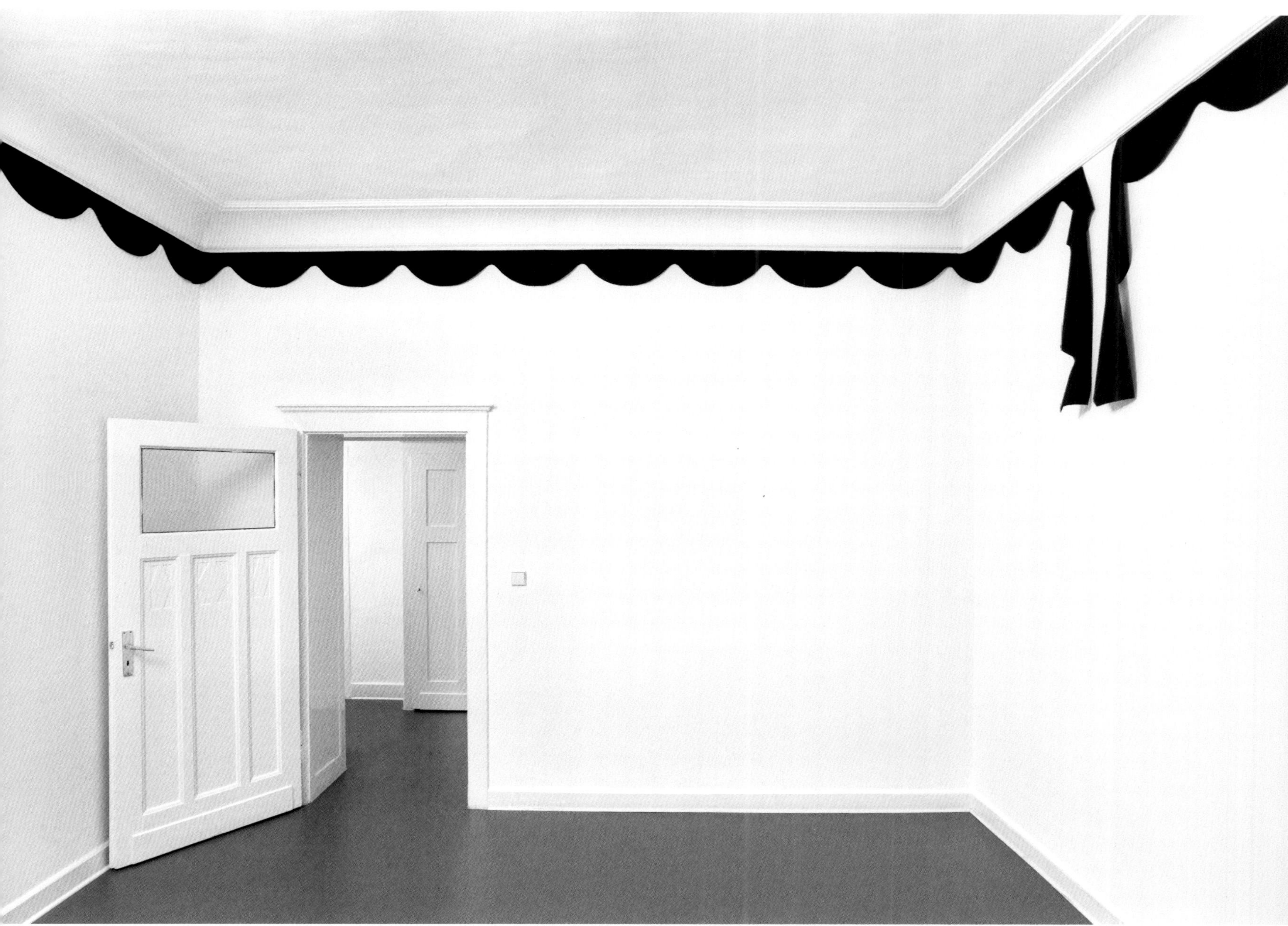

14

15
Postkarten, München. 1980. Postkarten auf Papier, 4 Blätter, je 55,9 × 81,3 cm

Rechts:
Ausstellungseinladung (recto und verso) zu *Thomas Schütte: Arbeiten 1977–80*, Galerie Rüdiger Schöttle, München, 10.5.–10.6.1980

15

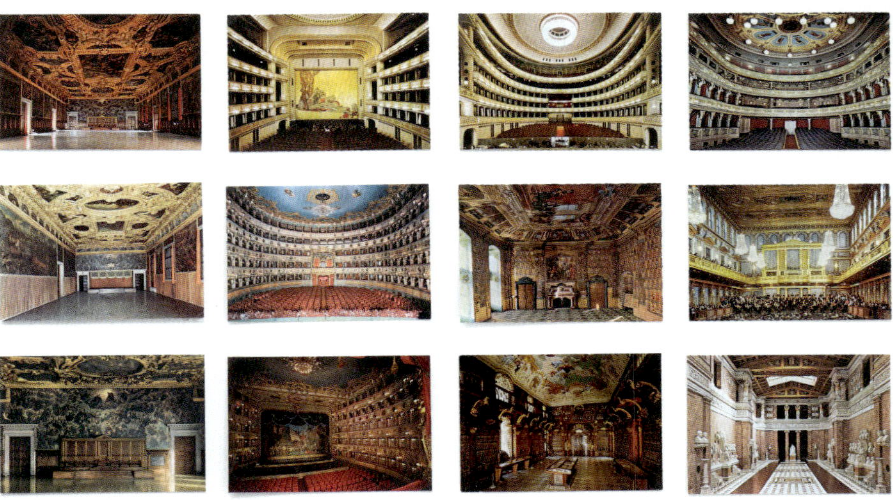

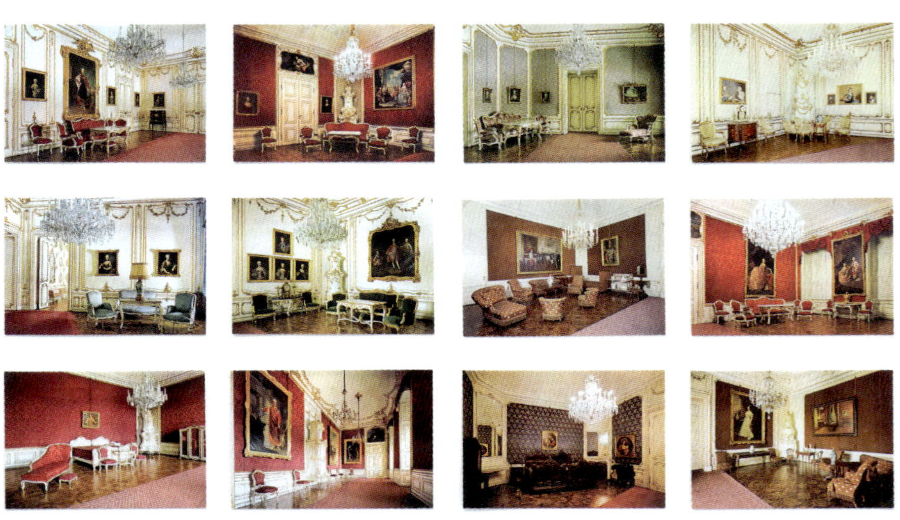

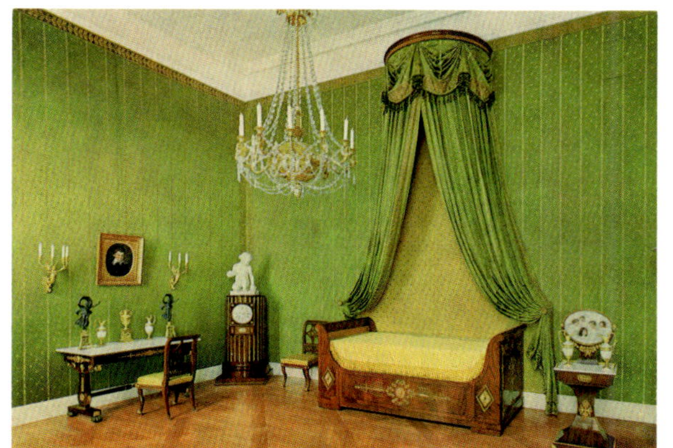

Residenzmuseum München
»Charlottenzimmer«
Schlafzimmer, um 1810-20

THOMAS SCHÜTTE

Arbeiten 1977-80

gezeigt vom 10.5.80 - 10.6.80

Eröffnung:

Freitag, 9.5.80, 19 - 21 h

RÜDIGER SCHÖTTLE
Martiusstraße 7
München 40
Tel: 33 36 86

Orig.-Aufn. J. Härtl – Verlag M. Herpich – München 54

DRUCKSACHE

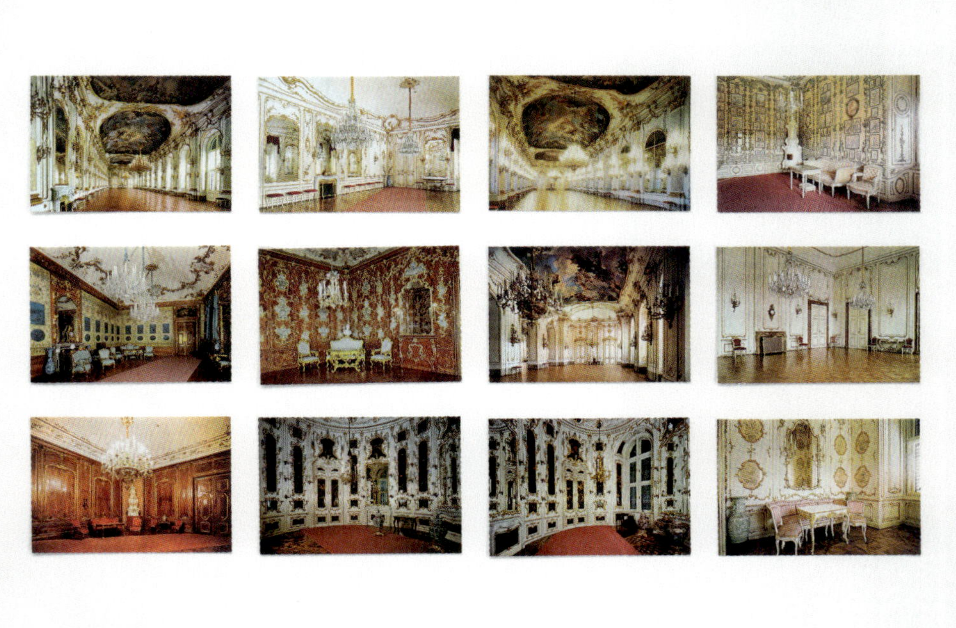

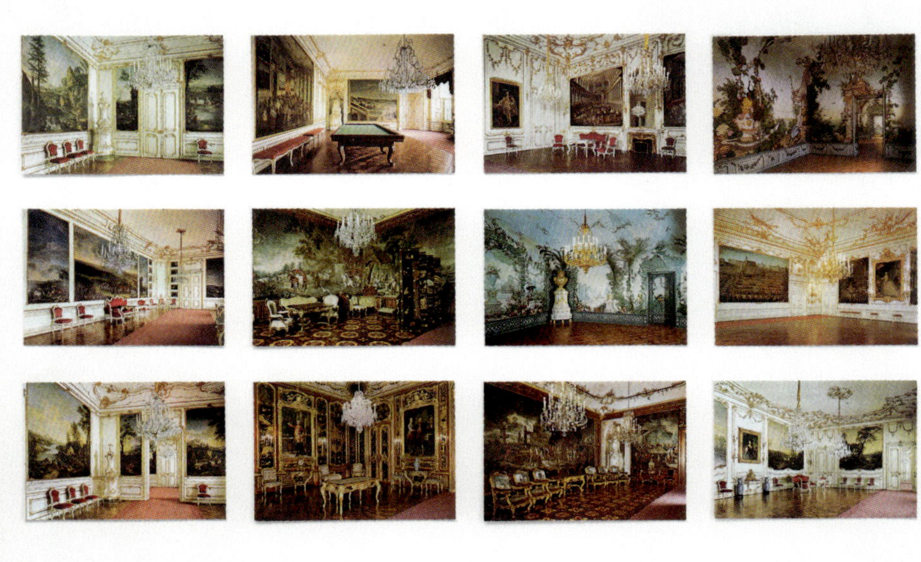

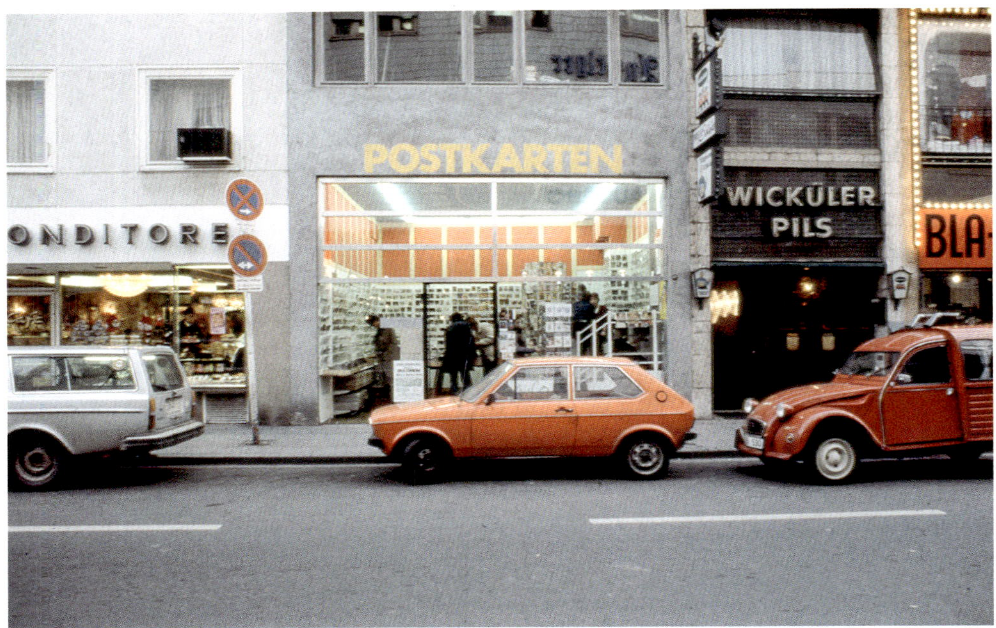

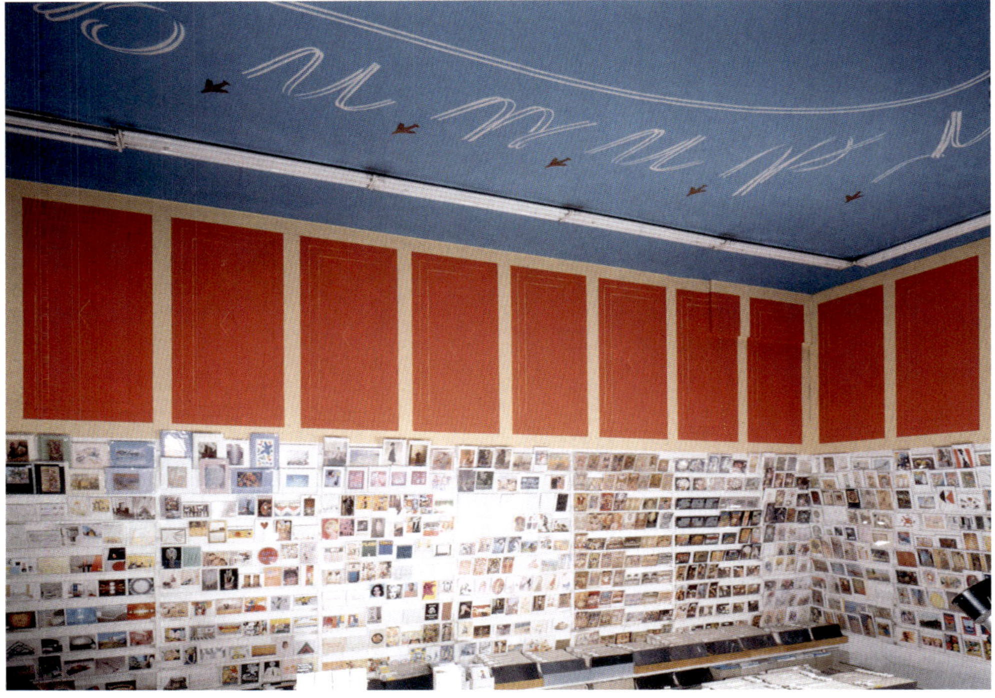

16
Alles in Ordnung. 1981. Farbe auf Deckenwand.
700 × 550 cm. Installationsansicht,
Postkartenladen Walther König, Köln, 2024

Diese Seite, von oben:
Außen- und Innenansicht vom Postkartenladen
Walther König, Köln, 1981

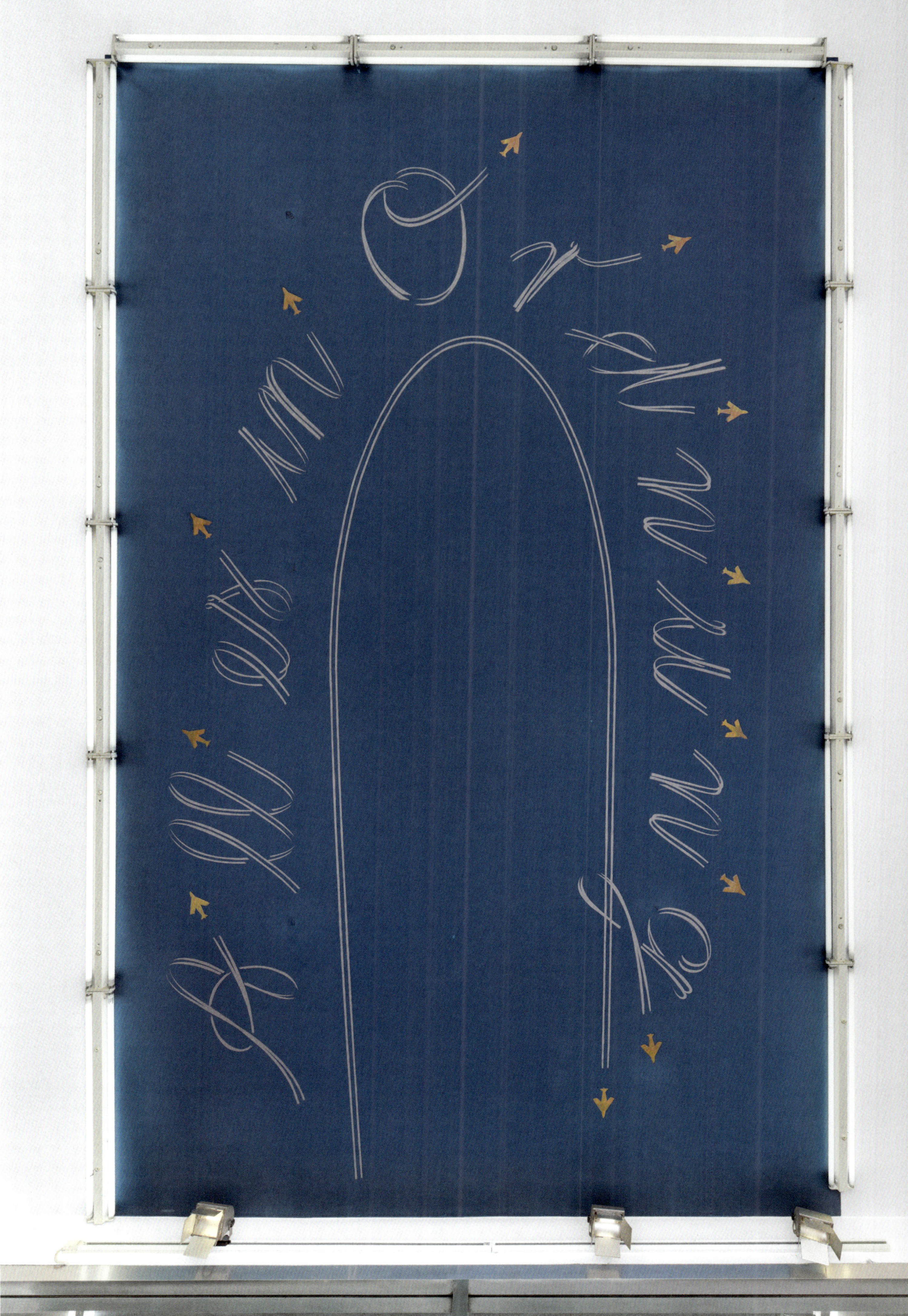

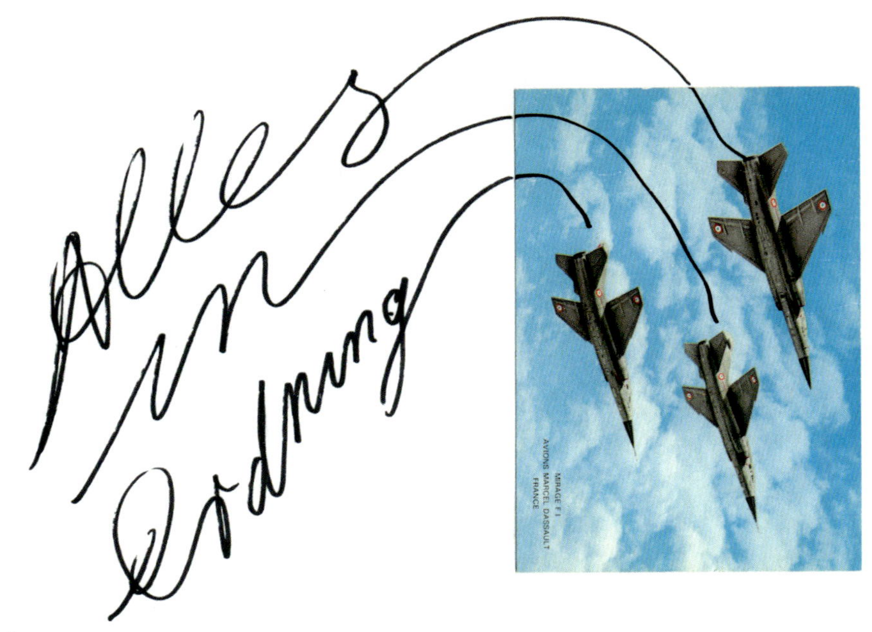

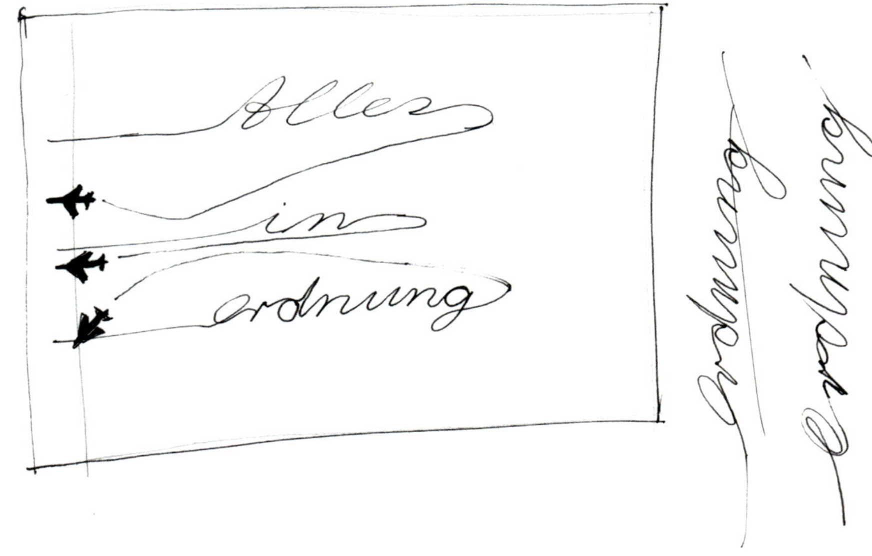

Diese Seite von oben:
Zeichnung zu *Alles in Ordnung*. 1981. Collage mit Stift auf Papier, 21 × 29,7 cm. Besitz des Künstlers, Düsseldorf

Zeichnung zu *Alles in Ordnung*. 1981. Stift auf Papier, 21 × 29,7 cm. Besitz des Künstlers, Düsseldorf

Gegenüberliegende Seite:
Drei Zeichnungen zu *Alles in Ordnung*. 1981. Stift auf Papier, 29,7 × 21 cm. Besitz des Künstlers, Düsseldorf

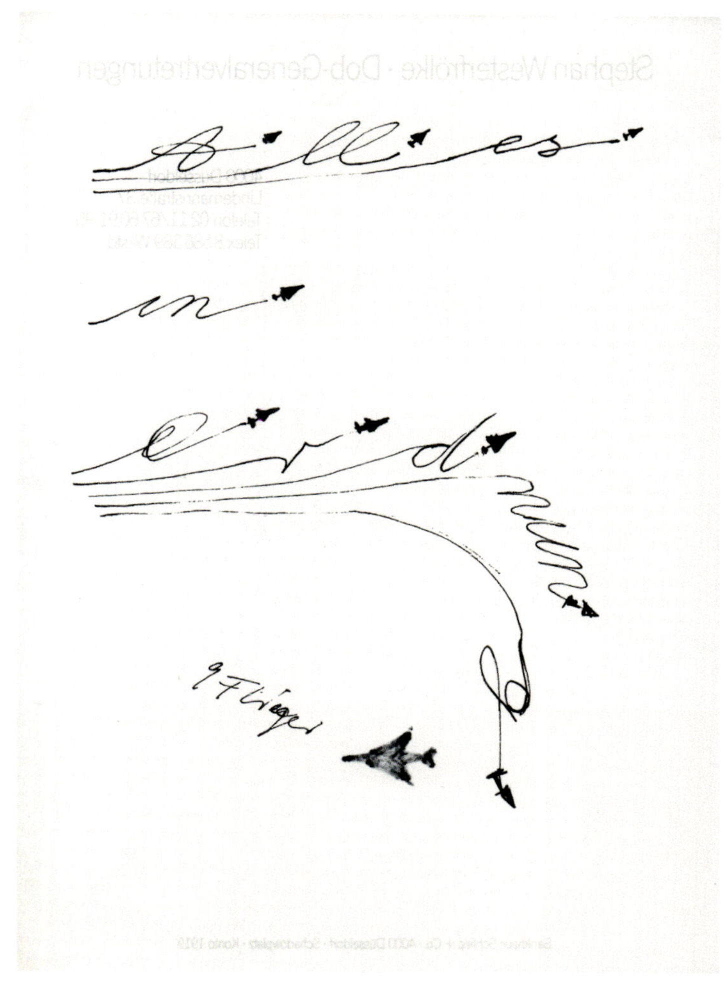
9 Flieger

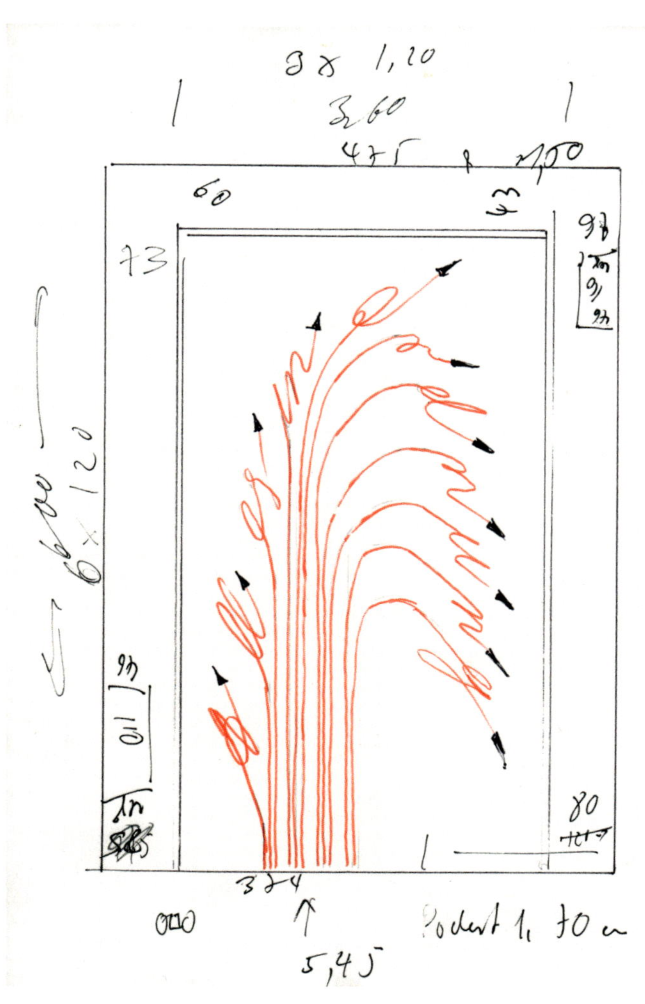
3 x 1,20
3,60
4,75
60
73
6 x 120
80
324
5,45
Podest 1,70 m

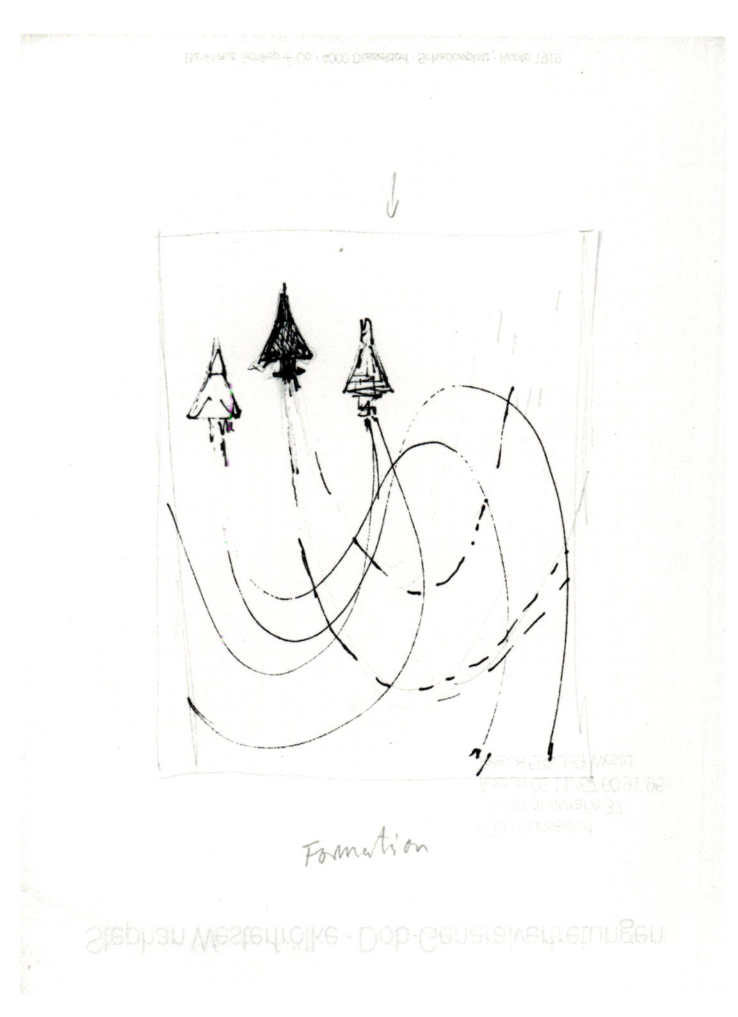
Formation

17
Goldene Ringe. 1981. Selbstklebendes Vinyl, jeder Ring: Dm 10,5 cm. Installationsmaße variabel

Rechts:
Installationsansicht, *Arbeiten 1975–1981, Skulpturenhalle, Neuss, 14.1.–13.3.2022*

17

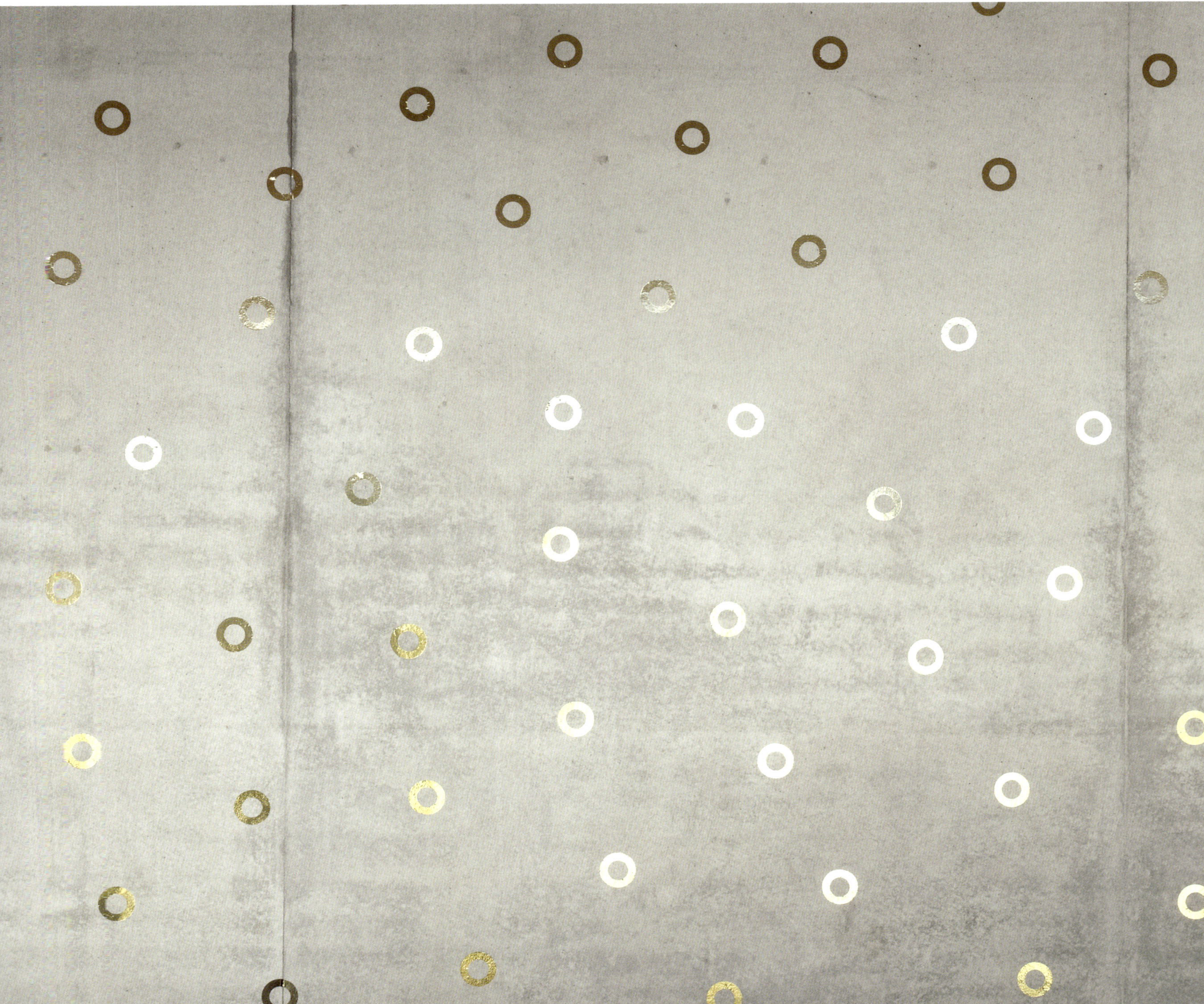

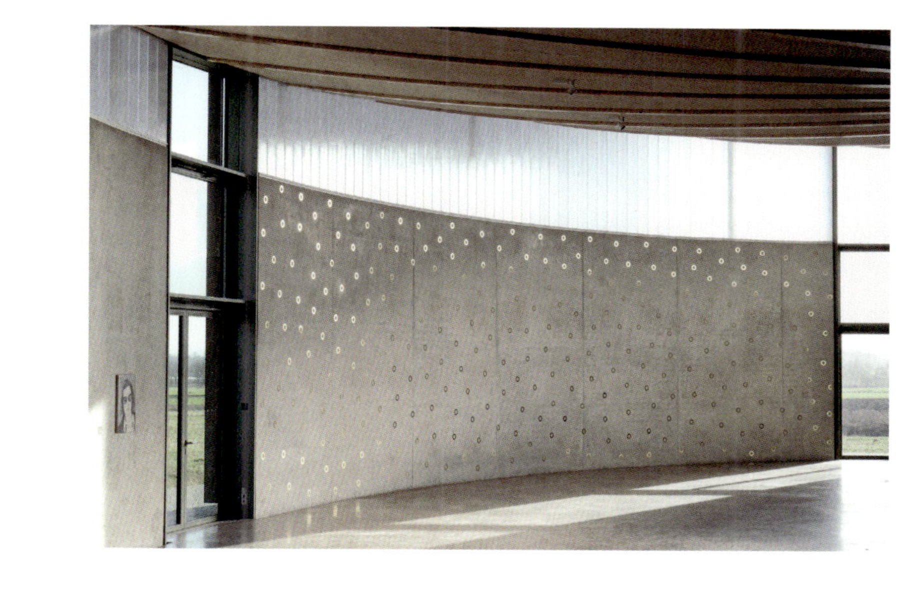

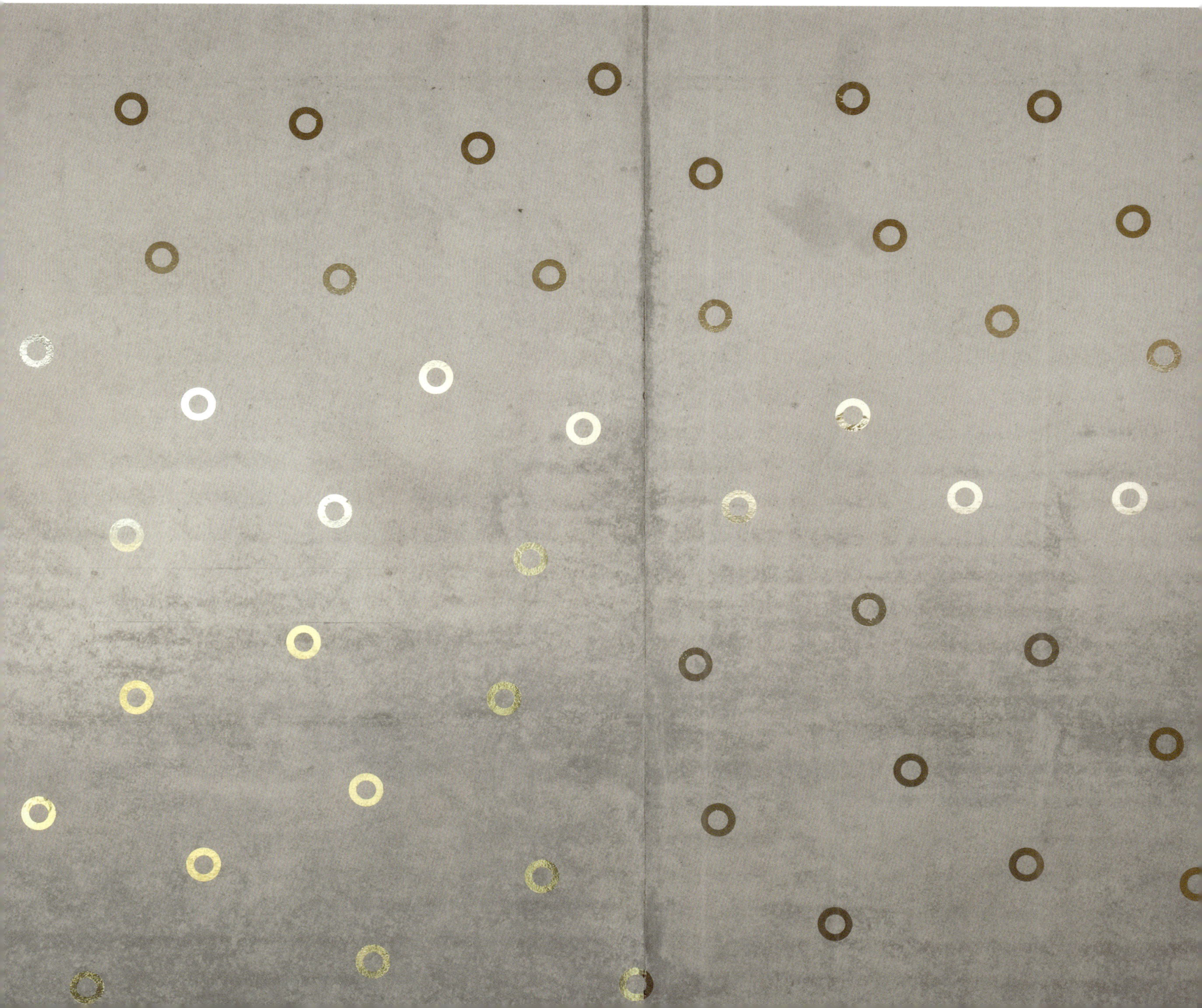

18
Vordergrund:
Mein Grab. 1981. Lack auf Holz, Sockel aus Faserplatte, Modell: 52 × 63 × 25 cm, Sockel: 116 × 75 × 35 cm. Hintergrund: *Mein Grab*. 1981. Lack auf Papier, 130 × 110 cm. Installationsansicht, *Thomas Schütte*, Kunsthaus Bregenz, 13.7.–6.10.2019

unten:
Zeichnung zu *Mein Grab*. 1981. Lack, Stift und Farbstift auf Papier, 29,7 × 21 cm. Besitz des Künstlers, Düsseldorf

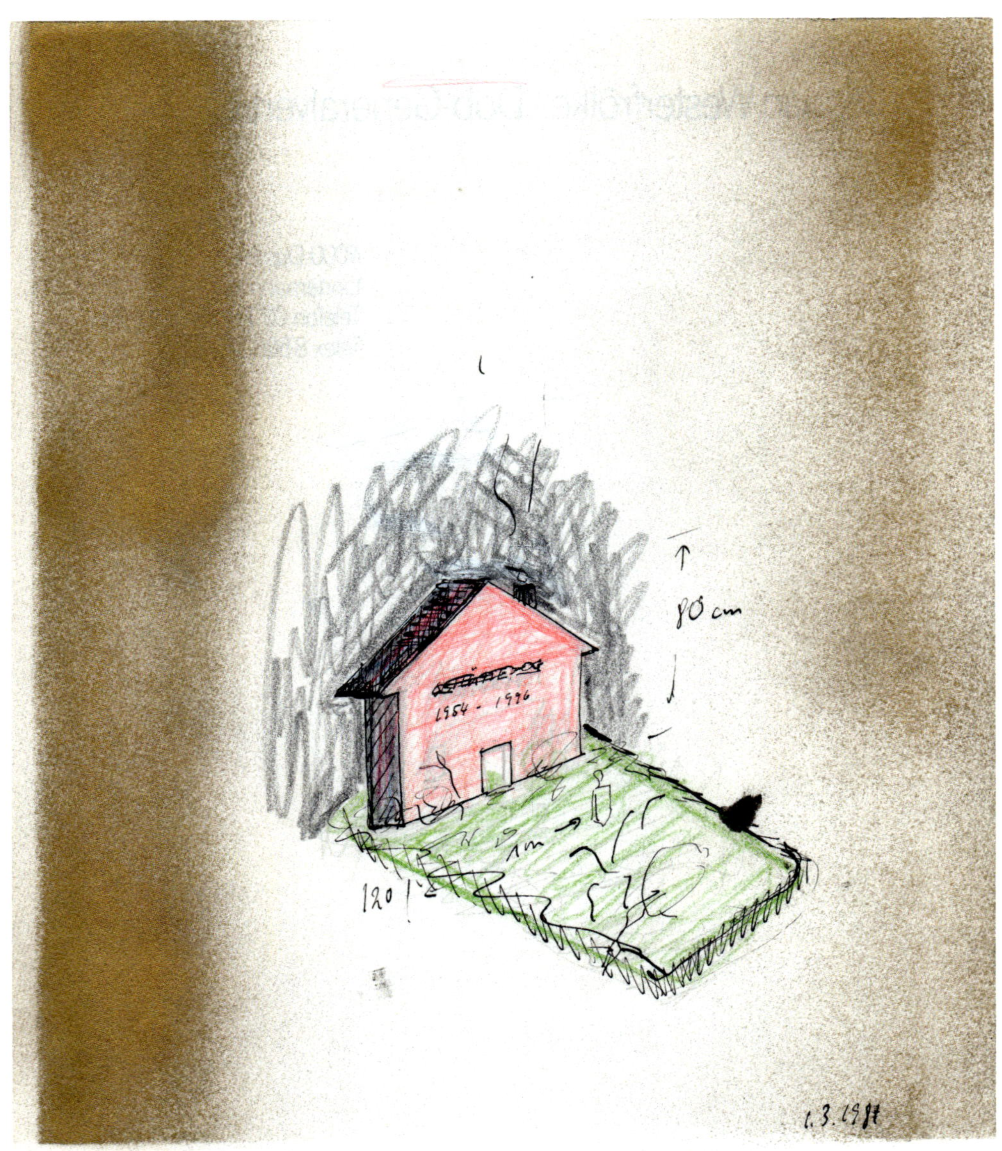

Entwurf für einen Grabstein
– Standard Einfamilienhaus –

18>

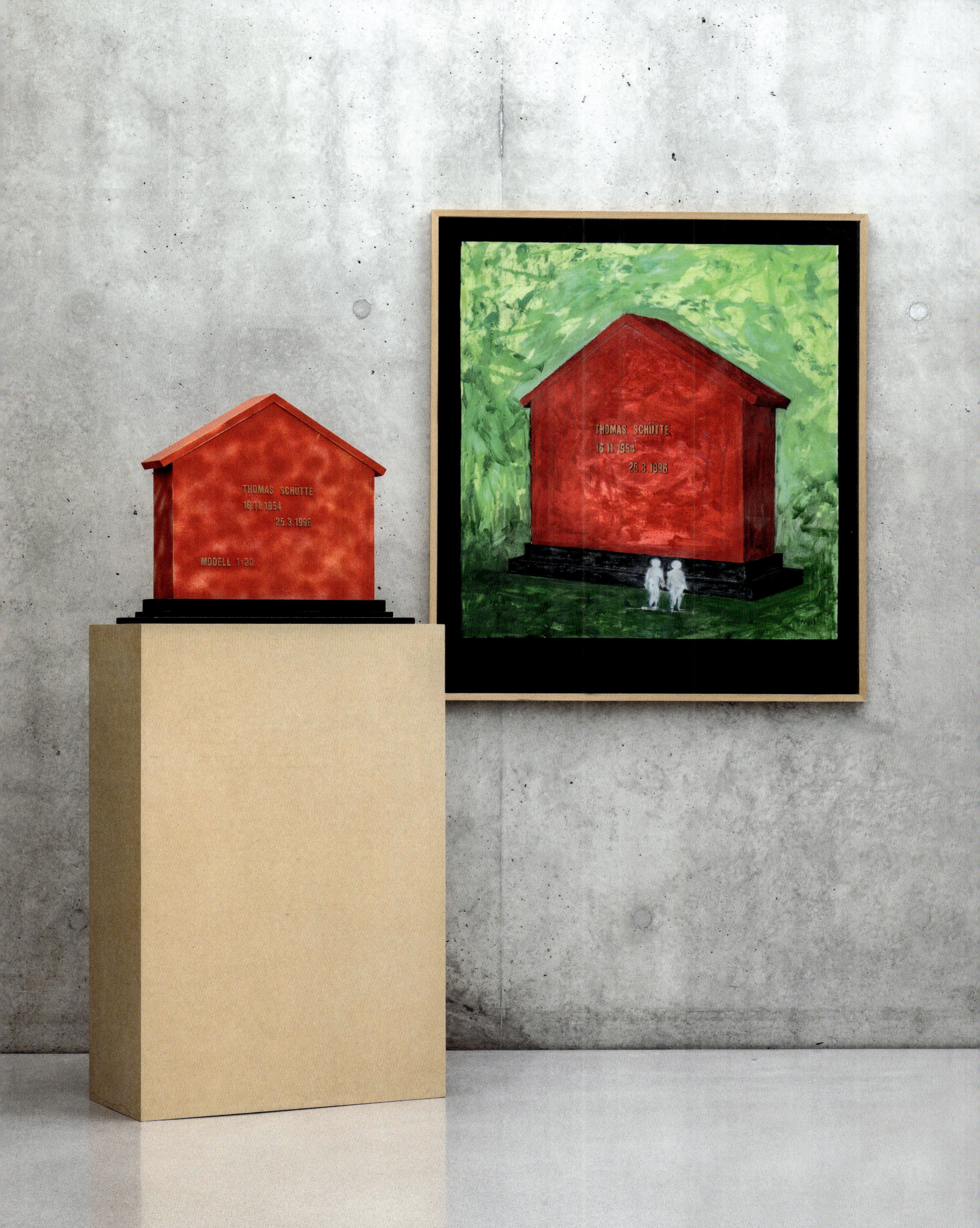
THOMAS SCHÜTTE
16.11.1954
25.3.1996
MODELL 1:20
THOMAS SCHÜTTE
16.11.1954
25.3.1996

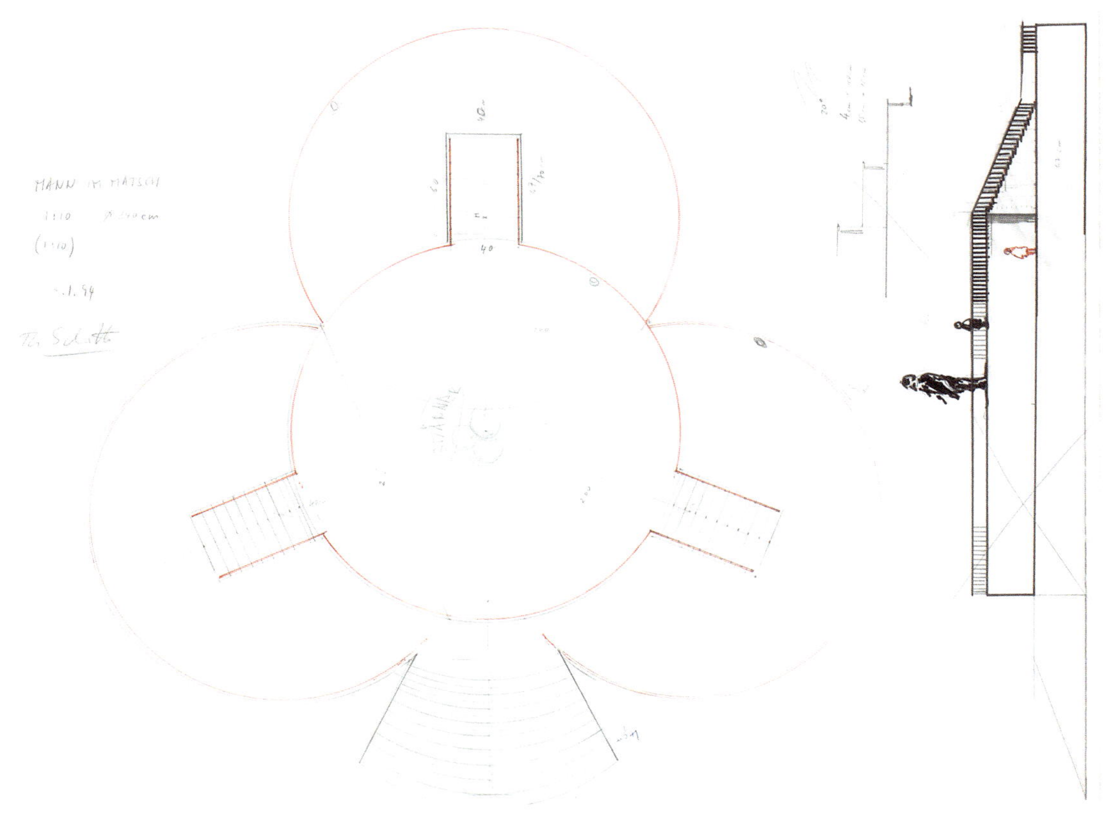

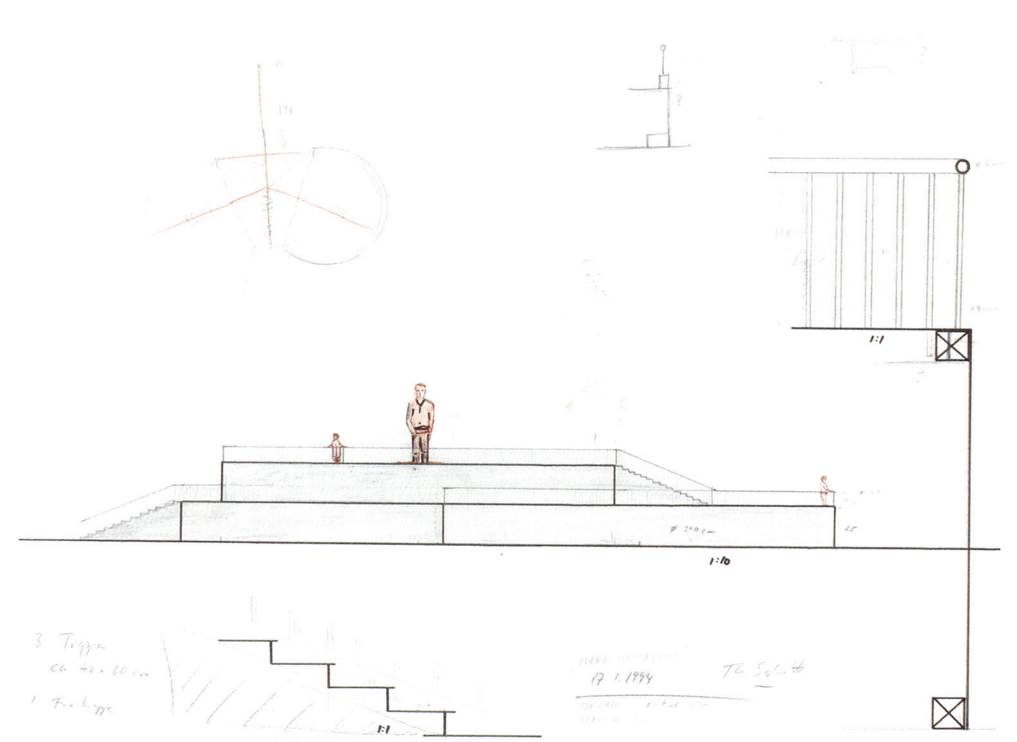

19
Mann im Matsch (I. Version). 1982/2014. Aluminium und Stahl, 24,4 × 134 × 127 cm. Auflage 2 von 5

Gegenüberliegende Seite:
Zwei Zeichnungen zu *Mann im Matsch* und zu *Großer Respekt*. 1994. Bleistift, Stift und Farbstift auf Papier, 50 × 70 cm. Sammlung Niels Dietrich

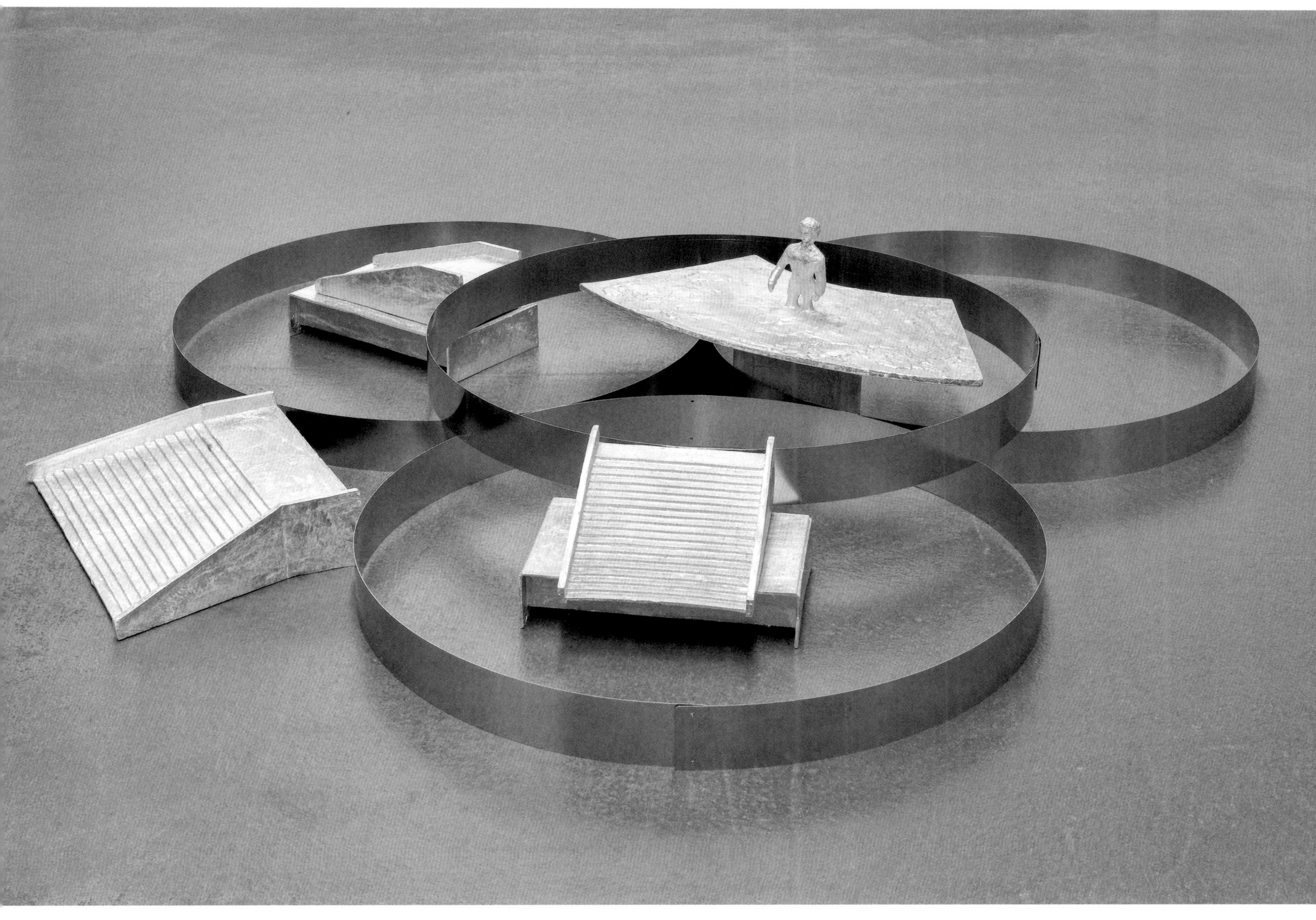

19

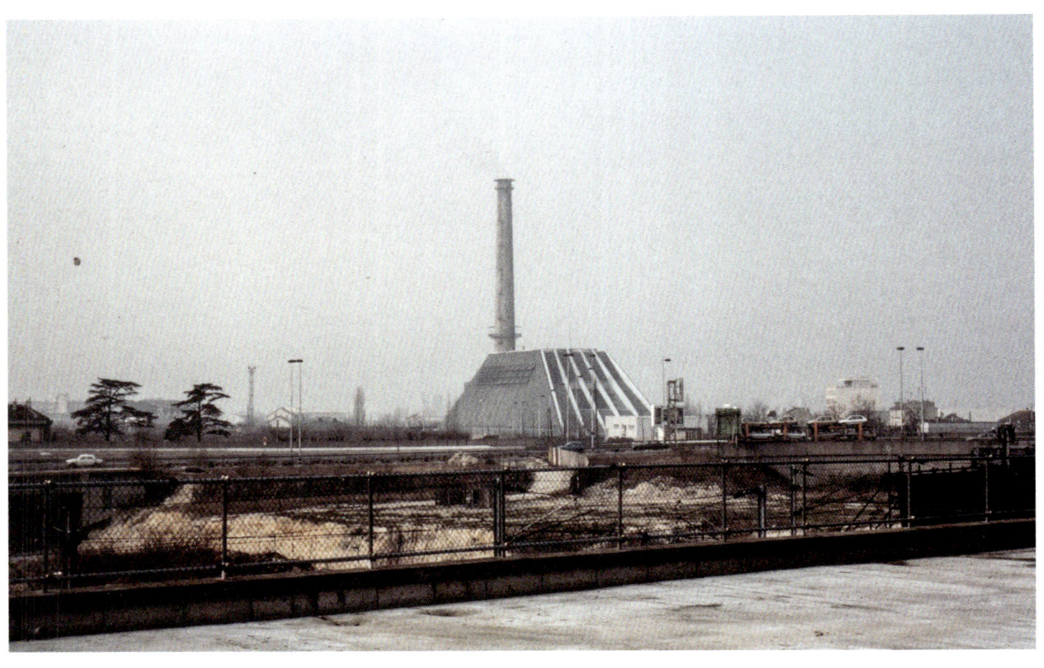

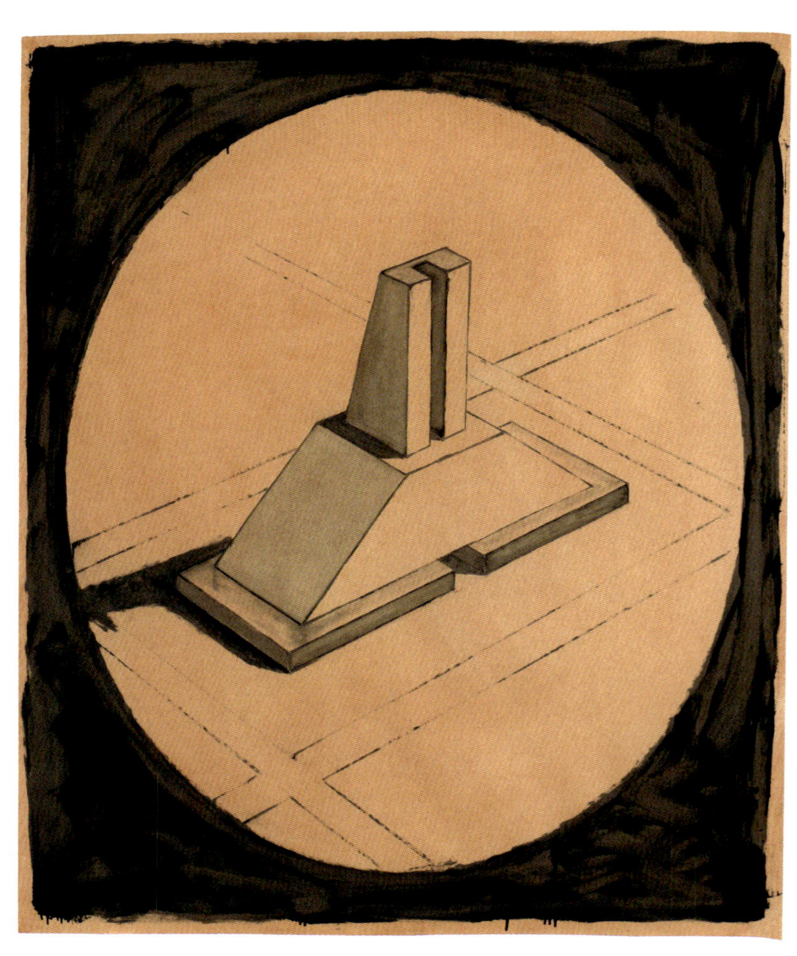

20
Modell für ein Museum. 1982. Farbe auf Holz mit Filz auf Tischen; und 2 Zeichnungen mit Lackfarbe auf Papier auf Staffeleien, 235 × 200 × 60 cm, Staffelei: je 200 × 150 × 70 cm. Installationsmaße variabel. Installationsansicht, *Thomas Schütte*, Haus der Kunst, München, 7.6.–6.9.2009

Oben:
Wärmekraftwerk Courbevoie in La Défense, Paris, ca. 1981/82

Rechts:
Hauptstadt. 1981. Lack auf Papier, 1 von 7 Blättern, je 135 × 110 cm. The Museum of Modern Art, New York. Schenkung von Jan Christiaan Braun zu Ehren von Konrad Fischer

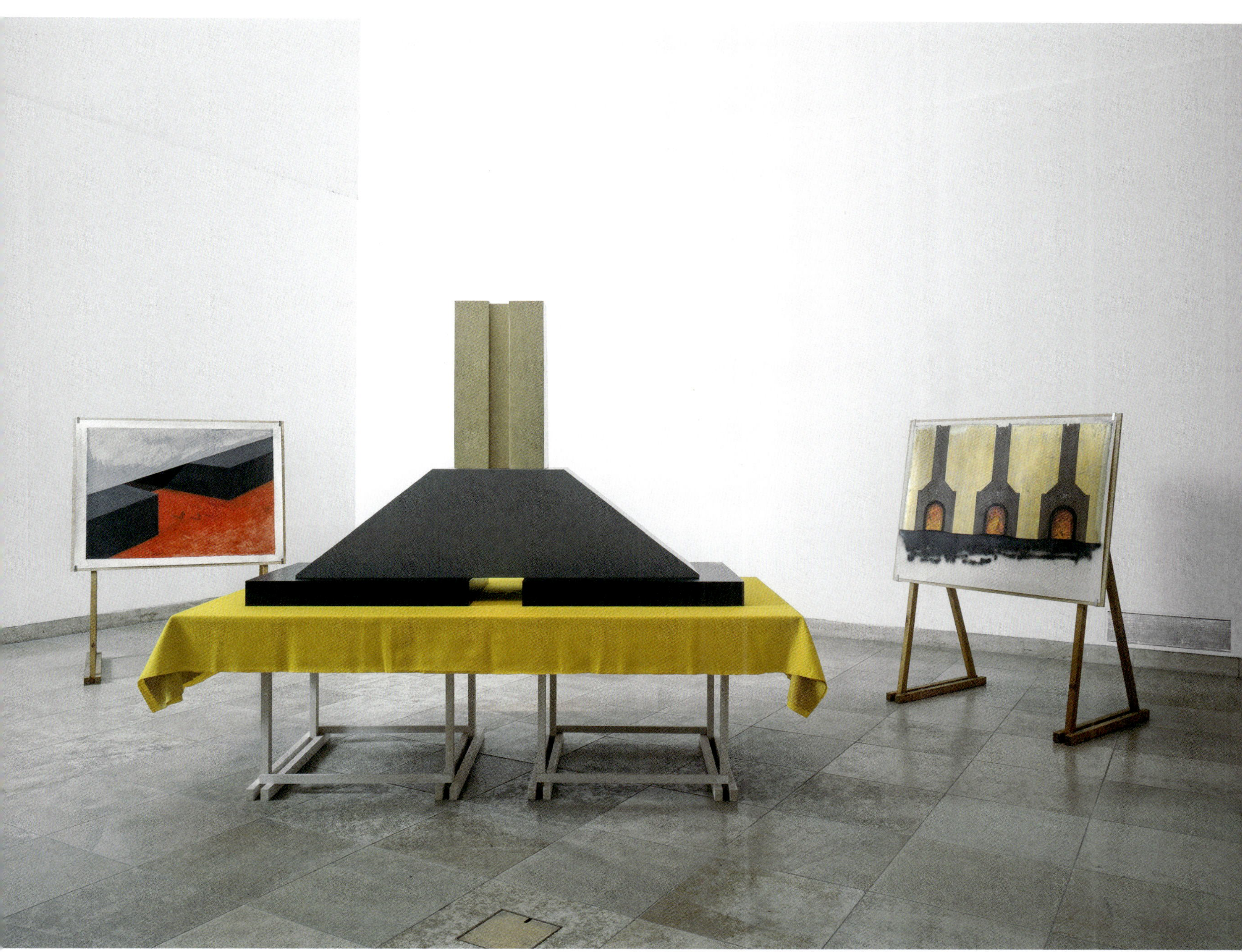

20

21
Studio I. 1983. Farbe auf Holz, Modell: 87 × 41 × 128 cm, Tisch: 92,5 × 85 × 175 cm

Unten:
Installationsansicht (v. l. n. r.) *Landhaus 4* (1986), *Studio II* (1983) und *Studio I* (1983), Herbert Foundation, Gent, 1989

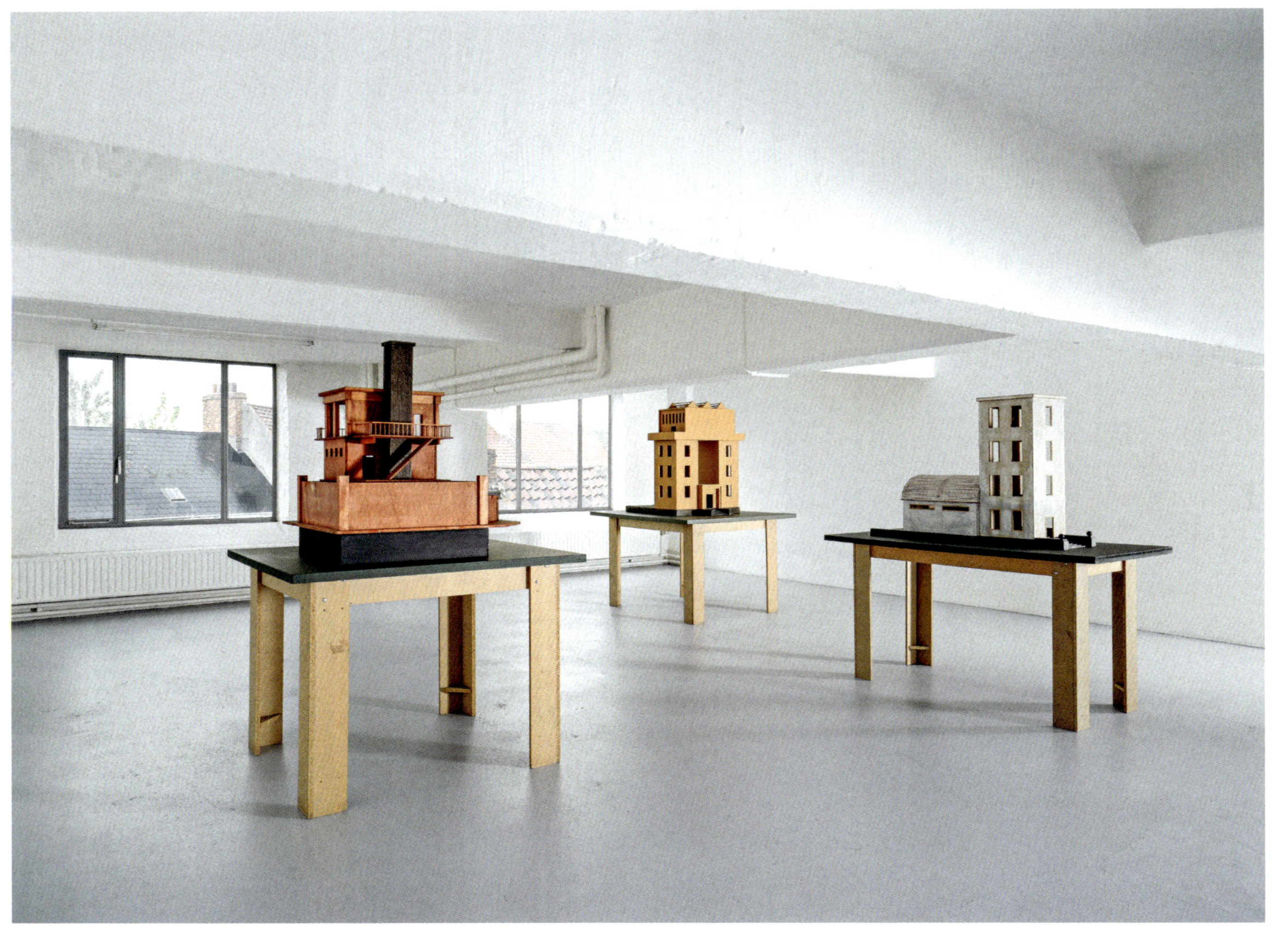

21>

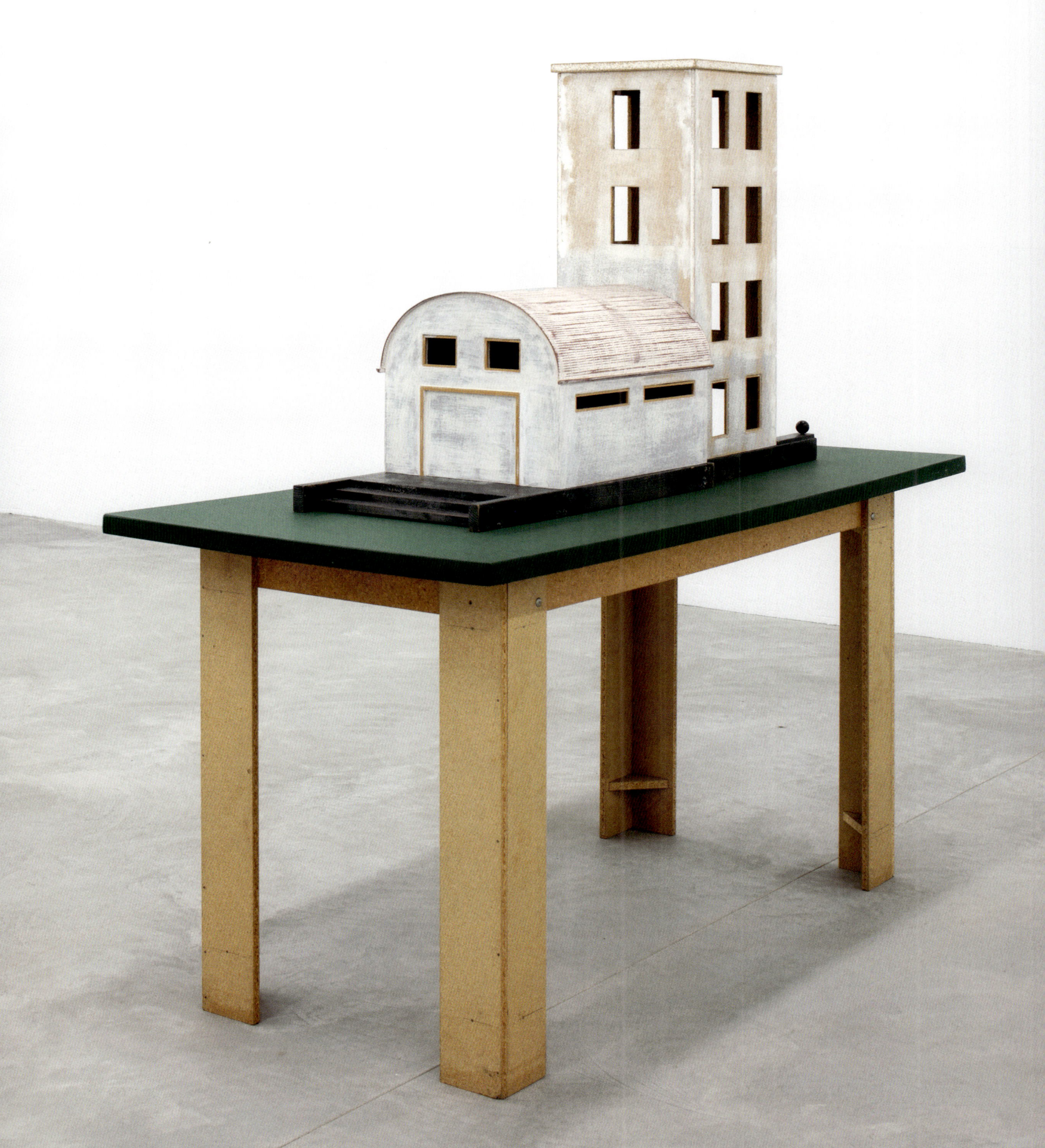

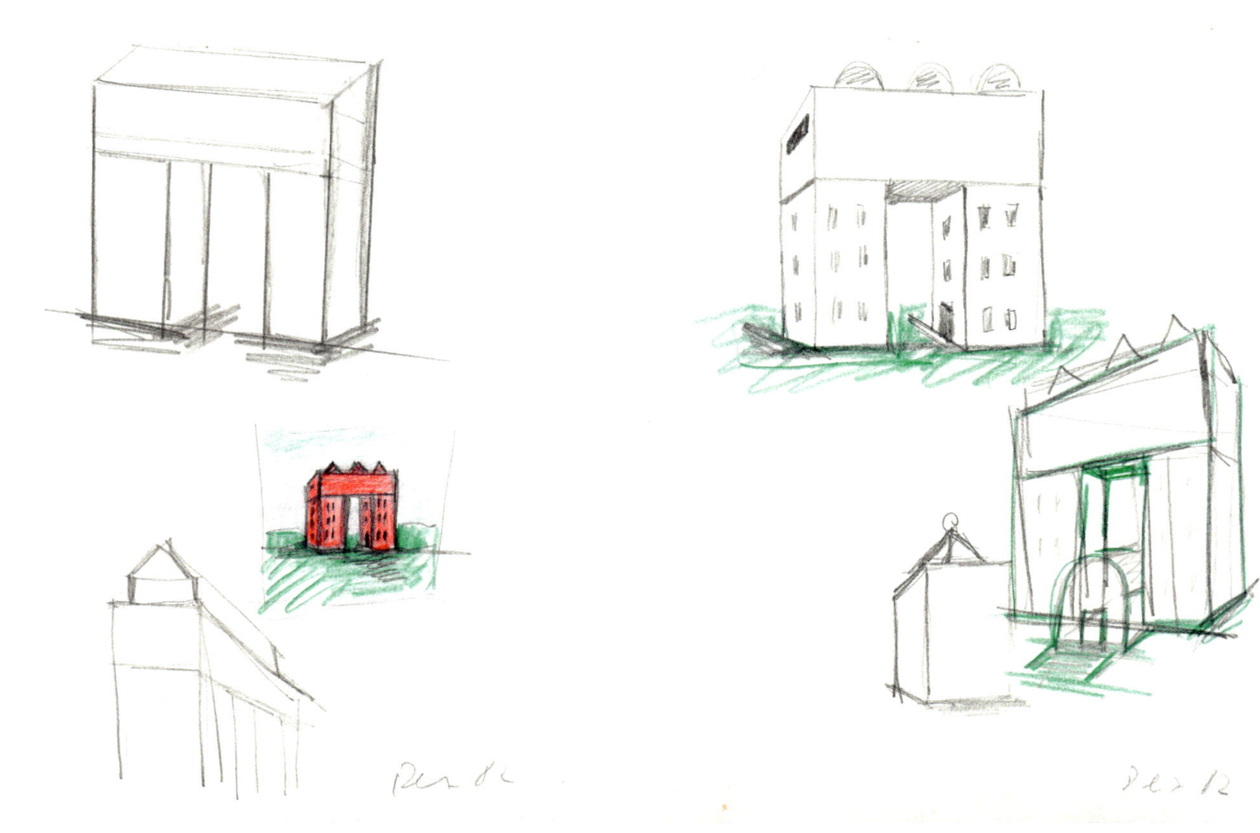

22
Studio II. 1983. Farbe auf Holz, Modell:
107 × 108 × 77 cm, Tisch: 94 × 130,2 × 150 cm

Oben:
Zwei Zeichnungen zu *Studio II.* 1982.
Blei- und Farbstift auf Papier, 29,7 × 21 cm.
Besitz des Künstlers, Düsseldorf

22>

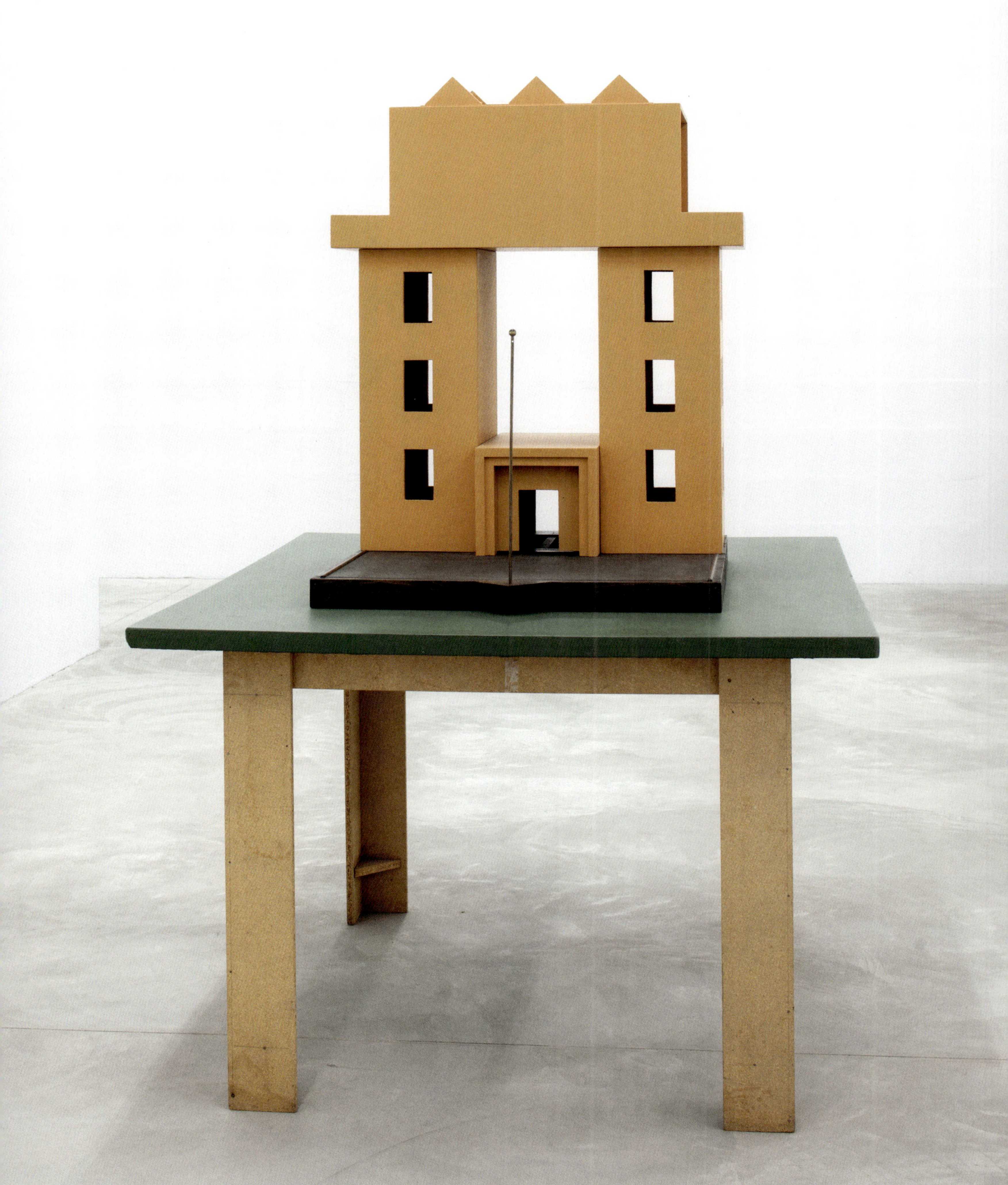

23
Landhaus 4 (*Country House 4*). 1986. Farbe auf Holz mit Modellauto, Modell: 101 × 91 × 86 cm, Tisch: 96 × 130 × 120 cm

Rechts:
Zeichnung zu *Landhaus 4*. 1982. Stift auf Papier, 29,7 × 21 cm. Besitz des Künstlers, Düsseldorf

Unten:
Thomas Schütte während des Aufbaus von *Landhaus 4* mit dem Galeristen Philip Nelson und dem Kurator Bart Cassiman, Herbert Foundation, Gent, 1989

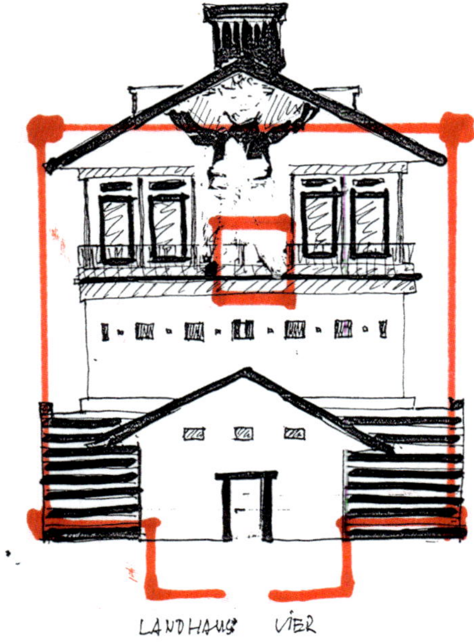

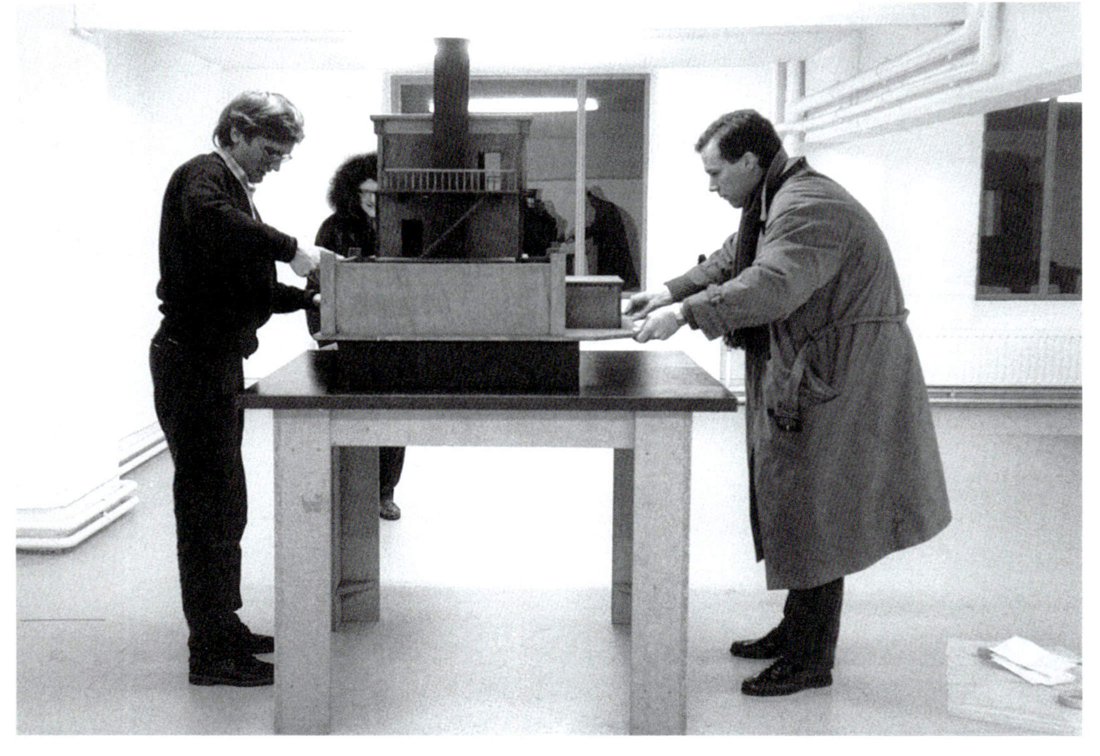

23>

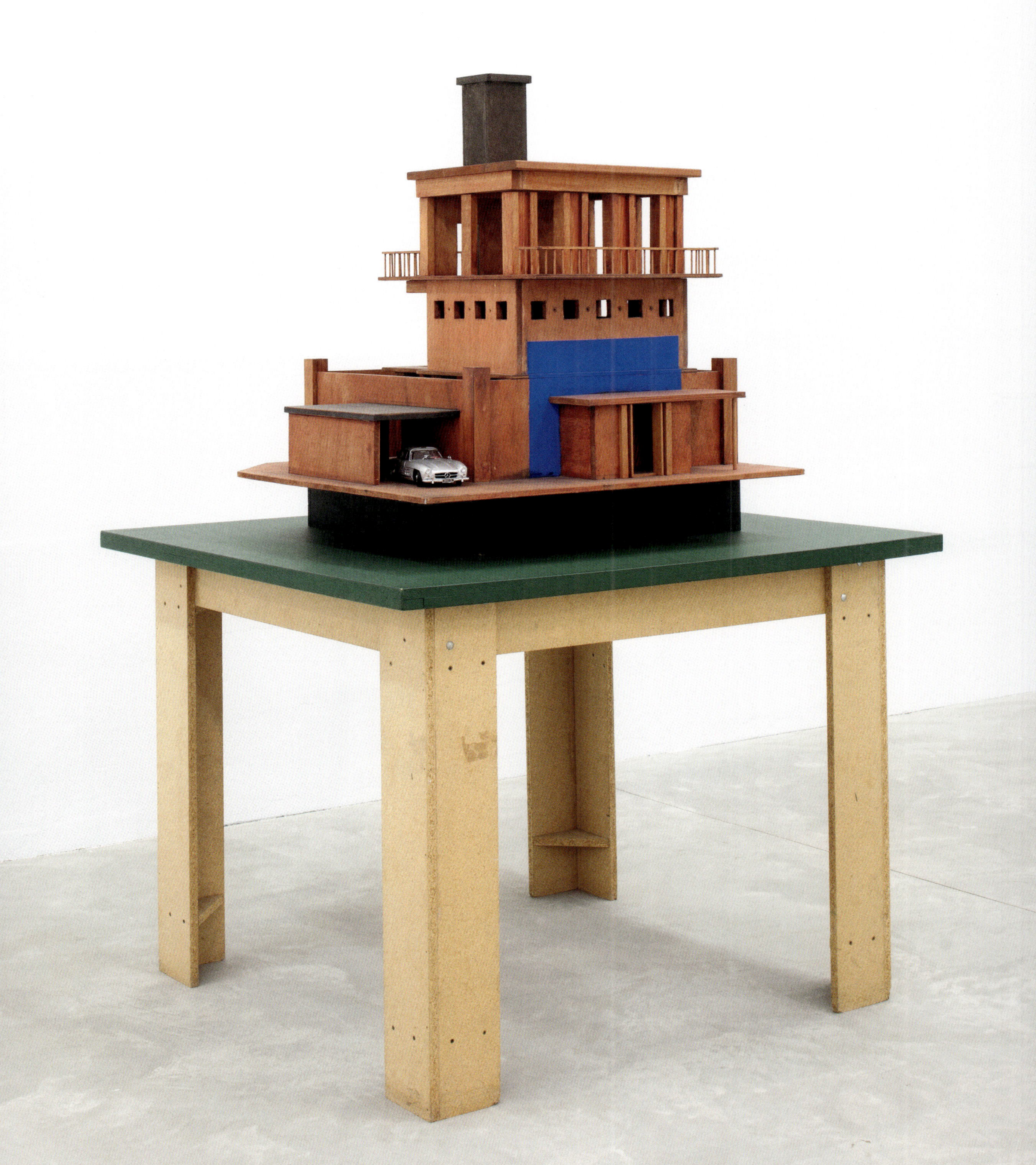

Diese Doppelseite und Seite 106–109:

24
Melonely. 1986. Bemaltes Holz, 11 Teile, und Gouachen und Aquarellfarbe auf Papier, 14 Blätter, je Holzteil: 100 × 50 × 230 cm, Blatt: je 65 × 50 cm. Installationsmaße variabel. Installationsansicht, *Thomas Schütte*, Haus der Kunst, München, 7.6.–6.9.2009

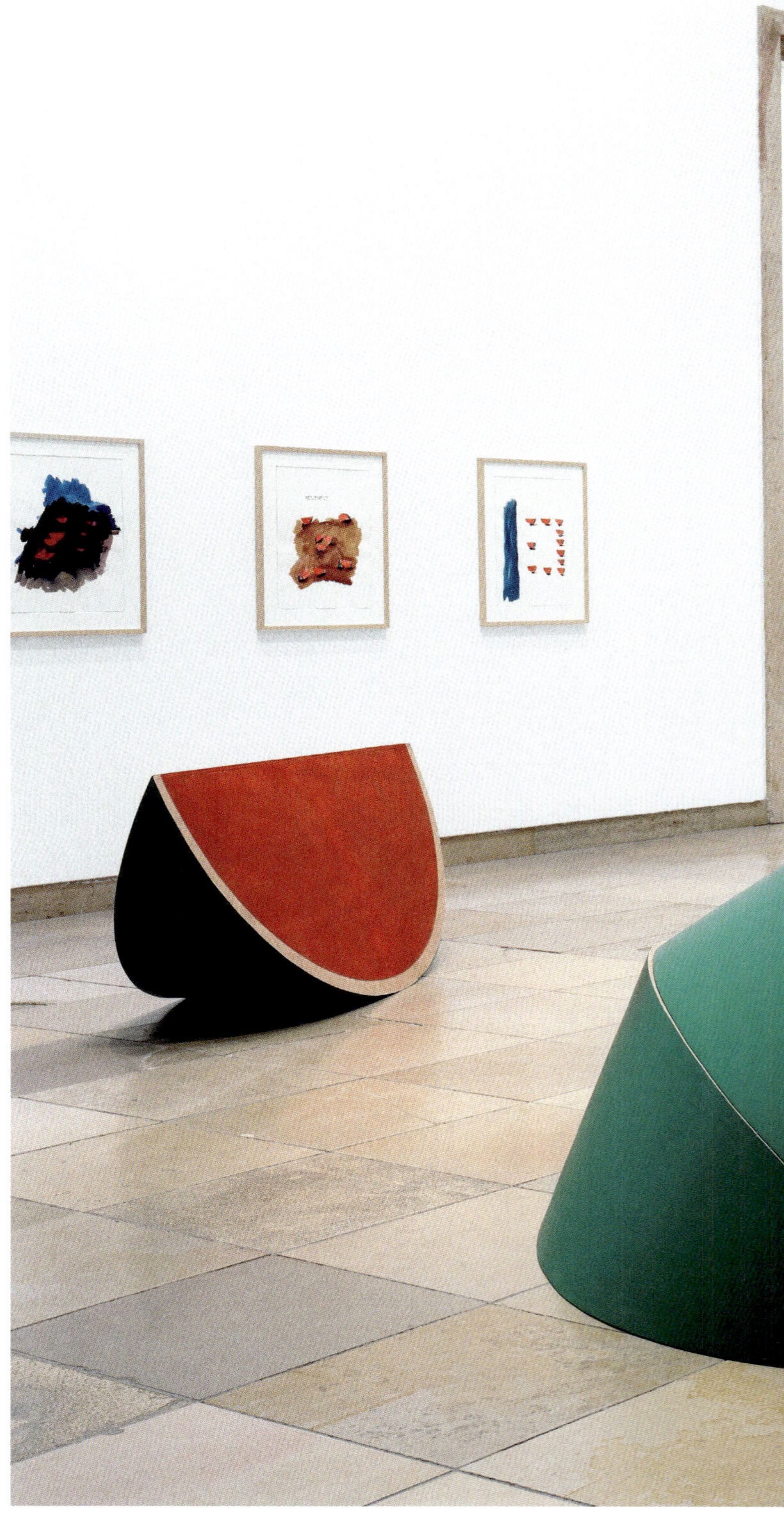

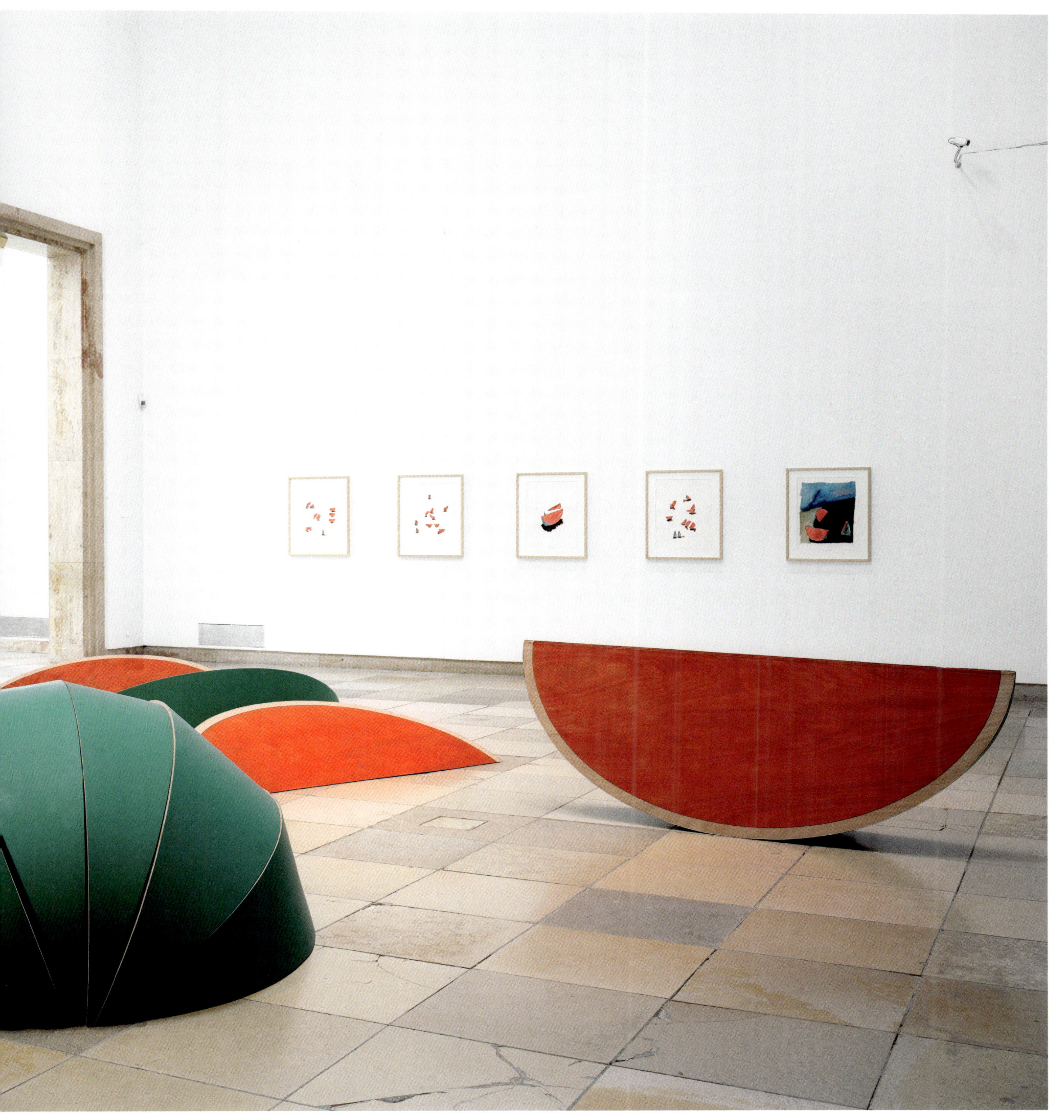

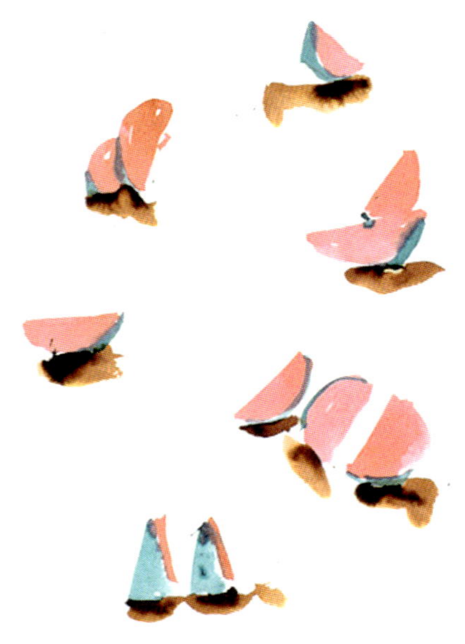

MELONELY

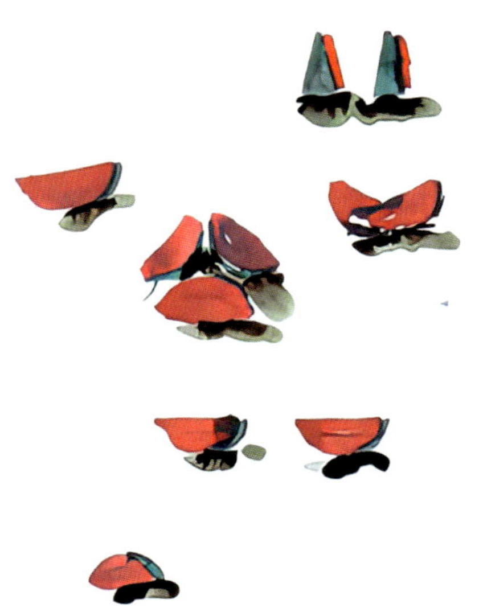

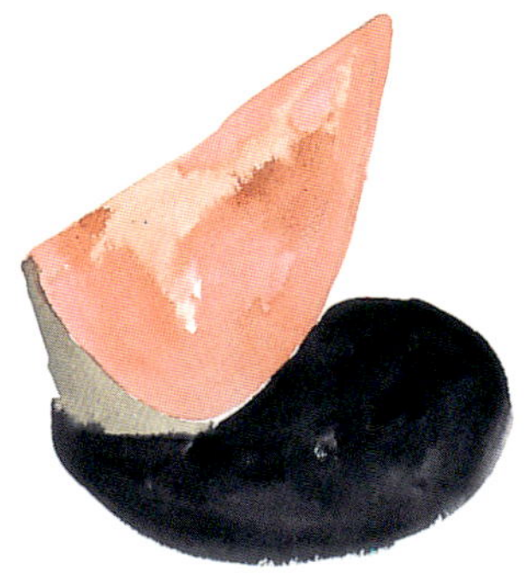

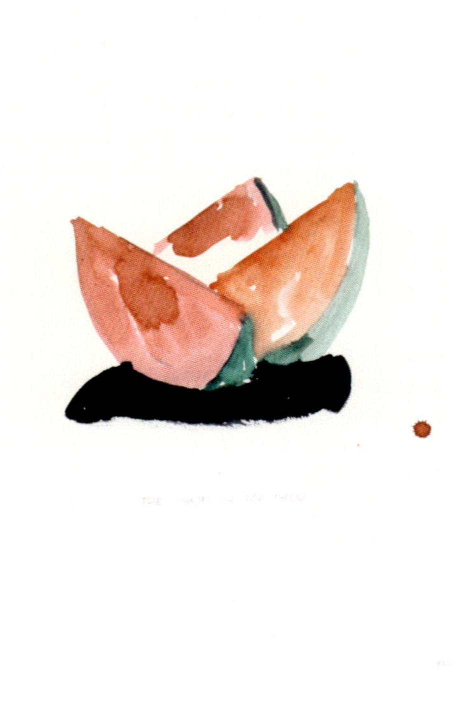

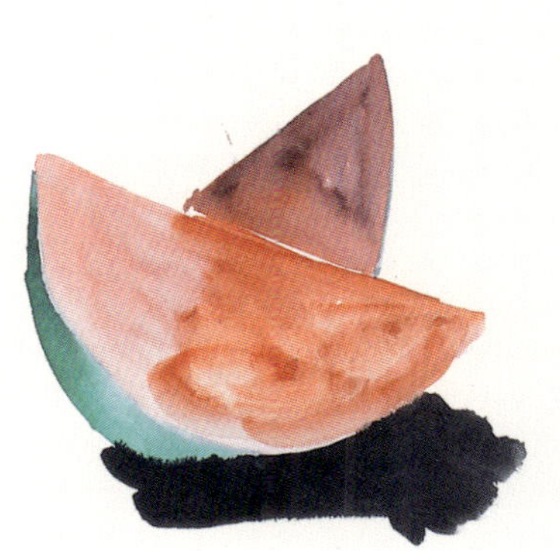

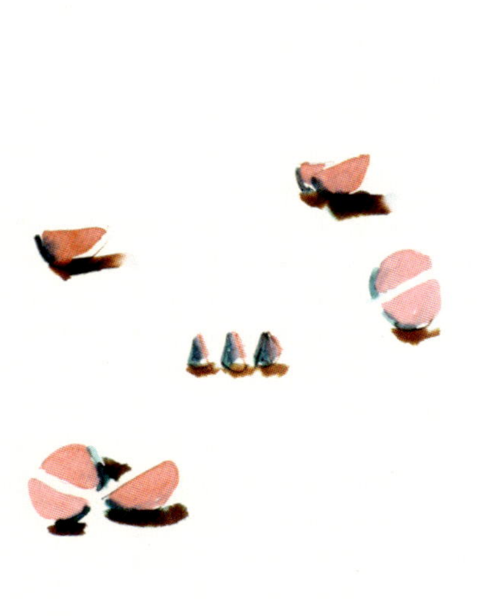

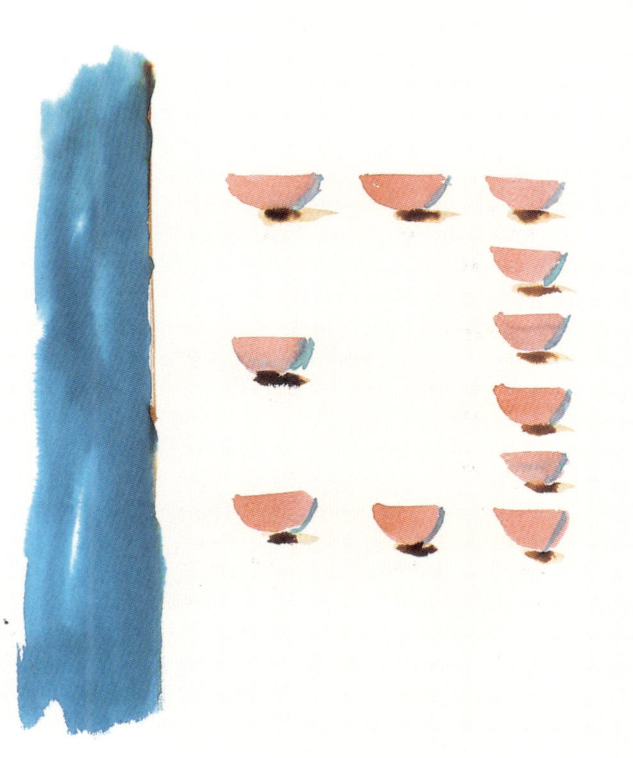

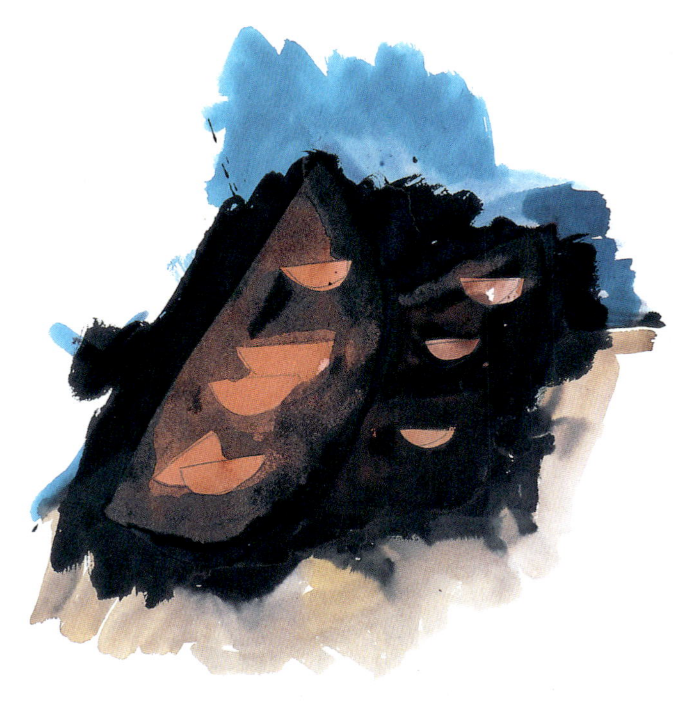

MELONELY

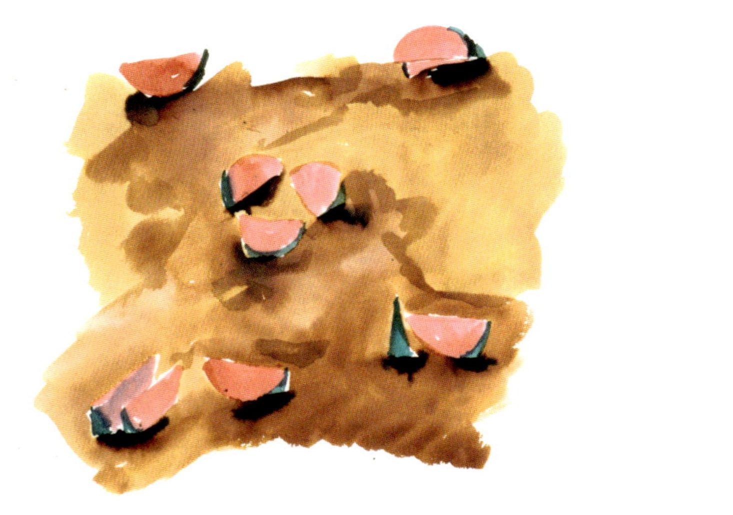

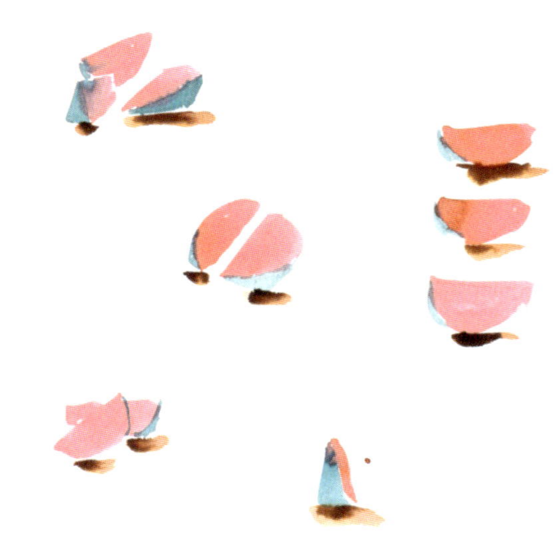

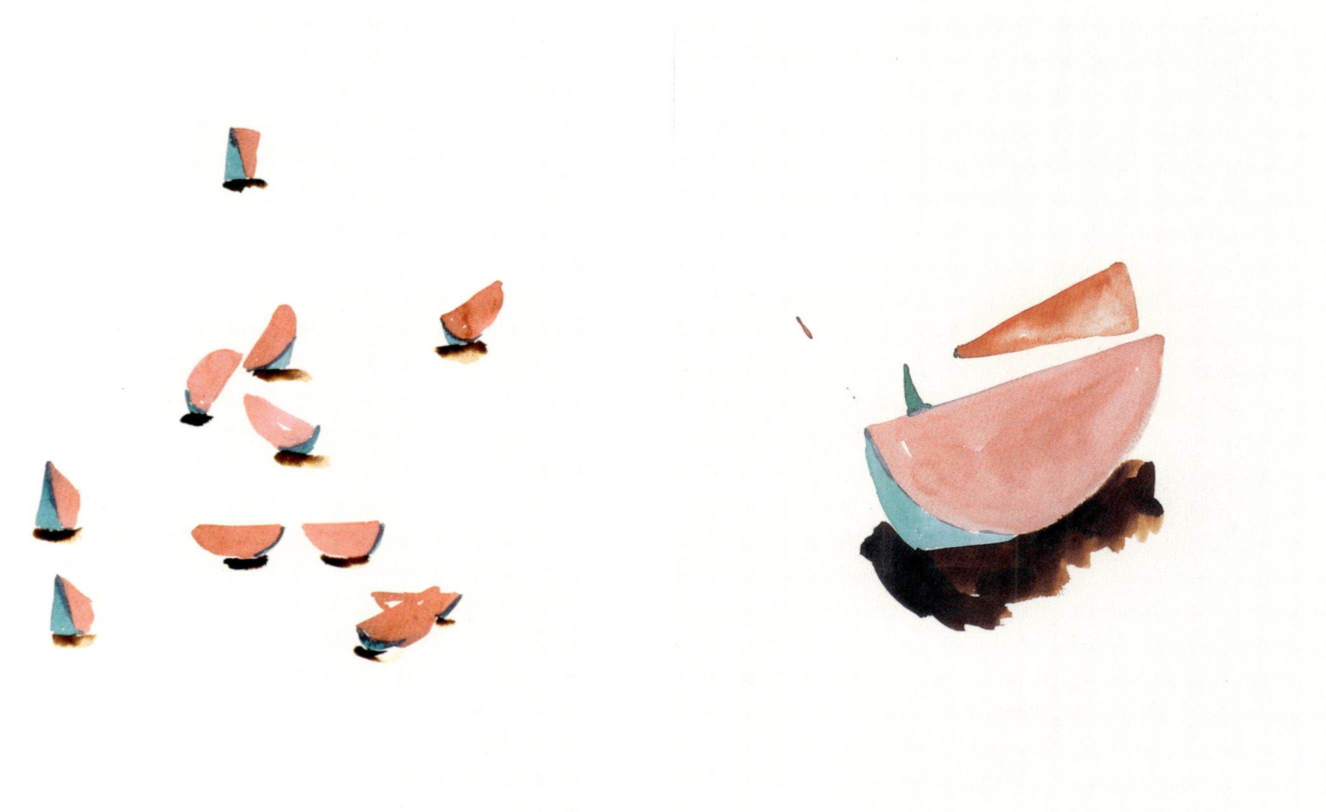

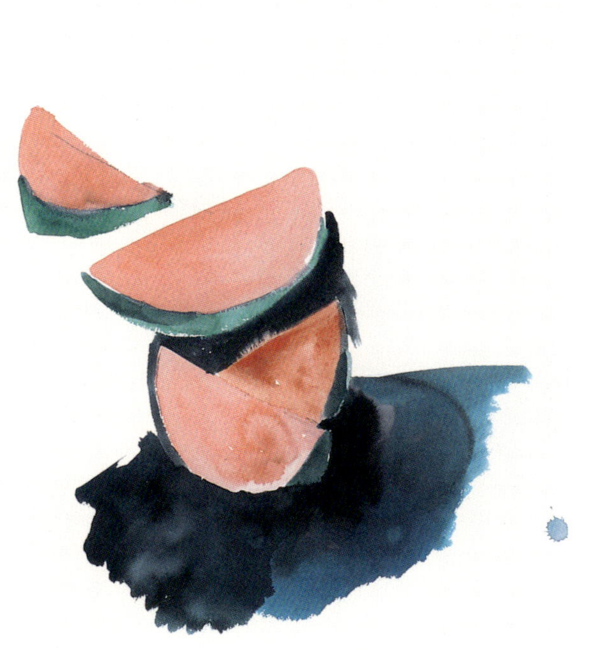

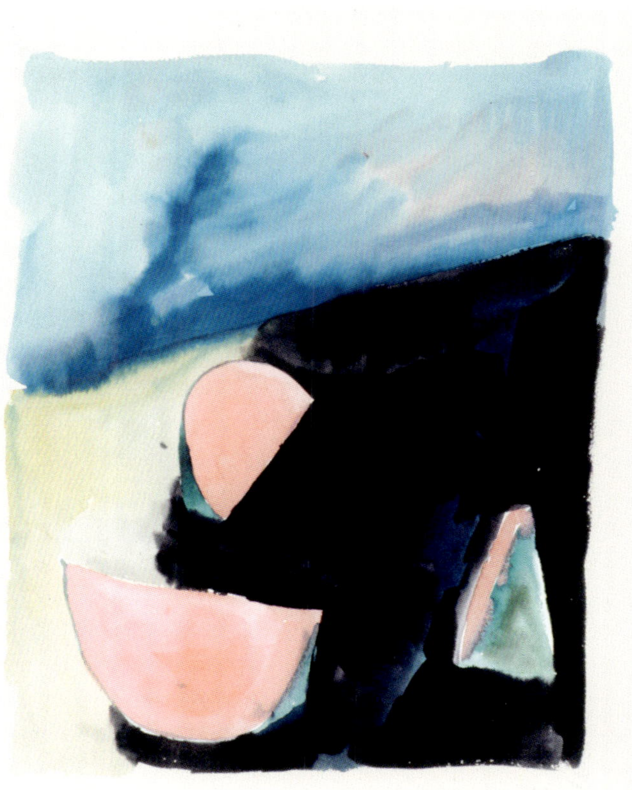

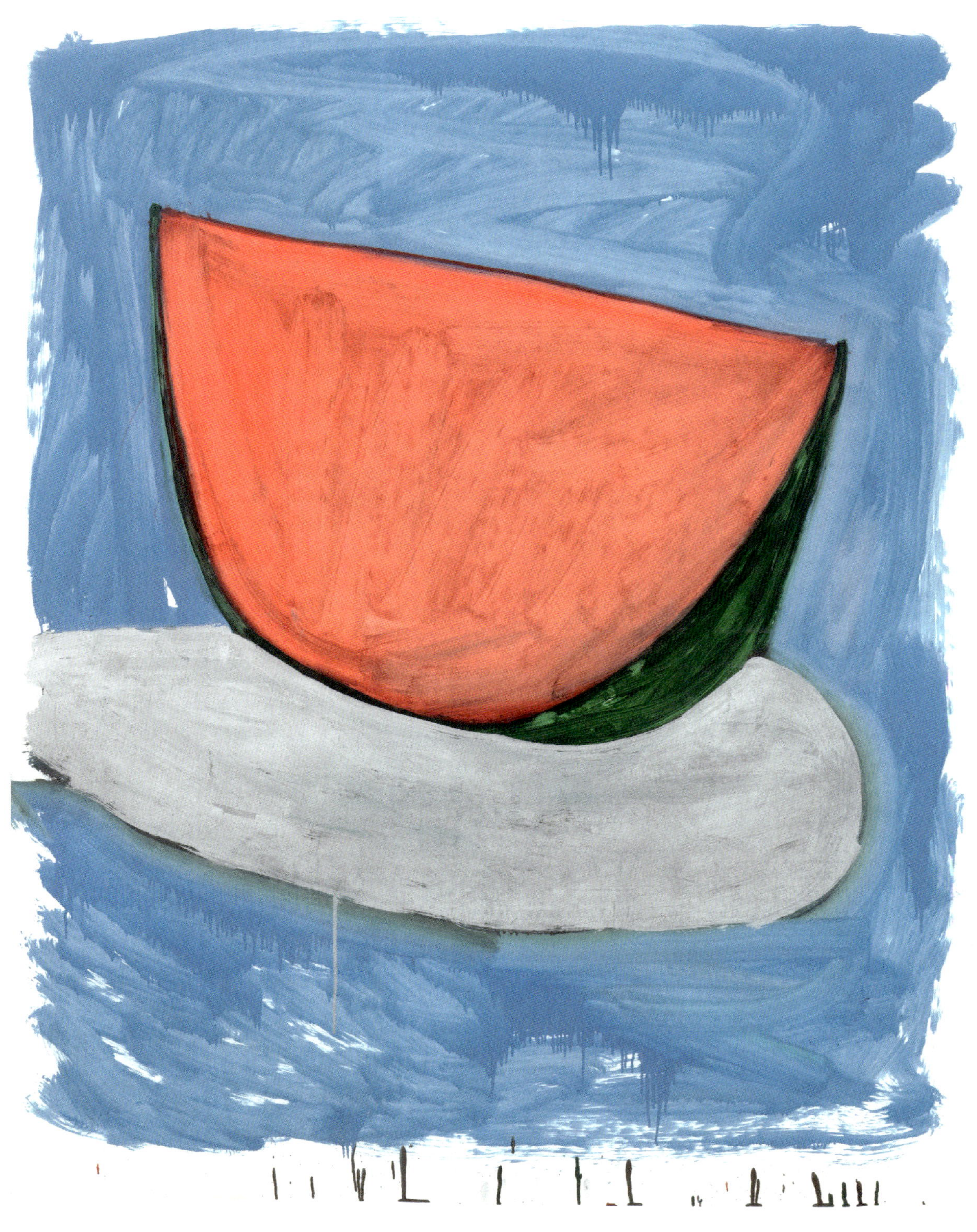

25
Melone. 1985. Lack auf Papier,
140 × 110 cm

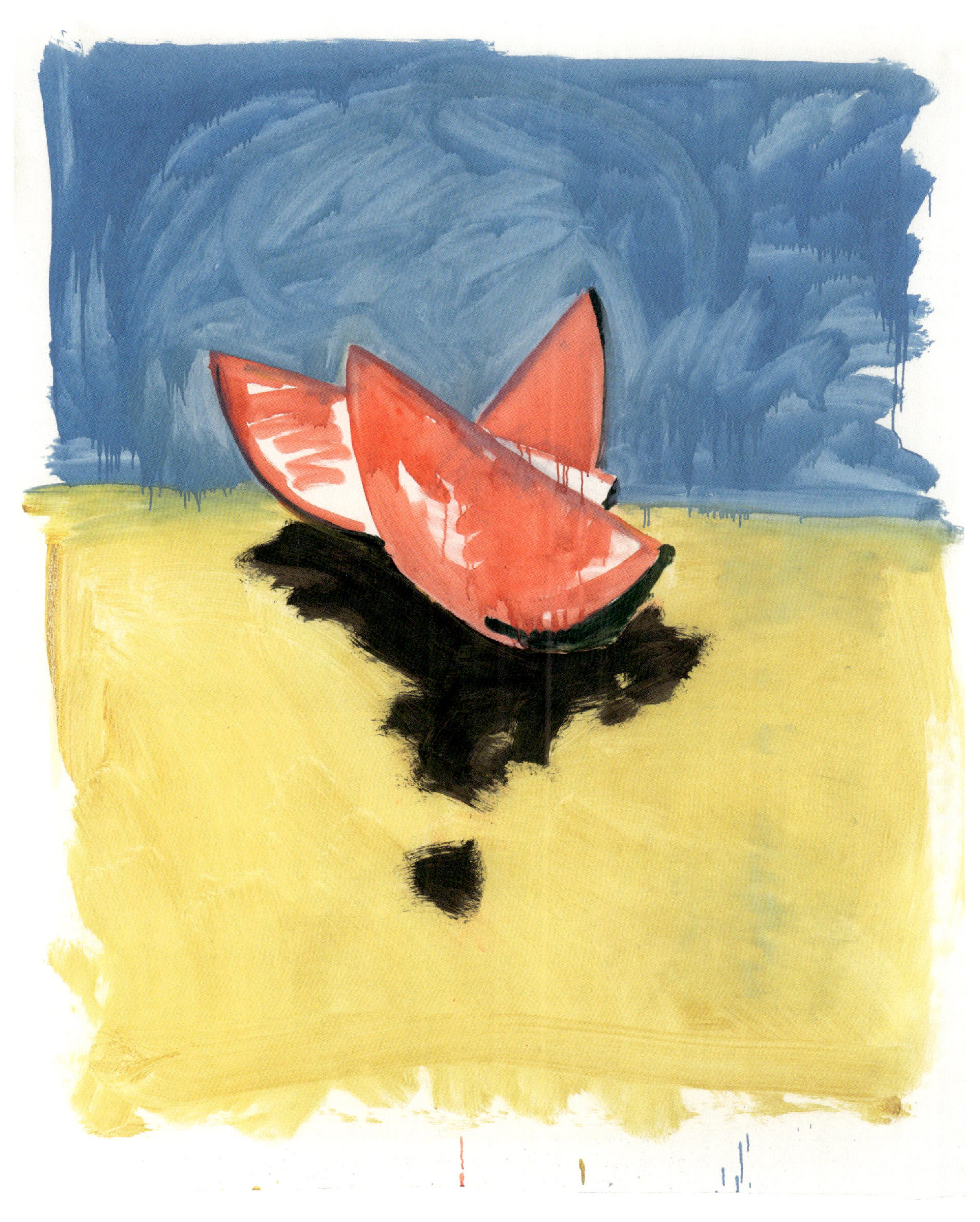

26
Melonen. 1986. Lack auf Papier,
141 × 110 cm

27
Pentagon. 1986. Faserplatte, gebeizt,
150 × 320 × 320 cm

Rechts:
Hauptstadt. 1981. Lack auf Papier, 1 von 7 Blättern, je 100 x 135 cm. The Museum of Modern Art, New York. Schenkung von Jan Christiaan Braun zu Ehren von Konrad Fischer

Unten:
Installationsansicht, *Thomas Schütte*, Krefelder Kunstmuseen, Museum Haus Lange, Krefeld, 26.1.–16.3.1986

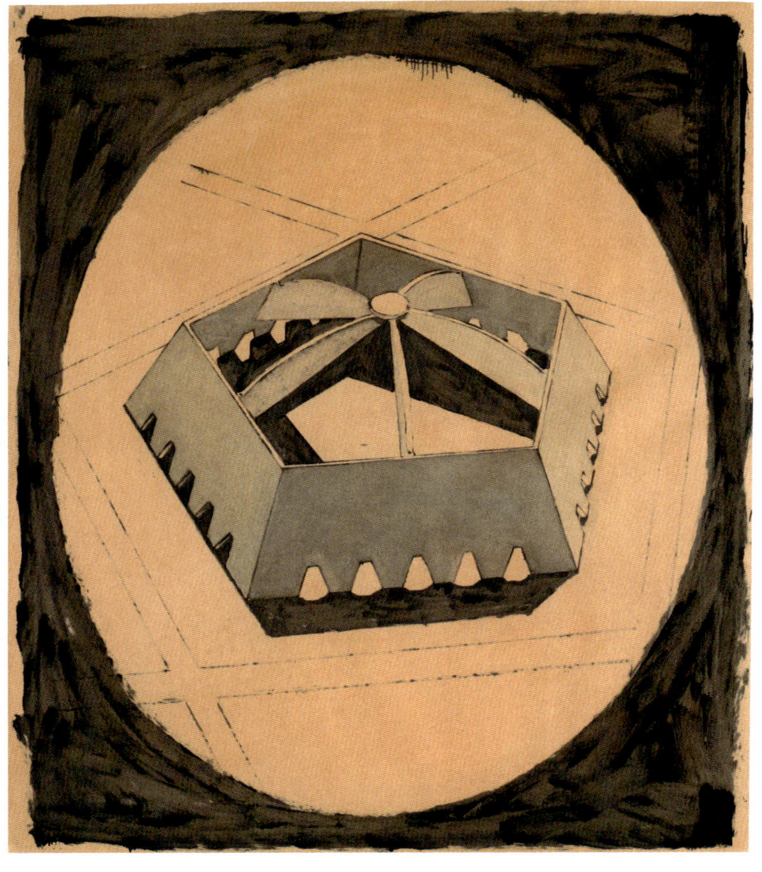

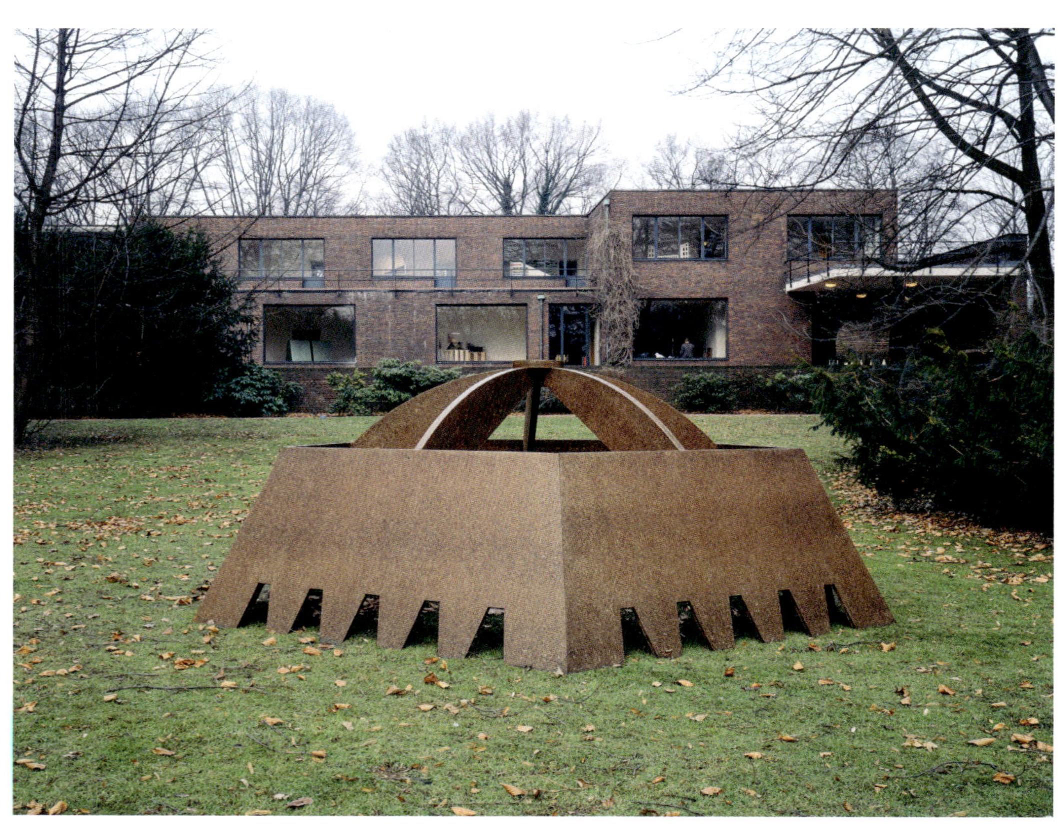

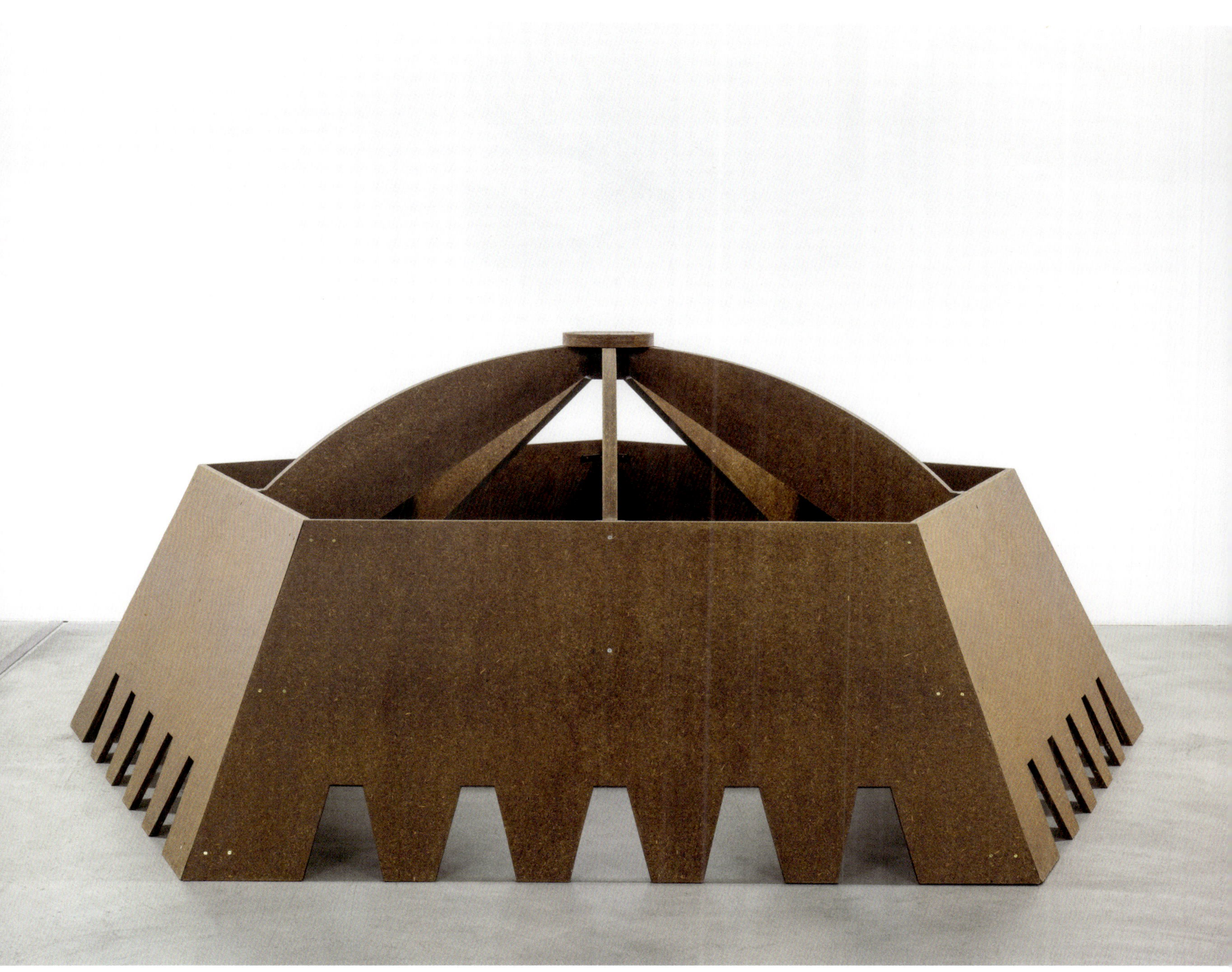

27

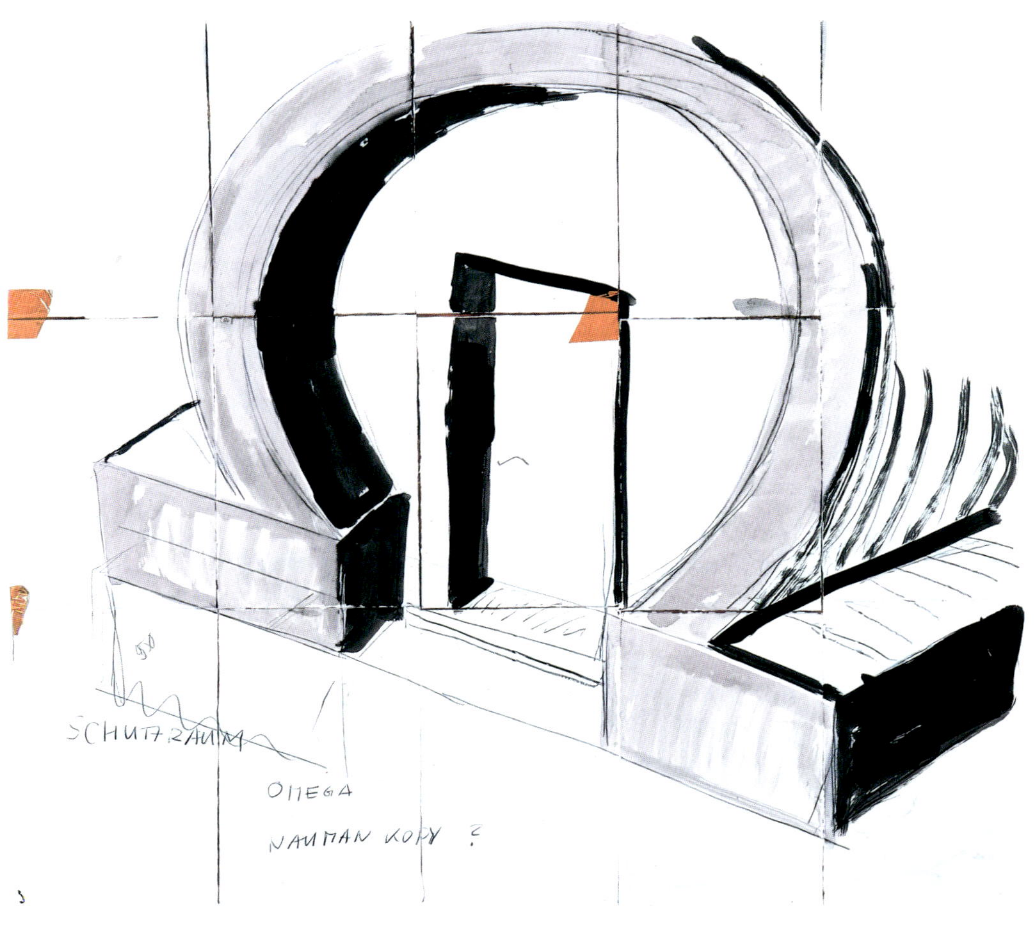

28
Schutzraum. 1986. Holz, Farbe und Karton, 11,5 × 11 × 20,5 cm

29
Schutzraum. 1986. Stahl und Spritzbeton mit Stahltür, 330 × 266 × 433 cm. Installationsansicht, Sonsbeek '86, Arnheim, 18.6.–15.9.1986

Oben:
Ohne Titel (Schutzraum). 1996. Tusche, Lack, Klebeband und Bleistift auf Papier, 1 von 5 Blättern, unterschiedliche Maße, hier: 86,5 x 96 cm. Sammlung Goetz, München

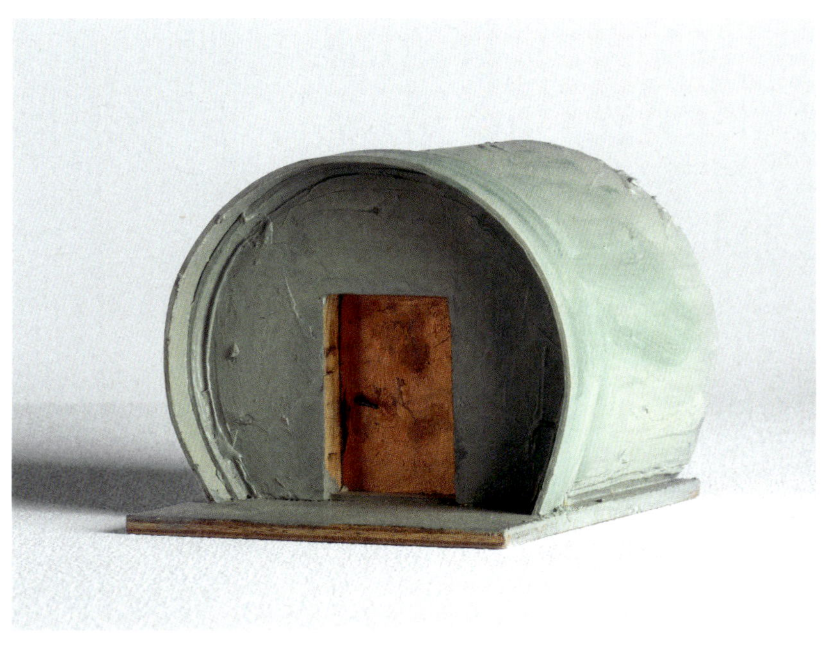

28

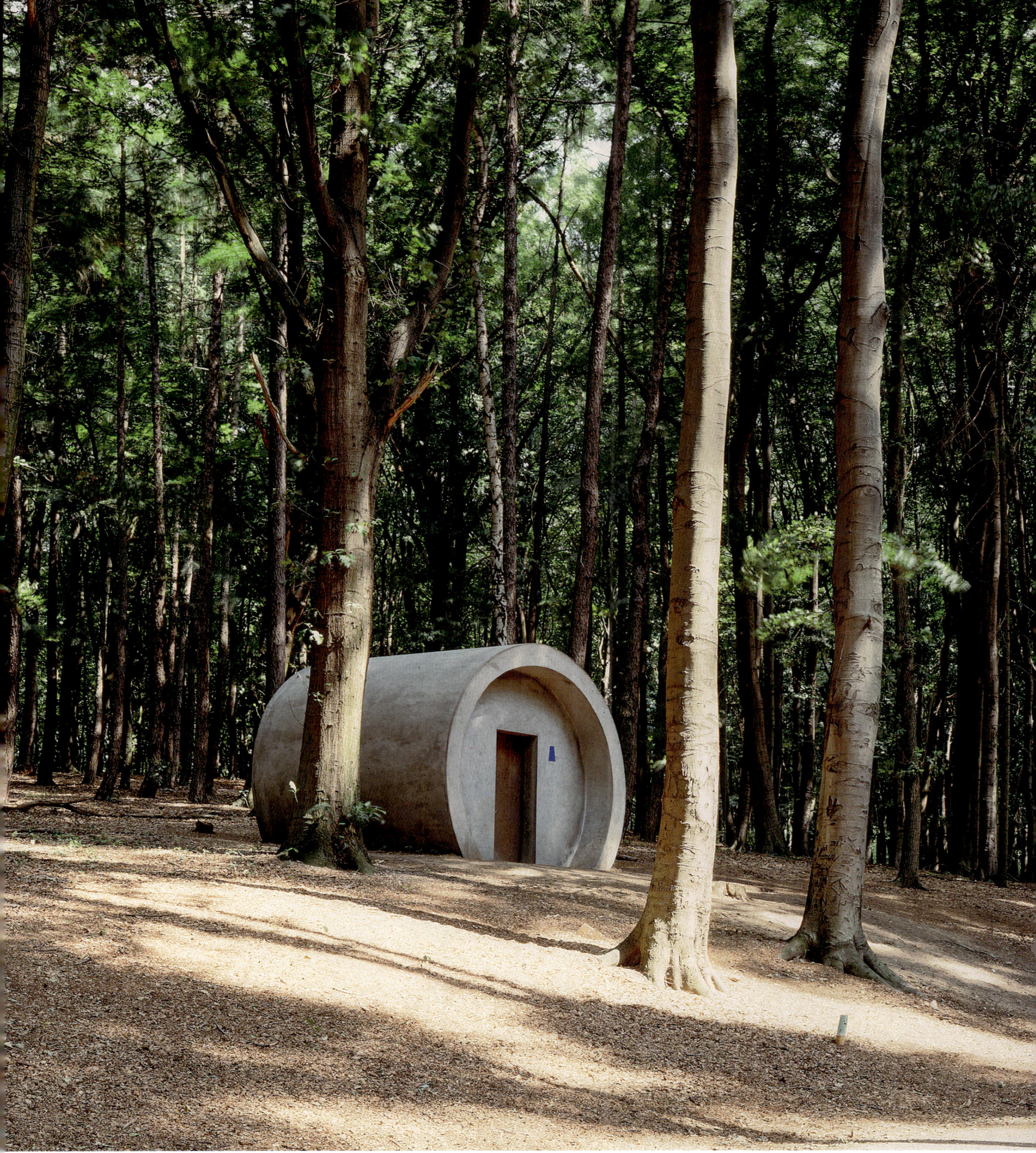

29

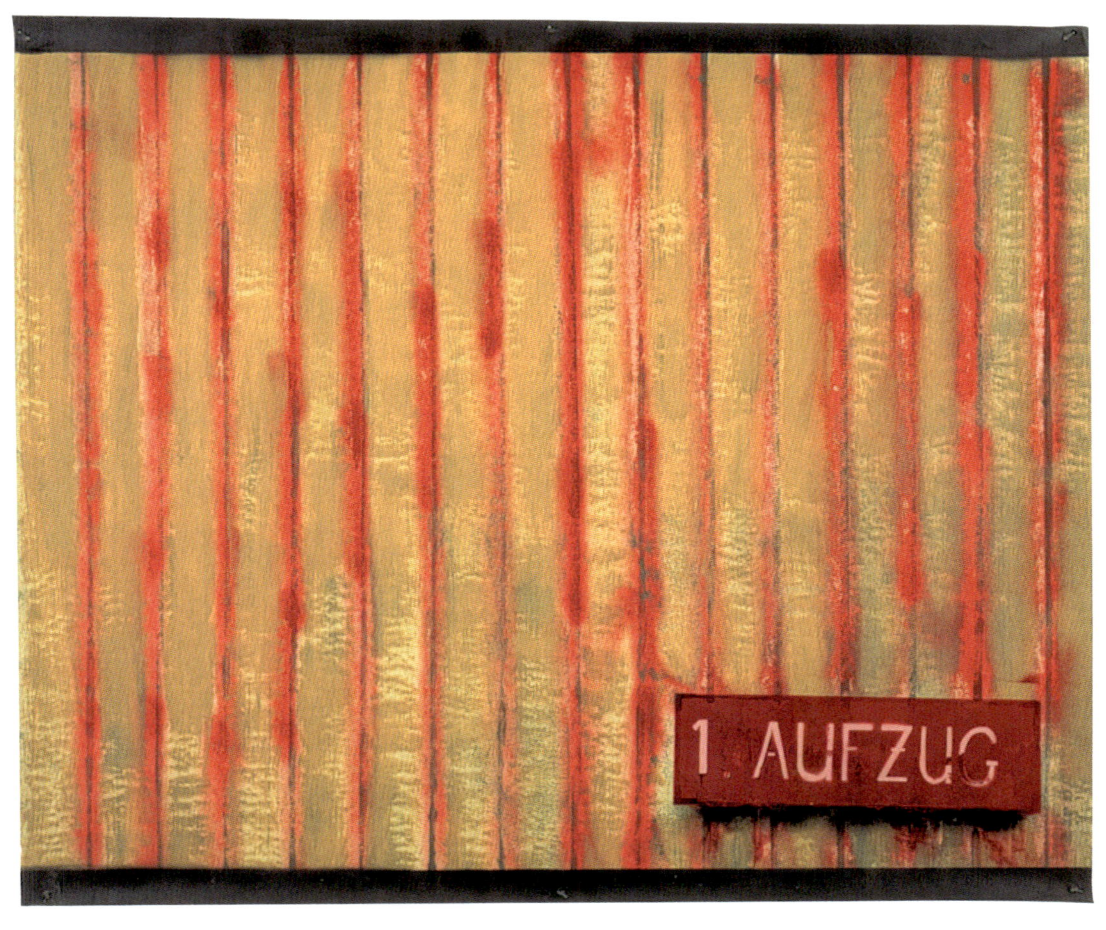
1. AUFZUG

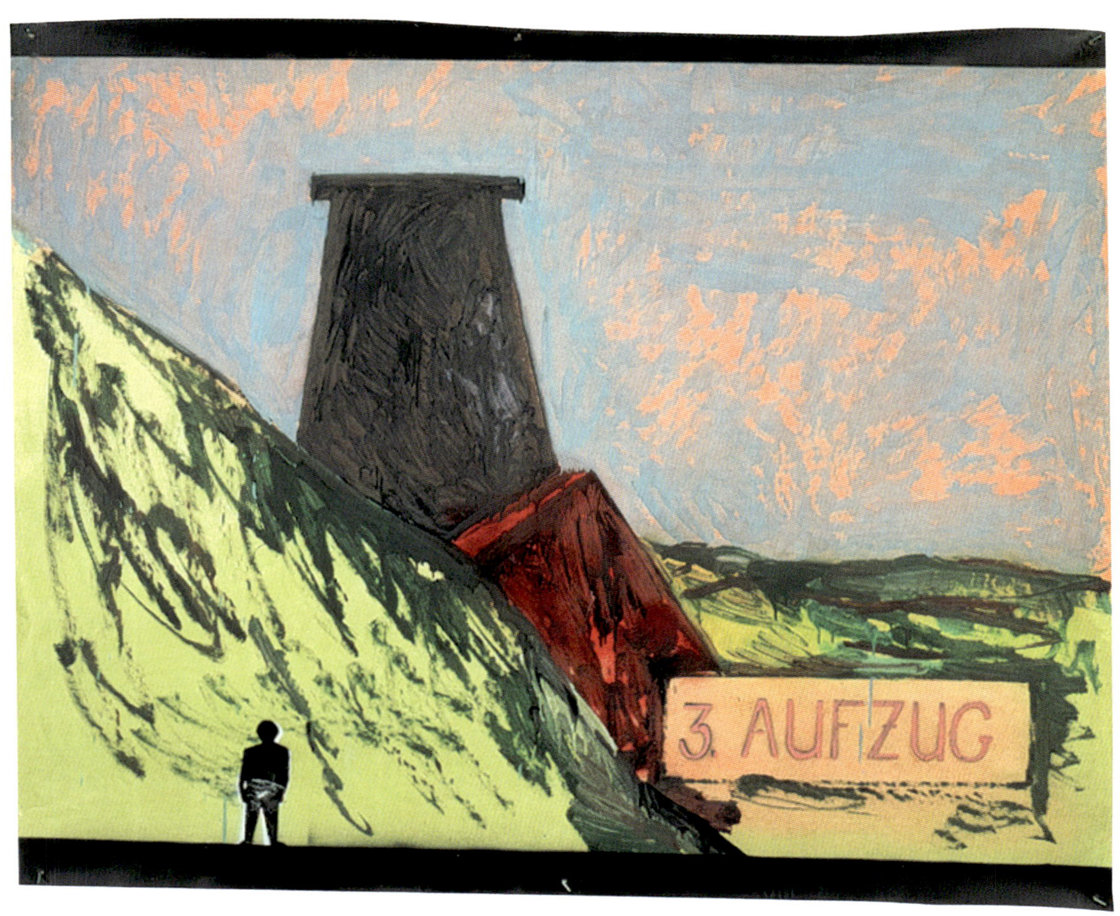
3. AUFZUG

Diese Doppelseite und Seiten 116–121:

30
Ein Stück mit 12 Aufzügen. 1987. Lack auf Papier, 12 Blätter, je ca. 130 × 157 cm

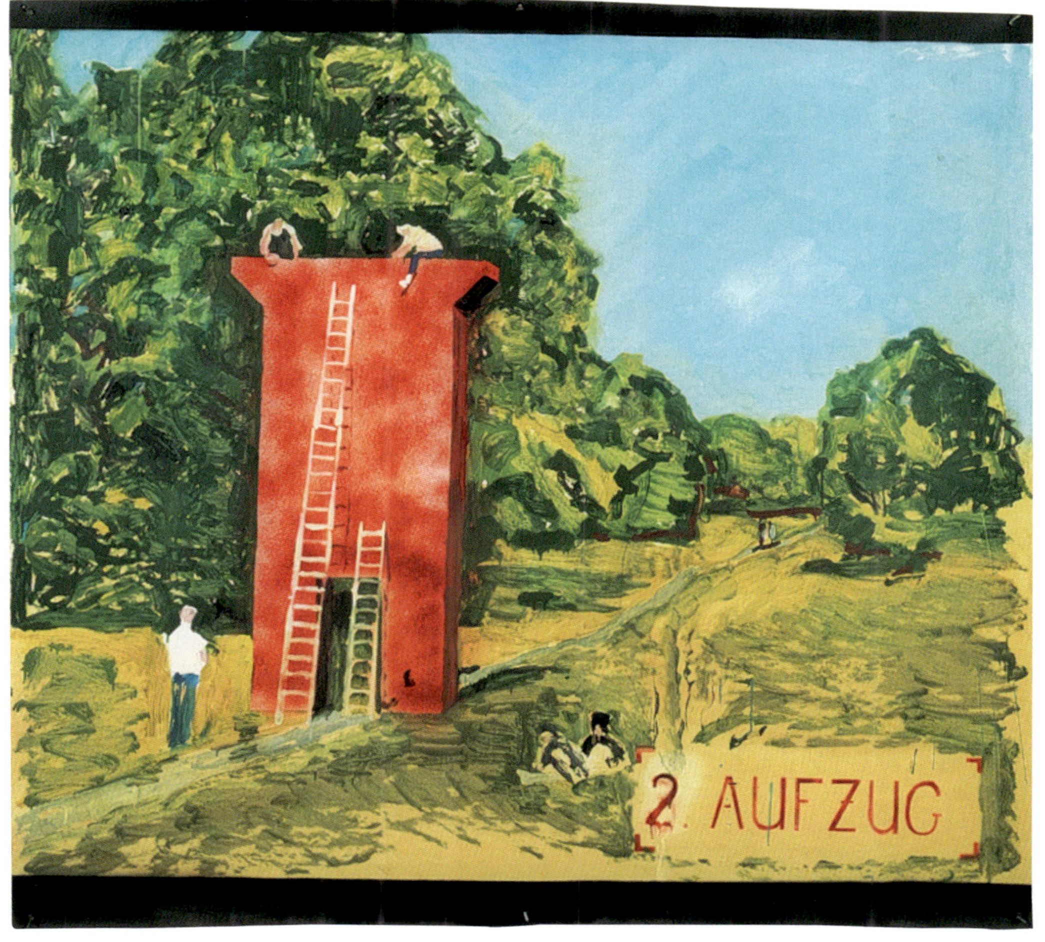

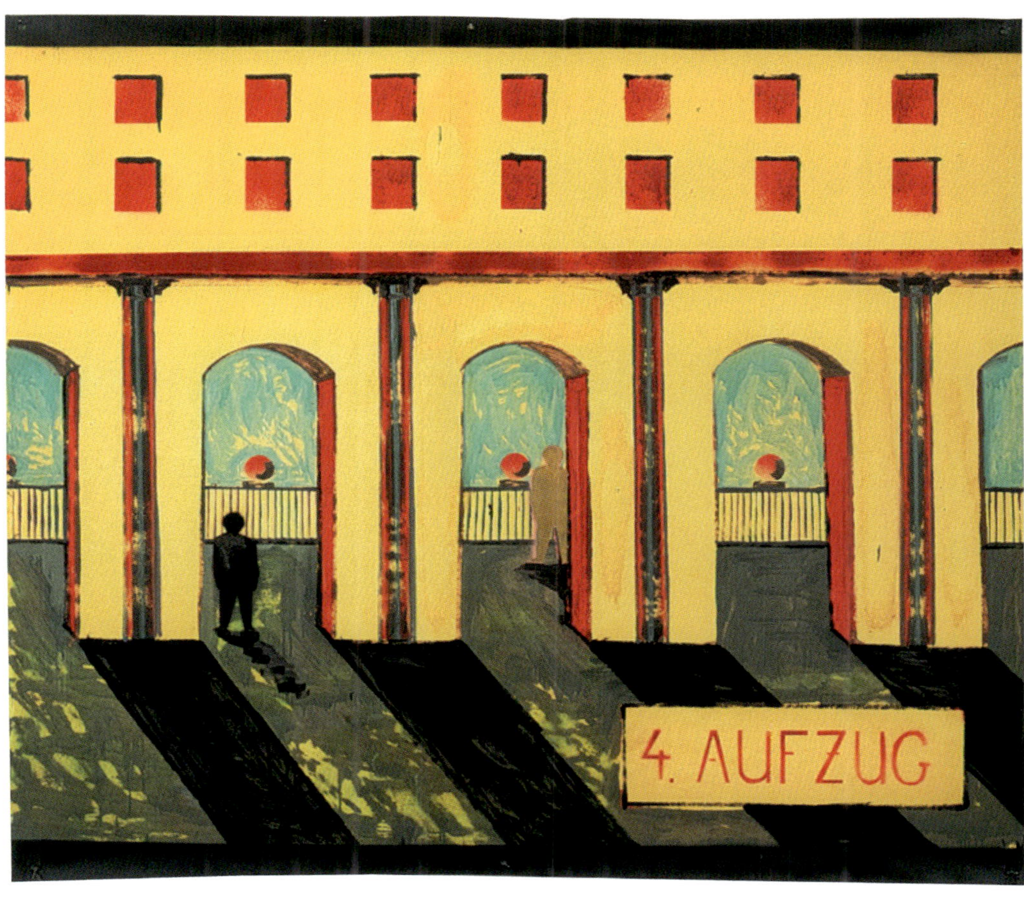

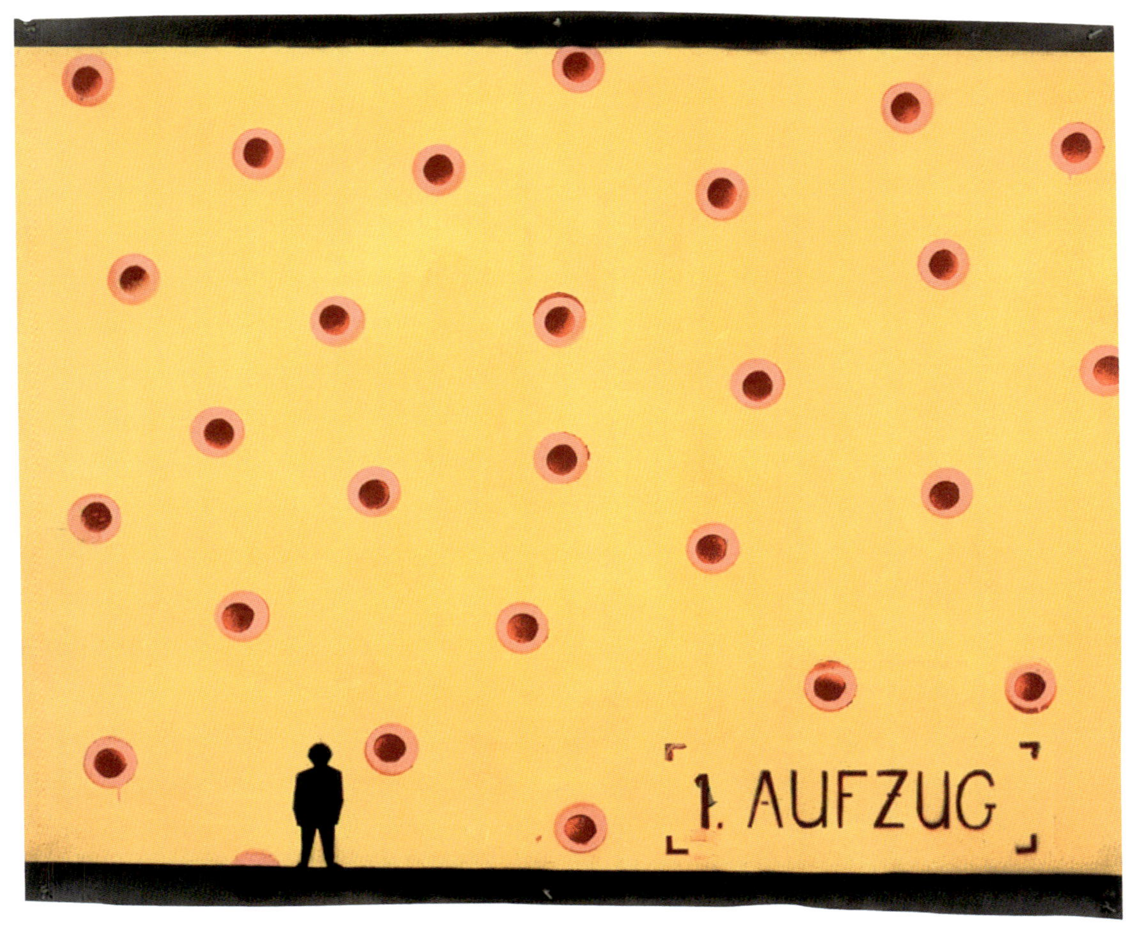
1. AUFZUG

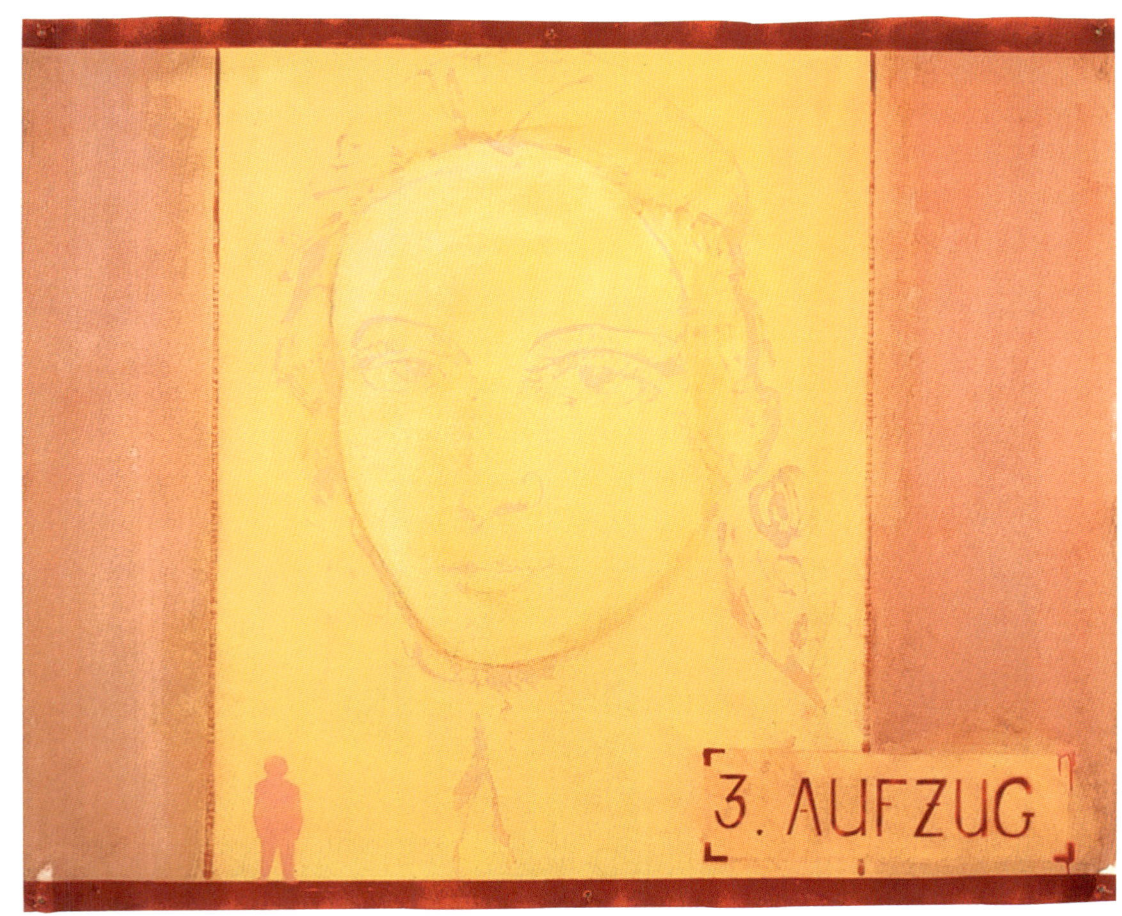
3. AUFZUG

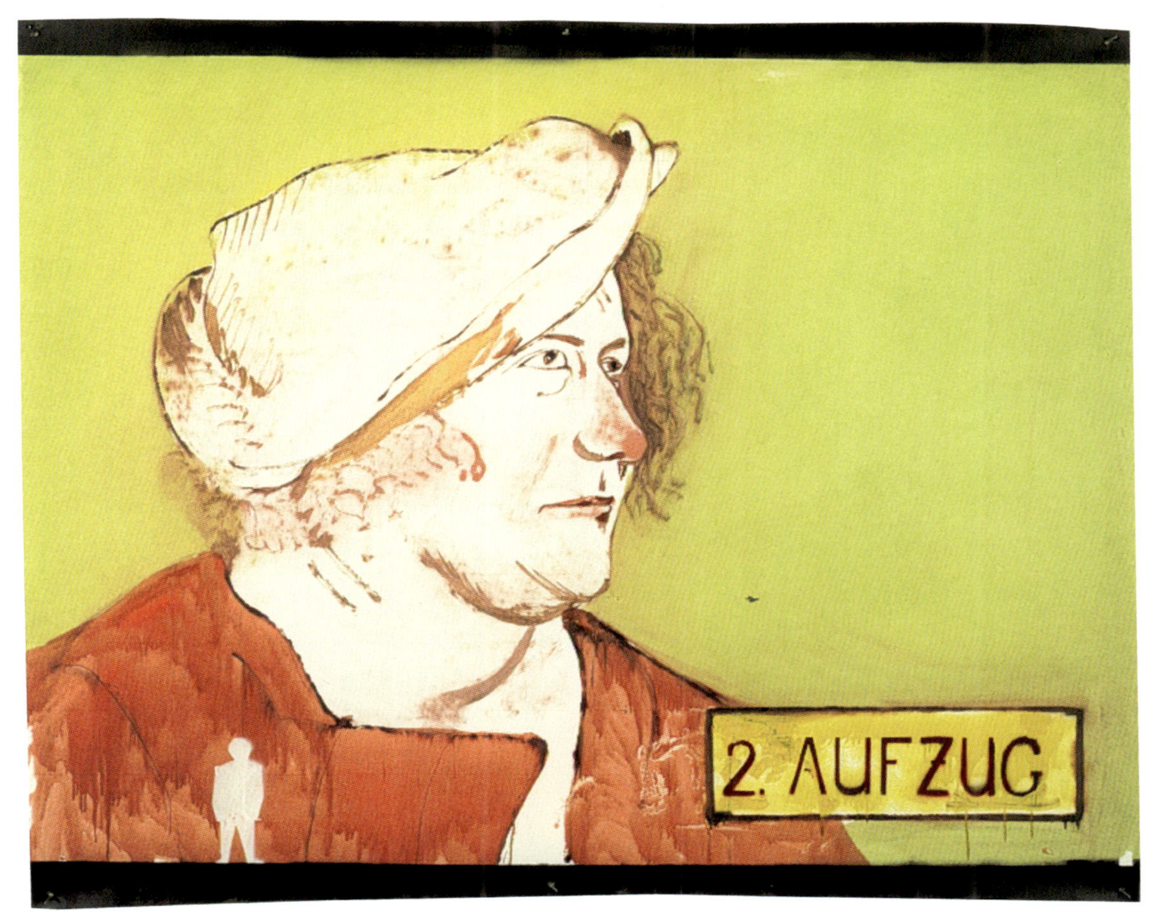
2. AUFZUG

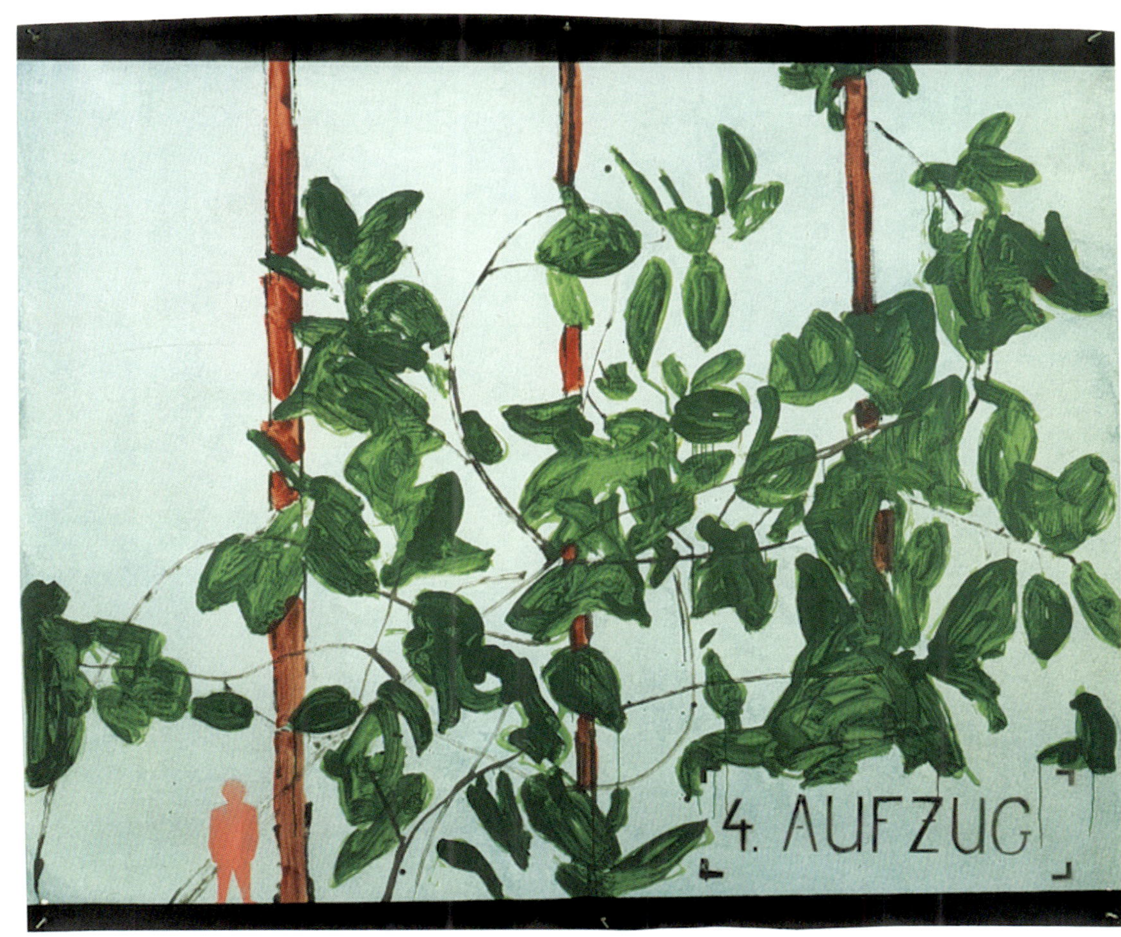
4. AUFZUG

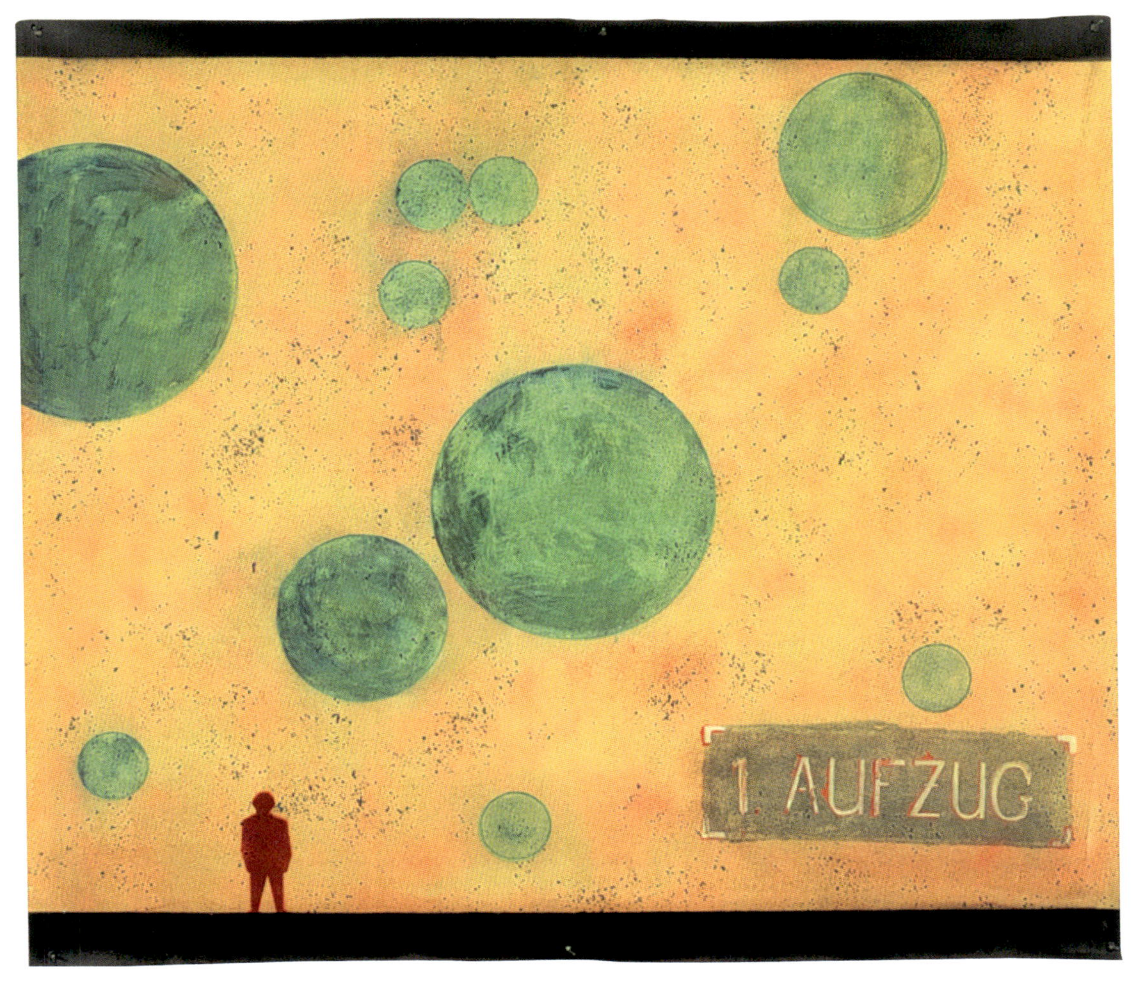
1. AUFZUG

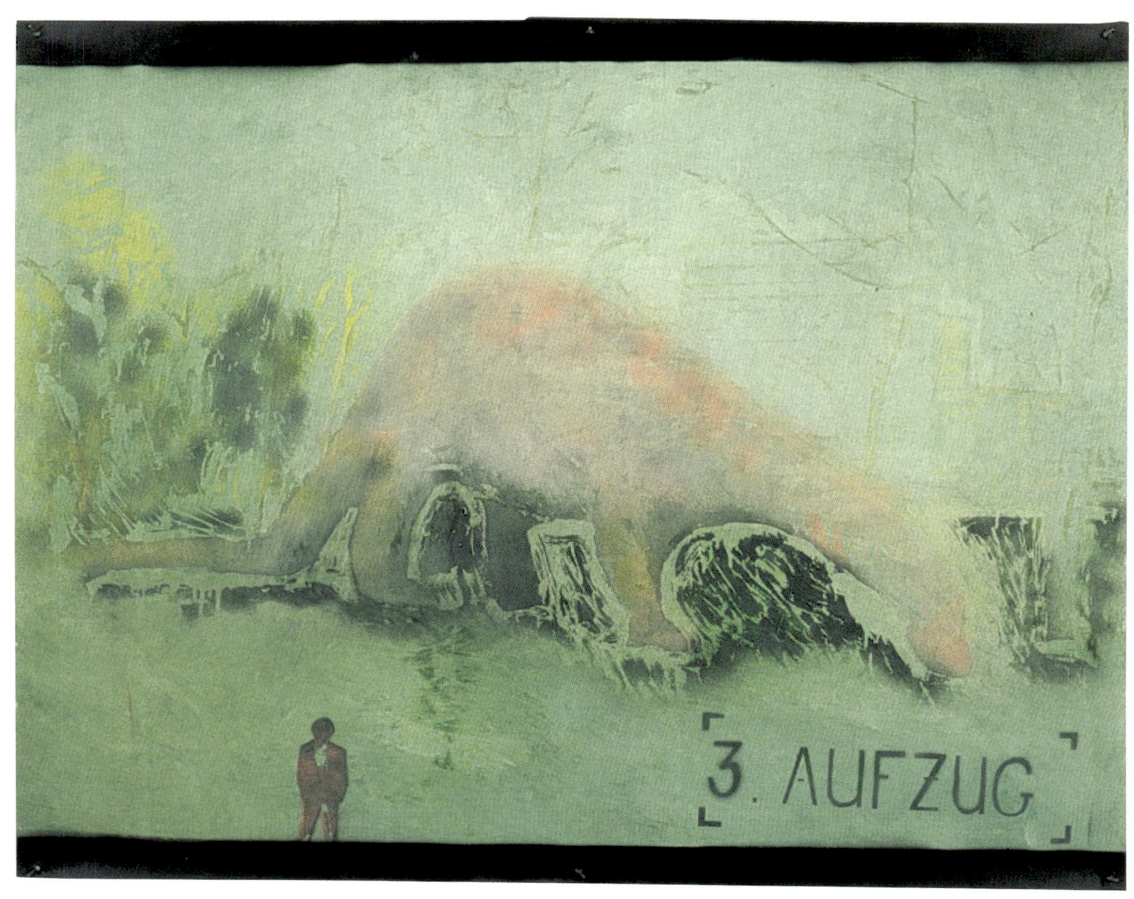
3. AUFZUG

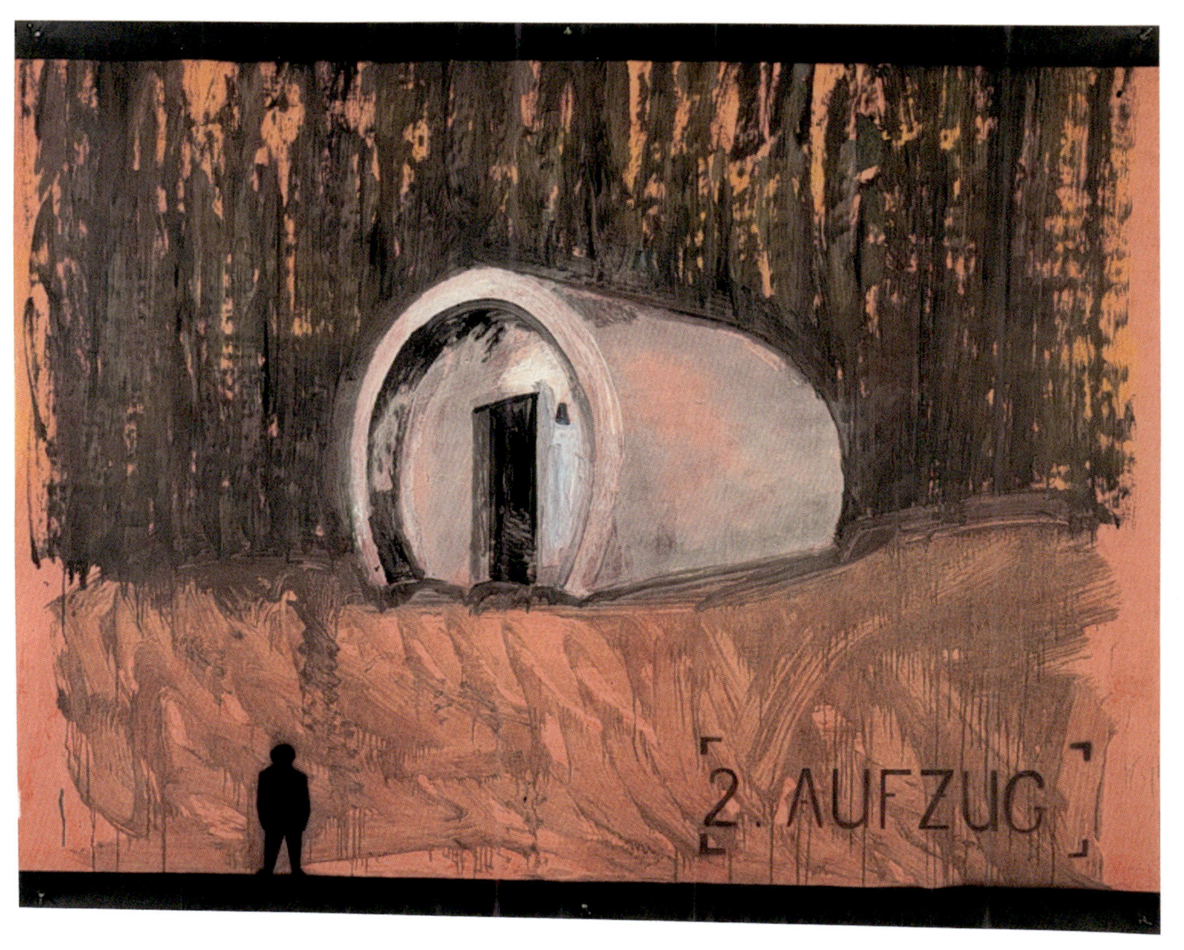
2. AUFZUG

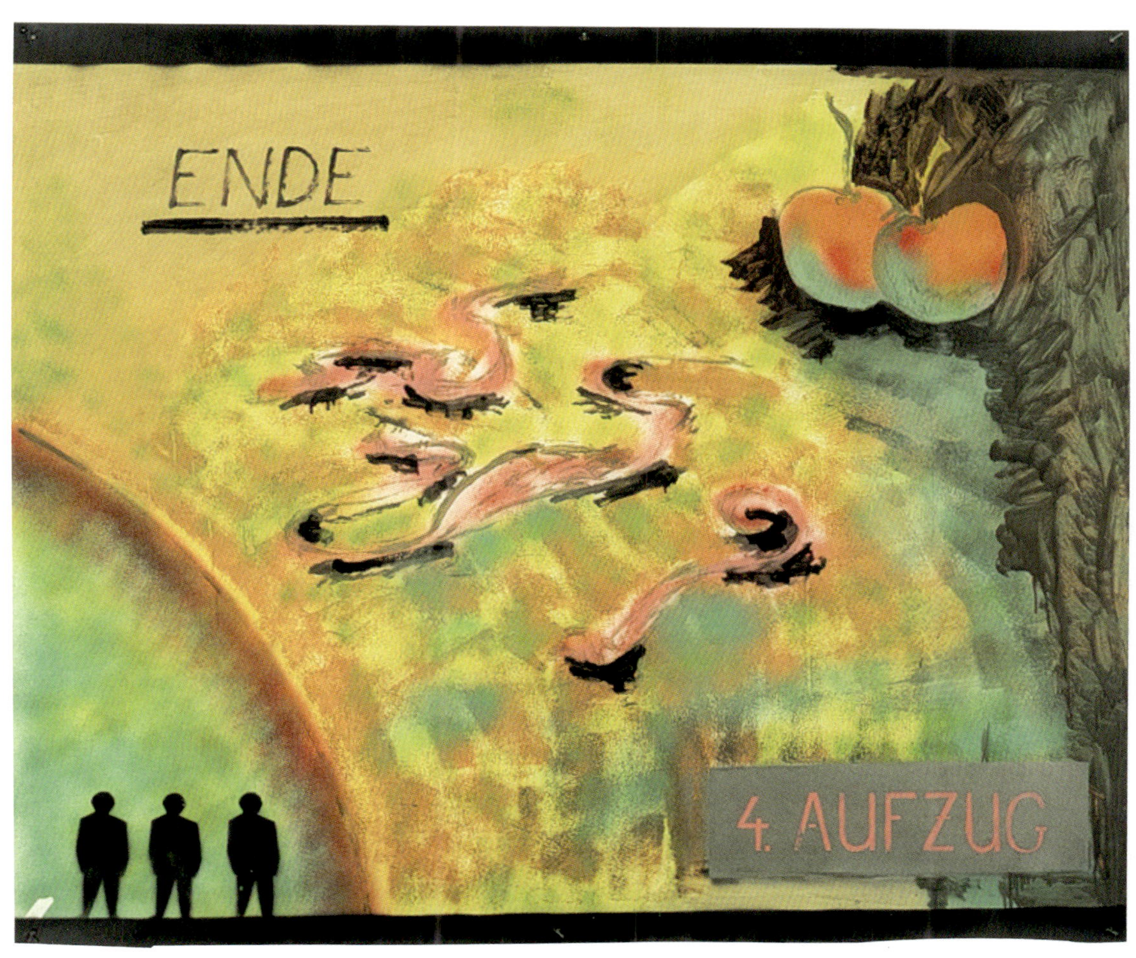
ENDE
4. AUFZUG

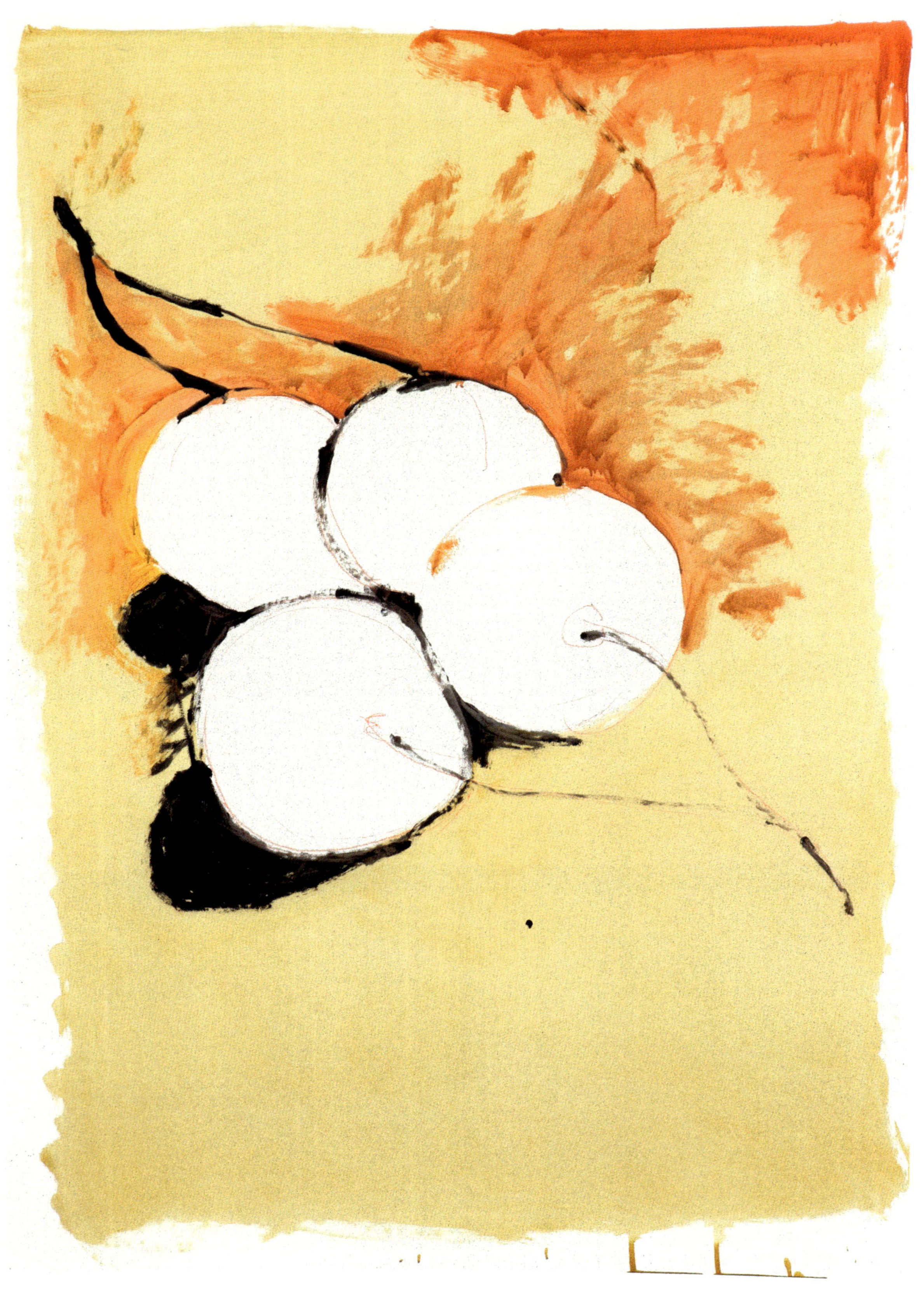

31
Kirschen. 1986. Lack auf Papier,
152 × 110 cm

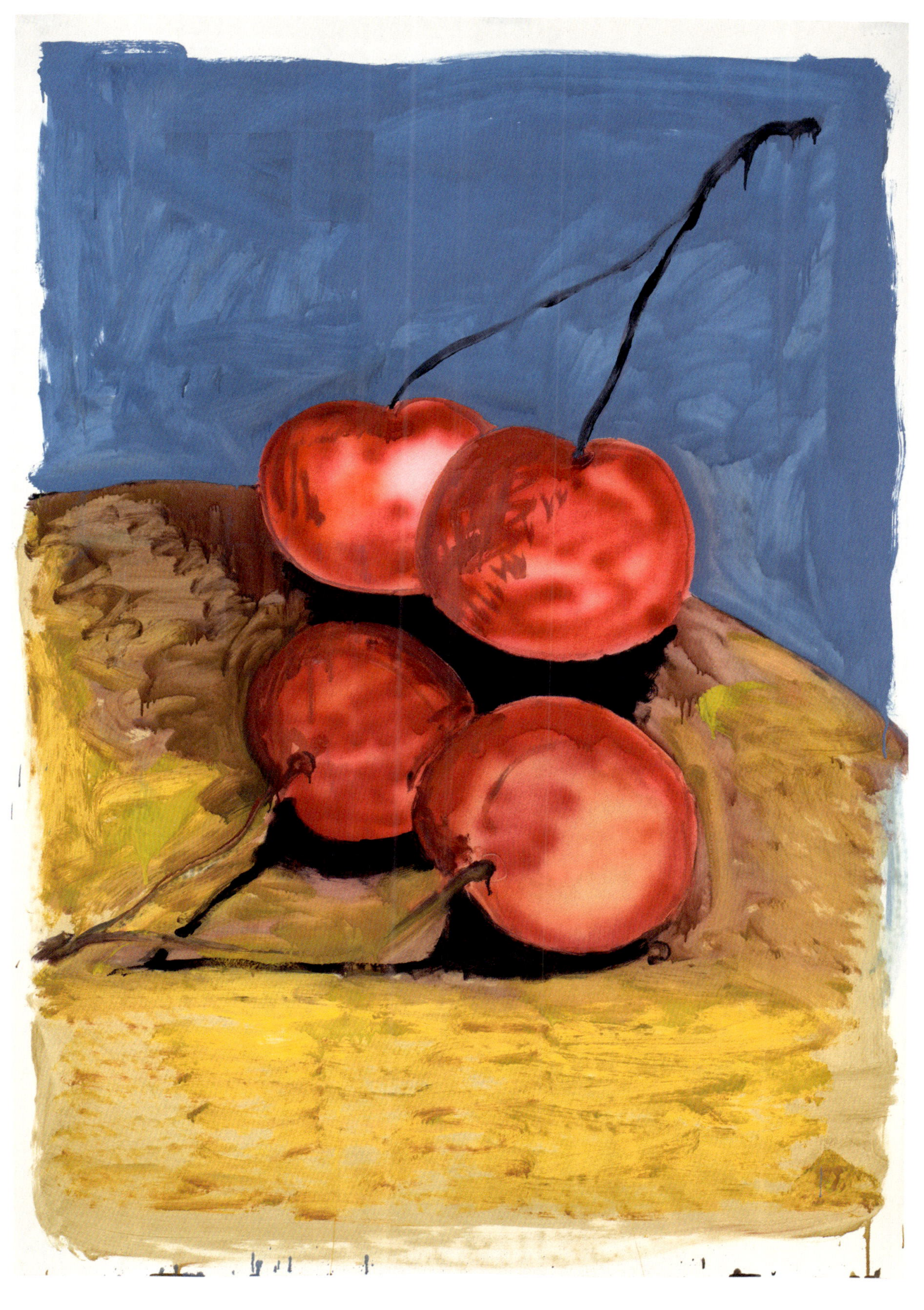

32
Kirschen. 1987. Lack auf Papier,
159,4 × 109,8 cm

33
Fotokopie der Broschüre *»Monument Alain Colas«*. 1989. 29,5 × 42 cm

34
Alain Colas. 1989. Ton, Styropor, Farbe, Montageschaum, Karton, Holz, Draht auf 2 Holzpaletten, 116,5 × 120,5 × 80 cm

Nous remercions l'agence Sygma pour sa gracieuse collaboration.

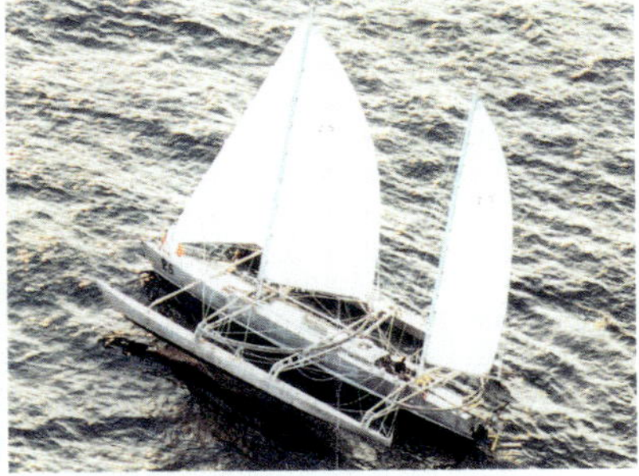

A.M.A.C. Association pour le Monument Alain Colas
Mairie 58500 Clamecy FRANCE Tél. 86.27.01.23

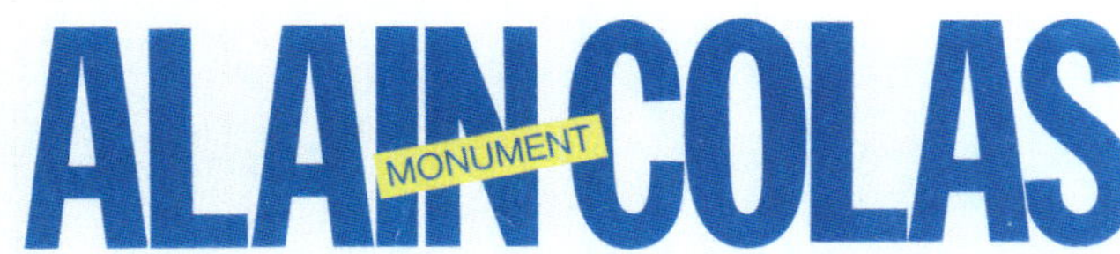

16 November 1978...
Alain Colas transmits
his daily message
in the Route du Rhum.
In the strong winds
off the Azores, Manureva,
"Bird of Passage",
a 20-metre trimaran,
forges ahead in the lead
in the race to Guadeloupe.
"All's well aboard."
Since then, silence...

QUATRE H Tél. 43 22 30 44

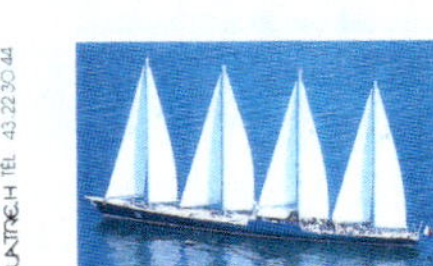

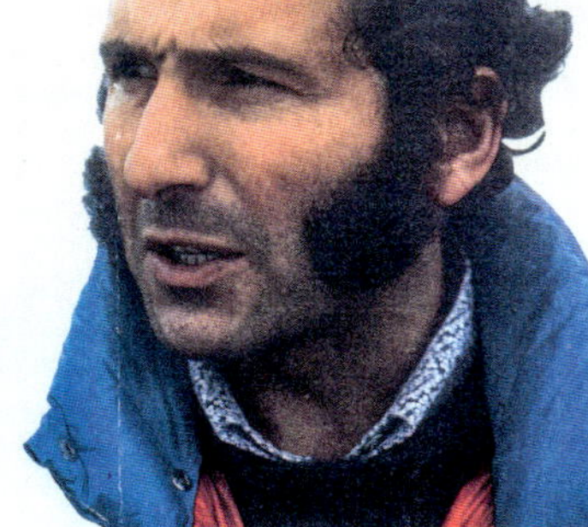

33

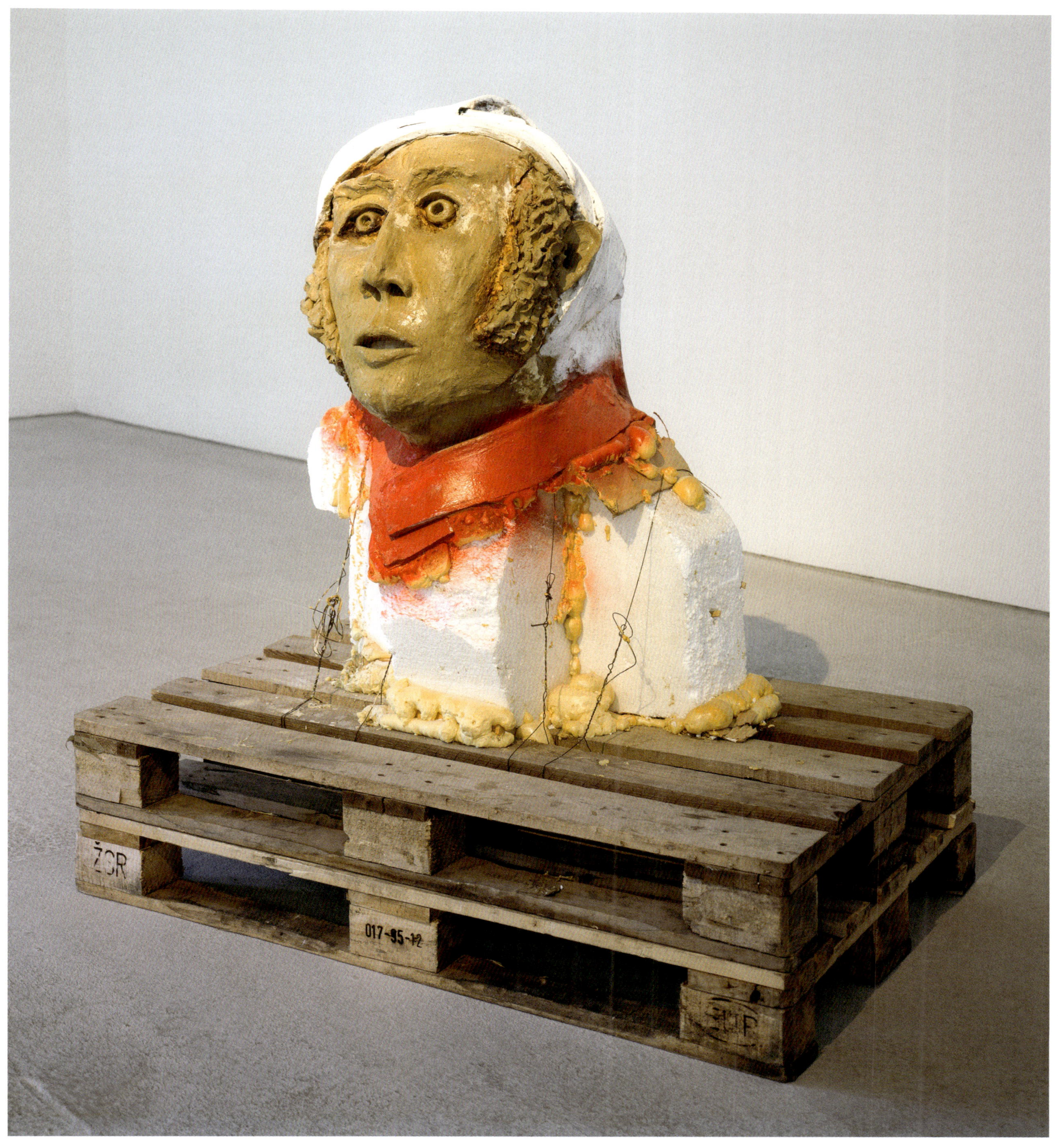

34

35
Zeichnung für Alain Colas. 1989. Collage mit Tusche auf Papier, 60 × 80 cm

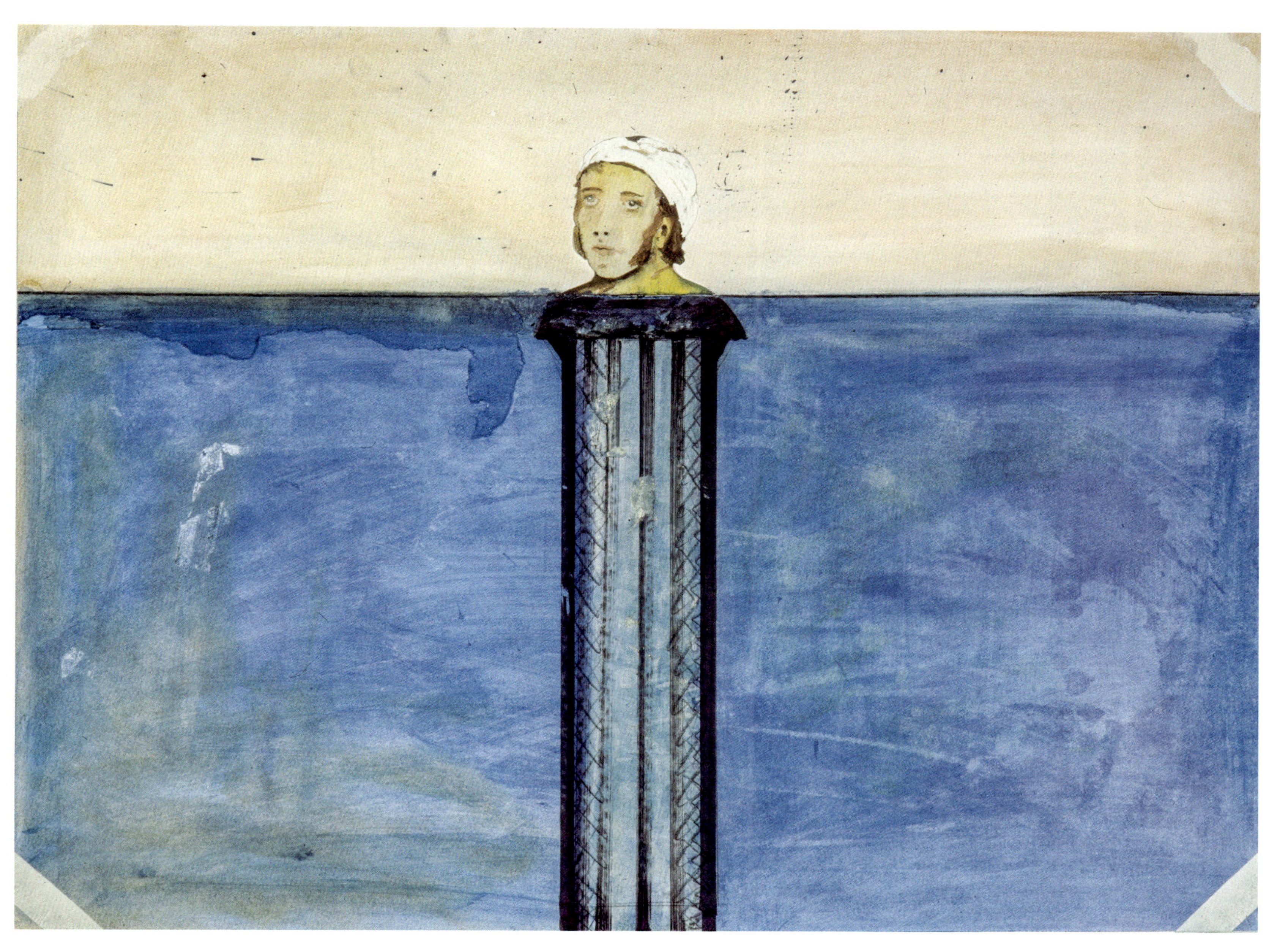

36
Mohr's Life. 1988. Zwei Figuren aus Modelliermasse mit Stoff, Schnüren und Holzdübeln; 4 Gemälde auf Staffeleien; 2 bemalte Blechdosen; und Metallgestell mit Socken, 180 × 350 × 350 cm. Installationsansicht, *Moving Is in Every Direction*, Hamburger Bahnhof, Berlin, 17.3.–24.9.2017

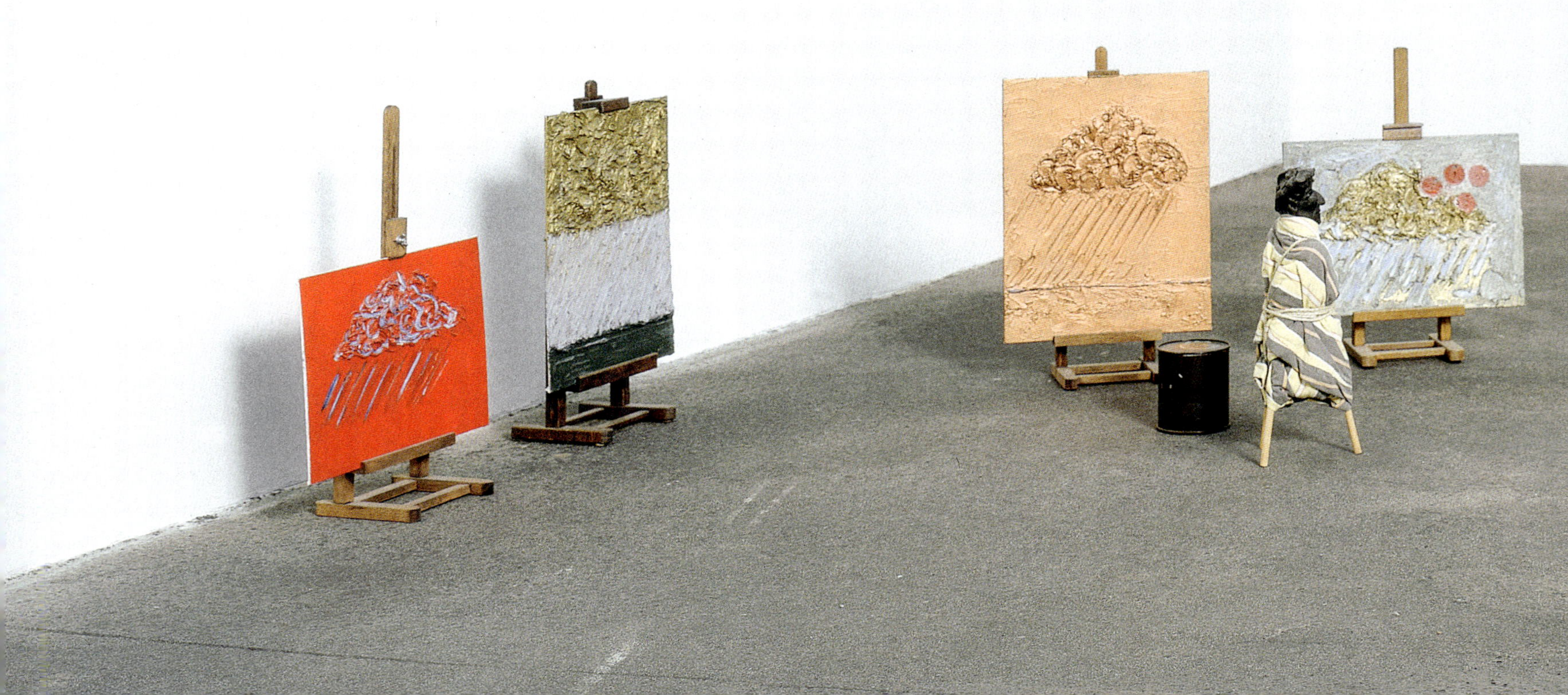

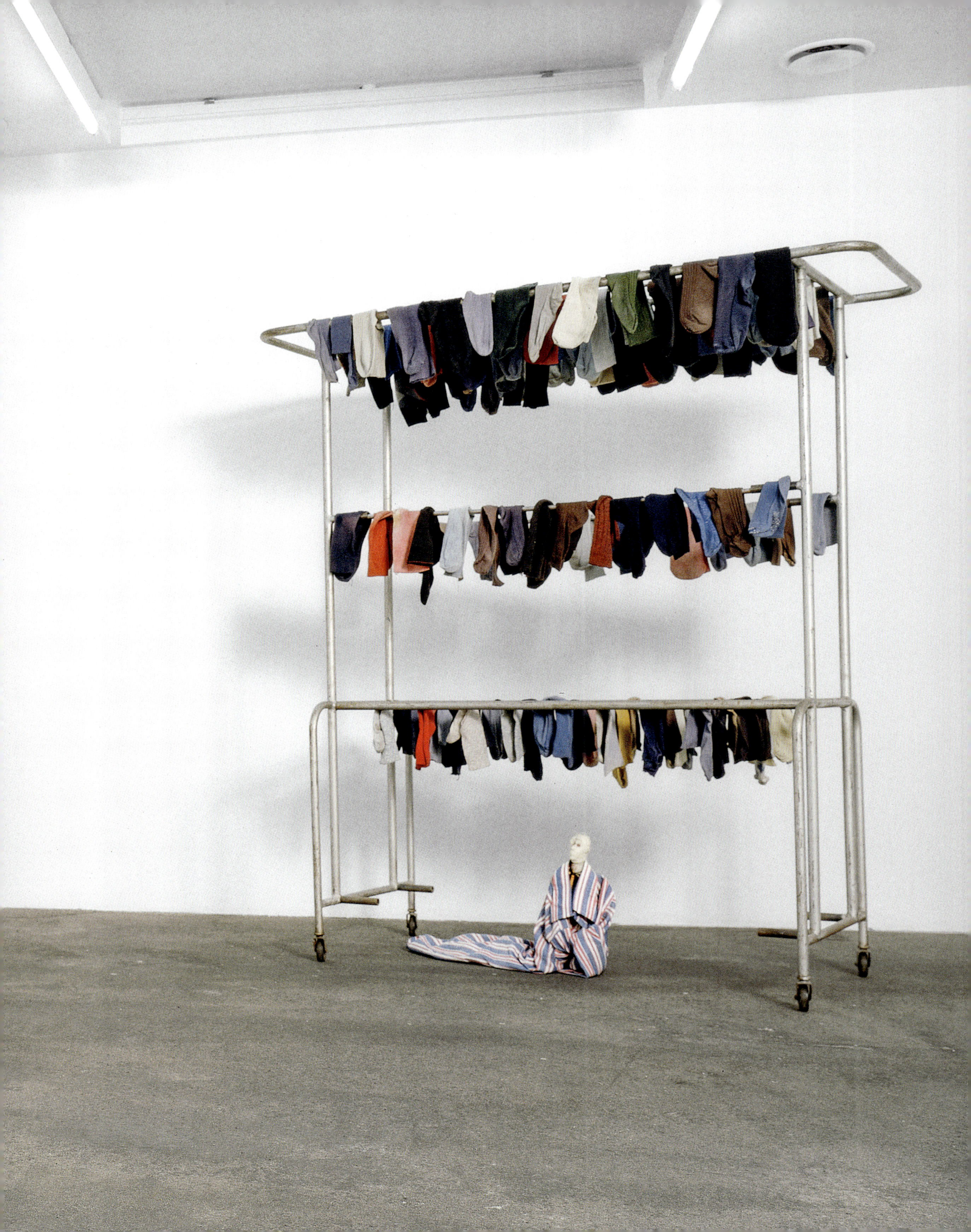

37
Mohr's Life: The Collectors. 1988–1999. Figur aus gegossenem Harz; 7 Figuren aus Modelliermasse mit Stoff, Schnüren und Holzdübeln; mit Klebeband verschlossene Umzugskartongarderobe mit Bekleidung auf Bügeln; Klemmleuchte und Kabeltrommel, 160 × 200 × 200 cm

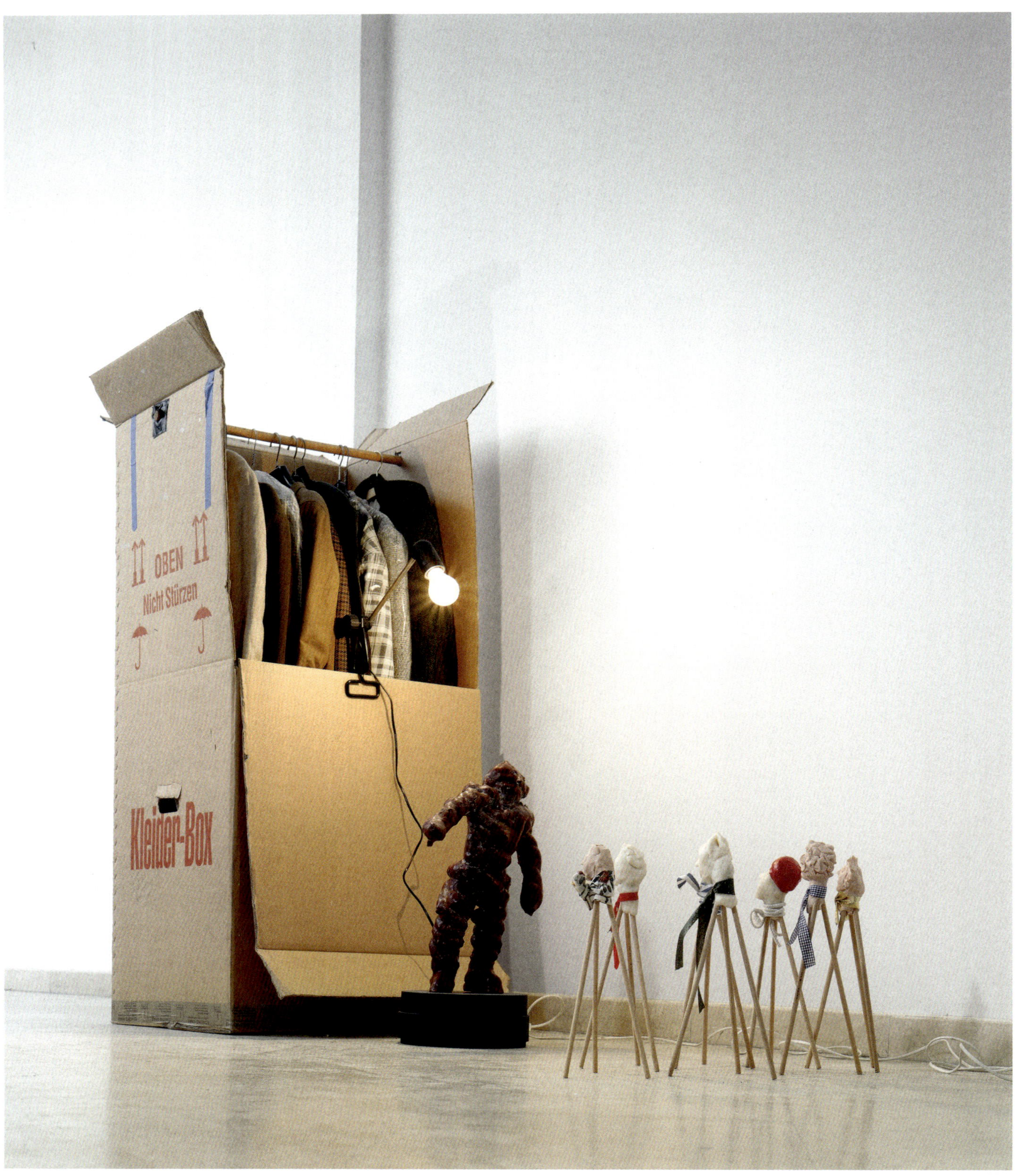

38
Mohr's Life: The Sculptor. 1988–1999. Figur aus Modelliermasse mit Stoff, Schnüren, Hut, Nägeln und Holzdübeln; ungebrannter bemalter Ton auf Ziegelstein auf Holztisch; Flechtkörbchen mit Nägeln; Leselampe auf Farbdose; Metallregal mit Schuhen und ungebrannter Tonbüste, 160 × 210 × 180 cm

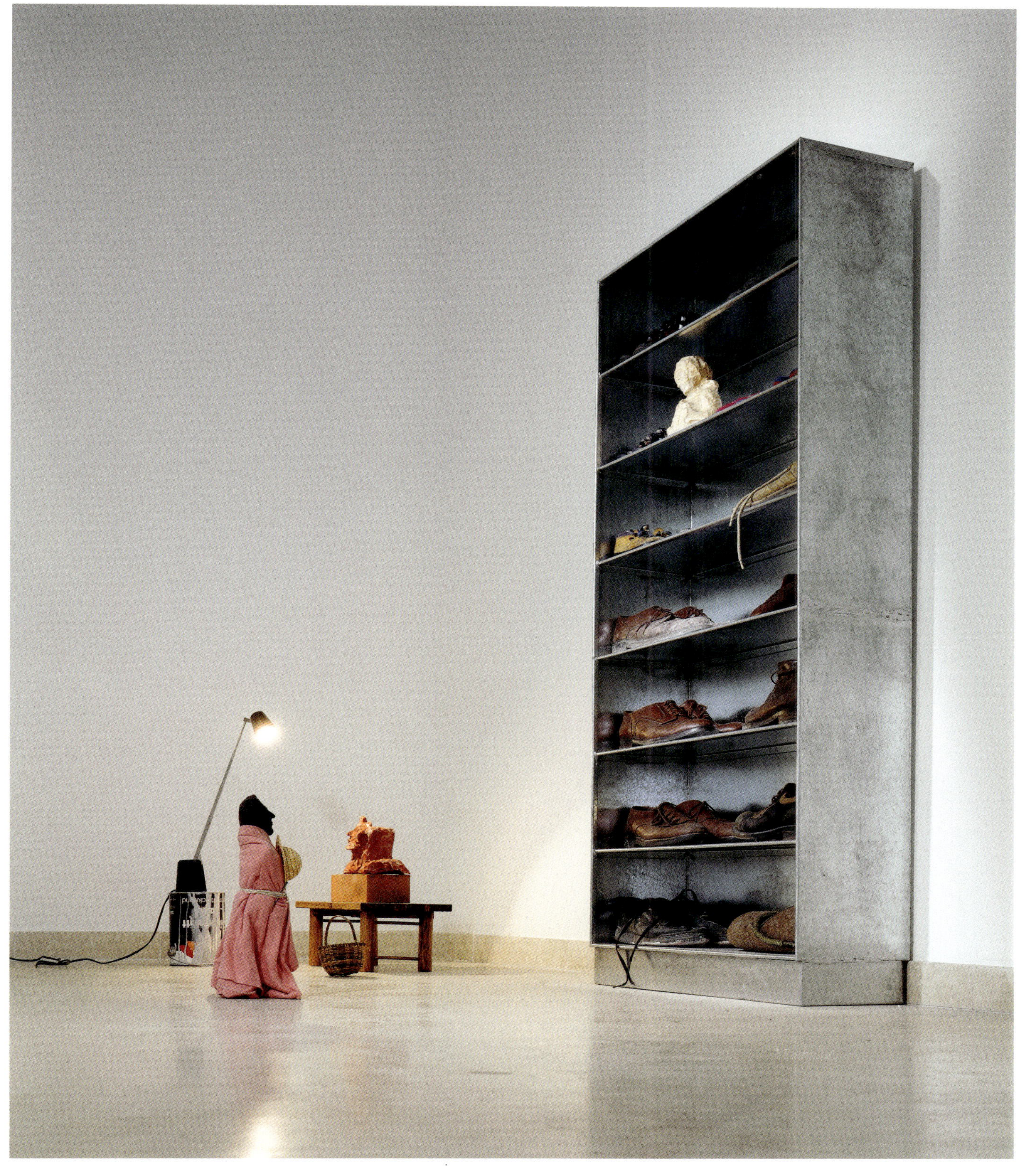

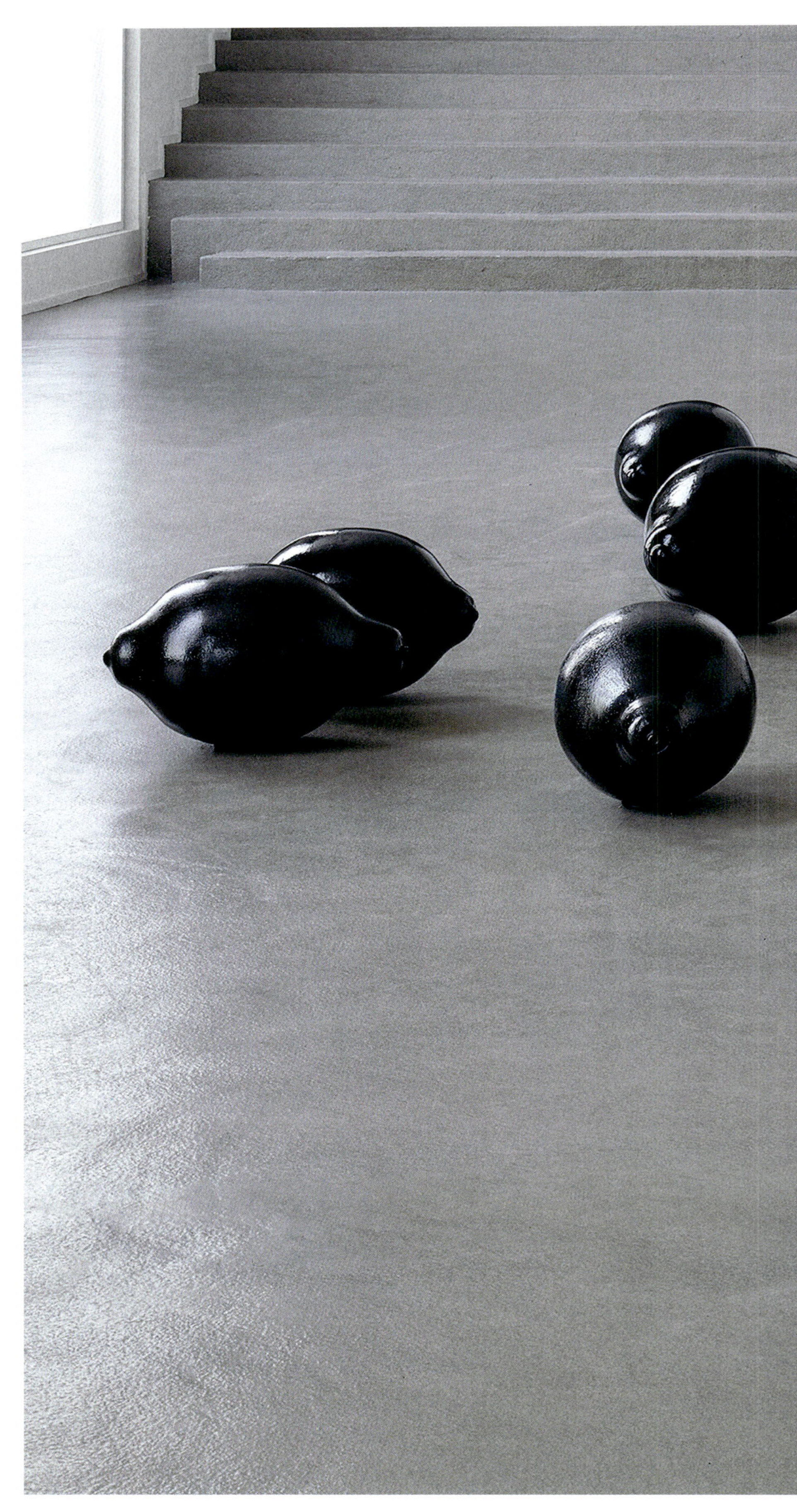

39
Schwarze Zitronen. 1990. Glasierte Keramik, 20 Teile; 10 Teile 55 × 36 cm, 10 Teile 69 × 41 cm. Installationsansicht, *Les flammes: L'âge de la céramique*, Musée d'art moderne de Paris, 15.10.2021–6.2.2022

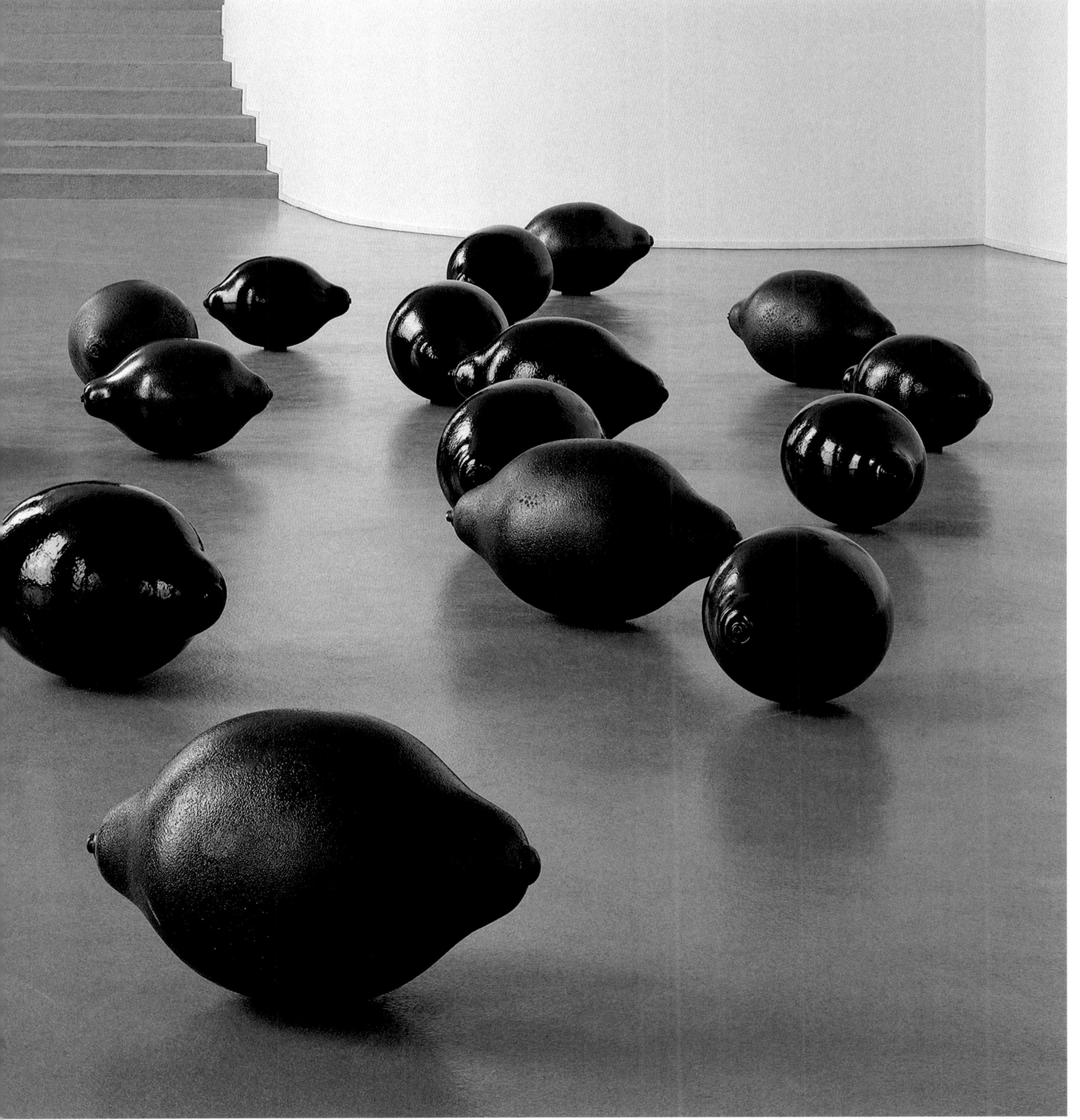

40
Die Fremden. 1992. Glasierte Keramik und Stahl, 9 Teile, verschiedene Maße, 104,8 × 46,2 × 50,5 cm – 189,8 × 66,2 × 53,2 cm

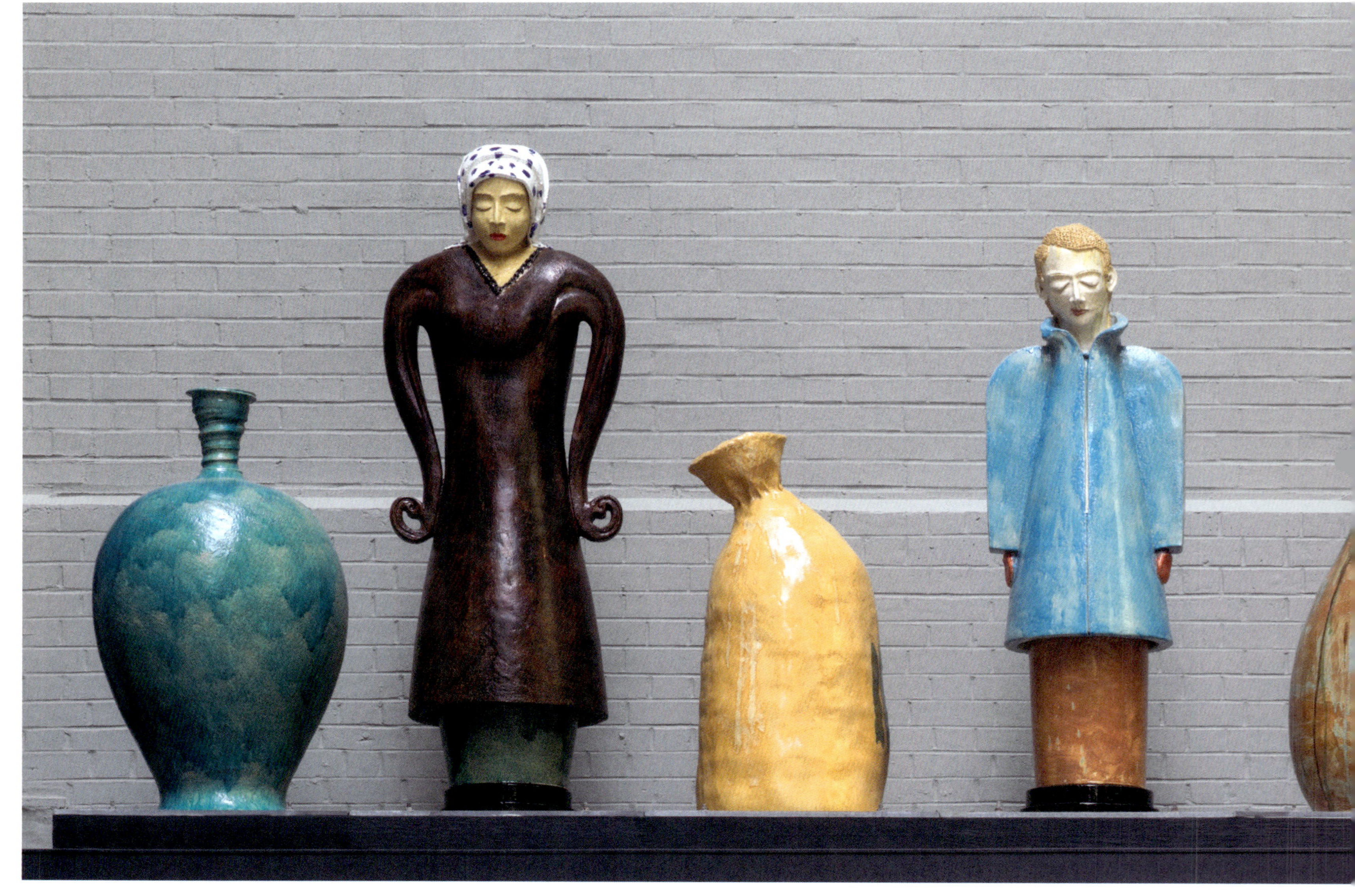

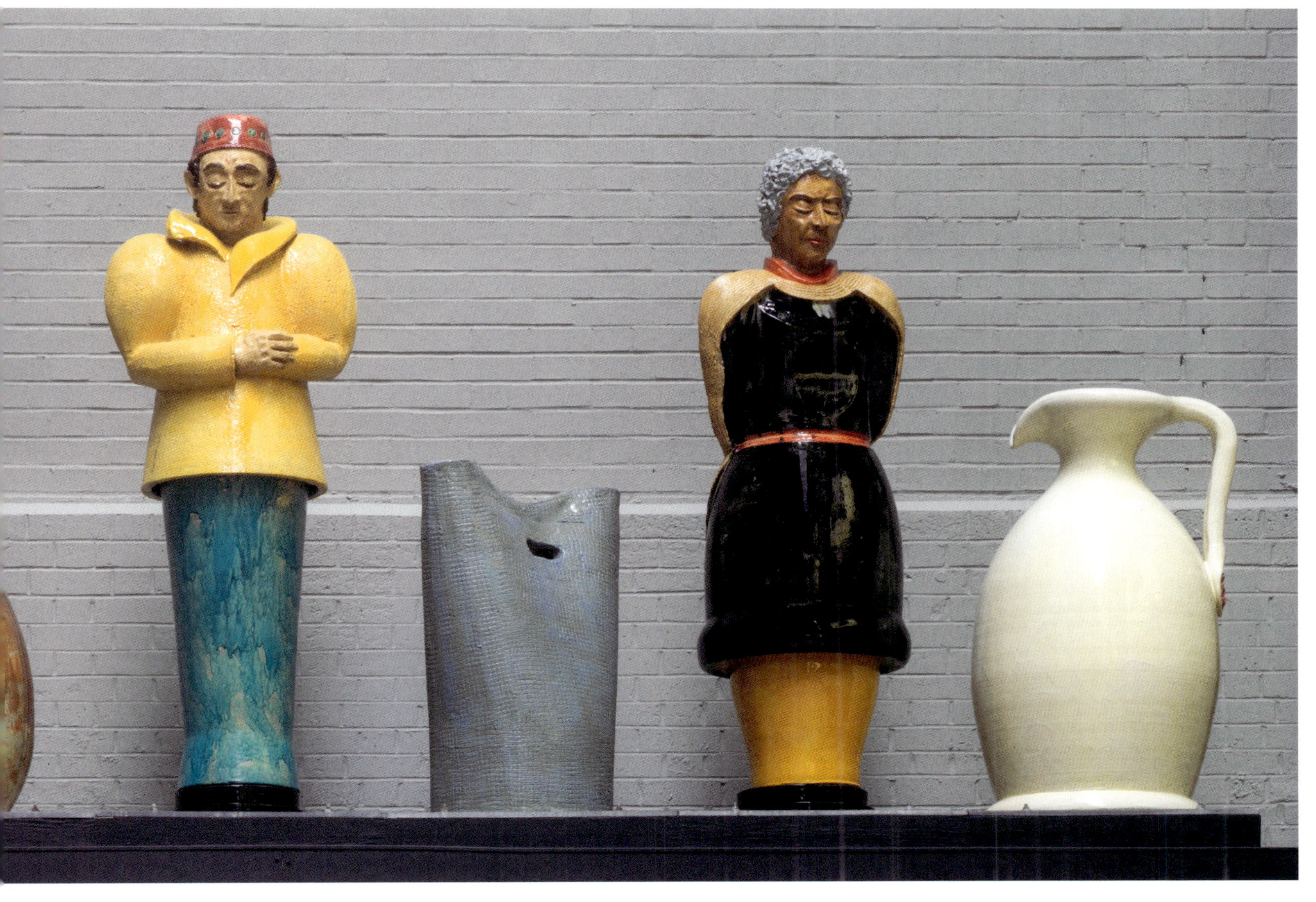

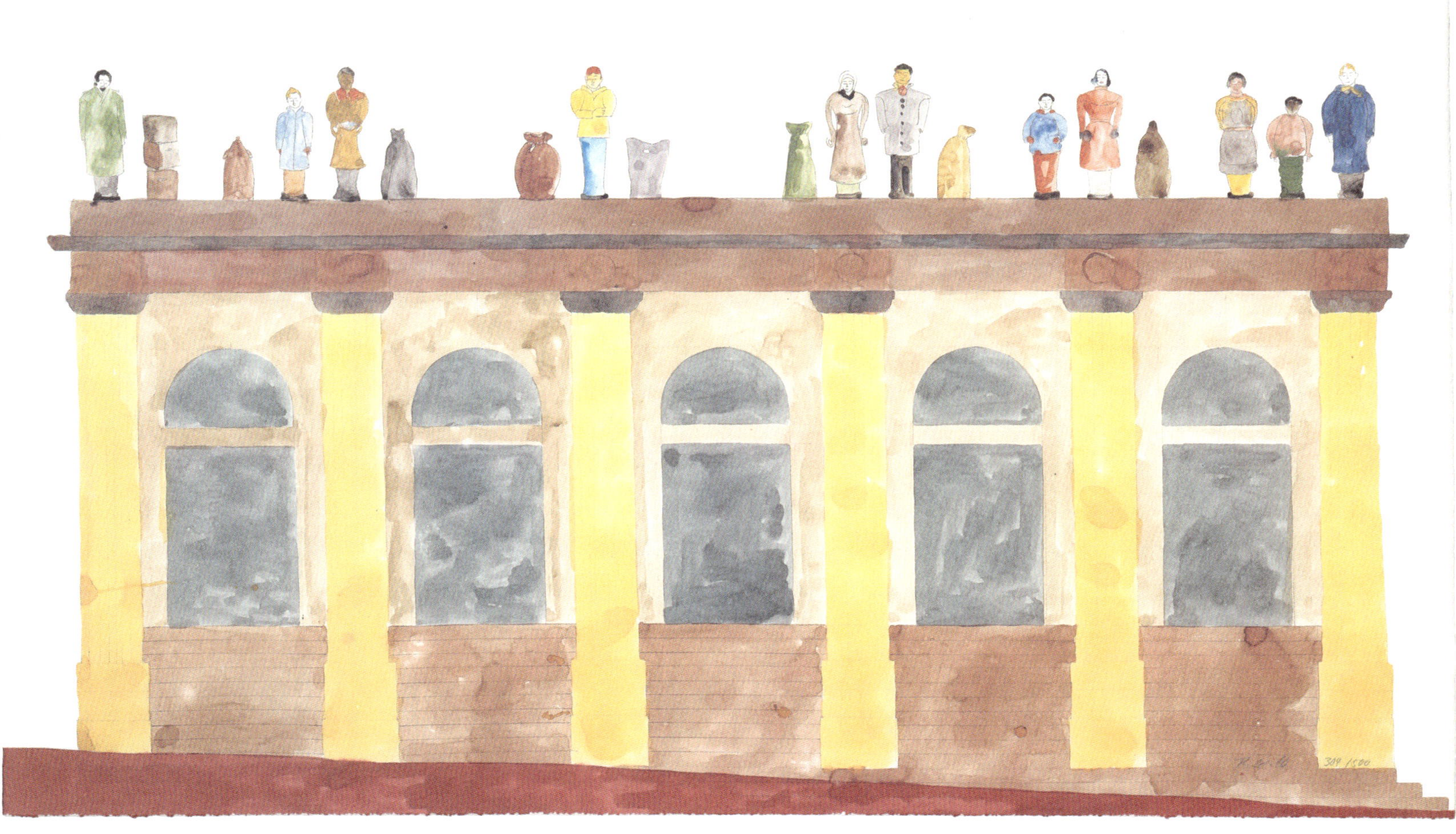

Oben:
Die Fremden. 1992. Siebdruck auf Papier, 53,3 × 76,2 cm. De Pont Museum, Tilburg

Nächste Seite, oben:
Die Fremden. 1991. Lack auf Papier, linkes Blatt: 268 × 145 cm, Mitte und rechtes Blatt: 274 × 110 cm. Besitz des Künstlers, Düsseldorf

Gegenüberliegende Seite, unten:
Die Fremden (10 Skizzen für Figuren – Keramik). 1991. Tusche auf Papier, 2 von 10 Blättern, je 65 × 50 cm. Sammlung Niels Dietrich

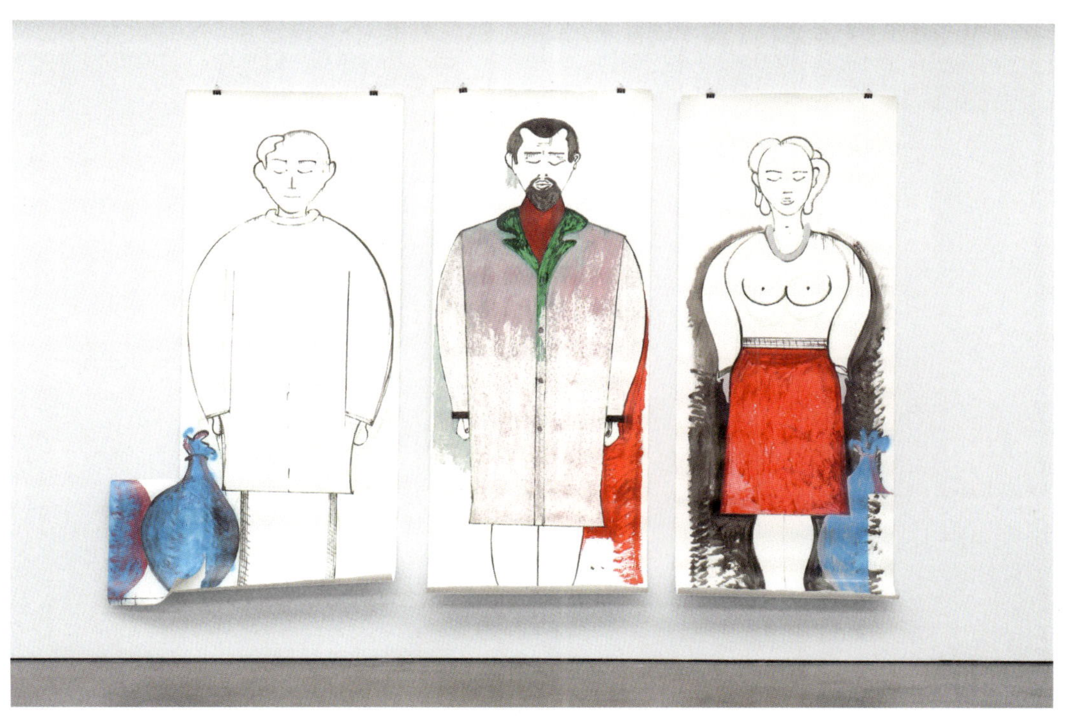

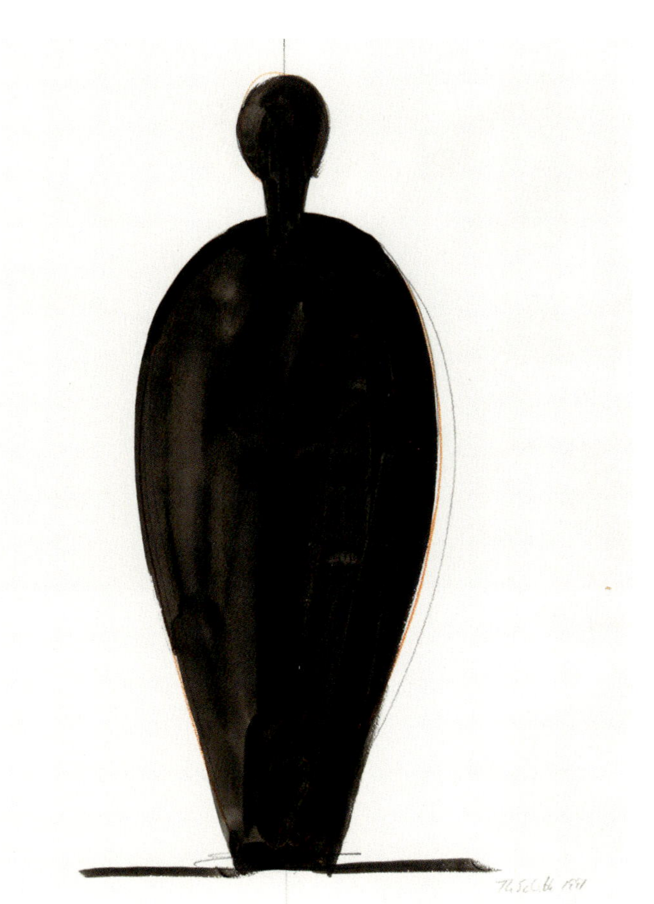

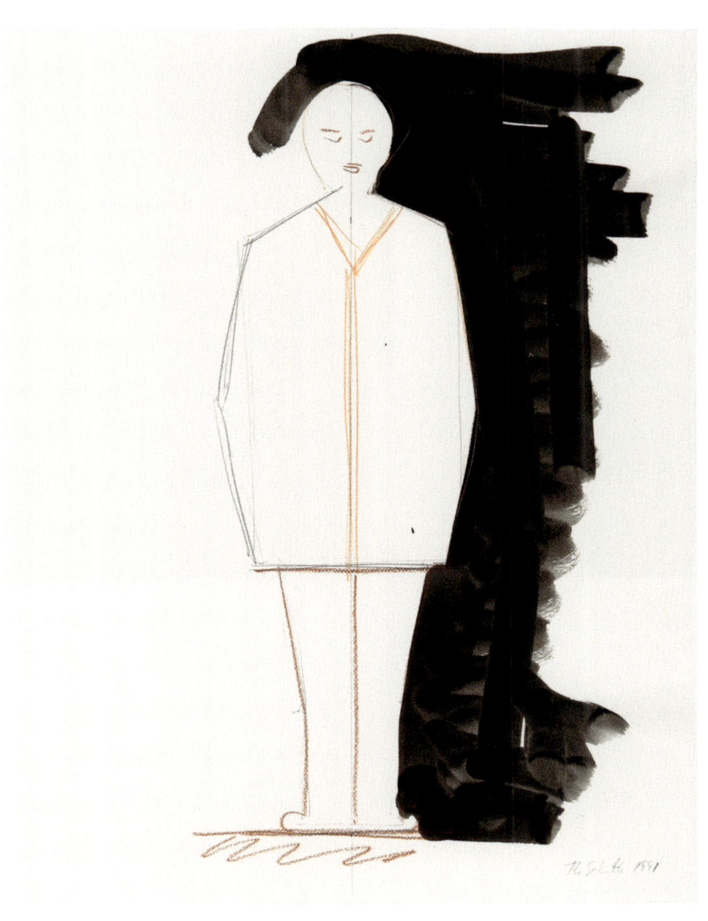

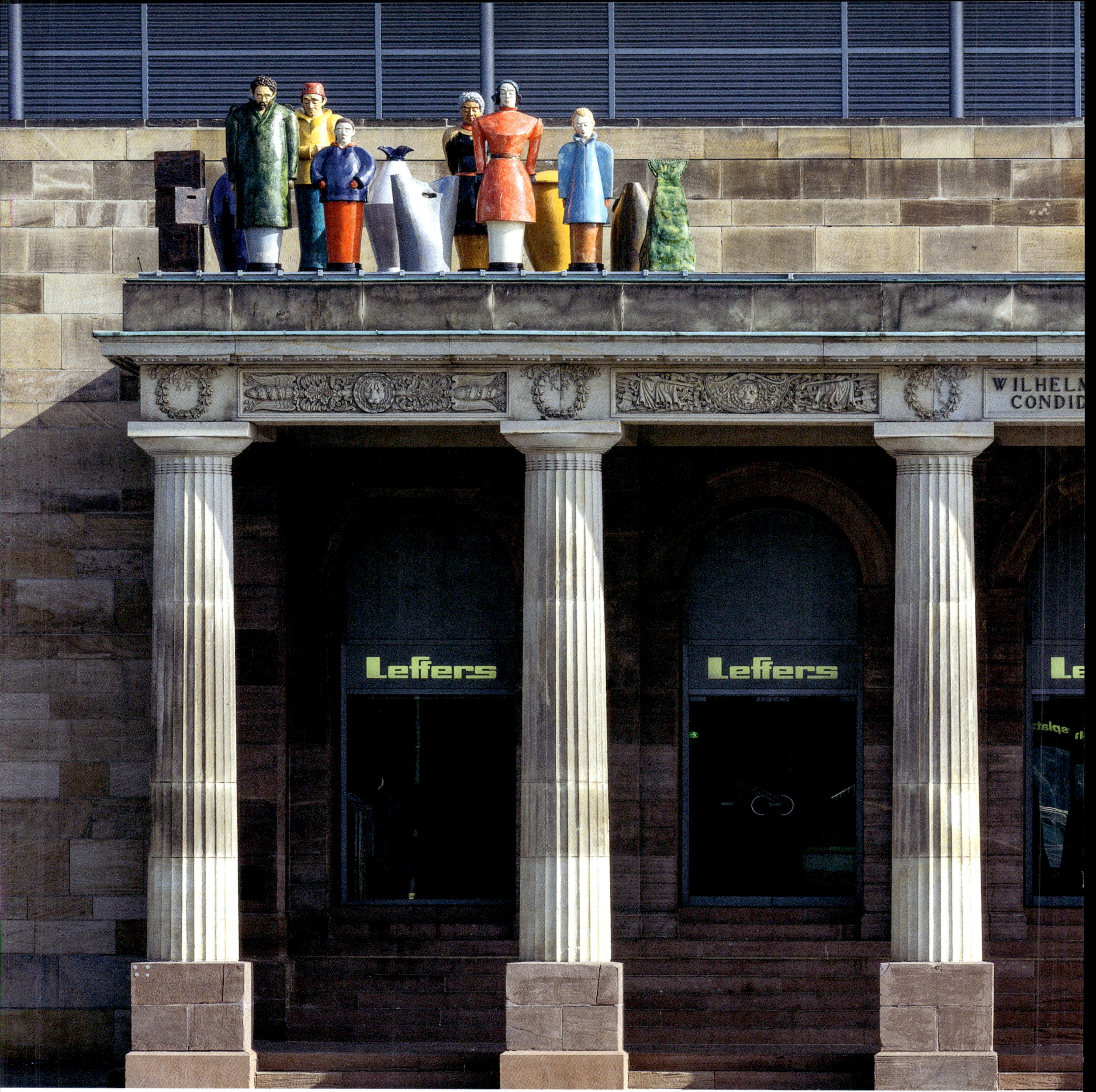

Installationsansicht *Die Fremden,* Kaufhaus Leffers, Friedrichsplatz Kassel, 1992

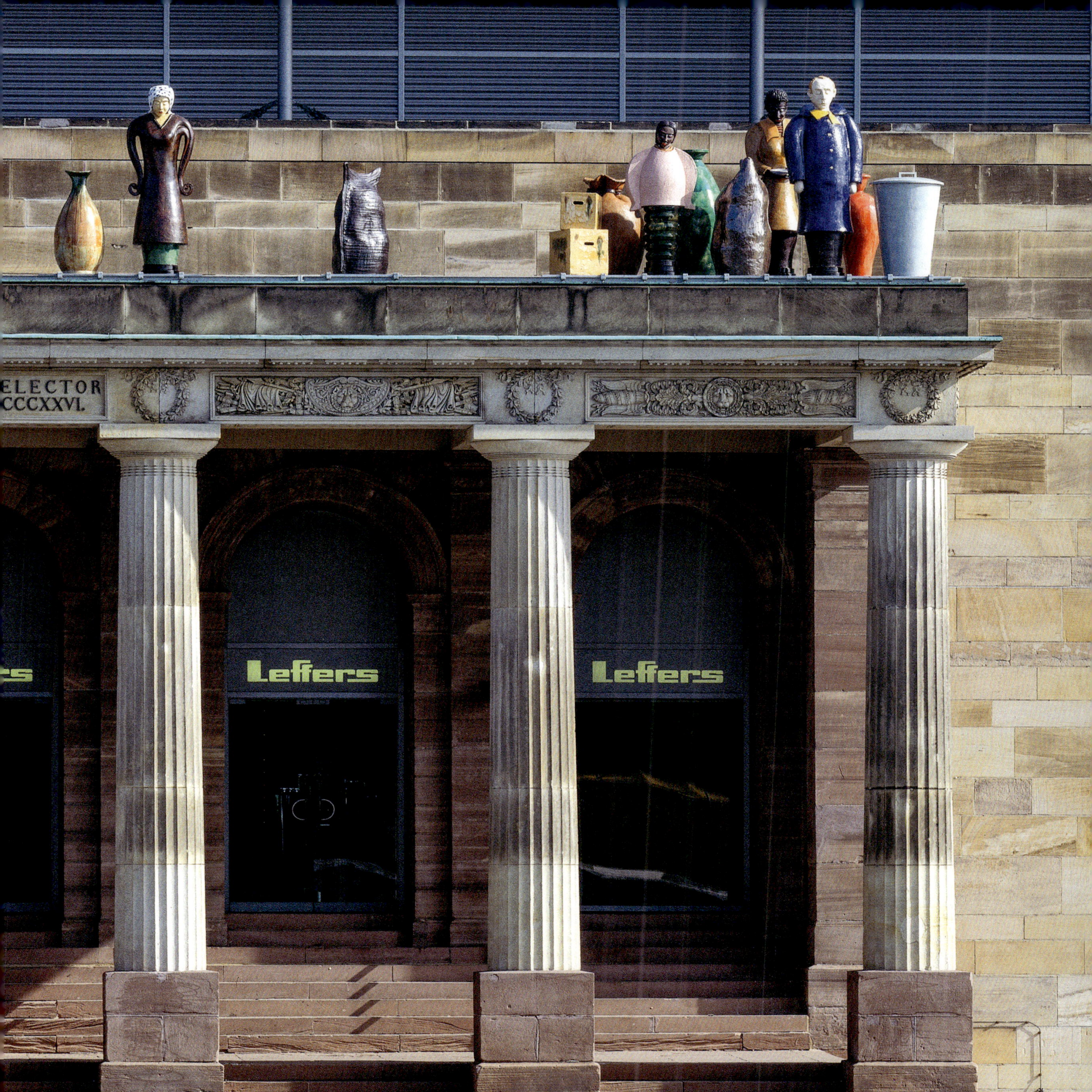
ELECTOR
CCCXXVI.
Leffers
Leffers

41
Basement II. 1993. Holz und Sägemehl,
106,7 × 149,9 × 205,1 cm

42
Basement III. 1993. Holz und Sägemehl,
102 × 150 × 205 cm

Rechts:
Detail aus *Basement III*

41

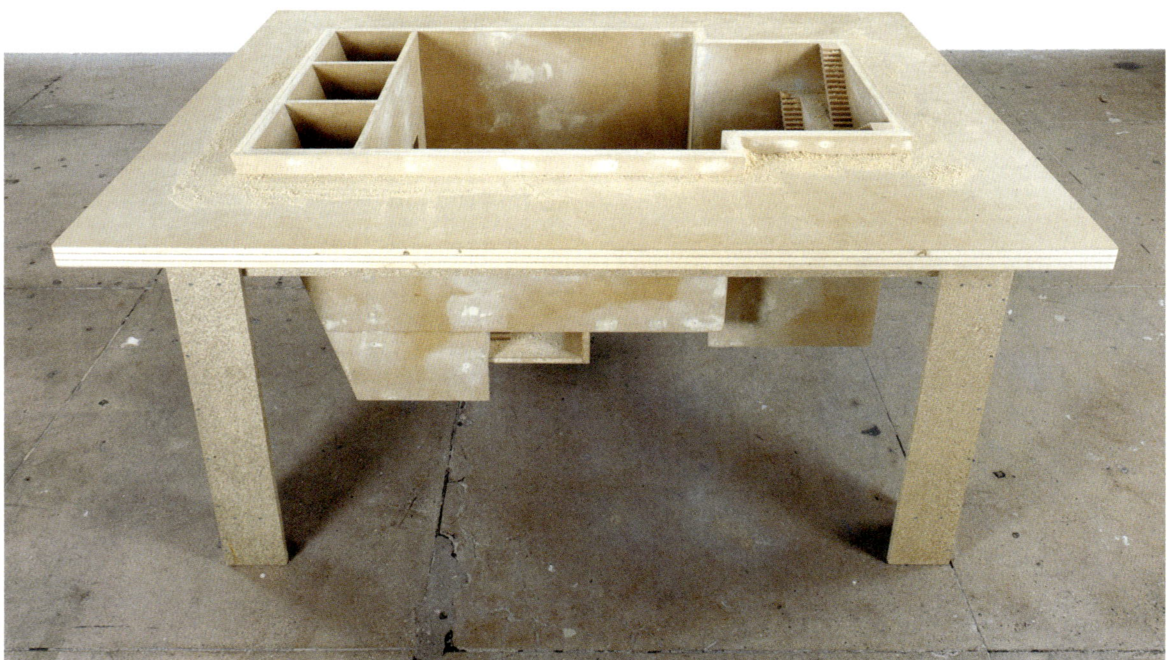

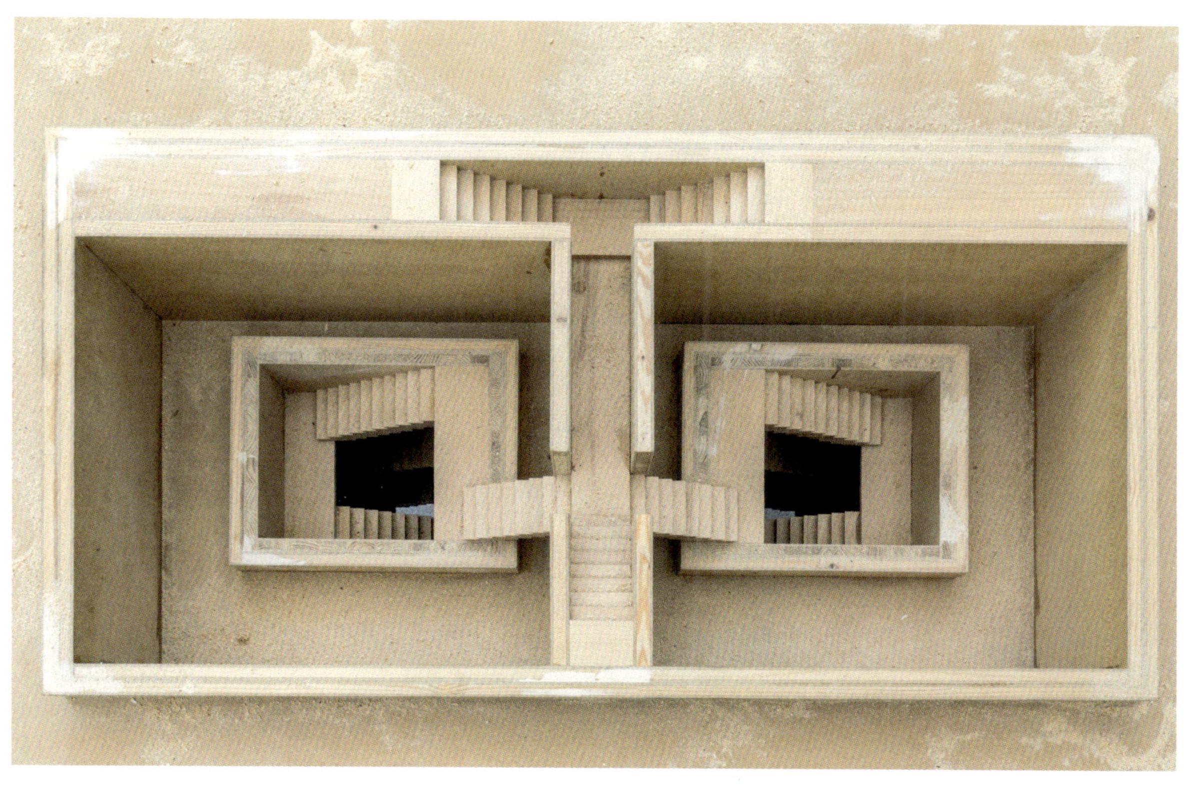

42

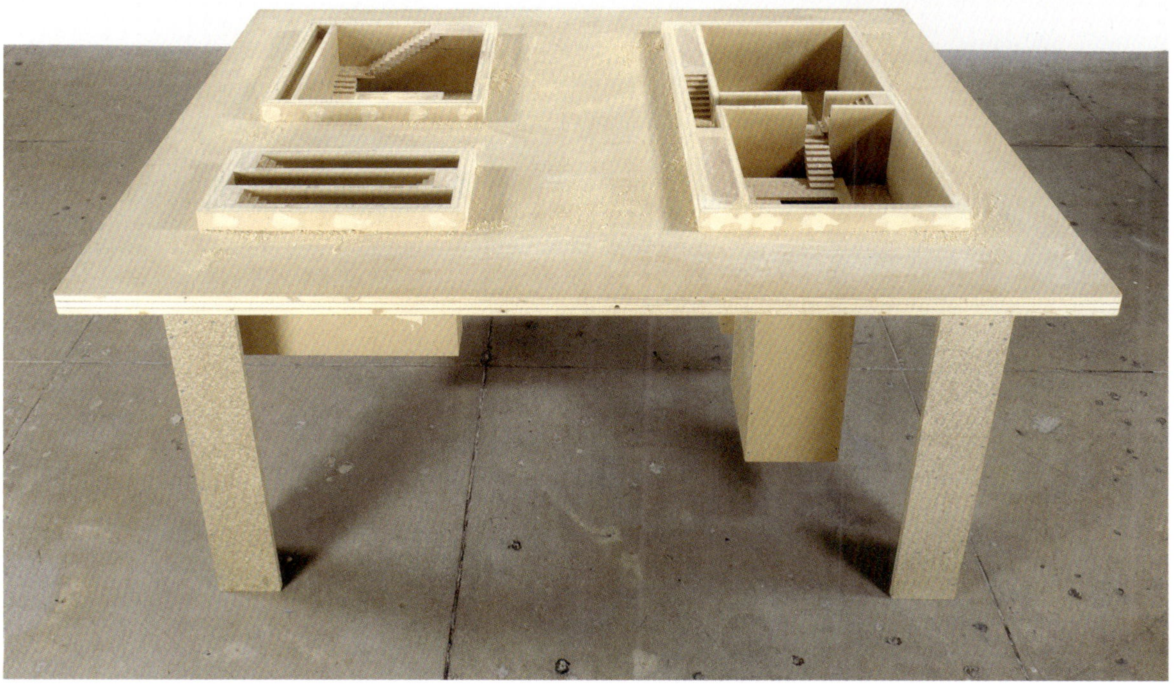

Alle Abbildungen auf dieser Doppelseite:

43–45
United Enemies. 1993. Zwei Figuren aus Modelliermasse, Stoff, Schnur und Holz auf einem Plastik-Sockel mit Glashaube (nicht abgebildet), 191 × 26 × 26 cm

43

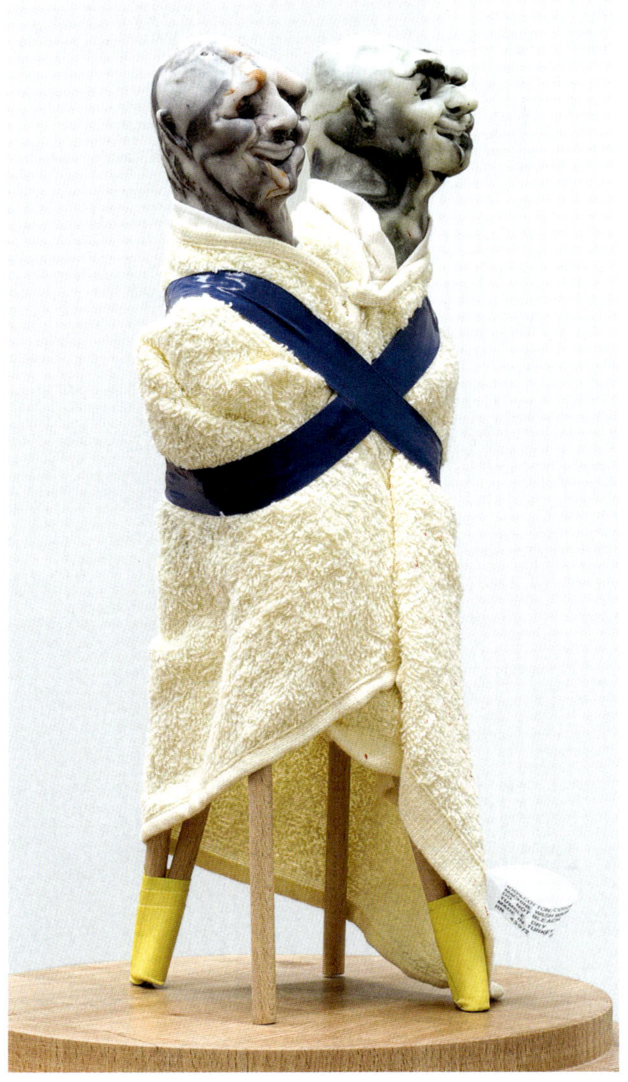

44

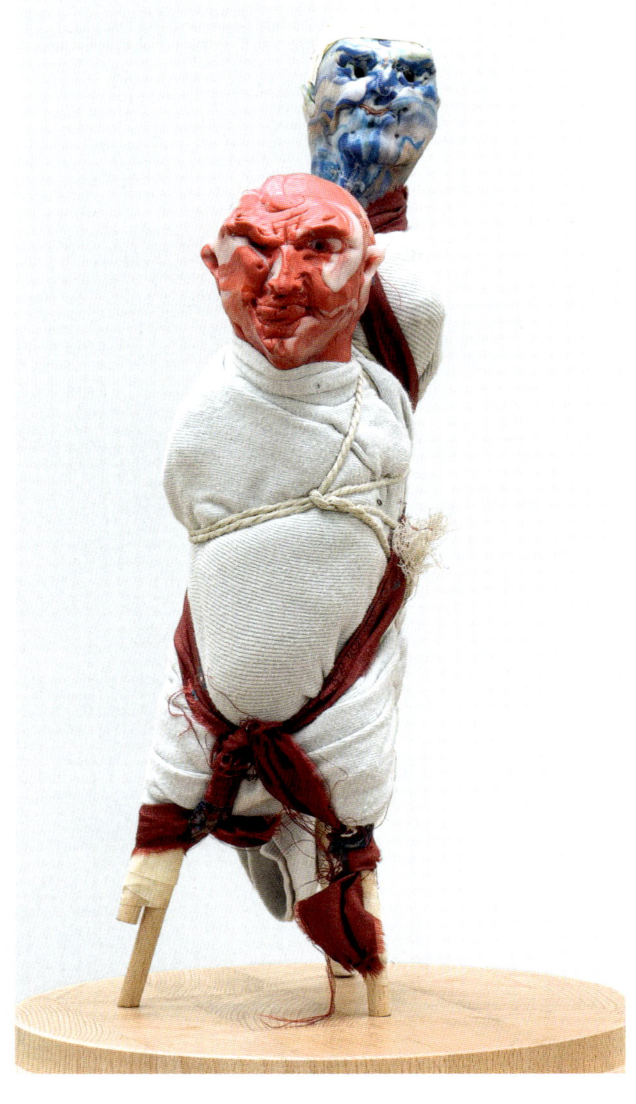

45>

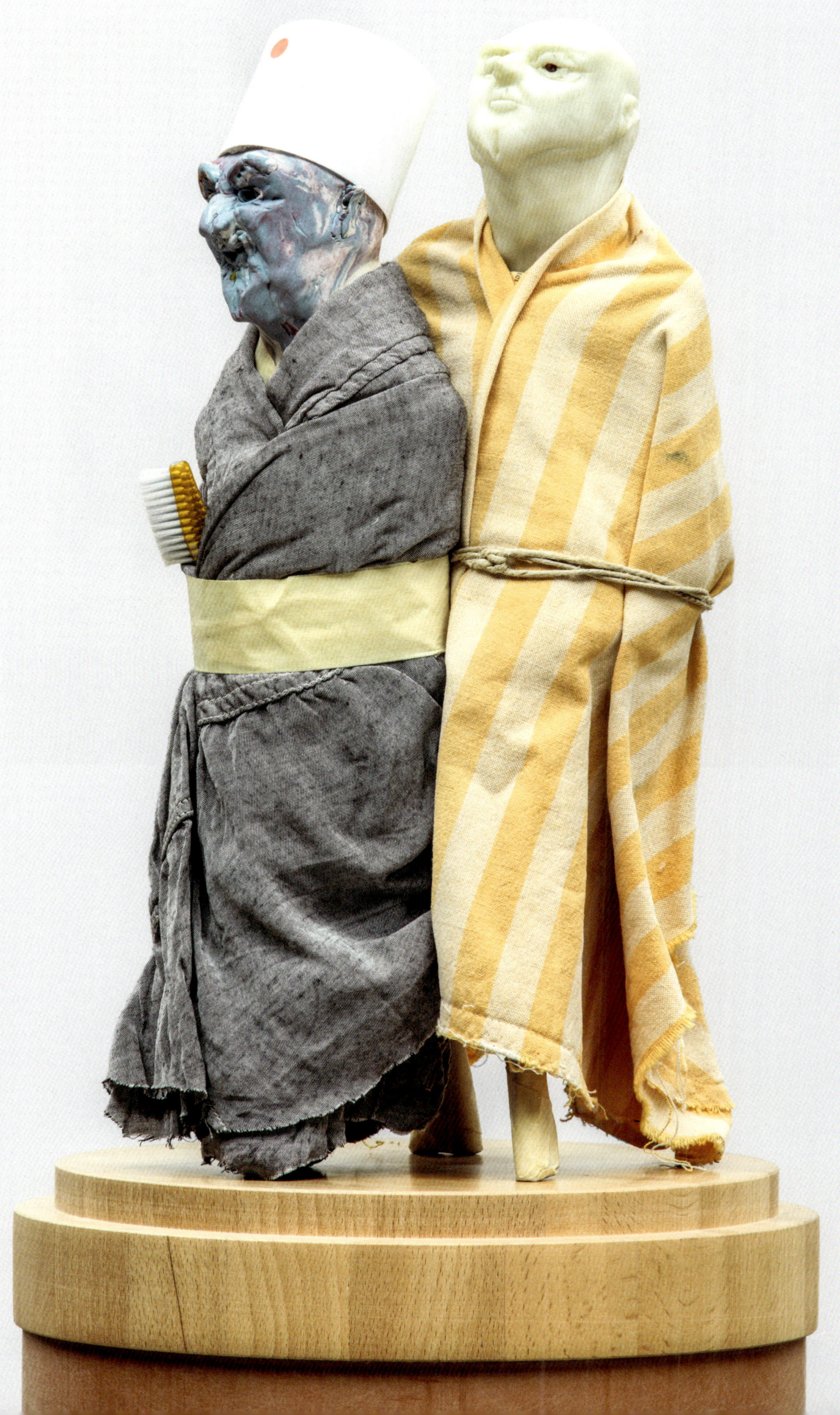

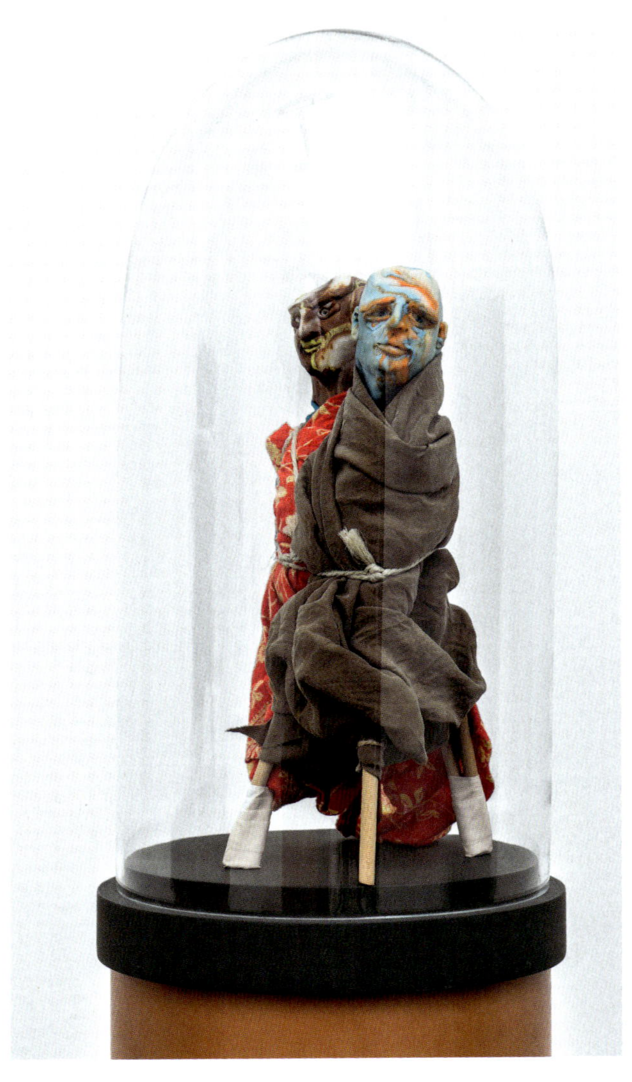

46

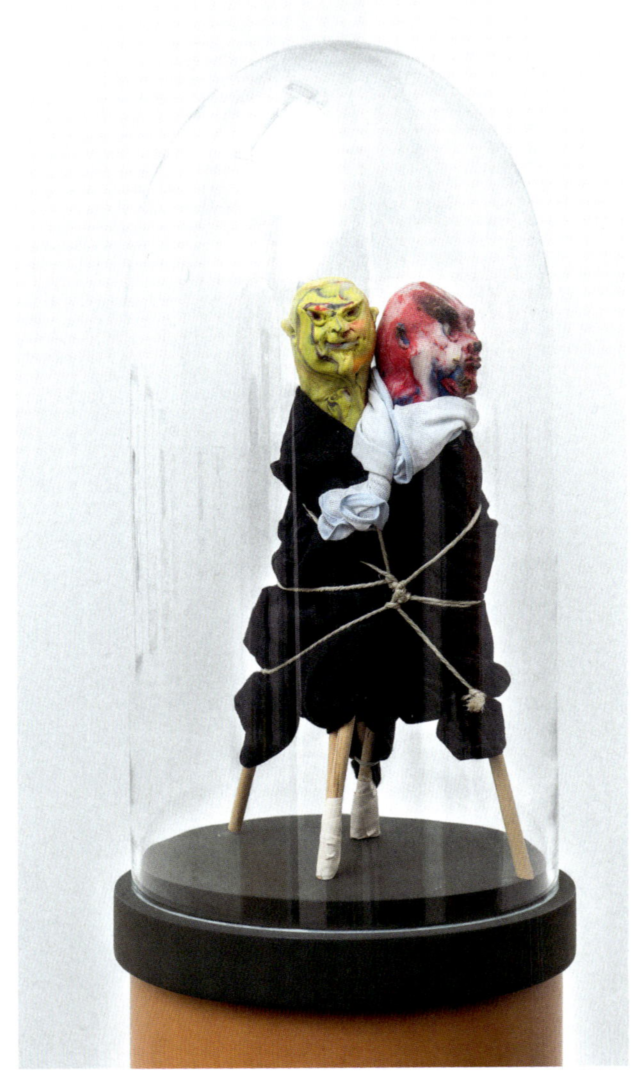

47

Alle Abbildungen auf dieser Doppelseite:

46–48
United Enemies. 1994. Zwei Figuren aus Modelliermasse, Stoff, Schnur und Holz auf einem Plastik-Sockel aus Kunststoff mit Glasglocke, 188 × 25 × 25 cm

48>

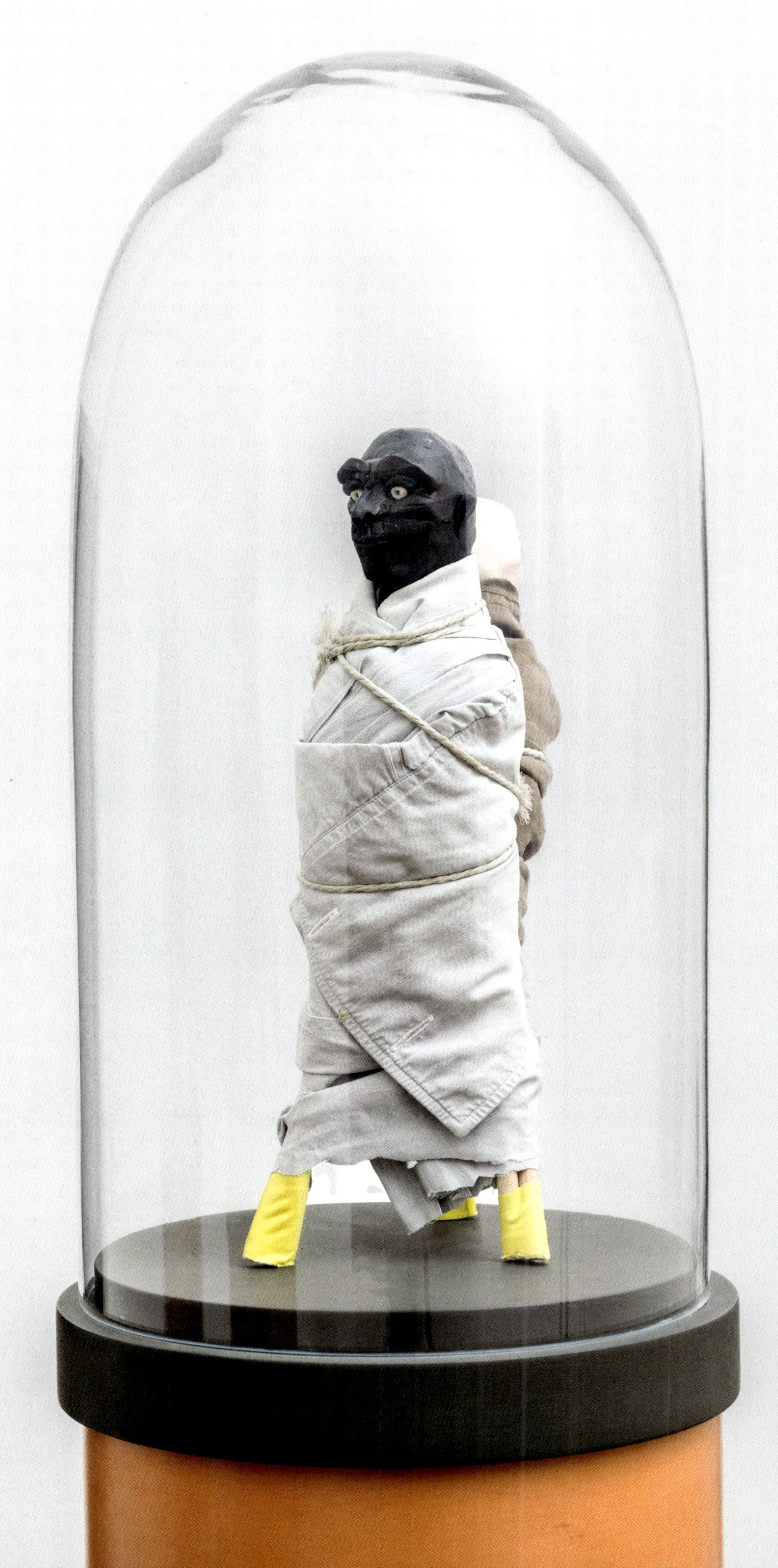

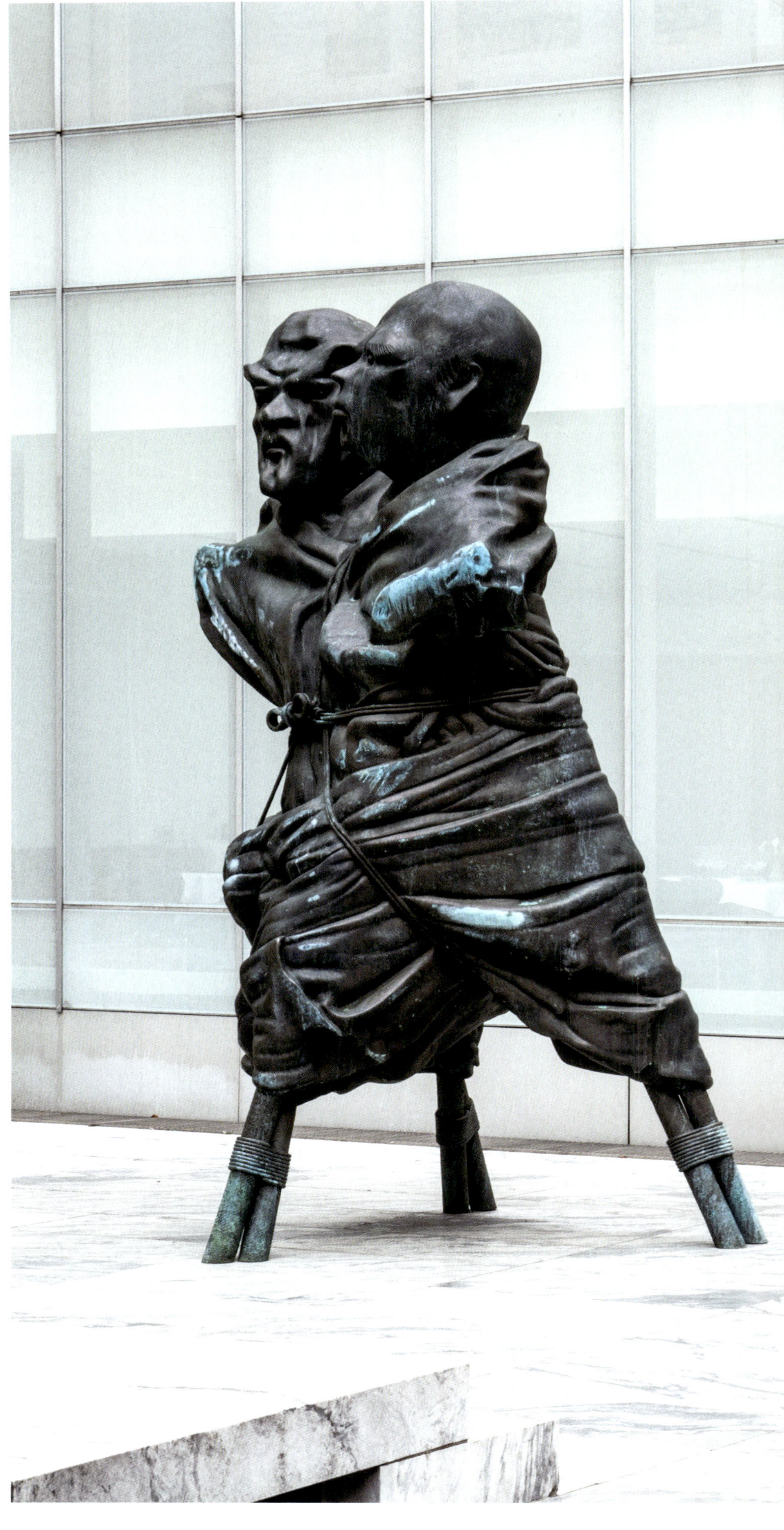

United Enemies I. 2011. Patinierte Bronze, zwei Teile, 406,4 × 203,2 × 226,1 cm und 391,2 × 205,1 × 201,8 cm. The Museum of Modern Art, New York. Margot Gottlieb Bequest (by exchange). Installationsansicht, Abby Aldrich Rockefeller Sculpture Garden, The Museum of Modern Art, New York, 1.1.–31.12.2014

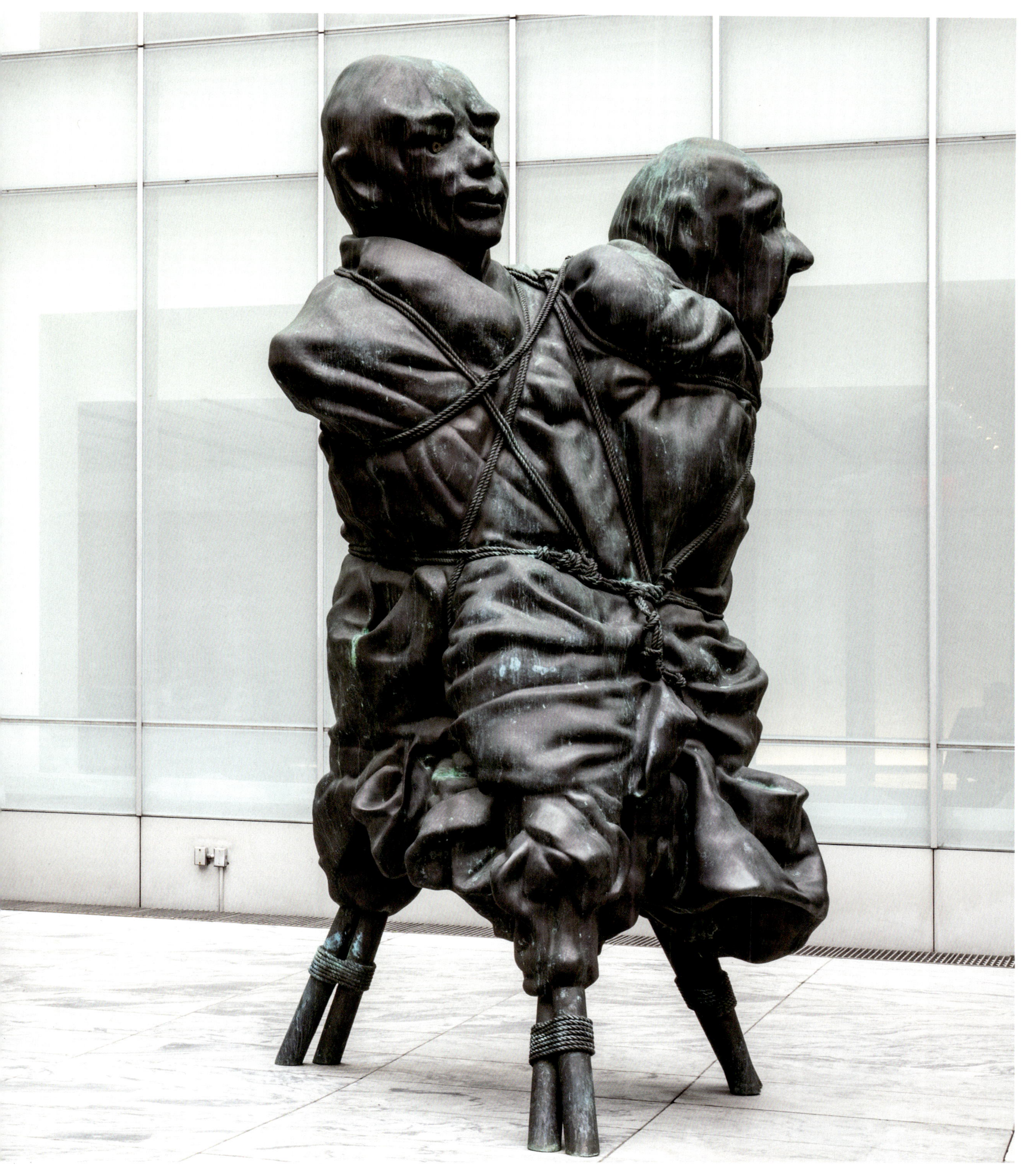

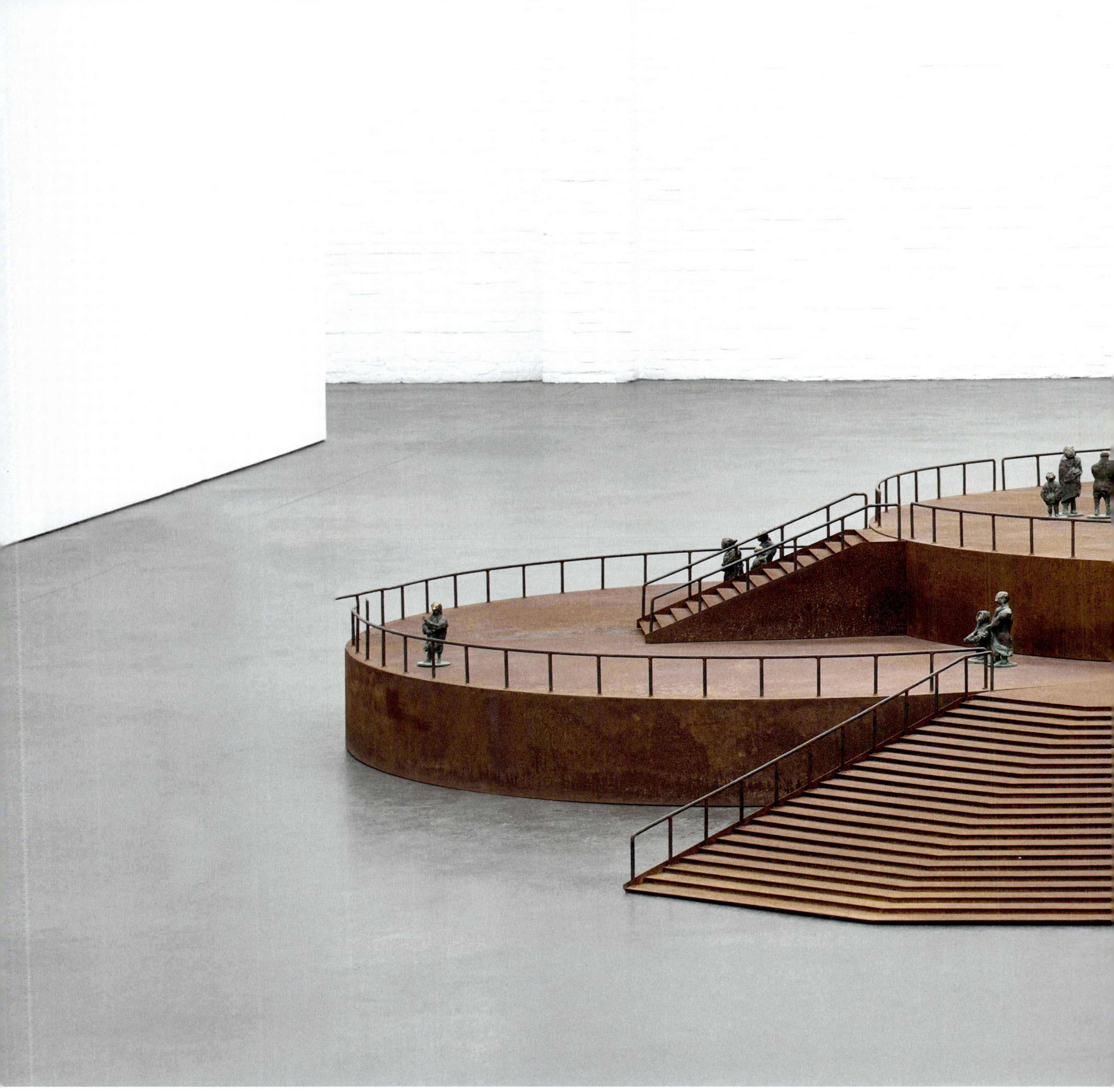

49
Großer Respekt. 1994. Stahl und patinierte Bronze, 61 × 450 × 550 cm

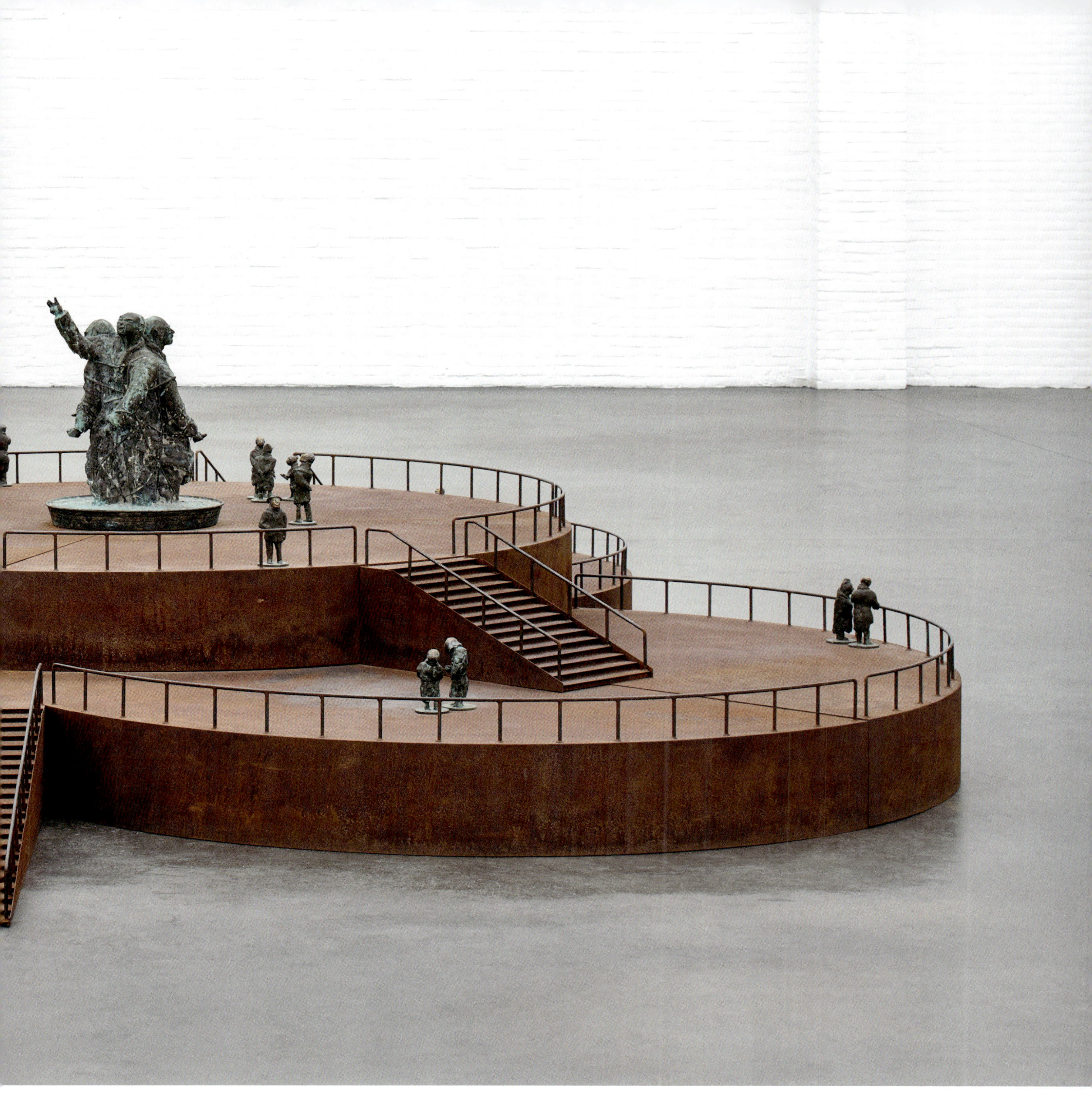

50
Von links nach rechts:

Großer Geist Nr. 6. 1996. Poliertes Aluminium.
290 × 140 × 80 cm

Großer Geist Nr. 8. 1997. Poliertes Aluminium.
250 × 150 × 100 cm

Großer Geist Nr. 17. 2000. Poliertes Aluminium.
175 × 170 × 120 cm

Unten, von links:
Installationsansichten von *Großer Geist Nr. 17, 6* und *8*, *Thomas Schütte: Werkstatt*, Kunstmuseum Wolfsburg, 26.2.–24.4.2000

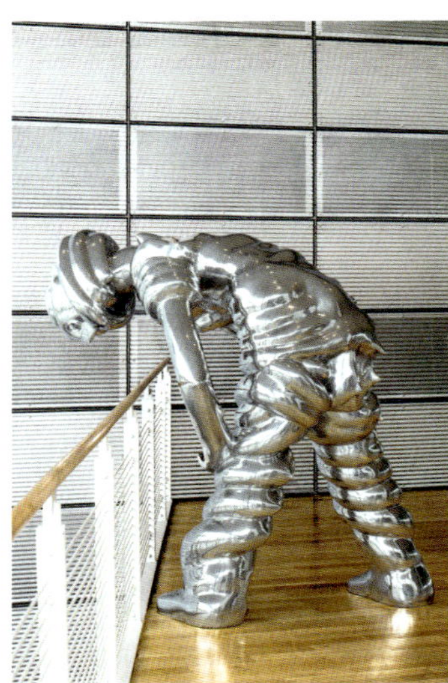

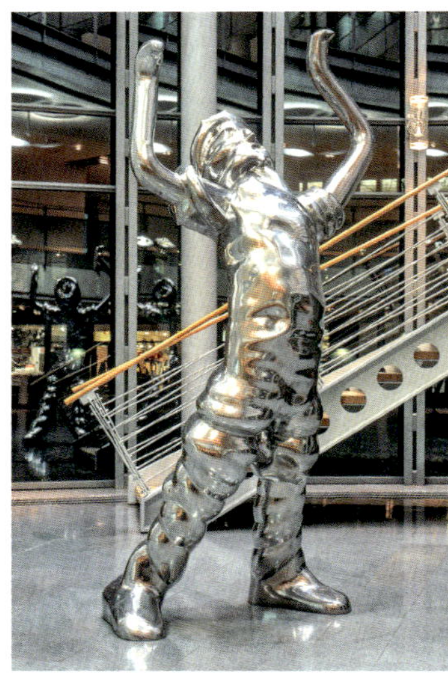

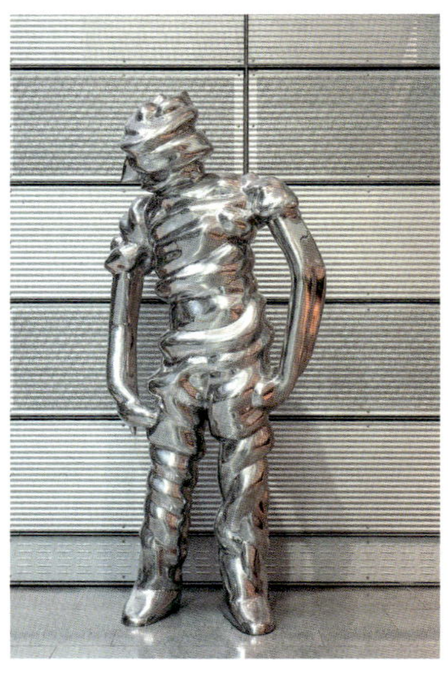

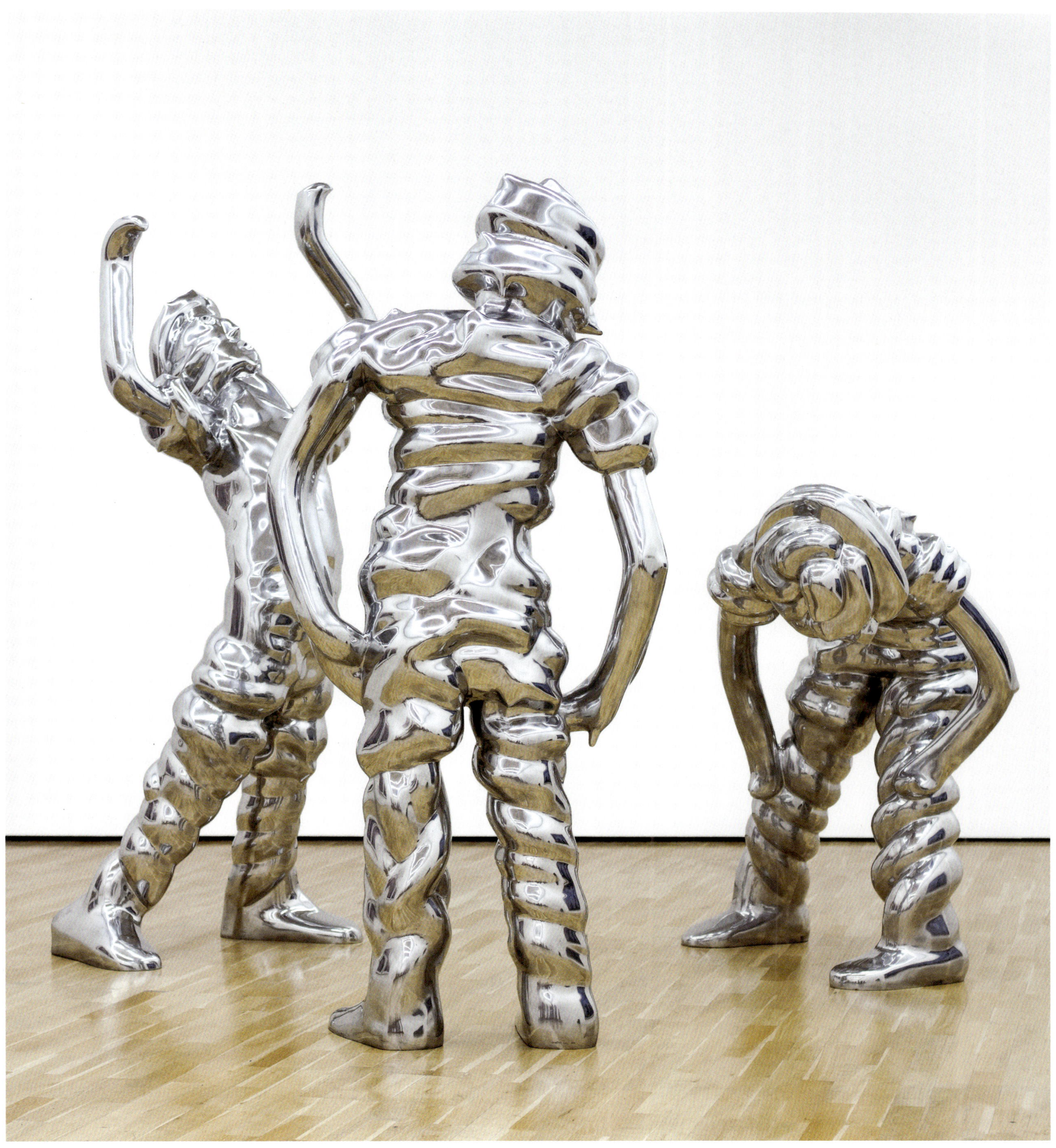

50

51
Blumen für Konrad. 1997/98.
Aquarellfarbe auf Papier, 12 Blätter,
je 39 × 29 cm

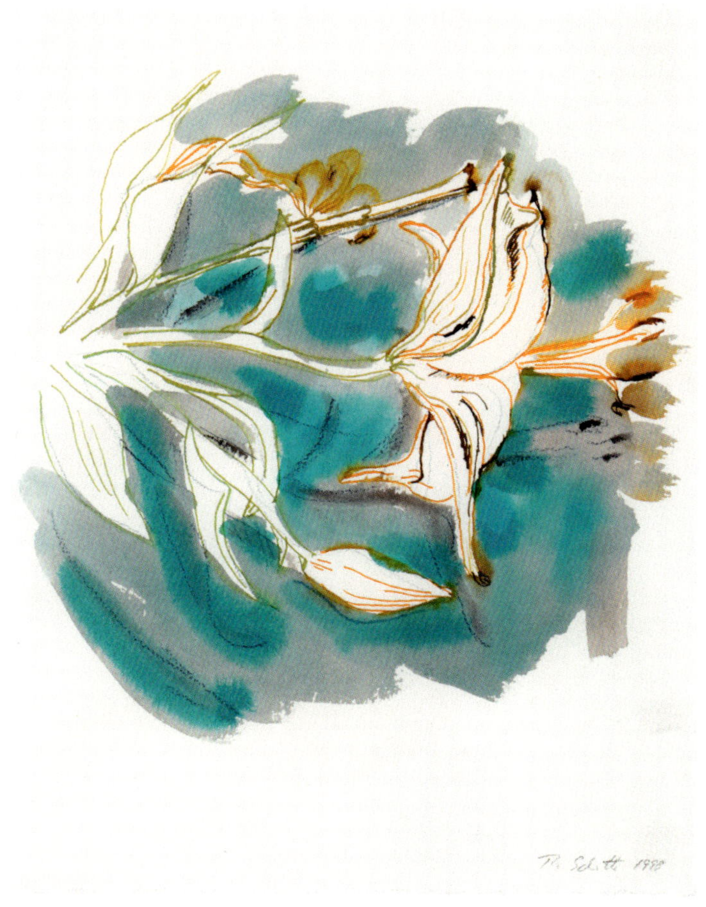

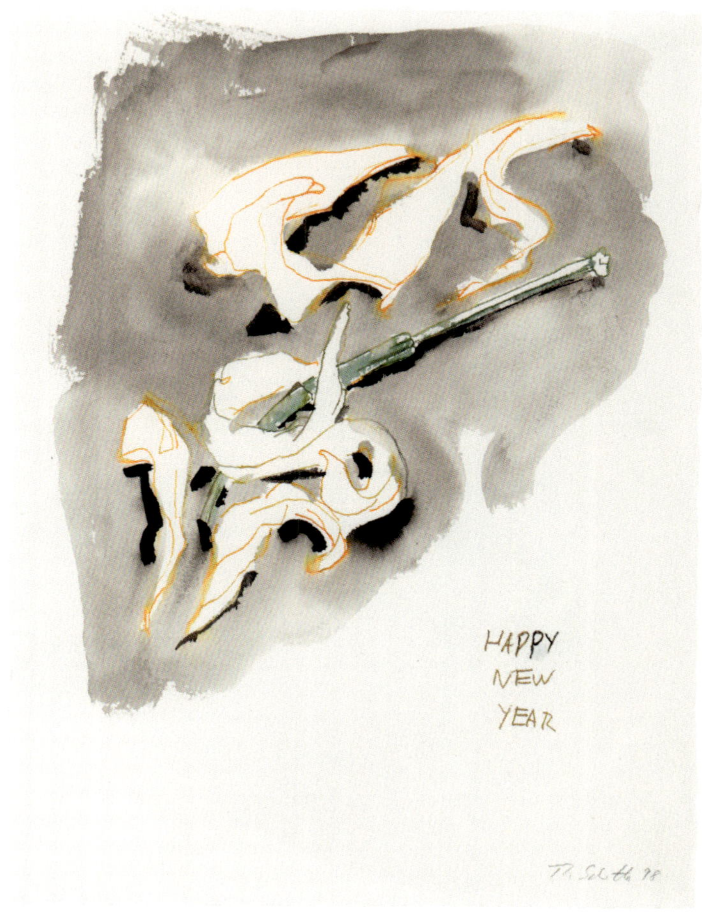
HAPPY
NEW
YEAR

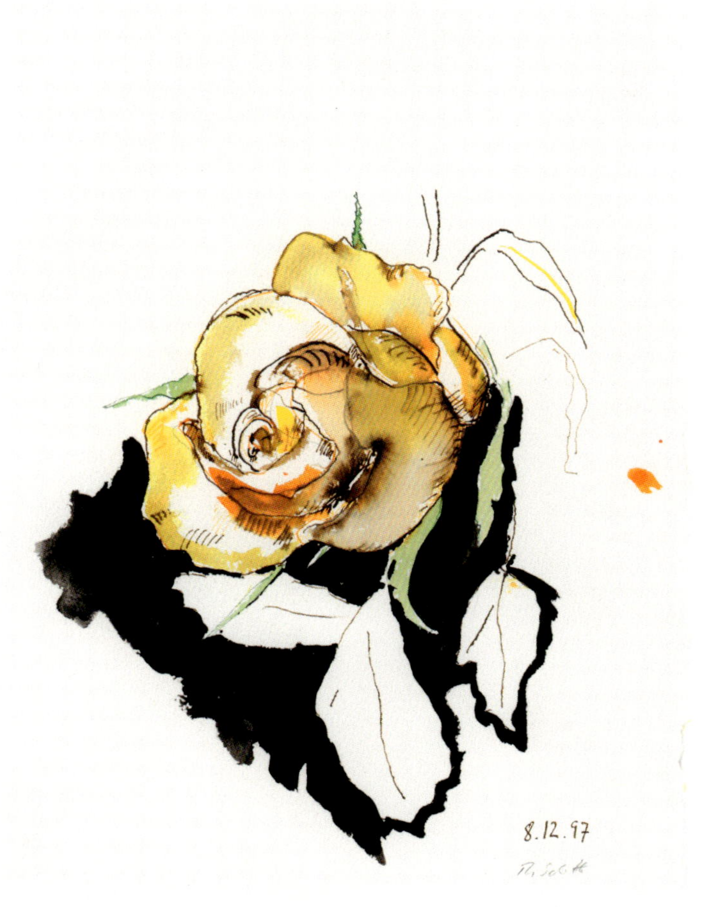
8.12.97

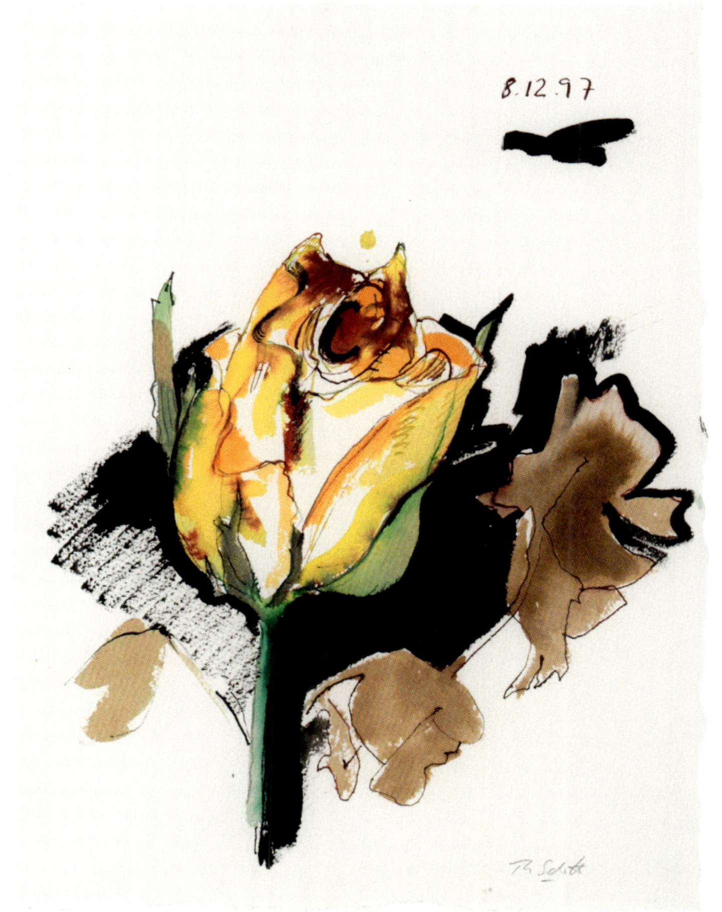
8.12.97

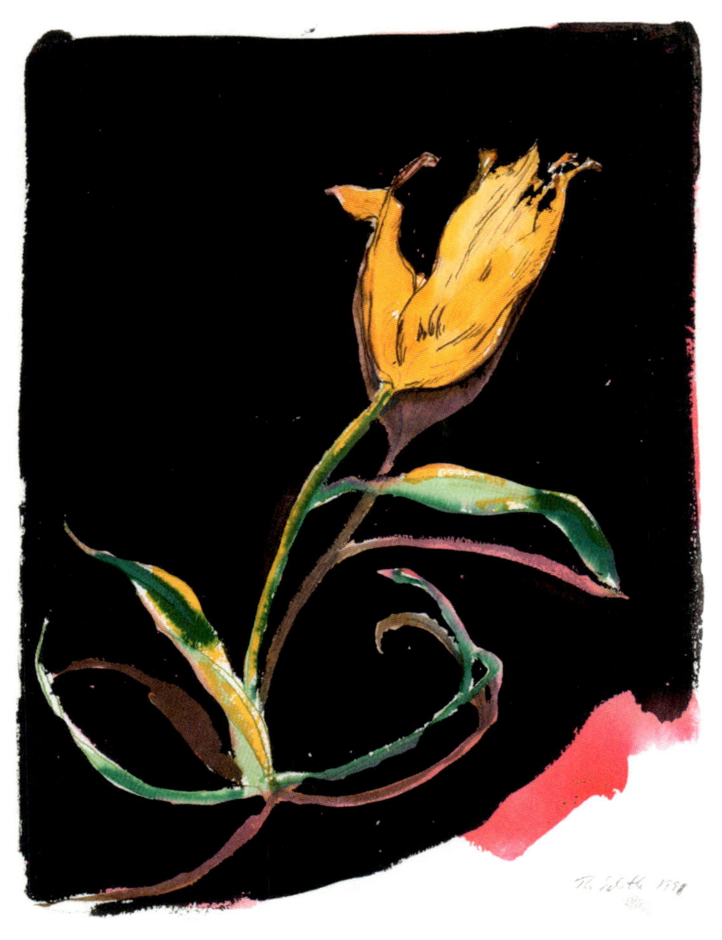

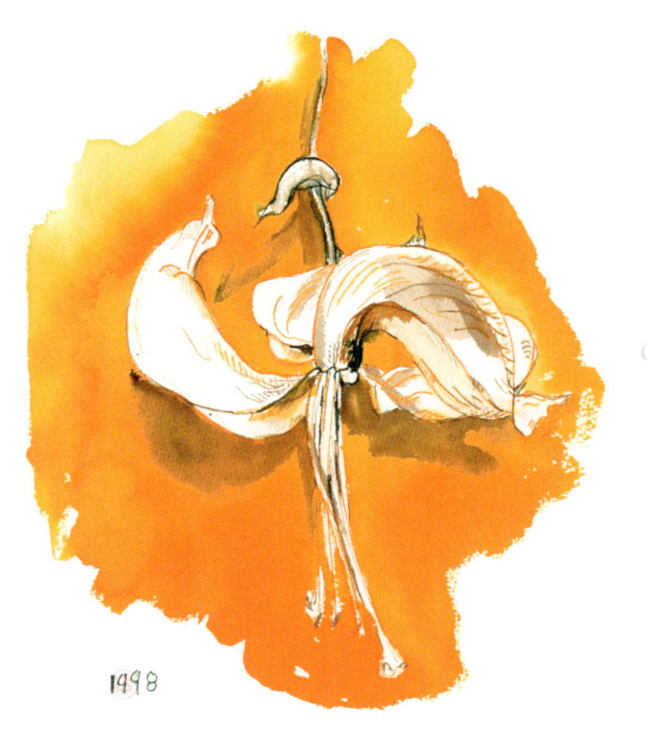
1998

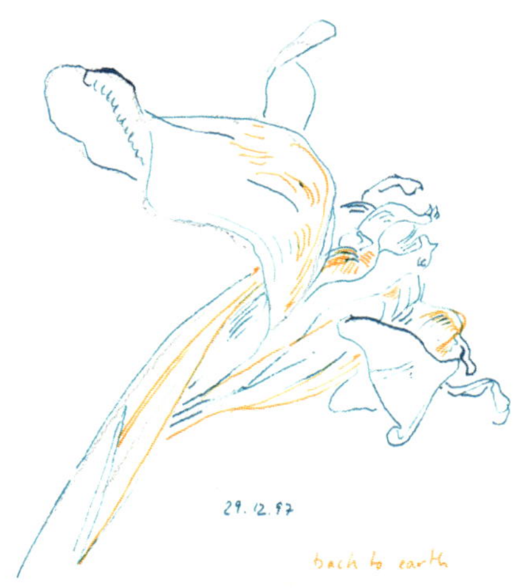
29.12.97
back to earth

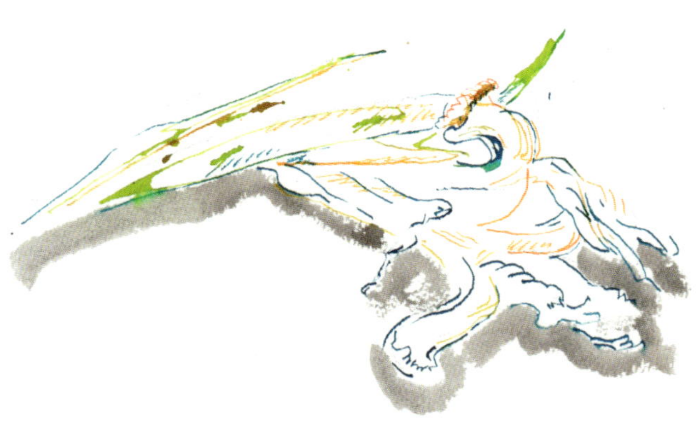

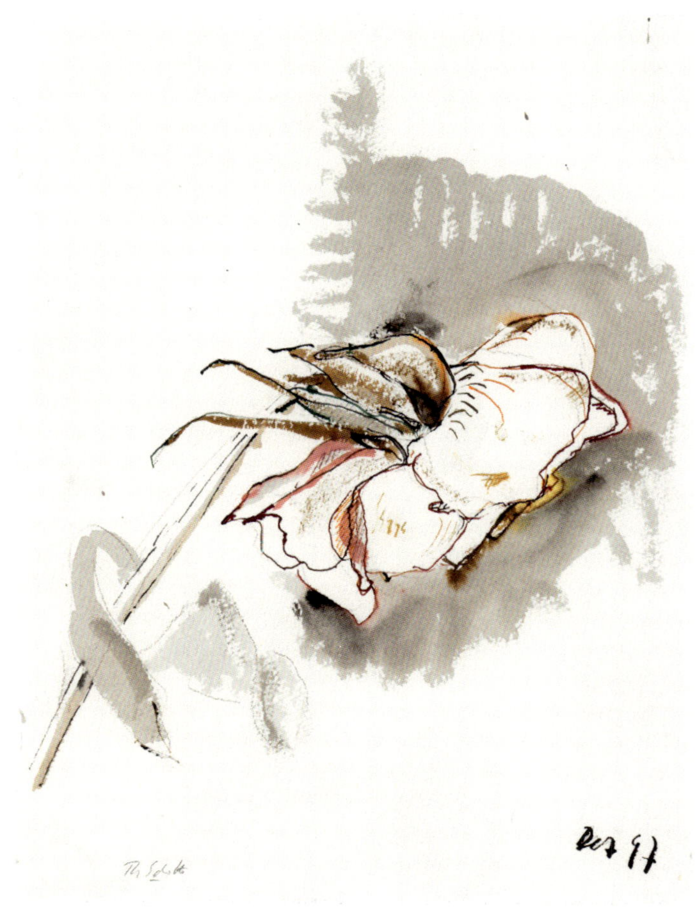
Dez 97

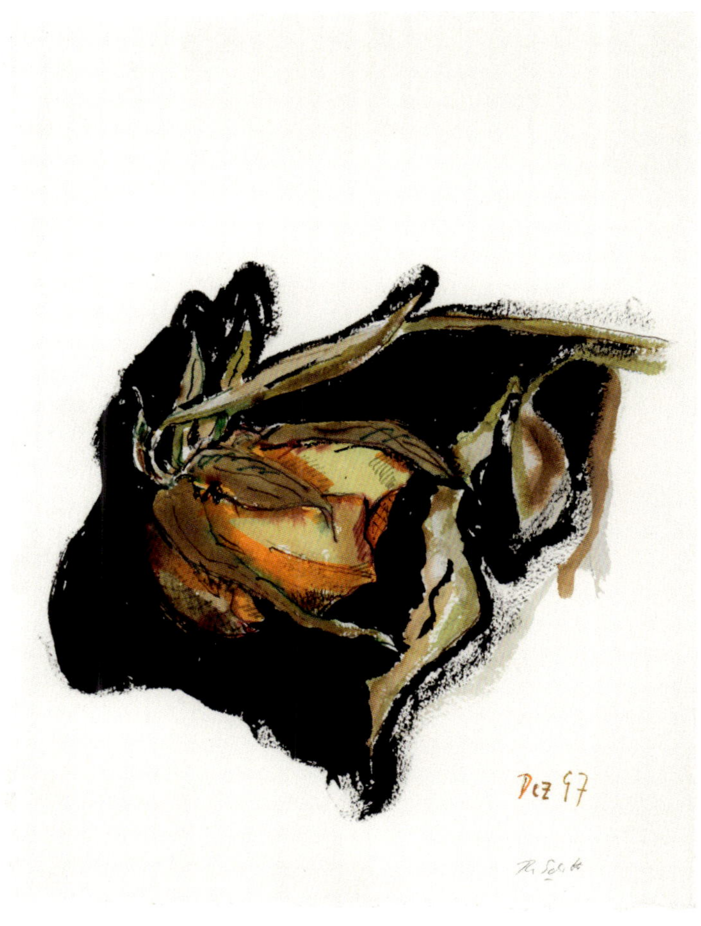
Dez 97

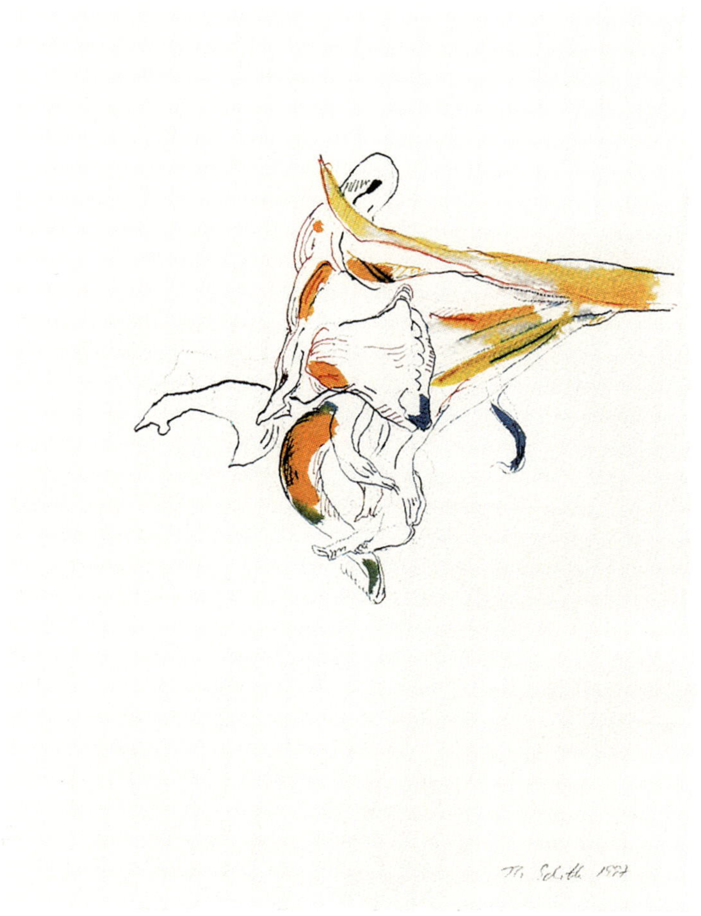

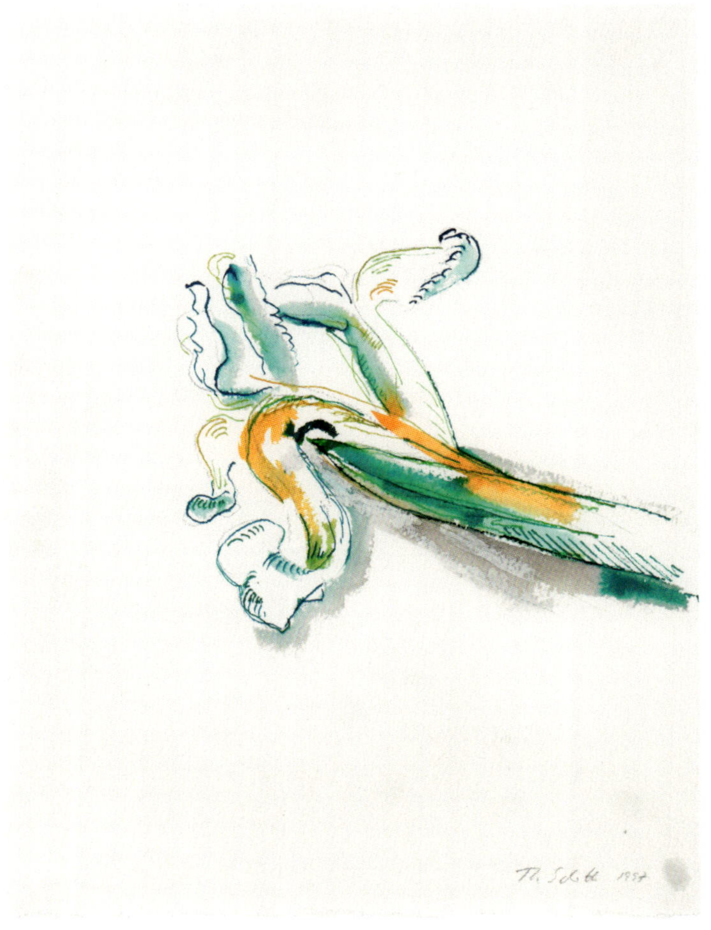

52
Grüner Kopf (Konrad). 1997. Glasierte Keramik und Decke auf Holzsockel, Keramik und Decke: 37,5 × 42,5 × 75 cm, Sockel: 115 × 65 × 50 cm

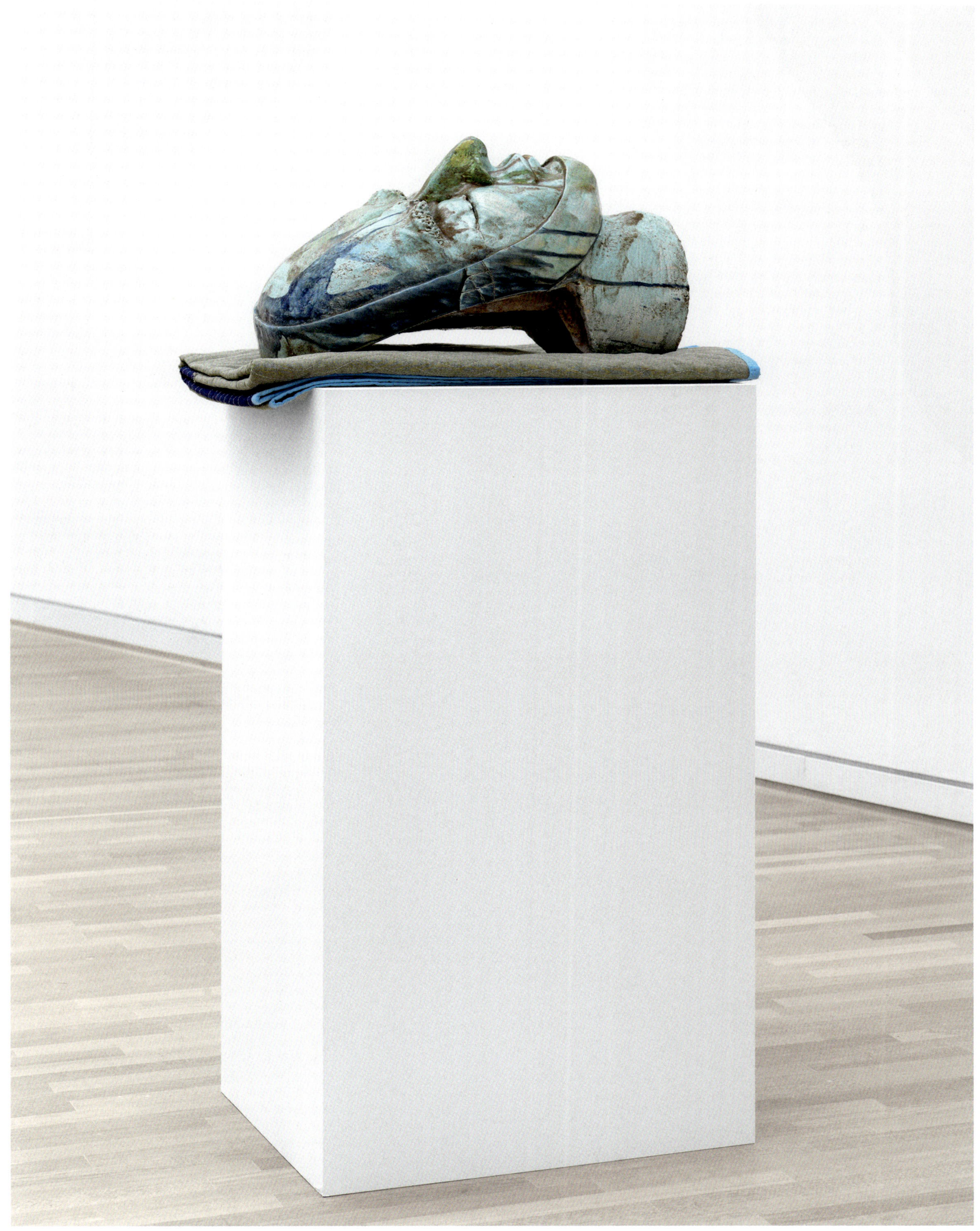

Diese und nächste Doppelseite

53
Mirror Drawing. 1998/99. Aquarellfarbe, Tusche und Bleistift auf Papier, 38 × 28 cm

54
Mirror Drawing 16-6-98. 1998. Aquarellfarbe und Tusche auf Papier, 38 × 28 cm

55
Mirror Drawing 16-6-98. 1998. Aquarellfarbe, Tusche und Bleistift auf Papier, 38 × 28 cm

56
Mirror Drawing 6-8-98. 1998. Aquarellfarbe, Tusche und Farbstift auf Papier, 38 × 28 cm

57
Mirror Drawing 20-10-98. 1998. Aquarellfarbe, Tusche und Bleistift auf Papier, 38 × 28 cm

58
Mirror Drawing 20-10-98. 1998. Aquarellfarbe, Tusche und Bleistift auf Papier, 38 × 28 cm

59
Mirror Drawing 15-11-98. 1998. Aquarellfarbe, Tusche und Bleistift auf Papier, 38 × 28 cm

60
Mirror Drawing 16-2-99. 1999. Tusche und Farbstift auf Papier, 38 × 28 cm

61
Mirror Drawing 16-2-99. 1999. Tusche und Farbstift auf Papier, 38 × 28 cm

62
Mirror Drawing 16-2-99. 1999. Aquarellfarbe, Tusche und Farbstift auf Papier, 38 × 28 cm

63
Mirror Drawing 14-3-99. 1999. Tusche und Bleistift auf Papier, 38 × 28 cm

64
Mirror Drawing 29-3-99. 1999. Tusche und Farbstift auf Papier, 38 × 28 cm

65
Mirror Drawing 23-5-99. 1999. Aquarellfarbe, Tusche und Farbstift auf Papier, 38 × 28 cm

66
Mirror Drawing 3-6-99. 1999. Tusche und Farbstift auf Papier, 38 × 28 cm

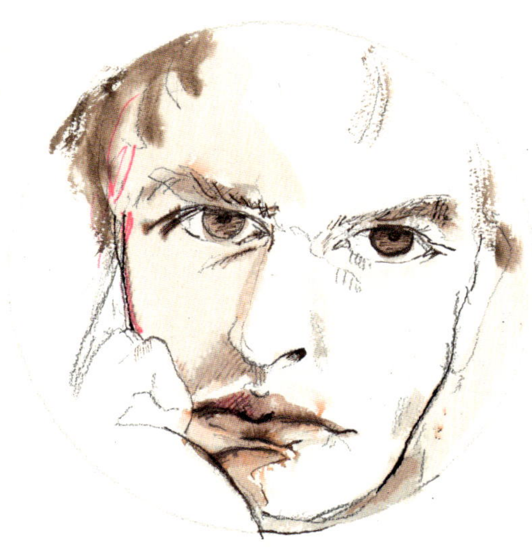

53

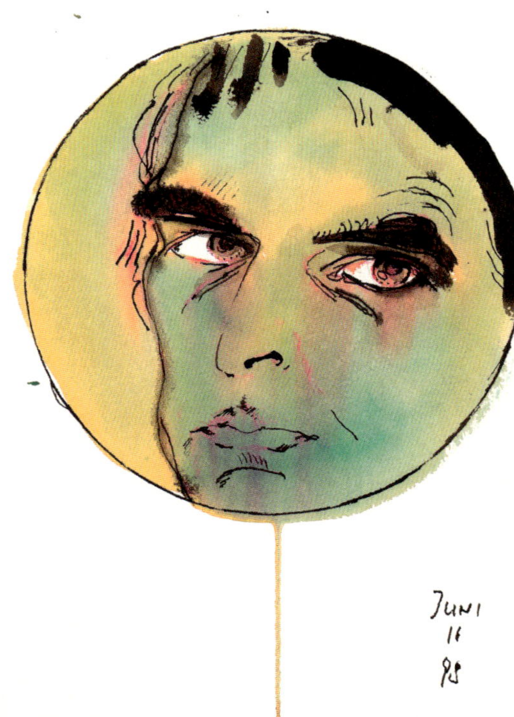

54

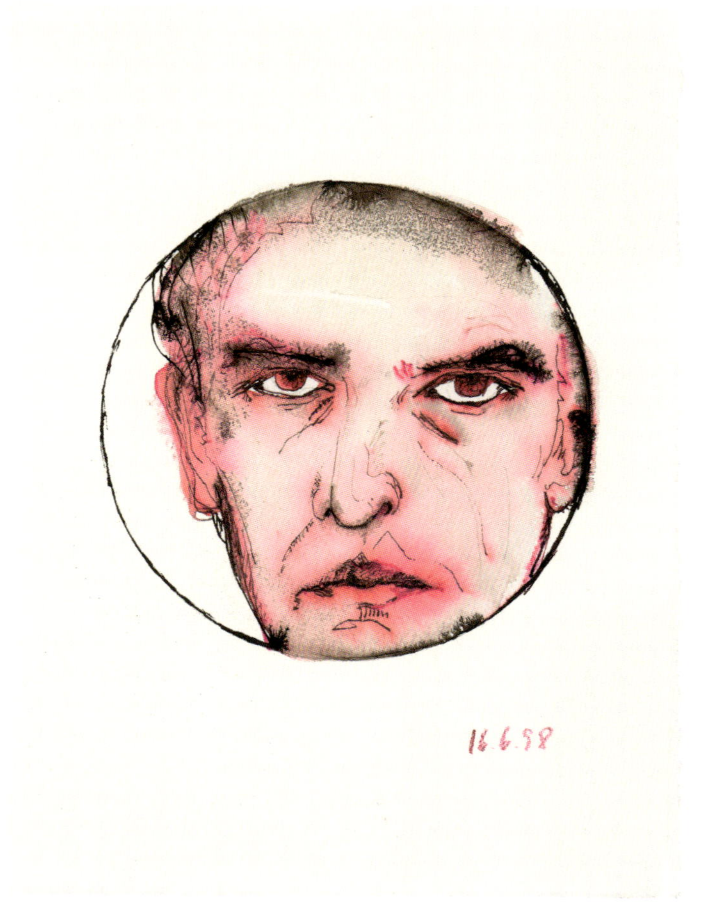

55

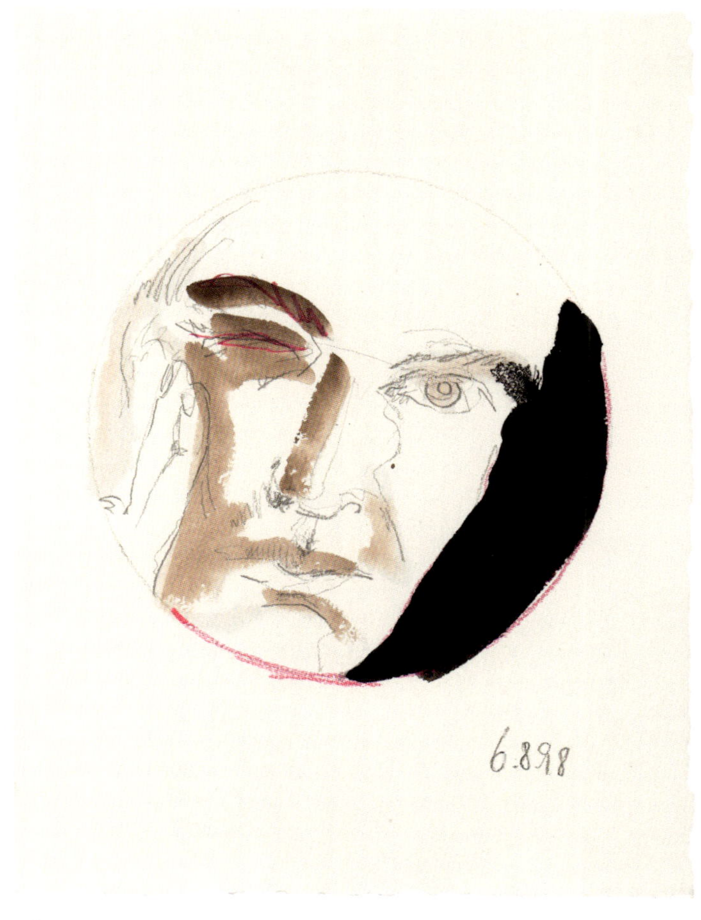

56

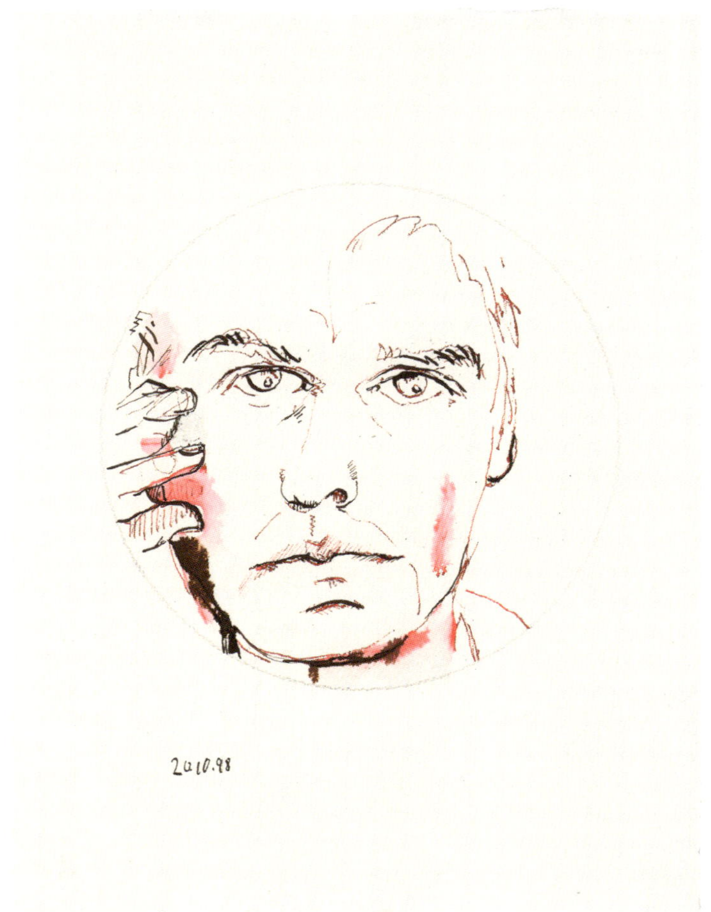

57

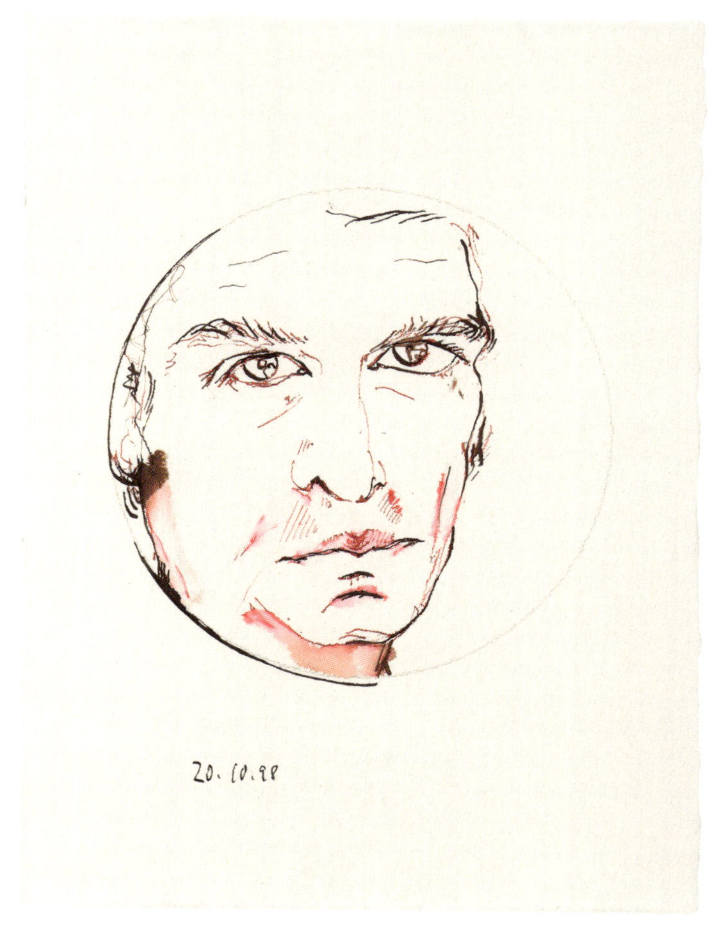

58

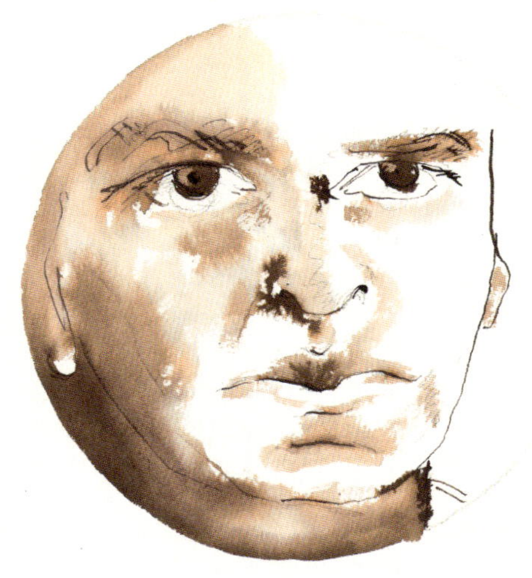

15.11.98

59

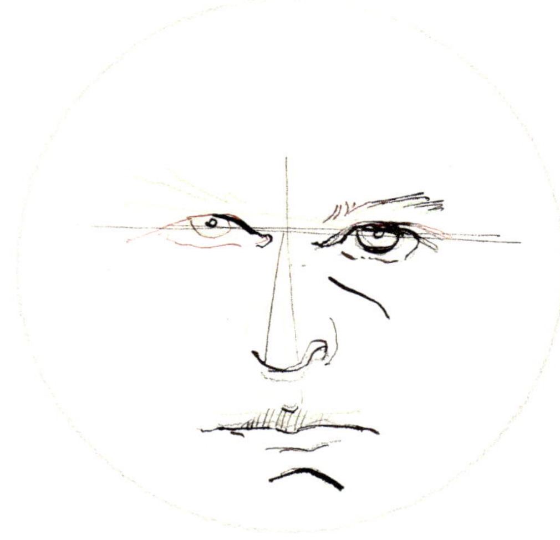

16.2.99

60

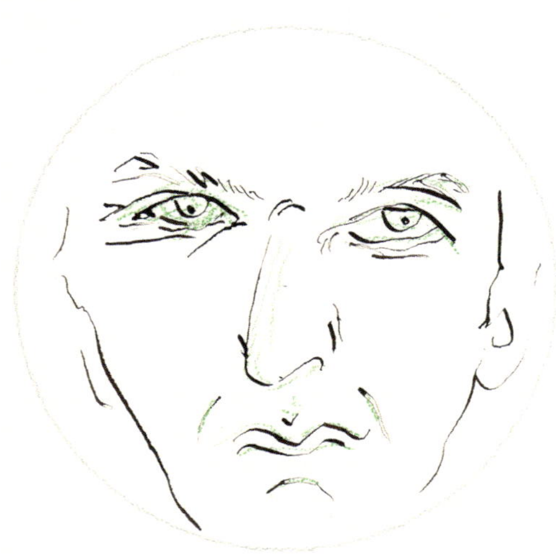

16.2.99

61

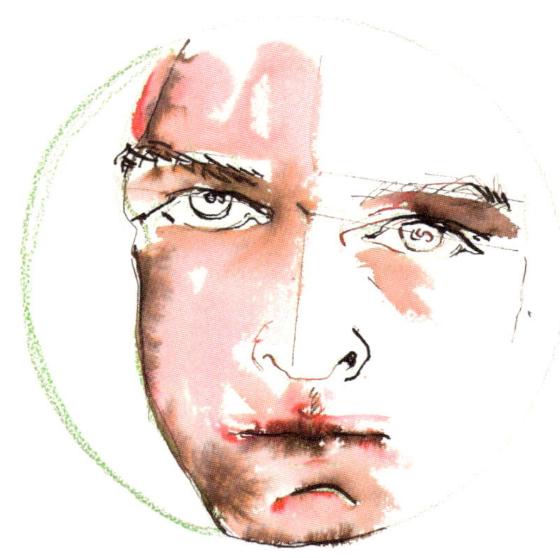

16.2.99

62

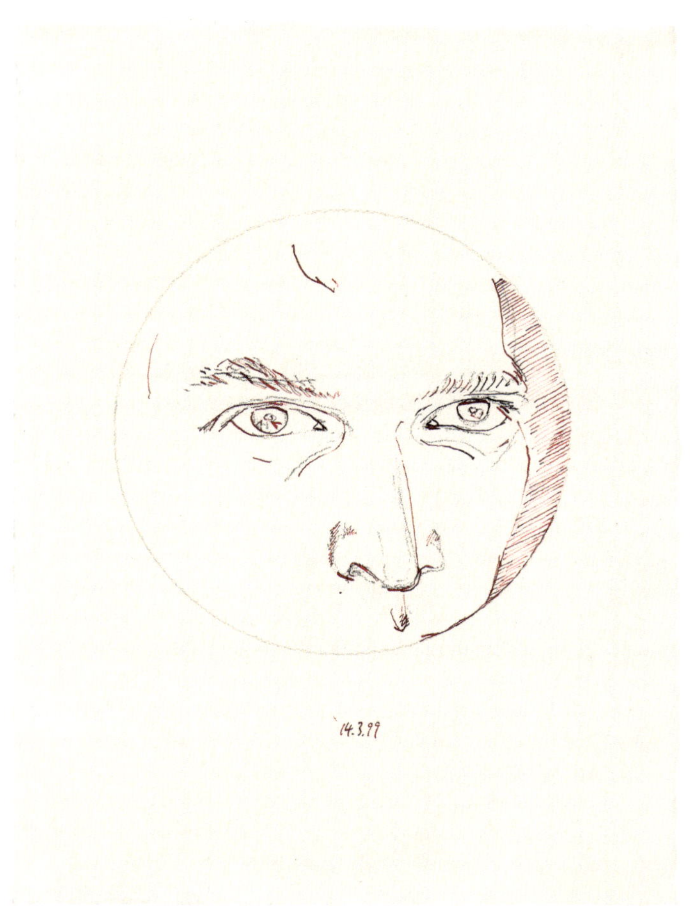

63

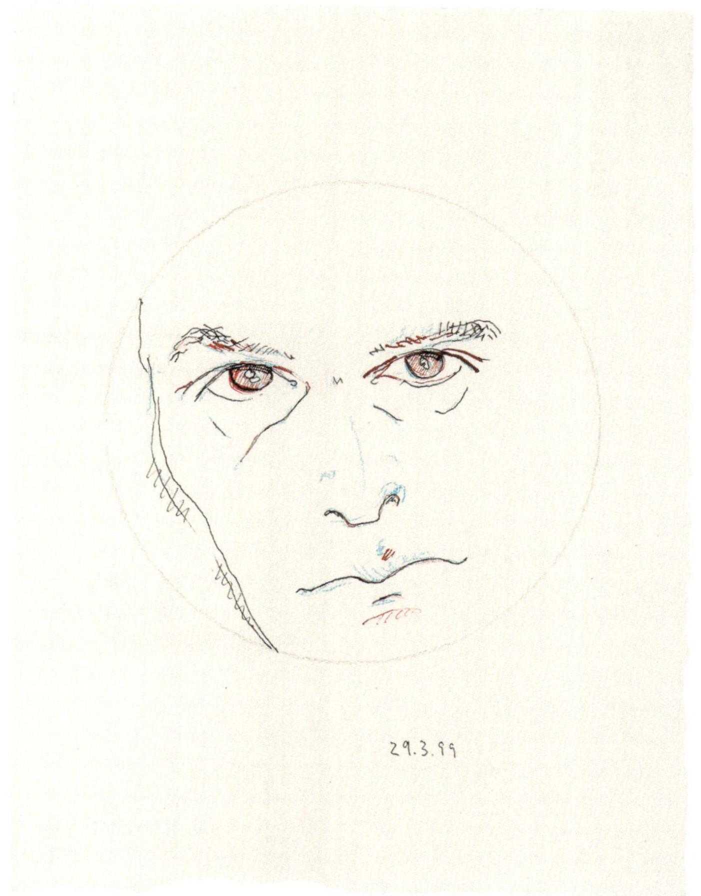

64

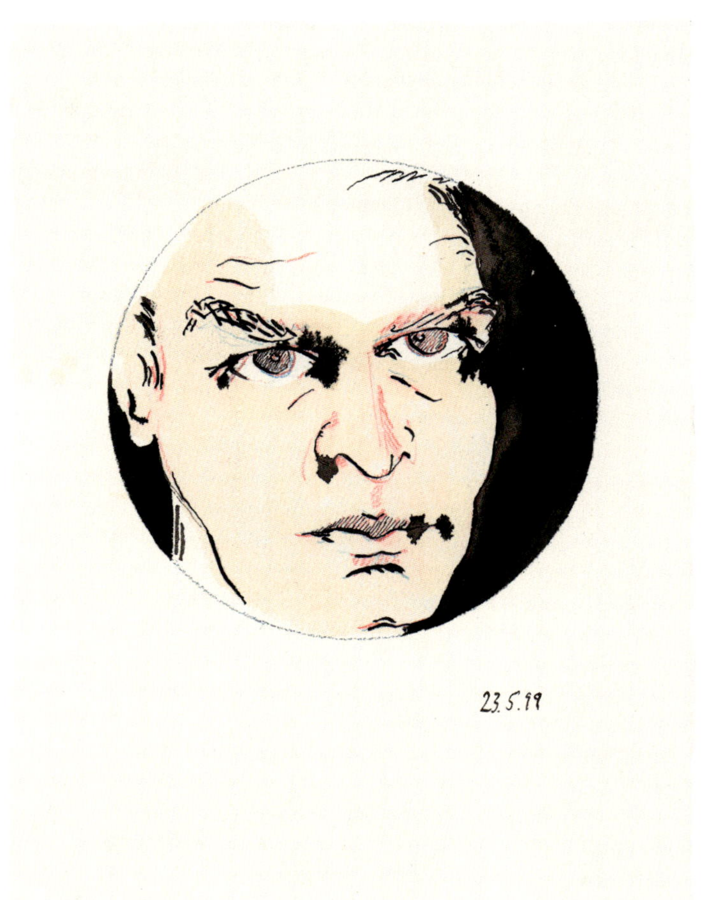

65

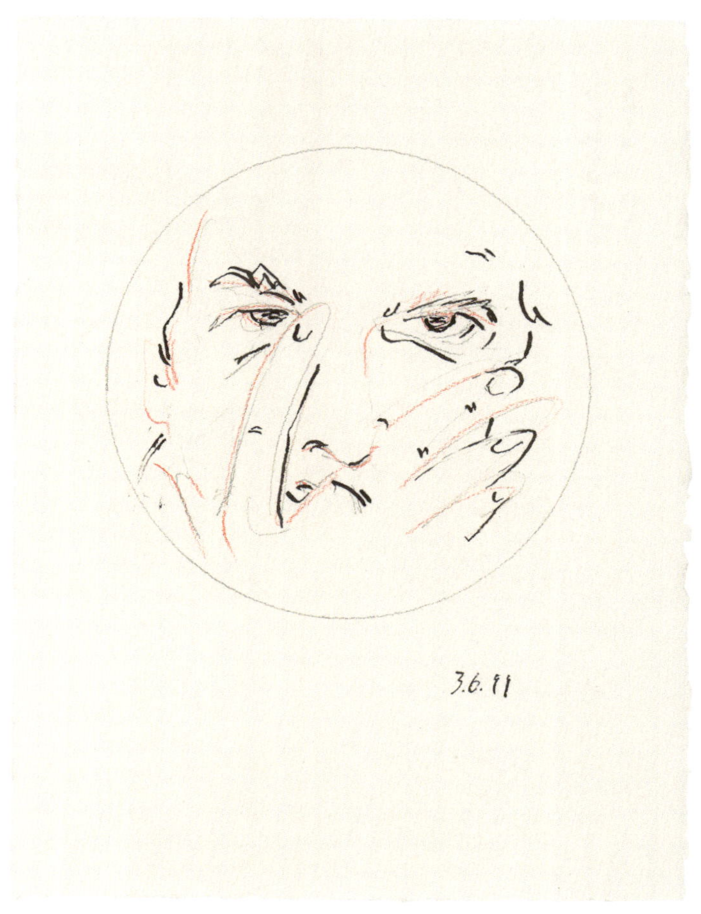

66

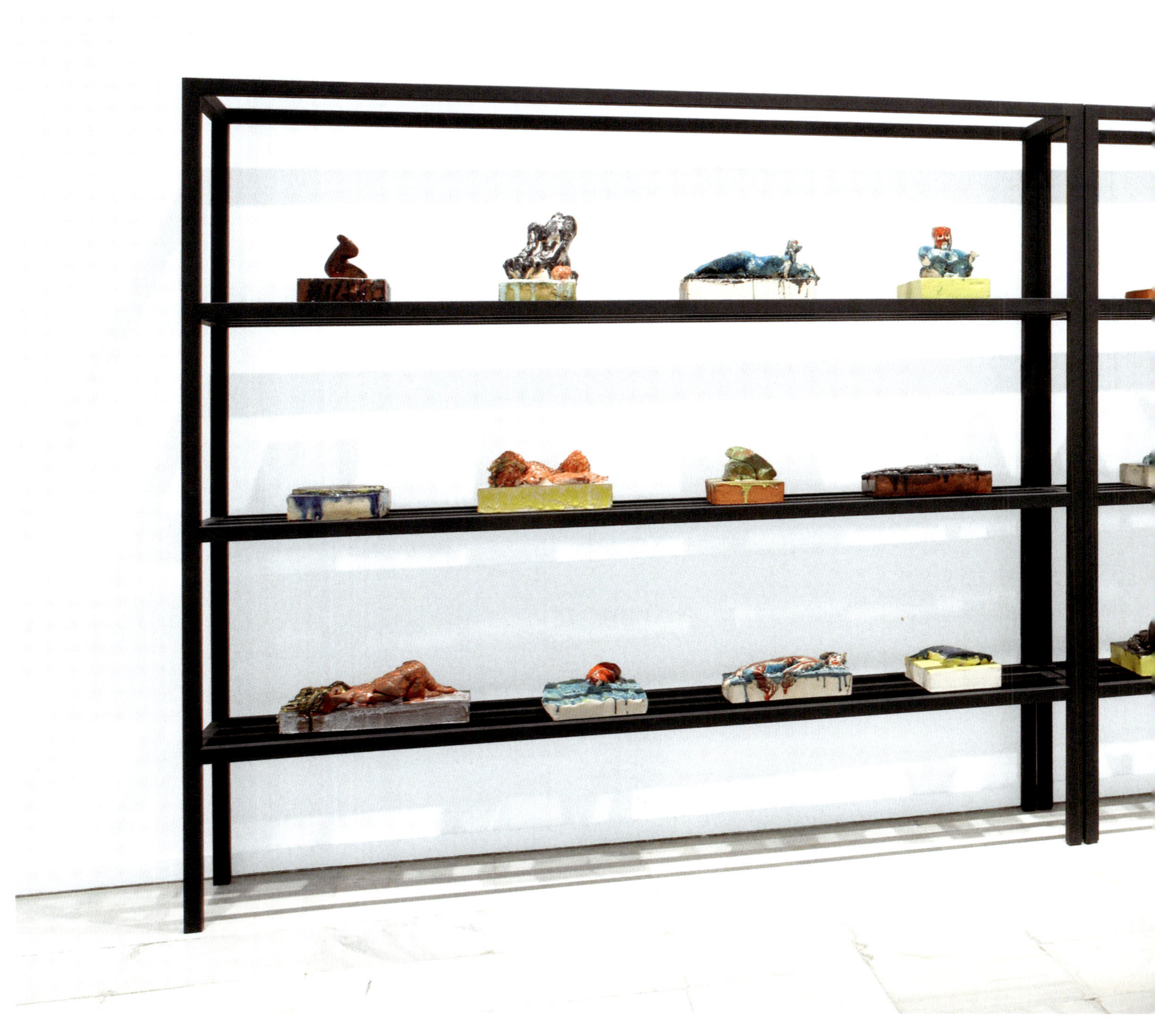

67
Ceramic Sketches. 1997–1999. 3 Stahlregale mit 36 glasierten Keramiken, je Regal: 214 × 230 × 50 cm, je Keramik: ca. 25 × 33 × 20 cm. Installationsansicht, *Thomas Schütte: Hindsight*, Museo Nacional Centro de Arte Reina Sofía, Madrid, 17.2.–17.5.2010

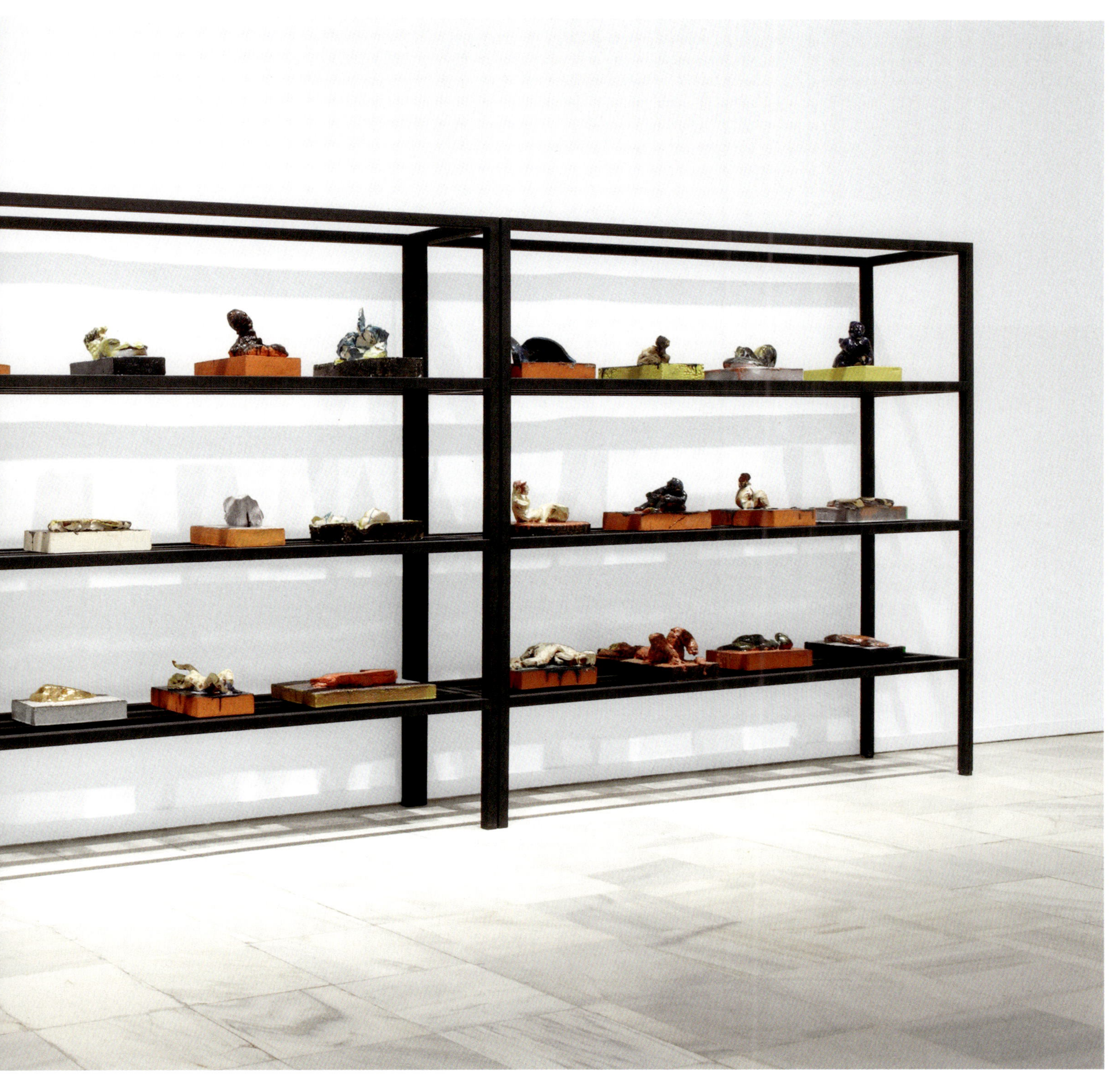

68
Stahlfrau Nr. 1. 1998. Stahl auf Stahltisch, 160 × 250 × 125 cm. Installationsansicht, *Body and Void: Echoes of Henry Moore in Contemporary Art*, Henry Moore Institute, Perry Green, UK, 1.5.–26.10.2014

Rechts:
Aluminiumfrau Nr. 1. 2001. Aluminium und Lack auf Stahltisch, 160 × 250 × 125 cm. Thomas Schütte Stiftung, Neuss, Installationsansicht, *Thomas Schütte: Frauen*, Castello di Rivoli, Rivoli/Turin, 22.5.–23.9.2012

68

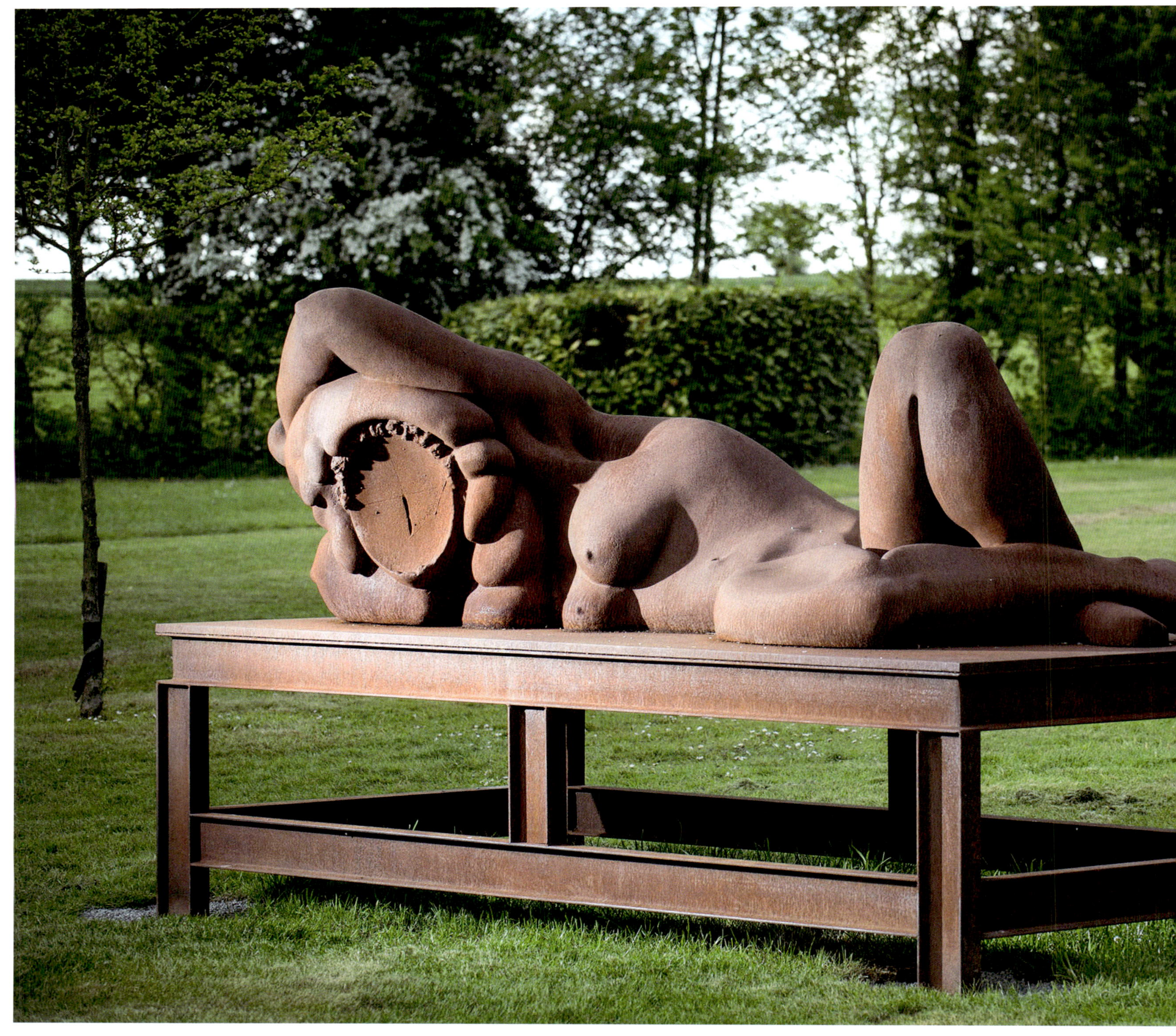

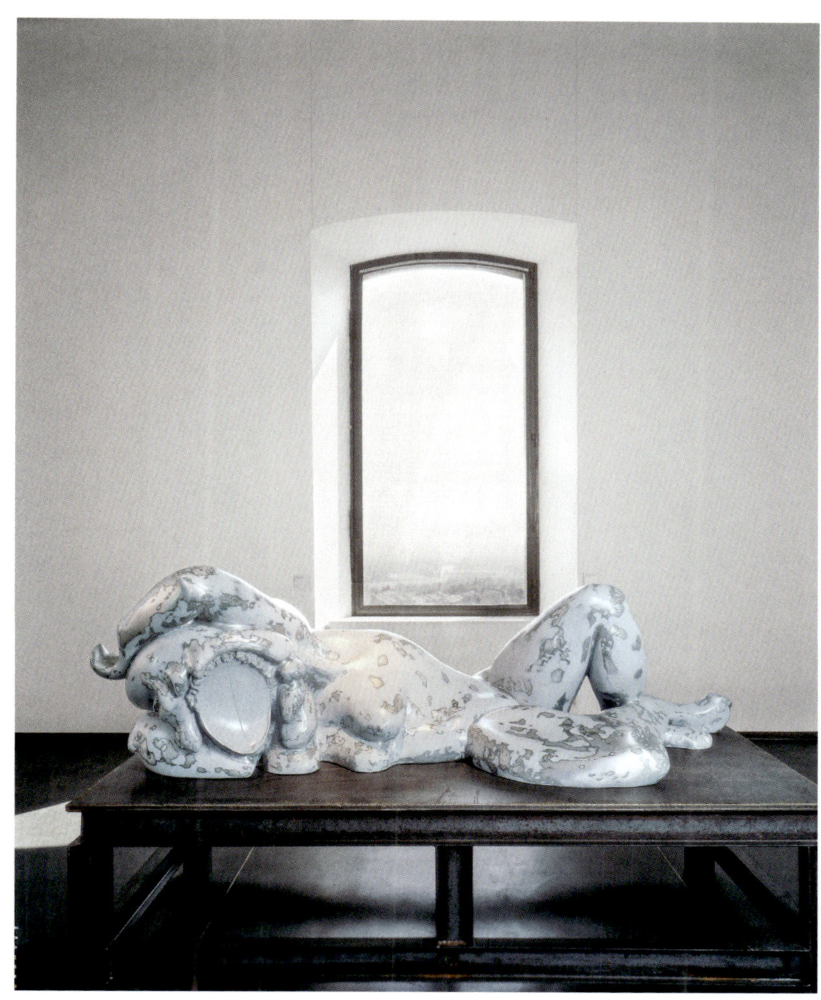

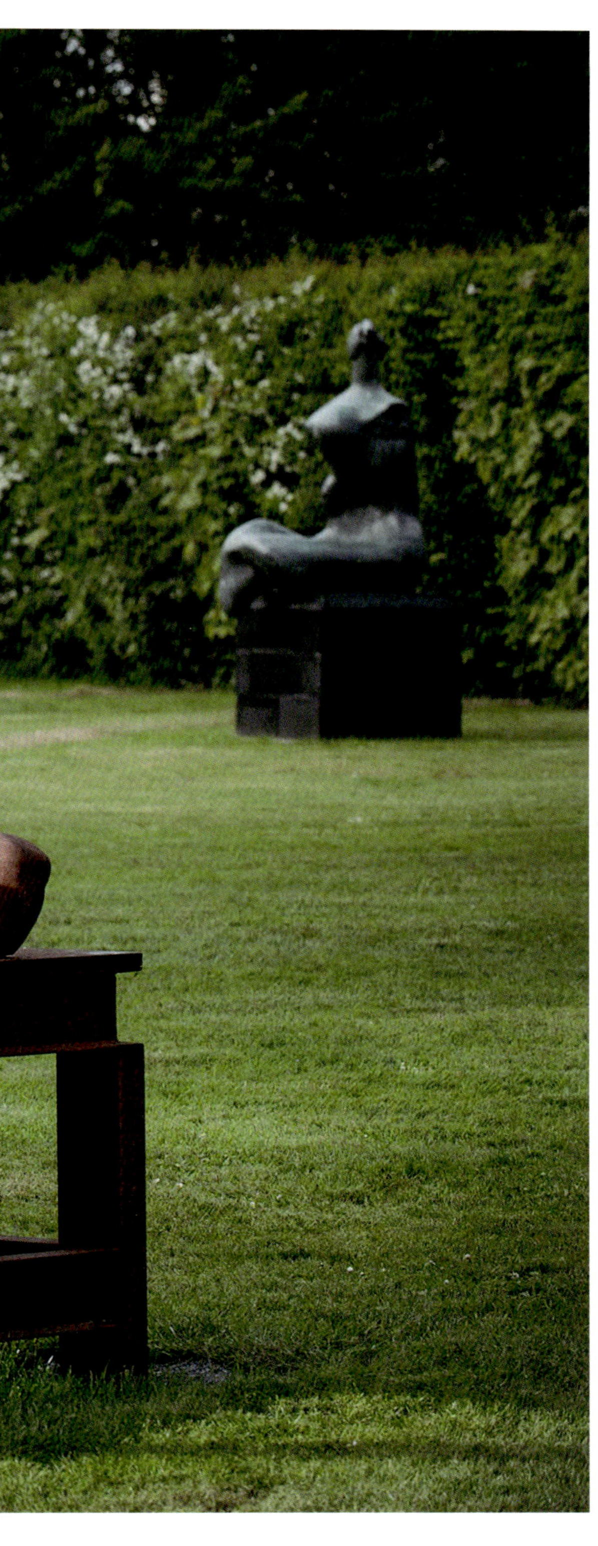

69
Aluminiumfrau Nr. 6. 2001. Aluminium und Lack auf Stahltisch, 163 × 250 × 125 cm. Installationsansicht, *Thomas Schütte*, Kunsthaus Bregenz, 13.7.–6.10.2019. Im Hintergrund: *Fake Flag E* und *Fake Flag C* (beide 2018)

Rechts:
Stahlfrau Nr. 6. 2003. Stahl auf Stahltisch, 163 × 250 × 125 cm. Privatsammlung

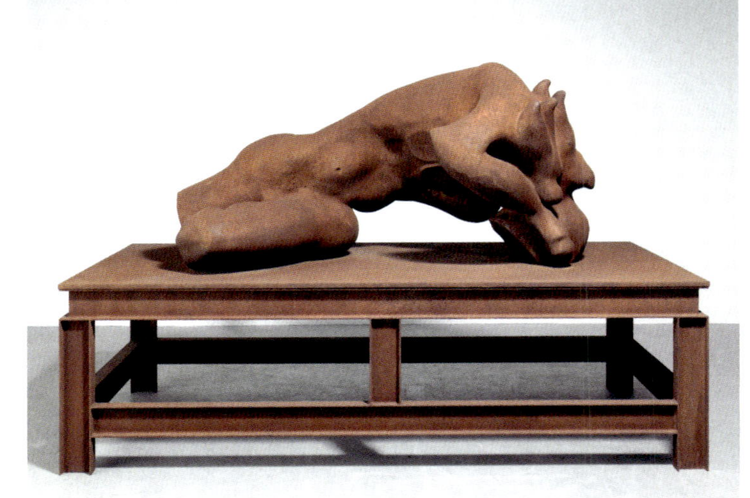

69

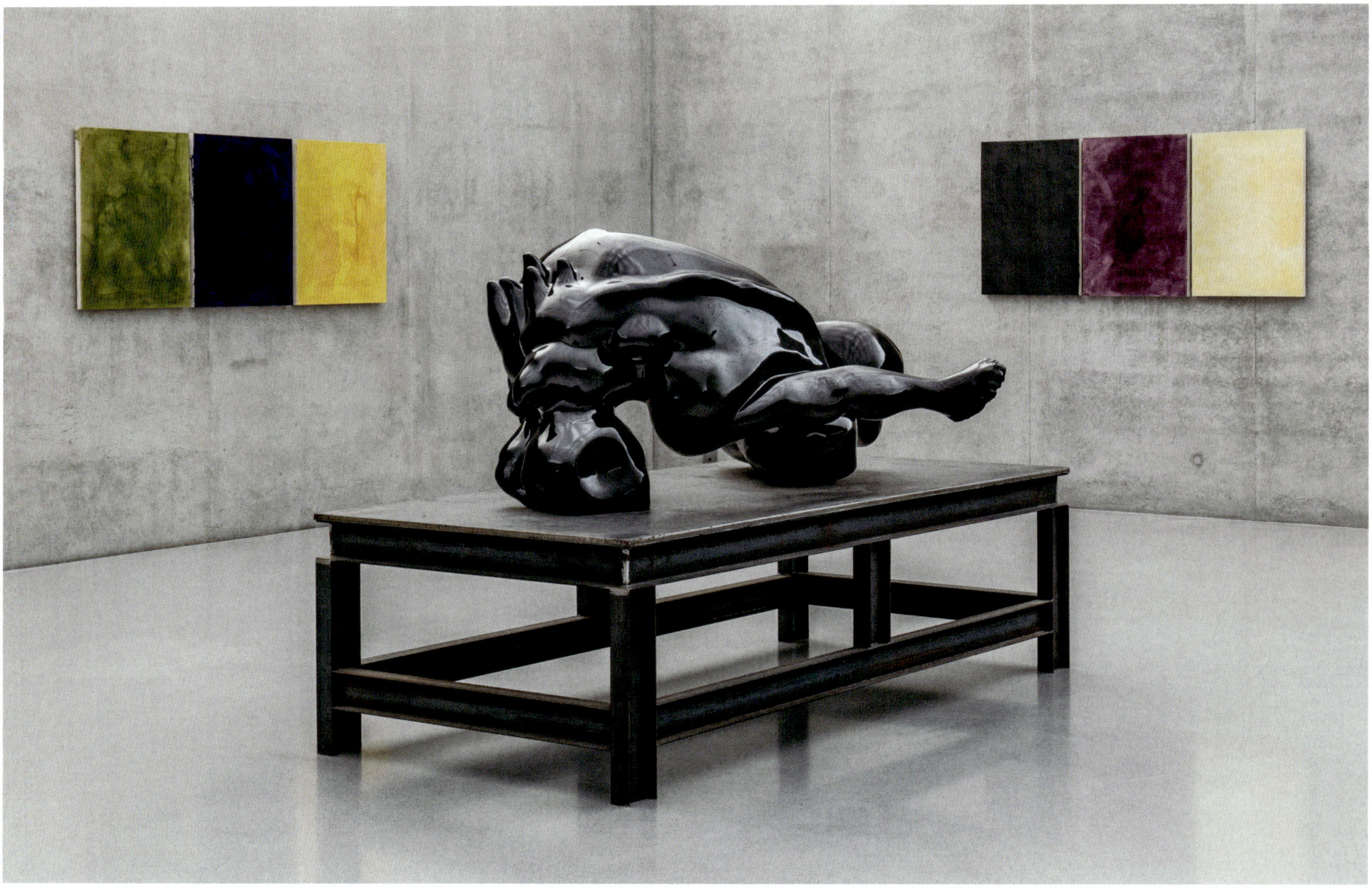

70
Aluminiumfrau Nr. 16. 2005. Aluminium auf Stahltisch, 180 × 250 × 125 cm. Installationsansicht, *Thomas Schütte: Frauen*, Sara Hildén Art Museum, Tampere, 9.2.–12.5.2013

Rechts:
Ohne Titel (Ceramic Sketch). 1997–1999. Glasierte Keramik, ca. 25 × 33 × 20 cm. Kunstsammlung Nordrhein-Westfalen, Düsseldorf

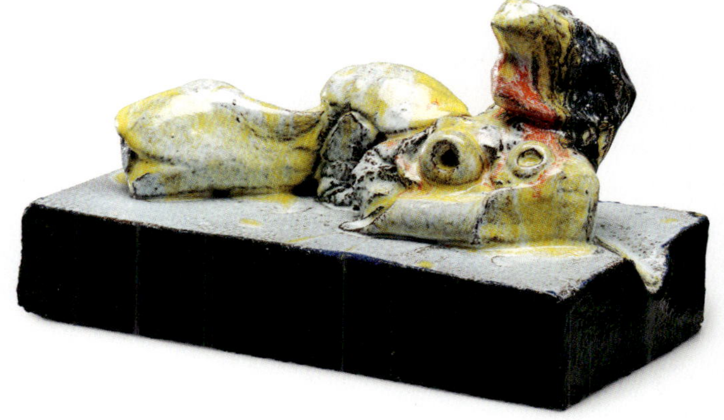

70

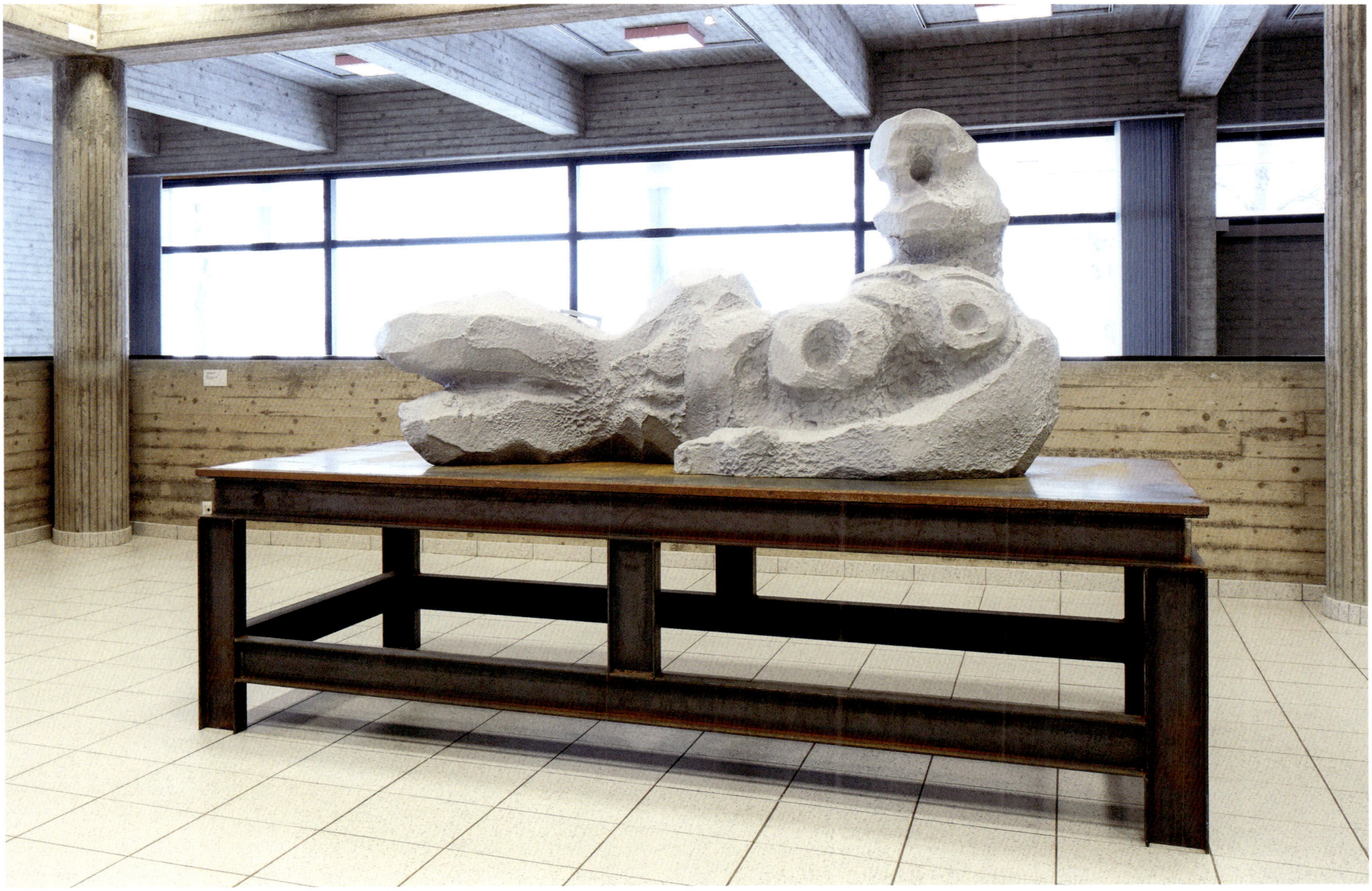

71
Bronzefrau Nr. 17. 2006. Patinierte Bronze auf Stahltisch, 204 × 250 × 125 cm

Rechts:
Frauenkopf mit Blume. 2006. Aluminium und Lack auf Stahlsockel, Aluminium: 33 × 65 × 50 cm, Sockel: 120 × 45 × 45 cm. Besitz des Künstlers, Düsseldorf

Unten:
Ohne Titel (Ceramic Sketch). 1997–1999. Glasierte Keramik, ca. 25 × 33 × 33 cm. Kunstsammlung Nordrhein-Westfalen, Düsseldorf

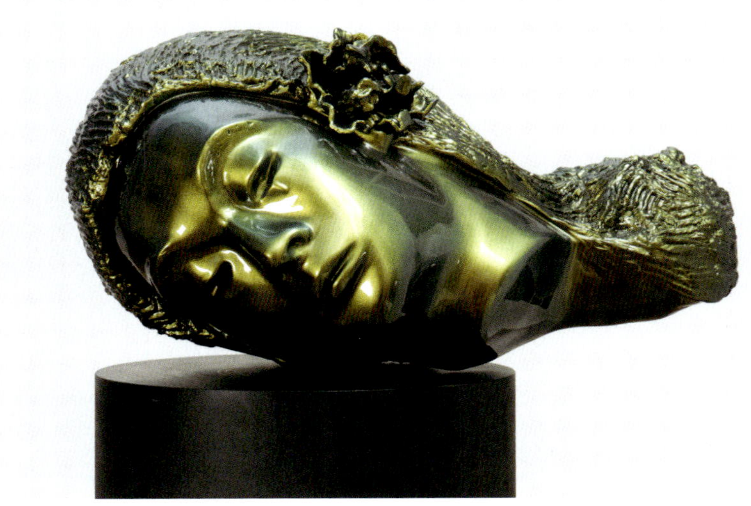

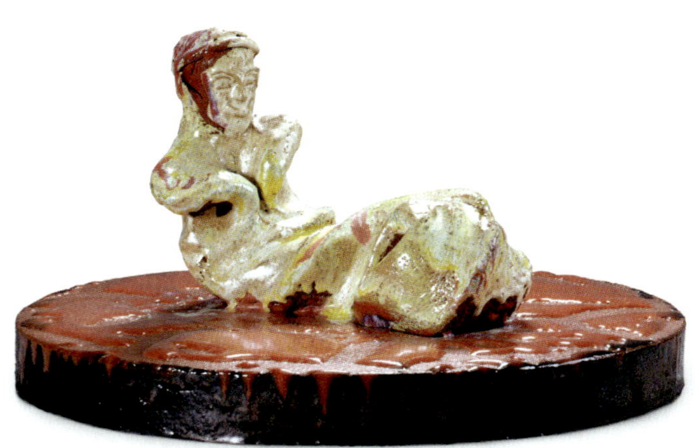

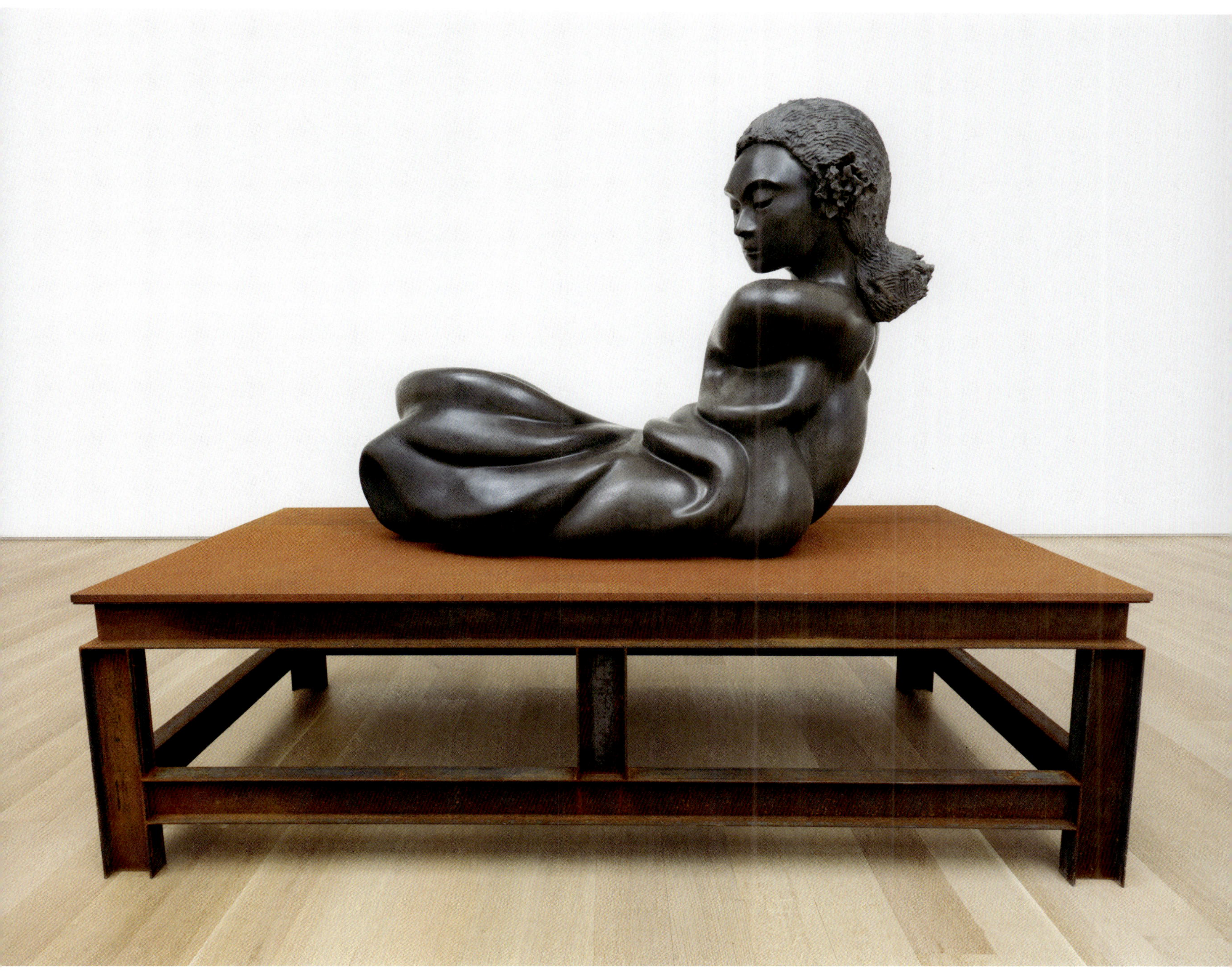

71

Diese und nächste Doppelseite:

72
Frauen Serie A. 2006. Radierung auf Papier mit Chine-collé, 18 Blätter, je 69,2 × 91,4 cm. Auflage 9 von 12

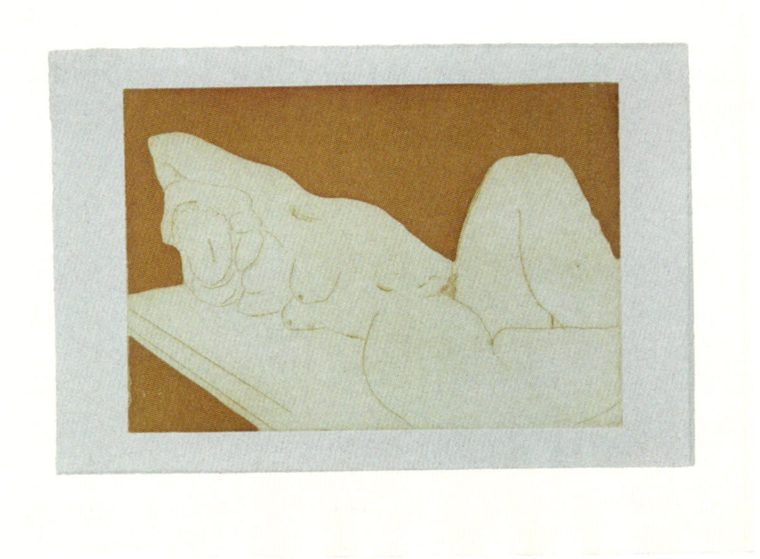

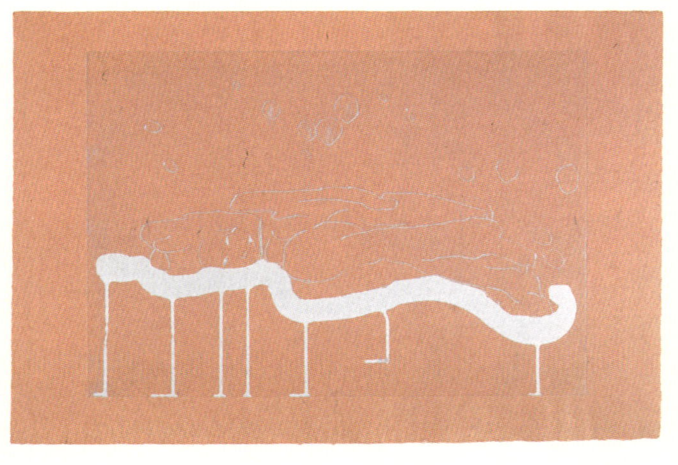

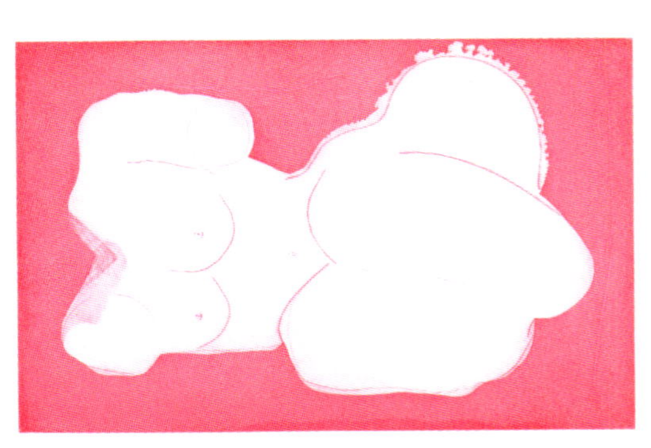

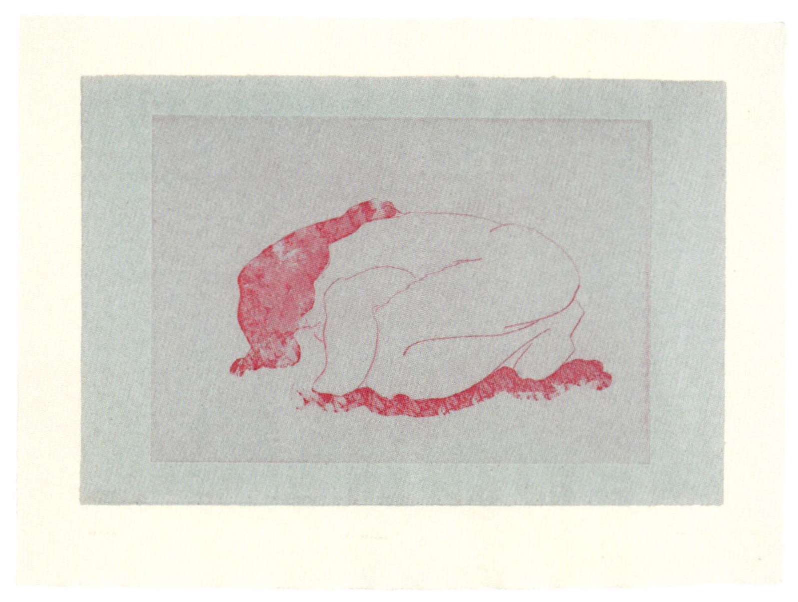
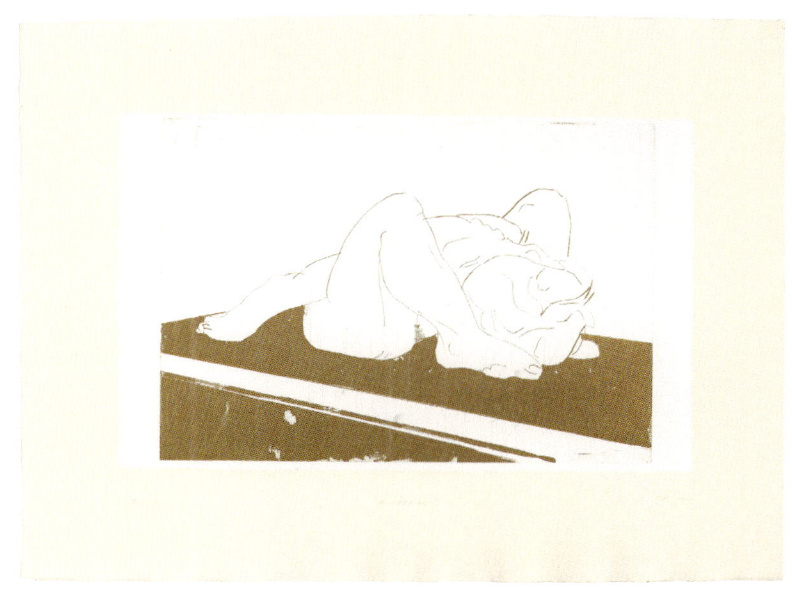
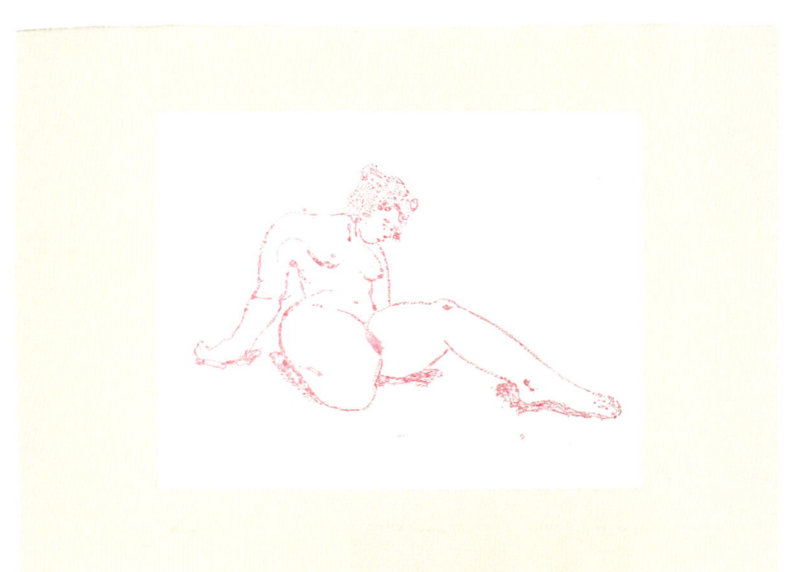
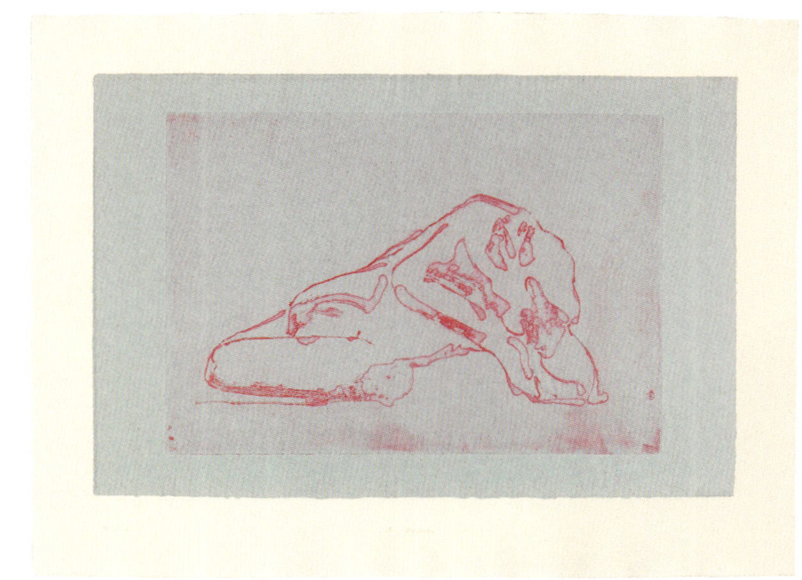
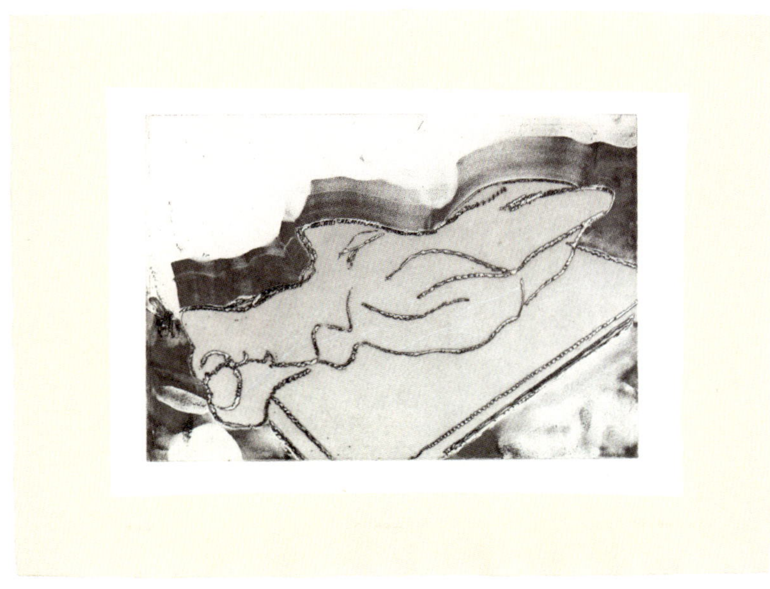
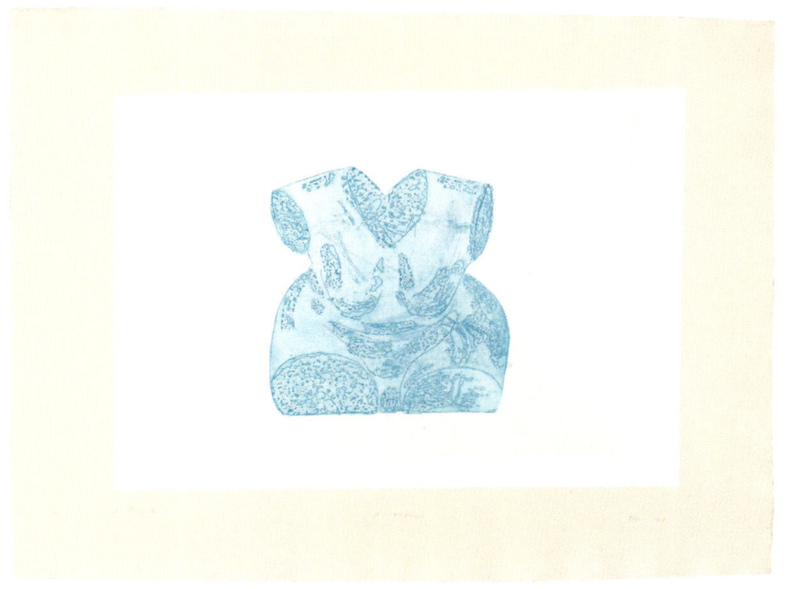

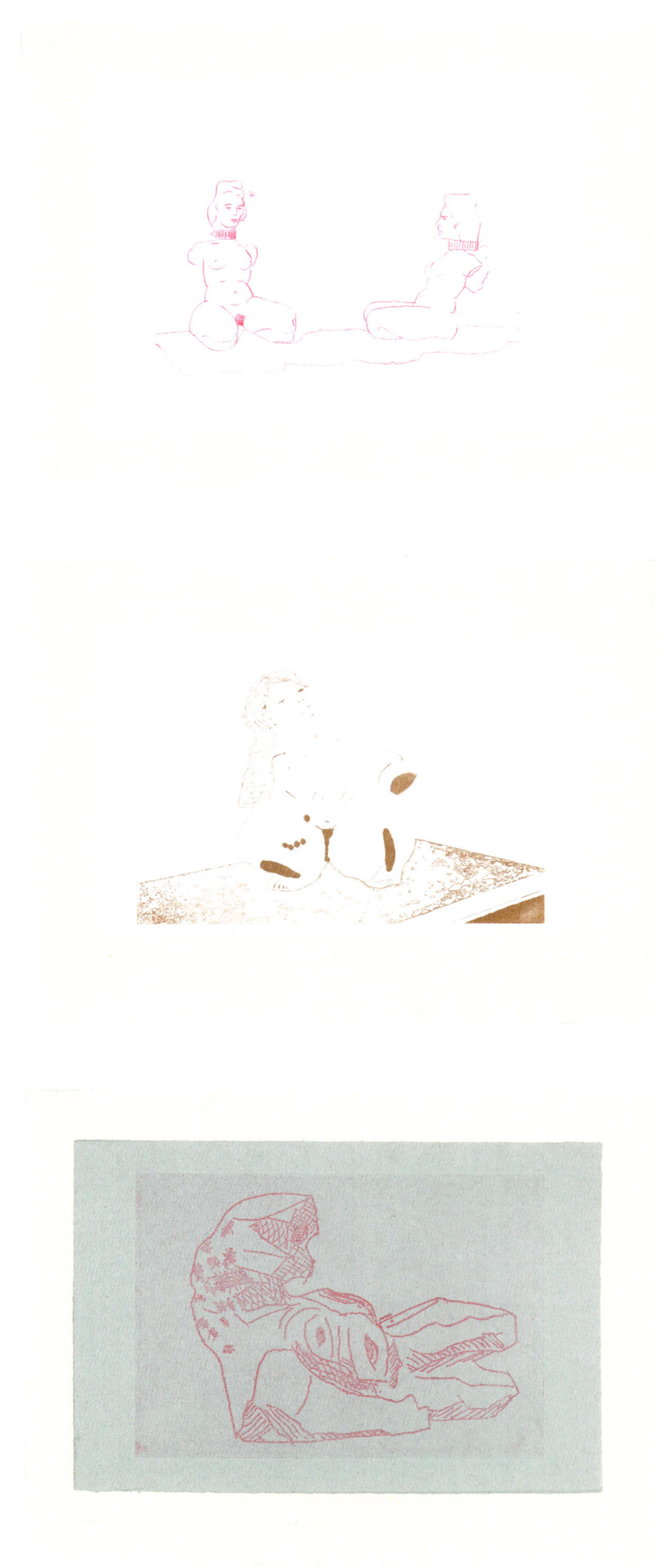

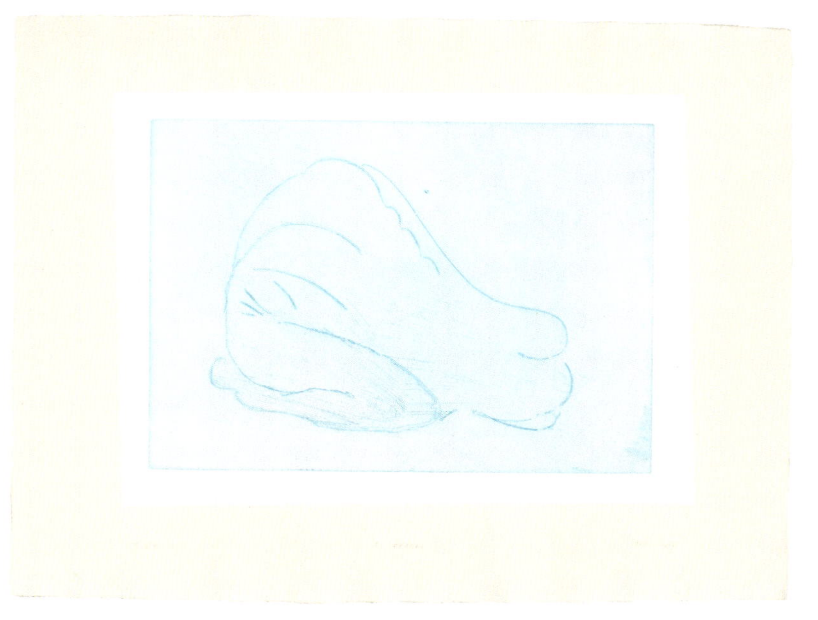

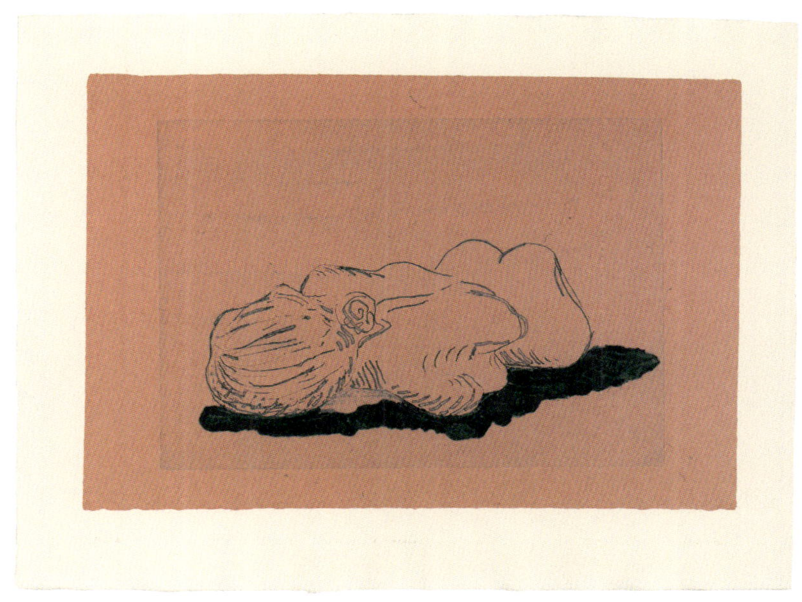

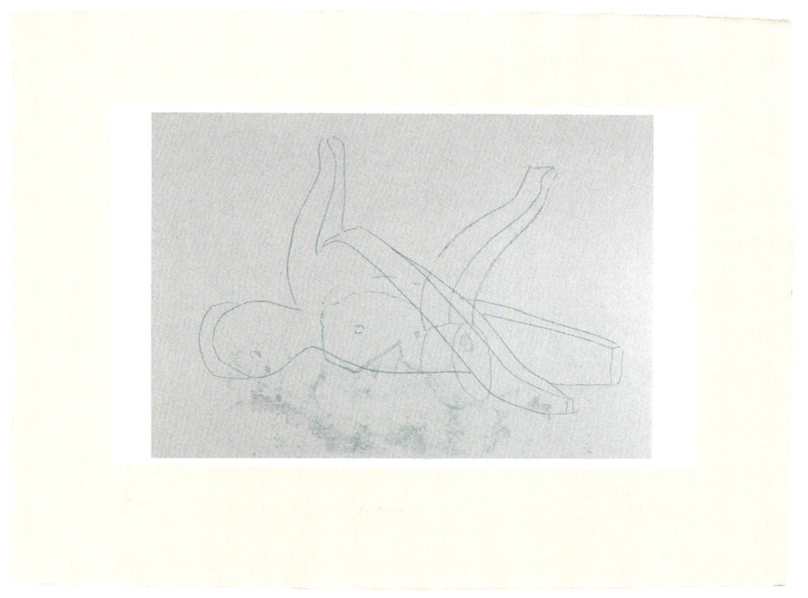

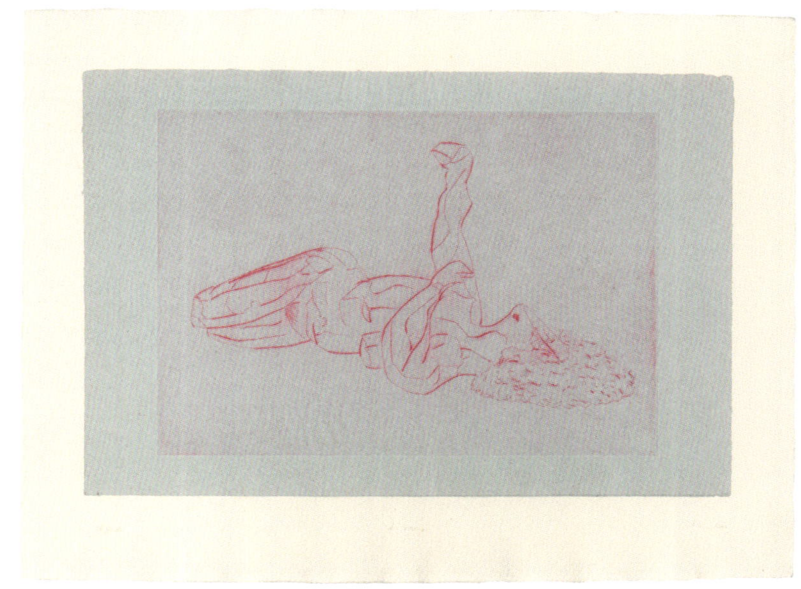

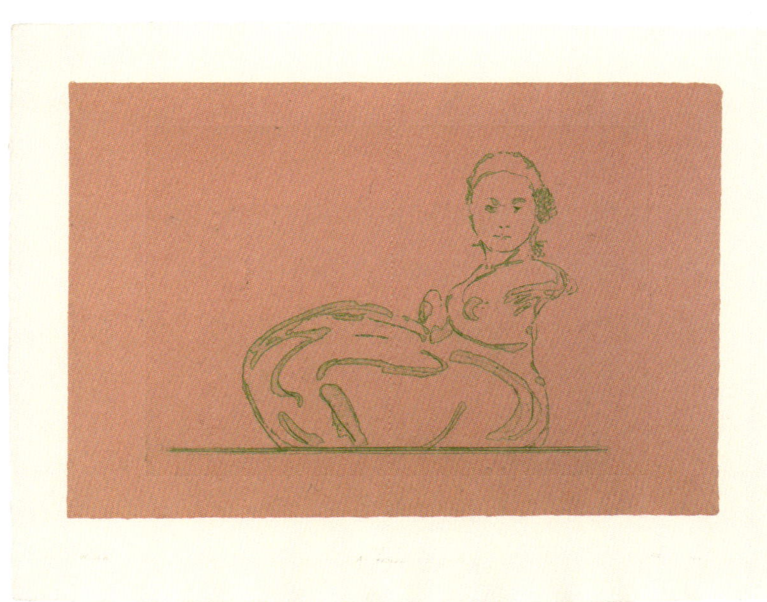

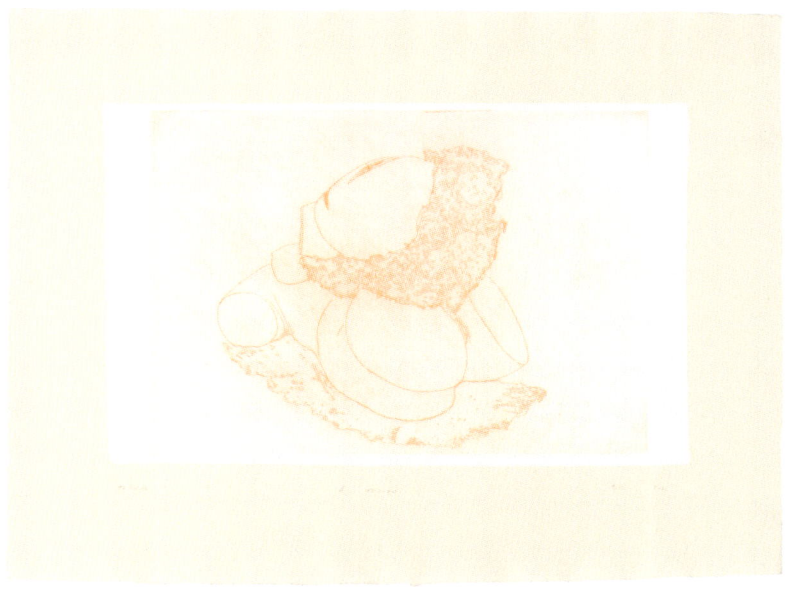

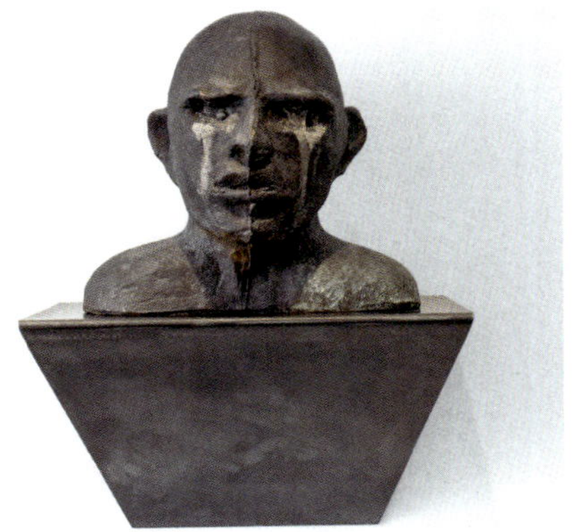
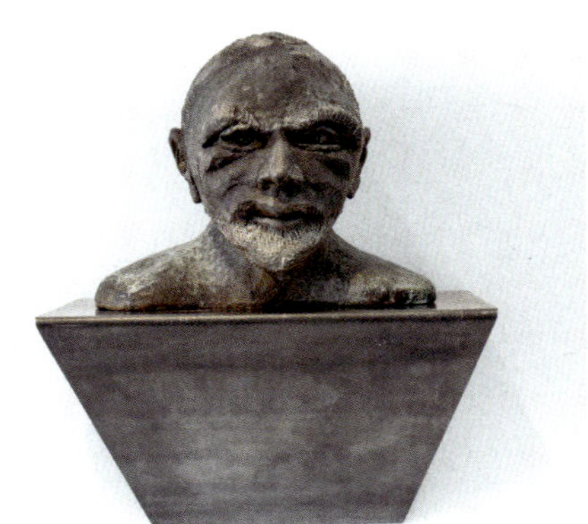
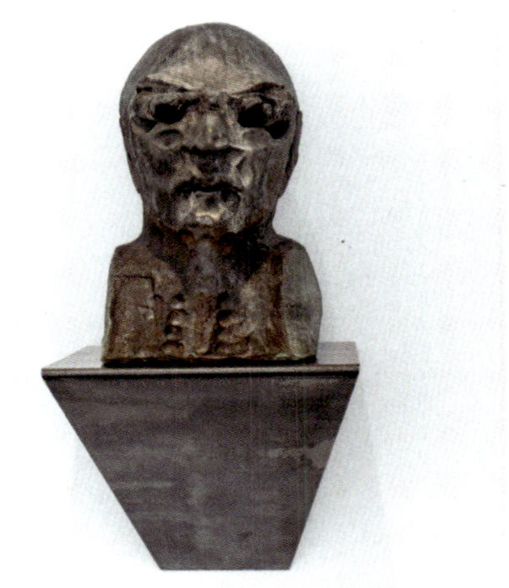
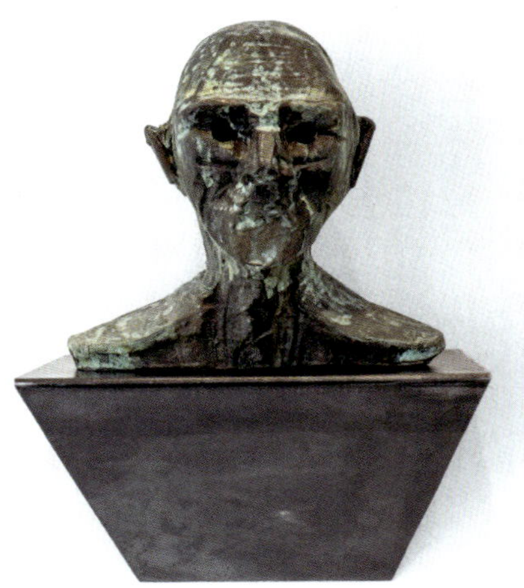
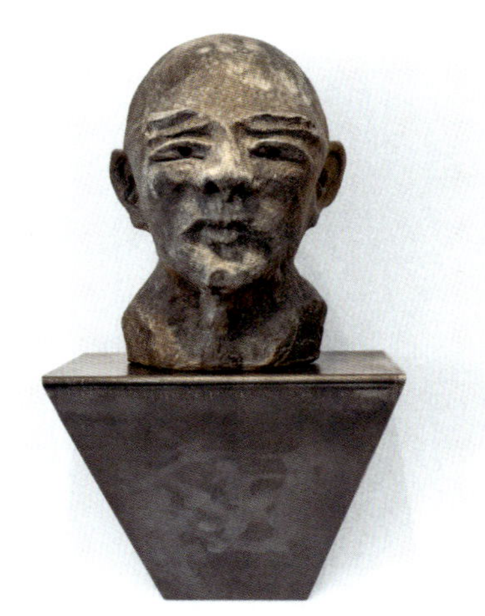
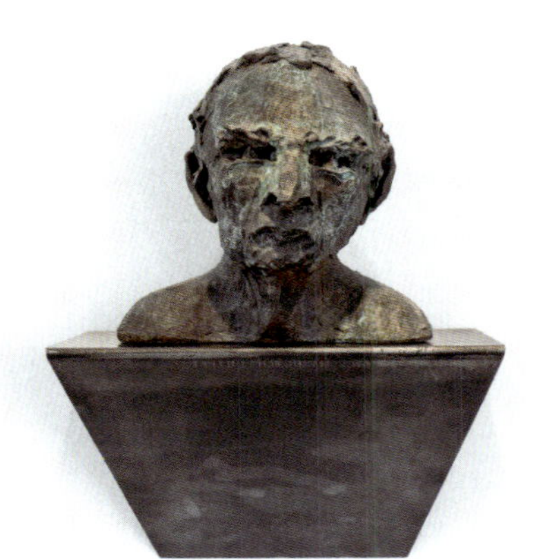

73
Wichte. 2006. Zwölf patinierte Bronzen auf Wandhalterungen aus Stahl, Bronzen: je ca. 35 × 35 × 30 cm, Halterungen: zwei Maße, 30 × 35 × 32 cm und 30 × 50 × 32 cm. Auflage von 6

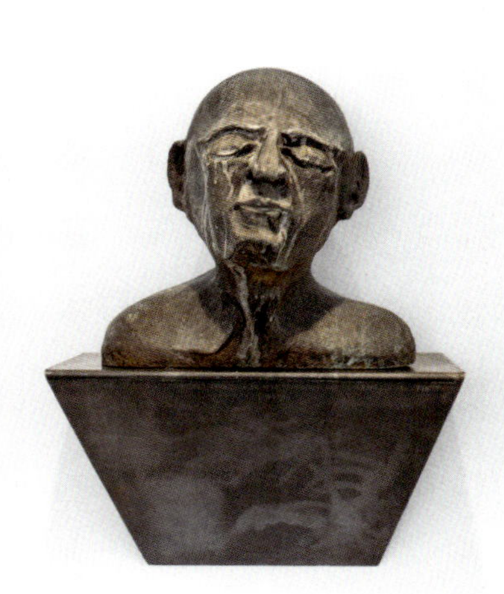
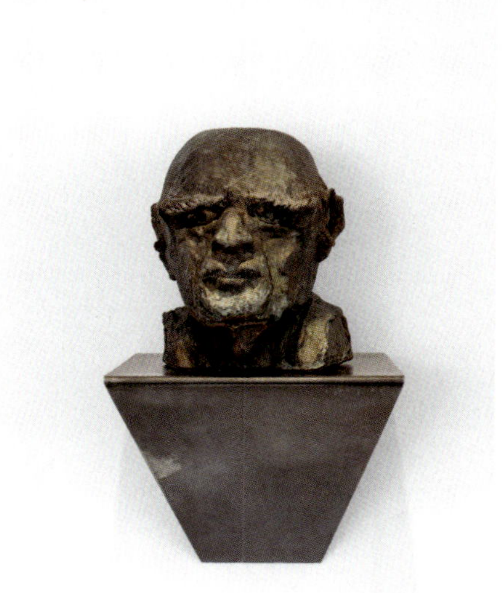
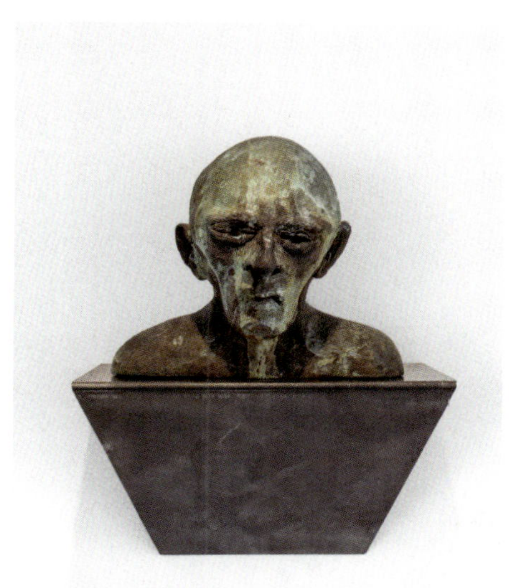
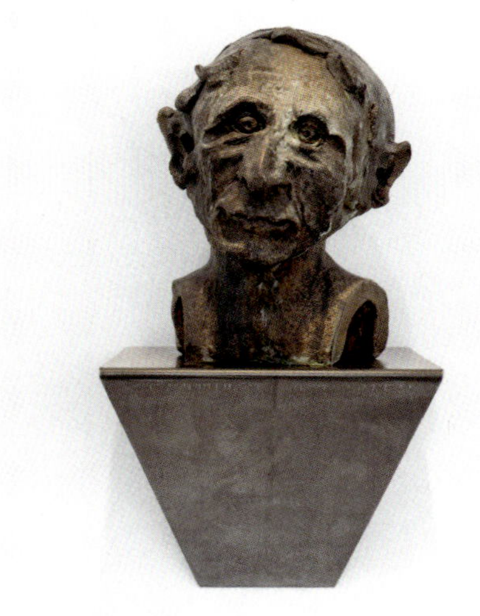
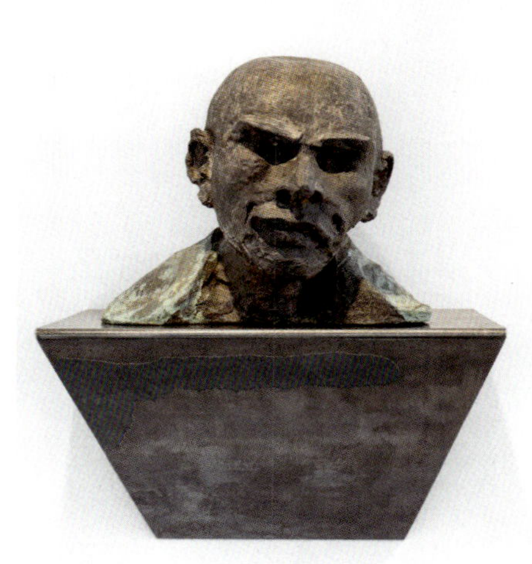
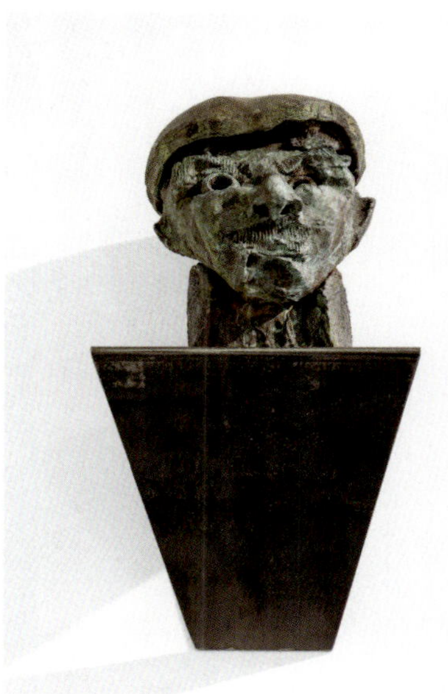

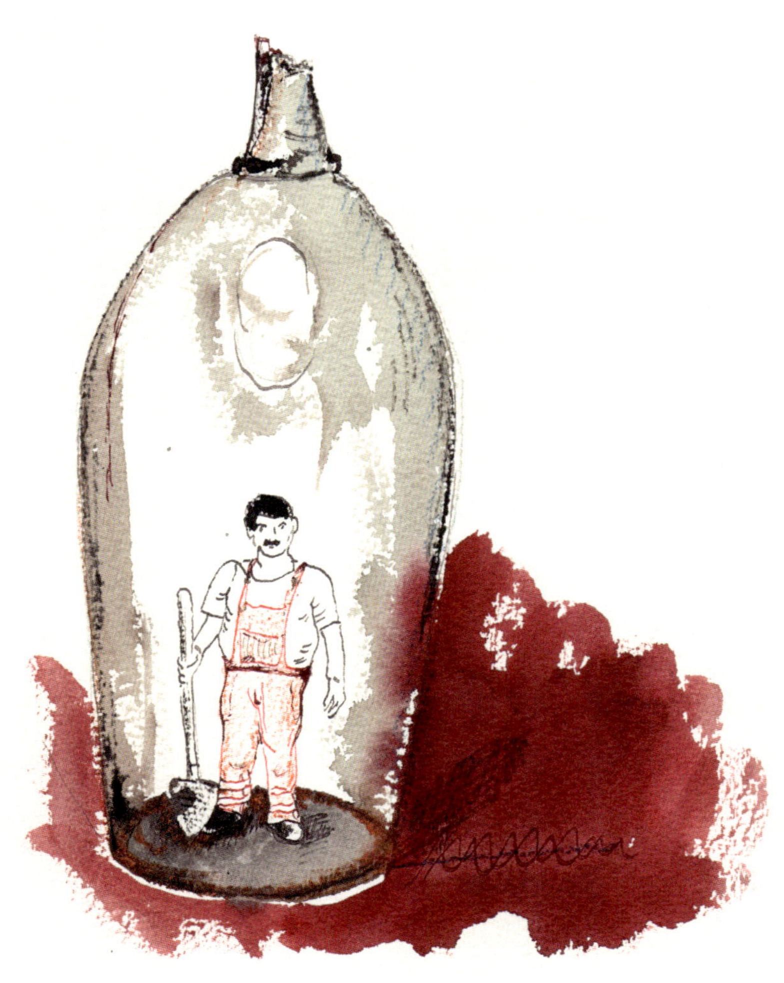

74
Ohne Titel aus *Walser Drawings*. 2012. Aquarellfarbe, Tusche und Farbstift auf Papier, 38 × 28 cm

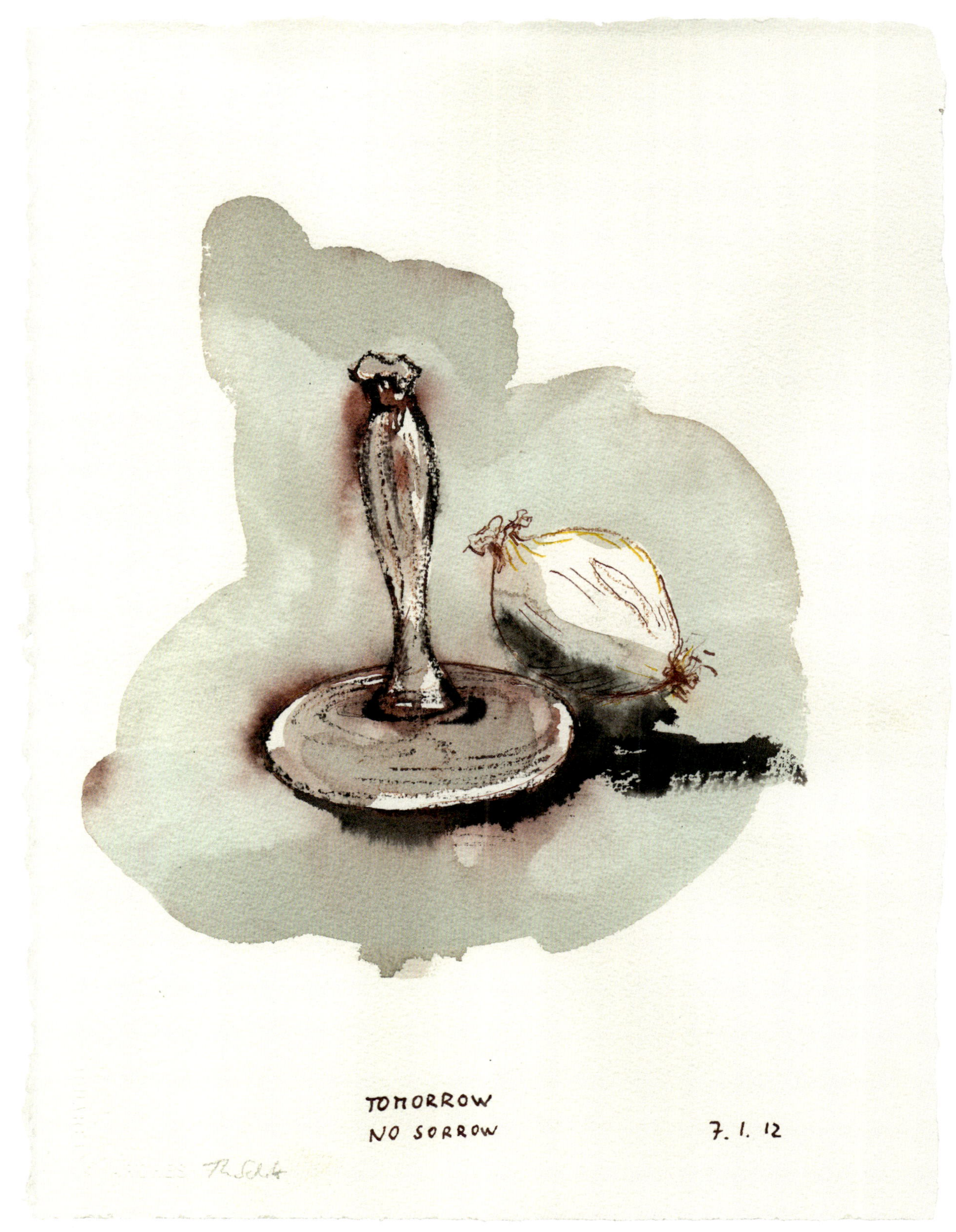

75
Tomorrow No Sorrow aus *Walser Drawings*. 2012.
Aquarellfarbe, Tusche und Farbstift auf Papier,
38 × 28 cm

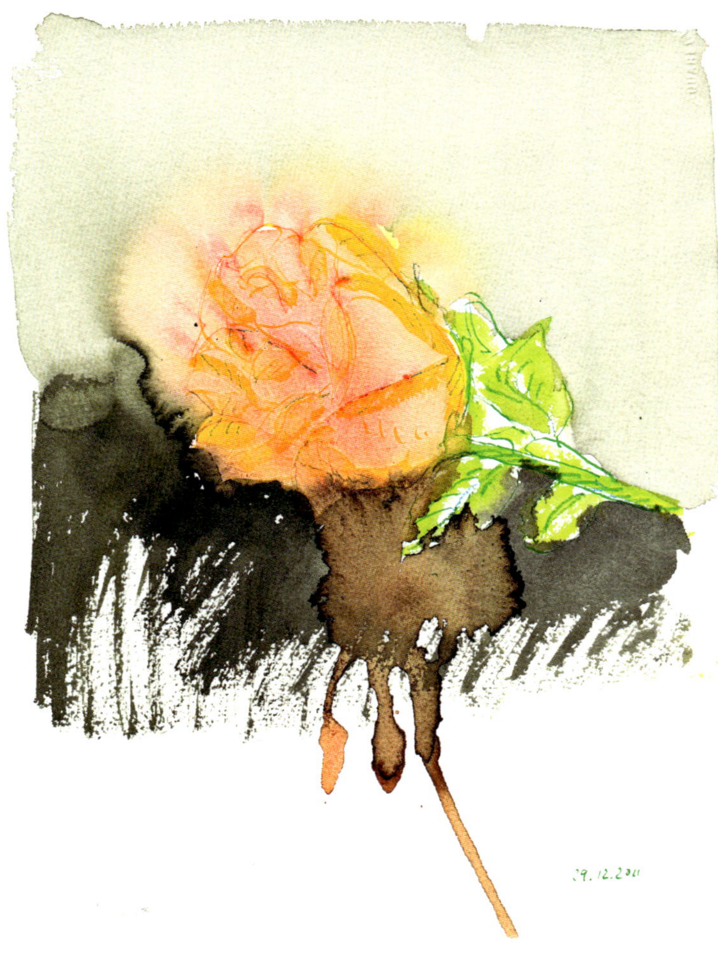

76

Obere Reihe:

76
Ohne Titel aus *Walser Drawings*. 2011. Aquarellfarbe, Tusche und Farbstift auf Papier, 38 × 28 cm

77
Good Loock aus *Walser Drawings*. 2011. Aquarellfarbe, Tusche und Farbstift auf Papier, 38 × 28 cm

78
Ohne Titel aus *Walser Drawings*. 2011. Aquarellfarbe, Tusche und Farbstift auf Papier, 38 × 28 cm

Untere Reihe

79
Ohne Titel aus *Walser Drawings*. 2012. Tusche auf Papier, 38 × 28 cm

80
two tomatoes in the dark aus *Walser Drawings*. 2012. Aqarellfarbe und Tusche auf Papier, 38 × 28 cm

81
Memory = Gravety => aus *Walser Drawings*. 2011. Aquarellfarbe, Tusche und Farbstift auf Papier, 8 × 28 cm

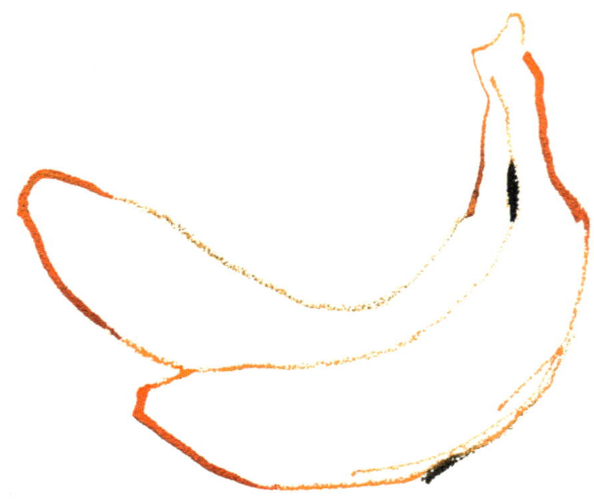

79

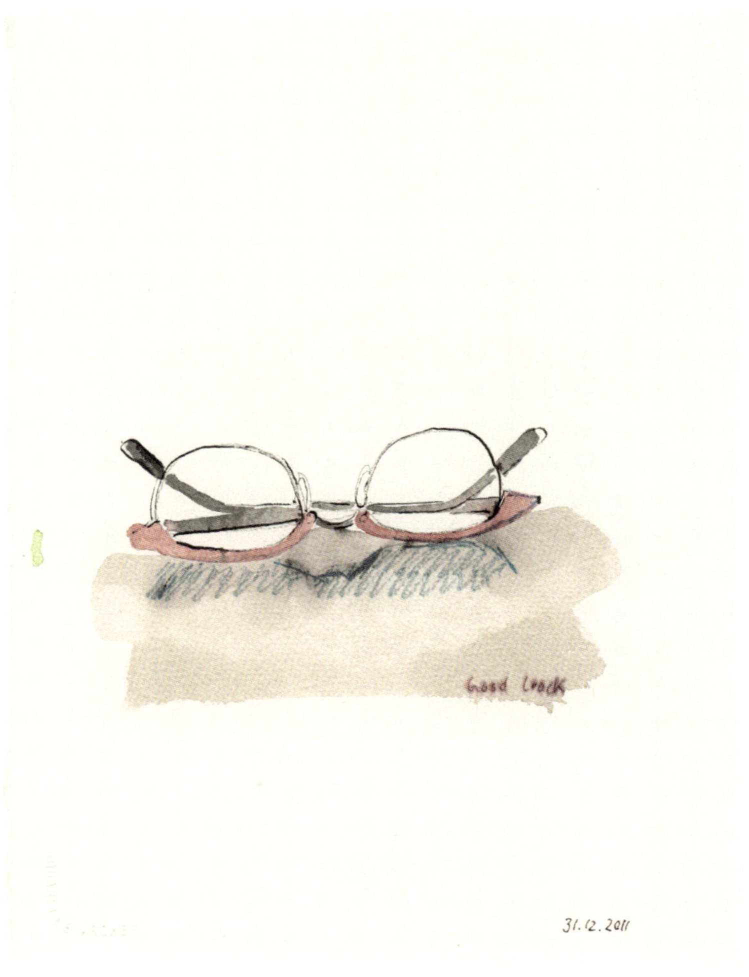
Good Luck
31.12.2011

77

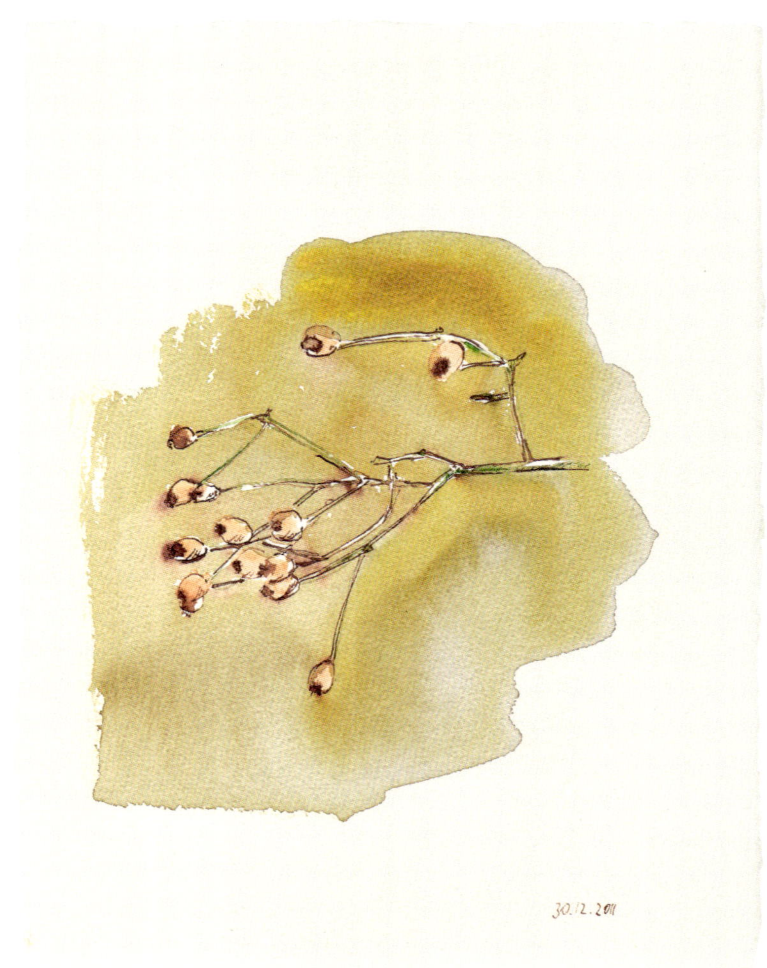
30.12.2011

78

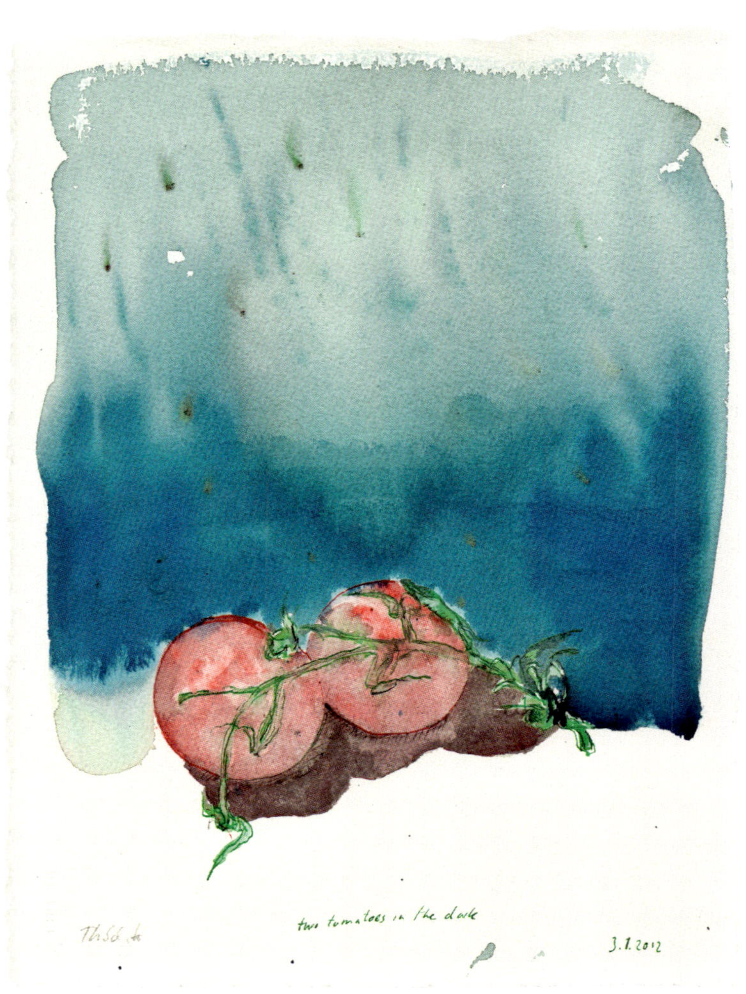
two tomatoes in the dark
3.1.2012

80

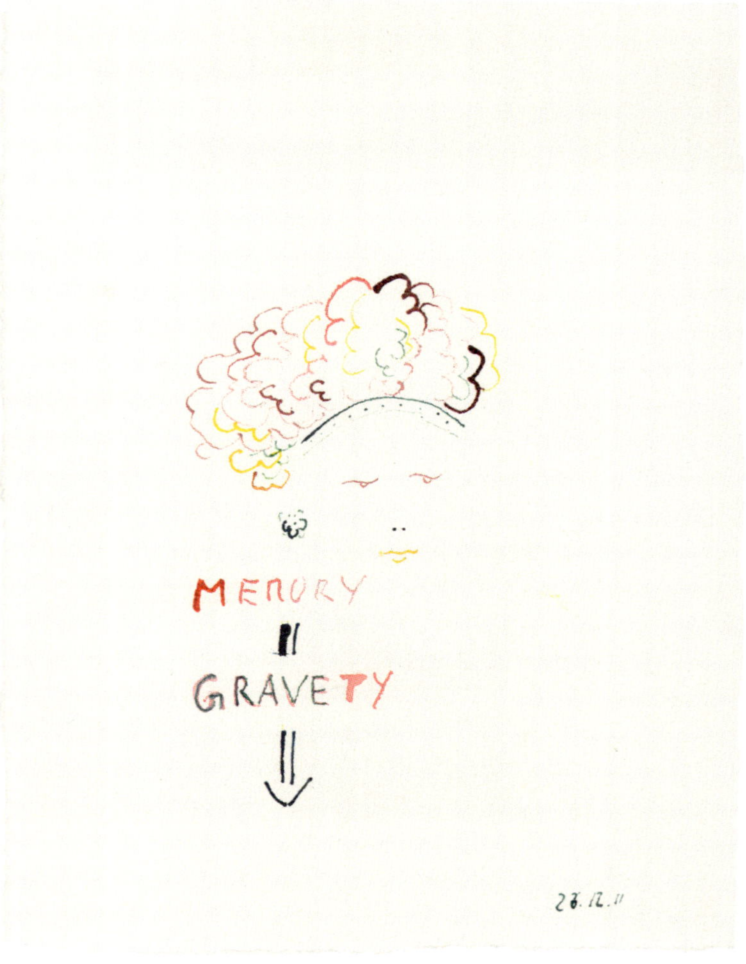
MEMORY
GRAVETY
28.12.11

81

82
Ackermans Tempel III (Modell 1:10). 2011.
Lego-Steine, Holz und Aluminium,
48,5 × 44,8 × 58,5 cm

83
Pommesbude (Modell 1:10). 2015. Holz,
44 × 47 × 69 cm

84
Modell für ein Museum (1:10). 2007.
Holz, Faserplatte, Farbe und Acrylglas,
48 × 70,5 × 52,5 cm

85
Pringles. 2011. Kartoffelchips auf
Streichholzschachtel, 3,5 × 4,8 × 7 cm

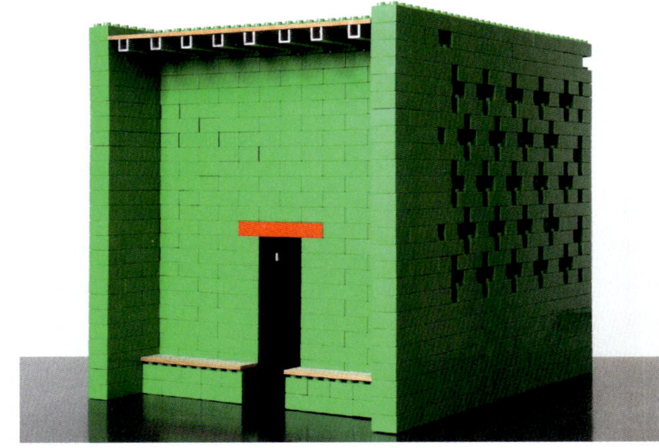

82

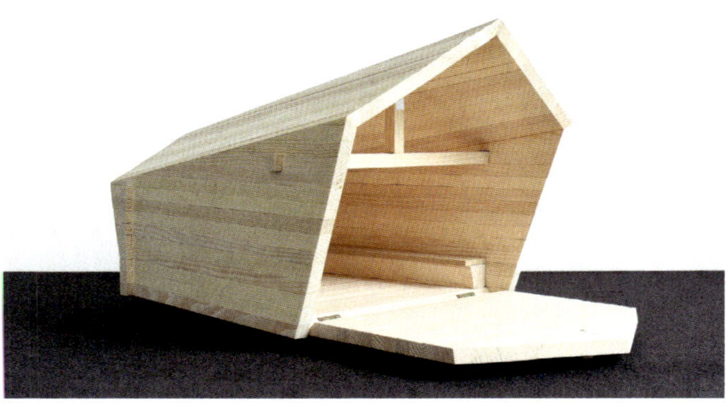

83

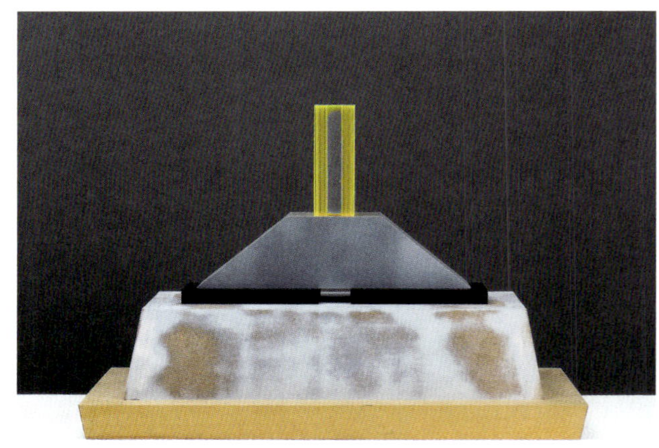

84

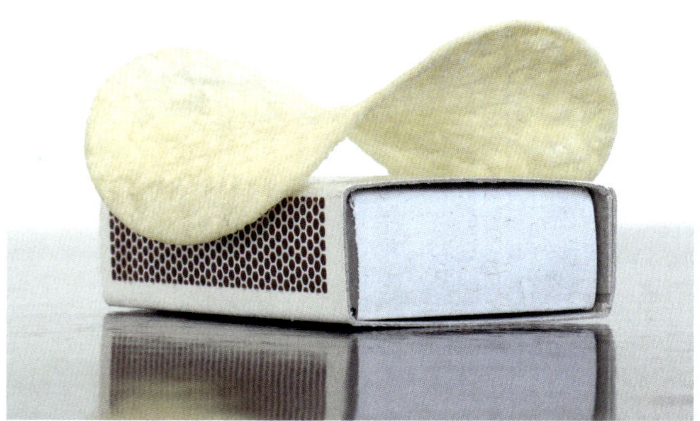

85

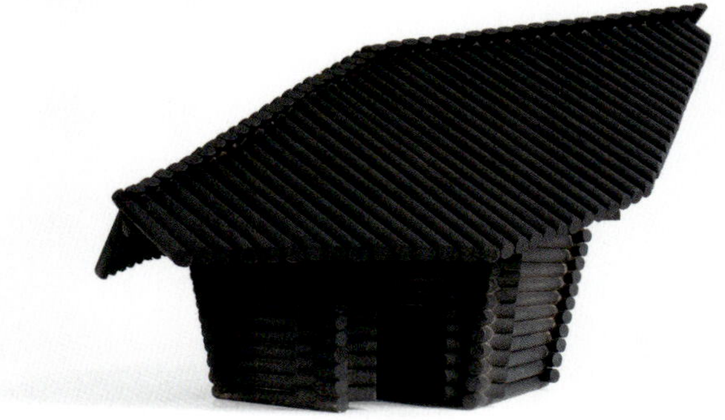

86

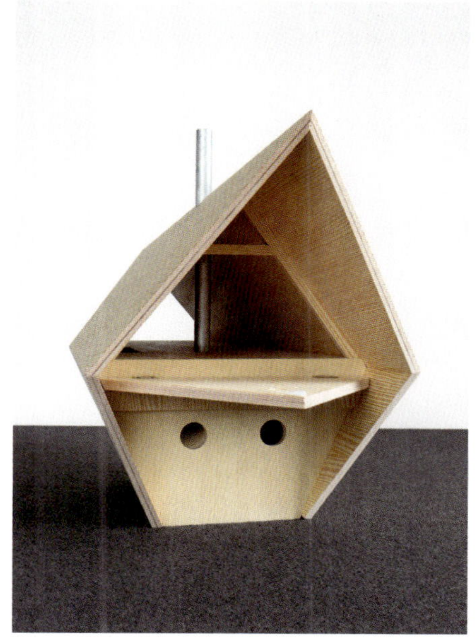

87

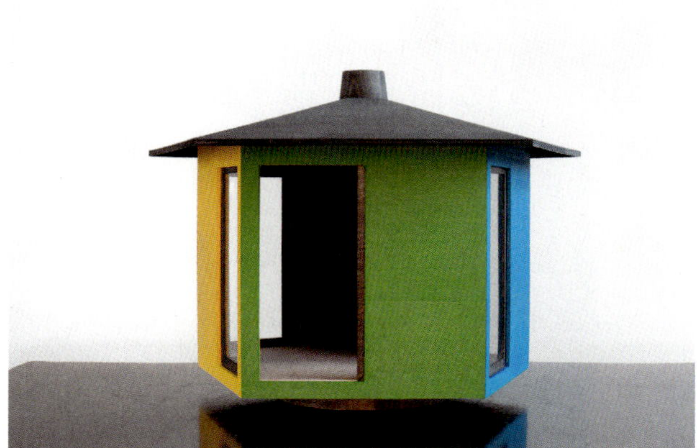

88

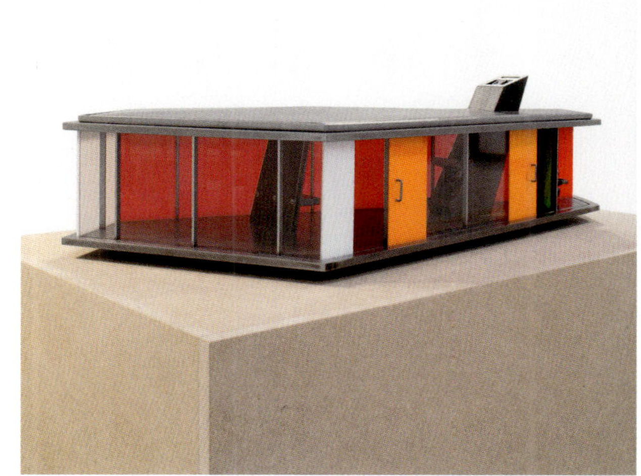

89

86
Blockhaus (Modell 1:15). 2013. Sprühfarbe auf Holz, 46 × 68 × 57 cm

87
Eifelhütte (Modell 1:20). 2015. Holz und Aluminium, 47 × 35,5 × 74,5 cm

88
Teehaus (Modell 1:10). 2012/13. Holz, Acrylglas und Farbe, 35,5 × 36 × 36 cm

89
Ferienhaus für Terroristen (Modell 1:20). 2007. Stahl und Acrylglas, 24,8 × 90 × 45 cm

90
Krefeld Pavillon (Modell 1:25). 2016. Kupfer, Faserplatte und Holz, 37 × 80 × 80 cm

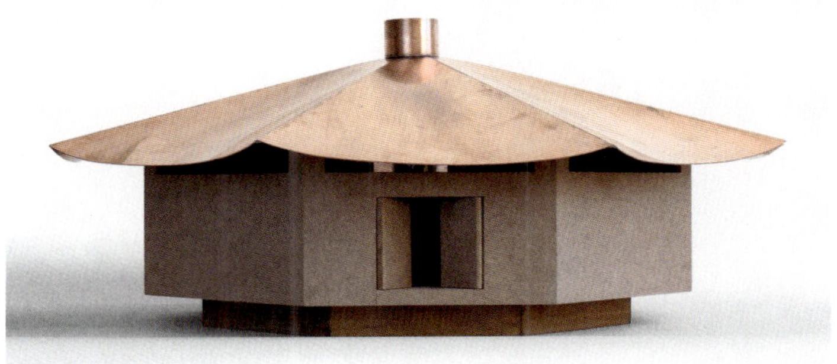

90

91
Vater Staat. 2010. Patinierte Bronze,
380 × 155 × 139,7 cm. Installationsansicht,
Art Institute of Chicago, 2011

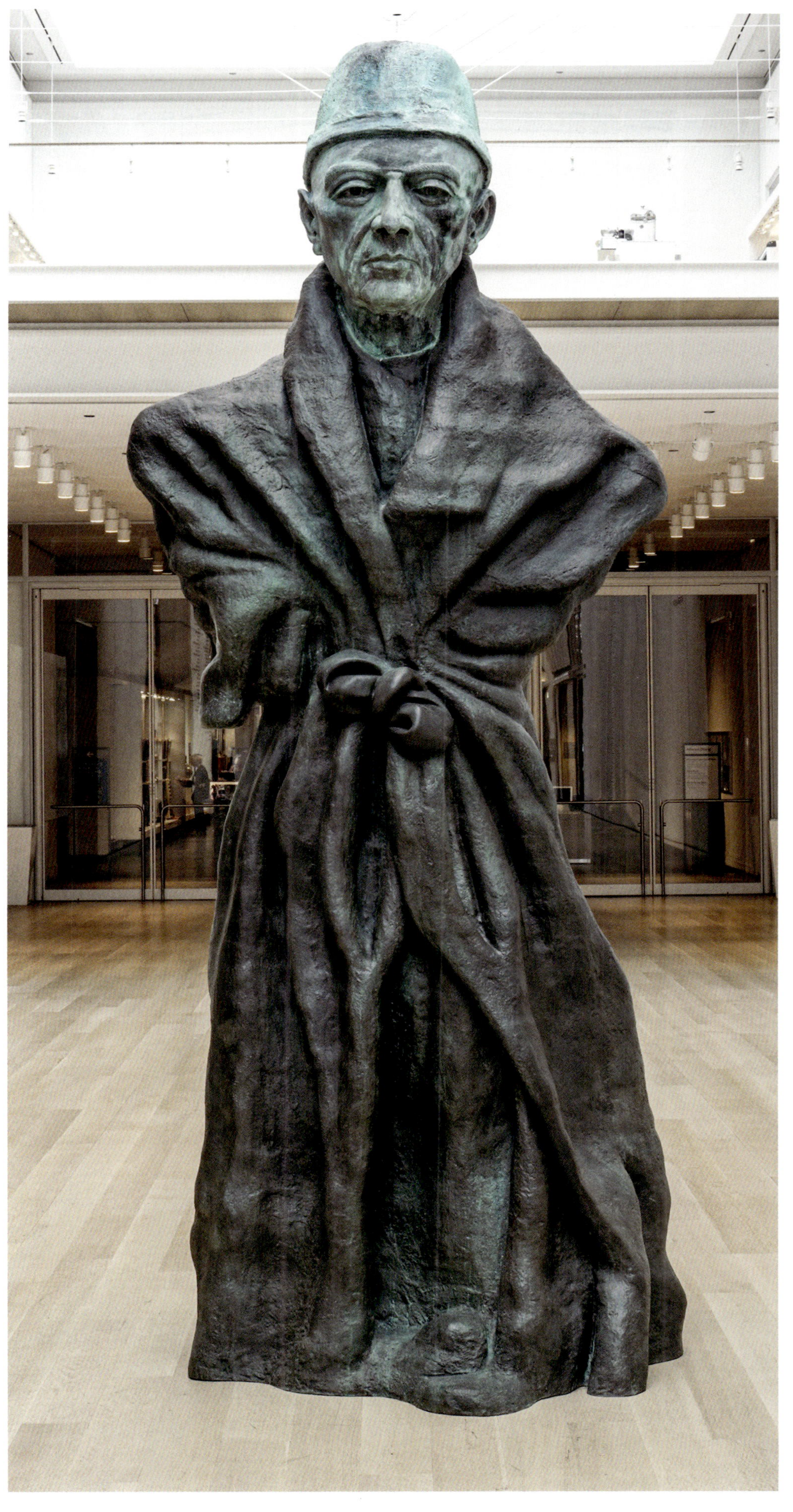

92
Mann im Matsch (Modell 1:10). 2009. Patinierte Bronze auf Stahlsockel, Bronze: 60 × 36 × 29 cm, Sockel: 120 × 45 × 36 cm. AP, Auflage von 6 mit 4 APs

Unten:
Installationsansicht, *Skulpturen*, Skulpturenhalle, Neuss, 13.1.–30.3.2023

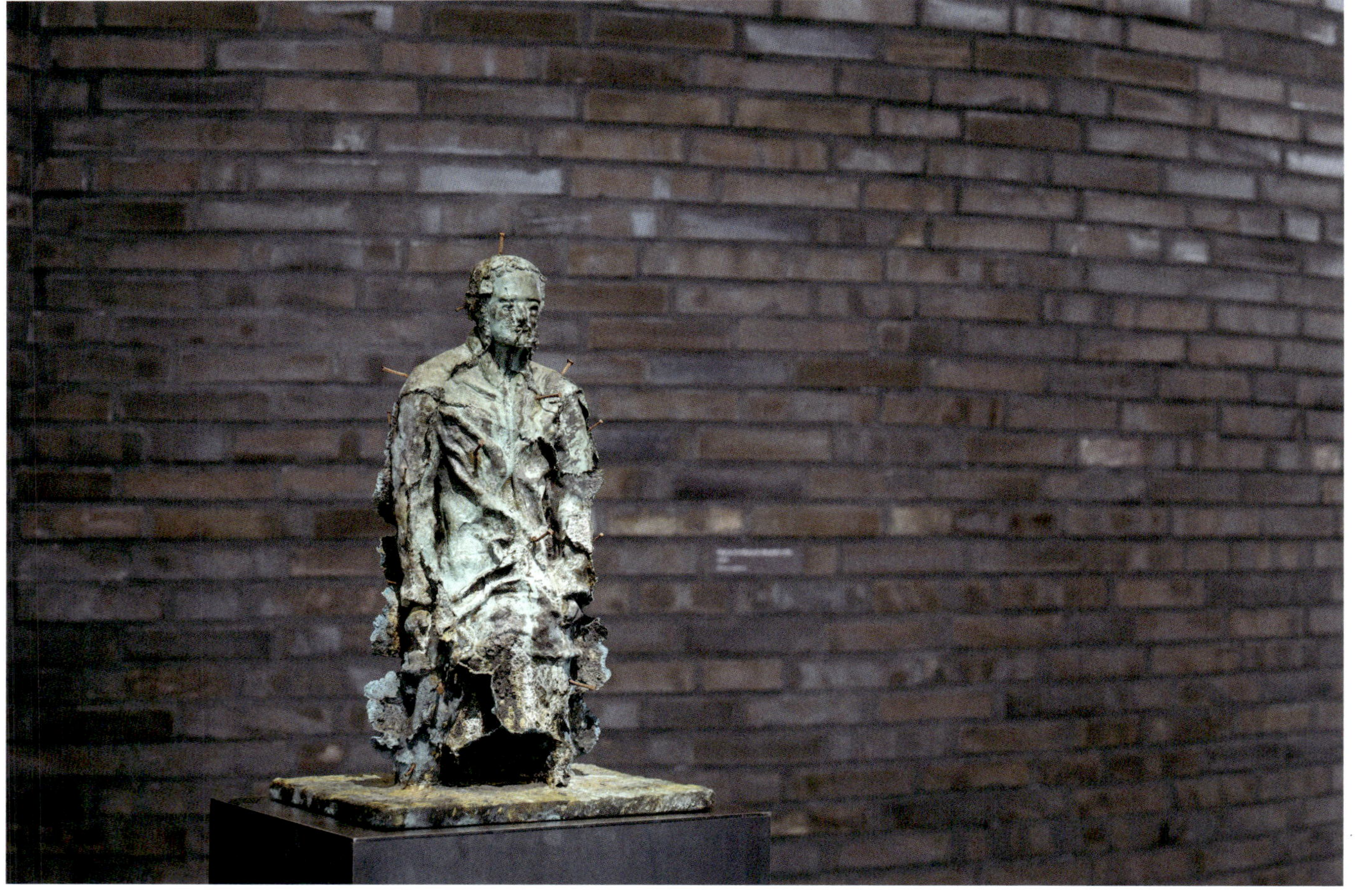

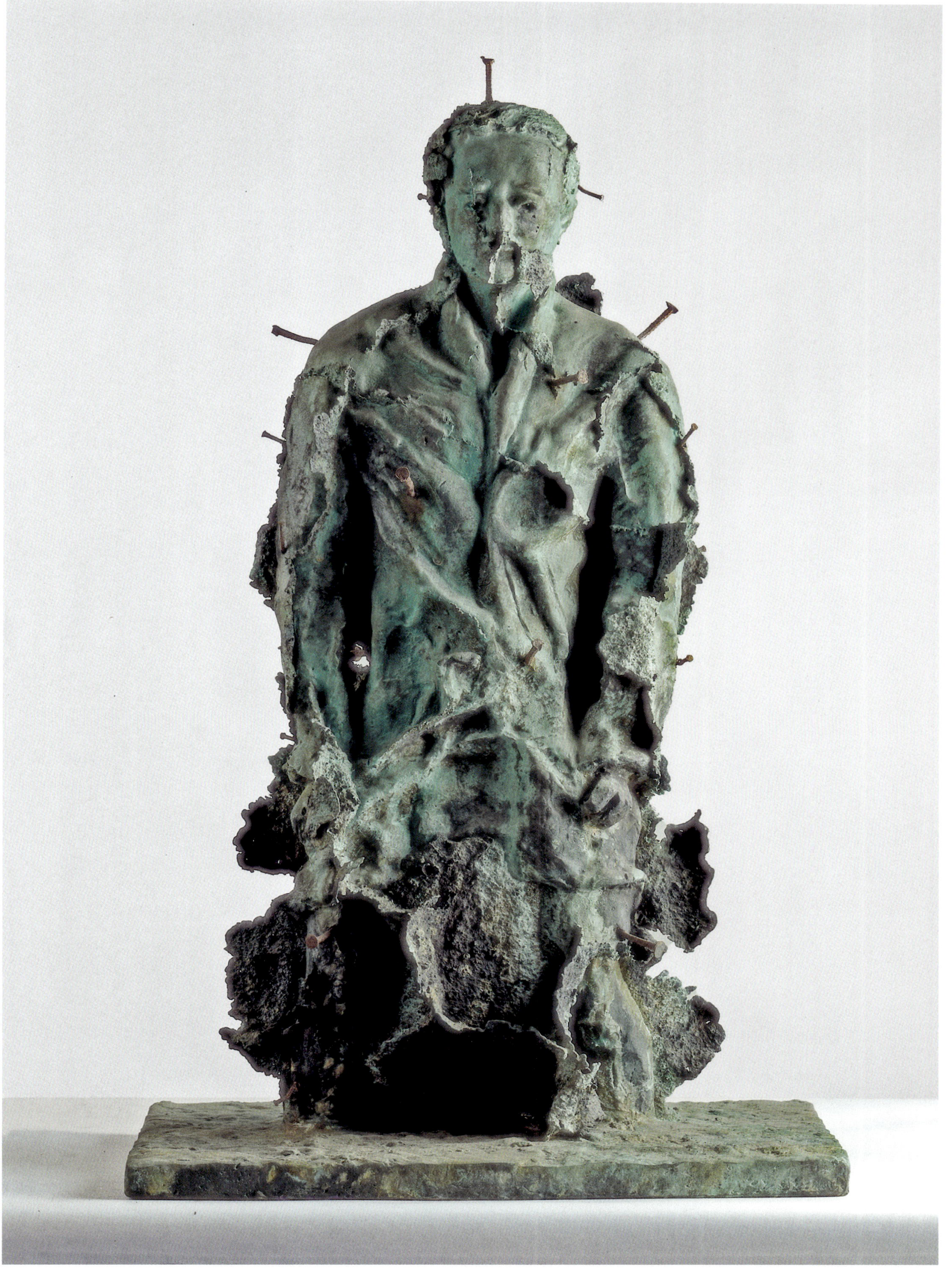

92

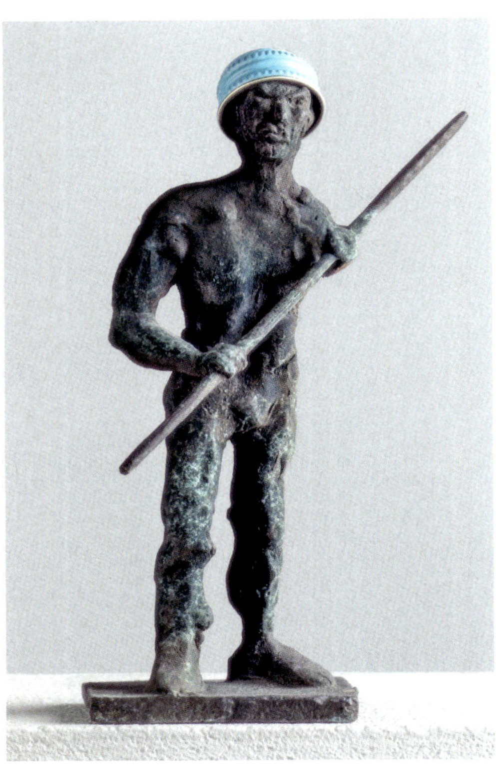

93
Krieger. 2012. Geflämmtes, gefärbtes und geöltes Holz, 2 Teile, 302,9 × 125,7 × 114,6 cm und 298,5 × 125,7 × 114,6 cm

Oben:
Krieger. 1994. Patinierte Bronze, 19 × 12 × 11 cm. Im Besitz des Künstlers, Düsseldorf

93

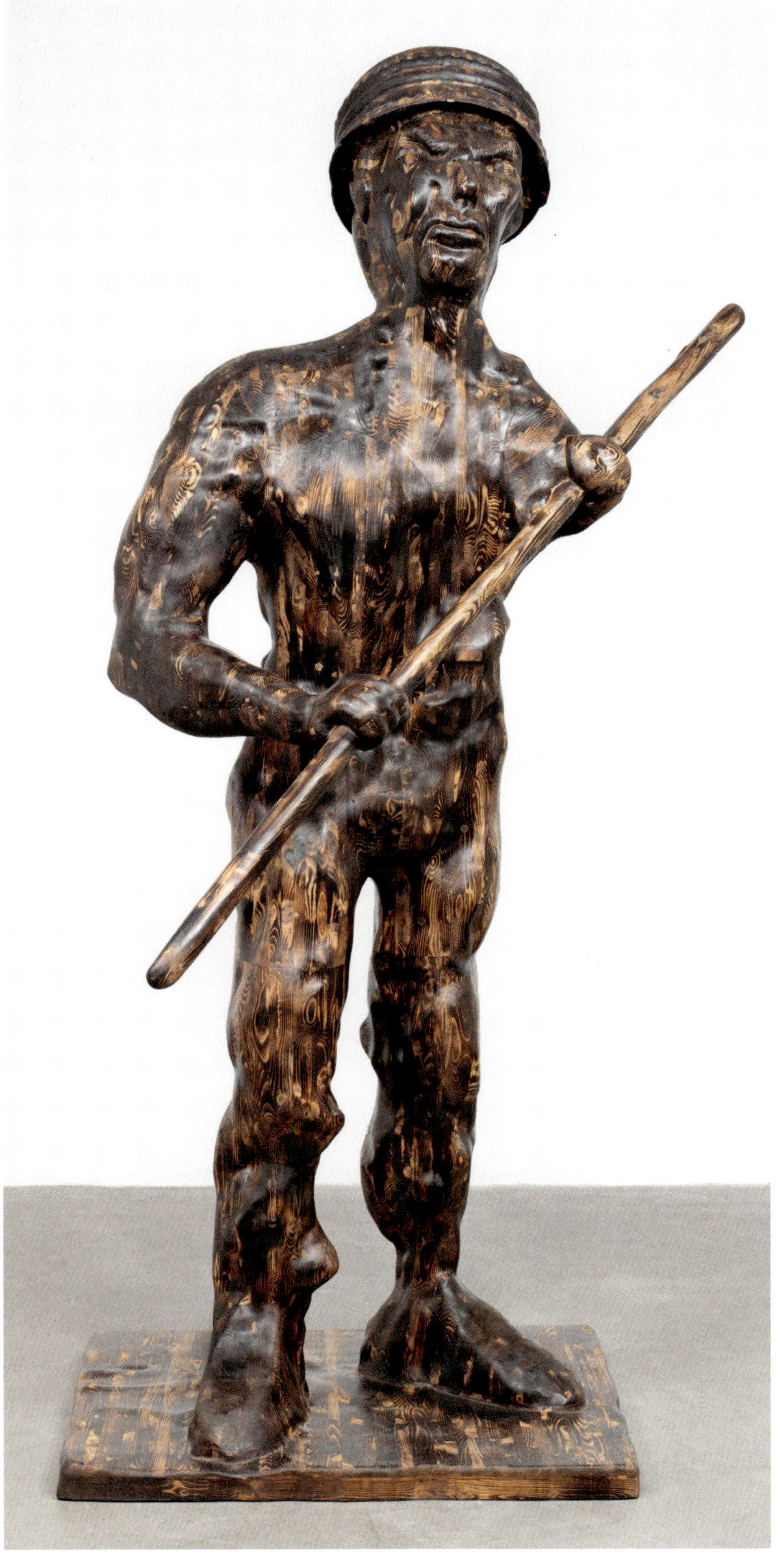

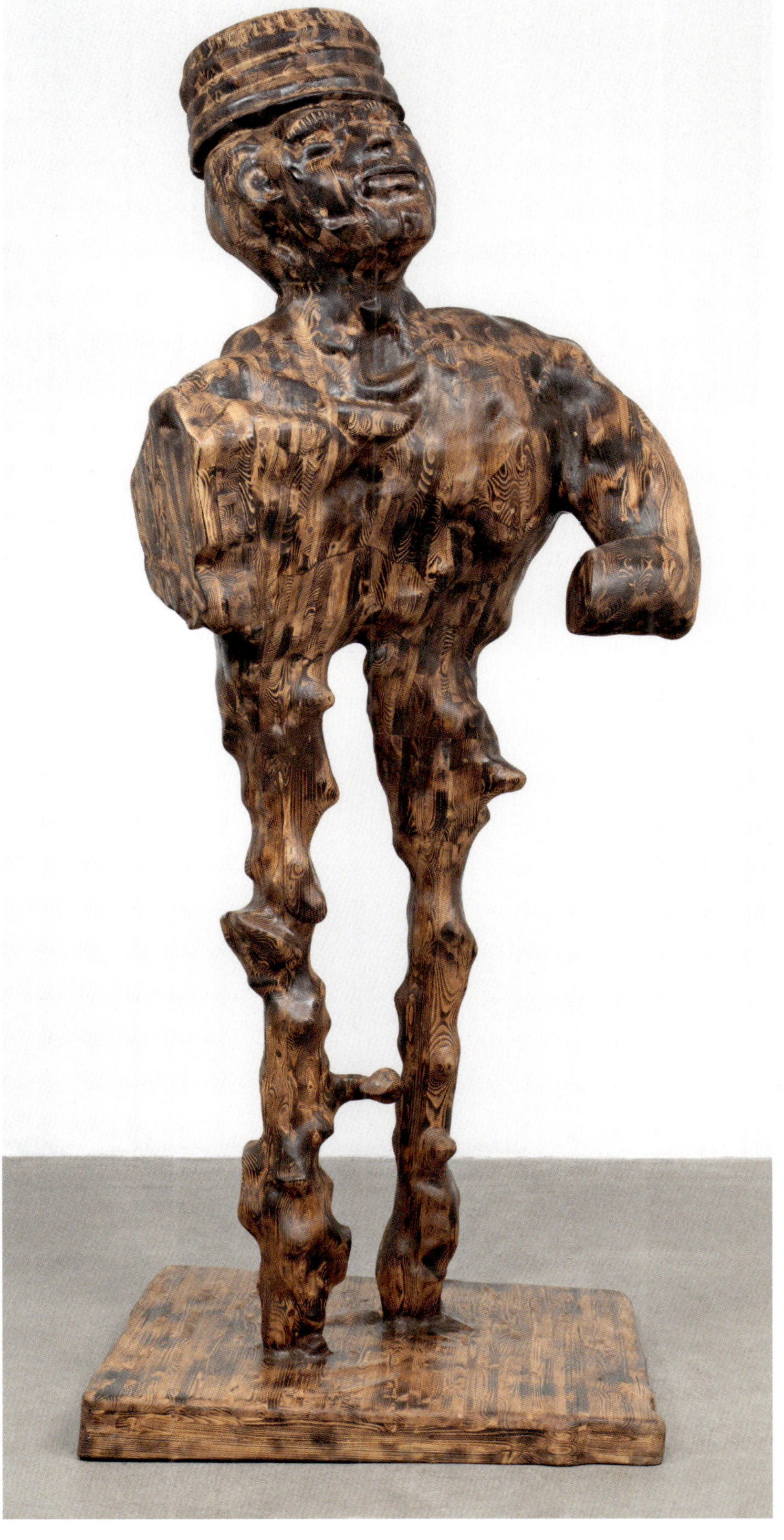

94
Fake Flag H. 2018. Glasierte Keramik,
3 Teile, insgesamt 95,9 × 207 × 3,8 cm

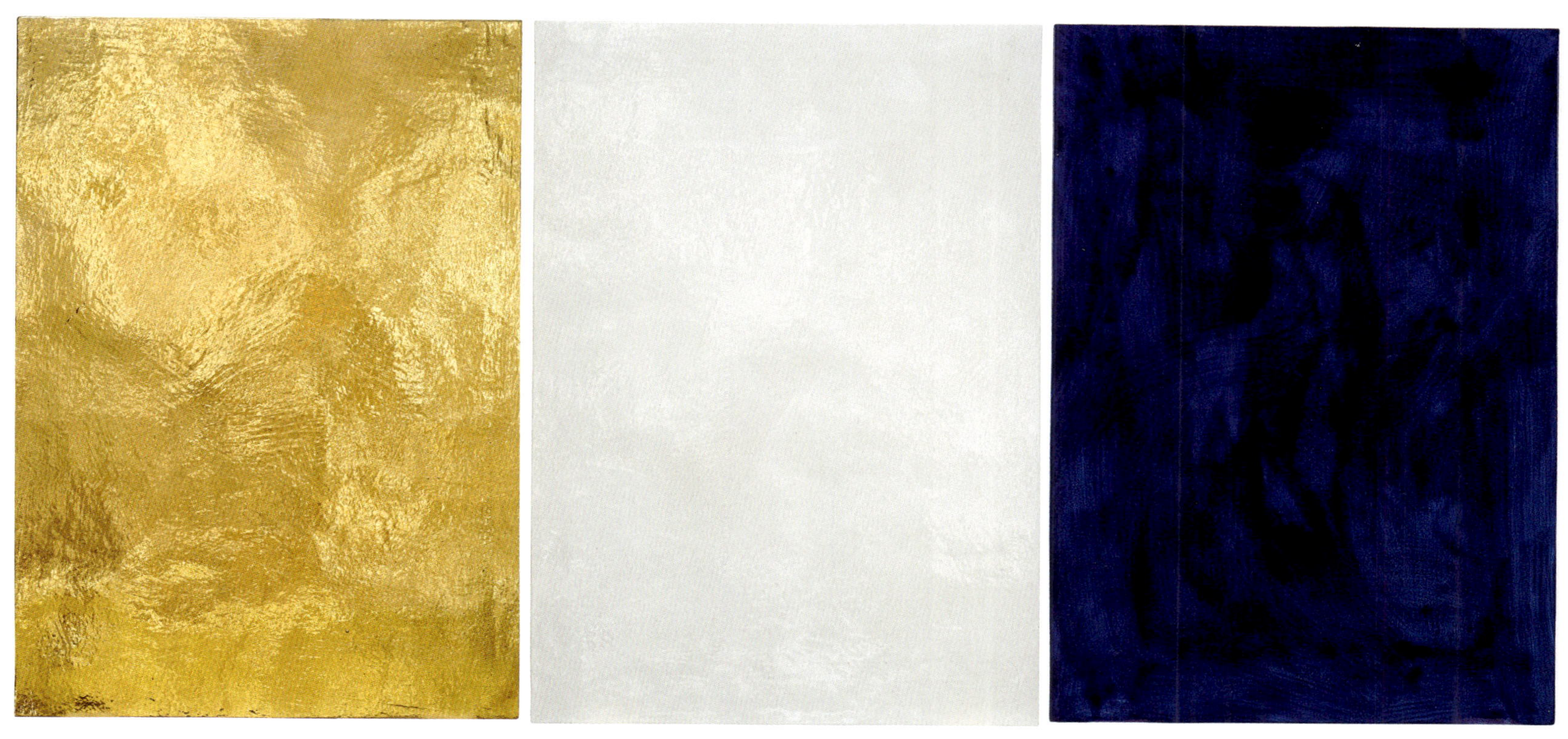

95
Fake Flag I. 2018. Glasierte Keramik,
3 Teile, 96 × 207 × 4 cm

96
Old Friend Revisited No. 18. 2021. Glasierte Keramik auf Stahlsockel, Keramik: 47 × 37 × 33,5 cm, Sockel: 120 × 45 × 45 cm

96

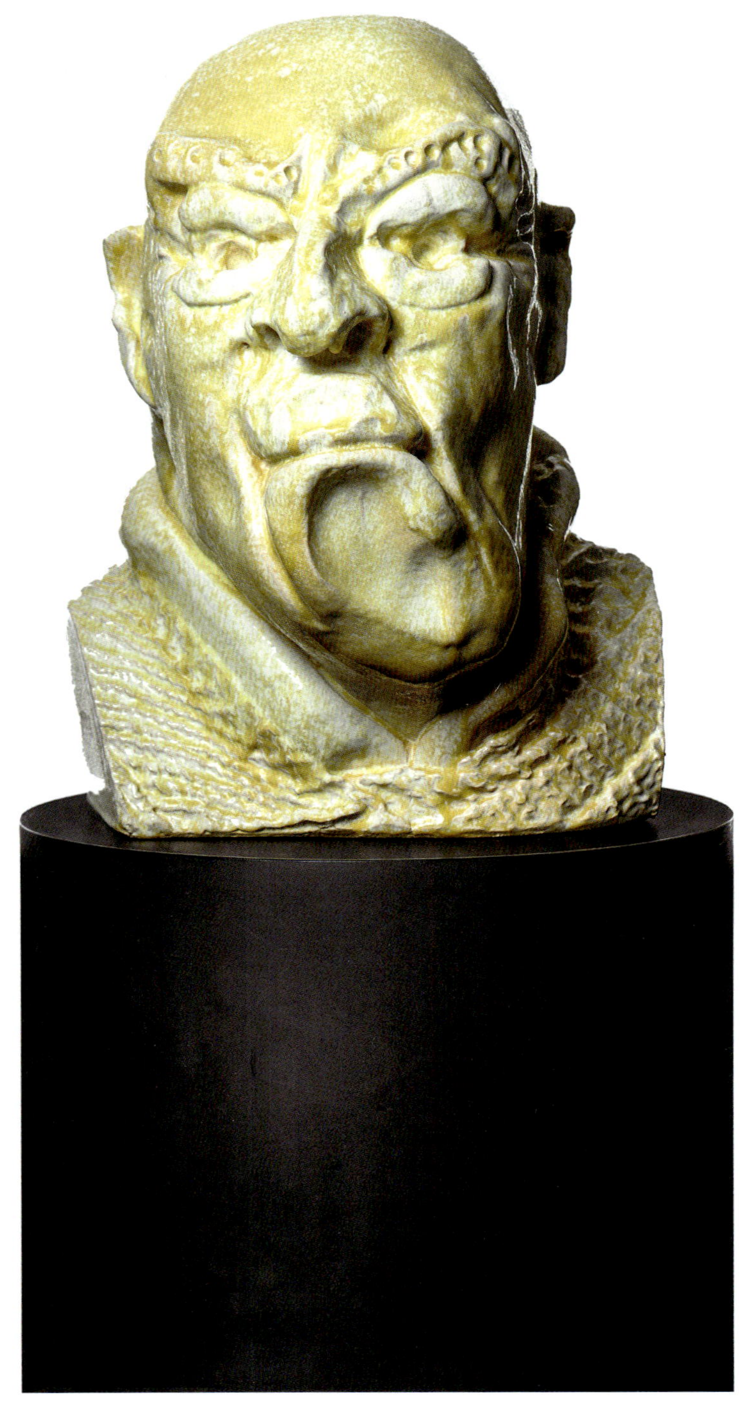

97
Old Friend Revisited No. 27. 2021. Glasierte Keramik auf Stahlsockel, Keramik: 50 × 31 × 34 cm, Sockel: 120 × 45 × 45 cm

97

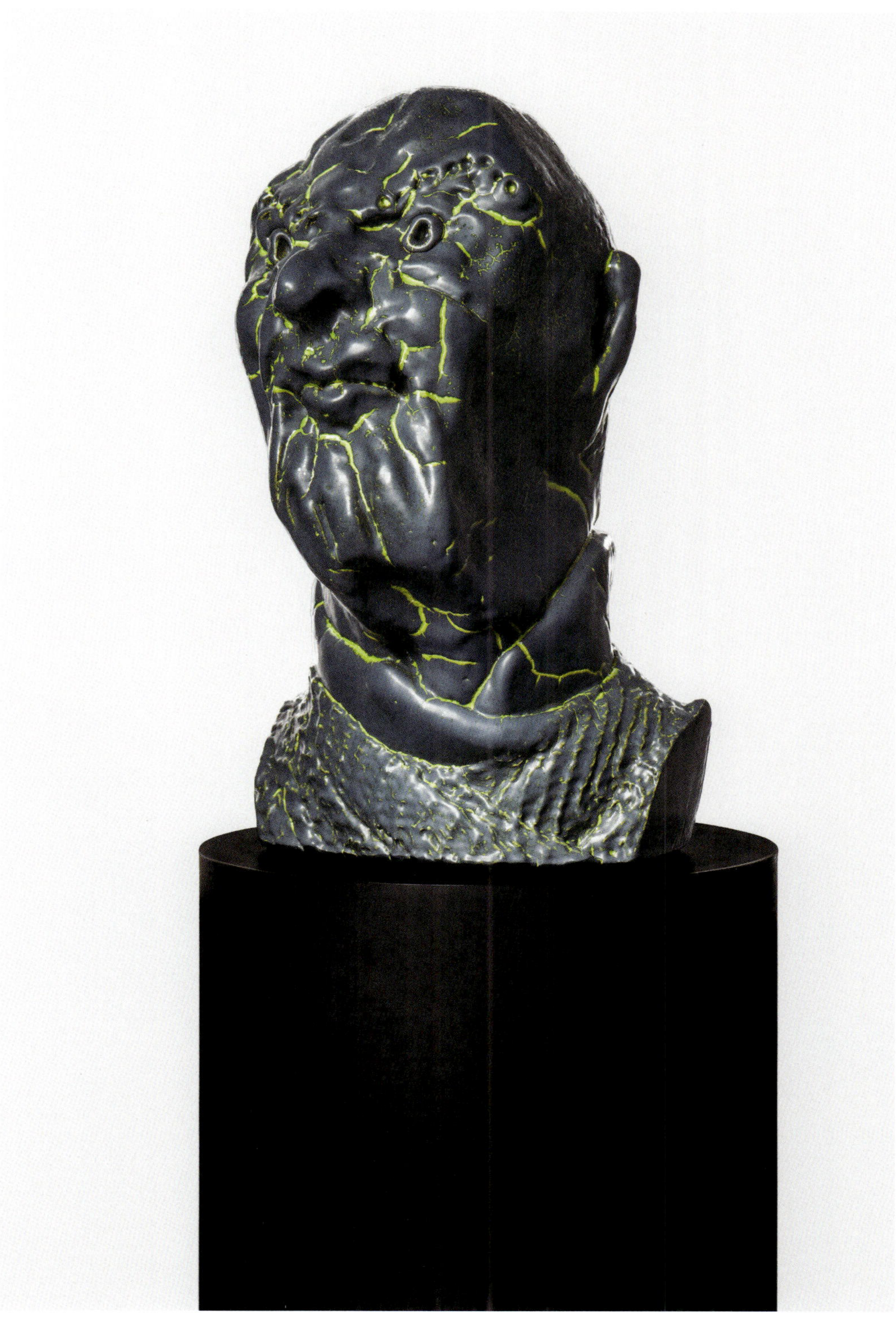

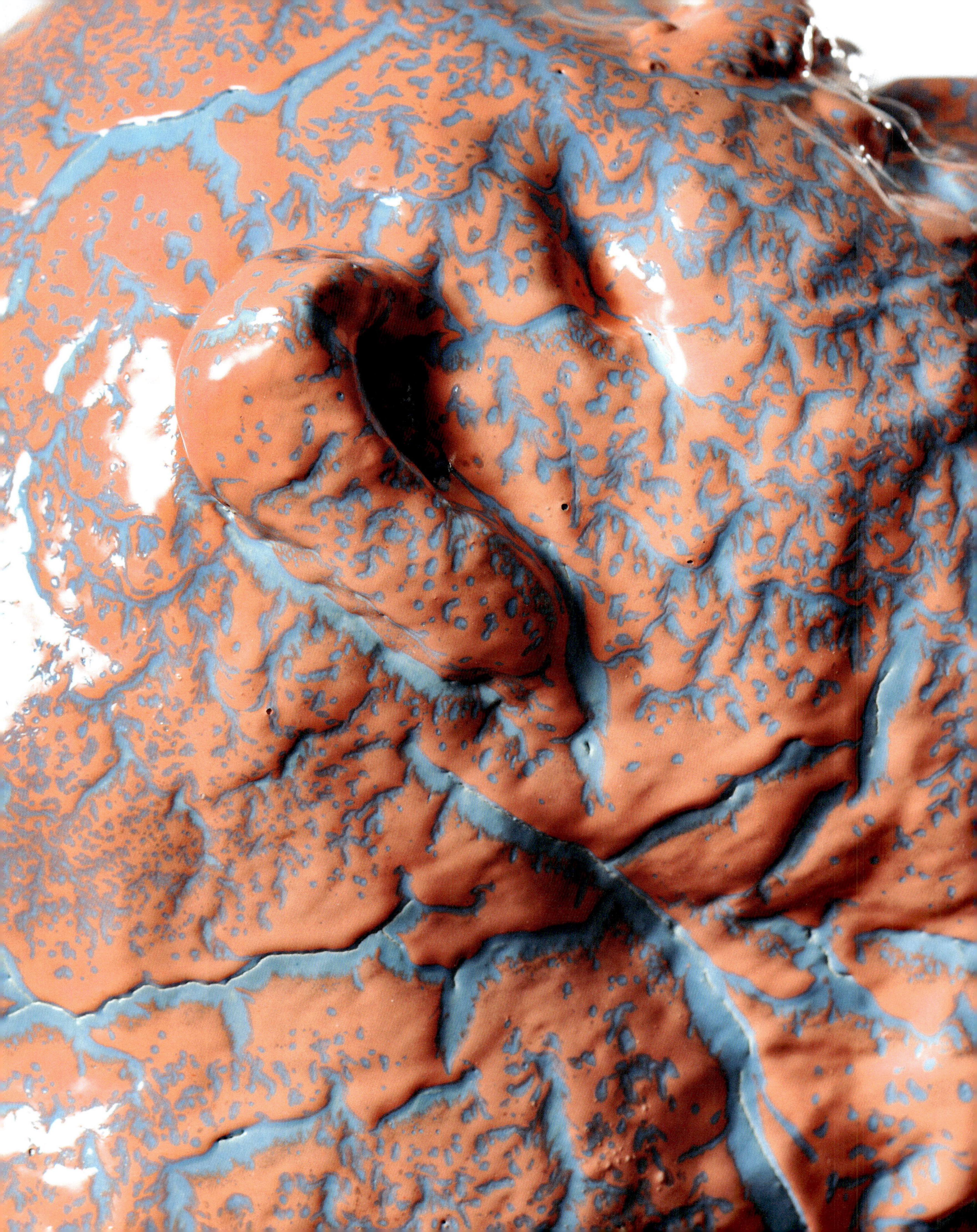

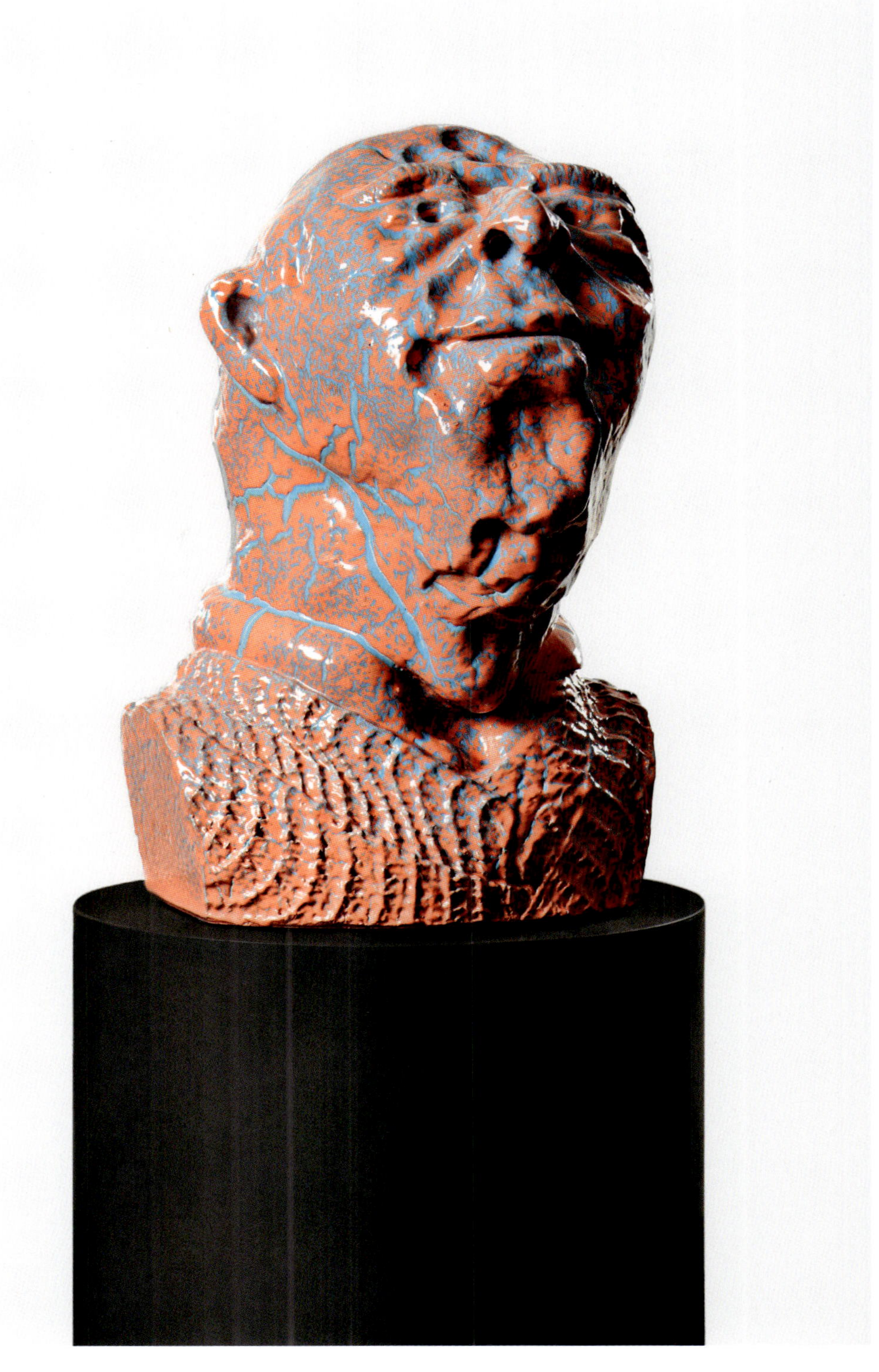

98

98
Old Friend Revisited No. 8. 2021. Glasierte Keramik auf Stahlsockel, Keramik: 46 × 32 × 40,5 cm, Sockel: 120 × 45 × 45 cm

Links:
Detail von: *Old Friend Revisited No. 8*

99
Frauenkopf. 2020. Glasierte Keramik auf Stahlsockel, Keramik: 58 × 34 × 49 cm, Sockel: 120 × 40 × 60 cm

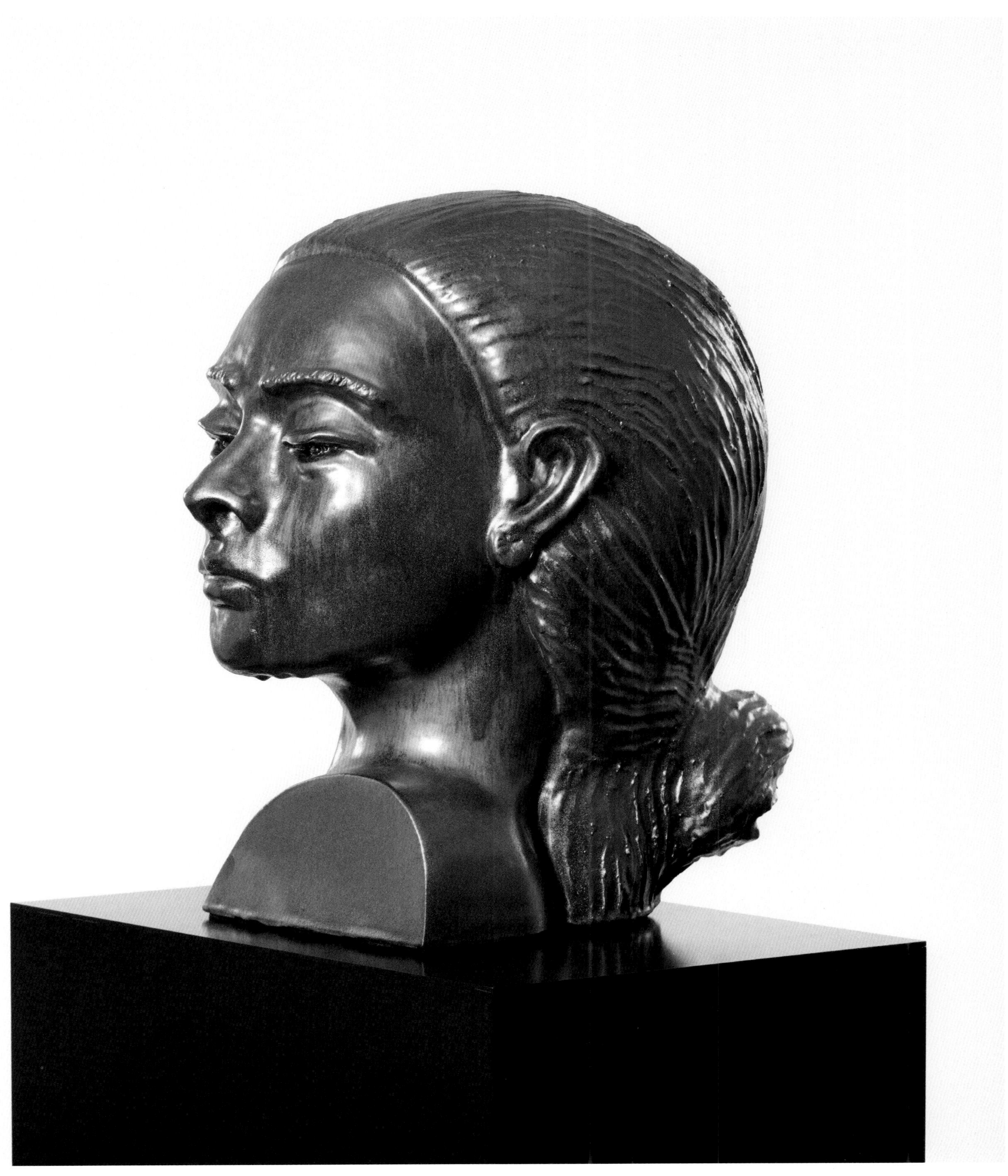

100
Frauenkopf (implodiert). 2020. Glasierte Keramik auf Stahlsockel, Keramik: 30,8 × 52,1 × 57,2 cm, Sockel: 120 × 40 × 60 cm

Unten:
Frauenkopf. 2020. Glasierte Keramik auf Stahlsockel, Keramik: 56,8 × 36 × 46,5 cm, Sockel: 120 × 40 × 60 cm. Sammlung Lonti Ebers, New York

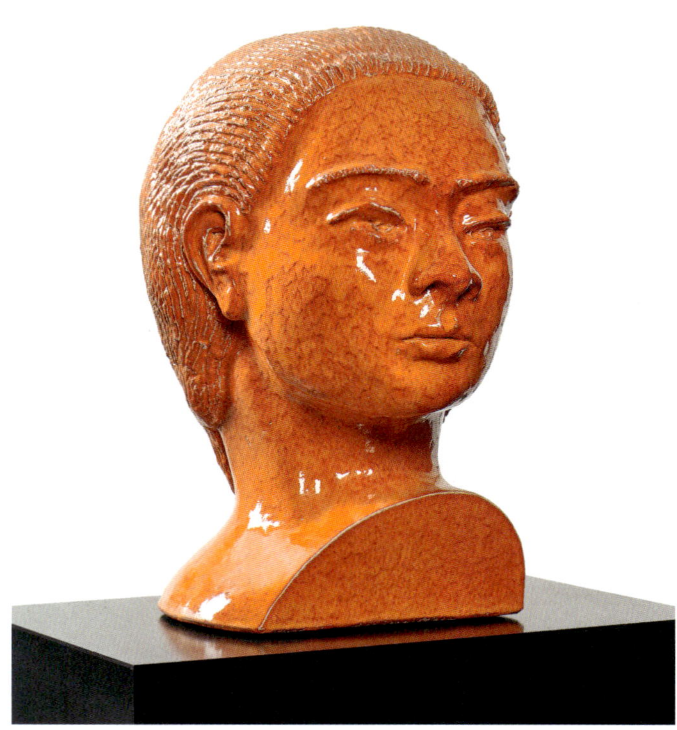

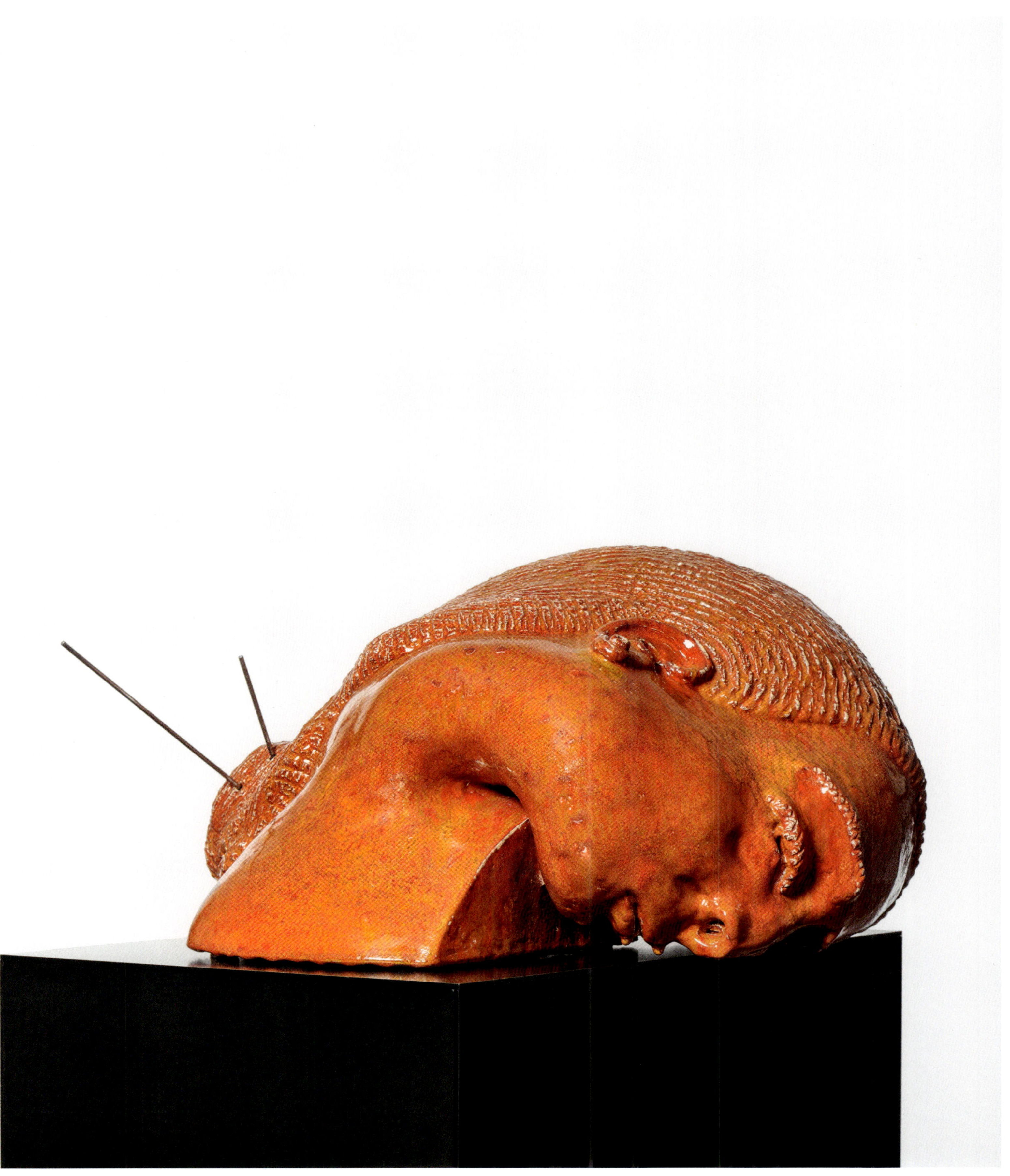

100

Chronologie

Caitlin Chaisson und Lydia Mullin

1954

Thomas Schütte wird am 16. November in Oldenburg (Bundesrepublik Deutschland) geboren. Er ist das zweite von fünf Kindern. Sein Vater ist Ingenieur, die Familie zieht häufig um.

1955

Die Bundesrepublik tritt der Nordatlantikpakt-Organisation (NATO) bei, die Deutsche Demokratische Republik (DDR) dem Warschauer Pakt.

1961

Die DDR-Regierung riegelt ihre Grenze zum Westen mit dem Bau der Berliner Mauer vollständig ab, um so die Menschen am Verlassen des Landes zu hindern.

1970

Schütte nimmt an den Ruderwettbewerben seines Gymnasiums im Vierer, als Steuermann, teil und gewinnt 1970/71 lokale, regionale und nationale Meisterschaften.

Im Sommer reist er per Anhalter durch Europa, was er in den nächsten fünf Jahren jährlich tun wird.

1972

Besuch der documenta 5 in Kassel, zweimal im Lauf des Sommers.

Schütte beginnt zu zeichnen.

1973

Abschluss des Gymnasiums in Osnabrück mit dem Abitur.

Eintritt in die Kunstakademie Düsseldorf zum Wintersemester. Beginn des Orientierungsstudiums bei Fritz Schwegler, Maler, Bildhauer und Schriftsteller.

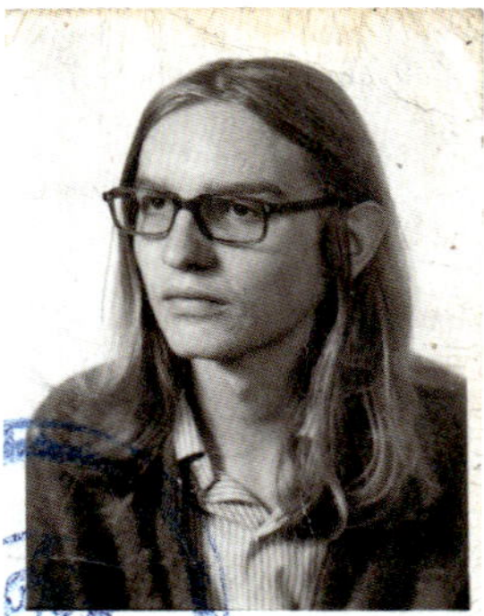

Passbild Schüttes auf dem Studentenausweis der Kunstakademie Düsseldorf, 1973

Im Oktober stürzt eine Ölpreiskrise die Weltwirtschaft in eine Rezession.

1974

Schütte besucht die Ausstellung *Caspar David Friedrich, 1774–1840* in der Kunsthalle Hamburg, die erste umfassende Ausstellung der Gemälde des romantischen Malers im Nachkriegsdeutschland.

1975

An der Kunstakademie Düsseldorf wechselt Schütte im Sommersemester in die Atelierklasse von Gerhard Richter. Er knüpft Kontakte zu den Studierenden der Fotografieklasse von Bernd und Hilla Becher sowie der Bühnenbildklasse von Karl Kneidl. Im Lauf seiner Ausbildung wird Schütte mit Katharina Fritsch, Thomas Ruff und Thomas Struth zusammenarbeiten.

Im September beginnt der einjährige Zivildienst anstelle des Wehrdienstes bei der Bundeswehr. Er leistet seinen Wehrersatzdienst in einem Altenheim auf dem Land nahe der niederländischen Grenze.

Schütte lernt Konrad Fischer kennen und besucht regelmäßig dessen Galerie in Düsseldorf, in deren Programm zu dieser Zeit Ausstellungen von Hanne Darboven, Candida Höfer, Bruce Nauman, Robert Ryman und Lawrence Weiner zu sehen sind.

1976

Im Wintersemester 1976/77 besucht Schütte die Vorlesungen des Kunsthistorikers Benjamin H. D. Buchloh mit dem Titel »Mythologische und phänomenologische Aspekte der Kunst in der Gegenwart«.

1977

Am 7. April wird Generalbundesanwalt Siegfried Buback von Mitgliedern der Roten Armee Fraktion (RAF), einer linksradikalen terroristischen Vereinigung, ermordet. Das Verbrechen löst eine Staatskrise aus, in deren Verlauf die RAF Entführungen, Raubüberfälle und Attentate verübt, darunter die Entführung des Lufthansa-Flugzeugs »Landshut« (Flug 181) gemeinsam mit der Volksfront zur Befreiung Palästinas am 13. Oktober.

Schütte schafft die Arbeit *Große Mauer*, die er als sein bedeutendstes Frühwerk und den Beginn seiner reifen künstlerischen Praxis betrachtet. In einer studentischen Sommerausstellung präsentiert er die Installation in einem Flur der Kunstakademie Düsseldorf.

1978

Schütte reist mit einem Stipendium der Kunstakademie Düsseldorf zum ersten Mal nach New York, wo er drei Monate bleibt.

1979

Schütte erhält ein sechsmonatiges Stipendium und einen Aufenthalt an der Cité internationale des arts in Paris. Dort stellt er in der Vitrine pour l'Art Actuel aus, einem alternativen, von Anka Ptaszkowska, Brigitte Nigel und Michel Claura betriebenen Buchladen und Café, in dem 1977–1980 auch Ausstellungen und Performances stattfinden. Schütte modifiziert die Stromleitung des Ladens mit einem Relais, sodass das Licht alle dreißig Sekunden für eine Sekunde ausgeht.

Schütte trifft den Kurator Kasper König in Düsseldorf und München.

Im September realisiert Schütte *Gelbe Türen*, eine ortsspezifische Installation in den Räumen der Konrad Fischer Galerie in der Platanenstraße in Düsseldorf. Er malt zwei der Türen am unteren Ende eines Treppenhauses gelb an.

Am 12. Dezember verkündet die NATO ihren Doppelbeschluss, der die Stationierung von 572 Atomraketen in Mitteleuropa vorsieht, um auf die militärische Aufrüstung der Warschauer-Pakt-Staaten zu reagieren. In Westdeutschland wird der Widerstand gegen das Wettrüsten und der öffentliche Ruf nach Abrüstung durch eine wachsende Friedensbewegung getragen.

1980

Im Januar werden die Grünen offiziell zu einer nationalen politischen Partei in Westdeutschland. Ihr Programm setzt sich für Umweltschutz, soziale Gerechtigkeit und Gewaltlosigkeit ein. Zu den Gründungsmitgliedern gehört der Künstler Joseph Beuys, der von 1961 bis 1972 an der Kunstakademie Düsseldorf lehrte.

Kasper König schlägt Schütte für den Preis der Jürgen Ponto-Stiftung vor, der zu Ehren des 1977 von der RAF ermordeten Vorstandssprechers der Dresdner Bank vergeben wird. Schütte und der Bildhauer Wolfgang Laib gewinnen den Preis, und Schütte nimmt an einer Gruppenausstellung teil, in der er *Lager* im Frankfurter Archäologischen Museum im Karmeliterkloster präsentiert.

Im Mai hat Schütte seine erste Einzelausstellung in der Galerie Rüdiger Schöttle in München mit dem Titel *Arbeiten 1977–1980*.

1981

Schütte schließt Anfang des Jahres sein Studium an der Kunstakademie Düsseldorf ab.

Kasper König lädt ihn zur Teilnahme an *Westkunst: Zeitgenössische Kunst seit 1939* ein, die im Mai in Köln eröffnet wird. Schütte fertigt seine ersten Modelle an und stellt sie schließlich aus Geldmangel anstelle seiner geplanten größeren Architekturen aus.

Walther König, der Bruder Kasper Königs, beauftragt Schütte, *Alles in Ordnung* an die Decke seines Postkartenladens in Köln zu malen, wo es bis heute als Dauerinstallation erhalten ist.

Im Oktober stellt Schütte in der Konrad Fischer Galerie eine Serie von Bildern mit dem Titel *Pläne I–XXX* aus, die architektonische und städtebauliche Motive wie Fabriken, Brücken, Bunker und Türme zeigen.

1982

Schütte modelliert seine erste Figur von Hand aus Wachs – erfolglos. Der gescheiterte Versuch führt dazu, dass er die Serie *Mann im Matsch* beginnt.

1983

Schütte zieht mit seinen Künstlerkollegen Klaus Jung, Ludger Gerdes und Wolfgang Luy in ein Atelierhaus in der Hildebrandtstraße in Düsseldorf, das sie fünf Jahre lang gemeinsam nutzen. Obwohl es sich nicht um eine offizielle Gruppe handelt, werden diese Künstler zusammen mit Reinhard Mucha und Harald Klingelhöller als Düsseldorfer Modellbauer bekannt.

1984

Einzelausstellungen in der Galerie Gaston-Nelson, Villeurbanne, Frankreich, und Jean Bernier, Athen.

1985

Die Kulturbehörde Hamburg beauftragt Schütte mit einem Kunstwerk für den öffentlichen Raum. *Tisch*, ein Denkmal für elf von den Nazis ermordete Widerstandskämpfer, wird dauerhaft installiert.

Lehrt im Wintersemester als Gastprofessor an der staatlichen Hochschule für bildende Künste in Hamburg.

1986

Schüttes erste große museale Einzelausstellung, kuratiert von Julian Heynen, wird im Januar in den Kunstmuseen Krefeld, Museum Haus Lange eröffnet.

Am 26. April wird der Reaktorblock 4 des Kernkraftwerks Tschernobyl in Prypjat, Ukraine (damals Teil der Sowjetunion), bei einer Nuklearkatastrophe vollständig zerstört.

Schütte wird eingeladen, an der im Juni eröffneten Freiluft-Skulpturenausstellung Sonsbeek '86 in Arnheim teilzunehmen. Im Park installiert er einen Bunker aus Stahl und Beton mit dem Titel *Schutzraum* und verschweißt die Tür.

1987

Schütte wird zur Teilnahme an der documenta 8 eingeladen. Er errichtet *Eis*, eine funktionsfähige Eisdiele, in der ein Neonkunstwerk des Künstlers Mario Merz installiert wird.

Für die Skulptur Projekte Münster, eine alle zehn Jahre stattfindende Ausstellung im öffentlichen Raum, baut Schütte die *Kirschensäule*. Die hohe Sandsteinsäule mit einem Paar lackierter Aluminiumkirschen auf der Spitze wird auf dem Harsewinkelplatz fest installiert.

1988

Im Frühjahr Einzelausstellungen in der Galleria Tucci Russo in Turin und der Galleria Christian Stein in Mailand.

Im Dezember wird Schüttes Einzelausstellung *Mohr's Life & The Laundry* in den Räumen der Galerie Nelson in Lyon eröffnet.

1989

Die erste Einzelausstellung in den Vereinigten Staaten wird im März in der Marian Goodman Gallery in New York eröffnet.

Schütte beginnt eine Zusammenarbeit mit dem Keramikmeister Niels Dietrich in Köln.

Die sowjetischen Reformen und die wachsende Durchlässigkeit des Eisernen Vorhangs in Europa bewirken eine Massenauswanderung aus der DDR. Am 9. November führt ein neues Reisegesetz zum ersten Mal seit dreißig Jahren zur Öffnung der innerdeutschen Grenze, was zusammen mit massiven Protesten der DDR-Bevölkerung den Fall der Berliner Mauer nach sich zieht.

1990

Ulrich Loock organisiert die Ausstellung *Sieben Felder* in der Kunsthalle Bern, die im Januar eröffnet wird und später ins Musée d'art moderne de la Ville de Paris und das Stedelijk van Abbemuseum in Eindhoven wandert.

Am 2. August überfällt der irakische Präsident Saddam Hussein Kuwait, was zum 2. Golfkrieg führt. Der Angriff wird international verurteilt, und eine Koalition aus 42 Ländern tritt unter der Führung der Vereinigten Staaten in den Konflikt ein. In dieser Zeit führte Schütte ein Tagebuch mit Zeichnungen, aus dem die Arbeit *Aufzeichnungen aus der 2. Reihe* wurde. Schütte erinnert sich: »Da gab es eine große Aufregung mit dem ersten Golfkrieg, vor dem Einmarsch der Amerikaner im Irak, dass man Fahnen aus dem Fenster hängte, als würde die Deutschen selbst angegriffen. Sie haben Friedensfahnen rausgehängt, ich auch.«[1]

Nach Auflösung der DDR am 3. Oktober wird diese Teil der Bundesrepublik Deutschland.

1991

Die Sozialistische Föderative Republik Jugoslawien zerbricht, als sich einzelne Staaten abspalten, die Jugoslawienkriege beginnen. Zwischen 1990 und 1992 suchen fast 900.000 Menschen aus der Region Asyl im seit Kurzem wiedervereinten Deutschland.

Michail Gorbatschow tritt am am 25. Dezember zurück. Mit dem Rücktritt des letzten Präsidenten der UdSSR löst sich diese einen Tag später auf.

1992

Schütte ist Stipendiat der Villa Massimo in Rom. Dort beginnt er die puppenartigen Figuren zu modellieren, aus denen später die *United Enemies* werden.

Installation seiner ersten Gruppe von lebensgroßen Keramikfiguren, *Die Fremden*, auf dem Dach eines Kaufhauses in Kassel, zeitgleich mit der documenta 9 im Sommer. Diese besteht aus 10 Figuren, die in der geometrischen Konzeption an Oskar Schlemmer erinnern, und aus 15 Objekten wie Behälter, Taschen und Pakete.

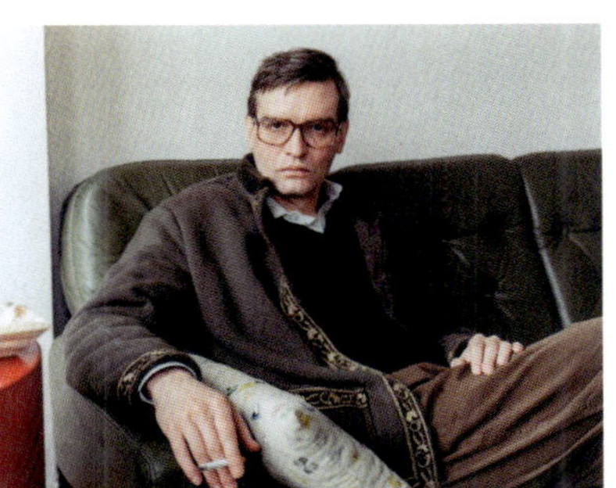

Thomas Schütte, Düsseldorf, 1992. Porträt von Thomas Struth

1994

Geburt der Tochter Carla.

Im Mai wird die von Frank Barth, Martin Hentschel und Annelie Lütgens kuratierte Einzelausstellung *Thomas Schütte: [Figur]* in der Hamburger Kunsthalle eröffnet, die anschließend in den Württembergischen Kunstverein Stuttgart und Carré d'Art, Nîmes, wandert.

1995

Beginn der Arbeit an *Kleine Geister* für eine Ausstellung mit dem Künstler Richard Deacon, die im Mai in der Lisson Gallery, London, öffnet. Um die Skulpturen für die Ausstellung zu gießen, arbeitet Schütte mit Rolf Kayser in der Gießerei Raimund Kittl (ab 1999 Rolf Kayser Foundry).

Schütte wird von der Kulturbehörde Hamburg beauftragt, das *Haus des Gedenkens* zum 50. Jahrestag des Endes des Zweiten Weltkriegs zu schaffen. Das Werk wird im ehemaligen von der SS betriebenen Konzentrationslager Neuengamme installiert.

1996

Geburt des Sohnes Henri.

Der Galerist und Freund Konrad Fischer stirbt am 24. November.

1997

Teilnahme an Skulptur Projekte Münster und der documenta 10 in Kassel.

1998

Eine von James Lingwood und James Peto kuratierte Einzelausstellung wird im Januar in der Whitechapel Art Gallery, London, eröffnet und wandert später in das De Pont Museum in Tilburg und die Fundação de Serralves in Porto.

Die erste Einzelausstellung einer Trilogie, kuratiert von Lynne Cooke, wird im September im Dia Center for the Arts, New York, eröffnet. In der dritten Ausstellung werden die meisten der 120 *Ceramic Sketches* sowie die ersten 4 in Stahl gegossenen *Frauen*-Figuren gezeigt.

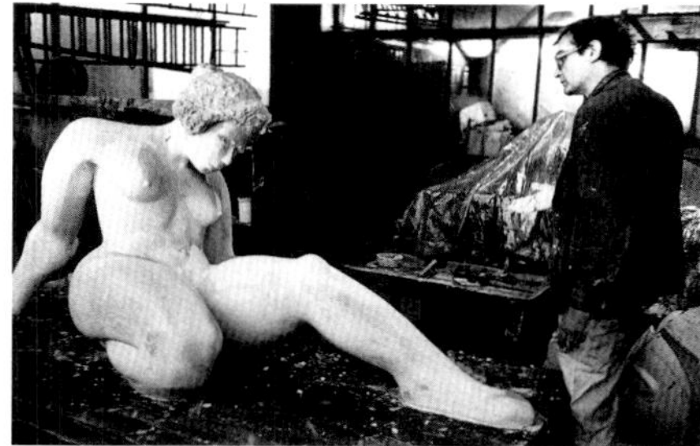

Thomas Schütte in der Kunstgießerei, an der Frauen-*Serie arbeitend, um 1998*

2001

Beginn der Herstellung von Druckgrafiken bei dem Drucker Till Verclas in Hamburg.

Am 11. September werden von al-Qaida vier koordinierte Terroranschläge mit entführten Flugzeugen an mehreren Orten in den Vereinigten Staaten verübt. Zwei Flugzeuge zerstören die beiden Wolkenkratzer des World Trade Centers in New York, ein weiteres Flugzeug fliegt in das US-Verteidigungsministerium Pentagon bei Washington, DC, das vierte stürzt auf einem Feld im Westen Pennsylvanias ab.

2002

Der Euro löst die Deutsche Mark als offizielle deutsche Währung ab.

Schütte besucht New York und sieht die dort ausgestellten Architekturmodelle für das neue World Trade Center. Kritisch gegenüber diesen Vorschlägen, welche »die Dinge mit Pathos aufpeppen«[2], reagiert er auf diese Erfahrung mit seiner Serie *Kreuzzug Modelle* (2002–2006) und später auch mit seiner Serie *Ferienhaus für Terroristen* (2006–2021).

2003

Am 19. März marschieren die USA unter Führung von Präsident George W. Bush wegen der dort angeblich vorhandenen Massenvernichtungswaffen in den Irak ein.

Die von Dieter Schwarz kuratierte Einzelausstellung *Kreuzzug* wird im Juni im Kunstmuseum Winterthur eröffnet, bevor sie ins Musée de Grenoble und in die Kunstsammlung Nordrhein-Westfalen K21 in Düsseldorf weiterzieht.

2005

Schütte wird auf der Biennale von Venedig mit dem Goldenen Löwen ausgezeichnet.

2006

Im März wird in der Staatlichen Kunsthalle Baden-Baden eine von Matthias Winzen kuratierte Retrospektive eröffnet, die Schüttes Arbeiten auf Papier gewidmet ist. Sie ist anschließend in De Pont Museum in Tilburg und im Neuen Museum Nürnberg zu sehen.

Teilnahme an der 4. Berlin Biennale Ende März.

2007

Der Galerist und Freund Philip Nelson stirbt am 3. April.

Beginn der Bauarbeiten an *One Man House II* in der Nähe von Roanne. Es ist das erste Mal, dass eines der Architekturmodelle als privates Wohnhaus realisiert wird.

Eine von Penelope Curtis kuratierte Einzelausstellung mit frühen Arbeiten wird im September im Henry Moore Institute in Leeds eröffnet und anschließend im Kunstmuseum Liechtenstein in Vaduz gezeigt.

Schütte erhält den Auftrag für die »Fourth Plinth« am Trafalgar Square in London – ein leerer ehemaliger Sockel für eine Ehrenstatue, die als Plattform für wechselnde Kunstinstallationen genutzt wird – und baut das *Model for a Hotel*. Das Werk wird am 4. November enthüllt.

2008

Geburt der Tochter Katharina.

Die weltweite Finanzkrise trifft auch den deutschen Bankensektor.

2009

Im Juni wird eine von Patrizia Dander und Thomas Weski kuratierte Einzelausstellung im Haus der Kunst in München eröffnet.

Schütte vollendet *Mann im Matsch – Der Suchende*, eine Auftragsarbeit für die Landessparkasse zu Oldenburg. In einem Interview beschreibt er 2011, wie »wirklich erstaunlich« es für eine Bank war, während einer Finanzkrise zu bauen.[3]

2010

Im Februar wird im Museo Nacional Centro de Arte Reina Sofía in Madrid eine von Lynne Cooke kuratierte Retrospektive mit dem Titel *Hindsight* eröffnet.

Im Juli eröffnet in der Kunst- und Ausstellungshalle der Bundesrepublik in Bonn die von Rainald Schumacher kuratierte Ausstellung *Thomas Schütte: Big Buildings*.

Revolutionen, prodemokratische Aufstände, Putsche und Bürgerkriege breiten sich beginnend mit Tunesien in den Ländern Nordafrikas und des Nahen Ostens aus.

2011

Errichtung von *Ferienhaus T* in den österreichischen Alpen nach dem Vorbild von *Ferienhaus für Terroristen*. Schütte kürzt den Namen ab, um die Bedenken der örtlichen Politiker zu zerstreuen. Schütte erklärt: »Beim Terrorismus geht es nicht um Krieg, sondern um eine Kommunikationsstrategie. Es ist ein geschlossener Versuch, mit sehr geringen Mitteln Millionen von Menschen zu erschrecken.«[4]

Schütte entwirft *Pringles*, eine Streichholzschachtel, auf der sich ein Kartoffelchip befindet. Sie dient später als Modell für sein Privatmuseum Skulpturenhalle.

Er beginnt mit Muranoglas zu arbeiten, wobei er sich der Techniken des Mundblasens und des Wachsausschmelzverfahrens bedient.

2012

Jeweils eine der 18 *Frauen*-Formen, die aus Aluminium, Bronze oder Stahl hergestellt sind, werden im Mai erstmals gemeinsam im Castello di Rivoli in Turin in einer von Andrea Bellini und Dieter Schwarz kuratierten Ausstellung gezeigt.

Die von Julia Peyton-Jones, Hans Ulrich Obrist und Sophie O'Brien kuratierte Ausstellung *Thomas Schütte: Faces and Figures* wird im September in den Serpentine Galleries in London eröffnet.

2013

Die Bronzeskulpturen *United Enemies* werden im März im Central Park in New York anlässlich einer von Nicholas Baume für den Public Art Fund organisierten Einzelpräsentation aufgestellt.

Schütte erwirbt ein Grundstück in der Nähe von Neuss und gründet seine eigene Kunststiftung, die Thomas Schütte Stiftung.

Einzelausstellung im Oktober in der Fondation Beyeler, kuratiert von Theodora Vischer.

2014

In Neuss beginnt Schütte mit dem Bau der Skulpturenhalle, die einen Ausstellungsraum für bildende Künstler*innen bietet und die langfristige Lagerung seiner Werke ermöglichen soll.

2015

Tod des Vaters.

Die erste architektonische Auftragsarbeit in den USA, *Clark's Kristall*, wird am Clark Institute auf einer Wiese in Gipfelnähe des Stone Hill in Williamstown (MA) gezeigt.

2016

Die Skulpturenhalle wird im April mit einer Eröffnungsausstellung mit Werken von Mario Merz eröffnet, kuratiert von Dieter Schwarz.

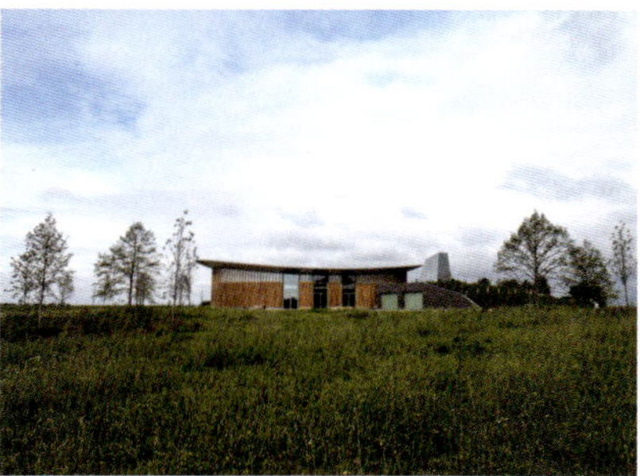

Skulpturenhalle, Neuss

Thomas Schütte: United Enemies wird im Oktober im Moderna Museet in Stockholm eröffnet; die Kuratorin ist Matilda Olof-Ors.

2019

Thomas Schütte: Trois Actes (Drei Akte), kuratiert von Camille Morineau, wird im März in der Monnaie de Paris eröffnet.

Im Juli wird eine von Thomas D. Trummer und Rudolf Sagmeister kuratierte Einzelausstellung im Kunsthaus Bregenz eröffnet, bei der sich das Programm auf mehrere öffentliche Räume der Stadt erstreckt: *Drittes Tier* auf dem Karl-Tizian-Platz und mehrere Plakatwände auf der Seestraße.

2021

Im November Eröffnung einer von Julia Wallner kuratierten Einzelausstellung im Georg Kolbe Museum in Berlin.

2022

Im Januar wird in der Skulpturenhalle eine Einzelausstellung eröffnet, die einige der frühesten Werke Schüttes zeigt, die zwischen 1975 und 1981 entstanden sind.

2023

Tod der Mutter.

Im Juni wird der Dokumentarfilm *Thomas Schütte: Ich bin nicht allein* (Regie: Corinna Belz) veröffentlicht.

Im September eröffnet die Einzelausstellung *Westkunstmodelle 1:1* im De Pont Museum. Schütte realisiert die drei Skulpturen *Schiff*, *Bühne* und *Kiste* aus der *Westkunst*-Ausstellung von 1981 zum ersten Mal in dem von ihm angestrebten Maßstab.

2024

Im September wird im Museum of Modern Art in New York die von Paulina Pobocha kuratierte Retrospektive eröffnet.

Thomas Schütte lebt und arbeitet in Düsseldorf.

---

1 Ulrich Loock, »Illustrations with Comments by the Artist in Conversation with the Author«, in: *Thomas Schütte*, hg. von Dorothea Zwirner, Köln, 2004, S. 198.
2 Hans Ulrich Obrist, »Reality Production: An Interview with Thomas Schütte«, in: *Mousse*, 28 (April – Mai 2011).
3 Hans Ulrich Obrist, »Reality Production: An Interview with Thomas Schütte—Part II«, in: *Mousse* 29 (Sommer 2011), S. 79.
4 Robert Stasinski, »Ten Questions: Thomas Schütte«, Interview, in: *Kunstkritikk Nordic Art Review*, 7.10.2016, https://kunstkritikk.com/ten-questions-thomas-schutte/ (23.5.2024).

Verzeichnis der ausgestellten Werke

Dieses Verzeichnis ist chronologisch gegliedert, dann alphabetisch innerhalb der Jahre. Es listet sämtliche Werke, die in der Ausstellung gezeigt werden, laut Planungsstand zum Zeitpunkt der Drucklegung des Katalogs.

Die Auswahl der *Mirror Drawings* und *Walser Drawings*, die in der Ausstellung gezeigt wird, kann sich leicht von der hier gelisteten unterscheiden.

Amerika. 1975
Bleistift auf Papier
210 × 240 cm
Besitz des Künstlers, Düsseldorf
2

Große Tapeten. 1975
Emulsionsfarbe auf Packpapier,
7 Teile
Je 385 × 94 cm
Besitz des Künstlers, Düsseldorf
1

Selbstportrait. 29.5.75. 1975
Öl auf Nesselstoff
60 × 45 cm
Privatsammlung, Deutschland
4

Selbstportrait. 30./31.5.75. 1975
Öl auf Nesselstoff
60 × 45 cm
Besitz des Künstlers, Düsseldorf
3

Valium. 1975
Farbstift auf Papier
30 × 60 cm
Besitz des Künstlers, Düsseldorf
5

Valium. 1975
Aquarellfarbe und Bleistift auf Papier
58 × 40 cm
Besitz des Künstlers, Düsseldorf
6

Große Mauer. 1977
Öl auf Hartfaser, 1200 Teile
Je 10 × 20 cm
Installationsmaße variabel
Besitz des Künstlers, Düsseldorf
7

Lager. 1978
Farbe und Lack auf Holz, 144 Teile
Verschiedene Maße, 30 × 17,5 cm – 137 × 67,7 cm
Installationsmaße variabel
Besitz des Künstlers, Düsseldorf
9

Hysterie. 1979
Lack auf Papier, 105 Blätter
71 × 51 cm
Besitz des Künstlers, Düsseldorf
10

In Arbeit seit Juli 74. 1980
Bleistift und Grundierung auf Nesselstoff
60 × 60 cm
Besitz des Künstlers, Düsseldorf
11

Kollektion. 1980
Stoff, 8 Teile
Verschiedene Längen, 211–323,2 cm
Insgesamt 315 × 324 cm
Herbert Foundation, Gent
12

Postkarten, München. 1980
Postkarten auf Papier, 4 Blätter
Je 55,9 × 81,3 cm
Besitz des Künstlers, Düsseldorf
15

Schwäbisch Hall. 1980
Lack auf Plastik, 4 Teile
Je 10 × 20 cm
Insgesamt 34 × 42 cm
Courtesy Konrad Fischer Galerie, Düsseldorf
8

Schwarze Girlande. 1980
Stoff, 7 Teile
Verschiedene Längen, 360–405 cm
Installationsmaße variabel
Courtesy Konrad Fischer Galerie, Düsseldorf
14

Skizzen zum Projekt Großes Theater. 1980
Chromogene Farbdrucke, 14 Blätter
Je 40 × 50 cm
Besitz des Künstlers, Düsseldorf
13

Alles in Ordnung. 1981
Farbe auf Wand
Installationsmaße variabel
Besitz des Künstlers, Düsseldorf
16

Mein Grab. 1981
Lack auf Papier
130 × 110 cm
Besitz des Künstlers, Düsseldorf
18

Mein Grab. 1981
Lack auf Holz, Sockel aus Faserplatte
Modell: 52 × 63 × 25 cm
Sockel: 116 × 75 × 35 cm
Besitz des Künstlers, Düsseldorf
18

Silberne Ringe. 1981
Selbstklebendes Vinyl
Je 10,2 cm Durchmesser
Installationsmaße variabel
Besitz des Künstlers, Düsseldorf
17
Abgebildet: *Goldene Ringe*. 1981

Mann im Matsch (I. Version). 1982/2014
Aluminium und Stahl, 24,4 × 134 × 127 cm
Auflage 2 von 5
Courtesy der Künstler und Peter Freeman, Inc., New York/Paris
19

Modell für ein Museum. 1982
Farbe auf Holz mit Filz auf Tischen;
zwei Zeichnungen Lack auf Papier auf Staffeleien
Modell: 235 × 200 × 60 cm
Staffelei: je 200 × 150 × 70 cm
Kunstmuseum Bern, Stiftung Kunsthalle Bern
20

Studio I. 1983
Farbe auf Holz
Modell: 87 × 41 × 128 cm
Tisch: 92,5 × 85 × 175 cm
Herbert Foundation, Gent
21

Studio II. 1983
Farbe auf Holz
Modell: 107 × 108 × 77 cm
Tisch: 94 × 130,2 × 150 cm
Herbert Foundation, Gent
22

Melone. 1985
Lack auf Papier
140 × 110 cm
Privatsammlung
25

Kirschen. 1986
Lack auf Papier
152 × 110 cm
Besitz des Künstlers, Düsseldorf
31

Landhaus 4. 1986
Farbe auf Holz, Modellauto
Modell: 101 × 91 × 86 cm
Table: 96 × 130 × 120 cm
Herbert Foundation, Gent
23

Melonely. 1986
Farbe auf Holz, 11 Teile; und Gouache und Aquarellfarbe auf Papier, 14 Teile
Holzteile je 100 × 50 × 230 cm
Blätter je 65 × 50 cm
Installationsmaße variabel
Privatsammlung
24

Melonen. 1986
Lack auf Papier
141 × 110 cm
De Pont Museum, Tilburg
26

Pentagon. 1986
Faserplatte, gebeizt
150 × 320 × 320 cm
Panza Collection, Mendrisio, Schweiz
27

Schutzraum. 1986
Holz, Farbe und Karton
11,5 × 11 × 20,5 cm
Besitz des Künstlers, Düsseldorf
28

Schutzraum. 1986/2024
Stahl und Spritzbeton mit Stahltür
330 × 266 × 433 cm
29

Ein Stück mit 12 Aufzügen. 1987
Lack auf Papier, 12 Teile
Je ca. 130 × 157 cm
Herbert Foundation, Gent
30

Kirschen. 1987
Lack auf Papier
159,4 × 109,8 cm
The Museum of Modern Art, New York. Schenkung von Jan Christiaan Braun zu Ehren von Christophe Cherix
32

Mohr's Life. 1988
Zwei Figuren aus Modelliermasse mit Stoff, Schnüren und Holzdübeln; 4 Gemälde auf Staffeleien; 2 bemalte Blechdosen; Metallgestell mit Socken
180 × 350 × 350 cm
Privatsammlung
36

Mohr's Life: The Collectors. 1988–1999
Figur aus gegossenem Harz; 7 Figuren aus Modelliermasse mit Stoff, Schnüren und Holzdübeln; mit Klebeband verschlossene Umzugskarton-Garderobe mit Herrenbekleidung auf Bügeln; Klemmleuchte und Kabeltrommel
160 × 200 × 200 cm
Privatsammlung
37

Mohr's Life: The Sculptor. 1988–1999
Figur aus Modelliermasse mit Stoff, Schnüren, Hut, Nägeln und Holzdübeln; ungebrannter bemalter Ton auf Ziegelstein auf Holztisch; Flechtkörbchen mit Nägeln; Leselampe auf Farbdose; Metallregal mit Schuhen und ungebrannter Tonbüste
160 × 210 × 180 cm
Privatsammlung
38

Alain Colas. 1989
Ton, Styropor, Farbe, Montageschaum, Karton, Holz, Draht, auf zwei Holzpaletten
116,5 × 120,5 × 80 cm
Museo d'arte della Svizzera italiana, Lugano. Collection Cantone Ticino. Donation Panza di Biumo
34

Projekt »Monument Alain Colas«. 1989
Figur aus Modelliermasse, Holz, Farbe, Angelhaken, Kette; Aquarellfarbe, Bleistift und Filzstift auf Papier; Collage, Aquarellfarbe, Tinte, Farbe, Lack und Filzstift auf Papier; drei Fotokopien
Figur: 52 × 10,5 × 8 cm
Blätter verschiedene Maße, 20 × 26,7 – 29,2 × 42 cm
Privatsammlung
33
Abgebildet ist eine Fotokopie.

Zeichnung für Alain Colas. 1989
Collage mit Tusche auf Papier
60 × 80 cm
Privatsammlung, Berlin
35

Schwarze Zitronen. 1990
Glasierte Keramik, 20 Teile
10 Teile: 55 × 36 cm, 10 Teile: 69 × 41 cm
Paris Musées / Musée d'Art Moderne
39

Die Fremden. 1992
Glasierte Keramik und Stahl, 9 Teile
Verschiedene Maße, 104,8 × 46,2 × 50,2 – 189,8 × 66,2 × 53,2 cm
7 Teile: Tate
2 Teile (rechts im Bild): Besitz des Künstlers, Düsseldorf
40

Basement II. 1993
Holz und Sägemehl
106,7 × 149,9 × 205,1 cm
Glenstone Museum, Potomac, Maryland
41

Basement III. 1993
Holz und Sägemehl
102 × 150 × 205 cm
Besitz des Künstlers, Düsseldorf
42

United Enemies. 1993
Zwei Figuren aus Modelliermasse, Stoff, Schnur und Holz auf einem Plastik-Sockel mit Glashaube
191 × 26 × 26 cm
Tate
43

United Enemies. 1993
Zwei Figuren aus Modelliermasse, Stoff, Schnur und Holz auf einem Plastik-Sockel mit Glashaube
191 × 26 × 26 cm
Tate
44

United Enemies. 1993
Zwei Figuren aus Modelliermasse, Stoff, Schnur und Holz auf einem Plastik-Sockel mit Glashaube
191 × 26 × 26 cm
Tate
45

Großer Respekt. 1994
Stahl und patinierte Bronze
61 × 450 × 550 cm
De Pont Museum, Tilburg
49

United Enemies. 1994
Zwei Figuren aus Modelliermasse, Stoff, Schnur und Holz auf einem Plastik-Sockel mit Glashaube
188 × 25 × 25 cm
De Pont Museum, Tilburg
46

United Enemies. 1994
Zwei Figuren aus Modelliermasse, Stoff, Schnur und Holz auf einem Plastik-Sockel mit Glashaube
188 × 25 × 25 cm
De Pont Museum, Tilburg
47

United Enemies. 1994
Zwei Figuren aus Modelliermasse, Stoff, Schnur und Holz auf einem Plastik-Sockel mit Glashaube
188 × 25 × 25 cm
De Pont Museum, Tilburg
48

Großer Geist Nr. 6. 1996
Poliertes Aluminium
290 × 140 × 80 cm
Kunstmuseum Wolfsburg. Geschenk des Freundeskreises des Kunstmuseums Wolfsburg e.V.
50

Großer Geist Nr. 8. 1997
Poliertes Aluminium
250 × 150 × 100 cm
Kunstmuseum Wolfsburg. Geschenk des Freundeskreises des Kunstmuseums Wolfsburg e.V.
50

Grüner Kopf (Konrad). 1997
Glasierte Keramik und Decke auf Holzsockel
Keramik und Decke: 37,5 × 75 × 42,5 cm
Sockel: 115 × 65 × 50 cm
Kunstsammlung Nordrhein-Westfalen, Düsseldorf. Geschenk von Dorothee und Konrad Fischer, 2015
52

Blumen für Konrad. 1997–1998
Aquarellfarbe auf Papier, 12 Blätter
Je 39 × 29 cm
Kunstsammlung Nordrhein-Westfalen, Düsseldorf. Geschenk von Dorothee und Konrad Fischer, 2015
51

Ceramic Sketches. 1997–1999
3 Stahlregale, 36 glasierte Keramiken
Regal: je 214 × 230 × 50 cm
Keramik: je ca. 25 × 33 × 20 cm
Kunstsammlung Nordrhein-Westfalen, Düsseldorf
67

Mirror Drawing 16-6-98. 1998
Aquarellfarbe und Tusche auf Papier
38 × 28 cm
Besitz des Künstlers, Düsseldorf
54

Mirror Drawing 16-6-98. 1998
Aquarellfarbe, Tusche und Bleistift auf Papier
38 × 28 cm
Besitz des Künstlers, Düsseldorf
55

Mirror Drawing 6-8-98. 1998
Aquarellfarbe, Tusche und Farbstift auf Papier
38 × 28 cm
Besitz des Künstlers, Düsseldorf
56

Mirror Drawing 20-10-98. 1998
Aquarellfarbe, Tusche und Bleistift auf Papier
38 × 28 cm
Besitz des Künstlers, Düsseldorf
57

Mirror Drawing 20-10-98. 1998
Aquarellfarbe, Tusche und Bleistift auf Papier
38 × 28 cm
Besitz des Künstlers, Düsseldorf
58

Mirror Drawing 15-11-98. 1998
Aquarellfarbe, Tusche und Bleistift auf Papier
38 × 28 cm
Besitz des Künstlers, Düsseldorf
59

Stahlfrau Nr. 1. 1998
Stahl auf Stahltisch
160 × 250 × 125 cm
The Museum of Modern Art, New York. Angekündigte Schenkung von Eva und Glenn Dubin
68

Mirror Drawing. 1998/99
Aquarellfarbe, Tusche und Bleistift auf Papier
38 × 28 cm
Besitz des Künstlers, Düsseldorf
53

Mirror Drawing 16-2-99. 1999
Tusche und Farbstift auf Papier
38 × 28 cm
Besitz des Künstlers, Düsseldorf
60

Mirror Drawing 16-2-99. 1999
Tusche und Farbstift auf Papier
38 × 28 cm
Besitz des Künstlers, Düsseldorf
61

Mirror Drawing 16-2-99. 1999
Aquarellfarbe, Tusche und Farbstift auf Papier
38 × 28 cm
Besitz des Künstlers, Düsseldorf
62

Mirror Drawing 14-3-99. 1999
Tusche und Bleistift auf Papier
38 × 28 cm
Besitz des Künstlers, Düsseldorf
63

Mirror Drawing 29-3-99. 1999
Tusche und Farbstift auf Papier
38 × 28 cm
Besitz des Künstlers, Düsseldorf
64

Mirror Drawing 23-5-99. 1999
Aquarellfarbe, Tusche und Farbstift auf Papier
38 × 28 cm
Besitz des Künstlers, Düsseldorf
65

Mirror Drawing 3-6-99. 1999
Tusche und Farbstift auf Papier
38 × 28 cm
Besitz des Künstlers, Düsseldorf
66

Großer Geist Nr. 17. 2000
Poliertes Aluminium
175 × 170 × 120 cm
Kunstmuseum Wolfsburg. Geschenk des Freundeskreises des Kunstmuseums Wolfsburg e.V.
50

Aluminiumfrau Nr. 6. 2001
Aluminium und Lack auf Stahltisch
163 × 250 × 125 cm
Thomas Schütte Stiftung, Neuss
69

Aluminiumfrau Nr. 16. 2005
Aluminium auf Stahltisch
180 × 250 × 125 cm
Thomas Schütte Stiftung, Neuss
70

Bronzefrau Nr. 17. 2006
Patinierte Bronze auf Stahltisch
204 × 250 × 125 cm
The Art Institute of Chicago. Schenkung von Leo S. Guthman, Fowler McCormick, Albert A. Robin, Marguerita S. Ritman, Emily Crane Chadbourne, Florence S. McCormick und Judith Neisser; gestiftet mit Mitteln aus Per Skarstedt; 20th Century Purchase und Robert and Marlene Baumgarten funds
71

Frauen Serie A. 2006
Radierung auf Papier mit Chine-collé, 18 Blätter
Je 69,2 × 91,4 cm
Auflage 9 von 12 mit 5 APs
Collection Peter Freeman und Lluïsa Sàrries Zgonc, New York
72

Wichte. 2006
Zwölf patinierte Bronzen auf Wandhalterungen aus Stahl
Bronze: je ca. 35 × 35 × 30 cm
Regale: 2 Maße, 30 × 35 × 32 cm oder 30 × 50 × 32 cm
Auflage von 6
Thomas Schütte Stiftung, Neuss
73
Abgebildet: Privatsammlung

Ferienhaus für Terroristen (Modell 1:20). 2007
Stahl und Acrylglas
24,8 × 90 × 45 cm
Besitz des Künstlers, Düsseldorf
89

Modell für ein Museum (1:10). 2007
Holz, Faserplatte, Farbe und Acrylglas
48 × 70,5 × 52,5 cm
Besitz des Künstlers, Düsseldorf
84

Mann im Matsch (Modell 1:10). 2009
Patinierte Bronze auf Stahlsockel
Bronze: 60 × 36 × 29 cm
Sockel: 120 × 45 × 36 cm
AP, Auflage 6 mit 4 APs
Besitz des Künstlers, Düsseldorf
92

Vater Staat. 2010
Patinierte Bronze
380 × 155 × 139,7 cm
Collection Anne Dias Griffin
91

Ackermans Tempel III (Modell 1:10). 2011
Lego-Steine, Holz und Aluminium
48,5 × 44,8 × 58,5 cm
Besitz des Künstlers, Düsseldorf
82

Good Loock aus *Walser Drawings*. 2011
Aquarellfarbe, Tusche und Farbstift auf Papier
38 × 28 cm
Besitz des Künstlers, Düsseldorf
77

Memory = Gravety aus *Walser Drawings*. 2011
Aquarellfarbe, Tusche und Farbstift auf Papier
38 × 28 cm
Besitz des Künstlers, Düsseldorf
81

Pringles. 2011
Kartoffelchip auf Streichholzschachtel
3,5 × 4,8 × 7 cm
Besitz des Künstlers, Düsseldorf
85

Skulpturenhalle I (Modell 1:100). 2011
Stahl und Stoff
23,5 × 41,8 × 50,2 cm
Besitz des Künstlers, Düsseldorf

Ohne Titel aus *Walser Drawings*. 2011
Aquarellfarbe, Tusche und Farbstift auf Papier
38 × 28 cm
Besitz des Künstlers, Düsseldorf
76

Ohne Titel aus *Walser Drawings*. 2011
Aquarellfarbe, Tusche und Farbstift auf Papier
38 × 28 cm
Besitz des Künstlers, Düsseldorf
78

Holzturm (Modell 1:20). 2012
Holz und Glas
58 × 60,5 × 60,5 cm
Besitz des Künstlers, Düsseldorf

Krieger. 2012
Geflämmtes, gefärbtes und geöltes Holz, zwei Teile
302,9 × 125,7 × 114,6 cm und 298,5 × 125,7 × 114,6 cm
The Museum of Modern Art, New York. Erworben von Glenn Dubin, Donald B. Marron, Jerry I. Speyer, Marlene Hess, Anne Dias Griffin, Mimi Haas, Gary Winnick, Edgar Wachenheim III. und dem Committee on Painting and Sculpture Funds
93

Tempel Robelin (Modell 1:20). 2012
Styropor, Porzellan, Metall, Holz
35,5 × 36 × 36 cm
Besitz des Künstlers, Düsseldorf

Tomorrow No Sorrow aus *Walser Drawings*. 2012
Aquarellfarbe, Tusche und Farbstift auf Papier
38 × 28 cm
Besitz des Künstlers, Düsseldorf
75

two tomatoes in the dark aus *Walser Drawings*. 2012
Aquarellfarbe und Tusche auf Papier
38 × 28 cm
Besitz des Künstlers, Düsseldorf
80

Ohne Titel aus *Walser Drawings*. 2012
Tusche auf Papier
38 × 28 cm
Besitz des Künstlers, Düsseldorf
79

Ohne Titel aus *Walser Drawings*. 2012
Aquarellfarbe, Tusche und Farbstift auf Papier
38 × 28 cm
Besitz des Künstlers, Düsseldorf
74

Teehaus (Modell 1:10). 2012/13
Holz, Acrylglas und Farbe
35,5 × 36 × 36 cm
Besitz des Künstlers, Düsseldorf
88

Blockhaus (Modell 1:15). 2013
Sprühfarbe auf Holz
46 × 68 × 57 cm
Besitz des Künstlers, Düsseldorf
86

Golfhalle (Modell 1:100). 2013
Acrylglas, Faserplatte, Gips und Karton
12 × 35 × 25 cm
Besitz des Künstlers, Düsseldorf

Kristall I (Modell 1:10). 2013
Holz, Karton und Farbe
40 × 42,5 × 39 cm
Besitz des Künstlers, Düsseldorf

Bibliothek (Modell 1:10). 2014
Holz
59 × 110 × 60 cm
Besitz des Künstlers, Düsseldorf

Bootshaus (Modell 1:20). 2015
Faserplatte
30,5 × 71 × 50,7 cm
Besitz des Künstlers, Düsseldorf

Eifelhütte (Modell 1:20). 2015
Holz, Aluminium
47 × 35,5 × 74,5 cm
Besitz des Künstlers, Düsseldorf
87

Pommesbude (Modell 1:10). 2015
Holz
44 × 47 × 69 cm
Besitz des Künstlers, Düsseldorf
83

Hütte (Modell 1:15). 2016
Faserplatte, Sprühfarbe und Holz
37,5 × 60 × 56 cm
Besitz des Künstlers, Düsseldorf

Krefeld Pavillon (Modell 1:25). 2016
Kupfer, Faserplatte und Holz
37 × 80 × 80 cm
Besitz des Künstlers, Düsseldorf
90

Spartà Hut (Model 1:10). 2016/2019
Holz
31 × 35 × 59,3 cm
Besitz des Künstlers, Düsseldorf

Fake Flag H. 2018
Glasierte Keramik, drei Teile
95,9 × 207 × 3,8 cm
Collection Peter Freeman und Lluïsa Sàrries Zgonc, New York
94

Fake Flag I. 2018
Glasierte Keramik, drei Teile
96 × 207 × 4 cm
Sammlung Niels Dietrich
95

Skulpturenhalle Erweiterungsbau II (Modell 1:50). 2018
Holz, Faserplatte und Aluminium
23,5 × 60 × 60 cm
Besitz des Künstlers, Düsseldorf

Frauenkopf. 2020
Glasierte Keramik auf Stahlsockel
Keramik: 58 × 34 × 49 cm
Sockel: 120 × 40 × 60 cm
Besitz des Künstlers, Düsseldorf
99

Frauenkopf (implodiert). 2020
Glasierte Keramik und Stahl auf Stahlsockel
Keramik: 30,8 × 52,1 × 57,2 cm
Sockel: 120 × 40 × 60 cm
Collection Eleanor Heyman Propp
100

Old Friend Revisited No. 6. 2021
Glasierte Keramik auf Stahlsockel
Keramik: 46 × 31 × 35 cm
Sockel: 120 × 45 × 45 cm
Besitz des Künstlers, Düsseldorf

Old Friend Revisited No. 8. 2021
Glasierte Keramik auf Stahlsockel
Keramik: 46 × 32 × 40,5 cm
Sockel: 120 × 45 × 45 cm
Besitz des Künstlers, Düsseldorf
98

Old Friend Revisited No. 18. 2021
Glasierte Keramik auf Stahlsockel
Keramik: 47 × 37 × 33,5 cm
Sockel: 120 × 45 × 45 cm
Besitz des Künstlers, Düsseldorf
96

Old Friend Revisited No. 21. 2021
Glasierte Keramik auf Stahlsockel
Keramik: 53,5 × 39 × 35,5 cm
Sockel: 120 × 45 × 45 cm
Besitz des Künstlers, Düsseldorf

Old Friend Revisited No. 27. 2021
Glasierte Keramik auf Stahlsockel
Keramik: 50 × 31 × 34 cm
Sockel: 120 × 45 × 45 cm
Besitz des Künstlers, Düsseldorf
97

Pilz (Modell 1:10). 2021
Stahl, Kupfer und Holz
40 × 51 × 51 cm
Besitz des Künstlers, Düsseldorf

Skizzenbücher. 2022
Skizzenbücher, Metallrahmen
Verschiedene Maße, 33 × 29 × 3,5 – 41 × 50 × 3,5 cm
Besitz des Künstlers, Düsseldorf

Mother Earth. 2024
Glasierte Keramik auf Stahlsockel
Figur: 124,5 × 31 × 40,5 cm
Sockel: 100 × 60 × 45 cm
Besitz des Künstlers, Düsseldorf

Verzeichnis der Ausstellungen (Auswahl)

Zusammengestellt von Caitlin Chaisson und Lydia Mullin

EINZELAUSSTELLUNGEN

1979

Relais. Vitrine pour l'Art Actuel, Paris. Eröffnet im September.
Gelbe Türen. Konrad Fischer Galerie, Düsseldorf. Eröffnet am 20.9.
Drucksache. Galerie Arno Kohnen, Düsseldorf. 8.–29.12.

1980

Arbeiten 1977–1980. Galerie Rüdiger Schöttle, München. 10.5.–10.6.

1981

Pläne I–XXX. Produzentengalerie Hamburg. 22.5.–13.6.
Pläne I–XXX. Konrad Fischer Galerie, Düsseldorf. 17.10.–14.11.

1982

Skizzen zum Projekt „Großes Theater", 1980–82. Rüdiger Schöttle, München. 17.4.–17.5.

1984

Thomas Schütte: Œuvres récentes. Galerie Gaston-Nelson, Villeurbanne. 26.1.–1.4. (Kat.)
HCH. Jean Bernier, Athen. 12.12.1984–26.1.1985

1985

Thomas Schütte. Galerij Micheline Szwajcer. Antwerpen. 22.6.–19.7.
Thomas Schütte. Konrad Fischer Galerie, Düsseldorf. 19.10.–21.11.
Pläne I–XXX, 1981 / Skizzen zu Skulpturen. Produzentengalerie Hamburg. 29.11.1985–11.1.1986 (Kat.)
Thomas Schütte. Raum für Kunst, Hamburg. 2.12.1985–11.1.1986

1986

Thomas Schütte. Kunstmuseen Krefeld Museum Haus Lange. 26.1.–16.3. (Kat.)
Skulpturen. Galerie Rüdiger Schöttle, München. 4.4.–31.5.
Thomas Schütte. Galerie Philip Nelson, Villeurbanne. 16.6.–27.8.
Quartier d'hiver. Galerie Crousel-Hussenot, Paris. 13.9.–20.10.
Thomas Schütte. Galleria Tucci Russo, Turin. 24.10.–6.12. (Kat.)

1987

Two Blue Boats. Jean Bernier Gallery, Athen. 15.1.–21.2.
Obst und Gemüse. Westfälisches Landesmuseum Münster. 29.3.–31.5. (Kat.)
Thomas Schütte. Galerij Micheline Szwajcer, Antwerpen. 2.–31.5.
Thomas Schütte. Konrad Fischer Galerie, Düsseldorf. 18.9.–16.10.
Thomas Schütte. Museum Overholland, Amsterdam. 10.10.–29.11. (Kat.)

1988

Thomas Schütte. Staatliche Kunsthalle Baden-Baden. 13.2.–20.3. (Kat.)
My Eye – Your Eye: Controllo. Galleria Tucci Russo, Turin. 25.3.–21. Mai
Thomas Schütte. Galleria Christian Stein, Mailand. Eröffnet am 4.5.
Mohr's Life & The Laundry. Galerie Nelson, Lyon. 16.12.1988–19.2.1989

1989

Big Buildings. Marian Goodman Gallery, New York. 10.3.–8.4.
Fête de tête. Galerie Pietro Spartà, Chagny. Eröffnet am 1.4.
The Laundry – Mohr's Life. Portikus, Frankfurt. 17.6.–30.7. Weitere Station u. d. T. *Mohr's Life & The Laundry* to Stichting de Appel, Amsterdam. 26.8.–23.9. (Kat.)
Thomas Schütte: Projet pour un monument et autres œuvres. Musée de Clamécy. 30.6.–21.8.
HQ im Bau. Konrad Fischer Galerie, Düsseldorf. Eröffnet am 25.11.
Simple Stories. Galerie Ute Parduhn, Düsseldorf. 25.11.1989–13.1.1990 (Kat.)

1990

Sieben Felder. Wanderausstellung: Kunsthalle Bern. 26.1.–11.3.; Musée d'Art Moderne de la Ville de Paris. 4.5.–24.6.; Stedelijk van Abbemuseum, Eindhoven. 20.10.–2.12. (Kat.)
Thomas Schütte: Notes. Marian Goodman Gallery, New York. 4.–28.4. (Kat.)
Aquarelles. Galerie Crousel-Robelin, Paris. 5.5.–16.6.
Summer Will Show. Galerie Nelson, Lyon. 21.7.–15.9.
Casino. Konrad Fischer Galerie, Düsseldorf. 19.8.–14.9.
Jokes. Galerie Rüdiger Schöttle, München. 11.12.1990–31.1.1991

1991

Harem. Galerie Nelson, Lyon. Eröffnet am 3.11.
Thomas Schütte. Kasseler Kunstverein, Kassel. 30.11.–22.12.

1992

Tomatensalat. Raum für Kunst, Hamburg. 3.–22.2.
Thomas Schütte. Vereniging voor het Museum van Hedendaagse Kunst, Gent. 22.5.–28.6.
Thomas Schütte. Galleria Tucci Russo, Turin. 29.5.–19.9. (Kat.)
Die Fremden. Öffentliche Installation, SinnLeffers (Modehaus), Friedrichsplatz, Kassel. Eröffnet im Juni
Thomas Schütte. Konrad Fischer Galerie, Düsseldorf. 5.–24.9.
Requiem. Jean Bernier Gallery, Athen. 22.11.1992–15.1.1993

1993

Thomas Schütte. Marian Goodman Gallery, New York. 24.3.–24.4.
Alte Freunde – Neue Arbeiten. Produzentengalerie Hamburg. 20.9.–30.10. (Kat.)

1994

Nobody Knows. Galerie Nelson, Paris. 12.3.–16.4.
Thomas Schütte: [Figur]. Wanderausstellung: Hamburger Kunsthalle, Hamburg. 6.5.–26.6.; Württembergischer Kunstverein Stuttgart. 3.9.–16.10. (Kat.)
Thomas Schütte: Requiem. Carré d'Art – Musée d'Art Contemporain, Nîmes. 28.10.1994–15.1.1995 (Kat.)

1995

Thomas Schütte. Jean Bernier Gallery, Athen. 6.2.–15.3.
Neue Arbeiten. Konrad Fischer Galerie, Düsseldorf. 18.3.–20.4.
Können Lilien lügen? Württembergischer Kunstverein Stuttgart. 6.–30.4.
Thomas Schütte. Galleria Tucci Russo, Torre Pellice. 27.5.–15.10.
Thomas Schütte: 80 Skizzenblöcke (1990–1995). Wanderausstellung: Kunstraum München. 8.9.–28.10.; Oldenburger Kunstverein, Oldenburg. 4.11.–30.12.; Leopold-Hoesch-Museum, Düren. 21.1.–17.3.1996; Daadgalerie, Berlin. 25.3.–5.5.1996 (Kat.)
Thomas Schütte. Wako Works of Art, Tokio. 11.10.–18.11. (Kat.)

1996

Thomas Schütte. Marian Goodman Gallery, New York. 8.3.–20.4.
Thomas Schütte. Galerie Gebauer und Günther, Berlin. 30.3.–27.4.
Thomas Schütte. Museum Fridericianum, Kassel. 22.5.–21.7. (Kat.)
Reserve. Stella Lohaus Gallery, Antwerpen. Eröffnet am 6.7.
Blumen mit Luise. Galerie Erika + Otto Friedrich, Bern. 13.9.–19.10. (Kat.)
Drawings. Janice Guy, New York. 21.9.–2.11.
Thomas Schütte: Fucking Flowers. Galerie Nelson, Paris. 21.9.–2.11.
Thomas Schütte. Städtische Galerie Wolfsburg, Germany. 15.12.1996–9.2.1997 (Kat.)

1997

Die Fremden. Marian Goodman Gallery, New York. 11.4.–10.5.
Neue Arbeiten. Konrad Fischer Galerie, Düsseldorf. 27.9.–15.11.

1998

Thomas Schütte. Wanderausstellung: Whitechapel Art Gallery, London. 16.1.–15.3.; De Pont Foundation for Contemporary Art, Tilburg. 28.3.–21.6.; Museu de Arte Contemporânea, Fundação de Serralves, Porto. 9.7.–6.9. (Kat.)
Scenewright. Dia Center for the Arts, New York. 24.9.1998–18.1.1999 (Kat.)
Thomas Schütte. Galerie Nelson, Paris. 28.11.1998–30.1.1999

1999

Thomas Schütte. Bernier/Eliades Gallery, Athen. 16.1.–25.2.
Gloria in Memoria. Dia Center for the Arts, New York. 4.2.–13.6. (Kat.)
Thomas Schütte. Marian Goodman Gallery, New York. 26.2.–3.4.
Urnen. Produzentengalerie Hamburg. 1.5.–30.6.
In Medias Res. Dia Center for the Arts, New York. 16.9.1999–18.6.2000 (Kat.)
New Works. Wako Works of Art, Tokio. 10.12.1999–22.1.2000

2000

Thomas Schütte: Werkstatt, Kunstmuseum Wolfsburg. 26.2.–24.4.
5 Frauen. Garten Landschaft OWL, Schlosspark Wendlinghausen, Dörentrup. 10.6.–3.10. (Kat.)

2001

Thomas Schütte. Sammlung Goetz, München. 19.3.–11.8. (Kat.)
Thomas Schütte. Konrad Fischer Galerie, Düsseldorf. 12.5.–30.6.

2002

Selected Works. Faggionato Fine Arts, London. 24.1.–1.3.
Low Tide Wandering. Frith Street Gallery, London. 16.3.–26.4.
Neue Arbeiten. Galleria Tucci Russo, Torre Pellice. 20.4.–15.9.
Thomas Schütte. Produzentengalerie Hamburg. 1.6.–31.7. (Kat.)
Thomas Schütte. Marian Goodman Gallery, New York. 21.6.–30.8.
Große Geister. Museum Folkwang Essen. 8.9.–1.12. (Kat.)
Dürer. Galerie Nelson, Paris. 21.9.–8.11.

2003

Thomas Schütte. Marian Goodman Gallery, New York. 15.5.–28.6.
Thomas Schütte. Galerie Friedrich, Basel. 5.6.–12.7.
Kreuzzug. Wanderausstellung: Kunstmuseum Winterthur, Schweiz. 7.6.–24.8.24; u. d. T. *Croisade/Kreuzzug* im Musée de Grenoble. 24.10.2003–25.1.2004; Kunstsammlung Nordrhein- Westfalen K21, Düsseldorf. 3.4.–7.8.2004 (Kat.)
Thomas Schütte. Galerie Rüdiger Schöttle, München. 6.9.–25.10.
Thomas Schütte. Bernier/Eliades Gallery, Athen. 7.10.–29.11.

2004

Quengelware. Hamburger Kunsthalle, Hamburg. 20.6.–10.10.
Thomas Schütte. Carlier | Gebauer, Berlin. 22.9.–16.10.
Vision Impossible. Galerie Nelson, Paris. 23.10.–23.12.

2005

One Man Houses. Marian Goodman Gallery, New York. 12.5.–2.7.
Thomas Schütte. Galerie Friedrich, Basel. 13.6.–20.8.
Obras politicas / Political Works. Fundação de Serralves, Porto. 23.7.–25.9. (Kat.)

2006

Thomas Schütte: Ringe (Rings). Faggionato Fine Arts, London. 6.2.–7.4.
Thomas Schütte– Zeichnungen. Wanderausstellung: Staatliche Kunsthalle Baden-Baden. 11.3.–30.4.; De Pont Museum of Contemporary Art, Tilburg. 20.5.–17.9.; Neues Museum, Staatliches Museum für Kunst und Design Nürnberg. 20.10.2006–21.1.2007 (Kat.)
Krankenhaus. Kabinett für Aktuelle Kunst Bremerhaven. 2.7.–27.8.
Thomas Schütte. Konrad Fischer Galerie, Düsseldorf. 1.9.–21.10.
Thomas Schütte. Produzentengalerie Hamburg. 9.9.–21.10.
Thomas Schütte. Jarla Partilager, Stockholm. 28.10.2006 2.3. 2007 (Kat.)

2007

Thomas Schütte. Galerie Nelson-Freeman, Paris. 28.4.–21.6.
Thomas Schütte: Last Casts, New Etchings, Some Watercolours. Frith Street Gallery, London. 17.5.–21.6.
Thomas Schütte: Fake/Function. Wanderausstellung: Henry Moore Institute, Leeds, United Kingdom. 22.9.2007–6.1.2008; als *Thomas Schütte: Early Work* to Kunstmuseum Liechtenstein, Vaduz. 1.2.–20.4.2008 (Kat.)

2008

Thomas Schütte: 18 Women. Margarete Roeder Gallery and Editions, New York. 4.10.–1.11.

2009

United Enemies. Faggionato Fine Arts, London. 8.5.–8.7.
Thomas Schütte: Radierungen. Horst-Janssen-Museum Oldenburg. 16.5.–16.8.
Thomas Schütte. Haus der Kunst, München. 7.6.–6.9. (Kat.)
Thomas Schütte. Galerie Pietro Spartà, Chagny. 20.11.2009–19.1.2010

2010

Thomas Schütte. Portalakis Collection, Athen. 15.2.–30.6. (Kat.)
Thomas Schütte: Hindsight. Museo Nacional Centro de Arte Reina Sofía, Madrid. 17.2.–17.5. (Kat.)
Thomas Schütte: Kleine Geister. Donald Young Gallery, Chicago. 21.5.–3.7.
Thomas Schütte: Big Buildings– Modelle und Ansichten. Kunst- und Ausstellungshalle der Bundesrepublik Deutschland, Bonn. 15.7.–1.11. (Kat.)
Selected Work. Skarstedt Gallery, New York. 30.9.–20.10.

2012

In the Spirit of Walser: Thomas Schütte. Donald Young Gallery, Chicago. 4.2.–9.3. (Kat.)
Woodcuts 2011. Galerie Nelson-Freeman, Paris. 17.2.–31.3.
Thomas Schütte: New Work / New Watercolors. Peter Freeman, Inc., New York (2 Ausstellungsorte). 23.2.–7.4.
Thomas Schütte: Alte Freunde. Carolina Nitsch, New York. 1.3.–28.4.
Thomas Schütte: Frauen. Wanderausstellung: Castello di Rivoli, Rivoli/Turin. 22.5.–23.9.; Sara Hildén Art Museum, Tampere. 9.2.–12.5.2013; Museum Folkwang, Essen. 21.9.2013–12.1.2014 (Kat.)
Thomas Schütte. Middelheimmuseum, Antwerpen. 26.5.2012–13.1.2013 (Kat.)
Wattwanderung. Kunstsammlung Nordrhein-Westfalen K21, Düsseldorf. 16.6.–9.9.
Thomas Schütte: Houses. Wanderausstellung: Nouveau Musée National de Monaco, Villa Paloma, Monaco. 7.7.–11.11.; Kunstmuseum Luzern. 26.10.2013–16.2.2014 (Kat.)

With Tears in My Ears. Jarla Partilager, Berlin. 12.9.2012 16.6.2013
Thomas Schütte: Faces and Figures. Serpentine Gallery, London. 25.9.–18.11. (Kat.)
Thomas Schütte: New Works. Frith Street Gallery, London. 28.9.–15.11.

2013

United Enemies. Public Art Fund, Central Park, New York. 5.3.–25.8.
Schöne Grüsse Thomas Schütte. Me Collectors Room / Stiftung Olbricht, Berlin. 14.9.2013–6.4.2014
Thomas Schütte. Fondation Beyeler, Riehen/Basel. 6.10.2013–2.2.2014 (Kat.)

2014

Thomas Schütte: Ernst Franz Vogelmann-Preis 2014. Kunsthalle Vogelmann, Heilbronn. 12.7.–12.10. (Kat.)
Thomas Schütte. Cahiers d'Art, Paris. 4.9.2014–31.1.2015.
Thomas Schütte. Galerie Pietro Spartà, Chagny. Eröffnet am 5.9.

2015

Thomas Schütte. Peter Freeman, Inc., New York. 16.4.–30.5.
Thomas Schütte. Bernier/Eliades Gallery, Athen. 20.5.–15.7. (Kat.)

2016

Thomas Schütte. Konrad Fischer Galerie, Düsseldorf. 2.9.–29.10.
Thomas Schütte: Frauen. Skarstedt Gallery, New York. 15.9.–17.12.
Thomas Schütte: United Enemies. Moderna Museet, Stockholm. 8.10.2016–15.1.2017 (Kat.)

2017

Thomas Schütte. Skulpturenhalle, Neuss. 28.1.–12.3.
Thomas Schütte. Carlier | Gebauer, Berlin. 28.4.–7.6.
Thomas Schütte. Galerie Pietro Spartà, Chagny. Eröffnet am 1.7.
Thomas Schütte. Frith Street Gallery, London. 15.9.–11.11.

2018

Thomas Schütte. Skulpturenhalle, Neuss. 12.1.–18.3.
Thomas Schütte. Oldenburger Kunstverein, Oldenburg. 12.1.–15.4.
New Work. Peter Freeman, Inc., New York. 13.9.–31.10.
Thomas Schütte. Galleria Tucci Russo Chambres d'Art, Turin. 4.10.2018–23.2.2019.

2019

Thomas Schütte. Skulpturenhalle, Neuss. 11.1.–3.3.
Thomas Schütte: Trois Actes. 11 Conti—Monnaie de Paris. 15.3.–16.6. (Kat.)
Thomas Schütte: Architekturmodelle 2007–2016. Galerie Inselspitze Heilbronn. 27.4.–22.9.22 (Kat.)
Thomas Schütte. Kunsthaus Bregenz, Österreich. 13.7.–6.10. (Kat.)

2020

Köpfe. Skulpturenhalle, Neuss. 10.1.–15.3.
Thomas Schütte. Konrad Fischer Galerie, Berlin. 2.5.–30.9.
Thomas Schütte: Keramik. Hetjens—Deutsches Keramikmuseum, Düsseldorf. 30.5.–23.8. (Kat.)
ETWAS FEHLT. Krefeld Pavilion. 7.6.–13.9. (Kat.)
Thomas Schütte. Kunstforum Baloise Park, Basel. 17.9.2020–30.1.2021 (Kat.)

2021

Skizzen zum Projekt Großes Theater. Skulpturenhalle, Neuss. 30.4.–1.8.
Old Friends Revisited. Cahiers d'Art, Paris. 17.6.–31.7.
Thomas Schütte. Peter Freeman, Inc., New York. 16.9.–6.11.
Thomas Schütte. Galerie Pietro Spartà, Chagny. Eröffnet am 8.10.
Thomas Schütte. Georg Kolbe Museum, Berlin. 19.11.2021–20.2.2022 (Kat.)

2022

Arbeiten 1975–1981. Skulpturenhalle, Neuss. 14.1.–13.3.
Thomas Schütte. Carlier | Gebauer, Madrid. 25.2.–23.4.
Thomas Schütte. Frith Street Gallery, London. 29.4.–25.6.
Thomas Schütte. Gallery of Contemporary Art and Architecture – House of Art České Budějovice, Budweis. 5.5.–5.6.
Works in Glass. Tucci Russo, Turin. 27.10.2022 28.1.2023

2023

Skulpturen. Skulpturenhalle, Neuss. 13.1.–30.7.
Westkunstmodelle 1:1. De Pont Museum, Tilburg. 16.9.2023–4.2.2024 (Kat.)

2024

Prints. Skulpturenhalle, Neuss. 22.3.–28.7.
Thomas Schütte. The Museum of Modern Art, New York. 29.9.2024–18.1.2025 (Kat.)

GRUPPENAUSSTELLUNGEN

1979

Schlaglichter: Eine Bestandsaufnahme aktueller Kunst im Rheinland. Rheinisches Landesmuseum, Bonn. 20.9.–4.11. (Kat.)
Perspektiven 1. Kunstverein für die Rheinlande und Westfalen, Düsseldorf. 14.12.1979–10.2.1980 (Kat.)

1980

1. Ausstellung der Jürgen Ponto Stiftung zur Förderung junger Künstler 1980. Jürgen Ponto Stiftung, Karmeliterkloster, Frankfurt am Main. 25.1.–17.2.

1981

Art allemagne aujourd'hui. Musée d'Art Moderne de la Ville de Paris. 17.1.–8.3. (Kat.)
Westkunst: Zeitgenössische Kunst seit 1939. Rheinhallen Messegelände, Köln. 28.5.–16.8. (Kat.)

1982

(0211): 22 Künstler in Düsseldorf. Stiftung Museum Kunstpalast, Düsseldorf. 21.3.–9.5. (Kat.)
Halle 6. Kampnagel-Fabrik, Hamburg. 12.5.–30.6. (Kat.)
Gegen das Kriegsrecht in Polen—Für Solidarność. Kunstpalast, Düsseldorf. 22.10.–13.11. (Kat.)

1983

Gerdes, Klingelhöller, Luy, Mucha, Schütte: C 83 Nr. 29. Konrad Fischer Galerie, Düsseldorf. 9.4.–7.5. (Kat.)
Standort Düsseldorf. Städtische Kunsthalle Düsseldorf. 8.–23.10. (Kat.)
Konstruierte Orte 6 × D + 1 × NY. Kunsthalle Bern. 29.10.–27.11. (Kat.)
Sculpture from Germany. Organisation: Independent Curators Inc., New York. Wanderausstellung: San Francisco Museum of Modern Art. 9.12.1983–5.2.1984; Sarah Campbell Blaffer Gallery, University of Houston, Texas. 4.3.–8.4.1984; Winnipeg Art Gallery, Kanada. 3.5.–17.6.1984; Art Gallery of Hamilton Kanada. 13.9.–14.10.1984; Archer M. Huntington Gallery, University of Texas, Austin. 13.1.–24.2.1985; Queens Museum, Flushing, New York. 4.5.–16.6.1985 (Kat.)

1984

De Verzegelte Bron. Rotterdamse Kunststichting, Rotterdam. 3.2.–12.3. (Kat.)
Ludger Gerdes / Thomas Schütte: Weiter/Warten. Produzentengalerie Hamburg. 29.4.–27.5. (Kat.)
Ludger Gerdes, Harald Klingelhöller, Wolfgang Luy, Reinhard Mucha, Thomas Schütte. Kunstmuseen Krefeld Museum Haus Esters. 20.5.–1.7. (Kat.)
Von hier aus. Gesellschaft für Aktuelle Kunst Düsseldorf. 29.9.–2.12. (Kat.)
Ouverture. Museo d'Arte Contemporanea, Castello di Rivoli, Rivoli/Turin. 18.12.1984–15.6.1985 (Kat.)

1985

The European Iceberg: Creativity in Germany and Italy Today. Art Gallery of Ontario, Toronto. 8.2.–7.4. (Kat.)
Nouvelle Biennale de Paris. Grande Halle de la Villette, Paris. 21.3.–21.5.
Ludger Gerdes, Thomas Schütte. Galerie Philip Nelson, Lyon. 16.5.–16.6.
Rheingold: 40 Künstler aus Köln und Düsseldorf / 40 artisti da Colonia e Düsseldorf. Palazzo della Società Promotrice delle Belle Arti, Turin. 25.5.–30.6. (Kat.)

Dreißig Jahre durch die Kunst: Museum Haus Lange 1955–1985. Kunstmuseen Krefeld Museum Haus Lange und Haus Esters. 15.9.–1.12. (Kat.)
1945–1985: Kunst in der Bundesrepublik Deutschland. Neue Nationalgalerie, Staatliche Museen zu Berlin. 27.9.1985–21.1.1986 (Kat.)
Aldo Rossi, Thomas Schütte. Galerie Johnen und Schöttle, Köln. 29.9.–1.12.
Dispositif-sculpture. Musée d'art moderne de la Ville de Paris. 19.12.1985–16.2.1986 (Kat.)

1986

Sieben Skulpturen. Kölnischer Kunstverein, Köln. 26.4.–1.6. (Kat.)
Origins, Originality and Beyond. 6. Biennale von Sydney. 16.5.–6.7. (Kat.)
Jenisch-Park: Skulptur. Kulturbehörde Hamburg. 1.6.–30.11. (Kat.)
Sonsbeek '86 International Sculpture Exhibition. Arnhem. 18.6.–15.9. (Kat.)
3. Triennale Fellbach: Kleinplastik. Fellbach. 28.6.–10.8. (Kat.)
Correspondentie Europa. Stedelijk Museum, Amsterdam. 20.9.–2.11. (Kat.)
Il cangiante. Padiglione d'Arte Contemporanea, Mailand. 3.12.1986–25.1.1987 (Kat.)

1987

Tekenen '87. Museum Boijmans-van Beuningen, Rotterdam. 14.3.–27.4.
Raumbilder: Cinco escultores alemanes en Madrid. Centro de Arte Reina Sofía, Madrid. 8.4.–22.6. (Kat.)
Juxtapositions: Recent Sculpture from England and Germany. Institute for Art and Urban Resources, P.S. 1, Long Island City, New York. 26.4.–21.6. (Kat.)
L'époque, la mode, la morale, la passion: Aspects de l'art d'aujourd'hui, 1977–1987. Centre Georges Pompidou, Paris. 21.5.–17.8. (Kat.)
Bildhauerzeichnungen. Grazer Kunstverein, Graz, Österreich. Eröffnet im Juni 1987 (Kat.)
Documenta 8. Museum Fridericianum, Kassel. 12.6.–20.9. (Kat.)
Skulptur Projekte Münster. Münster. 14.6.–4.10. (Kat.)
Das andere Medium: Zeichnungen von Bildhauern. Museum Ostwall, Dortmund. 30.8.–11.10. (Kat.)
Musée St. Pierre. Frankfurter Kunstverein, Frankfurt am Main. 12.9.–11.10. (Kat.)
Die große Oper oder die Sehnsucht nach dem Erhabenen. Wanderausstellung: Bonner Kunstverein, Bonn. 3.12.1987–20.1.1988; Frankfurter Kunstverein, Frankfurt am Main. 29.1.–28.2.1988 (Kat.)
Nachtvuur. De Appel, Amsterdam. 20.12.1987–31.1.1988 (Kat.)

1988

Europa oggi: Arte contemporanea nell'Europa Occidentale. Centro per l'Arte Contemporanea Luigi Pecci, Prato. 26.6.–20.10. (Kat.)

1989

Periodi di marmo: Arte verso l'inespressionismo. Palazzo di Città, Acireale. 2–30.9. (Kat.)
Skulpturen für Krefeld I. Kunstmuseen Krefeld Museum Haus Esters. 3.9.–22.10. (Kat.)
Blickpunkte. Musée d'Art Contemporain de Montréal. 13.9.1989–14.1.1990 (Kat.)
Zeitzeichen: Stationen Bildender Kunst in Nordrhein-Westfalen. Museum der bildenden Künste Leipzig und Hochschule für Grafik und Buchkunst, Leipzig. 10.11.1989–7.1.1990 (Kat.)

1990

Hacia el paisaje / Towards Landscape. Centro Atlántico de Arte Moderno, Las Palmas. 16.10.–30.11. (Kat.)
Possible Worlds: Sculpture from Europe. Institute of Contemporary Arts and Serpentine Gallery, London. 9.11.1990–6.1.1991 (Kat.)

1991

Espacio mental. Instituto Valenciano de Arte Moderno Centre del Carme, Valencia. 10.5.–21.7. (Kat.)
Inscapes. De Appel, Amsterdam. 1.6.–14.7. (Kat.)
Zeit-Rausch. Bonner Kunstverein, Bonn. 30.10.–24.11. (Kat.)
In anderen Räumen. Kunstmuseen Krefeld Museum Haus Lange und Haus Esters. 1.12.1991–9.1.1992.

1992

Like Nothing Else in Tennessee. Serpentine Gallery, London. 17.3.–26.4. (Kat.)
Tišina / Silence. Moderna Galerija, Ljubljana, Slowenien. 19.5.–21.6. (Kat.)
Art Meets Ads. Kunsthalle Düsseldorf. 18.–27.9. (Kat.)

1993

Tutte le strade portano a Roma? Palazzo delle Esposizioni, Rom. 11.3.–26.4. (Kat.)
New Sculptures. Middelheimmusuem, Middelheim, Antwerpen. Eröffnet am 27.3. (Kat.)
Nachtschattengewächse. Museum Fridericianum, Kassel. 16.5.–8.8. (Kat.)
The Sublime Void: On the Memory of the Imagination. Koninklijk Museum voor Schone Kunsten, Antwerpen. 25.7.–10.10. (Kat.)
Viaggio verso Citera. Arte e poesia. Casino Municipale, 45. Biennale Venedig. 30.9.–30.11. (Kat.)

1994

Young German Art of the 1990s: The Generation after Beuys, Becher, Polke, Richter. Wanderausstellung: Sonje Museum of Contemporary Art, Kyongju, Südkorea. 7.10.1994–10.1.1995; Pao Galleries, Hong Kong Arts Centre. 6.–21.5.1995; Taipei Fine Arts Centre. 3.6.–6.8. 1995; Goethe-Institut Singapur. 30.8.–2.9.1995; International Art Gallery, Peking. 23.10.–5.11.1995; National Museum of Modern Art, Osaka. 14.12.1995–27.2.1996 (Kat.)
Figur. Natur. Sprengel Museum Hannover, Hannover. 9.10.1994–15.1.1995 (Kat.)
Drawings: Marlene Dumas, Juan Muñoz, Thomas Schütte. Frith Street Gallery, London. 25.11.1994–21.1.1995

1995

Der Janustempel. Kunstmuseen Krefeld Kaiser Wilhelm Museum. 19.2.–3.9. (Kat.)
Micromegas. Wanderausstellung: American Center, Paris. 9.3.–4.6.; Israel Museum, Jerusalem. 18.7.–18.10. (Kat.)
Them and Us. Lisson Gallery, London. 5.5.–1.7.
Artistes, architectes. Institut d'Art Contemporain, Villeurbanne. 7.10.1995–20.1.1996 (Kat.)

1996

Beuys and After: Contemporary German Drawings from the Collection. The Museum of Modern Art, New York. 1.2.–14.5. (Kat.)
Private View: A Temporary Exhibition of Contemporary British and German Art. Organisation: Henry Moore Institute. Bowes Museum, Barnard Castle, UK. 4.5.–28.7. (Kat.)
Quo Vadis? Museum Fridericianum, Kassel. 22.5.–21.7.
Distemper: Dissonant Themes in the Art of the 1990s. Hirshhorn Museum and Sculpture Garden, Washington, DC. 20.6.–15.9. (Kat.)

1997

Erstbezug: Künstler richten die Galerie der Gegenwart ein. Hamburger Kunsthalle, Hamburg. Eröffnet im Februar (Kat.)
Das neue Gesicht. Kunstverein Konstanz. 8.2.–6.4. (Kat.)
Documenta X. Museum Fridericianum, Kassel. 21.6.–28.9. (Kat.)
Skulptur Projekte Münster. Münster. 22.6.–28.9. (Kat.)
Young German Artists 2. Saatchi Gallery, London. September – November (Kat.)
A Decade of Collecting: Recent Acquisitions in Contemporary Drawing. The Museum of Modern Art, New York. 8.9.1997–20.1.1998.
Zuspiel: Thomas Schütte und Henrik Wolff. Kunstverein für die Rheinlande und Westfalen, Düsseldorf. 27.9.–16.11. (Kat.)

1998

Wounds: Between Democracy and Redemption in Contemporary Art. Moderna Museet, Stockholm. 14.2.–19.4. (Kat.)
The House in the Woods: Five Contemporary German Sculptors. Wanderausstellung: Centre for Contemporary Arts Glasgow. 3.–27.4.; Aberdeen Art Gallery, Schottland. 6.6.–11.7.; Ormeau Baths Gallery, Belfast. 20.8.–3.10. (Kat.)
Jardin d'artiste: De mémoire d'arbre. Musée Zadkine, Paris. 11.6.–11.10. (Kat.)
Im Reich der Phantome: Fotografie des Unsichtbaren. Fotomuseum Winterthur, Schweiz. 13.6.–16.8. (Kat.)
Mise en scène: Theater und Kunst. Grazer Kunstverein, Graz. 27.9.–31.10. (Kat.)
A Portrait of Our Times: An Introduction to the Logan Collection. San Francisco Museum of Modern Art. 29.9.1998–3.1.1999 (Kat.)
Unfinished History. Walker Art Center, Minneapolis (MN). 18.10.1998–10.1.1999 (Kat.)

1999

Dream City. Kunstraum München, Kunstverein München, und Museum Villa Stuck, München. 25.3.–20.6. (Kat.)
Gesammelte Werke 1. Zeitgenössische Kunst seit 1968. Kunstmuseum Wolfsburg. 17.7.–3.10. (Kat.)
La realitat i el desig. Fundació Joan Miró, Barcelona. 23.9.–7.11. (Kat.)
am horizont. Kunstmuseen Krefeld Kaiser Wilhelm Museum. 21.11.1999–27.2.2000 (Kat.)
Zeitwenden. Wanderausstellung: Kunstmuseum Bonn. 4.12.1999–4.6.2000; Museum moderner Kunst Stiftung Ludwig Wien, Künstlerhaus Wien. 5.7.1999–1.10.2000 (Kat.)
Zoom: Ansichten zur deutschen Gegenwartskunst. Wanderausstellung: Württembergischer Kunstverein, Stuttgart. 20.5.–13.6.; Sammlung Landesbank Baden-Württemberg, Stuttgart. 20.5.–20.6.; Galerie Landesbank Baden-Württemberg. 20.5.–27.6.; Galerie der Stadt Stuttgart. 20.5.–27.6.; Galerie der Stadt Esslingen, Villa Merkel und Bahnwärterhaus. Esslingen. 20.5.–27.6.; Städtische Museum Abteiberg, Mönchengladbach. 11.6.–29.8.; Kunsthalle zu Kiel. 14.11.1999–9.1.2000 (Kat.)

2000

Das fünfte Element. Geld oder Kunst. Städtische Kunsthalle Düsseldorf. 28.1.–14.5. (Kat.)
Dein Wille geschehe . . . Das Bild des Vaters in der zeitgenössischer Kunst. Haus am Waldsee, Berlin. 19.2.–2.4. (Kat.)
HausSchau. Deichtorhallen Hamburg. 12.5.–17.9. (Kat.)
Between Cinema and a Hard Place. Tate Modern, London. 12.5.–3.12. (Kat.)
How You Look at It: Fotografien des 20. Jahrhunderts. Sprengel Museum Hannover. 14.5.–6.8. (Kat.)
Around 1984: A Look at Art in the Eighties. MoMA PS1, Long Island City, New York. 21.5.–30.9.
Von Edgar Degas bis Gerhard Richter: Arbeiten auf Papier aus der Sammlung des Kunstmuseums Winterthur. Wanderausstellung: Kunstmuseum Winterthur. 25.8.–19.11.; Palác Kinských, Prag. 15.12.2000–25.3. 2001; Museum der Moderne, Salzburg. 7.4.–20.5.20 2001; Westfälisches Landesmuseum für Kunst und Kulturgeschichte, Münster. 3.6.–26.8. 2001; Neues Museum Nürnberg. 7.12.2001–24.2.2002 (Kat.)
Many Colored Objects Placed Side by Side to Form a Row of Many Colored Objects: Works from the Collection of Annick and Anton Herbert. Casino Luxembourg. 29.10.2000–11.2.2001 (Kat.)

2001

Painting at the Edge of the World. Walker Art Center, Minneapolis, Minnesota. 7.2.–6.5. (Kat.)
Between Earth and Heaven. New Classical Movements in the Art of Today. Provinciaal Museum voor Moderne Kunst, Ostend. 23.2.–2.9. (Kat.)
Collaborations with Parkett: 1984 to Now. The Museum of Modern Art, New York. 5.4.–5.6. (Kat.)
Sonsbeek 9: Locus Focus. Arnhem. 2.7.–29.8.
Beautiful Productions: Art to Play, Art to Wear, Art to Own. Whitechapel Art Gallery, London. 6.7.–19.8.
Dialogue ininterrompu. Musée des Beaux-Arts, Nantes. 7.7.–19.11. (Kat.)
Ex(o)dus. Haifa Museum of Art, Haifa. Eröffnet am 15.9. (Kat.)
Inmensidad íntima*: Una selección de obras del Museo de Arte Contemporáneo de Gante.* Museo TaMaio, Mexiko-Stadt. 13.12.2001–14.4.2002 (Kat.)

2002

De Gustibus: Collezione Privata Italia. Palazzo delle Papesse, Siena. 2.3.–12.5. (Kat.)
Startkapital. Kunstsammlung Nordrhein-Westfalen K21, Düsseldorf. 20.4.–8.9. (Kat.)
Pop! Die Pop Art und die zeitgenössische Bildhauerkunst. Gerhard Marcks Haus, Bremen. 28.4.–21.7. (Kat.)
The Object Sculpture. Henry Moore Institute, Leeds. 30.5.–30.8. (Kat.)

2003

Grotesk! 130 Jahre Kunst der Frechheit. Wanderausstellung: Schirn Kunsthalle Frankfurt. 27.3.–9.9; Haus der Kunst, München. 27.6.–14.9. (Kat.)
Sculpture de Derain à Séchas: Collection du Centre Pompidou. Carré d'Art – Musée d'Art Contemporain, Nîmes. 6.5.–31.8. (Kat.)
Warum! Bilder diesseits und jenseits des Menschen. Martin-Gropius-Bau, Berlin. 27.5.–3.8. (Kat.)
Durchgehend geöffnet. Staatliche Kunsthalle Baden-Baden. 5.7.–7.9. (Kat.)
Berlin Moskau / Moskau Berlin: 1950–2000. Wanderausstellung: Martin-Gropius-Bau, Berlin. 28.9.2003–5.1.2004; Staatliche Tretjakow-Galerie, Moskau. 21.3.–15.6.2004. (Kat.)

2004

Treasure Island. Kunstmuseum Wolfsburg. 7.2.–18.4.
Multiple Räume (1): Seele. Konstruktionen des Innerlichen in der Kunst. Staatliche Kunsthalle Baden-Baden. 14.2.–18.4. (Kat.)
Sammlung Plum. Museum Kurhaus Kleve. 23.5.–5.9. (Kat.)
Étrangement *proche.* Saarland Museum, Saarbrücken. 11.6.–8.8. (Kat.)
Interior View: Artists Explore the Language of Architecture. Wanderausstellung: De Zonnehof Centrum voor Moderne Kunst, Amersfoort. 29.6.–26.9.; Firstsite, Colchester. 17.12.2004–26.2.2005; Friart Centre d'Art Contemporain, Fribourg. 2.7.–11.9.2005 (Kat.)
Disparities and Deformations: Our Grotesque. SITE Santa Fe 5 International Biennale, Santa Fe, New Mexico. 18.7.2004–9.1.2005.
See History 2004: Der demokratische Blick. Kunsthalle zu Kiel. 24.7.2004–19.6.2005 (Kat.)
Dependent Objects. Busch-Reisinger Museum, Harvard University Art Museums, Cambridge (MA). 18.9.2004–2.1. 2005 (Kat.)
Friedrich Christian Flick Collection im Hamburger Bahnhof. Hamburger Bahnhof, Berlin. 22.9.2004–7.8. 2005 (Kat.)
Reanimation: Hermann Gerber. Kunstmuseum Thun. 24.9.–21.11. (Kat.)
ArchiSkulptur. Wanderausstellung: Fondation Beyeler, Riehen/Basel. 3.10.2004–30.1.2005; Museo Guggenheim Bilbao. 28.10.2005–19.2.2006; Kunstmuseum Wolfsburg. 1.4.–10.9.2006 (Kat.)
Skulptur: Prekärer Realismus zwischen Melancholie und Komik. Kunsthalle Wien. 15.10.2004–20.2.2005 (Kat.)
Faces in the Crowd: Picturing Modern Life from Manet to Today. Wanderausstellung: Whitechapel Gallery, London. 3.12.2004–6.3.2005; Castello di Rivoli, Rivoli/Turin. 6.4.–10.7.2005 (Kat.)

2005

Regarding Terror: The RAF-Exhibition. Wanderausstellung: KW Institute for Contemporary Art, Berlin. 30.1.–16. Mai; Neue Galerie Graz am Landesmuseum Joanneum, Österreich. 26.6.–28.8. (Kat.)
Universal Experience: Art, Life, and the Tourist's Eye. Wanderausstellung: Museum of Contemporary Art Chicago. 12.2.–5.6.; Hayward Gallery, London. 6.10.–11.12. (Kat.)
An Aside: Selected by Tacita Dean. Wanderausstellung: Camden Arts Centre, London. 18.2.–1.5.; Fruitmarket Gallery, Edinburgh. 14.5.–12.7.; Glynn Vivian Art Gallery, Swansea. 1.10.–27.11. (Kat.)
Kunst in Schokolade. Museum Ludwig, Köln. 17.3.–19.6. (Kat.)
(My Private) Heroes. MARTa Herford. 7.5.–14.8. (Kat.)
Bilanz in zwei Akten. Kunstverein Hannover. 11.6.–21.8. (Kat.)
The Experience of Art. 51. Biennale Venedig. 12.6.–6.11.
Big Bang: Déstruction et création dans l'art du 20e siècle. Centre Pompidou, Paris. 15.6.2005–3.4.2006 (Kat.)
In the Middle of the Night: Die Neuerwerbungen seit 1996. Kunsthalle Bielefeld. 28.8.–6.11. (Kat.)
Drawing from the Modern, 1975–2005. The Museum of Modern Art, New York. 14.9.2005–9.1.2006 (Kat.)
Flashback: Eine Revision der Kunst der 80er Jahre. Kunstmuseum Basel. 29.9.2005–11.2.2006 (Kat.)

2006

Public Space / Two Audiences. Obras y documentos de la Colección Herbert. Inventaire. Wanderausstellung: Museu d'Art Contemporani de Barcelona. 8.2.–1.5.; Kunsthaus Graz am Landesmuseum Joanneum. 10.6.–3.9. (Kat.)
Von Mäusen und Menschen. 4. Berlin Biennale. 25.3.–5.6. (Kat.)
Long Live Sculpture! Middelheimmuseum, Antwerpen. 1.6.–3.9.2006 (Kat.)
Radar: Selections from the Collection of Vicki and Kent Logan. Denver Art Museum. 7.10.2006–15.7.2007 (Kat.)
The Unhomely: Phantom Scenes of Global Society. 2. Bienal Internacional de Arte Contemporáneo de Sevilla, Seville. 26.10.2006–15.1.2007 (Kat.)
The 80s: A Topology. Museu de Arte Contemporânea de Serralves, Porto. 11.11.2006–25.3. 2007 (Kat.)

2007

Die Kunst zu sammeln: Das 20./21. Jahrhundert in Düsseldorfer Privat- und Unternehmensbesitz. Museum Kunstpalast, Düsseldorf. 21.4.–22.7. (Kat.)
Rockers Island. Olbricht Collection. Museum Folkwang, Essen. 5.5.–1.7. (Kat.)
The Present: The Monique Zajfen Collection. Stedelijk Museum, Amsterdam. 2.6.–16.9.
Artempo: Where Time Becomes Art. Museo Fortuny, Venedig. 9.6.–7.10. (Kat.)
Skulptur Projekte Münster. Westfälisches Landesmuseum, Münster. 17.6.–30.9.

2008

Out of Shape: Stylistic Distortions of the Human Form in Art from the Logan Collection. Frances Lehman Loeb Art Center, Vassar College, Poughkeepsie (NY). 14.3.–8.6. (Kat.)
La collection de Pont à Paris. Institut Néerlandais, Paris. 9.4.–8.6. (Kat.)
Kavalierstart 1978–1982. Museum Morsbroich, Leverkusen. 20.4.–20.7. (Kat.)
Life on Mars. 55th Carnegie International, Carnegie Museum of Art, Pittsburgh. 3.5.2008–11.1.2009 (Kat.)
The Immediate Touch: German, Austrian, and Swiss Drawings from Saint Louis Collections, 1946–2007. Saint Louis Art Museum, Missouri. 29.6.–7.9. (Kat.)
After Nature. New Museum, New York. 17.7.–5.10. (Kat.)
Order. Desire. Light. An Exhibition of Contemporary Drawings. Irish Museum of Modern Art, Dublin. 25.7.–23.11. (Kat.)
Nient'altro che scultura. 13. Biennale Internazionale di Scultura di Carrara, Centro Arti Plastiche Internazionali e Contemporanee, Carrara. 27.7.–28.9. (Kat.)
Heavy Metal: Vor der unerklärliche Leichtigkeit eines Materials. Kunsthalle zu Kiel. 7.12.2008–30.8. 2009 (Kat.)

2009

Art of Two Germanys / Cold War Cultures. Wanderausstellung: Los Angeles County Museum of Art. 25.1.–19.4.; Germanisches Nationalmuseum, Nürnberg. 23.5.–6.9.; Deutsches Historisches Museum, Berlin. 3.10.2009–10.1.2010 (Kat.)
Compass in Hand: Selections from The Judith Rothschild Foundation Contemporary Drawings Collection. The Museum of Modern Art, New York. 22.4.2009–4.1.2010 (Kat.)
Gipfeltreffen der Moderne: Das Kunstmuseum Winterthur. Wanderausstellung: Kunst- und Ausstellungshalle der Bundesrepublik Deutschland, Bonn. 24.4.–23.8.; Museo de Arte Contemporanea di Trento e Rovereto. 19.9.2009–10.1.2010; Museum der Moderne, Salzburg. 27.2.–30.5.2010 (Kat.)
60 Jahre. 60 Werke: Kunst aus der Bundesrepublik Deutschland 1949–2009. Martin-Gropius-Bau, Berlin. 1.5.–14.6. (Kat.)

Heidi au pays de Martin Kippenberger. Frac Nouvelle-Aquitaine MÉCA, Bordeaux. 28.5.–5.9. (Kat.)
Locus Oculi. Château de la Batie d'Urfé, Saint Étienne-le-Molard. 21.6.–4.10. (Kat.)
Abstraktion und Einfühlung. Deutsche Guggenheim Berlin. 15.8.–16.10.
Das Fundament der Kunst. Die Skulptur und ihr Sockel in der Moderne. Wanderausstellung: Städtische Museen Heilbronn. 24.10.2009–31.1.2010; Gerhard Marcks Haus, Bremen. 28.2.–23.5.2010; Arp Museum Bahnhof Rolandseck, Remagen. 25.6.–24.10.2010 (Kat.)

2010

Visceral Bodies. Vancouver Art Gallery. 6.2.–16.5. (Kat.)
With a Probability of Being Seen: Dorothee and Konrad Fischer; Archives of an Attitude. Wanderausstellung: Museu d'Art Contemporani de Barcelona. 15.5.–12.10.; Museum Kurhaus Kleve. 14.11.2010–20.3. 2011 (Kat.)
Der Westen leuchtet. Kunstmuseum Bonn. 10.7.–24.10. (Kat.)
Intensif-Station. Kunstsammlung Nordrhein-Westfalen K21, Düsseldorf. 10.7.2010–4.9.2011
Auswertung der Flugdaten, Kunst der 80er. Eine Düsseldorfer Retrospektive. Kunstsammlung Nordrhein-Westfalen K21, Düsseldorf. 11.9.2010–30.1.2011
Die Natur der Kunst: Begegnungen mit der Natur vom 19. Jahrhundert bis in die Gegenwart. Kunstmuseum Winterthur, Schweiz. 31.10.2010–27.2.2011 (Kat.)

2011

Vollendet das ewige Werk: Sammlung Rheingold in Schloss Dyck 2011. Stiftung Schloss Dyck, Jüchen. 10.4.–30.10. (Kat.)
KölnSkulptur #6. Skulpturenpark Köln. 15.5.2011–1.5.2013 (Kat.)
Living: Frontiers of Architecture III–IV. Louisiana Museum of Modern Art, Humlebæk, Dänemark. 1.6.–2.10. (Kat.)
Ostalgia. New Museum, New York. 6.7.–2.10. (Kat.)
Heinz und Marianne Ebers-Stiftung: Eine Sammlung von Format. Kunstmuseen Krefeld Museum Haus Lange. 17.7.–25.9. (Kat.)
Architektonika. Hamburger Bahnhof, Berlin. 15.9.2011–12.2.2012 (Kat.)
Wunder: Kunst, Wissenschaft und Religion vom 4. Jahrhundert bis zur Gegenwart. Deichtorhallen Hamburg. 23.9.2011–5.2.2012 (Kat.)
Mit Feuer und Flamme. Museum Villa Rot, Burgrieden. 2.10.2011–5.2.2012 (Kat.)
Vor dem Gesetz: Skulpturen der Nachkriegszeit und Räume der Gegenwartskunst. Museum Ludwig, Köln. 17.12.2011–22.4.2012 (Kat.)

2012

Glasstress New York: New Art from the Venice Biennales. Museum of Arts and Design, New York. 14.2.–10.6. (Kat.)
Print/Out. The Museum of Modern Art, New York. 19.2.–14.5. (Kat.)
New to the Print Collection: Matisse to Bourgeois. The Museum of Modern Art, New York. 13.6.2012–7.1.2013.
El factor grotesco. Fundación Museo Picasso, Málaga. 21.10.2012–9.2.2013 (Kat.)

2013

Die Bildhauer: Kunstakademie Düsseldorf, 1945 bis heute. Kunstsammlung Nordrhein-Westfalen K20, Düsseldorf. 20.2.–28.7. (Kat.)
KölnSkulptur #7. Skulpturenpark Köln. 5.5.2013 – Mai 2015 (Kat.)
Back to Earth: Von Picasso bis Ai Weiwei – Die Wiederentdeckung der Keramik in der Kunst. Herbert Gerisch-Stiftung, Neumünster. 25.5.–27.10. (Kat.)
Glasstress: White Light / White Heat. Istituto Veneto di Scienze Lettere ed Arti, Berengo Centre for Contemporary Art and Glass und Scuola Grande of the Confraternity of San Teodoro, Venedig. 1.6.–24.11. (Kat.)
As If It Could: Works and Documents from the Herbert Foundation, Ouverture. Herbert Foundation, Gent. 20.6.–26.10. (Kat.)
Thomas Schütte, Danh Vo: Das Reich ohne Mitte. Kunsthalle Mainz. 5.7.–6.10. (Kat.)
Auf Zeit / For the Time Being. Kunsthalle Bielefeld. 4.8.–20.10. (Kat.)

2014

Unter der Erde: Von Kafka bis Kippenberger. Kunstsammlung Nordrhein-Westfalen K21, Düsseldorf. 5.4.–10.8.
Body and Void: Echoes of Moore in Contemporary Art. Henry Moore Institute, Perry Green, United Kingdom. 1.5.–26.10. (Kat.)
Keramische Räume. Museum Morsbroich, Leverkusen. 25.5.–31.8. (Kat.)
Vanitas: Ewig ist eh nichts. Georg Kolbe Museum, Berlin. 15.6.–31.8. (Kat.)
The Human Factor: The Figure in Contemporary Sculpture. Hayward Gallery, London. 17.6.–7.9. (Kat.)
Branching Out: Positionen zur Natur von Achenbach, Schütte, Schwenk und Struth. Museum Ratingen. 26.9.2014–8.2.2015 (Kat.)
Ohne Achtsamkeit beachte ich alles. Robert Walser und die bildende Kunst. Aargauer Kunsthaus, Aarau. 10.5.–27.7. (Kat.)
Some Artists' Artists. Marian Goodman Gallery, New York. 26.6.–22.8.
Genuine Conceptualism. Herbert Foundation, Gent. 4.7.–8.11. (Kat.)
Bad Thoughts: Collectie Martijn en Jeanette Sanders. Stedelijk Museum, Amsterdam. 20.7.2014–10.1.2015 (Kat.)
Intenzione manifesta: Il disegno in tutte le sue forme. Castello di Rivoli, Rivoli/Turin. 11.10.2014–25.1.2015.

2015

Model. Galerie Rudolfinum, Prag. 29.1.–3.5. (Kat.)
(Un)möglich! Künstler als Architekten. MARTa Herford. 21.2.–31.5. (Kat.)
Gesichter: Ein Motiv zwischen Figur, Porträt und Maske. Neues Museum Nürnberg. 20.3.–21.6. (Kat.)
Bare Wunder: Sigmar Polke—100 Years of Mediumistic and Phantasmagorical Photography. Sies + Höke Gallery, Düsseldorf. 26.3.–2.5. (Kat.)
Andy Warhol sul comò. Museo d'Arte Contemporanea di Villa Croce, Genua. 2.4.–5.7. (Kat.)
Artzuid 2015. Stichting Art Zuid, Amsterdam. 22.5.–22.9. (Kat.)
Formes biographiques. Carré d'Art – Musée d'Art Contemporain de Nîmes. 29.5.–20.9. (Kat.)
Beyond Borders. 5. Beaufort Triennial. 21.6.–21.9.
Endless House: Intersections of Art and Architecture. The Museum of Modern Art, New York. 27.6.2015–6.3. 2016
Avatar und Atavismus / Outside der Avantgarde. Kunsthalle Düsseldorf. 22.8.–8.11. (Kat.)
The Great Mother. Fondazione Nicola Trussardi, Palazzo Reale, Mailand. 26.8.–15.11. (Kat.)
Ruhe vor dem Sturm: Postminimalistische Kunst aus dem Rheinland. Museum Morsbroich, Leverkusen. 13.9.2015–10.1.2016 (Kat.)
Artistes et architecture, Dimensions variables. Pavillon de l'Arsenal, Paris. 16.10.2015–17.1.2016 (Kat.)
Ceramix: Keramiek in de kunst van Rodin tot Schütte. Wanderausstellung: Bonnefanten, Maastricht. 16.10.2015–30.1.2016; Sèvres – Cité de la Céramique La Maison Rouge, Sèvres. 9.3.–12.6 2016 (Kat.)
A Few Free Years: Von Absalon bis Zobernig. Hamburger Bahnhof, Berlin. 28.11.2015–13.3. 2016 (Kat.)

2016

Terra provocata: Percezione della materia e concetto nella materia. Fondazione del Monte, Bologna. 23.1.–20.3. (Kat.)
Von Lucio Fontana bis Thomas Schütte: Erwerbungen 2000–2016 und ausgewählte ältere Bestände. Kunstmuseum Winterthur. 30.1.–22.5. (Kat.)
Accrochage. Palazzo Grassi, Punta della Dogana, Venedig. 17.4.–20.11. (Kat.)
Mir ist das Leben lieber: Sammlung Reydan Weiss. Weserburg Museum für Moderne Kunst, Bremen. 21.5.2016–26.2.2017 (Kat.)
With a Touch of Pink / With a Bit of Violet / With a Hint of Green—Dorothee Fischer in Memoriam. Konrad Fischer Galerie, Düsseldorf. 3.6.–23.7.
Elective Affinities: German Art since the Late 1960s. Latvian National Museum of Art, Riga. 17.6.–21.8. (Kat.)
Wolke und Kristall: Die Sammlung Dorothee und Konrad Fischer. Kunstsammlung Nordrhein-Westfalen K20, Düsseldorf. 24.9.2016–8.1.2017 (Kat.)
Geliebte Feinde—Symbolismus heute von Peter Doig bis Thomas Schütte. Clemens Sels Museum Neuss. 23.10.2016–19.2.2017.

2017

Moving Is in Every Direction. Environments—Installationen—Narrative Räume. Hamburger Bahnhof, Berlin. 17.3.–24.9. (Kat.)
Skulptur Projekte Münster 2017. Münster. 10.6.–1.10. (Kat.)
The Long Run. The Museum of Modern Art, New York. 11.11.2017–5.5.2019.

2018

The Playground Project. Bundeskunsthalle, Bonn. 31.5.–28.10. (Kat.)
Zéro de conduite. Fundação de Serralves, Porto. 1.6.–9.9. (Kat.)
L'Almanach 18. Consortium Museum, Dijon. 22.6.–14.10.
Debout! Musée des Beaux-Arts, Rennes. 23.6.–9.9. (Kat.)

2019

A Cool Breeze. Galerie Rudolfinum, Prag. 25.4.–11.8. (Kat.)
Homo Faber: Craft in Contemporary Sculpture. Asia Culture Center, Gwangju, Südkorea. 5.9.2019–23.2.2020 (Kat.)

2020

Strand: Isa Genzken, Blinky Palermo, Sigmar Polke, Gerhard Richter, Thomas Schütte. Sies + Höke, Düsseldorf. 24.1.–7.3. (Kat.)
KölnSkulptur #10: ÜberNatur – *Natural Takeover*. Skulpturenpark Köln. 1.8. 2020–31.7.2022 (Kat.)
Wände / Walls. Kunstmuseum Stuttgart. 26.9.2020– 30.5.2021

2021

Serien: Druckgraphik von Warhol bis Wool. Hamburger Kunsthalle, Hamburg. 16.4.–15.8. (Kat.)

Moment. Monument. Kunst Museum Winterthur, Schweiz. 8.5.–15.8. (Kat.)

Closer to Life: Drawings and Works on Paper in the Marieluise Hessel Collection. Center for Curatorial Studies, Bard College, Annandale-on-Hudson, New York. 26.6.–17.10. (Kat.)

Au rendez-vous des amis: Klassische Moderne im Dialog mit Gegenwartskunst aus der Sammlung Goetz Teil 2. Pinakothek der Moderne, München. 6.8.2021–16.1.2022 (Kat.)

Les flames: L'âge de la céramique. Musée d'art moderne de Paris. 15.10.2021–6.2.2022 (Kat.)

Fragile! Alles aus Glas. Wanderausstellung: Kunsthalle Vogelmann, Heilbronn. 18.12.2021–5.5.2022; Kunstmuseum Ahlen. 19.6.–16.10.2022 (Kat.)

2022

Schatzhaus und Labor: 25 Jahre Museum Kurhaus Kleve. Museum Kurhaus Kleve. 23.7.2022–29.1.2023 (Kat.)

2023

Reaching for the Stars: From Maurizio Cattelan to Lynette Yiadom-Boakye. Fondazione Palazzo Strozzi, Florenz. 4.3.–18.6. (Kat.)

Nord-Süd: Perspektiven auf die Sammlung. Kunst Museum Winterthur. 12.3.–30.10.

Bibliografie (Auswahl)

Zusammengestellt von Caitlin Chaisson und Lydia Mullin

MONOGRAFIEN UND KATALOGE ZU EINZELAUSSTELLUNGEN

Fifteen Monuments by Thomas Schütte, Ausst.-Kat. Galerie Philip Nelson, Villeurbanne 1984

Thomas Schütte: Pläne I–XXX, 1981, Ausst.-Kat. Produzentengalerie Hamburg, Hamburg 1985

Thomas Schütte: Skizzen zu Skulpturen, 1985, Ausst.-Kat. Produzentengalerie Hamburg 1985

Thomas Schütte, Ausst.-Kat. Krefelder Kunstmuseen, Krefeld 1986

Thomas Schütte, Ausst.-Kat. Galleria Tucci Russo, Turin 1986

Thomas Schütte: Aquarellen, Ausst.-Kat. Museum Overholland, Amsterdam 1987

Wilmes, Ulrich (Hg.), *Thomas Schütte: Obst und Gemüse,* Ausst.-Kat. Landschaftsverband Westfalen-Lippe, Westfälisches Landesmuseum für Kunst und Kulturgeschichte, Münster 1987

Thomas Schütte, Hg. von Jochen Poetter, Ausst.-Kat. Staatliche Kunsthalle Baden-Baden, Baden-Baden 1988

Simple Stories, Ausst.-Kat. Galerie Ute Parduhn, Düsseldorf 1989

Thomas Schütte: The Laundry and Mohr's Life, hg. von Ulrich Wilmes, Ausst.-Kat. Portikus, Frankfurt am Main, Amsterdam 1989

Thomas Schütte: Notes, Ausst.-Kat. Marian Goodman Gallery, New York 1990

Thomas Schütte, hg. von Ulrich Loock, Ausst.-Kat. Kunsthalle Bern, Bern 1990

Thomas Schütte, Ausst.-Kat. Galleria Tucci Russo, Turin 1992

Requiem, Ausst.-Kat. Carré d'Art – Musée d'Art Contemporain, Nîmes 1994

Thomas Schütte: Alte Freunde – Neue Arbeiten, Ausst.-Kat. Produzentengalerie Hamburg, Hamburg 1994

Thomas Schütte: [Figur], Ausst.-Kat. Hamburger Kunsthalle, Hamburg 1994

Skizzen und Geschichten 1990–1995, Ausst.-Kat. Kunstraum München, Düsseldorf 1995

Thomas Schütte: 1995, Tokio, Ausst.-Kat. Wako Works of Art, Tokio 1995

Thomas Schütte, Ausst.-Kat. Institut für Auslandsbeziehungen, Stuttgart 1996

Thomas Schütte: Blumen mit Luise, Ausst.-Kat. Galerie Erika + Otto Friedrich, Bern 1996

Thomas Schütte: Kunstpreistrager der Stadt Wolfsburg 1996 »Junge Stadt sieht Junge Kunst«, Ausst.-Kat. Städtische Galerie und Kunstverein, Wolfsburg 1996

Achim Könnecke (Hg.), *Haus des Gedenkens in der KZ-Gedenkstätte Neuengamme*. Hamburg 1996

Julian Heynen, James Lingwood und Angela Vettese, *Thomas Schütte,* London 1998

Thomas Schütte: 5 Frauen; *Schlosspark Wendlinghausen, Garten Landschaft OWL,* Ausst.-Kat. Landschaftsverband Westfalen-Lippe, München 2000

Thomas Schütte, hrg. von Rainald Schumacher, Ausst.-Kat. Sammlung Goetz, München 2001

Thomas Schütte, Ausst.-Kat. Produzentengalerie Hamburg, Hamburg 2002

Thomas Schütte: Stahlfrauen / Große Geister, Ausst.-Kat. Museum Folkwang, Essen 2002

Wattwanderung, 2001: In 30 Serien; 138 Copper Plate Prints, Düsseldorf 2002

Thomas Schütte: Scenewright, Gloria in Memoria, In Medias Res, hg. von Lynne Cooke und Karen Kelly, Ausst.-Kat. Dia Art Foundation, New York, Düsseldorf 2002

Thomas Schütte: Kreuzzug, 2003–2004, hg. von Dieter Schwarz, Ausst.-Kat. Kunstmuseum Winterthur/Musée de Grenoble/K21 Kunstsammlung Nordrhein-Westfalen, Düsseldorf, Winterthur 2003

Thomas Schütte, hg. von Dorothea Zwirner, Ausst.-Kat. Friedrich Christian Flick Collection, Berlin, Köln 2004

Thomas Schütte, Ausst.-Kat. Jarla Partilager, Stockholm 2006

Thomas Schütte: Architektur Modelle 1980–2006, München 2006

Thomas Schütte: Zeichnungen / Drawings, hg. von Matthias Winzen, Ausst.-Kat. Staatliche Kunsthalle Baden-Baden, Köln 2006

Thomas Schütte: Frauen and Blumen, 1997–2007, München 2007

Penelope Curtis, *Thomas Schütte: Early Work.* Ausst.-Kat. Henry Moore Institute, Leeds 2007

Julia Friedrich (Hg.), *Thomas Schütte: Bücher.* Köln 2008

Mann im Matsch, Düsseldorf 2009

Thomas Schütte: Hindsight, hg. von Lynne Cooke, Ausst.-Kat. Museo Nacional Centro de Arte Reina Sofía, Madrid 2009

Thomas Schütte: Deprinotes, 2006–2008, hg. von Patrizia Dander, Ausst.-Kat. Haus der Kunst, München, Düsseldorf 2009

Thomas Schütte: Big Buildings; Modelle und Ansichten / Models and Views, 1980–2010, Ausst.-Kat. Kunst- und Ausstellungshalle der Bundesrepublik Deutschland, Bonn, Köln 2010

Thomas Schütte: Works from the Portalakis Collection, Athen 2010

Het Huis: Thomas Schütte Sculpturen / Robbrecht en Daem Architecten, Ausst.-Kat. Ludion und Middelheimmuseum, Antwerpen 2012

Ulrich Loock (Hg.), *Thomas Schütte: Public/Political,* Köln 2012

Thomas Schütte: Faces and Figures, hg. von Sophie O'Brien, Ausst.-Kat. Serpentine Gallery, London 2012

Thomas Schütte: Frauen, hg. von Marianna Vecellio und Elodie Biancheri, Ausst.-Kat. Castello di Rivoli, Turin/Nouveau Musée National de Monaco, Düsseldorf 2012

Thomas Schütte: With Tears in My Ears, hg. von Anders Wester, Ausst.-Kat. Jarla Partilager, Stockholm 2012

Thomas Schütte: Houses, hg. von Marianna Vecellio u. a., Ausst.-Kat. Kunstmuseum Luzern/Nouveau Musée National de Monaco, Düsseldorf 2013

Thomas Schütte: Figur, hg. von Theodora Vischer, Ausst.-Kat. Fondation Beyeler, Riehen/Basel, Köln 2013

Thomas Schütte: Watercolors for Robert Walser and Donald Young, 2011–2012. Paris 2014

Thomas Schütte, hg. von Marc Gundel und Rita E. Täuber, Ausst.-Kat. Kunsthalle Vogelmann, Städtische Museen Heilbronn, München 2014

Jablonka, Rafael und Teresa Jablonka (Hg.), *Thomas Schütte: Ferienhaus T.,* Köln 2014

Thomas Schütte, Ausst.-Kat. Bernier/Eliades Gallery, Athen 2015

Thomas Schütte: United Enemies, hg. von Matilda Olof-Ors, Ausst.-Kat. Moderna Museet, Stockholm, London 2016

Thomas Schütte, Ausst.-Kat. 11 Conti – Monnaie de Paris, Gent 2019

Thomas Schütte: One Man House, hg. von Marc Gundel, Ausst.-Kat. Städtische Museen Heilbronn, Heilbronn 2019

Thomas Schütte, hg. von Thomas D. Trummer, Ausst.-Kat. Kunsthaus Bregenz, Bregenz 2019

Thomas Schütte, Basel 2020

Anne-Marie Bonnet (Hg.), *Thomas Schütte: Keramik,* Düsseldorf 2020

Christiane Lange und Julian Heynen (Hg.), *Thomas Schütte: Krefeld Pavillon*, Ostfildern 2020

Linda Walther, *Schwebezustände: »Frauen« von Thomas Schütte,* Berlin 2020

Thomas Schütte, hg. von Julia Wallner, Ausst.-Kat. Georg Kolbe Museum, Berlin 2021

Dieter Schwarz, *Thomas Schütte: Houses II*, Berlin 2023

Éric de Chassey (Hg.), *Thomas Schütte: Old Friends Revisited,* Paris 2023

PUBLIKATIONEN ZU GRUPPENAUSSTELLUNGEN

Renate Heidt Heller (Hg.), *Schlaglichter: Eine Bestandsaufnahme aktueller Kunst im Rheinland,* Köln 1979

Karl Heinz Hering (Hg.), *Perspektiven 1: Aus den Klassen der Professoren: Rolf Crummenauer, Gerhard Hoehme, Alfonso Hüppi, Dieter Krieg, Christian Megert, Ellen Neumann, Gerhard Richter, Rissa, Fritz Schwegler. Schüler der Düsseldorfer Kunstakademie stellen ihre Arbeiten vor,* Düsseldorf 1979

Laszlo Glozer, *Westkunst: Zeitgenössische Kunst seit 1939,* Köln 1981

Art allemagne aujourd'hui: Différents aspects de l'art actuel en République Fédérale d'Allemagne, Ausst.-Kat. ARC / Musée d'art moderne de la Ville de Paris, Paris 1981

Gegen das Kriegsrecht in Polen: Für Solidarność, hg. von Künstlerinitiative gegen das Kriegsrecht in Polen, Düsseldorf 1982

Halle 6, hg. von Halle 6 Organisationsbüro, Hamburg 1982

(0211) 22 Künstler in Düsseldorf, hg. von Stephan von Wiese, Ausst.-Kat. Kunstmuseum Düsseldorf, Düsseldorf 1982

Gerdes, Klingelhöller, Luy, Mucha, Schütte: C 83 Nr. 29, Ausst.-Kat. Galerie Konrad Fischer, Düsseldorf 1983

Sculpture from Germany, hg. von Independent Curators Incorporated, New York 1983

Standort Düsseldorf, Ausst.-Kat. Städtische Kunsthalle Düsseldorf, Düsseldorf 1983

Burton, Gerdes, Huber, Klingelhöller, Luy, Mucha, Schütte: Konstruierte Orte; 6 × D + 1 × NY, hg. von Jean-Hubert Martin, Ausst.-Kat. Kunsthalle Bern, Bern 1983

De verzegelde Bron, Ausst.-Kat. Rotterdamse Kunstichting, Rotterdam 1984

Ludger Gerdes / Thomas Schütte: Weiter/Warten, Ausst.-Kat. Produzentengalerie Hamburg, Hamburg 1984

Ouverture: Arte contemporanea, Ausst.-Kat. Castello di Rivoli, Turin 1984

Ludger Gerdes, Harald Klingelhöller, Wolfgang Luy, Reinhard Mucha, Thomas Schütte, hg. von Julian Heynen, Ausst.-Kat. Krefelder Kunstmuseen, Krefeld 1984

Kasper König (Hg.), *Von hier aus,* Köln 1984

Dispositif-Sculpture: Jürgen Drescher, Harald Klingelhöller, Reinhard Mucha, Thomas Schütte, Ausst.-Kat. ARC – Musée d'art moderne de la Ville de Paris, Paris 1985

Dreißig Jahre durch die Kunst: Museum Haus Lange, 1955–1985, Ausst.-Kat. Krefelder Kunstmuseen, Krefeld 1985

1945–1985: Kunst in der Bundesrepublik Deutschland, Ausst.-Kat. Neue Nationalgalerie Berlin, Berlin 1985

Siméon et les flamants roses: Jeune sculpture européenne, été 85. Ausst.-Kat. Centre Culturel d'Albi, Albi 1985.

Sascha Anderson (Hg.), *Tiefe Blicke: Kunst der achtziger Jahre aus der Bundesrepublik Deutschland, der DDR, Österreich und der Schweiz.* Köln 1985

Germano Celant, *The European Iceberg: Creativity in Germany and Italien Today,* Ausst.-Kat. Art Gallery of Ontario, Toronto, Mailand 1985

Wulf Herzogenrath und Stephan von Wiese (Hg.), *Rheingold: 40 Künstler aus Köln und Düsseldorf / 40 artisti da Colonia e Düsseldorf,* Köln 1985

Correspondentie Europa, Amsterdam: Ausst.-Kat. Het Museum, Amsterdam 1986

Il cangiante, Mailand 1986

Kleinplastik, Ausst.-Kat. Stadt Fellbach, Fellbach 1986

Sieben Skulpturen, Ausst.-Kat. Kölnischer Kunstverein, Köln 1986

Saskia Bos, Jan Brand und Hans Brand, *Sonsbeek '86: Internationale beelden tentoonstelling,* Utrecht 1986

Origins, Originality and Beyond, hg. von Josephine Heitter, Ausst.-Kat. Biennale of Sydney, Sydney 1986

Jenisch-Park: Skulptur, hg. von Stephan Schmidt-Wulffen, Ausst.-Kat. Kulturbehörde Hamburg, Hamburg 1986

Das andere Medium: Zeichnungen von Bildhauern, Ausst.-Kat. Museum am Ostwall, Dortmund 1987

Die Grosse Oper oder Die Sehnsucht nach dem Erhabenen, Ausst.-Kat. Bonner Kunstverein, Bonn 1987

Documenta 8, Kassel 1987

Juxtapositions: Recent Sculpture from England and Germany, Ausst.-Kat. P.S. 1, Institute for Art and Urban Resources, Long Island City (NY) 1987

L'époque, la mode, la morale, la passion: Aspects de l'art d'aujourd'hui 1977–1987, Ausst.-Kat. Centre Georges Pompidou, Paris 1987

Musée St. Pierre Art Contemporain Lyon, Ausst.-Kat. Frankfurter Kunstverein, Frankfurt am Main 1987

Raumbilder: Cinco escultores alemanes en Madrid. hg. von Ministerio de Cultura; Dirección General de Bellas Artes y Archivos, Ausst.-Kat. Centro Nacional de Exposiciones, Madrid 1987

Tekenen '87, Ausst.-Kat. Museum Boymans-van Beuningen, Rotterdam 1987

Klaus Bußmann, Kasper König und Florian Matzner (Hg.), *Skulptur Projekte in Münster 1987,* Köln 1987

Peter Pakesch (Hg.), *Bildhauerzeichnungen,* Ausst.-Kat. Grazer Kunstverein, Graz 1987

Amnon Barzel und Giorgio Maragliano (Hg.), *Europa oggi: Arte contemporanea nell'Europa Occidentale,* Florenz 1988

Edna van Duyn und Saskia Bos (Hg.), *Nightfire,* Amsterdam 1988

Blickpunkte, Ausst.-Kat. Musée d'Art Contemporaine de Montréal und Goethe-Institut Montreal, Montréal 1989

Skulpturen für Krefeld I, Ausst.-Kat. Krefelder Kunstmuseen Museum Haus Esters, Krefeld 1989

Zeitzeichen: Stationen Bildender Kunst in Nordrhein-Westfalen, Köln 1989

Germano Celant, *Periodi di marmo: Arte verso l'inespressionismo,* Mailand 1989

Hacia el paisaje / Towards landscape. Madrid: Ausst.-Kat. Centro Atlántico de Arte Moderno, 1990.

Possible Worlds: Sculpture from Europe. London: Ausst.-Kat. ICA und Serpentine Gallery, 1990.

Espacio mental, Ausst.-Kat. Institut Valencià d'Art Modern, Centre del Carme, Valencia 1991

Zeit-Rausch: Künstlerwettbewerb zur Magnetschnellbahn, Ausst.-Kat. Bonner Kunstverein, Bonn 1991

Like Nothing Else in Tennessee, Serpentine Gallery, London 1992

Tišina: Protislovne oblike resnice / Silence: Contradictory Shapes of Truth, Ausst.-Kat. Moderna Galerija, Ljubljana 1992

Saskia Bos, *Inscapes,* Amsterdam, 1992.

Nachtschattengewächse, Ausst.-Kat. Museum Fridericianum, Kassel 1993

Tutte le strade portano a Roma?, Rom 1993

Viaggio verso Citera: Arte e Poesia, Venedig 1993

New Sculptures, hg. von Bart Cassiman u. a., Ausst.-Kat. Open Air Museum of Sculpture Middelheim, Antwerpen 1993

The Sublime Void: On the Memory of Imagination, hg. von Bart Cassiman u. a., Ausst.-Kat. Koninklijk Museum voor Schone Kunsten, Antwerpen 1993

Jürgen Harten und Michael Schirner, *Art Meets Ads.* Ostfildern 1993

Gerhard Engelking und Jost Reinert (Hg.), *Junge deutsche Kunst der 90er Jahre aus NRW: Die Generation nach Becher, Beuys, Polke, Richter, Ruthenbeck,* Ostfildern 1994

Figur. Natur, hg. von Ulrich Krempel und Susanne Meyer-Büser, Ausst.-Kat. Landeshauptstadt Hannover und Sprengel Museum Hannover, Hannover 1994

Der Janustempel, Ausst.-Kat. Krefelder Kunstmuseen, Krefeld 1995

Micromegas, Ausst.-Kat. American Center, Paris 1995

Private View, Ausst.-Kat. Henry Moore Foundation, Leeds 1996

Distemper: Dissonant Themes in the Art of the 1990s, hg. von Neal Benezra und Olga M. Viso, Ausst.-Kat. Smithsonian Institution, Washington, DC 1996

Beuys and After: Contemporary German Drawing from the Collection, hg. von Magdalena Dabrowski, Ausst.-Kat. The Museum of Modern Art, New York 1996

Artistes, architects, Ausst.-Kat. Nouveau Musée / Institut d'Art Contemporain, Villeurbanne 1997

Documenta X, Ausst.-Kat. Documenta und Museum Fridericianum Veranstaltungs GmbH, Kassel 1997

Im Reich der Phantome: Fotografie des Unsichtbaren, Ostfildern-Ruit 1997

Young German Artists 2, Ausst.-Kat. Saatchi Gallery, London 1997

Klaus Bußmann u. a. (Hg.), *Contemporary Sculpture. Projects in Münster,* Ostfildern-Ruit 1997

Das neue Gesicht, hg. von Ulrike Lehmann, Ausst.-Kat. Kunstverein Konstanz, Konstanz 1997

Schneede, Uwe M. (Hg.), *Erstbezug: Künstler richten die Galerie der Gegenwart ein,* Ausst.-Kat. Hamburger Kunsthalle, Hamburg 1997

Thomas Schütte und Henrik Wolff, hg. von Raimund Stecker, Ausst.-Kat. Kunstverein für die Rheinlande und Westfalen, Düsseldorf 1997

Artist's Proof: Grafische/fotografische Arbeiten aus den letzten dreissig Jahren, Köln 1998

The House in the Woods, Ausst.-Kat. Centre for Contemporary Arts, Glasgow 1998

Jardin d'artiste: De mémoire d'arbre, Ausst.-Kat. Paris-Musées, Paris 1998

A Portrait of Our Times: An Introduction to the Logan Collection, Ausst.-Kat. San Francisco Museum of Art, San Francisco 1998

Unfinished History, hg. von Francesco Bonami, Ausst.-Kat. Walker Art Center, Minneapolis (MN) 1998

Wounds: Between Democracy and Redemption in Contemporary Art, hg. von David Elliott und Pier Luigi Tazzi, Ausst.-Kat. Moderna Museet, Stockholm 1998

Mise en scène: Theater und Kunst, hg. von Sebastian Huber u. a., Ausst.-Kat. Grazer Kunstverein, Graz 1998

Am Horizont, Ausst.-Kat. Krefelder Kunstmuseen, Krefeld 1999

Dream City – ein Münchner Gemeinschaftsprojekt, Ausst.-Kat. Kunstraum München, Kunstverein München und Museum Villa Stuck, München 1999

La realitat i el desig, Ausst.-Kat. Fundació Joan Miró, Barcelona 1999

Zoom: Ansichten zur Deutschen Gegenwartskunst, Sammlung Landesbank Baden-Württemberg, Ostfildern-Ruit 1999

Holger Broeker (Hg.), *Gesammelte Werke 1. Zeitgenössische Kunst seit 1968,* Ostfildern-Ruit 1999

Zeitwenden: Ausblick, hg. von Dieter Ronte und Walter Smerling, Ausst.-Kat. Stiftung für Kunst und Kultur, Kunstmuseum Bonn, Köln 1999

HausSchau: Das Haus in der Kunst, Ostfildern-Ruit, 2000.

Johannes Bilstein (Hg.), *Dein Wille geschehe. Das Bild des Vaters in zeitgenössischer Kunst und Wissenschaft,* Ausst.-Kat. Haus am Waldsee, Berlin, Stuttgart 2000.

Jane Burton (Hg.), *Between Cinema and a Hard Place.* Ausst.-Kat. Tate Modern, London 2000.

Yves Gevaert (Hg.), *Many Colored Objects Placed Side by Side to Form a Row of Many Colored Objects: Works from the Collection of Annick and Anton Herbert,* Ausst.-Kat. Casino Luxembourg, Luxemburg 2000.

Jürgen Harten, Jürgen (Hg.), *Das fünfte Element—Geld oder Kunst.* Köln 2000.

Dieter Schwarz (Hg.), *Von Edgar Degas bis Gerhard Richter: Arbeiten auf Papier aus der Sammlung des Kunstmuseums Winterthur.* Ausst.-Kat. Kunstmuseum Winterthur, Düsseldorf 2000.

How You Look at It. Fotografien des 20. Jahrhunderts, hg. von Thomas Weski und Heinz Liesbrock, Ausst.-Kat. Sprengel Museum, Hannover 2000

Between Earth and Heaven: New Classical Movements in the Art of Today, Ausst.-Kat. Provinciaal Museum voor Moderne Kunst, Oostende 2001
Dialogue ininterrompu, Ausst.-Kat. Musée des Beaux-Arts de Nantes, Nantes 2001
Ex(o)dus, Ausst.-Kat. Haifa Museum, Haifa 2001
Painting at the Edge of the World, hg. von Douglas Fogle, Ausst.-Kat. Walker Art Center, Minneapolis (MN) 2001
Tobias Ostrander, *Inmensidad íntima: Una selección de obras de la colección del Museo de Arte Contemporáneo de Gante*, Ausst.-Kat. Instituto Nacional de Bellas Artes, Museo Tamayo, Mexiko-Stadt 2001
Deborah Wye und Susan Tallman, *Parkett Collaborations and Editions since 1984: A Small Museum and a Large Library of Contemporary Art*, Zürich 2001
Die Pop Art und die zeitgenössische Bildhauerkunst, Ausst.-Kat. Gerhard Marcks Haus, Bremen 2002
The Object Sculpture, hg. von Penelope Curtis, Ausst.-Kat. Henry Moore Foundation, Leeds 2002
Startkapital, hg. von Julian Heynen, Ausst.-Kat. Kunstsammlung Nordrhein-Westfalen K21, Düsseldorf, Ostfildern-Ruit 2002
Sergio Risaliti und Achille Bonito Oliva, *De Gustibus: Collezione Privata Italia*, Pistoia 2002
Berlin – Moskau / Moskau – Berlin 1950–2000, hg. von Pawel Choroschilow u. a., Ausst.-Kat. Martin-Gropius-Bau/Tretjakow-Galerie, Moskau, Berlin 2003
Françoise Cohen und Marielle Tabart, *Sculpture de Derain à Séchas: Collection du Centre Pompidou, Musée National d'Art Moderne*, Carré d'Art – Musée d'Art Contemporain, Nîmes, Paris 2003
Matthias Flügge und Friedrich Meschede (Hg.), *Warum! Bilder diesseits und jenseits des Menschen*, Ostfildern 2003
Pamela Kort (Hg.), *Grotesk! 130 Jahre Kunst der Frechheit*, München u. a. 2003
Durchgehend geöffnet: Skulpturensommer in Baden-Baden, hg. von Matthias Winzen und Isabel Greschat, Staatliche Kunsthalle Baden-Baden, Sammlung Frieder Burda, Baden-Baden, Köln 2003
ArchiSkulptur, Ausst.-Kat. Fondation Beyeler, Riehen/Basel 2004
Faces in the Crowd: Picturing Modern Life from Manet to Today, Ausst.-Kat. Castello di Rivoli Museo d'Arte Contemporanea, Turin/Whitechapel Gallery, London, Mailand 2004
Interior View: Artists Explore the Langauge of Architecture, Ausst.-Kat. De Zonnehof, Centrum voor Moderne Kunst, Amersfoort 2004
Sammlung Plum: Museum Kurhaus Kleve, Ausst.-Kat. Freundeskreis Museum Kurhaus und Koekkoek-Haus, Kleve 2004
Seltsam vertraut, Ausst.-Kat. Saarlandmuseum, Saarbrücken 2004
Bilstein, Johannes und Matthias Winzen. *Seele: Konstruktionen des Innerlichen in der Kunst*. Baden-Baden: Ausst.-Kat. Staatliche Kunsthalle Baden-Baden und Verlag für Moderne Kunst Baden-Baden, 2004
Reanimation: Hermann Gerber, hg. von Ulrich Binder und Madeleine Schuppli, Ausst.-Kat. Kunstmuseum Thun, Thun 2004
Eugen Blume u. a. (Hg.), *Friedrich Christian Flick Collection im Hamburger Bahnhof*, Köln 2004
Sabine Folie, *Skulpture: Prekärer Realismus zwischen Melancholie und Komik*, Ausst.-Kat. Kunsthalle Wien, Wien 2004
See History 2004: Der Demokratische Blick, hg. von Dirk Luckow, Ausst.-Kat. Kunsthalle zu Kiel, Schleswig-Holsteinischer Kunstverein, Kiel 2004
Kirsten Weiss, *Dependent Objects*, Ausst.-Kat. Busch-Reisinger Museum, Harvard University Art Museums, Cambridge (MA) 2004
An Aside: Selected by Tacita Dean, Ausst.-Kat. Hayward Gallery, London 2005
Big Bang: Creation and Destruction in 20th Century Art. Ausst.-Kat. Centre Pompidou, Paris 2005.
Kunst in Schokolade / Chocolate Art. Ausst.-Kat. Museum Ludwig und Imhoff-Stollwerck-Museum, Köln, Ostfildern-Ruit 2005.
Regarding Terror: The RAF-Exhibition Volume 1 and 2, Göttingen 2005.
Universal Experience: Art, Life, and the Tourist's Eye. Ausst.-Kat. Museum of Contemporary Art, Chicago, New York 2005
Philipp Kaiser (Hg.), *Flashback: Eine Revision der Kunst der 80er Jahre*, Berlin 2005
Jordan Kantor, *Drawing from the Modern, 1975–2005*, Ausst.-Kat. The Museum of Modern Art, New York 2005
In the Middle of the Night: Die Neuerwerbungen seit 1996, hg. von Thomas Kellein, Ausst.-Kat. Kunsthalle Bielefeld, Bielefeld 2005
(My Private) Heroes, hg. von Véronique Souben, Ausst.-Kat. MARTa Herford, Herford 2005
Lang leve Beeldhouwkunst! / Long Live Sculpture!, Ausst.-Kat. Middelheimmuseum, Antwerpen 2006
Public Space / Two Audiences. Works and Documents from the Herbert Collection, Ausst.-Kat. Museu d'Art Contemporani de Barcelona, Barcelona 2006
Radar: Selections from the Collection of Vicki and Kent Logan, Ausst.-Kat. Denver Art Museum, Denver 2006
Maurizio Cattelan, Massimiliano Gioni und Ali Subotnick, *Of Mice and Men: 4th Berlin Biennial for Contemporary Art*, Ausst.-Kat. KW Institute for Contemporary Art, Berlin 2006
The Unhomely: Phantom Scenes in Global Society. hg. von Okqui Enwezor, Ausst.-Kat. Fundación Bienal Internacional de Arte Contemporáneo de Sevilla, Sevilla 2006
Ulrich Loock, *The 80s: A Topology*, Ausst.-Kat. Museu de Arte Contemporânea de Serralves, Porto 2006
Die Kunst zu sammeln: Das 20./21. Jahrhundert in Düsseldorfer Privat- und Unternehmensbesitz, Ausst.-Kat. Stiftung Museum Kunst Palast, Düsseldorf 2007
Rockers Island: Olbricht Collection, Göttingen 2007
Brigitte Franzen u. a. (Hg.), *Skulptur Projekte Münster 07*, Köln 2007
Artempo: Where Time Becomes Art, hg. von Axel Vervoordt und Mattijs Visser, Ausst.-Kat. Paper Kunsthalle, Gent 2007
After Nature, Ausst.-Kat. New Museum, New York 2008
La collection de Pont à Paris, Ausst.-Kat. Institut Néerlandais, Paris 2008
The Immediate Touch: German, Österreichn, and Swiss Drawings from the Saint Louis Collections 1946–2007, hg. von Francesca Consagra, Ausst.-Kat. Saint Louis Art Museum, Saint Louis (MO) 2008
Douglas Fogle, *Life on Mars: 55th Carnegie International*, Ausst.-Kat. Carnegie Museum of Art, Pittsburgh 2008
Enrique Juncosa, *Order. Desire. Light: Contemporary Drawing*, Ausst.-Kat. Irish Museum of Modern Art, Dublin 2008
Stefanie Kreuzer, *Kavalierstart 1978–1982: Aufbruch in die Kunst der 80er*, Köln 2008
Mary-Kay Lombino, *Out of Shape: Stylistic Distortions of the Human Form in Art from the Logan Collection*, Ausst.-Kat. Frances Lehman Loeb Art Center, Poughkeepsie (NY) 2008
Dirk Luckow, *Heavy Metal: Die unerklärbare Leichtigkeit eines Materials*, Ostfildern 2008
Francesco Poli u. a. (Hg.), *Nient'altro che scultura: Nothing but Sculpture*, Mailand 2008
Art of Two Germanys: Cold War Cultures, hg. von Stephanie Barron und Sabine Eckmann, Ausst.-Kat. Los Angeles County Museum of Art, Los Angeles, New York 2009
Thomas Bayrle (Hg.), *Heidi au pays de Martin Kippenberger*, Blou 2009
Dieter Brunner, *Das Fundament der Kunst: Die Skulptur und ihr Sockel in der Moderne*. Heidelberg 2009
Compass in Hand: Selections from The Judith Rothschild Foundation Contemporary Drawings Collection, hg. von Christian Rattemeyer, Ausst.-Kat. The Museum of Modern Art, New York 2009
Locus Oculi par Bernhard Rüdiger, Ausst.-Kat. Musée d'Art Moderne et Contemporain de Saint-Étienne et de l'IAC Villeurbanne, Saint-Priest-en-Jarez 2009
Walter Smerling (Hg.), *60 Jahre 60 Werke: Kunst aus der Bundesrepublik Deutschland 1949–2009*, Köln 2009
Der Westen leuchtet, hg. von Stefan Berg, Ausst.-Kat. Kunstmuseum Bonn, Bielefeld 2010
Die Natur der Kunst: Begegnungen mit der Natur vom 19. Jahrhundert bis in die Gegenwart, hg. von Dieter Schwarz, Ausst.-Kat. Kunstmuseum Winterthur, Düsseldorf 2010
Visceral Bodies, hg. von Daina Augaitis, Ausst.-Kat. Vancouver Art Gallery, Vancouver 2010
With a Probability of Being Seen: Dorothee and Konrad Fischer; Archives of an Attitude, hg. von Friedrich Meschede und Guido de Werd, Ausst.-Kat. Museu d'Art Contemporani de Barcelona/Museum Kurhaus Kleve, Düsseldorf 2010
Living: Frontiers of Architecture III–IV, Ausst.-Kat. Louisiana Museum of Modern Art, Humlebæk 2011
Mit Feuer und Flamme: Keramik in der Gegenwartskunst. Burgrieden: Ausst.-Kat. Museum Villa Rot, 2011
Vollendet das ewige Werk: Sammlung Rheingold in Schloss Dyck 2011, hg. von Meike Reichert, Ausst.-Kat. Schloß Dyck, Düsseldorf 2011
Ostalgia, hg. von Jarrett Gregory und Sarah Valdez, Ausst.-Kat. New Museum, New York 2011
Martin Hentschel (Hg.), *Heinz and Marianne Ebers Foundation: A Collection with Stature*, Bielefeld u. a. 2011
Kasper König und Thomas Trummer (Hg.), *Vor dem Gesetz: Skulpturen der Nachkriegszeit und Räume der egenwartskunst*, Köln 2011
Friedrich Meschede, *KölnSkulptur #6*, Köln 2011
Wunder, hg. von Daniel Tyradellis u. a., Ausst.-Kat. Deichtorhallen Hamburg, Hamburg, Köln 2011
Adriano Berengo, *Glasstress New York: New Art from the Venice Biennales*, Mailand 2012
Cherix, Christophe (Hg.), *Print/Out: 20 Years in Print*. New York: Ausst.-Kat. The Museum of Modern Art, 2012
Fernández, Valeriano Bozal (Hg.), *The Grotesque Factor*. Málaga: Ausst.-Kat. Fundación Museo Picasso Málaga, 2012
Knapstein, Gabriele und Matilda Felix. *Architektonika*. Berlin: Ausst.-Kat. Nationalgalerie Staatliche Museen zu Berlin, 2012
As If It Could: Works and Documents from the Herbert Foundation. Gent: Ausst.-Kat. Herbert Foundation, 2013
Die Bildhauer: Kunstakademie Düsseldorf, 1945 bis heute, hg. von Maria Müller, Ausst.-Kat. Kunstsammlung Nordrhein-Westfalen, K20 Düsseldorf, Bielefeld 2013
Glasstress: White Light / White Heat, hg. von Adriano Berengo und James Putnam, Ausst.-Kat. London College of Fashion, London 2013
Martin Henatsch (Hg.), *Back to Earth: Von Picasso bis Ai Weiwei – Die Wiederentdeckung der Keramik in der Kunst*, Neumünster 2013
Auf Zeit, hg. von Johan Holten und Friedrich Meschede, Ausst.-Kat. Staatliche Kunsthalle Baden-Baden/Kunsthalle Bielefeld, Köln 2013
Friedrich Meschede, *KölnSkulptur #7*, Köln 2013
Bad Thoughts: Collective Martijn en Jeannette Sanders. Amsterdam: Lynda Stedelijk Museum, 2014
Body and Void: Echoes of Moore in Contemporary Art, Ausst.-Kat. Henry Moore Foundation, Perry Green (UK) 2014
Branching out: Positionen zur Natur, hg. von Oliver Zybok, Ausst.-Kat. Museum Ratingen, Bielefeld 2014
The Human Factor: The Figure in Contemporary Sculpture, London 2014

Keramische Räume, hg. von Markus Heinzelmann, Ausst.-Kat. Museum Morsbroich, Leverkusen, Dortmund 2014
Vanitas – Ewig ist eh nichts, Ausst.-Kat. Georg Kolbe Museum, Berlin 2014
Beatrice Merz und Marianna Vecellio, *Intenzione manifesta: Il disegno in tutte le sue forme,* Mantua 2014
Lynda Morris, *Genuine Conceptualism,* Ausst.-Kat. Herbert Foundation, Gent 2014
Paying No Attention I Notice Everything: Robert Walser and the Visual Arts, hg. von Madeleine Schuppli u. a., Ausst.-Kat. Aargauer Kunsthaus, Aarau, Sulgen 2014
Andy Warhol sul comò: Opera dalla collezione Rosetta Barabino, Ausst.-Kat. Museo d'Arte Contemporanea Villa Croce, Genua 2015.
Artistes et architecture, Ausst.-Kat. Pavillon de l'Arsenal, Paris 2015.
Artzuid 2015, Ausst.-Kat. Stichting Art Zuid, Amsterdam 2015.
Avatar und Atavismus: Outside der Avantgarde, hg. von Veit Loers und Gregor Jansen, Ausst.-Kat. Kunsthalle Düsseldorf, Heidelberg 2015.
A Few Free Years: Schenkungen von Friedrich Christian Flick an die Nationalgalerie, Ausst.-Kat. Staatliche Museen zu Berlin, Berlin 2015.
Ceramix: From Rodin to Schütte, Köln 2015.
Gesichter: Ein Motiv zwischen Figur, Porträt und Maske, Wien 2015.
Ruhe vor dem Sturm: Postminimalistische Kunst aus dem Rheinland, Dortmund 2015.
Jean-François Chevrier, *Formes biographiques.* Vanves 2015.
Massimiliano Gioni und Roberta Tenconi (Hg.), *The Great Mother: Women, Maternity, and Power in Art and Visual Culture, 1900–2015.* Mailand 2015.
Ladislav Kesner (Hg.), *Model,* Ausst.-Kat. Galerie Rudolfinum, Prag 2015.
Accrochage, Ausst.-Kat. Palazzo Grassi, Venedig 2016
Elective Affinities: Deutsche Kunst seit den späten 1960er Jahren, Bielefeld u. a. 2016
Bare Wunder: Sigmar Polke – 100 Years of Mediumistic and Phantasmagorical Photography, hg. von Corina Hein, Ausst.-Kat. Sies + Höke Galerie, Düsseldorf 2016
Cloud and Crystal: The Dorothee and Konrad Fischer Collection, hg. von Anette Kruszynski, Ausst.-Kat. Kunstsammlung Nordrhein-Westfalen, Düsseldorf, Bielefeld u. a. 2016
Guido Molinari und Matteo Zauli (Hg.), *Terra provocata: Percezione della materia e concetto nella materia,* Mantua 2016
Von Lucio Fontana bis Thomas Schütte, hg. von Dieter Schwarz, Ausst.-Kat. Kunstmuseum Winterthur, Winterthur 2016
Bettina Zeman und Michael Stoeber, *Geliebte Feinde – Symbolismus heute von Peter Doig bis Thomas Schütte,* Dortmund 2016
Moving Is in Every Direction: Environments, Installations, Narrative Spaces, hg. von Anna-Catharina Gebbers und Gabriele Knapstein, Ausst.-Kat. Staatliche Museen zu Berlin und Preußischer Kulturbesitz, Berlin 2017
Kasper König u. a. (Hg.), *Skulptur Projekte Münster 2017,* Leipzig 2017
Mir ist das Leben lieber: Sammlung Reydan Weiss, hg. von Wolfgang Schoppmann u. a., Ausst.-Kat. Weserburg. Museum für Moderne Kunst, Bremen, Heidelberg 2017
Thomas D. Trummer (Hg.), *Das Reich ohne Mitte,* übers. von Matthew Harris, Wien 2017
Debout!, hg. von Pinault Collection, Ausst.-Kat. Couvent des Jacobins und Musée des Beaux-Arts, Rennes, Paris 2018
The Playground Project, hg. von Gabriela Burkhalter, Ausst.-Kat. Kunst- und Ausstellungshalle der Bundesrepublik Deutschland, Bonn, Zürich 2018
João Ribas und Ricardo Nicolau, *Zéro de conduit,* Ausst.-Kat. Fundação de Serralves, Porto 2018
Homo Faber: Craft in Contemporary Sculpture, Ausst.-Kat. Asia Culture Center, Gwangju 2019
Petr Nedoma, *A Cool Breeze,* Ausst.-Kat. Galerie Rudolfinum, Prag 2019
Tobias Berger, *KölnSkulptur #10 – ÜberNatur,* Ausst.-Kat. Skulpturenpark Köln, Köln 2020
Closer to Life: Drawings and Works on Paper in the Marieluise Hessel Collection, hg. von Tom Eccles und Amy Zion, Ausst.-Kat. Center for Curatorial Studies, Bard College, Annandale-on-Hudson (NY) 2020
Strand: Isa Genzken, Blinky Palermo, Sigmar Polke, Gerhard Richter, Thomas Schütte, Ausst.-Kat. Sies + Höke Galerie, Düsseldorf 2020
Moment. Monument, Köln 2021
Les flammes: L'âge de la céramique, hg. von Anne Dresser, Ausst.-Kat. Musée d'art moderne de Paris, Paris 2021
Au rendez-vous des amis: Klassische Moderne im Dialog mit Gegenwartskunst aus der Sammlung Goetz, hg. von Oliver Kase und Karsten Löckemann, Ausst.-Kat. Pinakothek der Moderne, München, München 2021
Padberg, Marc, Martina Padberg und Rita G. Täuber (Hg.), *Fragile: Alles aus Glas! Grenzbereiche des Skulpturalen,* hg. von Marc Padberg u. a., Ausst.-Kat. Kunsthalle Vogelmann, Städtisches Museum Heilbronn, Köln 2021
Serien: Druckgraphik von Warhol bis Wool, hg. von Petra Roettig, Ausst.-Kat. Hamburger Kunsthalle, Hamburg, Berlin 2021
Schatzhaus und Labor – 25 Jahre Museum Kurhaus Kleve 1997–2022, Ausst.-Kat. Freundeskreis Museum Kurhaus und Koekkoek Haus Kleve, Kleve 2022
Arturo Galansino (Hg.), *Reaching for the Stars: From Maurizio Cattelan to Lynette Yiadom-Boakye,* Venedig 2023

ARTIKEL UND REZENSIONEN

Hanne Weskott, »Wolfgang Laib und Thomas Schütte, Preisträger der Jürgen Ponto-Stiftung 1980«, in: *Kunstforum International,* Nr. 37 (Januar 1980), S. 243–245
Hanne Weskott, »Flatz und Thomas Schütte bei Rüdiger Schöttle«, in: *Kunstforum International,* Nr. 40 (April 1980), S. 224–225
Jörg Johnen, »Retten, was zu retten ist oder: Weiter mit Verstand.« in: *Kunstforum International,* Nr. 48 (Februar/März 1982), S. 124–133
Hanne Weskott, »Thomas Schütte: Skizzen zum Projekt ›Großes Theater‹«: Galerie Schöttle, München«, in: *Kunstforum International,* Nr. 51 (Juli 1982), S. 171
Jörg Johnen, »Abdankung des Hier und Jetzt: ›Ausstellung B‹ in der Lothringerstraße«, in: *Kunstforum International,* Nr. 56 (Dezember 1982), S. 152–163
Ulrich Loock, »Sculpture ou mise en condition? Allemagne 1982, aspects d'une problématique«, übers. von Denys Zacharopoulos, in: *Artistes,* Nr. 14 (Januar/Februar 1983), S. 21–25
Jörg Johnen, »Tribüne mit Ausblick (Manchmal)«, in: *Kunstforum International,* Nr. 62 (Juni 1983), S. 164–167
David Galloway, »Report from Germany: Totems without Taboos«, in: *Art in America* 72, Nr. 9 (Oktober 1984), S. 29–37
David Galloway, »Report from Germany«, in: *Art in America,* Nr. 3 (März 1985), S. 23–29
Patrick Javault, »Les états du lieu: Thomas Schütte, Reinhard Mucha, Harald Klingelhöller, Wolfgang Luy«, in: *Art Press* 90 (März 1985), S. 37–41
Stephan Schmidt-Wulffen, »Models«, in: *Flash Art,* Nr. 121 (März 1985), S. 70–73
Jörg Johnen, »Beispiel Hamburg: Erfahrungsbericht über Kunst im öffentlichen Raum«, in: *Kunstforum International,* Nr. 81 (April 1985), S. 120–133
Renate Puvogel, »Pflicht und Kür: Denk-Modelle zwischen Skulptur und Architektur«, in: *Das Kunstwerk,* 38, Nr. 6 (Dezember 1985), S. 12–21, 44–58
Petra Kipphoff, »Gestellte Bilder und gebaute Szenen«, in: *Die Zeit,* 7.2.1986
Barbara Catoir, »Ein Heimwerker«, in: *Frankfurter Allgemeine Zeitung,* 8.2.1986
Ludwig Locker, »Architektonische Aspekte in der Düsseldorfer Gegenwartskunst (2)«, in: *Artefactum,* 2, Nr. 12 (Februar/März 1986), S. 2–9
Martin Hentschel, »Thomas Schütte im Museum Haus Lange«, in: *NIKE,* Nr. 12 (März/April 1986), S. 20–21
Stephan Schmidt-Wulffen, »Vom Stand der Dinge«, in: *Kunstforum International,* Nr. 83 (März–Mai 1986), S. 260–262
Anca Arghir, »Thomas Schütte: Museum Haus Lange, Krefeld«, in: *Das Kunstwerk,* 2, Nr. 39 (April 1986), S. 64, 85
Paul Taylor, »Café Deutschland«, in: *Art News,* 85, Nr. 4 (April 1986), S. 68–76
Thomas Dreher, »Thomas Schütte: Skulpturen«, in: *Das Kunstwerk,* 4–5, Nr. 39 (September 1986), S. 193–194
Ralph Dank, »Sonsbeek '86«, in: *Kunstforum International,* Nr. 85 (September/Oktober 1986), S. 247–255
Annelie Pohlen, »On the Rhetoric of Forms and the Vividness of Blueprints: Aspects of New German Sculpture«, in: *Artscribe International,* Nr. 59 (September/Oktober 1986), S. 38–43
Doris von Drateln, »Skulpturen in Hamburg«, in: *Kunstforum International,* Nr. 85 (September/Oktober 1986), S. 272–285
Pier Luigi Tazzi, »Thomas Schütte: Tucci Russo Studio per l'Arte Contemporanea«, in: *Artforum,* 25, Nr. 6 (Februar 1987), S. 127–128
Nena Dimitrijevic, »Meanwhile, In the Real World«, in: *Flash Art,* Nr. 134 (Mai 1987), S. 44–49
Carolyn Christov-Bakargiev, »Förg, Kiecol, Mucha, Schütte«, in: *Flash Art,* Nr. 135 (Summer 1987), S. 94
Julian Heynen, »Kunst für den öffentlichen Raum? Öffentlicher Raum für die Kunst?«, in: *Kunstforum International,* Nr. 90 (Juli – September 1987), S. 268–281
Johannes Meinhardt, »Präambel und Promenade«, in: *Kunstforum International,* Nr. 90 (Juli – September 1987), S. 250–267
Britta Hueck-Ehmer, »Skulptur/Projekte/Münster/1987«, in: *Das Kunstwerk,* 4–5, Nr. 40 (September 1987), S. 52–55, 94–96
Pier Luigi Tazzi, »Skulptur Projekte Münster«, in: *Wolkenkratzer Art Journal,* Nr. 5 (September/Oktober 1987), S. 52–57, 108–109
Carolyn Christov-Bakargiev, »Thomas Schütte: Micheline Szwajczer, Antwerpen«, in: *Flash Art,* Nr. 136 (Oktober 1987), S. 116–117
Stephan Schmidt-Wulffen, »Enzyklopädie der Skulptur«, in: *Kunstforum International,* Nr. 91 (Oktober/November 1987), S. 288–301
Stephan Schmidt-Wulffen, »Krise des Erzählens?«, in: *Noema,* Nr. 15 (November/Dezember 1987), S. 41–45
Walter Grasskamp, »Kleinmut: Hinweise zum Modell / Faint of Heart: Guidelines for the Model«, übers. von Christian Caryl, in: *Daidalos,* Nr. 26 (Dezember 1987), S. 62–71
Stephan Schmidt-Wulffen, »Fit for the Postmodern«, in: *Flash Art,* Nr. 138 (Januar/Februar 1988), S. 96–99
Achille Bonito Oliva, »Neo-Europe (West)«, in: *Flash Art,* Nr. 139 (März/April 1988), S. 67–71
Frank-Alexander Hettig, »Nachtfeuer«, in: *Kunstforum International,* Nr. 94 (April/Mai 1988), S. 322–323
Dirk Schwarze, »Schlaf der Vernunft«, in: *Kunstforum International,* Nr. 94 (April/Mai 1988), S. 248–251
Johannes Stahl, »Neue Collectionen: Kaiser Wilhelm Museum Krefeld, Gemeentemuseum Helmond« ,in: *Kunstforum International,* Nr. 94 (April/Mai 1988), S. 319–321
Rainer Braxmeier, »›Hier 88‹ (Mic Enneper, Gerald Domenig, Stefan Demary, Thomas Schütte): Kunsthalle Baden-Baden«, in: *Das Kunstwerk,* 41 (Mai 1988), S. 90–91

Andreas Franzke, »New German Sculpture«, in: *Art and Design,* 5, Nr. 9–10 (1989), S. 28–34
Julian Heynen, »Thomas Schütte«, in: *Das Kunstwerk,* 4–5, Nr. 41 (Januar 1989), S. 145
Doreet Levitte Harten, »We Androids«, in: *Artforum* 27, Nr. 5 (Januar 1989), S. 100–106
Michael Brenson, »A Show's Instructive Provocation«, in: *The New York Times*, 17.3.1989
Carolyn Christov-Bakargiev, »Thomas Schütte: Nelson, Lyon«, in: *Flash Art*, Nr. 145 (März/April 1989), S. 124
Kirby Gookin, »Thomas Schütte: Marian Goodman Gallery«, in: *Artforum* 27, Nr. 10 (Sommer 1989), S. 138
Eleanor Heartney, »Thomas Schütte: Marian Goodman«, in: *Art News* 88, Nr. 6 (Sommer 1989), S. 170, 172
Robert C. Morgan, »New York in Review«, in: *Arts Magazine* 63 (Juli 1989), S. 99
Mathilde Roskam, »Performing Poet«, in: *De Appel Bulletin,* Nr. 2 (August/September 1989), S. 2–7
Petra Klaus, »Mein wunderbarer Waschsalon«, in: *Wolkenkratzer Art Journal*, Nr. 5 (September/Oktober 1989), S. 79
Philippe Piguet, »Thomas Schütte: Musée de Clamecy«, in: *Art Press*, Nr. 140 (Oktober 1989), S. 108
Nancy Princenthal, »Thomas Schütte at Marian Goodman«, in: *Art in America* 77, Nr. 10 (Oktober 1989), S. 207–208
Rudolf Schmitz, »Thomas Schütte: Portikus, Frankfurt«, in: *Flash Art*, Nr. 148 (Oktober 1989). S. 135–136
Marie-Theres Suermann, »Thomas Schütte: Portikus, Frankfurt am Main«, in: *NIKE*, Nr. 30 (Oktober/November 1989), S. 44
Ulrich Loock, »Sculpture Places – Sculpture as Place«, in: *Kunst en Museumjournaal,* 2, Nr. 1 (Januar 1990), S. 7–18
Martin Bochynek, »Thomas Schütte: Galerie Konrad Fischer, Düsseldorf«, in: *Artis,* 42, Nr. 2 (Februar 1990), S. 48
Oscarine Bosquet, »Thomas Schütte: Le théâtre de l'œil«, in: *Galeries Magazine*, Nr. 36 (April 1990), S. 110–113, 184
Manfred Hermes, »Thomas Schütte: Konrad Fischer«, in: *Artscribe*, Nr. 81 (Mai 1990), S. 85–86
Catherine Grout, »Schütte o el arte de vivir«, in: *El Guía* (Juni 1990), S. 64–65
Philippe Piguet, »Jean-Marc Bustamante, Thomas Schütte: Musée d'Art Moderne de la Ville de Paris, ARC«, in: *Art Press*, Nr. 149 (Juli 1990), S. 90
Claude Gintz, »Thomas Schütte: Retour aux ›fonctions iconiques de l'art‹«, in: *Art Press*, Nr. 150 (September 1990), S. 32–35
Alain Cueff, »Thomas Schütte: ARC, Galerie Crousel-Robelin/BAMA«, in: *Artforum,* 29, Nr. 1 (September 1990), S. 170
Marieke van Giersbergen, »Architektur als levensontwerp: Het werk van Thomas Schütte«, in: *Archis*, Nr. 10 (Oktober 1990), S. 43–46
Hans Rudolf Reust, »Man in the Mud«, übers. von Ted Gang, in: *Artscribe*, Nr. 84 (November/Dezember 1990), S. 75–78
Julian Heynen, »Arte Povera: Waiting for a Wonder. Fragmenten bij het werk van Thomas Schütte«, in: *Metropolis M,* 12, Nr. 1 (1991), S. 20–25
Marina Schneede, »Gebaute Bilder: Zur Skulptur in den achtziger Jahren«, in: *Kunst und Antiquitäten*, Nr. 6 (1991), S. 20–27
Barbara Vanderlinden, »Towards Landscape«, in: *Artefactum*, Nr. 37 (Februar/März 1991), S. 47
Pier Luigi Tazzi, »Outside in the Storms of Springtime: Thomas Schütte«, in: *Artforum,* 29, Nr. 9 (Mai 1991), S. 130–135
Élisabeth Lebovici, »En Belgique, l'art en privé«, in: *Art Press*, Nr. 162 (Oktober 1991), S. 49–57
Jan Hoet, »Documenta als Motor«, in: *Kunstforum International*, Nr. 119 (1992), S. 238–243
Michael Hübl, »Deutschland: Ein Fragment mit 24 Künstlern«, in: *Kunstforum International*, Nr. 119 (1992), S. 158–163
Andrew Donaldson, »Thomas Schütte / Günther Förg«, in: *Art and Text*, Nr. 41 (Januar 1992), S. 82–89
Michael Archer, »Documenta IX«, in: *Art Monthly*, Nr. 158 (Juli/August 1992), S. 7–9
Jean-Marc Huitorel, »C'est pas la fin du monde«, in: *Art Press*, Nr. 172 (September 1992), S. 82–83
Francesca Pasini, »Thomas Schütte: Galleria Tucci Rosso«, in: *Artforum,* 31, Nr. 2 (Oktober 1992), S. 116–117
Elly Stegeman, »The Sublime Void«, in: *Kunst en Museumjournaal,* 5, Nr. 2 (1993), S. 53–58
Péter Sinkovits, »Minőség helyett koncepció: Documenta IX Kasselban / Conception Instead of Quality: Documenta IX in Kassel«, übers. von Éva Polgár, in: *Új művészet,* 4, Nr. 3 (März 1993), S. 4–12, 69
Roberta Smith, »German Art Still Breathes the Air of Ideas«, in: *New York Times*, 23.4.1993
Renate Puvogel, »Thomas Schütte«, in: *Artis,* 45 (Juni 1993), S. 18–23
Noemi Smolik, »Thomas Schütte: Produzentengalerie, Hamburg«, in: *Artforum,* 32, Nr. 4 (Dezember 1993), S. 92
Gunder Clauss, »Thomas Schütte: Schöne Träume, Böse Satiren«, in: *Art: Das Kunstmagazin,* Nr. 5 (Mai 1994), S. 78–85
Gabriele Hoffmann, »Geringer Materialaufwand«, in: *TAZ: Die Tageszeitung*, 31.5.1994
Thomas Wagner, »Finsterer Udo, gelber Erhard«, in: *Frankfurter Allgemeine Zeitung*, 10.6.1994
Silke Müller, »Kunsthalle, Hamburg; exhibit«, in: *Flash Art*, Nr. 177 (Juli 1994), S. 130
Hans Rudolf Reust, ›Old Friends and All Houses‹ and ›Distant Neighbours‹«, übers. von Chris Hodder, in: *Arti,* 16 (August – Oktober 1993), S. 48–81, 82–93
Reinhard Ermen, »Thomas Schütte: Figur«, in: *Kunstforum International,* Nr. 128 (Oktober – Dezember 1994), S. 375–377
Karen Rudolph, »Thomas Schütte«, in: *Beaux Arts Magazine,* Nr. 128 (November 1994), S. 108–109
Sabine B. Vogel, »Thomas Schütte: Kunsthalle Hamburg«, übers. von Charles V. Miller, in: *Artforum,* 33, Nr. 3 (November 1994), S. 97–98
Elizabeth Janus, »Thomas Schütte: Carré d'art, Nîmes«, in: *Frieze,* Nr. 20 (Januar/Februar 1995), S. 52
Anne Rochette und Wade Saunders, »Figures of Estrangement«, in: *Art in America,* 83, Nr. 5 (Mai 1995), S. 102–107
Philip Sanderson, »Richard Deacon and Thomas Schütte«, in: *Art Monthly*, Nr. 188 (Juli/August 1995), S. 34–35
Elisabeth Janus, »Schütte's Innocents«, in: *Parkett*, Nr. 47 (September 1996), S. 129–137
Ulrich Loock, »Installations«, in: *Parkett*, Nr. 47 (September 1996), S. 124–128
Bartomeu Mari, »A Public for the Space«, in: *Parkett*, Nr. 47 (September 1996), S. 104–109
Hans Rudolf Reust, »Lily Lies«, in: *Parkett*, Nr. 47 (September 1996), S. 110–115
Adrian Searle, »Thomas Schütte«, in: *Parkett,* Nr. 47 (September 1996), S. 97–103
Neville Wakefield, »Lost at Sea«, in: *Parkett*, Nr. 47 (September 1996), S. 116–121
Greg Hilty, »Men in the Mud: Thomas Schütte's Figures«, in: *Modern Painters,* 10, Nr. 4 (Winter 1997), S. 97–98
Neal Benezra, »Thomas Schütte: Ironic Outdoor Monuments«, in: *Flash Art*, Nr. 192 (Januar/Februar 1997), S. 80–83
Donald Kuspit, »Thomas Schütte: Marian Goodman Gallery«, in: *Artforum,* 36, Nr. 1 (September 1997), S. 123
Helga Meister, »Zuspiel: Thomas Schütte und Henrik Wolff«, in: *Kunstforum International,* Nr. 139 (Dezember 1997), S. 355–356
Anne Berk, »Thomas Schütte en het bestaansrecht van de kunstenaar«, in: *Kunstbeeld,* 22, Nr. 4 (1998), S. 19–21
Alexander Alberro, »No Place Like Home«, in: *Frieze,* 38 (Januar/Februar 1998), S. 64–67
»In the Realm of the Senseless«, in: *Blueprint (02684926),* Nr. 147 (Februar 1998), S. 42
Jane Burton, »Sci-Fi Storm Troopers«, in: *Art Newspaper,* 9 (Februar 1998), S. 20
Wilma Suto, »Een vrolijke maskerade van kinderklei«, in: *De Volkskrant*, 12.2.1998
Jan Thorn-Prikker, »Extremisten der Normalität«, in: *Frankfurter Allgemeine Zeitung,* 29.5.1998
Catherine Bindman, »Thomas Schütte: Whitechapel Art Gallery, London«, in: *On Paper,* 2, Nr. 5 (Mai/Juni 1998), S. 44–45
Dieter Schwarz, »Thomas Schütte: Modelle und Blumen«, in: *Neue Zürcher Zeitung*, 14.11.1998
Rose-Maria Gropp, »Brit-pack in der Fabrikhalle«, in: *Frankfurter Allgemeine Zeitung*, 12.12.1998
Roberta Smith, »Shortcomings of Art in the Realm of Tragedy«, in: *New York Times*, 26.3.1999
Ken Johnson, »Thomas Schütte: In Medias Res, Dia Center for the Arts«, in: *New York Times*, 3.12.1999
Susanne Altmann, »Akt auf Pritsch«, in: *TAZ: Die Tageszeitung*, 10.1.2000
Nancy Princenthal, »Thomas Schütte: Heroic Measures«, in: *Art in America,* 88, Nr. 5 (Mai 2000), S. 122–127
Sabine Röder, »Krefelder Kunstmuseen«, in: *Wallraf-Richartz-Jahrbuch,* 62 (2001), S. 385–387
Gunder Clauss, »Mit nackter Schönheit gegen den Zeitgeist: Thomas Schütte«, in: *Art: Das Kunstmagazin*, Nr. 3 (März 2001), S. 44–48
Hubert Filser, »Die Auflösung ist das Problem«, in: *Süddeutsche Zeitung,* 19.3.2001
Brita Sachs, »Luise zeichnen und an das Nashorn denken«, in: *Frankfurter Allgemeine Zeitung*, 29.5.2001
Kathrin Hartmann, »Zitronen anbieten, Bananen verkaufen«, in: *Frankfurter Rundschau*, 29.6.2001
Adrian Searle, »The Wanderer«, in: *The Guardian*, 2.4.2002
Ian Hunt, »Thomas Schütte: Frith Street Gallery«, in: *Art Monthly,* Nr. 256 (Mai 2002), S. 36–37
Chloé Kinsman, »Thomas Schütte: Frith Street Gallery, London«, in: *Tema Celeste*, Nr. 91 (Mai/Juni 2002), S. 98
Anne Colin, »Richard Deacon, Thomas Schutte: Frith Street Gallery«, in: *Art Press,* Nr. 280 (Juni 2002), S. 72–73
Damien Sausset, »Thomas Schütte, de la modernité à la tradition«, in: *Connaissance des Arts,* Nr. 597 (September 2002), S. 74–79
Christiane Fricke, »Große, böse Geister«, in: *Süddeutsche Zeitung*, 14.9.2002
Claudia Posca, »Thomas Schütte – Grosse Geister«, in: *Kunstforum International,* Nr. 162 (November 2002), S. 321–322
Gabriele Hoffmann, »Bitte kein Foto!«, in: *Frankfurter Rundschau*, 17.7.2003
Astrid Eliard, »Schütte, un Allemand à Grenoble«, in: *Connaissance des Arts,* Nr. 609 (Oktober 2003), S. 24
Manou Farine, »Thomas Schütte: Petits et grands monuments«, in: *L'Œil*, Nr. 553 (Dezember 2003), S. 35
John Ezard, »An Eye-Opener with Nods to Bob Dylan, Overambitious Architects and Pigeons«, in: *The Guardian*, 12.12.2003
Martine Guillerm, »Thomas Schütte: Musée de Grenoble«, in: *Art Press,* Nr. 298 (Februar 2004), S. 76–77
Manfred Schwarz, »Der Berg ruft«, in: *Süddeutsche Zeitung*, 6.7.2004
Adrian Searle, »Is That Allowed?«, in: *The Guardian*, 27.7.2004
Helga Meister, »Thomas Schütte – Kreuzzug: K21, Kunstsammlung NRW, Düsseldorf«, in: *Kunstforum International*, Nr. 171 (Juli/August 2004), S. 328–330

Jonathan Goodman, »Thomas Schutte: Marian Goodman Gallery«, in: *Sculpture* 23, Nr. 7 (September 2004), S. 71–72
Ingeborg Ruthe, »Die Kängurusiedlung«, in: *Berliner Zeitung*, 14.9.2004
Katrin Bettina Müller, »Sackgassen aufschließen«, in: *TAZ: Die Tageszeitung*, 17.9.2004
Philippe Piguet, »Schütte, la solitude mise en scène«, in: *L'Œil*, Nr. 564 (Dezember 2004), S. 32
Mark Prince, »On Sculpture«, in: *Art Monthly*, Nr. 282 (Dezember 2004), S. 7–10
Damien Sausset, »Thomas Schütte: Galerie Nelson«, übers. von L. S. Torgoff, in: *Art Press*, Nr. 308 (Januar 2005), S. 76–77
Jörg Heiser, »Heroes and Villains«, in: *Frieze*, Nr. 89 (März 2005), S. 98–103
Richard Cork, »Bizarre Encounters«, in: *New Statesman*, 21.3.2005, S. 43–44
Ken Johnson, »Thomas Schütte: Marian Goodman«, in: *The New York Times*, 3.6.2005
Sandra Vieira Jürgens, »Consciência cívica«, in: *L+Arte*, Nr. 16 (September 2005), S. 64–65
Miguel Amado, »Thomas Schütte: Museu Serralves«, in: *Flash Art*, Nr. 8 (Oktober 2005), S. 128
Eleanor Heartney, »Thomas Schütte at Marian Goodman«, in: *Art in America*, 93, Nr. 10 (November 2005), S. 173–174
Adrienne Braun, »In der Notlösung steckt wenigstens noch Not«, in: *Süddeutsche Zeitung*, 24.3.2006
Johannes Meinhardt, »Thomas Schütte: Zeichnungen: ›Modelle für Zeichnungen‹: Staatliche Kunsthalle Baden-Baden.«, in: *Kunstforum International*, Nr. 180 (Mai 2006), S. 352–354
Annelie Pohlen, »Thomas Schütte: Konrad Fischer Galerie«, in: *Kunstforum International*, Nr. 183 (Dezember 2006 – Februar 2007), S. 325–326
Gabriele Mayer, »Das Auge des Malers im Rasierspiegel«, in: *Frankfurter Allgemeine Zeitung*, Nr. 34, 5.1.2007
Valérie de Maulmin, »Thomas Schütte toujours grinçant«, in: *Connaissance des Arts*, Nr. 649 (Mai 2007), S. 134
Gilda Williams, »Thomas Schütte: Frith Street Gallery«, in: *Artforum*, 46, Nr. 1 (September 2007), S. 480
Gareth Buckell, »Thomas Schütte – Early Works at The Henry Moore Institute, Leeds«, in: *Culture*, 24, 9.10.2007
Maria Fusco, »Fourth Plinth's Latest is a Failure«, in: *Architects' Journal*, 226, Nr. 18 (November 2007), S. 49
Adria Searle, »It Is Like a Jewel«, in: *The Guardian*, 8.11.2007
Pam Kent, »Dressing Up Trafalgar Square?«, in: *The New York Times*, 10.11.2007
Sue Hubbard, »Art for the People« in: *New Statesman*, 19.11.2007, S. 44
Lynne Cooke, »Thomas Schütte: Leeds«, in: *Burlington Magazine*, 149, Nr. 1257 (Dezember 2007), S. 875–877
Teresa Gleadowe, »Fake/Function: Thomas Schütte: Early Work; Henry Moore Institute, Leeds«, in: *Art Monthly*, Nr. 312 (Dezember 2007), S. 22–23
Melissa Gronlund, »I Would Play Piano If I Could – Each Time You Play a Piece, It's Slightly Different«, in: *Art Review*, Nr. 17 (Dezember 2007), S. 66–71
Damien Sausset, »Thomas Schütte: Les choses doivent être faites«, in: *Art Press*, Nr. 340 (Dezember 2007), S. 46–52
Courtney Martin, »Thomas Schütte: Henry Moore Institute«, in: *Artforum*, 22.12.2007, https://www.artforum.com/picks/thomas-schuette-19120
Thomas Weaver, »Observations on the Fourth Plinth«, in: *Log*, Nr. 11 (Winter 2008), S. 130
Eliza Williams, »Thomas Schütte«, in: *Flash Art*, Nr. 41 (Januar 2008), S. 78
Ina Cole, »Model Figures«, in: *Sculpture*, 27, Nr. 5 (Juni 2008), S. 34–39
Josiah McElheny, »Now on Display: Sculpture«, in: *Yale University Art Gallery Bulletin* (2009), S. 59–69
Brita Sachs, »Metallfrauen und Matschmänner«, in: *Frankfurter Allgemeine Zeitung*, 15.6.2009
Quinn Latimer, »Thomas Schütte: Haus der Kunst, München«, in: *Frieze*, 126 (Oktober 2009), S. 212–213
Martin Herbert, »The Modern Dance: Thomas Schütte Stays One Step Ahead«, in: *Kaleidoscope*, Nr. 4 (November/Dezember 2009), S. 146–149
Werner Spies, »Wie man Sparkassen bloßstellt«, in: *Frankfurter Allgemeine Zeitung*, 9.3.2010
Carsten Krohn, »Das Haus als Skulptur«, in: *Neue Zürcher Zeitung*, 24.3.2010
»Thomas Schütte, en Madrid«, in: *Lapiz*, 29, Nr. 261 (April/Mai 2010), S. 20
Fernando Sinaga, »Thomas Schütte: Los pies en la ciénaga«, in: *Arte y Parte*, Nr. 86 (April/Mai 2010), S. 28–41
Alain Cueff, »Thomas Schütte: Galerie Pietro Sparta«, übers. von Charles Penwarden, in: *Art Press*, Nr. 367 (Mai 2010), S. 82–83
Fabian Stech, »Thomas Schütte: ›Ferienhaus für Terroristen‹«, in: *Kunstforum International*, Nr. 202 (Mai/Juni 2010), S. 376–378
Rachel Wolff, »Thomas Schütte: Reina Sofía«, in: *Modern Painters*, 22, Nr. 5 (Summer 2010), S. 74
Franziska Nössig, »Wo Terroristen Urlaub machen«, in: *Thüringische Landeszeitung*, 15.7.2010
Christiane Hoffmans, »Ohne Arbeit kriegt man den Tag nicht rum«, in: *Welt am Sonntag*, 1.8.2010
Magdalena Kröner, »Musterhaus Deutschland«, in: *Frankfurter Allgemeine Zeitung*, 4.10.2010
Jürgen Raap, »Thomas Schütte: ›Big Buildings – Modelle und Ansichten‹, Kunst- und Ausstellungshalle der BRD, Bonn«, in: *Kunstforum International*, Nr. 204 (Oktober/November 2010), S. 301–303
Astrid Wege, »Thomas Schütte«, übers. von Oliver E. Dryfuss, in: *Artforum* 49, Nr. 3 (November 2010), S. 259
Beth Capper, »Thomas Schütte: Donald Young Gallery«, in: *Modern Painters*, 24, Nr. 4 (Mai 2012), S. 70
Britany Salsbury, »The Serial Drama of the Serial Format: Tradition, Revision and the Print Portfolio, ›Print/Out‹ and ›Printin‹«, in: *Art in Print*, 2, Nr. 1 (Mai/Juni 2012), S. 10–16
Myriam Boutoulle, »Middelheim, un musée à ciel ouvert«, in: *Connaissance des Arts* (Juli/August 2012), S. 135–140
Marco Rainò, »Thomas Schütte: Houses«, in: *Domus*, 8.8.2012, https://domusweb.it/en/art/2012/08/08/thomas-schutte-houses.html
Adrian Searle, »Thomas Schütte: Men, Monsters and Self-Portraits«, in: *The Guardian*, 24.9.2012
Laura Cumming, »Thomas Schütte: Faces and Figures – Review«, in: *The Guardian*, 29.9.2012
Adrian Hamilton, »Thomas Schütte – Ahead of the Rest«, in: *The Independent*, 1.10.2012
Karen Wright, »In the Studio: Thomas Schütte, Sculptor«, in: *The Independent*, 25.10.2012
Silvia Anna Barillà, »Disciplined Multidisciplinarity: The Ways of Thomas Schütte«, in: *Damn* 41 (November/Dezember 2013), S. 120–122
Dagmar Meister-Klaiber, »Was von der Kunst bleibt, wenn sie Architektur wird: Thomas Schüttes Häuser im Kunstmuseum Luzern«, in: *Stadt Bauwelt*, 200, Nr. 48 (2013), S. 3
Carol Vogel, »Struggling in Bronze: Figures Visit Central Park«, in: *The New York Times*, 24.1.2013
Timo Valjakka, »Thomas Schütte: Sara Hildén Art Museum«, in: *Artforum*, 22.4.2013, https://artforum.com/picks/thomas-schuette-40418
Martin Messmer, »Kunstmuseum zeight › Houses‹«, in: *20 Minuten – Luzern*, 16.10.2013
Harry Bellet, »Thomas Schütte, même pas peur!«, in: *Le Monde*, 28.11.2013
Andres Herzog, »Architekturmodelle des Künstlers Thomas Schütte«, in: *Tages-Anzeiger*, 28.11.2013
Licia Spagnesi, »Lo scultore che venne dal dubbio«, in: *Arte*, Nr. 485 (2014), S. 78–83
Virginie Duchesne, »La création selon Thomas Schütte: Fondation Beyeler«, in: *L'Œil*, Nr. 664 (Januar 2014), S. 109
Heike Gerling, »› Houses‹ – Eine Ausstellung von Thomas Schütte im Kunstmuseum Luzern«, in: *Ensuite*, Januar 2014, https://www.ensuite.ch/houses-eine-ausstellung-von-thomas-schuette-im-kunstmuseum-luzern/
Valérie Duponchelle, »Thomas Schütte se risque aux rictus«, in: *Le Figaro*, 8.1.2014
Edgar Schmitz, »The Human Factor: The Figure in Contemporary Sculpture; Hayward Gallery, London«, in: *Kunstforum International*, Nr. 229 (Oktober/November 2014), S. 314–315
Stefaan Vervoort, »›Iets Ontbreekt‹: Neoavant-Garde en Traditie in het Vroege Werk van Thomas Schütte«, in: *De Witte Raaf*, Nr. 178 (November/Dezember 2015), S. 11–16
Annette Bosetti, »Kunst-Raumschiff im Acker«, in: *Rheinische Post*, 19.3.2016, rp-online.de/kultur/kunst-raumschiff-im-acker_aid-22344659
Christiane Hoffmans, »Ein begehbares Kunstwerk für die Nachwelt«, in: *Die Welt*, 21.4.2016
Annette Bosetti, »Schütte stellt Schütte aus«, in: *Rheinische Post*, 31.1.2017
Joe Lloyd, »Thomas Schütte: Frith Street Gallery, London«, in: *Studio International*, 10.2.2017
Mitch Speed, »Thomas Schütte: carlier | gebauer, Berlin«, in: *Frieze*, Nr. 189 (September 2017), S. 170
Reinhard Rakow, »Helden der etwas anderen Art«, in: *Nordwest Zeitung*, 19.1.2018, nwzonline.de/kultur/oldenburg-schau-helden-der-etwas-anderen-art_a_50,0,2784400456.html
Radek Krolczyk, »Der ungeheure Reiz der fiesen alten Männer«, in: *TAZ: Die Tageszeitung*, 7.3.2018
»Thomas Schütte stellt in seiner Geburtsstadt Oldenburg aus«, in: *Kreiszeitung*, 22.3.2018
Gabriele Detterer, »Mach mal Pause!«, in: *Frankfurter Allgemeine Zeitung*, 19.7.2018
Simone Korff Sausse, »Thomas Schütte: Trois Actes«, in: *Le Carnet Psy*, Nr. 223 (5.4.2019), S. 17
Paul Laster, »Thomas Schütte: Monnaie de Paris«, in: *Sculpture*, 14.6.2019, sculpturemagazine.art/thomas-schutte/

INTERVIEWS

Jörg Johnen, »Ich lebe hier in Deutschland und muß mich dazu stellen«, in: *Badische Zeitung Magazin*, 15./16. 1.1983
Martin Hentschel, »Ein Gespräch mit Thomas Schütte«, in: Wulf Herzogenrath und Stephan von Wiese (Hg.), *Rheingold: 40 Künstler aus Köln und Düsseldorf / 40 artisti da Colonia e Düsseldorf*, Köln 1985, S. 226–228
Ulrich Loock, »Interview avec Thomas Schütte / Interview mit Thomas Schütte«, in: *Dispositif-Sculpture: Jürgen Drescher, Harald Klingelhöller, Reinhard Mucha, Thomas Schütte*, Ausst.-Kat. ARC – Musée d'Art Moderne de la Ville de Paris, Paris 1985, S. 86–91
Martin Hentschel, »Vergessen macht glücklich: Ein Gespräch mit Thomas Schütte«, in: *NIKE*, Nr. 6 (Januar/Februar 1985), S. 10–12; Wiederabdruck auf Spanisch als »Olvidar hace feliz: Una conversación con Thomas Schütte«, in: *Raumbilder: Cinco escultores alemanes en Madrid*, hg. von Ministerio de Cultura, Dirección General de Bellas Artes y Archivos und Centro Nacional de Exposiciones, Madrid 1987, S. 7–10
Martin Hentschel, »Grande y pequeño: Thomas Schütte en conversación con Martin Hentschel«, in: *Raumbilder:*

Cinco escultores alemanes en Madrid, hg. von Ministerio de Cultura, Dirección General de Bellas Artes y Archivos und Centro Nacional de Exposiciones, Madrid 1987, S. 11–12
Iwona Blazwick und Andrea Schlieker, »Interview with Thomas Schütte«, in: *Possible Worlds: Sculpture from Europe*, Ausst.-Kat. ICA und Serpentine Gallery, London 1990, S. 70–72
Lars Morell, »Architecture Creates Space«, in: *Skala,* Nr. 23 (1990), S. 24–29
Zdenka Badovinac, Interview with Thomas Schütte, in: *Tišina: Protislovne oblike resnice / Silence: Contradictory Shapes of Truth*, 59, Ausst.-Kat. Moderna Galerija, Ljubljana 1992
Stephan Balkenhol, »Gespräch Stephan Balkenhol – Thomas Schütte, September 1992«, in: *Stephan Balkenhol:* Über *Menschen und Skulpturen / About Men and Sculpture*,. Stuttgart 1992, S. 72–79
Trevor Gould, »›It Is Difficult to Arrange an Earthquake‹: An Interview with Thomas Schütte«, in: *Parachute,* Nr. 68 (Oktober – Dezember 1992), S. 38–41
Heinz-Norbert Jocks, »Thomas Schütte: Man kann auch schattenboxen oder weiter stochern im Nebel«, in: *Kunstforum International*, Nr. 128 (Oktober – Dezember 1994), S. 244–261
Matthias Winzen, »Collect Yourself: Ein Gespräch mit Thomas Schütte«, in: ders. (Hg.), *Zuspiel*, Ostfildern 1997, S. 105–112
James Lingwood, »In Conversation with Thomas Schütte«, in: Julian Heynen u. a. (Hg.), *Thomas Schütte*, London 1998, S. 8–37
Hans den Hartog Jager, »Schizofreen en grimmig: Gesprek met de Duitse kunstenaar Thomas Schütte«, in: *NRC Handelsblad,* 2.4.1998
James Lingwood, »Gespräch mit Thomas Schütte in Düsseldorf und London. Juli/Dezember 2000 / Conversation with Thomas Schütte in Düsseldorf und London. Juli/Dezember 2000«, in: *Thomas Schütte,* hg. von Rainald Schumacher, München 2001, S. 76–88
Swen Buckner, »Interview with Thomas Schütte«, in: *Site*, Nr. 6 (Mai 2002), S. 36–47
Ulrich Loock, »Illustrations with Comments by the Artist in Conversation with the Author«, in: *Thomas Schütte*, hg. von Dorothea Zwirner, Ausst.-Kat. Friedrich Christian Flick Collection, Köln 2004, S. 71–210
Christiane Hoffmans, »›Schlag in die Magengrube‹«, in: *Welt am Sonntag*, 25.4.2004
Brigitte Kölle, »Er hat ganz viel Sinn mit ins Spiel gebracht: Ein Gespräch mit Thomas Schütte / He Always Brought a Lot of Sense into Play: A Conversation with Thomas Schütte«, in: dies. (Hg.), *Okey Dokey Konrad Fischer*, Köln 2007, S. 225–246
Carsten Krohn, »Signs, Basements, Monument«, in: *Archithese*, 39, Nr. 6 (November 2009), S. 14–19
Louisa Buck, »Something Old, Something New: Interview with Thomas Schütte on His Works in London und Leeds«, in: *Art Newspaper*, 30.11.2007
Fietta Jarque, »El dinero diseña hoy las carreras de los artistas«, in: *El País,* 6.2.2010
Holger Liebs, »Matsch und Quatsch: Thomas Schütte in München«, in: *Süddeutsche Zeitung*, 17.5.2010
Marta Gnyp, »Where There's Will, There's a Way«, in: *Zoo*, Nr. 27 (Summer 2010), S. 66–75
Julia Wallner, »Giacometti Always Wanted Something Else: An Interview with Thomas Schütte«, in: *Alberto Giacometti: The Origin of Space*, hg. von Markus Brüderlin und Toni Stooss, Ausst.-Kat. Kunstmuseum Wolfsburg/Museum der Moderne Mönchberg, Salzburg, Ostfildern 2011, S. 208–211
Hans Ulrich Obrist, »Reality Production. An Interview with Thomas Schütte«, in: *Mousse*, Nr. 28 (April/Mai 2011), S. 62–75
Hans Ulrich Obrist, »Reality Production. An Interview with Thomas Schütte – Part II«, in: *Mousse*, Nr. 29 (Sommer 2011), S. 68–79
Julian Heynen, »Through the Flower: A Conversation between Thomas Schütte und Julian Heynen«, in: *Het Huis: Thomas Schütte Sculpturen / Robbrecht en Daem Architecten,* Ausst.-Kat. Middelheimmuseum, Antwerpen 2012
Ulrich Loock, »Gespräch: Ulrich Loock mit Thomas Schütte / Conversation: Ulrich Loock with Thomas Schütte«, in: ders. (Hg.), *Thomas Schütte: Public/Political*, Köln 2012, S. 196–211
Ulrich Loock, »Tierisches Theater / Public Figures«, übers. von Nicholas Grindell, in: *Frieze d/e*, Nr. 8 (Februar/März 2013), S. 84–93
Holger Liebs, »Gefangen im Neuland«, in: *Monopol*, Nr. 9 (September 2013), S. 51–60
Reto Sorg, »Clint Eastwood and Robert Walser – The Two Have Something in Common«, in: *Paying No Attention I Notice Everything: Robert Walser and the Visual Arts*, hg. von Madeleine Schuppli u. a., Ausst.-Kat. Aargauer Kunsthaus, Aarau, Sulgen 2014, S. 135–142
Robert Stasinski, »Ten Questions: Thomas Schütte«, in: *Kunstkritikk*, 7.10.2016
Rolf Fehlbaum, »›It's not about Entertainment‹: Thomas Schütte on the Blockhaus«, in: *Vitra,* 26.7.2018, vitra.com/en-us/magazine/details/its-not-about-entertainment
Angelika Drnek, »›Die digitale Kunst ist total uninteressant. Davor bleibe ich nie lange stehen‹«, in: *Neue Zürcher Zeitung*, 9.9.2019
»For me it's always about spaces. I don't care about the single sheet«, in: *Serien: Druckgraphik von Warhol bis Wool,* hg. von Petra Roettig, Ausst.-Kat. Hamburger Kunsthalle, Hamburg, Berlin 2021, S. 233–235

EIGENE VERÖFFENTLICHUNGEN UND PROJEKTE

»Lieber Jean-Hubert Martin!«, in: *Burton, Gerdes, Huber, Klingelhöller, Luy, Mucha, Schütte: Konstruierte Orte; 6 × D + 1 × NY*, hg. von Jean-Hubert Martin, Ausst.-Kat. Kunsthalle Bern, Bern 1983, S. 80–81
»One Ninety Nine (… And Here … A Project for *Artforum*)«, in: *Artforum,* 25, Nr. 10 (Sommer 1987), S. 100–101
»Gute-Nacht-Geschichte Nr. 5: Der Maler«, in: Kasper König und Hans Ulrich Obrist (Hg.), *Jahresring 38: Der öffentliche Blick*, München 1991, S. 319–328
»Gute-Nacht-Geschichten Nr. 6: Der Streik – Das Leben ging weiter«, in: *Alte Freunde – Neue Arbeiten*, Ausst.-Kat. Produzentengalerie Hamburg, Hamburg 1993, S. 25–28
»Medardo Rosso«, in: *Medardo Rosso*, hg. von Gloria Moure, Ausst.-Kat. Centro Galego de Arte Contemporánea, Santiago de Compostela 1996, S. 252
»Bedtime Story No. 6 and ›Letter from Bilka‹«, in: Julian Heynen u. a. (Hg.), *Thomas Schütte*, London 1998, S. 136–140, 142–143
»La grève – mais la vie continue …«, in: *Cahiers du Musée National d'Art Moderne,* 67 (Frühjahr 1999), S. 89–91
»Heart and Mouth Disease«, in: *Thomas Schütte: Scenewright, Gloria in Memoria, In Medias Res*, hg. von Lynne Cooke und Karen Kelly, Ausst.-Kat. Dia Art Foundation, New York, Düsseldorf 2002, S 150–151
»Quengelware 2002: Ein Tagebuch mit 104 Radierungen«, in: *Diamondpaper*, Nr. 4 (2003)
»Take a Day Off«, in: Hans Ulrich Obrist (Hg.), *Do it 1*, New York/Frankfurt am Main 2004, S. 322–323
»Judgment Days: Gerhard Richter II«, in: *Tate Etc.*, Nr. 23 (Herbst 2011), S. 62–63
»Arte di abitare / Inhabitable Art«, in: *Domus,* Nr. 976 (Januar 2014), S. 110–119

FILME

Tomatensalat, VHS, Regie: Martin Kreyssig, 1991, 40 min.
Thomas Schütte. Viele Spiele Grosse Kleine, 16-mm-Film, Regie: Martin Kreyssig, 1994, 15 min.
Richard Deacon – Thomas Schütte. Them and Us, VHS, Regie: Martin Kreyssig, 1996, 5:25 min.
Thomas Schütte: Ich bin nicht allein, DVD, Regie: Corinna Belz, 2023, 95 min.

Danksagung

Die Ausstellung *Thomas Schütte* und diese Begleitpublikation gleichen einer Odyssee. Meine eigene Faszination für das Werk Schüttes schreibe ich in erster Linie dem Sirenengesang zu, der von seinen Arbeiten ausgeht. Nur die Engagiertesten und Ehrgeizigsten waren gewillt, mich auf dieser abenteuerlichen Reise zu begleiten. 2015 begann meine Arbeit an diesem Projekt, und im Laufe von fast zehn Jahren hatte ich die Ehre, mit nicht weniger als 100 Menschen zusammenzuarbeiten. In den Ausstellungsräumen des Museums und in diesem Katalog klingen ihre Beiträge zur Verwirklichung dessen nach, was so lange nur eine Idee war. Ich dachte, ich hätte einfach nur großes Glück gehabt, dann aber begriffen, dass alle Beteiligten das taten, was sie immer tun – hervorragende Arbeit leisten. Dafür bedanke ich mich.

Glenn D. Lowry, Direktor des MoMA, hat dieses Projekt durch die globale, generationsübergreifende Katastrophe der COVID-Pandemie hindurch unterstützt. Es gibt keine Worte, die meine Dankbarkeit für Glenns tiefen Glauben an die Bedeutung von Schüttes Kunst und sein Engagement für diese Ausstellung hinreichend zum Ausdruck bringen können.

Diese Ausstellung wäre ohne die tatkräftige Unterstützung von Kathy Halbreich, der ehemaligen stellvertretenden Direktorin des MoMA und leidenschaftlichen Fürsprecherin des Projekts, nicht zustande gekommen. Christy Thompson, stellvertretende Direktorin für Ausstellungen und Sammlungen, und ihre Vorgängerin, Ramona Bronkar Bannayan, setzten sich trotz zahlreicher Hindernisse unermüdlich für das Projekt ein. Sarah Suzuki, die stellvertretende Direktorin des Museums, und Peter Reed, der ehemalige stellvertretende Direktor für kuratorische Aufgaben, standen mir jederzeit unterstützend zur Seite. Während der gesamten Planung dieser Ausstellung und darüber hinaus konnte ich mich auf die Erfahrung und Freundschaft von Jan Postma, Chief Financial Officer, verlassen. Auch Diana Pulling, Chief of Staff, James Gara, Chief Operating Officer und stellvertretender Schatzmeister des Board of Trustees, sowie Beverly Morgan-Welch, Senior Deputy Director of External Affairs, danke ich sehr.

Das Board of Trustees des Museums ist unübertroffen. Sein unerschütterliches Engagement für diese Institution macht ehrgeizige Ausstellungen wie diese erst möglich. Die Vorsitzende Marie-Josée Kravis und der emeritierte Präsident Ronnie F. Heyman leiteten das Board während der Vorbereitung von Thomas Schütte. Auf ihr fachliches Verständnis und ihre Unterstützung konnte ich während der gesamten Zeit zählen. Ich danke der Präsidentin Sarah Arison, einer glühenden Verfechterin der zeitgenössischen Kunst. Anne Dias Griffin hat für Schüttes Werk in all seiner Komplexität ein beispielloses Verständnis, und ihr Rat war stets wertvoll für mich. Ich danke auch Lonti Ebers und Bruce Flatt, Eva und Glenn Dubin sowie Glenn und Amanda Fuhrman, die sich seit vielen Jahren leidenschaftlich für Schüttes Werk einsetzen.

Ich bin unseren Sponsoren und Sponsorinnen für ihre Großzügigkeit sehr dankbar. Diese Publikation wurde maßgeblich von Jo Carole und Ronald S. Lauder über The International Council of The Museum of Modern Art und den Dale S. and Norman Mills Leff Publication Fund unterstützt. Die Ausstellung wurde durch den MoMA-Partner Hyundai Card ermöglicht, mit Unterstützung durch die Eyal and Marilyn Ofer Family Foundation, dem Xin Zhang and Shiyi Pan Endowment Fond, Eva und Glenn Dubin und The International Council of the MoMA. Sie haben die Erkundung von Schüttes reichhaltigem und weit verzweigtem Werk sowohl auf diesen Katalogseiten als auch in den Ausstellungsräumen ermöglicht.

Großzügigkeit und großes Vertrauen zeichnen auch die Leihgeber dieser Ausstellung aus. Privatpersonen, öffentliche Einrichtungen und Stiftungen aus den USA und Europa haben Werke aus ihren Sammlungen bereitgestellt, um diese Ausstellung zu ermöglichen. Ihnen allen spreche ich meine tiefste Wertschätzung aus. Mein besonderer Dank gilt der Herbert Foundation und der Kunstsammlung Nordrhein-Westfalen, deren Leihgaben von entscheidendem Gewicht waren. Ihre langjährigen Beziehungen zum Künstler machen diese Zusammenarbeit besonders bedeutsam. Das Art Institute of Chicago, das Museum De Pont, das Glenstone Museum, das Kunstmuseum Bern, das Kunstmuseum Wolfsburg, die Pariser Musées/Musée d'Art Moderne, die Panza Collection und die Tate haben unsere Anträge ohne Zögern genehmigt. Leihgaben von Privatpersonen, darunter Niels Dietrich, Eva und Glenn Dubin, Peter Freeman und Lluïsa Sàrries Zgonc, Anne Dias Griffin, Eleanor Heyman Propp und andere, die nicht genannt werden möchten, waren ebenso wichtig. Schütte selbst hat aus seiner Privatsammlung viele Objekte beigesteuert und uns zahlreiche empfindliche Werke anvertraut.

Ohne Konrad und Dorothee Fischer wäre die heutige Ausstellung nicht möglich. Seit den 1960er-Jahren hat die Konrad Fischer Galerie in Düsseldorf die anspruchsvollste Kunst ihrer Zeit ausgestellt und als Drehscheibe für Künstler fungiert, die die Stadt besuchten. Die Fischers und ihre Galerie boten Schütte zunächst eine praxisnahe Ausbildung und dann einen Ort, an dem er seine Arbeiten ausstellen konnte. Unser herzlicher Dank gilt Berta Fischer, die nicht nur Künstlerin, sondern auch Inhaberin der Konrad Fischer Galerie ist, und Thomas W. Rieger, ihrem Leitenden Direktor. Sie haben uns nicht nur unaufhörlich unterstützt, sondern auch einen Großteil der für diese Retrospektive notwendigen wissenschaftlichen Recherchen ermöglicht. Peter Freeman, dessen gleichnamige Galerie Schüttes Werke in New York ausstellt, und seine Partnerin, die Restauratorin Lluïsa Sàrries Zgonc, haben sich diesem Projekt mit unvergleichlicher Hingabe gewidmet. Ich betrachte sie als Mitstreiter beim Zustandekommen dieser Ausstellung und als wahre Freunde, deren Wohlwollen und Großzügigkeit weit über den beruflichen Rahmen hinausgeht. Die Mitarbeiter von Peter Freeman, Inc. und insbesondere Katie Rashid, Senior Director, Jessica Heerten, Head Registrar, und Anna Lustberg, Leiterin der Kommunikationsabteilung, beantworteten mit großem Verständnis zahllose detailreiche Fragen und dringende Anliegen.

Mein Dank gilt auch allen Galerien, mit denen Schütte zusammenarbeitet. Sie haben ihre Türen geöffnet, Anrufe entgegengenommen und mir stets die richtige Richtung gewiesen. Ich danke den Mitarbeitern und Mitarbeiterinnen der Frith Street Gallery, Pietro Spartà, Bernier/Eliades Gallery und Carlier | Gebauer. Obwohl die Marian Goodman Gallery Schütte derzeit nicht vertritt, stellte sie uns großzügig Informationen aus ihrem Archiv zur Verfügung.

In der Abteilung für Malerei und bildende Kunst gilt mein größter Dank Ann Temkin, Marie-Josée and Henry R. Kravis Chief Curator. 2008 stellte Ann mich als kuratorische Assistentin ein. Seitdem haben wir unzählige Stunden damit verbracht, zusammen an Sonderausstellungen und mit der einzigartigen Sammlung des Museums zu arbeiten. Ihr umfangreiches kunsthistorisches Wissen, ihr geschultes Auge und ihr außergewöhnliches Gespür für den Raum haben jede ihrer zahlreichen Ausstellungsinstallationen geprägt. Ich hatte das außerordentliche Glück, von der Besten zu lernen, und als ich dieses Projekt in Angriff nahm, war ihre Unterstützung unverzichtbar. Ihre Weisheit und ihr klares Urteilsvermögen spiegeln sich in der Ausstellung wider. Ich danke dir, Ann.

Ich möchte auch den anderen Mitgliedern, die ehemaligen eingeschlossen, der Abteilung für Malerei und bildende Kunst danken. Anne Umland, ehemals Blanchette Hooker Rockefeller Senior Curator, ist eine Wissenschaftlerin, die die Kunst in den Mittelpunkt stellt. Ihre Leidenschaft für ihren Beruf hat mich inspiriert, es ihr gleichzutun. Leah Dickerman, Director of Research Programs, ist eine unerschrockene Kuratorin und eine scharfsinnige Denkerin, und ihre Ausstellungen sind geradezu eine Offenbarung. Ohne Leahs Beispiel wäre dieses Projekt nicht zu dem geworden, was es ist. Michelle Kuo, Chefkuratorin und Herausgeberin, ehemals Marlene Hess Curator, ist eine Freundin und hochgeschätzte Kollegin. Ihr kritisches und einfühlsames Mitdenken war auch in Zeiten des Zweifels eine große Stütze für mich. Schließlich ist es mir eine große Ehre, der Assistenzkuraorin Cara Manes zu danken. Cara hat jeden Satz in diesem Buch gelesen und alle Versionen des

Modells für diese Ausstellung begleitet. Ihre Intelligenz und Kreativität wirken sich auf fast jede Sammlungspräsentation im MoMA aus. Auch dieses Projekt hat von ihren vielen Talenten profitiert – ihrem Verständnis, ihrem Sinn für Humor und vor allem von ihrer Empathie.

In allen kuratorischen Abteilungen des Museums wird das Engagement der Institution für Schütte deutlich, insbesondere in den umfangreichen Beständen seiner Werke in der Abteilung für Zeichnungen und Drucke. Christophe Cherix, The Robert Lehman Foundation Chief Curator, und seine Kollegen haben diese Ausstellung mit wichtigen ressortübergreifenden Leihgaben unterstützt. Ich danke auch Stuart Comer, The Lonti Ebers Chief Curator of Media and Performance, und Roxana Marcoci, The David Dechman Senior Curator und Acting Chief Curator, Abteilung für Fotografie. Wir arbeiten seit vielen Jahren mit der Sammlung zeitgenössischer Kunst des Museums zusammen, und sie waren während der gesamten Planung von Thomas Schütte unterstützende Freunde und wichtige Gesprächspartner.

Die Gestaltung einer Ausstellung mit einem Künstler, für den die Prinzipien von Raum und Architektur von größter Bedeutung sind, erfordert ein außerordentlich talentiertes und flexibles Team. In der Abteilung für Ausstellungsdesign und -produktion bin ich Lana Hum, der Direktorin, sowie LJ McNerney, dem Ausstellungsdesigner, und Boris Chesakov, dem Leiter der temporären Ausstellungen, unendlich dankbar. Ihr Wissen, ihr Einfühlungsvermögen und ihre Kreativität haben zu einem anspruchsvollen Entwurf der Ausstellungsräume geführt, der ideal für die Präsentation des komplexen Werks von Schütte ist. Ihr ehemaliger Kollege Matthew Cox war ein inspirierender Mitarbeiter in einer frühen Phase des Prozesses.

Die Fürsprache und der Scharfsinn von Rachel Kim, stellvertretende Direktorin für Ausstellungsplanung und Sammlungen, und Maya Taylor, Ausstellungsleiterin, waren für die Ausstellung unentbehrlich. Sacha Eaton und Carla Hernandez, stellvertretende Registrars, haben alle Herausforderungen dieses Projekts mit scheinbarer Leichtigkeit und kompromissloser Aufmerksamkeit gemeistert. Ich danke Stefanii Ruta Atkins, der Direktorin für Sammlungsmanagement, für ihre Führung. Die grenzenlose Expertise von Lynda Zycherman, Konservatorin für bildende Kunst, und Caitlin Richeson, Assistentin für die Konservierung von Objekten, kam während der gesamten Planungsphase dieser Ausstellung zum Tragen. Annie Wilker, der Papierkonservatorin, bin ich für ihre sorgfältige Pflege von Schüttes Arbeiten dankbar.

Die Ausstellung bot uns die einmalige Gelegenheit, eine Reihe von Schüttes Hauptwerken in situ zu realisieren, eine Leistung, die einer ganzen Reihe von Mitarbeitern und Mitarbeiterinnen sowie Auftragnehmern zu verdanken ist. Ich danke Allan Smith, Vorarbeiter in der Schreinerei, für seinen Einsatz bei der Realisierung eines Modells im Maßstab 1:1 von Schüttes Werk Schutzraum, das nur 1986 gezeigt und danach zerstört wurde. Claire Corey, Senior Production Manager, Design, und die Bühnenbildnerin Paulette Giguere haben ein zentrales textbasiertes Werk, das Schütte nur bei zwei weiteren Gelegenheiten gezeigt hat, fachmännisch nachgebaut. Ich bin allen handwerklichen Mitarbeiterinnen und Mitarbeitern des MoMA zu Dank verpflichtet. Ihre fachmännische Arbeit ist in jedem Bestandteil dieser Ausstellung sofort erkennbar.

In den vielen Bereichen des Museums gilt mein Dank den talentierten Mitarbeitenden der Abteilungen und dem Bereich für Art Handling, dem Sammlungsmanaement und der Registrar-Abteilung, den Bereichen Kommunikation und Öffentlichkeitsarbeit, Bildung, externe Angelegenheiten, Design, Bildgebung und visuelle Ressourcen, Marketing sowie Veranstaltungen und Sicherheit. Es sind zu viele, um sie alle aufzuzählen, aber diese Kollegen und Kolleginnen haben mit Hingabe und Kreativität daran gearbeitet, die vielen ungewöhnlichen Anforderungen dieser Ausstellung zu meistern.

Die Leistungen dieses Katalogs sind das Ergebnis hervorragender kollektiver Arbeit. Zunächst möchte ich den Autorinnen und Autoren der aufschlussreichen Texte dieser Publikation meinen tiefen Dank aussprechen. Jennifer L. Allen, außerordentliche Professorin für Geschichte an der Yale University, liefert unschätzbaren historischen Kontext für die auf diesen Seiten abgebildete Kunst. André Rottmann, Professor für Theorien der Künste und Medien an der Europa-Universität Viadrina Frankfurt (Oder), betrachtet Schüttes Werk im Rahmen von Theoriediskursen – ein Ansatz, der in der Literatur bisher fehlte. Die Künstlerin Marlene Dumas und der Künstler Charles Ray haben meine Einladung zur Mitarbeit an dieser Publikation mit Begeisterung angenommen. Dumas vermittelt klar und überzeugend die Bedeutung der Gemeinschaft und des Gesprächs, die das Kunstmachen hervorbringt, während Ray so spricht, wie es nur ein bildener Künstler kann: Sein Essay bietet ein greifbares Verständnis dafür, wohin die Materialität und Form einer Skulptur das Auge und den Geist führen kann. Mein eigener Essay wäre nicht möglich gewesen ohne die Mitwirkung von Corinna Belz, Benjamin H. D. Buchloh, Katharina Fritsch, Janice Guy, Kasper König, Camille Morineau, Rüdiger Schöttle, Dieter Schwarz und Thomas Struth. Die Gespräche mit ihnen haben mein Denken wesentlich beeinflusst. Ich danke auch den vielen hervorragenden Kurator*innen, Historiker*innen und Kritiker*innen, die sich ausführlich mit Schüttes Kunst befasst haben, insbesondere Lynne Cooke, Senior Curator, Department of Modern and Contemporary Art, National Gallery of Art, Washington, DC, der führenden Expertin für Schüttes Werk und Organisatorin von gleich zwei ihm gewidmeten Retrospektiven. Domenick Ammirati, der Herausgeber dieses Buches, war ein wichtiger Mitarbeiter. Sein kritischer Geist und seine Sprachgewandtheit sind in jedem Satz zu spüren. Der Gestalter des Bandes, Joseph Logan, hat die verwirrende Materialfülle in eine klare Form gebracht. Sein elegantes Design entspricht der Kunst, die es präsentiert, und spiegelt diese wider.

Neben Michelle Kuo danke ich in der Abteilung für Publikationen auch der Redakteurin Rebecca Roberts, deren fachliche Kompetenz nur noch von ihrer unerschütterlichen Art und Geduld übertroffen wird. Joseph Mohan, der Produktionsleiter, koordinierte unzählige bewegliche Teile; Curtis R. Scott, der stellvertretende Verleger, leistete wesentliche Unterstützung; Matthew Pimm, der Produktionsleiter, sorgte für die hervorragende Qualität des gedruckten Katalogs. Hannah Kim, die Direktorin für Business und Marketing, organisierte die zweisprachige Veröffentlichung. Ava Childers und Lena Saltos, stellvertretende Leiterinnen der Rechtsabteilung, leisteten juristische Unterstützung, und Anne Levine, Koordinatorin für Rechte, kümmerte sich um die Bildlizenzen. Für die Unterstützung bei der Recherche sind wir unseren Kolleginnen und Kollegen in den Archiven, der Bibliothek und den Forschungssammlungen des MoMA sehr dankbar, insbesondere Jillian Suarez, Leiterin der Bibliotheksdienste, und Sophie Cianfarani, Bibliotheksassistentin, sowie den Praktikant*innen Nora Chapman, Athina Fili und Max Langefeld.

Im Januar 2024 wechselte ich als Robert Soros Senior Curator an das Hammer Museum in Los Angeles. Ann Philbin, die Direktorin des Hammer, hat den enormen Druck, der mit diesem Wechsel verbunden war, mit übermenschlicher Geduld abgefedert. Annies beständige Großzügigkeit ermöglichte es mir, dieses Projekt zu Ende zu bringen. Ich danke allen Mitarbeiterinnen und Mitarbeitern des Hammer Museums für ihr herzliches Willkommen und ihre Flexibilität, während ich dieses neue Terrain kennenlerne.

Auch bei meinen Freunden und Freundinnen möchte ich mich bedanken, mit denen ich Gespräche über Schüttes Werk und die Kunst im Allgemeinen führen konnte. Ihre bohrenden Fragen und großzügigen Einsichten, Überlegungen und Einwände waren von unschätzbarem Wert für die Organisation meiner Gedanken und das Konzept dieser Ausstellung. Ich habe mich an vielen entscheidenden Punkten auf Ian Alteveer, Nairy Baghramian, Eric Banks, Thea Djordjadze, Darby English, Rachel Harrison, Jane Panetta, Paloma Varga Weisz und Michel Ziegler verlassen. Und auch Robert Gober möchte danken, mit dem ich 2014, gemeinsam mit Ann Temkin, die Retrospektive *The Heart Is Not a Metaphor* am MoMA organisiert habe. Ich bin immer wieder auf diese Ausstellung und die dabei gelernten Lektionen zurückgekommen. Mein Mann Greg und meine Tochter Matilda haben mich auf dem Boden gehalten, damit meine Gedanken schweifen konnten. Ich liebe sie über alle Maßen.

Etwas mehr als ein Jahr vor der Eröffnung dieser Ausstellung stieß Caitlin Chaisson als kuratorische Assistentin zu unserem Team. Als ich mich nach Los Angeles absetzte, übernahm sie das Steuer. Ihr Einsatz war geradezu heldenhaft und ihre Leistungen überwältigend. Caitlin verfügt über eine außergewöhnliche Kombination aus Anmut und Entschlossenheit, die sie im genau richtigen Verhältnis dafür einsetzt, jede neue Herausforderung zu meistern und sicherzustellen, dass – mit den Worten des Protagonisten dieser Ausstellung – »alles in Ordnung« ist. Mit ihrer Umsicht, ihrer Unerschrockenheit und ihrem Scharfsinn hat Caitlin alle Maßstäbe weit übertroffen. Ich kann mit Gewissheit sagen, dass ohne sie jede Art von Ordnung kaum zu erreichen gewesen wäre. Caitlins Vorgängerin Lydia Mullin, jetzt Manager of Collection Galleries am MoMA, hat das Projekt ins Rollen gebracht. Sie ist dem Projekt auch danach als Mitwirkende verbunden geblieben.

Schüttes Arbeit ist zwangsläufig ein Gemeinschaftswerk. Im Laufe vieler Jahre habe ich Rolf Kayser von der Kunstgießerei Kayser und die Werkstatt von Niels Dietrich kennengelernt, beide Meister ihres Faches. Bei beiden konnte ich aus nächster Nähe beobachten, wie das Unmögliche möglich gemacht wurde. Die in dieser Ausstellung gezeigten Skulpturen sind das Ergebnis jahrhundertealten Wissens und modernster Technologie. Der Architekt Lars Klatte hat mit Schütte zusammengearbeitet, um seine zahlreichen Experimente mit verschiedenen Materialien zu realisieren. Zusammen mit Heinrich Heinemann leitete Klatte den Bau der Skulpturenhalle, Schüttes Museum in Neuss, dem bisher ehrgeizigsten Projekt des Künstlers. Für diese Ausstellung ermöglichte Klatte mit seinen architektonischen Renderings und Materialspezifikationen den Bau von Schutzraum. Wir stehen in seiner Schuld.

Seit 2003 arbeitet Schütte in seinem Studio mit Luise Heuter und seit 2007 mit Rupert Huber zusammen. Sie kennen Schüttes Arbeit am besten und haben großzügig ihre Zeit und ihr Wissen zur Verfügung gestellt. Noch wichtiger ist, dass ihre Herzlichkeit, ihr Wohlwollen und ihr Lachen von Anfang an den Ton für unsere Beziehung angegeben haben. Ihnen gebührt mein uneingeschränkter Dank.

Ich habe Schüttes Œuvre schon lange vor diesem Projekt aus der Ferne bewundert. Es war geheimnisvoll und vielschichtig und ließ sich nicht einfach auf einen Nenner bringen. Seine Kunst setzte sich in meinem Kopf fest. Als das MoMA an den Künstler mit der Aussicht auf eine Retrospektive herantrat, stimmte er sofort zu, und obwohl niemand auf die Herausforderungen, die auf uns zukamen, vorbereitet war, ließen Schüttes Engagement und Großzügigkeit nie nach. Die Verzögerungen aufgrund der COVID-19-Pandemie haben die Ausstellung sogar noch bereichert, weil wir dadurch Zeit hatten, zusammen vergessene Zeichnungen und Notizbücher von ihm zu durchforsten. Wir fuhren von der Gießerei zur Keramikwerkstatt, von seinem Lager zu Ausstellungen in anderen Städten oder Ländern. In seinem Studio und beim Abendessen sprachen wir über Dringliches und weniger Dringliches. Ich durfte ihm beim Patinieren von Bronze, beim Formen von Ton und bei der Installation seiner Werke in zahlreichen Museen zusehen. All diese Erfahrungen sind in die Ausstellung eingeflossen und haben auch diese Publikation bereichert. Wir teilen den unbedingten Glauben an die Bedeutung von Kunst und den Wunsch, ihre Tiefgründigkeit dem Publikum mit Klarheit und Präzision zu präsentieren. Das war das Ziel. Danke, Thomas, dass du uns den Weg gezeigt hast.

Paulina Pobocha
Robert Soros Senior Curator, Hammer Museum, Los Angeles, und ehemalige stellvertretende Kuratorin am Department of Painting and Sculpture, MoMA

Diese Publikation erscheint anlässlich der Ausstellung
Thomas Schütte
The Museum of Modern Art, New York
29. September 2024 – 18. Januar 2025

Die Ausstellungsorganisation obliegt Paulina Pobocha, Robert Soros Senior Curator, Hammer Museum, Los Angeles, und ehemalige stellvertretende MoMA-Kuratorin, sowie Caitlin Chaisson, kuratorische Assistenz, Abteilung für Malerei und Skulptur, MoMA.

Diese Publikation wurde maßgeblich von Jo Carole und Ronald S. Lauder durch The International Council of The Museum of Modern Art unterstützt. Zusätzliche Mittel wurden durch den Dale S. and Norman Mills Leff Publication Fund bereitgestellt.

Hyundai Card

Die Ausstellung wurde durch den MoMA-Partner Hyundai Card ermöglicht.

Unterstützt durch die Eyal and Marilyn Ofer Family Foundation, dem Xin Zhang and Shiyi Pan Endowment Fond, Eva und Glenn Dubin sowie The International Council of The Museum of Modern Art.

FOTONACHWEIS

Es wurde jede Anstrengung unternommen, die Urheber der verwendeten Abbildungen ausfindig zu machen. Das Museum entschuldigt sich für etwaige Nichtberücksichtigungen oder Fehler, die in späteren Auflagen korrigiert werden können.

Alle Werke von Thomas Schütte © 2024 Thomas Schütte / Artists Rights Society (ARS), New York / VG Bild-Kunst, Bonn. Falls nicht anders angegeben, wurden sämtliche Bildvorlagen vom Studio des Künstlers zur Verfügung gestellt.

Foto von Roland Aellig © 2024 Artists Rights Society (ARS), New York / ProLitteris, Zürich: S. 127. Foto von Stefan Altenburger, Zürich: S. 110, 124. © The Art Institute of Chicago: S. 183. The Art Institute of Chicago / Art Resource, NY; Foto von Elyse Allen: S. 169. Foto von Walther Benser, https://creativecommons.org/licenses/by-sa/4.0/: S. 19 (Abb. 20). bpk Bildagentur / Kunstsammlung Nordrhein-Westfalen / Achim Kukulies / Art Resource, NY: S. 153–155, 157. © The Estate of James Lee Byars, mit Genehmigung der Michael Werner Gallery, New York, London und Berlin: S. 10. Foto von Cathy Carver: S. 64 (unten), S. 125. Mit Genehmigung vom Castello di Rivoli Museo d'Arte Contemporanea; Foto von Paolo Pellion: S. 33 (Abb. 13). Foto von Leon Chew: S. 26, 50 (oben). © 2017 Christie's Images Limited: S. 166 (oben). Cnap; Foto © Fabrice Lindor: S. 30. Foto von Peter Cox © 2024 Artists Rights Society (ARS), New York / c/o Pictoright Amsterdam: S. 27 (Abb. 2), 137 (oben), 144 (links und rechts), 145. © DB–ADAGP, Paris / Artists Rights Society (ARS), New York 2024: S. 12 (Abb. 6). Herbert Foundation, Gent: S. 116–121; Foto von Philippe De Gobert, 1989: S. 98; Foto von Yuri van der Hoeven, 2019: S. 77, 99, 101, 103. Foto von Luise Heuter © 2024 Artists Rights Society (ARS), New York / VG Bild-Kunst, Bonn: S. 12 (Abb. 7), S. 38, 51, 57, 59, 70–73, 71 (oben), 75, 76, 78 (oben links und rechts), 84–85, 90–91, 91 (oben), 180 (oben rechts, Mitte links und unten links), 181 (oben links und rechts, Mitte links und unten rechts), 184. Foto von Candida Höfer © 2024 Artists Rights Society (ARS), New York / VG Bild-Kunst, Bonn: S. 31. Foto von Florian Holzherr: S. 104–105. Foto von Axel Hütte: S. 115. © 2024 Jasper Johns / Licensed by VAGA at Artists Rights Society (ARS), NY: S. 14 (Abb. 11), 15. Foto von Jürgen Weller Fotografie: S. 66 (unten). Foto von Florian Kleinefenn © 2024 Artists Rights Society (ARS), New York / SAIF, Paris: S. 130, 131. Foto von Jussi Koivunen / Sara Hildén Art Museum: S. 167 (unten). Foto von Marek Kruszewski: S. 151. Foto von Achim Kukulies, Düsseldorf: S. 62, 63. Foto von Michael Meyborg: S. 42 (Abb. 5). Foto © Aurélien Mole 2017: S. 22. Abdruck mit Genehmigung der Henry Moore Foundation; Foto von Jonty Wilde: S. 164–165. Foto von Helge Mundt: S. 150 (links, Mitte und rechts). Photographic Archives Museo Nacional Centro de Arte Reina Sofía; Foto von Joaquín Cortés / Román Lores: S. 43 (Abb. 6 und 7), 68–69, 162–163. Digital image © 2024 The Museum of Modern Art, New York, Department of Imaging and Visual Resources; Foto von Robert Gerhardt: S. 96 (unten), 112 (oben), 123; Foto von Thomas Griesel: S. 32 (Abb. 10 und 11), 46 (Abb. 12), 187; Foto von Jonathan Muzikar: S. 27 (Abb. 3); Foto von Martin Parsekian: S. 14 (Abb. 11); Foto von Martin Seck: S. 28 (Abb. 5); Foto von John Wronn: S. 146–147. © 2024 Claes Oldenburg: S. 28 (Abb. 5). Mit Genehmigung der Panza Collection, Mendrisio; Foto von Alessandro Zambianchi, Mailand: S. 113. Foto von Tom Powel: S. 140, 141 (unten). © Gerhard Richter 2024 (06022024): S. 11, 18 (Abb. 16 und 18), 29 (Abb. 7). © Gerhard Richter 2024 (18012024), mit Genehmigung des Gerhard-Richter-Archivs, Dresden: S. 29 (Abb. 6). Foto © RMN-Grand Palais / Art Resource, NY: S. 132–133; Foto von Herve Lewandowski: S. 23 (Abb. 2). © 2024 Estate of Alexander Rodchenko / UPRAVIS, Moskau/ARS, NY: S. 13 (Abb. 9). Foto von Thomas Ruff © 2024 Artists Rights Society (ARS), New York/VG Bild-Kunst, Bonn: S. 4, 41 (Abb. 2), 112 (unten). Foto von Tomasz Samek: S. 106–109, 122. Mit Genehmigung der Sammlung Goetz, München; Foto von Nic Tenwiggenhorn: S. 114 (oben). Foto von Thomas Schütte: S. 9 (Abb. 3), 17, 19 (Abb. 19), 41 (Abb. 3), 82 (oben und unten), 86 (oben und unten). Mit Genehmigung von Thomas Schütte und der Konrad Fischer Galerie; Foto von Achim Kukulies: S. 67, 83. Mit Genehmigung von Thomas Schütte und Peter Freeman, Inc., New York/Paris; Foto von Volker Döhne S. 95; Foto von Florian Kleinefenn: S. 170–173, 174–175; Foto von Nicholas Knight Studio: S. 24. © Thomas Struth (Thomas Schütte, Düsseldorf 1992): S. 199. Studio Fuis Photographie: S. 87. Tate: S. 134–135, 142 (links und rechts), 143. Foto von Nic Tenwiggenhorn © 2024 Artists Rights Society (ARS), New York / VG Bild-Kunst, Bonn: S. 33 (Abb. 12), 44, 45 (Abb. 9 und 10), S. 97, 114 (unten), 128–129, 138–139, 165 (oben), 167 (oben), 168 (oben und unten), 180 (Mitte rechts), 185, 186, 200 , S. 201. Foto von Mareike Tocha: S. 94 (oben und unten), 137 (unten links und rechts), 188, 189, 190, 191 (links und rechts), 192, 193, 195, 196, 197. © 2024 Niele Toroni / Artists Rights Society (ARS), New York / ADAGP, Paris: S. 27 (Abb. 3). Foto von Markus Tretter: S. 93, 141 (oben), 166 (unten). Foto von John Tromp: S. 111, 136. Fotoarchiv Tucci Russo: S. 13 (Abb. 8). University of California, Berkeley Art Museum und Pacific Film Archive: S. 10. Foto von Tom Van Eynde: S. 23 (Abb. 3). Foto von Antoine van Kaam: S. 148–149.

Lektorat: Ilka Backmeister-Collacott, kultur&kontext
Lektorat der englischen Originalausgabe:
Domenick Ammirati
Korrektorat der englischen Originalausgabe:
Jeffrey Castle
Übersetzungen: Lea Kubeneck (Vorwort und Danksagung), Cornelius Reiber (Texte von André Rottmann und Jennifer Allen), Nikolaus G. Schneider (Texte von Marlene Dumas, Paulina Pobocha, Charles Ray, Chronologie)
Grafische Gestaltung: Joseph Logan, in Zusammenarbeit mit Anamaria Morris und Sam Pearson
Reproduktion: t'ink, Brüssel
Satz: Anna Węsek, buchtypo, Düsseldorf, und Kati Klaeske
Produktion: Matthew Pimm
Projektmanagement: Lydia Fuchs
Schrift: Jjannon (Optimo)
Papier: Magno Volume, 135 g/m²
Druck und Bindung: Graphius, Belgien

Erschienen im
Hatje Cantz Verlag GmbH
Mommsenstraße 27
10629 Berlin
Deutschland
www.hatjecantz.de
Ein Unternehmen der Ganske Verlagsgruppe

ISBN: 978-3-7757-5851-2

Printed in Belgium

Umschlagabbildung: Thomas Schütte: *Vorschlag für eine Fassade in Hamburg* (Detail), 1980, Acryl auf Papier, 19 × 27,3 cm, Sammlung des Künstlers, Düsseldorf

Vor- und Nachsatz: Thomas Schütte: *Kollege Immendorf* (Vorder- und Rückseite, Details), 2022, Tusche und Kreide auf Papier, 29 × 19 cm, Sammlung des Künstlers, Düsseldorf

Seite 4: Porträt von Thomas Schütte, Foto: Thomas Ruff, 2024

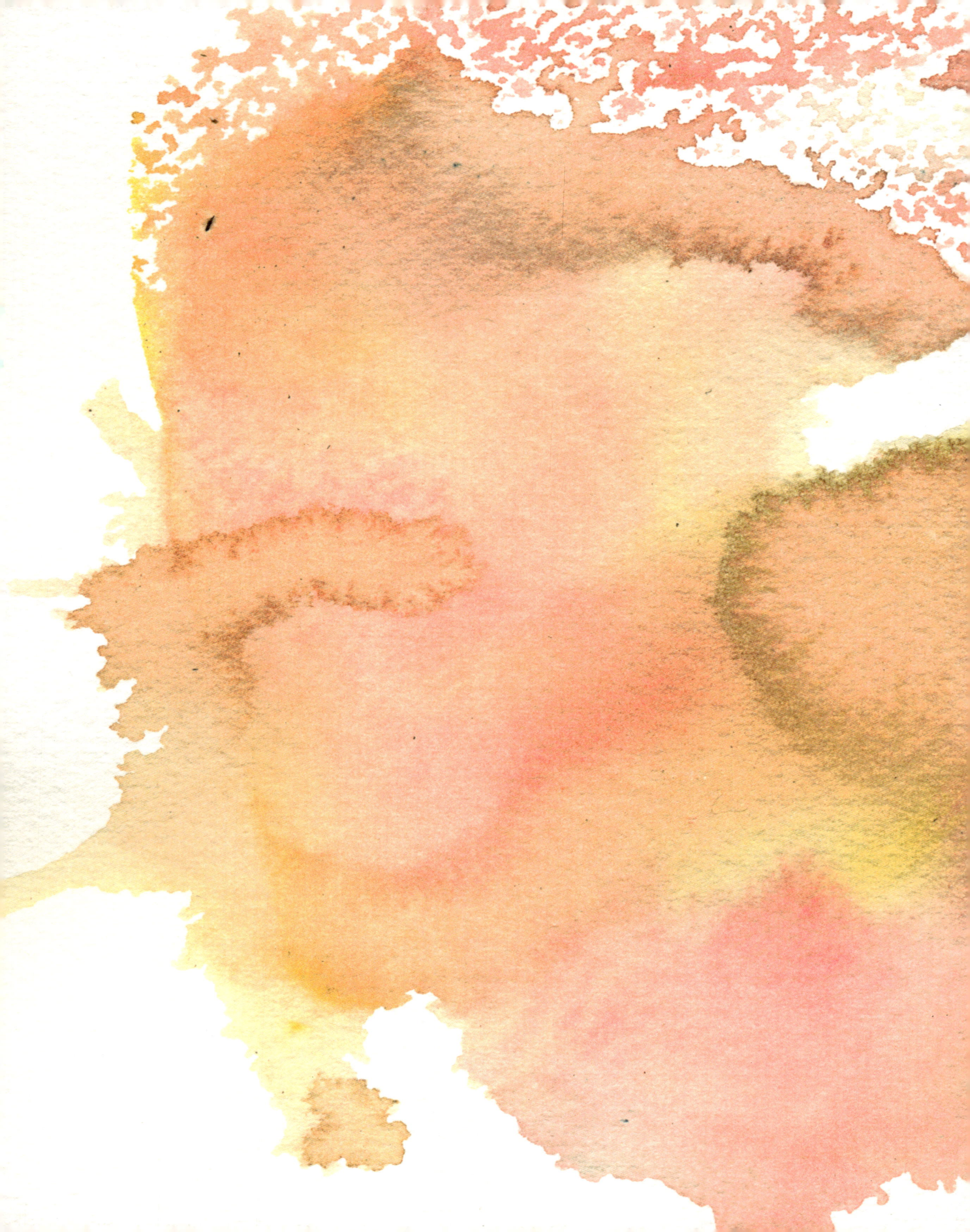